49.—

Die Sonne der Hopi

Don C. Talayeswa

Die Sonne der Hopi

Sun Chief - eine Autobiographie

Mit einem Vorwort von Claude Levi-Strauss

88 87 86 85
6 5 4 3 2 1

1. Auflage 1985
© Dianus-Trikont Buchverlag
   Türkenstrasse 55
   8000 München 40
   Alle Rechte vorbehalten

CIP-Kurztitelaufnahme der Deutschen Bibliothek

Die Sonne der Hopi / Leo W. Simmons; Don C. Talayesva (Hrsg.)
— München: Dianus-Trikont Buchverlag
NE: Don C. Talayesva
1.-2. Tsd.-1985.
ISBN 3-88167-139-0

Titelgestaltung: Elisabeth Petersen, Netterndorf, 8019 Baiern

Umschlagfoto:
„Colorado Plateau" von
Anselm Spring 8910 Landsberg/Lech

Satz: Erich Röth Verlag, Kassel

Druck und Bindung: Hieronymus Mühlberger GmbH, Augsburg

Inhalt

Vorwort von Claude Lévi-Strauss 9
Die Hopi von Oraibi. 19

Das Leben Talayesvas. 33
  Zusammengedrehte Zwillinge. 35
  Früheste Erinnerungen – erste Schwierigkeiten 45
  Frühe Lebenslehren 61
  Unfug und Strafe. 81
  Schulbesuch auf der Reservation 98
  Schule außerhalb der Reservation. 125
  Heimkehr ins Hopiland. 147
  Zum Manne gemacht 171
  Narrendienst und Bohnenfest. 194
  Hexenwerk und Heirat 213
  Lebenskampf in der Wüste. 241
  Stern und Unstern 278
  Ein Sohn tritt in mein Leben 320
  Neue Schwierigkeiten. 354
  Das Leben steht nicht still. 391

Wie die Lebensbeschreibung zustande kam 411
Nachwort des Übersetzers. 416
Zur Betonung. 419
Erläuterungen. 420
Einige Ereignisse aus Don C. Talayesvas
weiterem Leben.
Nachwort von Dr. Heino Gehrts. 425
Anhang. 429
Karte des Hopigebiets. 434
Bildtafelverzeichnis 435

Vorwort

von Claude Lévi-Strauss

Seit wieviel Jahrhunderten oder gar Jahrtausenden sind die Ahnen der Hopi-Indianer in dem Gebiet, das den Südwesten der heutigen Vereinigten Staaten bildet, eigentlich schon ansässig? Die Archäologen des amerikanischen Kontinents wagen den Zeitraum der ersten Besiedlung nicht präzise anzusetzen. Die Methode des Radiocarbon-Tests (Messung der Radioaktivität des Kohlenstoff-Isotops C^{14}) und die Fortschritte auf dem Gebiet der Ausgrabungen haben aus ihrem Fachgebiet eine unersättlich zeitverschlingende Maschine gemacht, die Jahr für Jahr ein weiteres Jahrtausend freilegt und so die Vorgeschichte der Neuen Welt ständig ausdehnt.

Es ist dabei jedoch immer noch Vorsicht am Platze und ratsam, den Zeitangaben ihre Unschärfe zu belassen. Gewiß ist nur, daß das Gebiet von Arizona schon vor zehn bis zwölftausend Jahren — möglicherweise noch früher — von Menschen bewohnt war (1). Im dritten Jahrtausend vor unserer Zeitrechnung ernteten sie bereits eine primitive Maisart, deren Kolben kaum kirschgroß waren, und begannen sie zweifellos auch schon damals anzubauen. Die Kultur der *Basket-Makers* ('Korbmacher') stand bereits vor Beginn der christlichen Zeit in Blüte und lebte bis in das VII. und VIII. Jahrhundert fort. Etwa um diese Zeit wurden sie im Norden des Little Colorado-River durch die direkten Vorfahren der heutigen Pueblos abgelöst, deren Stammgebiet einen Teil von Arizona und New-Mexico bedeckt und von denen die Hopis die westlichen Vertreter sind. Nicht weniger möglich ist es aber auch, daß es sich hier um eine kontinuierliche Fortentwicklung von der einen zur folgenden Kultur handelt. Die Vertreter dieser These subsumieren die Kultur der *Basket-Makers* und die der Pueblos unter den Begriff *Anasazi*, ein Wort, das aus der Sprache der Navahos stammt und soviel wie „die Alten" bzw. „die Ahnen" bedeutet.

Noch älter war die im Süden des Colorado beheimatete sogenannte *Mogollon*-Kultur, die aus der archaischen Kultur der Cochise hervorgegangen war, deren Bevölkerung sich bereits von gemahlenem Korn ernährte. Im Gegensatz zur Pueblo-Kultur konnte die Kultur der *Mogollon* jedoch nicht überleben; sie wurde — so scheint es — etwa im XIV. Jahrhundert durch Apachen-Invasionen vernichtet.

Durch Untersuchung der Jahresringe an den Bäumen, deren Holz von den Ur-Pueblos für die tragenden Teile ihrer Bauten verwendet worden waren, konnten die einzelnen Epochen ihrer Geschichte mit ziemlich großer Genauigkeit datiert werden. In einer Form, die bereits Andeutungen an moderne Baumerkmale ahnen läßt, beginnt diese Geschichte mit den Perioden *Pueblo I* und *II*, die vom VIII. bis XI. Jahrhundert unserer Zeitrechnung dauern. Die Periode *Pueblo II*, die unserem XII. und XIII. Jahrhundert entspricht, bildet den Höhepunkt einer Kultur, in Gebieten, die heute halb verödet sind und damals mit meist mehrstöckigen Bauten aus Trockenziegeln und Stein übersät waren. Teils in der Ebene oder auch Hochplateaus, teils an abschüssigen Berghängen gelegen, bildeten sie im Schutz natürlicher Gewölbe und Vorsprünge allmählich ganze Dörfer und waren nur über ein kompliziertes System von Leitern und Gerüsten zu erreichen: So entstanden Ortschaften wie Cliff Palace, Spruce Tree House, Balcony House, Aztec, Pueblo Bonito und andere. Mit dem beginnenden XIV. Jahrhundert leitet die Periode *Pueblo IV* (bis zur Ankunft der Spanier im Jahre 1540) eine Epoche des Niedergangs ein, die noch heute fortdauert (*Pueblo V*).

Etwa 40 km südwestlich des Dorfes Oraibi (Schauplatz der vorliegenden Autobiographie) liegt das archäologische Ausgrabungsgebiet von Awatovi, das bedeutendste unter den zu Hunderten wiederentdeckten Dörfern, deren Besiedlungsbeginn gelegentlich bis in das V. Jahrhundert v. Chr. zurückreicht. Awatovi bedeckt eine etwa 8 ha große Fläche, und man stieß dort auf nicht weniger als 5000 Wohneinheiten. Die Mauern der *Kivas* (das heißt unterirdischen Heiligtümer) erhielten mit der Zeit bis zu 100 Schichten Kalkanstrich und waren oft mit religiösen Darstellungen bemalt. Diese Stadt war – bis zu Beginn des XVIII. Jahrhunderts, als sie von anderen Hopi-Gruppen zerstört wurde (2) – 1200 Jahre lang ununterbrochen bewohnt.

Die elf Dörfer der heutigen Hopi-Indianer liegen im Nordwesten von Arizona in einer Höhe von etwa 2000 m über dem Meer am Rand bzw. Fuß von drei *Mesas* (Hochplateaus), die in zerklüftete nach Südwesten gerichtete Vorsprünge auslaufen. Selbst die Bewohner der hoch oben auf dem Gipfel liegenden Dörfer, die die Mehrzahl bilden (darunter auch Alt-Oraibi auf der Dritten, das heißt der westlich gelegenen *Mesa*), haben ihre Gärten, Weidegründe und bestimmte Wasserstellen unten in der Ebene. Das Leben der Einwohner vollzieht sich somit für Männer wie für Frauen in ständigem Hinauf- und Herabsteigen über oft steile Felsabhänge, verbunden mit Schleppen von schweren Lasten. Die Bevölkerung der heutigen Hopi-Indianer zählt etwa 3000 Seelen, davon nur 125 in Old Oraibi, das um 1890 (als Don C. Talayesva, „Erzähler" der vorliegenden Autobiographie, geboren wurde) noch etwa 1000 Einwohner hatte. Dieser Bevölkerungsschwund ist durch die Spaltung zwischen *Friendlies* und *Hostiles* (– heute würden wir sagen: zwischen Kollaborateuren bzw. Sympathisanten und Resistants bzw. Verweigerern —) in der Zeit zwischen 1906 und 1910 zu erklären, in deren Folge ein Teil der Bevölkerung in andere Dörfer wie New Oraibi, Hotavila, Moenkopi auswanderte; — davon ist auch in dem vorliegenden Lebensbericht die Rede.

Die Entdeckung der Pueblo-Indianer geht bis auf die erste Hälfte des XIV. Jahrhunderts zurück, in die Zeit, als die spanischen Expeditionen unter Cabeza de Vaca (1536) und Coronado (1540) sich an die Erforschung der nördlichen Gebiete von Mexiko machten. Schon bald darauf wurden Missionsstationen gegründet, aber im Jahre 1680 erhoben sich die Hopis zu einer Revolte und töteten die spanischen Priester, wodurch sie sich eine relativ große Unabhängigkeit sichern konnten, die bis in die zweite Hälfte des XIX. Jahrhunderts erhalten blieb, was den ungewöhnlichen Grad der noch erhaltenen Authentizität ihrer sozialen Bräuche und Rituale sowie ihres religiösen Lebens erklärt. Bis heute sind den Ethnologen noch wichtige Teile ihres Rituals unbekannt geblieben, die nach wie vor durch eifersüchtig gewahrte Geheimhaltung geschützt werden: So etwa das Ritual der „Nacht des Mysteriums und des Schreckens" (3), das den vierten Tag der Stammes-Initiation (*Wowochim* genannt) abschließt, während der kein Besucher das Dorf betreten darf und alle Zufahrtswege versperrt werden. Leo W. Simmons, der amerikanische Aufzeichner von Talayesvas Bericht, schildert in seiner Einführung zur Autobiographie des Sun Chief die Schwierigkeiten, auf die er stieß, sobald er den Erzählenden aufforderte, die *Soyal*-Feier zu beschreiben: „Was sich bei der *Soyal*-Feier tut, ist geheim", entgegenete Talayesva, „und wenn du mich danach fragst, bringst du die Leute gegen mich auf". Er mußte ihn erst unter Hinweis auf das betreffende Buch daran erinnern, daß Dorsey und Voth (4) bereits 40 Jahre früher am *Soyal* hatten teilnehmen können und diese Feier schon damals zum Thema einer Veröffentlichung gemacht hatten, eine Beweisführung, die Talayesva schockierte: „Das ist furchtbar, das macht mich unfroh, dieser Kerl Voth war ein Dieb. Die Geheimnisse sind alle bloßgestellt". Als er nun resignierte und doch zum Reden ansetzte, verstummte er sofort wieder, als ein Amtsträger der *Soyal*-Feier den Raum betrat, wo dieses Gespräch stattfand.

* * *

Von der Besetzung durch die Spanier haben die Hopis die Zucht von Pferd, Esel, Schaf, ferner die Birne, den Apfel und die Aprikose, sowie verschiedene Gemüsearten übernommen. Lange zuvor kannten sie bereits Hunde und Puten als Haustiere und züchteten Adler. Jagen, Sammeln und Gartenkultur hatte bei ihnen bereits Tradition. Zu ihrem Jagdwild gehörten Bär, Reh, Antilope, Puma, Wildkatze, Dachs, Wolf, Fuchs, Kojote und verschiedene Nagearten. In ihren Gärten bauten sie Mais, Erbsen, Kürbis, Melonen, Sonnenblumen, Tabak und Baumwolle an, was aufgrund weniger aber wegen ihrer Heftigkeit gefährlicher Niederschläge stets ein prekäres Unterfangen war: Gewitterstürme treten zwar selten auf, wenn sie jedoch einmal losbrechen, dann vernichten sie den gesamten Anbau. Das Sammeln von Wildfrüchten bildete einen wichtigen Teil ihrer Ernährung. Zur Ernte von Pinienkernen und anderer Samen, von Beeren, Kaktusfrüchten, sowie zur Salzgewinnung mußten die Eingeborenen beträchtliche Strecken zurücklegen.
wie zur Salzgewinnung mußten die Eingeborenen beträchtliche Strecken zu Fuß zurücklegen.

Die Hopi-Sprache ist eine Sprache der Schaschonen-Gruppe, die ihrerseits zur großen Familie des Uto-Aztekischen gehört. Daher erinnern die Indianer, von denen hier die Rede ist, nicht nur aus soziologischer und religionsgeschichtlicher Sicht in ihrer ländlichen Form an die großen weiter südlich lebenden Zivilisationen, in deren Zusammenhang Bandelier einmal von „Mexiko, diesem einzigen Pueblo" sprach.

Im Zusammenhang mit der Pueblo-Gesellschaft hat man immer wieder von einer „Theokratie" gesprochen, denn nirgendwo auf der Welt findet man eine ähnlich komplexe Organisation der Gesellschaft und eine ähnlich untrennbar mit ihr verbundene religiöse Denkstruktur wie bei ihnen.

Die Hopigesellschaft ist in *Klans* untergliedert — ihre Zahl hat im Lauf der Zeit bis auf die heutige Größe von etwa dreißig abgenommen —, wovon jeder im allgemeinen zwei, drei oder vier *Sippen* umfaßt. Ein und derselbe *Klan* erstreckt sich über mehrere Dörfer. Klans und Sippen sind exogam, das heißt das Individuum darf nicht ein Mitglied der eigenen Sippe oder des eigenen Klans und auch nicht ein Mitglied der Sippe bzw. des Klans des Vaters heiraten. Die Abstammungsfolge verläuft matrilinear, sodaß der einzelne automatisch der Sippe oder dem Klan seiner Mutter angehört und nicht dem — stets anderen — seines Vaters, obwohl er mit diesem in besonders enger Verbindung steht. Die aus *Adoba*-Ziegeln gebauten Häuser gehören den Frauen. Der Wohnsitz ist matrilokal, das heißt, der Mann verläßt nach der Hochzeit das Haus seiner Mutter und seiner Tanten mütterlicherseits und zieht in das seiner Frau um, welches seiner Schwiegermutter gehört. Wenn die Frau Gründe hat, sich zu beklagen, so wirft sie die Habe ihres Mannes zur Tür hinaus, was für den Mann bedeutet, daß ihm nichts anderes übrigbleibt, als wieder in das Haus seiner Mutter zurückzukehren. Die *Kiwas* dagegen gehören den Männern: es handelt sich dabei um ausgedehnte unterirdische Räume, die als Kultstätte, Versammlungsraum und Klub, Werkstatt und Schlafraum dienen.

Diese Gesellschaftsstruktur spiegelt sich sprachlich in einem Verwandtschafts-Bezugssystem, das sich von unserem stark unterscheidet, weshalb es nötig ist, einige Bemerkungen dazu zu machen, damit bestimmte Nuancen des Berichts von Talayesva verständlich werden: Jedes Individuum „gehört" dem Klan seiner Mutter, zugleich aber ist es „Kind" des Klans seines Vaters. Die Hopis haben nämlich ein Verwandtschaftssystem, das dem sogenannten „Crow"-Typus entspricht, worin die Begriffe sich nicht wie bei uns jeweils auf eine einzelne bestimmte Generation beziehen, sondern sich auf mehrere aufeinanderfolgende Generationen innerhalb eines Klans oder einer 'Lineage' gleichzeitig erstrecken: Je nachdem, ob der Sprecher ein Mann oder eine Frau ist, nennt er „Kinder" oder „Enkel" alle Kinder der Männer des eigenen Klans — und zwar unabhängig davon, ob es sich dabei um Ur-Großonkel (deren Kinder wesentlich älter sind als der Sprechende) oder um jüngere Brüder handelt (deren Kinder viel jünger sind als er). Umgekehrt werden alle Männer des *väterlichen* Klans als „Väter" bezeichnet, und dies selbst dann, wenn es sich in Wirklichkeit um Kinder von Neffen handelt; alle Männer des Klans vom Vater der Mutter werden — unabhängig von ihrer Generationszugehörigkeit — ausnahmslos als „Großväter" bezeichnet (5). Somit kann es durchaus vorkommen, daß man gleichzeitig einen Greis und einen Säugling mit ein und demselben Begriff „Großvater" benennt. Eine der wertvollsten Beiträge, die die Autobiographie des *Sun Chief* zur ethnologischen Theoriebildung liefert, ist die Beschreibung der psychologischen Schwierigkeiten, die mit dem Erlernen eines solchen Systems sogar für ein Kind verbunden sind, das in eine Gesellschaft hineingeboren wurde, in der dieses System traditionell gang und gebe ist.

Jedes Hopi-Dorf bildete früher (und bildet in gewissem Maß auch heute noch) eine autonome politische Einheit, die von einem Oberpriester geleitet wurde, dessen Amt (mütterlicherseits) erblich ist. Diesem steht ein militärischer Führer und ein öffenticher Ausrufer sowie der Rat der einzelnen Klan-Häuptlinge zur Seite. Diese Gruppe von allgemein respektierten Amtsträgern bildete eine Hierarchie auf religiösem Gebiet, deren Autorität in höherem Maße auf übernatürlichen Sanktionen als auf der Macht der Polizei beruhte. Der in wahrstem Sinn des Wortes „klerikale" Geist, der die Gesellschaft der Hopis (und anderer

Pueblo-Indianer) prägt, wird auf jeder Seite von Talayesvas Bericht durch die Fülle an metaphysischer Spekulation ebenso deutlich wie — das muß hinzugefügt werden — durch ein gewisses Maß an Bigotterie.

Der große amerikanische Ethnologe Robert H. Lowie gestand am Ende seines Lebens dem Verfasser dieser Zeilen einmal, daß von den Crows und Hopis, bei denen er gelebt und gearbeitet hatte, nur erstere seine Sympathie erregten und er letztere nie wirklich schätzen lernen konnte: ,,Wird ein *Crow*-Indianer", so erklärte er, ,,von seiner Frau betrogen, so verstümmelt er durch Messerschnitte ihr Gesicht. Wird dagegen ein *Hopi* Opfer des gleichen Unglücks, so läßt er sich dadurch keineswegs aus seiner Ruhe bringen, sondern zieht sich einfach zurück und betet, daß Dürre und Hungersnot das Dorf treffen möge". Nach Auffassung der Hopi besteht nämlich zwischen allem und jedem ein Zusammenhang: Unordnung in der Gesellschaft wie Unfrieden am häuslichen Herd bedeuten in genau gleicher Weise eine Gefährdung für das System des Universums, dessen verschiedene Ebenen durch vielerlei Korrespondenzen zu einer Einheit verbunden sind. Die Erschütterung auf einer einzelnen Ebene ist nur begreifbar und moralisch tolerierbar als Projektion weiterer Erschütterungen, die sich auch auf die anderen Ebenen auswirken.

Und doch läßt sich dieser Rigorismus keineswegs mit jenem vergleichen, der in verschiedenen abendländischen Gesellschaften zu beobachten ist. Wie in vielen anderen sogenannt 'primitiven' Gesellschaften wird hier der sexuelle Bereich keineswegs verdrängt, und die Vorliebe für des Erzählers Talayesva für zotige Geschichten sind kein Einzelfall. Sie steht auch nicht im Widerspruch zu seiner Frömmigkeit, seinem Dogmatismus und seinem hartnäckigen Festhalten an den traditionellen Werten: Sie ist im Gegenteil ein ebenso integraler Bestandteil davon, wie die erotischen oder skatologischen und doch stark sakralen Spiele der Zeremonienclowns beweisen, worüber im Text häufig die Rede ist. Schließlich darf nicht vergessen werden, daß bestimmte der oben angedeuteten sakralen Rituale der Hopis — nach dem Wenigen, was wir darüber wissen —, von einer tragischen Manie von Todessehnsucht, Bestattungs- und Leichenkult geprägt sind. Derartige Synthesen, deren Summe das ergibt, was man gerne die ,,spezifische Formel" einer Gesellschaft nennt, müßten vor der Versuchung schützen, die Kulturen bzw. Zivilisationen — wie es Ruth Benedikt gewollt hat — mit Hilfe nur einiger weniger Merkmale zu charaktersieren, die zum Zwecke besserer Vergleichbarkeit in unberechtigtem Maß überbewertet werden.

Es würde den Rahmen dieser Einführung sprengen, wenn man versuchen wollte, die Götterwelt der Hopis hier eingehend darzustellen, die noch dazu eine der kompliziertesten von allen Gesellschaften ist. Folgendes sei dazu jedoch angemerkt: An der Spitze des Pantheons steht die Sonne, auf der einen Seite flankiert von den – vergöttlichten – Gestirnen und auf der anderen Seite von den beiden „irdischen" Gottheiten der festen bzw. mineralischen Substanzen. Der atmosphärischen Ebene des Himmels gehören die Wettergottheiten an: Wind, Blitz, Donner, Regen und Regenbogen, zur Welt des Wassers die Schlangengottheiten. Die Regenwolken werden mit den Ahnen gleichgesetzt. Auf der Erde herrscht Massu'u, der Gott des Busches, des Todes und des Feuers, außerdem ist er Hüter des Dorfes und seiner Bewohner sowie Beschützer der Reisenden. Unter der Erde herrscht Muyingwu, der Gott des Keimens und Wachstums, der den Menschen die veredelten Zuchtpflanzen überlassen hat zur Erinnerung an die mythische Vorzeit, wo er noch bei den Menschen lebte bis zu dem Augenblick, als er durch ihr Verhalten gezwungen wurde, sich in sein unterirdisches Reich zurückzuziehen und ihnen seine Wohltaten nur noch rationiert zukommen zu lassen. Frau Spinne (bzw. 'das alte Spinnenweib') und ihre verkommenen Enkel, die Zwillingsgötter des Krieges, sind für die Mischung von Ordnung und Unordnung, von Güte und Gemeinheit verantwortlich, die sich in der Natur wie in der Gesellschaft die Waage halten. Eine Gottheit namens Mutter Mais wacht mit ihren Töchtern über die Landwirtschaft, eine Mutter des Wildes lenkt den Ausgang der Jagd. Die Katschinas schließlich bilden ein gesondertes Volk von Spezialgöttern, die Inkarnation der überirdischen Gefährten der ersten Stammväter (oder diese selbst) sind und während einer Hälfte des Jahres in Gestalt von maskierten Tänzern im Dorf weilen und fast täglich vor Jung und Alt auftreten. Bis zur Zeit der Initiation werden die Kinder ahnungslos in der Illusion gehalten, daß es sich bei diesen um leibhaftige Götter handelt, um gute Feen, Geschenkespenderinnen, oder um Schreckgespenster, die über jeden ihrer kleinen Streiche im Bilde sind. Zur religiösen Verehrung einer so gewaltigen Götterschar genügen den Hopis die Klans, wovon jeder für bestimmte Teile des Rituals verantwortlich ist, allein nicht. Daher sind sie in verschiedene Kult-Gruppen und Bruderschaften (Bünde) gegliedert, deren Beitritt besonderen Regeln unterliegt, die sich von denen der Erbnachfolge bzw. Abstammung unterscheiden: Die Aufnahme in diese Gruppen erfolgt durch Adoption oder Initiation, wobei letztere entweder auf eigenen Wunsch, spontan oder auch unter Zwang erfolgt. Jede Zeremonie ist somit durch ein System verschiedener Parameter definiert: Sie hat ihren bestimmten Tag im Kalender, sie unterliegt der besonderen Verantwortung einer bestimmten Bruderschaft, sie wird von bestimmten Kultgruppen vollzogen, ferner „gehört" sie einem bestimmten Klan und findet jeweils in einem besonderen dafür vorgesehenen *Kiva* statt. Die Mehrzahl der Bruderschaften und Bünde besteht ausschließlich aus Männern, aber es gibt auch drei, die nur den Frauen vorbehalten sind (Lakon, Marau und Ooquol); andere wiederum stehen beiden Geschlechtern offen. Nur der Gesellschaft der Katschinas können alle Personen beitreten, die das Alter der Initiation erreicht haben. Der Kulturkalender der Hopis beginnt im November mit der *Wowochin*-Feier, der Stammes-Initiation (die alle vier Jahre stattfindet), der Entfachung des neuen Feuers und dem Masau'u-Kult: Dabei handelt es sich um die Erinnerung an die Ankunft der ersten Stammväter auf der Erde, die aus den unterirdischen Tiefen hervorkamen, wo sie davor lange gefangen gewesen waren. Im Dezember folgt, — zusammen mit der Wintersonnenwende —, die *Soyal*-Feier. Das im Februar folgende *Powamu*-Fest ist ein Fest des Keimens und der Saat. Schon seit Dezember halten sich die Katschinas im Dorf auf und bleiben dort bis in den Juli, die Zeit des *Niman*, eines Festes, das zu Ehren ihres Abschieds gegeben wird. Im August werden Jahr für Jahr abwechselnd die Zeremonien zu Ehren der Bruderschaften der Schlange und der Antilope oder der Flöte gefeiert, wobei letztere einmal unter dem Zeichen der „blauen" und einmal unter dem Zeichen der „grauen" Farbe steht. Im September und Oktober werden — ebenfalls in jährlichem Wechsel — die weiblichen Zeremonien zu Ehren von Marau, Ooquol und Lakon begangen.

* * *

Das Interesse an (Auto-)Biographien von Ureinwohnern geht in Amerika auf die ersten Jahre des XIX. Jahrhunderts zurück, wobei es sich damals jedoch noch nicht um wissenschaftliche Forschungsmethoden mit klar umrissenen Zielen handelte. Die zweite Phase begann dann in den 20er und 30er Jahren unseres Jahrhunderts mit den Arbeiten von G.L. Wilson und P. Radin, — letzterem ist die erste Eingeborenen-Autobiographie zu verdanken, ein umfassendes Werk, das von einem professionellen Ethnologen in Auftrag gegeben, überwacht und kommentiert wurde. Es handelt sich um das Werk Crushing Thunder: *The Autobiography of an American Indian*, New York, 1926.

In einer eingehenden Studie über diese Form der ethnologischen Literatur (6) erwähnt Clyde Kluckhohn mehr als 200 Titel von Werken über Biographien von Eingeborenen oder über die Diskussionen der Methoden, wonach sie vorgehen, die wissenschaftlichen Ziele, die sie verfolgen und die Probleme, die ihre Thematik aufwirft. Neben Crushing Thunder wollen wir uns hier auf die Erwähnung von drei besonders erfolgreichen und bemerkenswerten Werken konzentrieren: W. Dyk: *Son of Old Man Hat*, New York, 1938; C.S. Ford: *Smoke from their fires*, Yale University Press 1941, — Autobiographien eines Navaho- und eines

Kwakiutl-Indianers. Schließlich die Autobiographie des *Sun Chief* Don C. Talayesva, die bereits von Kluckhohn ganz zu recht als die bis heute beste Autobiographie eines 'Eingeborenen' betrachtet wurde.

An anderer Stelle habe ich aus technischer Sicht Methoden und Ergebnisse von der Autobiographie des *Sun Chief* untersucht (7), weshalb ich hier nicht mehr eigens darauf eingehen werde. Es sei lediglich betont, daß es sich dabei um ein lang und minuziös vorbereitetes Unternehmen handelt. Leo W. Simmons, der es konzipiert und in die Tat umgesetzt hat, entschied sich auf Anraten von M. Titiev, einem hervoragenden Fachmann auf dem Gebiet der Hopi-Kultur, für Don. C. Talayesva als Informanten. Die Begegnung zwischen beiden fand im Jahre 1938 statt, und Simmons verpflichtete Talayesva zunächst für einen Stundenlohn von 35 Cents als Gewährsmann. Allmählich gelang es Simmons aber, ihn davon zu überzeugen, daß ein autobiographischer Bericht von weit größerem Interesse wäre als verstreut aufgelesene Informationen, woraufhin Talayesva sich auf Zusage von 7 Cents pro Manuskriptseite einverstanden erklärte, ein Tagebuch zu führen. Die Aufzeichnung beginnt im September 1938. Während der folgenden Jahre finden zwischen beiden verschiedene Begegnungen statt, teils in Oraibi, wohin Simmons 1940 noch einmal zurückkehrt, teils in Yale, wo Talayesva ihn im März 1941 besucht. Bis zu diesem Zeitpunkt hat er bereits 8000 Seiten Manuskript verfaßt, und Simmons beschränkte sich darauf, es zu etwa vier Fünfteln zusammenzustreichen, um Wiederholungen zu tilgen, und den Text nach einem kohärenten Schema neu zu ordnen, jedoch ohne dabei etwas am Stil des Verfassers zu ändern.

Als Talayesva sein Werk verfaßte, war er etwa 50 Jahre alt. Sein bis dahin verbrachtes Leben machte ihn zu einem Augenzeugen, der sich über den Konflikt zwischen den traditionellen Wegen und denen der Zivilisation als besonders informiert und einfühlend erwies. Da er sich seit frühester Jugend nur schlecht in das Milieu seiner Herkunft fügte, wurde er im Alter von etwa 10 Jahren in eine amerikanische Schule geschickt, und schon bald konnte er sich für vollkommen in die moderne Welt integriert glauben. Zehn Jahre später trifft ihn aber dann eine schwere Krankheit, in deren Verlauf ihm, während er an das Krankenbett gefesselt war, die Götter und Glaubensinhalte seiner Jugend wieder erreichten. Sein Schutzgeist hält ihm seinen Verrat vor, woraufhin er seine Leiden als übernatürliche Bestrafung deutet. Don C. Talayesva verläßt das Krankenhaus schließlich gesund aber gewandelt. Er kehrt in das Dorf zurück, in dem er geboren wurde, um sich dort zum sorgsamen Hüter der alten Riten und Bräuche zu machen. Dieser aufgeklärte Konservator, dieser methodische und fleißige 'Reaktionär' beschränkt sich keineswegs darauf, nur seine Gesellschaft zu beschreiben, sondern führt ein leidenschaftliches Plädoyer, besessen von dem Verlangen, sein Verhalten zu rechtfertigen und den inneren Wandel zu verstehen, der ihn wieder zum Respekt vor tradierten Bräuchen zurückgebracht hatte. Der Bericht, den er uns gibt, hat eine psychologische und romanhafte Tiefe, die allein schon vollkommen ist. Dem Ethnologen liefert er eine immer noch reiche Ausbeute von Informationen über eine Gesellschaft, über die wir an sich bereits gut Bescheid wissen. Das Besondere daran ist aber, daß dem Bericht des Talayesva von vornherein etwas gelingt — und dies mit unvergleichlicher Ungezwungenheit und Anmut —, wovon der Ethnologe zeitlebens nur träumen kann, und was ihm nie vollständig gelingt: Die Rekonstruktion einer Kultur „von innen heraus", das heißt so, wie das Kind und später der Erwachsene sie erleben. So als würden wir, die Archäologen der Gegenwart, die durcheinandergeworfenen Perlen einer Halskette ausgraben und uns wäre plötzlich die Fähigkeit gegeben, sie in ihrer ursprünglichen Anordnung aufgereiht und sanft bewegt an dem jugendlichen Hals zu entdecken, zu dessen Zier sie ursprünglich bestimmt waren.

Anmerkungen:

(1) Die jüngsten prähistorischen Funde aus Texas scheinen — soweit wir heute wissen — mehr als 35.000 Jahre alt zu sein.
(2) Watson Smith: *Kiva Mural Decorations at Awatovi and Kawaika-a*. Papers of the Peabody Museum of American Archeology and Ethnology. Harvard University. Vol. XXXVII, 1952.
(3) Mischa Titiev: *Old Oraibi*. Papers of the Peabody Museum of American Archeology and Ethnology. Harvard University, Vol. XXII, No. 1, 1944, S. 135.
(4) G.A. Dorsey, H.R. Voth: *The Oraibi Soyal Ceremony*. Field Columbian Museum Publ. 55, Anthropological Series, Vol. III, No. 1, Chicago 1901.
(5) Fred Eggan: *Social Organisation of the Western Pueblos*. University of Chicago Press, 1950.
(6) In: *The Use of Personal Documents in History, Anthropology and Sociology*. Social Reserch Council Bulletin 53, New York 1945.
(7) In: Social Research, Vol. X, New York; L'Année Sociologique, Troisième série, Bd. I, 1940-1949.

DIE HOPI VON ORAIBI

Oraibi, die Heimat Don C. Talayesvas, soll die älteste, ohne Unterbrechung bewohnte Stadt der Vereinigten Staaten sein. Sie liegt in Arizona, hundert Meilen östlich des Großen Canyons und gegen sechzig Meilen nördlich der Eisenbahnlinie von Santa Fé, auf dem kahlen und unfruchtbaren Felsvorsprung eines hohen trockenen Tafellandes, einem der südlichen Ausläufer der Schwarzen Mesa – ein Pueblo aus terrassenförmig aneinanderschließenden Steinbauten mit flachen Lehmdächern. Hier haben die Hopi es achthundert Jahre lang oder länger verstanden, unter Trockenzeiten, Hungersnöten, Seuchen und Raubüberfällen das Leben zu fristen und ihre völkische und kulturelle Eigenart zu wahren trotz spanischer Eroberer, katholischer Priester, protestantischer Missionare und vieler wohlmeinender, oft aber übelberatener Agenten der Regierung der Vereinigten Staaten. Um die Zeit von Dons Geburt (1890) überstieg die Bevölkerungszahl das erste Tausend. Vierzig Meilen weiter westlich lag Moenkopi, eine Zweigniederlassung von Oraibi, wo etwa zweihundert Menschen am Ufer des Kleinen Coloradoflusses lebten, die ihre zeremoniellen Verpflichtungen allerdings im Heimatdorf erfüllten. Im Osten lagen auf der Ersten und der Zweiten Mesa sechs weitere Hopi-Pueblos, die im Jahre 1890 etwa anderthalbtausend Einwohner zählten. Auf der östlichsten, der Ersten Mesa, befand sich auch der Pueblo Hano, wo Tewa-Indianer lebten, die Mischehen mit den Hopi eingegangen waren.

Die Hopi sprechen eine Sprache des schoschonischen Zweiges der uto-aztekischen Sprachfamilie, obwohl sie eigentlich anderen Ursprungs sind, denn sie gelten als Nachkommen der vorgeschichtlichen »Felswandbewohner« (cliff dwellers). Mit ihrer rotbraunen Haut, den vorstehenden Wangenbeinen, den breiten Gesichtern und dem straffen schwarzen Haar zeigen sie die typisch indianischen Rassenmerkmale. Die Männer sind untersetzt, im Durchschnitt 164 Zentimeter groß, aber gut gebaut, muskulös und gelenkig. Die Frauen sind etwa 13 Zentimeter kleiner und zeigen in der Jugend blühende Hautfarbe, schlanken Wuchs und anmutige Bewegungen; sobald sie aber älter werden, sind sie wohlbeleibt, wenn auch fast nie unbeholfen oder träge. Die Hopi sind ein friedliebendes Volk, wie ihr Name ausdrückt – »Hopi« heißt friedliches Volk – sie sind gesellig und humorvoll im Umgang, zeigen aber eine Haltung, die Mut und Selbstvertrauen verrät. Wenn sie von beutelüsternen Apatschen, Navaho oder Ute angegriffen wurden, verteidigten sie Heim und Herd auf den Mesahöhen stets mit großer Tapferkeit und haben sogar verheerende Gegenangriffe gemacht, obwohl sie mit nichts Besserem bewaffnet waren als mit Holzkeulen, sehnenbespannten Bögen und Rohrpfeilen mit Flint- oder Obsidianspitzen.

Es war ein hartes Leben auf diesem sandreichen, felsigen, halbwüsten Plateau zweitausend Meter über dem Meeresspiegel. Bei einem Jahresmittel von knapp fünfundzwanzig Zentimeter Niederschlägen ist das Wasser die entscheidende Lebensfrage. Stärkere Regenfälle gibt es fast nur im Hochsommer und dann oft in Gestalt stürmischer Wolkenbrüche, die dem Boden und dem kärglichen Pflanzenwuchs beträchtlichen Schaden zufügen. Im März und April zerfetzen heftige Trockenstürme die sprießenden Pflanzen, verschütten die wenigen Quellen mit Sand, begraben nicht selten Buschholz und Häuser und befördern buchstäblich ganze Felder von Sand und Erde über die Wüste hin. Beifuß, Yucca, Krüppelzeder, Greasewood, Kakteen und andere Steppenpflanzen liefern sehr wenig Nahrung, haben geringen Nutzen als Baumaterial und ergeben nur dürftigen Brennstoff, der noch dazu meilenweit bis zum Dorf herangetragen werden muß.

Da es lebenswichtig ist, für die Ernährung ein weites Gebiet nutzbar zu machen – Kiefernkerne, Wacholderbeeren, Mesquitebohnen, Stachelbirnen und viele andere wilde Samen, Wurzeln, Blätter und Früchte werden gesammelt – muß man gut laufen und schleppen können, und die Hopi sind berühmt geworden durch die Fähigkeit, mit der sie weite Entfernungen zu Fuß und mit beträchtlicher Geschwindigkeit überwinden. Noch bis vor kurzem mußten alle Nahrungsmittel, der gesamte Brennstoff und ein großer Teil des Wassers, dies zuzeiten in Gestalt von Eisblöcken, mühselig mit Tragegurten oder Decken auf dem Rücken die Mesahöhe hinangetragen werden – und oft ist das auch jetzt noch nötig. Die Balken für die Hausdächer wurden viele Meilen weit herangeschafft, und das gesamte Reisig, der Lehm und ein großer Teil der Bausteine mußte die Mesa hinaufgeschleift und in letzter Zeit gezogen werden.

Die heimische Fauna – Bär, Hirsch, Antilope, Puma, Wildkatze, Dachs, Wolf, Fuchs und Coyote – ist seit langem zu sehr gelichtet, um noch als Nahrungsquelle ins Gewicht zu fallen; aber diese Tiere werden noch immer nach religiösem Ritual mit Eifer gejagt, man tötet sie auf Treibjagden, an denen die ganze Ortschaft teilnimmt, mit Eichenbögen und flintbewehrtem Pfeil oder in letzter Zeit mit Feuerwaffen, und sie werden des Fleisches und der Knochen, der Pelze und des Leders wegen hoch geschätzt. Füchse, Coyoten, Kaninchen, Ratten und Präriehunde werden ebenfalls gemeinsam gejagt, mit krummen Wurfhölzern getötet und mit großem Genuß verspeist. Früher wurden Tiere auch in Fallen aus flachen Steinen gefangen und Vögel in Schlingen aus Roßhaar oder Yuccafasern. Geflügel wird selten gegessen, Schlangen und Kerfe ißt man nie, Fische gibt es nicht. Hunde werden zu verschiedenen Zwecken gehalten, aber fast nie gegessen. Auch Truthühner züchtet man; sie sind wegen ihrer Federn, die bei den Zeremonien gebraucht werden, hochgeschätzt. Habichte und Adler werden zu bestimmten Jahreszeiten in Gefangenschaft gehalten, ihre Federn benützt man für die heiligen Gebetsstäbe, Pahos genannt, und zu Opfern für die Götter; verspeist werden sie nie.

Lange mühselige Fahrten mit ausgebildeten rituellen und kultischen Verrichtungen waren früher bei der Beschaffung von Salz üblich. Zu Töpfen und anderen Gerätschaften trägt man den Ton und die Rohstoffe für die herkömmlichen Farben aus weiter Entfernung herbei. Die Zweige kleiner Büsche werden entrindet, getrocknet, gefärbt und zu Platten und Körben für den Hausgebrauch verflochten.

Die gebräuchlichen Lebensmittel sind überwiegend pflanzlichen Ursprungs. Jedes Kraut wird auf seinen Wert als Nahrungsstoff und als Heilmittel genau untersucht. Kulturpflanzen wie Mais, Bohne, Kürbis, Wassermelone und Sonnenblume liefern die Hauptnahrungsmittel. Man pflanzt sie mit aller Sorgfalt im Schwemmsand und im Bett der Regenbäche, schützt sie nach Kräften vor Würmern, Kerfen und Stürmen und hegt sie mit äußerster Geduld und Ausdauer bei Überflutung und bei Dürre. Mais ist im wahrsten Sinne des Wortes der »Stab des Lebens«. Eine jahrhundertelange Auslese hat Sorten von Mais und Baumwolle hervorgebracht, die in sehr kurzer Zeit keimen und reifen.

Die spanischen Priester – seit 1540 den Hopi bekannt – bauten Anfang des siebzehnten Jahrhunderts in Oraibi eine Kapelle und ein Wohnhaus, wurden aber sämtlich bei einem allgemeinen Aufstand im Jahre 1680 umgebracht. Seitdem hat die katholische Kirche ihre Mission nicht wieder aufgenommen. Aber während die Hopi die Religion der spanischen Priester verwarfen, behielten sie ihre Pfirsiche und Aprikosen und übernahmen ihre Schafe, Esel und Pferde, wodurch eine grundstürzende Umwälzung in ihrer Wirtschaftsform eintrat. Aber trotz dieser Fortschritte und anderer, die in jüngerer Zeit unter der Anleitung der Regierung gemacht worden sind, ist das Leben in Oraibi noch immer hart genug. Wer dort um 1890 als Hopi geboren wurde, dem war bestimmt, sein Leben in sehr starker Abhängigkeit von einer unwirtlichen und beschwerlichen Umwelt zu führen.

Die Arbeitseinteilung und -ordnung erfaßt im Grunde jedermann in Oraibi – mit Ausnahme der ganz kleinen Kinder und der sehr körperbehinderten Erwachsenen. Die tägliche Arbeit ist in überwiegendem Maße durch das Herkommen geregelt, vor allem nach dem Geschlecht und weniger stark nach Alter und besonderen Fähigkeiten. Früher schützten die Männer das Dorf gegen räuberische Feinde, und ein Teil von ihnen war in einem militärischen Verband zusammengefaßt. Den Männern obliegen die anstrengenderen Tätigkeiten außer dem Hause wie Jagen, Hüten, Feldbau und die Beschaffung von Brennstoffen, Holz wie Kohle. Sie leisten auch beim Hausbau die schwereren Arbeiten, unternehmen ausgedehnte Handels- und Jagdfahrten, führen die meisten Zeremonien durch und bestimmen über die inneren und äußeren Angelegenheiten der Gemeinde. Innerhalb des Dorfes vollzieht sich ein großer Teil der Männerarbeit in den Kivas – unterirdischen, rechteckigen Räumen, die zugleich Kapelle, Logenhaus, Versammlungssaal, Männerschlafraum und Vereinslokal sind. Hier spinnen und krempeln sie Wolle und Baumwolle, weben Decken, farbige Röcke und Gürtel und das schwere schwarze Frauenkleid, das Manta heißt. In der Kiva stellen sie Mokassins her und Perlschnüre, fertigen Werkzeuge und Waffen an und bessern sie aus, bereiten Farbe, schneiden einander das Haar, gerben Häute, schnitzen Katschinapuppen und halten die heiligen Masken und den anderen Festzubehör instand. Einige wenige Hopimänner sind auch Silberschmiede. In der Kiva erzählen sich die Männer auch ihre Erlebnisse und die Stammesüberlieferungen, spielen freundschaftliche Spiele, üben Lieder und Katschinatänze ein und führen den geheimen esoterischen Teil ihrer verwickelten religiösen Zeremonien durch. Die Heilkunst liegt in der Hand der Männer, abgesehen von der Geburtshilfe und der Anwendung von Kräutern, Umschlägen und heißen Steinen, und sogar diese Formen der Behandlung werden in überwiegendem Maße von ihnen ausgeübt.

Die Arbeiten der Frau haben ihren Angelpunkt in dem Hause, das ihr gehört und das sie gewöhnlich auch ihr ganzes Leben hindurch bewohnt; es herrscht die Einehe, und Wohnsitz ist das Haus der Mutter – er bleibt es für die Tochter, während der verheiratete Sohn in das Haus der Ehefrau, das heißt das ihrer Mutter zieht. Die Frauen leisten den größten Teil der Hausarbeit, kochen, kümmern sich um die Kinder, mahlen Mais – in großen Mengen –, besorgen die Kleingärten und helfen beim Bau und der Instandhaltung der Häuser. Sie holen fast das gesamte Wasser aus den Quellen und den Regenwasserbehältern, dörren Pfirsiche und Gemüse, sorgen für die

Hühner, verputzen innen und außen die Mauern der Häuser und die Lehmfußböden, hüten die Nahrungsmittelvorräte und stellen Töpfe und Körbe her. Die Männer weben zwar die gesamte herkömmliche Bekleidung, doch nähen und flicken die Frauen oft die eigene und die der Kinder; neuerdings wird sie vielfach vom ortsansässigen Händler bezogen. Auch mit allerlei Handel und Tauschgeschäften befassen sich die Frauen. Da ihnen unter der Aufsicht der Klan- und Gemeindevögte alles bebaute Land gehört, beanspruchen sie den größten Teil der Ernte und des erworbenen Geräts als ihr Eigentum, wenn sie ins Haus gebracht werden. Den Männern gehört ihr eigener Schmuck, überhaupt alles, was dem persönlichen Gebrauche dient, ferner das Ackergerät, Pferde, Herden, Feiertracht und -zubehör. Aber es kommt auch vor, daß Frauen Herden, Pferde, Feldhütten und Baumgärten besitzen, obwohl sie fast nie selber Viehzucht oder schwere Feldarbeit betreiben.

Arbeitsgemeinschaften, die aus Männern, Frauen oder aus beiden Geschlechtern bestehen, sind sehr beliebt. Die Männer helfen einander beim Urbarmachen und beim Einzäunen der Felder, beim Pflanzen und Ernten, bei der Schafschur, beim Entsanden der Quellen, beim Kohleschürfen und Holzsammeln, beim Ausbessern der Kivas und beim Weben von Hochzeitsausstattungen. Ebenso gehen sie gemeinsam zur Jagd oder auf Handelsreisen. Frauen schließen sich gern zum Mahlen des Maises und zum Ausbessern der Häuser, zum Nähen, Töpfern und Flechten, zur Gartenarbeit und zur Bereitung der Festspeisen zusammen. Gruppen von Männern und Frauen finden sich beim Hausbau und beim Reinigen der Quellen zusammen, bei der Ernte und Süßmaisbäckerei und bei Landfahrten zum Einbringen von Nahrungspflanzen und Brennholz, von Yuccawurzeln zum Kopfwaschen und von Rohstoffen zum Töpfern und Flechten.

Die Hopi haben weder eine gemeinsame Regierung noch ein allgemeines Stammesoberhaupt. Jeder Pueblo ist politisch unabhängig; trotzdem versammeln sich bei seltenen Gelegenheiten, wenn eine allgemeine Notlage eintritt, die Vögte verschiedener Dörfer, um gemeinsam zu ratschlagen und zu beten und auch wohl gelegentlich vereint zu handeln. Innerhalb eines Pueblo ist die Gewalt vorwiegend theokratisch, das heißt sie ruht in einem Rate erblicher Klan-Ältesten, die zugleich die Leiter der religiösen Bünde und oft auch der Kiva-Gruppen sind. Zwischen religiösen, sozialen und persönlichen Verpflichtungen wird kein scharfer Unterschied gemacht. Nachfolge im Amt wie im Besitz vollzieht sich fast stets in der weiblichen Linie. Der Schwestersohn eines Mannes, nicht sein eigener Sohn, folgt ihm im Amte, wobei der Vorgänger ein gewisses

Recht zur Auswahl besitzt. Einige Ratsmitglieder haben besondere Ämter inne, und der Dorfvogt, der gewöhnlich das Haupt des Bärenklans ist, leitet die Geschäfte des Rates; ihm steht ein Vetorecht zu gegenüber allen Anträgen die dem Rate vorliegen. In der Hopi-Theorie gehören dem Dorfvogt als Treuhänder alles Land um den Pueblo, alle Häuser, die gesamte Ernte; die Dorfbewohner gelten als seine Kinder und nennen ihn Vater. Er entscheidet daher alle Streitsachen, die das Land, und fast alle, die das Eigentum betreffen. Von ihm wird verlangt, daß er ein »gutes Herz« bewahrt und nicht zornig wird, damit das Volk nicht darunter zu leiden hat. Ein öffentlicher Ausrufer, auch ein Vogt, gibt die Ratsbeschlüsse bekannt und kündigt bevorstehende Zeremonien und andere allgemeine Vorhaben an. Ein Kriegsvogt, der Kaletaka, steht dem Dorfvogt bei der Verwaltung und in der Beilegung von Streitigkeiten zur Seite. Die Gesetze sind mündlich überliefert. Vergehen gibt es nur wenige, und Strafen sind selten – außer Spott und gesellschaftlicher Ächtung, die unter Umständen sehr hart trifft. Es gib keine Gerichtshöfe, keine Polizisten und keine Geldstrafen außer denen, die die Regierungsbeauftragten verhängen. Diebstahl war in früheren Zeiten jedenfalls sehr selten; eigentlicher Mord ist im Grunde unbekannt. Meinungsverschiedenheiten, Zank und Streit und Zwischenfälle verschiedener Art kommen zwar vor und bringen das Dorf in Aufregung; man versteht es aber, sie beizulegen, und alles verläuft, ohne daß jemand dabei in wirkliche Gefahr gerät – offenbar deshalb, weil die Tradition so stark gegen Gewaltsamkeit jeder Art spricht. Die Entscheide des Rates und des Dorfvogtes werden von jedermann als endgültig angesehen; ja, man kann einzelne Leute sagen hören, daß sie das Dorf verlassen müßten, wenn der Vogt es ihnen anbefehle. Die politischen Ämter des Dorfes liegen also vollständig bei der »Hierarchie erblicher Priester«, deren Handlungen religiös gerechtfertigt sind, und da der Gemeinderat vorwiegend eine religiöse Körperschaft ist und die Mitglieder in erster Linie darauf bedacht sind, sich ein ungetrübtes Gemüt zu wahren, greift er auch nur dann in Streitigkeiten ein, wenn es unbedingt notwendig ist.

Allgemein anerkannte Klassenunterschiede, die einen großen Einfluß auf die gesellschaftlichen Rechte hätten, gibt es im Grunde nicht. Einige Klans sind freilich angesehener als andere, teils wegen der Ämter oder Zeremonien, die ihnen unterstehen, teils wegen überlieferter Berichte über besondere Verdienste um das Wohlergehen der Gemeinde.

Jeder erwachsene Mann ist Mitglied einer Kivagruppe – früher gab es einmal mindestens dreizehn solcher Gruppen in Oraibi – und diese stellen eine weitere typische Form in der Gliederung der Hopigesellschaft dar. Die Mitgliedschaft in einer Kivagruppe wird gewöhnlich durch den Gevatter (ceremonial father) herbeigeführt. Don wurde Mitglied der Tawaopi-(Sonnenhügel-) Kiva durch seinen Gevatter und erbte das Eigentumsrecht an der Kiva von seinem Onkel Talasquaptewa. In dieser Kiva ist in den letzten Jahren die Soyalfeier durchgeführt worden. Die Mitgliedschaft an einer Kiva ist niemals auf einen Klan beschränkt, denn Gevattern sind niemals aus demselben Klan wie ihre Patensöhne. Obwohl allerlei gesellschaftliche und wirtschaftliche Tätigkeiten in der Kiva vor sich gehen, dient sie doch hauptsächlich der Durchführung der Zeremonien. Während einer Zeremonie verlassen die Kivamitglieder, die daran nicht teilnehmen, den Raum, denn der größte Teil des Rituals ist geheim. Frauen haben keinen Zutritt zu den Kivas – immer natürlich zur Marau-Kiva, die ihnen gehört – es sei denn, sie wohnen Katschinatänzen bei oder nehmen in bestimmter Rolle an einer Zeremonie teil.

In jedem Pueblo gliedert sich die Bevölkerung in exogame, matrilineare Klans, die sich gewöhnlich durch den ganzen Stamm erstrecken, Totemnamen führen und locker in gleichfalls exogamen Phratrien zusammengefaßt sind. Jeder Klan besteht aus einer oder mehreren Sippen, die eng mit je einer »Haushaltung« zusammenhängen. Das zeremonielle und alltägliche Leben des einzelnen ist mehr oder weniger schematisch festgelegt durch ein klassifizierendes Verwandtschaftssystem vom Krähen-Typ, das zum Teil auf abstammungsmäßigen Zusammenhängen ruht. Der Wohnsitz ist matrilokal; Abstammung, Erbgang und Ämterfolge sind matrilinear bestimmt. Über diese grundsätzliche Gliederung der Verwandten hinaus haben die Hopi noch zahlreiche Wege, um den Verwandtenkreis zu erweitern, und ein einzelner ist der Möglichkeit nach auf irgendeine Art mit den meisten Menschen in der Gemeinde und im Stamm verwandt. In vielen Fällen gibt es mehrere Arten der Verwandschaft, deren der einzelne sich nach freier Wahl bedient. Auch durch Adoption kann man Verwandtschaftsbeziehungen zu anderen Klans und sogar anderen Stämmen herstellen, bei diesen ferner dadurch, daß man die Beziehung auf die Gleichheit der Totemnamen gründet.

Das Gebäude der Verwandtschaftsbeziehungen ist grundlegend sowohl für die gesellschaftliche Gliederung des ganzen Stammes als auch für die Art, wie der einzelne an dieser seiner Gesellschaft Anteil hat. Nach ihm regeln sich die meisten seiner persönlichen Beziehungen, und man kann sagen, daß mit ihm eine Art Grundriß seiner »sozialen Person« gegeben ist. Es bestimmt seinen möglichen Rang und seine Aufgabe, legt ein vielfältiges Gewebe von Beziehungen zwischen ihm und Dutzenden, ja Hunderten von anderen Menschen fest, liefert feststehende Regeln für das gesellschaftliche Zusammenspiel und sichert ihm zahlreiche Rechte und Vorrechte, legt ihm aber auch Verpflichtungen auf, die zum Teil gegenseitig sind. Ferner wird dadurch das Maß bestimmt und im Herkommen begründet, das die intimeren persönlichen Beziehungen regelt, ein Maß erlaubter Annäherung oder notwendiger Meidung: im Abhängigkeitsverhältnis der frühen Kindheit, in den Beziehungen zu Eltern und Geschwistern, bei Freite und Vermählung, bei der Anteilnahme am Leben anderer, wie schließlich an allen wirtschaftlichen, zeremoniellen oder der Erholung dienenden Einrichtungen. Kein Hopi macht jemals Gebrauch von all seinen in Verwandtschaftsverhältnissen begründeten Rechten: er wirkt in vielen auf Gegenseitigkeit, vernachlässigt wahrscheinlich die größere Zahl, nutzt einige wenige aus und wird seinerseits gelegentlich ausgenutzt. Wo immer zwei oder mehr Menschen innerhalb der Hopi-Gesellschaft sich kennenlernen, ist die erste Handlung, das Verwandtschaftsverhältnis von jedem zu jedem festzulegen, und dann nimmt das Verhalten einen brauchgemäßen, ja nahezu rituell bestimmten Verlauf. Wenn Mann und Frau Beziehungen zueinander aufnehmen, kann in der Tat das Versäumnis, das Verwandtschaftsverhältnis festzustellen, gefährliche Folgen haben, wie es in Dons erstem Liebesverhältnis der Fall war.

Die Hopi haben die Welt der Phantasie mit Scharen übernatürlicher Wesen bevölkert, ja sie meinen, daß fast alles in der Natur eine Seele besitzt und daß einige dieser Seelen weit mächtiger seien als andere. Ihre Achtung vor ihren toten Verwandten und der Verkehr mit ihnen legen auch den Gedanken an Ahnenverehrung nahe. Im Glauben der Hopi hängt aller Wohlstand davon ab, daß man sich die Götter geneigt macht. Rohe Felsheiligtümer sind ihnen im Dorf, auf den Feldern und an weit entlegenen Orten errichtet worden; einige dieser Heiligtümer sind mit Plastiken und Bildern ausgestattet. In einer Umwelt, wo der Lebenskampf ohnehin äußerst hart ist, wird fast ebensoviel Anstrengung für den Götterdienst aufgewendet wie für die Arbeit. »Wenn wir aus Zettel und Einschlag des Hopilebens die Fäden der Religion herauslösen könnten, würde offenbar nicht viel übrigbleiben[1].«

Es folgt nun – nach Don und anderen Gewährsleuten aus Oraibi – eine sehr abgekürzte Darstellung der Hopi-Götter in der Reihenfolge ihrer Wichtigkeit. Die Sonne ist der oberste Gott. Er, »unser Vater«, soll ein starker Mann in mittleren Jahren sein, der täglich

[1] Walter Haugh: The Hopi Indians, Cedar Rapids, 1915, Seite 71.

über den Himmel wandert, der Welt Licht und Wärme gibt und alles Leben unterhält. In den weit entlegenen Weltmeeren im Osten und Westen wohnen die zwei uralten Göttinnen des Festen (Hurungwuhti), die noch immer die Gebete der Hopi erhören. Mit dem Sonnengott verbunden sind die Götter des Mondes und der Sterne, männliche wie weibliche, die ihm in seinem lebenswichtigen Werke beistehen. Adler- und Habichtsgottheiten haben ebenfalls im Himmel ihren Sitz und kümmern sich um das Wohl des Volkes. Geringere Himmelsgötter sind die Gottheiten des Windes, des Blitzes, des Donners, des Regens und des Regenbogens. Schlangengottheiten leben in den Quellen und sorgen für den Wasservorrat. Im Range unter diesen Göttern steht das Wolkenvolk-der-sechs-Richtungen, abgeschiedene Ahnen, die Oraibi in knolligen Wolken aufsuchen und ein wenig Regen auf das ausgedörrte Land fallen lassen. Masau'u, Gott des Feuers und des Todes, ist Herr über die Unterwelt der Geister, er haust aber auch in Heiligtümern in der Nähe der Hopi-Dörfer. Er ist ein ruheloser Nachtwanderer, der einen Feuerbrand trägt und das Volk in seinem Schlafe behütet. Muyingwu lebt mit seinem Weibe unter der Erde und sorgt für das Keimen aller möglichen Saaten und das Wachstum der Pflanzen. Das alte Spinnenweib, welches ebenso das Salzweib ist, wohnt mit seinen Enkelsöhnen, den Zwillingskriegsgöttern, in einem Heiligtum bei jedem Dorf, weilt aber auch an vielen anderen entfernten Orten. Mit den Kriegsgöttern zusammen fördert sie die Angelegenheiten aller guten und gläubigen Hopi. Es gibt ferner eine Maismutter und ihre Maisjungfern, welche die Maispflanzen betreuen, und die Mutter des Wildes, die den Jäger mit Beute belohnt. Die Katschinas sind Ahnengeister und stehen jedes Jahr sechs Monate lang mit den Leuten von Oraibi in Verbindung; mit ihren Maskentänzen und dadurch, daß sie die Gebete des Volkes zu den mächtigeren Göttern tragen, fördern sie den Wohlstand des Dorfes. Jedermann hat dazu noch einen Lenkergeist, der ihn gegebenenfalls vor Gefahren beschirmt und ihm lebenslang die Bahn weist. Außer den genannten und weiteren wohlbekannten übernatürlichen Mächten gibt es noch allerlei unbestimmte Wesen geistiger Art, gute wie böse, die Oraibi besuchen und die gemieden, gebannt oder besänftigt werden müssen. Die Zeremonien der Hopi haben vorwiegend religiösen Charakter; sie sind außerordentlich verwickelt und werden gewöhnlich mit dem ausgesprochenen Zweck vollzogen, Regen herbeizuführen, das Wachstum der Feldfrüchte zu fördern und Gesundheit und langes Leben sicherzustellen. Jede Zeremonie hat ihre bestimmte Stelle im Jahreslauf, ist mit einem Bunde verknüpft, dem ihre Durchführung obliegt, »gehört« einem einzelnen Klan, der den Hauptpriester dazu stellt, und wird in einer bestimmten Kiva abgehalten. Die Mitglieder eines Bundes gehören verschiedenen Klans an, ihre Aufnahme erfolgt in einem bis ins Kleinste durchgestalteten Initiationsritual. Einige wenige werden zwar auch aufgenommen, wenn sie in tabuierte Bezirke eindringen oder als Kranke von einem der höheren Priester des Bundes behandelt werden, gewöhnlich aber tritt das neue Mitglied auf Bürgschaft eines Gevatters oder einer Gevatterin ein.

Als Don noch ein kleiner Knabe war, gab es mindestens dreizehn solcher Bruderschaften in Oraibi. Der Katschinabund schloß alle Personen ein, die das Initiationsalter von sieben bis elf Jahren überschritten hatten. Einzelne Katschinageweihte wurden auch in den Powamubund aufgenommen, um später als »Väter« und »Mütter« der Katschinas tätig zu sein. Der Wowochimbund mit den drei angeschlossenen Bünden, Ahl, Tao und Kwani, war ausschließlich Männern zugänglich; in einem von ihnen mußte man Mitglied sein, um im Stamm als Erwachsener zu gelten und tätig an der Soyalzeremonie mitwirken zu können. Der Soyalbund bestand aus Wowochimmännern mit dem Dorfältesten als Oberpriester und einigen wenigen Frauen, die eine bestimmte Aufgabe darin erfüllten. Die Bruderschaften der Schlange, Antilope, der Blauen Flöte und der Grauen Flöte waren verantwortlich für die wichtigeren Zeremonien, die während der Sommermonate stattfanden. Es gab auch drei Frauenbünde, Marau, Lakon, Ooqol, die im Herbst Zeremonien durchführten, bei denen die Einbringung der Ernte gefeiert wurde. Früher gab es auch Narrenbünde, obwohl auch damals ein einzelner Narrenrollen übernehmen konnte, ohne dort Mitglied zu sein. Außerdem gab es besondere Heilerbruderschaften oder doch wenigstens eine Feuerbruderschaft (Yaya), die Verbrennungen heilte. Der alte Tuvenga war ein Mitglied dieses Bundes. Es gab auch eine Kaletaka- oder Kriegerbruderschaft, bei der man sich als Mitglied geeignet erwies, indem man einen Skalp nahm und nächtlicherweile das Dorf bewachte. Talasvuyauoma war als Kriegsvogt das Haupt dieses Bundes. Es wird allgemein behauptet, daß die Bowakas, ruchlose Hexer, die zwei Herzen haben, eine geheime Bruderschaft bilden, in der sie oft des Nachts zusammentreffen, um Untaten zu begehen. Es gab auch einmal einen »Augensucher«-Bund (Poboctu), der sich mit der Heilung von Krankheiten befaßte und damit, die bösen Anschläge der Bowakas zu vereiteln.

Außer den schwerwiegenden rituellen Zeremonien gibt es auch gesellige, wie die Büffel-, Schmetterlings- und Adlertänze, die im Herbst oder Frühling abgehalten werden, um die Feuchte herbeizuziehen und eine gute Ernte zu sichern. Jede Zeremonie besteht aus geheimen esoterischen und sehr verwickelten Begehungen, die in der Kiva durchgeführt werden: Rauchen, Fasten, Beten, Singen, Tanzen, Bereiten von Medizin, Altardienst – und aus öffentlichen Tänzen, Wettläufen, Begehungen auf dem Dorfplatz oder an Heiligtümern oder heiligen Quellen. Von allen Mitwirkenden wird während der Zeremonie und weiterer vier Tage strenge Enthaltsamkeit gefordert. Viele Zeremonien werden mit einem Festessen und der Verteilung von Lebensmitteln oder anderen Geschenken beschlossen. Einige Zeremonien werden halbjährlich in einfacherer Form wiederholt. Seitens der Allgemeinheit wird auf die Leiter der Zeremonien beträchtlicher Druck ausgeübt, daß sie Herz und Gemüt reinhalten und die Begehungen bis aufs Tüttelchen genau durchführen, um auf diese Weise das Volk vor Mißgeschick zu bewahren.

Man darf wohl sagen, daß der Jahreskreis der Hopi-Feste gegen Ende November mit der Eröffnung der Wowochimzeremonie beginnt, zu der die Entzündung neuer Feuer, die Verehrung Masau'us und die Initiation neuer Mitglieder gehört; diese wird jedoch brauchgemäß nur alle vier Jahre vorgenommen. Die verwickelten Initiationsriten stellen den Übergang vom Jünglings- ins Mannesalter dar. Die Wowochimfeier wird von den Bruderschaften der Wowochim, Ahl, Tao und Kwani durchgeführt, und man nimmt an, daß die Begehungen das schildern, was sich dereinst in der Unterwelt zutrug und wie es den Hopi gelang zu entschlüpfen. In der Kwani-Kiva wird mit dem Bohrer ein neues Feuer entzündet, wobei der Oberpriester der Kwani-Bruderschaft Masau'u darstellt, und danach werden diesem großen Gott des Feuers und Todes Opfergaben an seine Heiligtümer gebracht.

Die Soyalfeier findet bald nach der Wowochimfeier im Dezember statt und steht unter der Leitung der Soyalbruderschaft. Alle Mitglieder der Wowochim-, Ahl-, Tao- und Kwanibünde wirken mit, ja, es sind überhaupt alle Amtsträger und Klanhäupter beteiligt. Jeder einzelne im Dorf nimmt im Innersten Anteil an der Durchführung dieser vielgliedrigen Zeremonie; er macht Pahos, und opfert Gebete und Weihgaben für das Wohl von allem, was das Hopi-Leben, ja was die Welt umfaßt. Die Zeremonie hängt mit der Wintersonnenwende zusammen und dem Sonnengott, der nach Hopi-Glauben über allem Leben steht und dieselbe Zeremonie in seinem »Südlichen Hause« vollzieht, bevor er wieder den Weg nach Norden einschlägt.

Eine einfachere Sommersonnenwendfeier wird alljährlich durch den Ältesten des Sonnenklans durchgeführt. Don hat seit dreißig Jahren an der Soyalfeier teilgenommen, ist seit langem als Ältester des Sonnenklans Träger eines wichtigen Soyalamtes und hat nun die Kiva in seinem Besitz, in der sie durchgeführt wird. Er kennt wahrscheinlich die gesamte Zeremonie in allen feinsten Einzelheiten und er betrachtet ihren Vollzug als die vornehmste Pflicht seines Daseins. Die Powamuzeremonie, die im Februar abgehalten wird, leitet der Älteste des Dachsklans unter Beistand des Katschina-Ältesten. Sie umfaßt folgende Einzelheiten: Keimen von Bohnen in den Kivas, Nachtwachen, ein umfangreiches Ritual, Einweihung von Kindern in die Powamu- und die Katschinabruderschaft, Begrüßung einer großen Zahl rückkehrender Katschinas. Der Powamupriester verkörpert die Gottheit der Keimkraft, und es wird dramatisch dargestellt, wie die Hopi aus der Unterwelt aufgetaucht sind, im besondern aber der Ursprung und die Wanderungen des Dachsklans. Die Powamuzeremonie wird, wie man sagt, durchgeführt, um den Schnee zum Schmelzen zu bringen, das kalte Wetter zu vertreiben und Feld und Garten zum Pflanzen vorzubereiten. Wachsen die Bohnenkeimlinge kräftig, so wird das als ein gutes Vorzeichen für eine reiche Ernte angesehen.

Von Dezember bis Juli und besonders vom Abschluß der Powamuzeremonie an sind Katschina-Tänze mit oder ohne Masken in den Dörfern sehr beliebt. Für diese Tänze gibt es keine bestimmten Tage; während der Wintermonate werden sie gewöhnlich abends in den Kivas abgehalten, im Sommer jedoch finden sie auf dem Dorfplatz statt und dauern den ganzen Tag. Ein solcher Tanz wird von einem einzelnen veranstaltet, der damit eine besondere Segnung zu erlangen hofft, die Heilung etwa von einer Krankheit, oder der damit das Wohlergehen des ganzen Dorfes fördern will. Die Tänze stehen unter der Aufsicht des Oberpriesters der Katschina-Bruderschaft, der gleichzeitig Ältester des Katschina-Klans ist. Ein Katschina-Vater des Powamubundes steht ihm zur Seite, und gelegentlich nehmen auch andere »Väter« an der Zeremonie teil. Die Katschina-Tänzer sind ausschließlich Männer, auch in den weiblichen Rollen. Don versichert, daß er bei diesen Tänzen die höchsten Freuden seines Lebens genossen hat.

Im Juli wird das Nimanfest oder der Abschiedstanz der Katschinas abgehalten. Dies ist für jeden Hopi, wo immer er weilt, ein Feiertag, an dem er nach Hause kommt. Besonders für die Kinder ist es ein fröhlicher Tag, denn die Katschinas bringen große Ladungen Mais, Bohnen, Melonen, Pfirsiche und andere Geschenke für sie mit, auch neue Katschina-Puppen und buntbemalte Bogen und Pfeile. Die im vergangenen Jahre neuvermählten Frauen lassen sich in ihrer Hochzeitstracht sehen, und die Männer brechen Fichtenzweige von der Maskentracht der Katschinas ab und pflanzen sie unter Gebeten um gute Ernte auf ihren Feldern ein. Die Katschinas ziehen sich nach Westen zurück und lassen sich bis zum kommenden Dezember nicht wieder blicken. Am darauffolgenden Tage werden die heiligen

Adler und Habichte erdrosselt und unter Gebeten abgesandt in ihr »Heim«.

Im August geradzahliger Jahre – nach der christlichen Zählung – werden gemeinsam die Schlangen- und die Antilopenzeremonie begangen, im Wechsel mit den Zeremonien der Blauen und der Grauen Flöte in den ungeradzahligen Jahren. Sie sollen die Schlangengottheiten günstig stimmen und reichliche Mengen Quellwasser und starke Regenfälle für die reifende Ernte herbeiführen. Die Zeremonien stellen die Sagen des Schlangenklans dramatisch dar, und die Schlangenpriester sammeln ihre »älteren Brüder« – Klapperschlangen, Stierschlangen und andere – waschen sie in ritueller Weise und tragen sie während des öffentlichen Tanzes zwischen den Zähnen. Danach läßt man sie wieder entweichen – unter Gebeten, die sie zu den Regengöttern bringen sollen. Nur wer rein ist von Herz und Gemüt, kann mit der weisen und heiligen Schlange im Mund erfolgreich tanzen. Bei der Flötenzeremonie macht man eine Wallfahrt zur Quelle, führt ein Ritual durch und ein Priester taucht auf den Boden des Teiches und bringt Pahos und andere rituelle Gegenstände mit herauf. Dann kehrt der Festzug wieder zum Dorf zurück und wird mit Zeremonien an den Heiligtümern auf dem Dorfplatz abgeschlossen, zu denen eine alte und heilige Flöte geblasen wird. Obwohl Don zweimal versucht hat, Mitglied des Schlangenbundes zu werden, und zwar, indem er in das Gebiet eindrang, wo die Männer auf Schlangen jagten, ist es ihm doch mißlungen.

Im September geradzahliger Jahre wird der Lakon- oder Korbtanz der Frauen vorgeführt; und im Oktober ungeradzahliger Jahre werden die Marau- und die Ooqol-Zeremonie der Frauen begangen. Diese Feiern haben vieles gemeinsam, und es heißt, daß sie alle drei zu Ehren der Göttin der Keimkraft stattfinden. In den Kivas werden Altäre errichtet, und dort werden die verwickelten Riten durchgeführt. Die Feiern schließen mit einem Korbtanz auf der Plaza und der öffentlichen Verteilung von mancherlei kleinen Geschenken: Flechttellern, Körben, Küchengerät, Nahrungsmitteln und anderem. Die Zuschauer balgen sich tüchtig um diese Gaben. Obwohl Dons Großvater Homikniva Hilfsoberpriester des Ooqol-Bundes war, hat Don an diesen Zeremonien nie anders denn als interessierter Augenzeuge und Mitbewerber um die Geschenke teilgenommen.

Schon zu der Zeit, da Don geboren wurde (1890), waren in Oraibi Spaltungen entstanden, welche die Zeremonien zu zerrütten drohten. Ihren Höhepunkt erreichten sie in dem »Split« von 1906, als eine große Zahl von Leuten nach Hotavila fortzog. Die Zeremonien gingen nach und nach ein, so daß heutzutage nur noch Powamu- und Soyal-Feier in Oraibi mit einigermaßen vollständigem Ritual begangen werden. Aber in den letzten Jahren sind viele von ihnen in Hotavila wieder aufgelebt, und die Leute aus Oraibi stellen dann dort die oft neiderfüllten Zuschauer.

Dons Leben umfaßt die Zeitspanne, in der die Zeremonien zerfallen sind und die Bevölkerungszahl von Oraibi von mehr als tausend auf ungefähr einhundertfünfundzwanzig gesunken ist. Er ist sich völlig darüber im klaren, daß die Zeremonien niemals in ihrer überlieferten Reinheit wieder aufleben werden und daß Alt-Oraibi bald auch eine Puebloruine wie andere sein wird. Aber er hält unverbrüchlich an den Lehren seiner Oheime und Väter in all ihrer Strenge fest als der für ihn »einzigen Lebensweise«: er ist ein konservativer und getreuer Bundesgenosse des Dorfältesten. *Leo W. Simmons*

Eine umfassende Hopi-Bibliographie findet der Leser bei George P. Murdock: Ethnographic Bibliography of North America. Yale Anthropological Studies, Band I, Seite 142 bis 145. New Haven 1941. Yale University Press.

DAS LEBEN TALAYESVAS

ZUSAMMENGEDREHTE ZWILLINGE

Als wir in Schoße unserer Mutter waren, taten wir ihr einmal weh. Da ist sie mit ihrem Schmerz, wie sie mir erzählt hat, zu einem Medizinmann gegangen. Der hat sie hier und da gedrückt, hat ihr Brüste und Bauch befühlt und dann erklärt, daß wir Zwillinge wären. Sie war überrascht und erschrocken und sagte: »Ich will aber nur *ein* Kind!« – »Dann werde ich sie zusammenfügen«, erwiderte der Doktor. Er nahm etwas Maisschrot mit vor die Tür und streute es der Sonne hin. Dann spann er schwarze und weiße Wolle, verzwirnte die Fäden zu einer Schnur und band sie meiner Mutter um das linke Handgelenk. Dies ist ein wirksames Verfahren, Kinder zu vereinen. Wir Zwillinge fingen nun gleichfalls an, uns in ein Kind zu verschlingen. Meine Mutter half auch, uns zusammenzubringen, indem sie sich mit aller Kraft nur ein Kind wünschte.

Meine Mutter hat mir auch erzählt, wie bedachtsam sie mit mir gegangen ist. Sie hat auch weiterhin mit meinem Vater zusammengeschlafen, so daß er mit ihr Umgang haben und mich wachsen lassen konnte. Es ist, wie wenn man die Feldfrucht bewässert – wenn ein Mann ein Kind zeugt und dann aufhört, hat sie die Mühsal davon. Sie hatte auch nur mit meinem Vater Umgang, damit ich eine leichte Geburt hätte und ihm ähnlich würde.

Sie vermied es, Kinder anderer Frauen auf den Schoß zu nehmen, und sah sich vor, kleinen Kindern ihren Atem ins Gesicht zu blasen, damit sie nicht schwindsüchtig würden. Sie hatte nichts zu schaffen mit dem Gerben von Häuten oder irgendeiner Art Färberei, damit sie die Sachen nicht verdürbe und mich schädigte. Als sie schwerer wurde, hütete sie sich so zu sitzen, daß jemand vor ihr vorübergehen und auf diese Weise meine Geburt erschweren konnte. Auch unterließ sie es, die Schlangenbilder, die bei den Zeremonien gezeigt werden, anzusehen, damit ich mich in ihrem Schoße nicht in eine Wasserschlange verwandelte und bei der Geburt meinen Kopf erhöbe, statt mit ihm nach unten zu liegen und den Weg hinaus zu suchen.

Mein Vater hat berichtet, wie er sich in acht nahm, daß er kein Tier verletzte und dadurch meinen Leib beschädigte. Hätte er einem Lebewesen den Fuß abgeschnitten, so wäre ich womöglich mit nur einer Hand oder mit einem Klumpfuß geboren. Jede Grausamkeit gegen ein stummes Tier hätte mein Leben in Gefahr gebracht. Hätte er einem Schaf oder Esel den Strick zu eng um den Hals gelegt, so wäre möglicherweise meine Nabelschnur um meinen Hals geraten und hätte mich bei der Geburt erdrosselt. Auch wenn ich mich von der Schnur hätte befreien können, wäre ich vielleicht halberstickt und noch lange außer Atem gewesen.

Wenn ich mich in ihrem Schoße rührte, dann konnte sich meine Mutter Hoffnung auf eine frühzeitige und leichte Geburt machen. Sie tat auch weiterhin schwere Arbeit mit Kochen, Maismahlen, Wassertragen, damit ihr Körper für die Geburt in guter Verfassung bliebe. Mein Vater gab ihr das rohe Fleisch eines Wiesels zu essen und rieb ihr den Körper mit dem Fell, damit ich beweglich würde und schnell herauskäme, genauso wie das behende kleine Tier durch ein Loch schlüpft.

Man hat mir gesagt, ich hätte eine schwere Geburt gehabt. Es begann früh am Abend eines Märztages im Jahre 1890. Da niemand sich an das genaue Datum erinnert, habe ich niemals meinen Geburtstag feiern können. Als sich das Gesicht meiner Mutter verdunkelte und sie die erwarteten Schmerzen empfand, setzte sie sich auf den Lehmfußboden ihres Zimmers nieder – im dritten Stock ihres zum Sonnenklan gehörenden Hauses. Meine fünf Jahre alte Schwester Tuvamainim mit meinem kleinen Bruder Namosteva schickte sie ins Nachbarhaus. Namostewa war ungefähr zwei Jahre alt und wurde noch gestillt.

Mein Großvater Homikniva vom Eidechsenklan, der Vater meiner Mutter, der bei meinen Eltern im Hause wohnte, hat mir erzählt, wie er die Leiter zum dritten Stock hinaufgestiegen ist, wo meine Mutter lag. Er knetete ihr den Leib, und drehte mich so, daß ich richtig herauskommen konnte. Die Kraft in seinen Händen half ihrem Schoß. Seine Gegenwart schon flößte ihr Mut ein, denn er war der beste Medizinmann in Oraibi. Mein Vater Tuvaimptewa vom Sandklan kam auch herein, um zu helfen, was für einen Hopi-Ehemann recht ungewöhnlich ist. Er sandte gleich darauf nach Nuvaiumsie, einer erfahrenen alten Hebamme, die zum Wasser-Coyote-Klanverband seines Vaters gehörte. Als sie gekommen war, machte sie sogleich in einem Tontopf Wasser warm, und zwar über Kohlen auf einer altmodischen Feuerstelle, die sich in der Südwestecke des Raumes befand.

Unter den Wehen kniete meine Mutter, soviel ich weiß, auf die Hände gestützt über einem Sandhaufen, der eben für meine Geburt hergerichtet war; sie hob den Kopf ein wenig und begann, abwärts zu pressen. Mein Vater und ihr Vater wechselten darin miteinander ab, daß sie über ihr standen, mit den Armen um ihren Leib, wobei sie sachte nach unten drückten und versuchten, mich hinauszu-

drängen und zu -schütteln. Wenn ich gezögert hätte zu kommen, hätten sie stärker und stärker gedrückt, aber kein Hopidoktor würde ihr den Leib geöffnet haben, um mich herauszuholen.
Ich war ein großes Baby. Ich verursachte viel Beschwer und brauchte lange, um herauszukommen – mit dem Kopf zuerst. Die alte Nuvaiumsie soll mich frisch und schreiend von meiner Mutter genommen haben. Sie schnitt meine Nabelschnur an einem Pfeile durch, damit ich ein guter Jäger würde, legte das Ende um und band es eine Fingerlänge vom Nabel zu, um die Außenluft abzuschließen. Dazu verwendete sie eine Strähne vom Haar meiner Mutter, was das Angemessene war. Wenn sie die Nabelschnur nicht fest zugebunden hätte, wäre Luft in meinen Leib eingedrungen und hätte mich getötet. Meine Mutter bekam kleine Wacholderzweige zu kauen und etwas Wacholdertee, um sich zu stärken und das Ausstoßen der Nachgeburt zu beschleunigen.
Mein Großvater, mein Vater und Nuvaiumsie betrachteten mich genau. Gewiß, ich war ein verschlungenes Zwillingspaar. Sie sahen, daß ich ein übergroßes Baby war, daß mein Haar sich in zwei Wirbeln auf dem Hinterkopfe kräuselte und daß ich vorne ein Knabe war, aber auf dem Rücken das sichere Zeichen eines Mädchens in Gestalt einer kleinen Vulva hatte, die jedoch allmählich verschwand. Man hat mir immer wieder versichert, daß ich doppelt glückhaft wäre: glückhaft als Zwillingsgeburt und glückhaft dadurch, daß ich mit knapper Not dem Schicksal entgangen wäre, ein Mädchen zu werden.
Sie wickelten mich in ein Tuch, legten mich dicht am Feuer nieder und warteten darauf, daß meine Mutter sich von der Nachgeburt befreite. Nuvaiumsie hat das lose Ende der Nabelschnur angefaßt und sachte gezogen, während mein Vater hinter meiner Mutter stand, sie um den Leib gefaßt hielt und sie schüttelte. Ihr ward angeraten, die Finger in den Hals zu stecken und zu würgen, bis sie die Nachgeburt ausstieße. Schließlich kam sie heraus. Da ließen sie meine Mutter sich in der Nähe des Feuers auf einen niedrigen Schemel hinhocken (vielleicht war es der Hopi-Geburtsschemel), so daß das Blut in den Sand tropfen konnte. Sie bekam auch einen warmen Wacholdertrank zur Reinigung des Schoßes. Etwas später badete Nuvaiumsie sie in warmer Yuccalauge, wickelte sie in eine Decke, gab ihr etwas warmen Maisbrei zu essen und hieß sie sich vor dem Feuer auf der Seite niederlegen, damit die Knochen sich wieder richtig zusammenschlössen. Dann fegte die alte Frau sorgsam Sand und Blut mit einem kleinen Besen auf dem Fußboden zusammen, tat sie mit dem Mutterkuchen, den schmutzigen Lappen und dem Besen in einen alten Korb, bestreute das Ganze mit Maisschrot und gab es meinem

Vater mit dem Auftrag, es auf den Nachgeburtenhaufen zu werfen. Dieser lag an einer bestimmten Stelle nahe dem Südostrand des Dorfes; denn hätte jemand unversehens auf etwas derartiges getreten, so hätte er sich womöglich wunde und spröde Füße, gelbe Augen und verdickten Harn geholt.
Als alle von der Geburt herrührenden Blutspuren entfernt waren, eilte mein Vater zum Hause seiner Mutterschwester Masenimka. Hätte seine eigene Mutter noch gelebt, so würde er die geholt haben. Masenimka kam eilig herbei und brachte eine Schüssel Wasser mit, etwas Maisschrot, ein Stück Yuccawurzel, zwei weiße Maiskolben und einige Windeln. Sie kam mit lächelndem Gesicht und frohem Herzen, denn dadurch hoffte sie, mir Glück zu bringen und einen heiteren Sinn zu sichern.
Masenimka hat erzählt, wie sie mich mit Koseworten begrüßt, meinen Kopf mit warmer Yuccalauge gewaschen, mit klarem Wasser gespült und mich von Kopf zu Fuß gebadet habe. Sie rieb mir die Haut mit Wacholder- oder Beifußasche ein, um sie weich zu machen und damit mir Haar nur an den richtigen Stellen wüchse. Dann zog sie ihr schwarzes Kleid bis zu den Schenkeln herauf, ließ mich auf ihren nackten Knien ruhen und verkündete, daß ich ihr Knabe sei und ein Kind ihres Klans. Nachdem sie ein paar Wacholderzweige gekaut hatte, spie sie auf meine Ohrläppchen und rieb sie, bis sie gefühllos waren. Dann durchbohrte sie sie mit einem scharfen Werkzeug und zog Fäden durch die Löcher, um sie offen zu halten. Schließlich legte sie mir meine Ärmchen an den Leib, wickelte mich in eine warme Kinderdecke und legte mich auf eine Korbtrage. Diese bestand aus einem Rahmen gebogener Wacholderzweige mit einem Flechtwerk aus dünnen Sumachstielen und anderen Zweigen. Ein Gesichtsschutz bestand aus dem gleichen Material. Die Trage war mit Zedernrinde oder altem Zeug gepolstert. Eine größere Decke wurde noch um mich und die Trage herumgewickelt und fest mit einer Schnur zugebunden. Masenimka blieb eine Zeitlang mit der Trage und mir auf den Knien vor dem Feuer sitzen. Dann legte sie mich auf den Boden neben meine Mutter hin und einen Maiskolben auf jede Seite; der eine sollte mich, der andere meine Mutter darstellen.
In den frühen Morgenstunden, als die Hähne zu krähen begannen, nahm Masenimka etwas feingemahlenen Maisschrot und rieb vier wagerechte Streifen, an drei Zentimeter breit und über fünfzehn Zentimeter lang, immer einen über den andern an die vier Wände der Stube. Dann nahm sie ihren Sitz neben mir und meiner Mutter wieder ein und sagte: »So, nun habe ich ein Haus für dich gemacht. Hier sollst du bleiben, während wir die zwanzig Tage auf dich war-

ten.« Kurz darauf ging sie in ihr eigenes Haus, holte etwas Mais herüber und kochte ihn zusammen mit einigen Wacholderzweigen. Diese Speise sollte bei meiner Mutter die Milch noch reichlicher fließen lassen. Masenimka hätte ihr zu diesem Zweck auch etwas ungesalzene Brühe und Milchkraut geben können, denn wenn man das Kraut bricht, fließt Milch heraus.

Bevor der Osthimmel grau geworden war, hatten die Frauen des Sonnenklans schon zwei Stangen gegen die Tür gelehnt, die gegen Sonnenaufgang gerichtet war, und hatten eine Decke darüber gehängt. Dadurch sollten die Strahlen der Sonne von der Geburtsstube ausgesperrt bleiben, denn sie galten als schädlich, solange ich dem Sonnengott noch nicht in der herkömmlichen Weise dargeboten worden war. Zur Frühstückszeit machten, wie man mir erzählt hat, viele unserer Nachbarinnen einen kurzen Besuch, aßen ein wenig, beguckten mich, beglückwünschten meine Mutter und sprachen kraftvolle Wünsche für mein Leben aus.

Wieder wurde ich von meiner Gevatterin Masenimka gebadet, die mich auch von neuem mit Wacholderasche abrieb oder mit dem Pulver eines besonderen Tones, der in der Nähe des Dorfes vorkommt. Nach dem Bade wurde ich wieder auf der Trage festgemacht und bekam die Brust. Mein Bruder hat vielleicht gedacht, daß ich seine Milch stehle, aber er konnte nichts dabei machen. Wenn meine Mutter ohne Milch gewesen wäre, hätte ich von einer Verwandten die Brust bekommen oder wäre mit einem Gemisch von feingemahlenem Süßmais und dem Safte gekochter Pfirsiche genährt worden, oder ich hätte ungesalzene Brühe oder vielleicht etwas Milch von den Kühen der Missionare bekommen. Aber wenn ich von einer anderen Frau gesäugt worden wäre, hätte womöglich ihr eigener Säugling den Milchdiebstahl bemerkt, wäre gekränkt gewesen und am Ende gar unruhig oder krank geworden. Säuglinge kennen sich aus in diesen Dingen und merken bald, was vor sich geht. Von einer schwangeren Frau hätte ich die Brust nicht nehmen dürfen, denn das hätte mich töten können.

Zwanzig Tage lang durfte meine Mutter nichts Kaltes oder Salziges essen, damit das Blut in ihrem Unterleib nicht gerinne. Alle ihre Speisen wurden mit Wacholdernadeln gekocht. Das Feuer in unserer Stube wurde ständig in Brand gehalten. Niemand durfte ein anderes Feuer daran entzünden, denn dieses Feuer gehörte mir, und ein solcher Diebstahl hätte mich unfroh gemacht. Wenn es zufällig ausgegangen wäre, hätte man es sogleich wieder angezündet, und der Tag wäre nicht mitgezählt worden. Unmittelbar auf den Kohlen durfte keine Speise zubereitet werden, wohl aber in einem Gefäß über dem Feuer. Hätte man diese Regel außer acht gelassen, so wäre ich ein »Feuergokler« geworden, das heißt ich hätte als Kind unvorsichtig mit dem Feuer gespielt. Mein Vater durfte während dieser zwanzig Tage keinen Umgang mit meiner Mutter haben und ebensowenig während weiterer zwanzig Tage. Sonst hätte sich alles Blut aus dem Schoße meiner Mutter gezogen, oder es wäre ein neues Kind entstanden, und das hätte mich bekümmert und mir Krankheit oder die Fraisen gebracht und vielleicht einen Schaden fürs ganze Leben. Hätte er versucht, bei ihr zu schlafen, so hätten sich die Schwestern und Klanschwestern meiner Mutter ins Mittel gelegt. Hätte er mit einer anderen Frau verkehrt und dann mit meiner Mutter deswegen Streit gehabt, so wäre das fast ebenso schlimm für mich gewesen, denn ich hätte gemerkt, daß da etwas nicht stimmte.

Für mich wurde ein bestimmter Plan festgesetzt. Jeden Morgen wurde ich ausgewickelt, gebadet, mit »Säuglingsasche« abgerieben und wieder auf die Trage gelegt. Ein kleines Stoffpäckchen hatte ich im Nacken, damit ich nicht stiernackig würde, und weiche Zedernrinde lag unterm Steiß, um den Harn aufzusaugen. Drei- oder viermal täglich wurde ich wohl trockengelegt. Gesäugt wurde ich stets auf der Trage, dabei konnte ich nur den Kopf ein wenig bewegen. Nicht bekannt ist mir, ob jemand mir Speichel aus dem Munde genommen und im Nacken verrieben hat, wie es sonst bei vielen Hopisäuglingen geschieht, um ihr Schreien vor den bösen Geistern zu verbergen.

Als meine Nabelschnur trocken war und abfiel, wurde sie an einen Pfeil gebunden und damit neben einen Balken in die Stubendecke gesteckt. Dies sollte mich zu einem guten Jäger machen und, falls ich etwa stürbe, eine »Hausung« für meinen Kindesgeist abgeben, denn dann konnte meine Seele bei dem Pfeile in der Decke bleiben und geschwind in meiner Mutter Schoß zurückschlüpfen zu baldiger Wiedergeburt.

Am fünften Morgen wurde ich wie gewöhnlich gebadet, aber mit einer besonderen Anwendung von Yuccalauge für den Kopf. Auch meiner Mutter wurde der Kopf mit der Lauge gewaschen und der Leib mit warmem Wasser gebadet, worin Wacholdernadeln gekocht worden waren. Sie wechselte die Kleider, und die schmutzigen wurden zu einer nahen Felsenzisterne gebracht und ausgewaschen. Nach unserem Bade schabte meine Mutter den untersten der vier Schrotstriche von den Wänden der Stube ab. Das Abgeschabte nahm sie in die Hand, ging damit zum Rande der Mesa und bat, indem sie es an die Lippen hielt, um ein langes Leben für mich, worauf sie den Schrot der aufgehenden Sonne hinstreute. Am zehnten und fünfzehnten Tage wurde die gleiche Feierlichkeit des Badens und des Sonnengebetes wiederholt. Wenn ich ihr erstes Kind gewesen wäre,

hätte meine Mutter nicht vor die Sonne hinausgehen dürfen, weder am fünften Tage noch später. Wäre sie zu krank oder zu schwach dazu gewesen, dann wäre meine Gevatterin für sie hingegangen. Das Wasser, mit dem uns der Körper gebadet worden war, wurde zu dem Nachgeburtenhaufen getragen und dort ausgeschüttet.
Am zwanzigsten Lebenstage erhielt ich strengem Brauche gemäß einen Namen. Ungefähr um vier Uhr morgens kamen Masenimka und ihre Schwestern Kewanmainim[1] und Iswuhti und viele andere Klanmuhmen – und das war jede Frau aus meines Vaters Klan und Klanverband – zu uns ins Haus, um uns wieder den Kopf zu waschen. Masenimka wusch zuerst die beiden »Muttermaiskolben« in der Yuccalauge und spülte sie mit frischem Wasser ab. Dies waren die Kolben, die seit der Nacht meiner Geburt neben mir gelegen hatten. Dann wusch sie meiner Mutter den Kopf und darauf taten dies alle ihre Schwestern der Reihe nach. Schließlich wurde frisches Wasser darüber gegossen und das Haar ausgerungen. Sie badeten ihr auch Arme und Schultern mit warmem Wasser, in dem ein paar Wacholdersprossen schwammen. Nachdem sie etwas Sand aus der Ecke in die Mitte der Stube gekehrt und einen Stein erhitzt hatten, setzten sie ihn in den Sand und legten Yuccawurzeln und Wacholdernadeln darauf. Meine Mutter mußte erst den rechten und dann den linken Fuß oben auf Sand, Stein, Wurzeln und Nadeln stellen, und Masenimka wusch sie beide. Der ganze Haufen kam dann auf eine Art Tablett – zusammen mit dem Besen, der zum Fegen des Bodens benutzt worden war. Der letzte der Maisschrotstriche wurde von allen vier Wänden abgeschabt und der Staub auf das Tablett geschüttet. Oben darauf wurde eine glühende Kohle von der Feuerstelle gelegt, und das Feuer durfte nun ausgehen. Eine der Frauen nahm das Tablett mit der ganzen Last und etwas vom Badewasser und brachte alles zu dem Nachgeburtenhaufen.
Wenige Minuten später begann die brauchgemäße Namensfeier. Masenimka löste die Wickel, die mich an die Trage banden, zog mich nackt aus und wusch mir den Kopf in einer Schale mit Yuccalauge. Dann badete sie mich von Kopf bis Fuß und rieb mich mit Säuglingsasche ein. Mein Kopf wurde mit frischem Wasser abgespült, und jede meiner Muhmen badete mich in gleicher Weise, eine nach der anderen. Die letzte reichte mich an Masenimka zurück, die mich in eine am Feuer vorgewärmte Decke wickelte. Auch mit meinem Badewasser ging man wie mit dem meiner Mutter vorsichtig um und trug es hinaus auf den Nachgeburtenhaufen. Wahrscheinlich habe ich während so vieler Bäder ein bißchen geweint, aber niemand hat davon erzählt.

[1] Kewanmainim ist ihre Schwestertochter

Masenimka nahm mich wieder auf ihren linken Arm, hob mit der Rechten die Muttermaiskolben auf, schwenkte sie vorwärts über meine Brust und sagte: »Mögest du leben, ohne je krank zu sein, auf dem Sonnenpfade wandeln bis ins hohe Alter und hinscheiden im Schlafe ohne Schmerzen! Und dein Name soll Chuka sein!« Chuka bedeutet Lehm, eine Mischung von Sand und Ton. Masenimka und mein Vater sind vom Sandklan, deswegen war der Name angemessen. Er sollte nämlich für jedermann das Zeichen sein, daß ich, wiewohl im Sonnenklan meiner Mutter geboren, auch ein Kind des Sandklans war und daß mein Vater und alle seine Klanverwandten ein Anrecht an mich hatten. Jede der Muhmen wiederholte die Handlung, und jede gab mir einen anderen Sand-, Eidechsen-, Erd- oder Schlangenklannamen, aber die sind in Vergessenheit geraten. Auch wenn mir diese Dinge aus meinen ersten Tagen nie erzählt worden wären, könnte ich doch gewiß sein, daß sie geschehen sind, denn es gibt bei den Hopi keinen anderen Weg, einem Neugeborenen einen guten Namen zu verschaffen.

Nach der Namenweihe gingen die meisten der Frauen nach Haus. Doch kurz vor Sonnenaufgang nahm mich Masenimka in einer Decke auf den Rücken und machte sich mit meiner Mutter auf zum Rande der Mesa, wo sie mich dem Sonnengott darbrachten. Beide nahmen eine Prise Maisschrot mit, und meine Mutter trug meine Muttermaiskolben. Im Südosten des Dorfes blieben sie mit mir stehen, dort wo der Pfad die Mesa verläßt. Dies ist eine Art Hellweg des Sonnengottes, der Hauptsonnenpfad für des Volk von Oraibi.

Meine Mutter nahm mich mit Trage und Decke von Masenimkas Rücken und legte mich meiner Gevatterin auf den rechten Arm. Masenimka, während sie mich so dem Sonnengott entgegenhielt, hauchte ein stummes Gebet auf eine Prise Schrot, die sie in der rechten Hand hielt. Dann deckte sie mir, wie es sich gehört, mit der linken Hand das Gesicht für die frühe Dämmerung auf, rieb mir etwas von dem geweihten Maisschrot zwischen die Lippen und streute das übrige der aufgehenden Sonne hin. Nun sog sie mir mit ihrem Munde den Schrot von den Lippen und blies ihn viermal gen Osten. Hierauf nahm sie die Maiskolben von meiner Mutter, streckte sie nach Osten mit einer kreisförmigen Bewegung von rechts nach links und näherte sie viermal meiner Brust. Zum Schluß betete sie abermals für mich um ein langes Leben und rief dem Sonnengott die verschiedenen Namen zu, die ich erhalten hatte, damit er sie höre und mich wiedererkenne. Meiner Mutter stand es frei, mich nun ihrerseits auf den Arm zu nehmen und die feierliche Handlung zu wiederholen, aber der Hopibrauch schreibt es nicht vor, und ich habe nie erfahren, ob sie es getan hat.

Als wir wieder nach Hause kamen, wo nun mein Vater sich gerade den Kopf in Yuccalauge gewaschen hatte, wurde den Verwandten und Freunden ein großes Frühstück vorgesetzt. Unser heimisches Knäckebrot, Piki genannt, wurde ihnen angeboten, ferner gekochtes Fleisch mit Maisbrei, Pudding verschiedener Art und andere Leckerbissen. Masenimka bekam als Entgelt für ihre Gevatterinnendienste eine ganze Ladung Lebensmittel mit und trug sie auf dem Rücken nach Hause. Viele der Schwestern und Klanschwestern meiner Mutter waren zugegen: sie hießen alle meine »Mütter«, während die Schwestern und Klanschwestern meines Vaters meine »Muhmen« genannt wurden. Die Sonnenklanmänner, die kamen und mit uns aßen, nannte man meine »Oheime«, während meines Vaters Brüder und Klanbrüder meine »Väter« hießen. Fast alle lobten meine Mutter, ließen hoffnungsvolle Bemerkungen über mich fallen und sagten voraus, daß ich ein guter Jäger werden würde, ein tüchtiger Viehhalter und vielleicht ein machtvoller Heiler, denn ich war ja ein besonderes Kind: zusammengedrehte Zwillinge. Daran nämlich war nicht zu zweifeln: jeder konnte die zwei Wirbel auf meinem Hinterkopfe sehen, und die, welche bei meiner Geburt dabeigewesen waren, erzählten den anderen, wie ich frisch vom Mutterleibe ihnen übergroß und zwiegeschlechtig erschienen wäre. Es war auch allen wohlbekannt, daß solche Säuglinge Antilopen heißen, weil diese Tiere gewöhnlich als Zwillinge geboren werden. Man konnte daher voraussehen, daß ich eine besondere Macht besitzen würde, mich zu schützen, mancherlei seltsames vor dem Volke zu verrichten und gewisse Krankheiten zu heilen, sogar schon als Knabe. Meine Mutter, mein Vater und Großvater achteten genau auf diese Vorzeichen und Voraussagen und nahmen sich vor, mir das Gemüt damit zu erfüllen, sobald ich imstande wäre, etwas aufzufassen.

Ich habe wenig über meine Säuglingszeit erfahren und kann nur das von mir berichten, was bei allen Hopikindern üblich ist. Die ersten drei Monate verbrachte ich, auf dem Rücken liegend, auf der Trage. Wie anderen Säuglingen waren mir die Hände festgebunden, damit ich mich nicht durch meine eigenen Bewegungen aufweckte, und man hat mir erzählt, daß ich einen guten Schlaf hatte. Sogar wenn ich wach war, hatte ich kaum Gelegenheit, mein Gesicht oder meinen Leib zu berühren, und meine Beine steckten in den Decken, die richtiges Strampeln nicht zuließen. Die Trage lag flach auf dem Fußboden, und der Gesichtsschirm war gewöhnlich mit einem Tuch bedeckt, um die Fliegen auszusperren; aber dadurch lag ich auch in halber Dunkelheit. Die Hinterseite meines Kopfes flachte sich auf der Trage ab.

Allerlei weiche Speisen wurden mir in den Mund gesteckt, und ich erhielt die Brust, sooft ich schrie. Meine Mutter war fast immer nahe, aber sie berühren oder zu ihr hinkrabbeln konnte ich kaum, denn ich kam nur zum Trockenlegen und zum morgendlichen Bad von der Trage, und zum Säugen wurde ich wieder daraufgebunden. Natürlich redete man Babysprache mit mir, gab mich auf der Trage von Schoß zu Schoß, schaukelte oder schwang mich auf den Knien in Schlaf und sang mir oft etwas vor. Ohne Zweifel haben mein Vater und mein Großvater, wenn sie mich nach Feierabend auf den Knien hielten, mir viele Lieder vorgesungen, wenn ich mich selbst auch nicht mehr daran erinnern kann.

Zu den Mahlzeiten wurde meine Trage nahe bei den Speisen auf den Boden gesetzt, und von den Familienmitgliedern pflegte dann einer um den andern einen Bissen zu kauen – Piki, Kochfleisch, getrockneten Pfirsich, Maisbrei, Wasser- oder Moschusmelone – und mich mit den Fingern zu füttern.

Früh im Herbst durfte ich tagsüber aus der Trage und krabbelte nackend auf dem Lehmboden oder wälzte mich im Sonnenschein auf dem Dach unseres Winterhauses. Ich ließ mein Wasser, wo und wann ich wollte, aber wenn ich Miene machte, ein Häufchen zu drücken, dann nahm mich jemand auf und hielt mich zur Türe hinaus. Hunde, Katzen und mein Bruder waren meine beständigen Spielkameraden. Meine Schwester wurde meine Betreuerin und trug mich oft, in eine Decke gewickelt, auf dem Rücken. Zu anderen Zeiten hing ich bei meiner Mutter auf dem Rücken, etwa wenn sie Mais mahlte oder wenn sie an der Quelle oder aus einer Felsenzisterne Wasser holen ging. Öfter noch ließ sie mich auf dem Boden spielen unter dem wachsamen Auge ihres verkrüppelten Bruders Naquima, der auch bei uns wohnte. Ich hatte nun auch gelernt, auf dem Daumen zu lutschen, »auf der ganzen Faust«, wie mein Vater berichtet. Auch hatte ich wahrscheinlich ein Vergnügen an meinem Gliede entdeckt, denn jedes männliche Kind wurde von den Erwachsenen an den Geschlechtsteilen gekitzelt, um es lächeln zu machen, und gelegentlich, um es vom Schreien abzubringen. Auch andere Kinder, unter ihnen Bruder und Schwester, spielten in dieser Weise mit mir.

Wenn die Katschinas auf dem Dorfplatz tanzten, saß meine Mutter oder eine Verwandte auf der Erde, hielt mich auf dem Schoße und reckte meine Kinderhand nach den Geschenken hinauf: nach Pfirsichen, Äpfeln, Süßmais und anderen gesegneten Gaben.

Bevor die ersten Schneefälle eintraten, zogen wir um, die Leiter hinab in unser Winterhaus, wo ich den ganzen Tag über auf dem Fußboden spielen und abends am Feuer aufbleiben durfte, bis ich selber schlafen gehen wollte. Mit ungefähr zwei Jahren hatte ich angefangen zu laufen und zu sprechen, aber ich schlief immer noch auf meiner Trage. Es sah aus, als könnte ich ohne sie nicht einschlafen. Meine Mutter hat es mir erzählt, wie ich sie zu ihr hinzuschleifen und »ache« zu rufen pflegte, was schlafen bedeutet. Aber ich bin niemals ein Schreihals gewesen, darin stimmen mehrere Verwandte überein. Ich war gesund, wuchs schnell und übertraf andere Kinder an Größe. Ich war noch nicht entwöhnt, als meine Mutter wieder ein Kind bekam. Das aber starb, so daß ich auch weiterhin die Brust bekam.

FRÜHESTE ERINNERUNGEN – ERSTE SCHWIERIGKEITEN

Als mein kleiner Bruder bei der Geburt starb, geschah etwas mit dem Unterleib meiner Mutter, so daß sie mehrere Jahre keine Kinder mehr bekommen konnte. Dadurch blieb ich das Baby und bekam noch lange die Brust. Aber meine seltsame Antilopenart zeigte sich früh. Bevor ich zwei Jahre alt war, kletterte ich zur Überraschung meiner Eltern ganz oben auf ein Bord, und sie waren der Meinung, daß kein gewöhnliches Kind das gekonnt hätte. Eines Sommertages krabbelte ich nackend in einen meterhohen Wasserkrug. Als sie mich entdeckten, bekamen sie einen Schreck bei dem Gedanken, wie leicht ich hätte ertrinken können. Meine Mutter langte hinein und zog mich am Arm, aber ich weigerte mich, herauszukommen, schrie und wollte in Ruhe gelassen sein. Sie zankte eine Weile mit mir herum, dann nahm sie ein Beil und wollte den Krug zerschlagen. Mein Großvater aber beschwichtigte sie: »Du weißt doch, er ist ein zusammengefügtes Zwillingspaar. Er hat doch eine besondere Kraft und wird schon herauskommen, wenn er will.« Sie haben mir erzählt, daß ich sie scharf beobachtete und herausschlüpfte, als sie nicht hinsahen. Später fanden sie mich, wie ich in der Sonne lag, um mich trocknen zu lassen. Übrigens hatten sie die Beobachtung gemacht, daß ich immer, wenn ich im Gebrauch meiner besonderen Kraft überrascht wurde, traurig und verstört erschien.
Oft kletterte ich auf den Hausdächern umher wie eine Bergziege. Es schien, als könnte ich überall hingehen, ohne Schaden zu erleiden – eben infolge meiner Antilopenkraft. Aber wenn ich wirklich einmal fiel und mich ein wenig verletzte, dann ward ich meistens mit Schlägen gestraft, gerade als wäre ich ein gewöhnliches Kind.

Es kam vor, daß ich vom Hause auf die Straße hinauslief und vor die Pferde geriet. Meine Mutter machte daher ein Seil aus Rohleder, band es mir um die eine Fessel und befestigte das andere Ende an einem Stein. Ich schrie und schrie, aber ich mußte mich daran gewöhnen, und eines Tages, als meine Mutter fortgehen wollte, um Mais zu mahlen, und vergessen hatte, mich anzubinden, nahm ich sogar das Seil und brachte es ihr. Sie lachte und meinte, ich wäre ein kluges Kind. Als ich stärker wurde, konnte ich den Stein schon ein bißchen bewegen; aber als sie das merkte, wählte sie einen schwereren. Eines Tages jedoch verlängerte mein Vater das Leitseil, ein Ereignis, das ich nie vergessen habe.

Als ich wieder etwas älter war, entfernte ich mich manchmal ganz vom Dorfe und wanderte in den Wildbachklüften und unter den Felsblöcken umher. Zuerst beunruhigten sich meine Eltern deswegen, aber wenn sie mich später einmal vermißten, so erinnerten sie sich gegenseitig daran, daß ich ja eine besondere Kraft besäße, mich zu schützen. Ich konnte fast überall auf der Mesa hingehen, wählte mir den Weg selbst und fand immer zurück. Manchmal suchte ich Blumen, meistens wilde Sonnenblumen, wie das Rotwild sie frißt, und aß selbst welche davon wie eine junge Antilope. Aber mein Großvater berichtet, daß ich mein sonderbares Wesen vor den anderen Jungen zu verbergen suchte und daß ich also damals schon gewußt haben muß, daß ich ein eigentümlich gearteter Mensch wäre.

Eines Tages wurde ich krank, schüttelte mich in Krämpfen, hatte Schaum vor dem Munde und wurde steif wie ein Toter. Meine Eltern bekamen einen Schreck und brachten mich zu dem blinden alten Tuvenga vom Schmerholzklan, der Feuerdoktor war und auch Zauberlieder kannte, wie sie über einer solchen Krankheit gesungen werden. Sie haben mir geschildert, wie er mich genau untersucht und dann erklärt hat, die Krankheit rühre von meiner Mutter her. Sie hätte unter dem Einfluß eines Mannes der Unterwelt gestanden, eines Hexers, der, um ihre Gunst zu erringen, zaubrische Antilopenkraft über sie verhängt hätte. Obgleich das lange vor meiner Geburt geschehen sei, hätte sich das Übel doch auf mich übertragen. Meine Mutter sagte zu dem Doktor: »Wenn du meinen Jungen heilst, will ich ihn dir als Ritualsohn geben.« Wieder einmal bewährte sich mein Glück. Er sang sein Zauberlied über mir und gab mir das Leben zurück. Wiewohl blind, hatte der alte Mann doch großes Wissen und große Kraft. Er sagte: »Also, mein Sohn, ich habe dich vom Tode errettet. Du gehörst nun mir. Ich werde dich vor den bösen Mächten beschützen, und wenn du älter wirst, wirst du mir Auge und Fuß sein, um mich zu führen, wohin ich will.« Ich selbst erinnere mich nicht an diese Erkrankung und die Behandlung, aber

meine Mutter und der alte Mann prägten mir das Andenken daran ein, sobald ich auf Worte zu achten begann.
Etwas später verbrühte ich mich bös. Meine Mutter hatte zum Frühstück einige Klöße gekocht und den Tontopf zum Abkühlen vor die Tür gestellt. Sobald sie wegsah, bückte ich mich danach und langte mit der rechten Hand in den Topf. Meine Linke glitt aus, und der rechte Arm fuhr hinab unter die heißen Klöße. Meine Mutter lief wieder mit mir zum alten Tuvenga vom Feuerbund. Seine Tochter Honwuhti, die auch meines Vaters Klanmutter war, nahm mich auf den Arm und ging in der Stube mit mir auf und ab, um mich zu beruhigen. Mein Doktorvater ließ etwas Wacholder bringen, spaltete das Holz in Späne und hielt sie ins Feuer. Sobald die Stäbchen mit heller Flamme brannten, biß er die brennenden Enden ab, zerkaute sie und spie viermal etwas davon in eine Schüssel. Dann sagte er: »Mein Sohn, dies wird dich ein wenig schmerzen, aber es wird dir helfen!« Er begann an meiner Hand zu saugen, um das Feuer herauszuziehen, und strich die zerkaute Holzkohle auf die verbrühte Haut, indem er sagte: »Nun wirst du gesund und stark werden. Ich bin blind und halb gelähmt. Eines Tages wirst du mich führen.« Honwuhti nahm mich auf den Schoß und behielt mich so lange bei sich, bis der Schmerz sich gelegt hatte und ich eingeschlafen war. Als ich aufwachte, gab sie mir etwas Gutes zu essen und brachte mich dann wieder zu meiner Mutter zurück. Da hatte ich nun etwas dazugelernt: niemals die Hände in etwas Heißes zu stecken.
Der alte Tuvenga verhielt sich gegen mich wie gegen einen leiblichen Sohn. Widerfuhr mit etwas Unangenehmes, so suchte meine Mutter bei ihm zuerst Rat und Hilfe. Hörte er mich auf der Plaza spielen, so rief er mich wohl zu sich, ich solle seinen Stock anfassen und ihn in die Schlangenkiva zur Arbeit oder etwa aus dem Dorfe führen zur Bedürfnisverrichtung. Wenn es mir zu Hause aus irgendeinem Grunde ungemütlich wurde, ging ich gewöhnlich zu Honwuhti, die mir etwas Feines zu essen gab und mich ihre Hühner angucken ließ. Sie war die gutherzigste Frau, die ich kannte, und hatte das beste Essen in ihrem Hause. Oft wünschte ich mir, ich hätte sie statt Masenimka als Gevatterin. Nicht einmal Nuvahunka, die Schwester meiner Mutter, die ebenfalls meine »Mutter« war, zeigte sich so gutherzig, und sie gab mir nicht so viele Leckereien zu essen, vielleicht, weil sie selbst drei Jungen hatte.
Meine eigene Mutter war mein bester Freund, und die frühesten Erinnerungen betreffen sie. Sie war immer tätig wie eine Biene oder Ameise, kochte, mahlte Mais, holte Wasser, machte Körbe aus Kaninchenkraut oder Töpfe aus Ton. Ich erinnere mich noch gut daran, wie mein Vater mich einmal ihretwegen in Schrecken ver-

setzt hat. Ich war wohl an drei Jahre alt; es war Frühling, der Schnee war verschwunden, und wir waren wieder die Leiter hinauf in unser Sommerhaus gezogen. Meine Eltern und ich schliefen in der Stube, in der ich geboren war. Ich lag auf einem Schaffell in der Nordwestecke. Eines Nachts wachte ich auf, hörte etwas wie ein Gestrampel und spürte, wie der Fußboden bebte. Das Geräusch und die Erschütterungen machten mich hellwach. Aus den Lauten, die meine Mutter von sich gab, schloß ich, daß sie mißhandelt würde, ja, daß mein Vater im Begriff sei, sie umzubringen. Ich schrie auf und versteckte Gesicht und Kopf unter der Decke. Sehr bald wurden sie wieder still, und meine Mutter stand auf, kam zu mir herüber und sprach mir liebreich zu. Sie legte sich zu mir, und ich schlief bald wieder ein. Am nächsten Morgen beim Frühstück war ich voller Groll, zuerst gegen meinen Vater, später auch gegen meine Mutter, weil sie noch immer nett und freundlich zu ihm war. Die nächste Nacht schlief ich mit meinem Großvater zusammen in einem anderen Raum.

Mein Bruder plagte mich, weil wir stets dieselben Dinge haben wollten und uns dann darum schlugen. Wir wollten beide mit dem großen gelben Hund spielen und erhoben beide Anspruch auf eine Katze, die junge Kaninchen, kleine Vögel und Känguruhratten für uns fing. Mich verlangte es besonders nach meines Bruders kleinem Bogen und Pfeilen und seinem Kreisel. Eines Tages, als wir uns um eine spitze Ahle balgten, stieß er sie mir in das linke Auge und zerstörte es nahezu. Ich konnte mit dem Auge nie wieder etwas anderes als große bewegte Gegenstände unterscheiden. Niemand unternahm etwas wegen dieses Zwischenfalls.

Mein verkrüppelter Oheim Naquima, der bei uns wohnte, war mein guter Freund. Oft saß er auf dem Boden, körnte Mais ab oder hütete die Kleinkinder der Nachbarn. Er und ich waren Busenfreunde von Anfang an. Er pflegte mir lustige Geschichten zu erzählen mit seinem verdrehten Munde, aus dem die Worte, das Oberste zuunterst, herauskamen. Er kroch auf seinen gelähmten Beinen umher, ließ die Kreisel wirbeln oder spielte andere Spiele mit mir. Manchmal schläferte er mich ein mit seinem drolligen Gesang. Bei den Streitigkeiten mit meinem Bruder schlug er sich gewöhnlich auf meine Seite, und obwohl er selbst mich gelegentlich ein wenig mit Schlägen strafte, petzte er doch nie, wenn ich etwas ausgefressen hatte. Häufig sammelte er mir die Läuse vom Kopf und spielte, um mir Vergnügen zu machen, mit meinem Glied. Wenn wir alle um die Familienschüssel mit Fleischsuppe am Boden saßen, pflegte er Leckerbissen für mich herauszuangeln. Manchmal schlug ich wohl

den guten, alten Naquima, aber ich hatte ihn auch lieb. Oft schlief ich auf einem Schaffell mit ihm zusammen.
Ich machte das Bett noch naß, als ich schon ein stattliches Bürschchen von vielleicht vier Jahren war. Mein Vater und meine Mutter verlangten, daß damit nun endlich Schluß gemacht würde. Aber anscheinend vergaß ich im Schlafe ihre Ermahnungen wieder. Jedenfalls wurde im Verwandtenkreise die Sache besprochen, und mein Klangroßvater Talasemptewa, der Mann einer Klanschwester meines Vaters, warnte mich und sagte, er würde mich, wenn ich's wieder täte, am frühen Morgen mit hinausnehmen und nackend im Schnee wälzen. Das nächste Mal, als ich mich wieder vergaß, führte er es aus, so daß ich fast erfror. Ein paar Nächte später machte ich das Bett wieder naß. Er kam, holte mich aus dem Hause und brachte mich zu einem der Felsenlöcher im Südosten. Dort ließ er mich in das eiskalte Wasser hinab, daß es mir über Kopf und Rücken schwappte. Ich schrie und schrie, aber ich hörte auch auf, das Bett naßzumachen. Er war einer der rohesten Kerle, die ich kannte. Mein leiblicher Großvater ist niemals so mit mir umgegangen.
Es gab noch einen anderen »Großvater«, also den Ehemann einer anderen Klanschwester meines Vaters, Talasweoma mit Namen, der sehr roh mit mir umging. Wenn es schneite, wälzten wir Kinder Schneeballen über den Boden, um daraus Schneemänner zu machen. Eines Morgens vor dem Frühstück rollte ich einen Schneeball eine Anhöhe hinab. Da kam dieser Großvater heran und packte meine Hände. Ich hatte eine Decke umgehängt und trug außerdem keine andere Bekleidung als Schneemokassins aus Schaffell. Er zog mir die Decke herunter, faßte meine Handgelenke, legte meine Arme um den Schneeballen, zerrte mich fest heran und sagte: »Nun bist du mir in die Falle gegangen und wirst heute eingefroren.« Während ich dastand und mit bloßem Leibe den Schneeball umarmte, lachte er und empfahl mir zu schreien, oder er werde mich dort sterben lassen. Bald genug fing ich zu schreien an, woraufhin er mich losließ und sagte: »Nun lauf nach Hause!« Das wollte ich zuerst nicht, aber als er nach mir griff, um mich aufs neue zu dem Schneeballen zu schleppen, lief ich doch, und er lachte hinter mir her. Er erzählte auch seiner Frau, meiner Muhme, von der Geschichte, aber sie nahm für mich Partei, kanzelte ihn ab und sagte voraus, daß umgekehrt ich eines Tages es ihm eintränken würde.
Dieser Mensch war schrecklich. Immer beschuldigte er mich irgendwelcher Streiche, griff nach meinem Gliede und machte Miene, es abzuschneiden. Eines Maitages trieben er und sein Oheim, ein sehr alter Mann und meines Vaters Gevatter, ihre Schafe in die Hürde nahe beim Dorfe unterm Südwestrand der Mesa. Wir Kinder

gingen vorm Frühstück hinaus, um zuzusehen, wie sie Widder und Ziegenböcke verschnitten. Einige von uns saßen auf einem Felsen ganz in der Nähe. Talasweomas Sohn band und hielt die Beine der Tiere, während er selber den Schnitt führte. Als die Frühstückszeit herbeikam, sprang er schnell auf, packte mich am Arm, zog mich in die Hürde und sagte: »Hier ist noch ein Junge, den ich verschneiden muß, ein ungezogener Lümmel. Ich habe ihn bei mir zu Haus erwischt, wie er versuchte, meine Frau zu beschlafen. Nun werde ich ihn entmannen. Wenn er dann am Leben bleiben will, kann er wenigstens einmal eine Reihe von Tagen weder essen noch trinken.« Er fesselte mir die Hände zusammen und zog mir die Beine herauf in der Art, wie sie die Ziegenböcke gebunden hatten. Während ich in fürchterlicher Angst auf der Erde lag, schärfte er bedächtig sein Messer an einem Stein und ließ kein Auge von mir. »Also« sagte er, »wenn deine Schellen herausgeschnitten sind, wirst du erst zu einem ansehnlichen Jungen heranwachsen.« Die andern Kinder standen da und starrten mich an; ich weinte. Nun kniete er über mir nieder, griff nach meinem Geschlechtsteilen und band sie fest mit einer Schnur zusammen, gerade wie er es mit den Böcken getan hatte, um die Blutung zu unterbinden. Dann nahm er das Messer auf, wetzte es nochmals an dem Stein, sah mich scharf an und sagte: »Jetzt ist der Augenblick für dich gekommen.« Er packte meine Geschlechtsteile und schob das Messer dicht an meinem Leibe über sie weg, als ob er alles abschnitte. Ich strampelte und schrie. Er aber hatte nur die stumpfe Seite des Messers gebraucht. Einer seiner erwachsenen Söhne schlug sich für mich ins Mittel und sagte: »Nun laß ihn los! Auch für dich kommt noch einmal die Zeit, wo du klug wirst.« Und zu mir sagte er, indem er mich losband: »So ist es, Chuka, wenn du erst ein großer Junge bist, dann ist es so weit, daß du das mit ihm machst!«

Der Alte lachte laut, als ich in schnellem Lauf die Mesa hinaufklomm. Weinend kam ich zu meiner Mutter. Sie sagte, er wäre mein Großvater und sie könnte nichst dabei tun; aber ich könnte, wenn ich erst groß wäre, mit ihm abrechnen. Sie erklärte mir auch, daß er das Recht hätte, mich zu necken, und daß er damit zeige, wie sehr er mir zugetan sei. Seine Frau, die meine Muhme war, hielt zu mir, tröstete mich und drohte dem schrecklichen Kerl damit, daß ich eines Tages ihm in gleicher Weise mitspielen würde.

Damals trieben beinahe alle meine Großväter derlei groben Schabernack mit mir, grapsten nach meinem Glied und drohten mich zu entmannen, weil sie mich bei ihren Ehefrauen ertappt hätten. Alle diese Frauen dagegen stellten sich auf meine Seite, nannten mich ihren Liebsten, hätschelten mein Glied und taten so, als verlangten sie heftig danach. Sie sagten etwa: »Gib's mir her!«, streckten ihre Hände aus, als ob sie es ergriffen, und küßten in die Luft. Ich spielte wohl gern mit ihnen, aber ich fürchtete ihre groben Ehemänner und glaubte, daß sie mich kastrieren würden. Es dauerte lange, bis ich heraushatte, daß sie mich nur necken wollten.

Mein Vater drohte mir nie in dieser Weise. Er war fast immer sanft und freundlich. Er ließ mich an seiner Seite sitzen, während er Wolle oder Baumwolle krempelte oder spann oder wenn er in der Kiva Decken webte. Manchmal nahm er mich mit aufs Feld; zuweilen ließ er mich auf einem Esel im Dorfe umherreiten. Abends nahm er mich auf den Schoß, sang mir etwas vor, stellte mich auf den Fußboden und bewegte meine Füße auf und ab wie zum Tanze, oder er erzählte mir Geschichten. Er versprach mir auch, mich zu lehren, wie ich ein guter Landmann und Viehzüchter werden könnte und vielleicht auch ein guter Weber wie er selbst.

Meine frühesten Erinnerungen an meinen leiblichen Großvater, Homikniva, sind voll herzlicher Empfindungen. Ich schlief oft mit ihm zusammen. Dann sang er mir morgens vor Sonnenaufgang etwas vor und erzählte mir Geschichten. Er nahm mich mit aufs Feld, wo ich ihm bei der Arbeit half oder unter einem Pfirsichbaume schlief. Wenn er mich auf der Erde einen Kreis ziehen sah, schritt er vorsichtig darum herum und sagte, er müsse auf mich achten, damit ich ihm seinen Pfad nicht mit meiner Antilopenkraft versperrte. Immer aufs neue erinnerte er mich an diese meine Kraft. Er führte mich auch durch die Felder, wenn er Heilkräuter sammelte. Ich sah ihm zu, wie er Maisschrot ausstreute und zum Sonnengott betete, bevor er Blätter oder Beeren pflückte oder Heilwurzeln ausgrub. Wenn Mütter ihre kranken Kinder zu uns ins Haus brachten, sah ich, wie er ihre Schrotgabe nahm, hinausschritt, betete und sie ausstreute für den Sonnengott, den Mond oder seinen eigenen Heilgott. Wenn er dann wieder zu seinem Patienten hereinkam, hauchte er sich in die Hände und begann die Behandlung. Er ward von allen geachtet. Sogar Herr Voth, der Missionar, kam, um von ihm etwas über Pflanzen und Kräuter zu lernen. Vieles lehrte er diesen Weißen. Mir hat er fast alles beigebracht, was ich je über Pflanzen erfahren habe.

Herr Voth und die Christen kamen nach Oraibi und predigten von Jesus auf der Plaza, wo die Katschinas tanzten. Die älteren Leute kümmerten sich nicht darum, aber wir Kinder wurden angehalten, Geschenke und Kleidungsstücke anzunehmen. Nie predigte mir Herr Voth von Christus allein, sondern redete uns immer in Gruppen an. Er sagte, Jesus Christus wäre unser Erlöser und hätte für unsere Sünden gelitten. Er erklärte uns, daß Jesus ein guter Schafhirte und wir Schafe oder Böcke wären. Wir sollten Jesus um alles bitten, was wir brauchten. Apfelsinen und Bonbons schienen mir sehr begehrenswert, also betete ich darum. Ich sagte: »Jesus, gib mir Apfelsinen und Bonbons!« Dann sah ich zum Himmel hinauf, aber niemals sah ich, daß er etwas für mich herunterwarf. Herr Voth behauptete, daß unsere Götter nichts taugten, aber die Alten wiesen uns darauf hin, daß es oftmals geregnet hätte, wenn die Katschinas auf der Plaza tanzten. Schon als Kind wurde ich belehrt, daß die Missionare nicht das Recht hätten, unsere Götter zu verdammen und daß dergleichen Dürre und Hungersnot nach sich ziehen könnte.

Als ich umherzustromern begann, trug ich zuerst Hemden, die die Missionare uns schenkten – keine Hose. Man belehrte uns, daß die Weißen – die Bahanas – uns nicht nackend sehen mochten. Aber wir Buben liefen doch meist unbekleidet umher, es sei denn, jemand hätte uns einen Wink gegeben, daß Weiße zur Mesa heraufkletterten. Wir lagen immer auf der Lauer nach ihnen. Eines Tages machte mein Vater aus zwei Mehlsäcken Hemden für mich und meinen Bruder. Der Rückenteil war mit einem schönen Hirschkopf bedruckt; die anderen Kinder starrten uns mit begehrlichen Blicken an, wir aber fühlten uns glücklich und zeitgemäß. Aber ich sah mich nie vor, und ich bekam manchmal Schelte oder gar Haue von meiner Mutter, weil ich meine Kleider schmutzig machte. Mir machte Schmutz offenbar nichts aus.

Im Sommer kamen Katschinas mit großen Köpfen und hübschen Kleidern auf den Dorfplatz und tanzten. Sie sprachen kaum je ein Wort, sangen aber viel. Ein alter Mann, Vater der Katschinas genannt, bestreute sie mit Maisschrot, und unsere Mütter trugen Massen von Lebensmitteln an ihren Lagerplatz unmittelbar vorm Dorf. Mein Vater und andere Männer zogen sich als Narren an und führten lustige Possen auf der Plaza vor. Die Katschinas machten uns meistens Geschenke. Gegen Sonnenuntergang bat sie der Alte, ihr »Vater«, heimzugehen und uns Regen zu schicken. Dann zogen sie davon, auf die San Franciscoberge im Westen zu. Jedermann wußte, daß sie Geistergötter waren.

Einen Spätsommer, ich war wohl vier Jahre alt, richteten die Männer des Schlangen- und des Antilopenbundes Zeichen bei ihren Kivas auf, und unsere Eltern mahnten uns, dort wegzubleiben. Mehrere Tage lang kamen die Männer vermummt heraus, reihten sich hintereinander und trotteten die Mesa hinab auf der Suche nach Schlangen. Ich wäre gern hinter ihnen hergegangen, ward aber belehrt, daß ich dazu erst als Schlangengenosse erwählt werden müßte, was eines Tages wohl geschehen könnte. Abends ward davon gesprochen, wieviele Schlangen man gefangen hatte und daß einige darunter große Klapperschlangen wären. Wir wußten, daß Schlangen Geistergötter sind, die Regen bringen und nie einem Menschen, der guten Herzens ist, etwas zuleide tun. Man schärfte uns ein, nicht gleich aus dem Häuschen zu geraten und zu kreischen und zu schreien, wie Weiße es tun, wenn eine Schlange auf sie zukriecht. Mein Großvater sagte, daß solch törichtes Verhalten die feierliche Handlung störe und zunichte mache. Wenn die Schlangen mit ihrer Behandlung zufrieden wären, verhielten sie sich ruhig und brächten als Belohnung Regen.

Am letzten Tage der Feier kamen große Massen von Weißen und fremden Indianern nach Oraibi. Sie kletterten über die Hausdächer, standen in den Durchgängen und drängten sich auf der Plaza bei der Schlangenkiva, um alles mit anzusehen. Am späten Nachmittag betraten die Antilopenmänner in hübschen Trachten den Dorfplatz, trotteten viermal um das Schlangenhaus – Kisi genannt – und stampften dabei auf dessen Vorderseite mit den Füßen. Dann kamen die Schlangengenossen, bemalt und hübsch gekleidet, mit lebhaften Schritten und umkreisten gleichermaßen das Kisi. Bald tanzten sie mit großen lebenden Schlangen in den Händen und zwischen den Zähnen. Einige Schlangen wanden sich und züngelten, aber die andern hielten still. Mein Großvater erzählte mir später, daß die Tänzer mit dem besten Herzen die ruhigsten Schlangen hätten. Als die Schlangen in einem Kreise auf den Boden gelegt wurden, krochen sie eilig in allen Richtungen auseinander, ehe der Schlangenfänger sie erwischen konnte. Einige Weiße schrien und sprangen beschämenderweise zurück. Auf mich kam am Rande der Plaza eine Stierschlange zu. Ich schrie nicht, stand aber auf dem Sprunge, mich davonzumachen, als der Schlangenfänger sie aufnahm. Er war mutig und hatte ein gutes Herz. Wie wünschte ich mir, ein Schlangengenosse zu sein!

Jedes Jahr um die Zeit des ersten Schnees sagte mein Großvater zu mir: »Enkel, dies ist eine schlimme Jahreszeit. Es ist die Zeit, wo Eltern scharf auf ihre Kinder aufpassen müssen. Treibe dich nicht draußen umher, besuche nur befreundete Familien, schlaf nicht außer unserem Hause! Sonst wirst du womöglich von Zwieherzern – Bowakas – aufgegriffen, von Hexern, die dich mitschleppen an ihren geheimen Versammlungsort und dich zum Mitglied ihres Unterweltbundes machen. Wenn das geschähe, würdest du von Zeit zu Zeit Todesrufe hören und müßtest deine eigenen Brüder und Schwestern töten oder andere Verwandte, um dein Leben zu retten. Manchmal versammeln sich diese Hexer dort im Nordosten in dem Tal, wo du den Haufen großer Felsblöcke siehst. Hüte dich, ihm zu nahe zu kommen. Sollten sie dich aber jemals fassen und in die Unterweltkiva schleppen, dann werden die Zwieherzer versuchen, dich in ihren Bund einzuweihen. Dann fragen sie dich: ›Wen erwählst du als deinen geheimen Gevatter?‹ Dann mußt du antworten: ›Die Sonne soll mein Vater sein!« Dann fragen sie: ›Wer soll deine Gevatterin sein?‹ Dann mußt du antworten: ›Die Maismutter soll meine Gevatterin sein!‹ Wenn du dessen gedenkst und auf diese Weise antwortest, werden sie dich wieder loslassen und dich zum Dorfe zurückbringen; aber sie werden dich zu überreden suchen, daß du dich ihnen anschließt, und dich glauben zu machen, daß du deines Lebens froh wirst bei ihnen. Freilich, froh wirst du sein als Mitglied des Unterweltbundes, aber nur bis du deinen Todesruf hörst. Dann wirst du einsam dich fortschleichen und weinen draußen auf dem Felde, weil du deine Lieben wirst verraten müssen, um dein eigenes Leben zu verlängern. Also, Enkelsohn, bewahre das wohl in deinem Herzen und denke immer daran! Sei stets auf der Hut!« Mein Großvater strich mir Kiefernharz und Ruß auf die Stirn, um mich vor den bösen Geistern zu schützen, die im Dezember in Oraibi zusammenströmen, aber er sagte dazu, daß es nicht gegen die mächtigen Zwieherzer helfe. Er und andere erzählten, wie Kinder von bösen Geistern berührt oder von Zwieherzern eingefangen werden könnten – in der Nacht und sogar am Tage, wenn ein heftiger Wind ginge. Mir graute es, und ich schlief bei ihm.

Ich erfuhr auch von Masau'u, dem blutköpfigen Feuergeist, der das Dorf zur Nacht behütet und manchmal eine Fackel trägt. Man erzählte sich, daß es ein Vorzeichen des Todes sei, ihm von Angesicht zu Angesicht zu begegnen, und daß schon allein sein Feuer zu erblicken gefahrdrohend sei. Mein Großvater zeigte mir, wo er in einem Heiligtum am Fuße der Mesa wohnte. Jedermann fürchtete sich vor diesem Gott, also fürchtete ich mich auch vor ihm und nährte die Hoffnung, daß ich nie ihn oder sein Feuer erblicken möchte.

Im Dezember, während die Soyalfeier im Gange war, kam mein Oheim Talasquaptewa, der Mutterbruder meiner Mutter, eines Morgens früh aus der Kiva mit Medizin im Munde und Ton in den Händen. Er trat zu uns ins Haus, befeuchtete den Ton mit der Medizin und rieb uns ein wenig davon auf Brust, Rücken und Glieder, um uns gegen Krankheit und Tod zu schützen. Ein paar Tage später nahm mich meine Mutter bei Sonnenaufgang mit zum Ostrande der Mesa – das ganze Dorf war auf den Beinen – um Gebetsfedern an den Heiligtümern anzubringen. Diese Weihgaben trugen Botschaften zu den Göttern, damit sie uns Glück bescherten. Auch befestigten die Leute Federn an der Hausdecke und in allen

Kivas. Sie banden sie an die Leitern, um Unfälle zu verhindern, an den Schwanz der Esel, um sie stark, an Ziegen, Schafe, Hunde und Katzen, um sie fruchtbar zu machen, an die Hühnerställe, um mehr Eier zu bekommen. Mein Großvater befestigte betend Federn an den Ästen seiner Obstbäume, um bessere Pfirsiche, Äpfel und Aprikosen zu erhalten. Mein Vater band mir eine Gebetsfeder ins Haar, indem er mir Gesundheit und langes Leben wünschte.

Im Laufe des Tages kamen männliche und weibliche Katschinas mit mächtigen Köpfen, die mit Fellen und Federn verziert waren, auf die Plaza; sie trugen Kürbisrasseln, Bogen und Pfeile und kleine Beutel mit Maisschrot. Uns Kindern schenkten sie Wassermelonen, Piki und anderes. Ein Greis bestreute die Katschinas mit geweihtem Maisschrot, während sie tanzten, und rieb Maisschrot aus ihren Beuteln an die vier Kanten der platten Kivadächer. Man belehrte uns, daß diese Geistergötter auf unsere Gebete hin gekommen seien, um uns Glück zu bringen. Dies war auch der Tag, an dem Mütter mit der größtmöglichen Sicherheit ihren Kindern die Haare schneiden konnten, unbehelligt von bösen Geistern oder Zwieherzern.

Vier Tage lang gingen die Männer auf Kaninchenjagd. Eines Nachmittags kamen die Soyalgenossen nackt aus der Kiva, nur bemalt und mit Lendentuch versehen, und begaben sich im Gänsemarsch ins zweite Stockwerk eines gewissen Hauses – das der Soyalmana, der Soyaljungfrau. Dort begossen vier Mädchen sie mit kaltem Wasser, um die Farbe abzuwaschen, während die Männer Piki, Kürbisse, Wassermelonen und andere Lebensmittel unter die Leute warfen, die sich angesammelt hatten, um zuzugucken. Danach gab es ein Wettrennen und schließlich Katschinatänze und ein Festmahl. Die Alten sagten, daß alle diese Dinge wichtig seien, daß sie den Göttern gefielen und uns das Leben sicherten.

Eines Wintermorgens, es war im Februar, sah ich eine große fremdartige Katschina – Hahai'i – von Norden her ins Dorf kommen; sie blies eine Knochenpfeife und ließ ein langgezogenes »Hu-huhuhuhu« hören. Als sie die Plaza betrat, bewarfen Frauen und Kinder sie mit Prisen von Maisschrot und nahmen Sprossen grünen Maises und Fichtenzweige von ihrem Tablett. Zwei andere Katschinas schlossen sich ihr in der Nähe der Kiva an. Einige Männer kamen aus der Powamukiva, wo sie in einer feierlichen Handlung begriffen waren, bliesen den Katschinas Tabakrauch auf den Rücken und bestreuten sie mit Maisschrot. Eine Anzahl anderer Katschinas kam durch die Straßen, darunter solche, die kreuzbeinig liefen (huuve), und verteilten Gaben. Einige von uns erhielten Bogen, Pfeile, Rasseln und Katschinapuppen (tihu). Noch andere Katschinas kamen ins Dorf und brachten in Körben Bohnenkeimlinge mit.

Wir befanden uns auf der Plaza und sahen ihnen zu. Plötzlich warf mir meine Mutter eine Decke über den Kopf. Als sie mich wieder davon befreite, waren alle Katschinas fort, und die Leute guckten in den Himmel hinauf und sahen sie umherfliegen – sagten sie. Ich guckte auch hinauf, sah aber nichts. Meine Mutter lachte und meinte, ich wäre wohl blind.

Später sah ich ein paar Katschinariesen – Nataskas – mit langen schwarzen Schnäbeln und großen Zähnen wie Sägen ins Dorf stelzen. Einer trug ein Lasso, um damit ungezogene Kinder zu fesseln. Er blieb an einem bestimmten Hause stehen und rief nach einem Jungen. »Du warst ungezogen«, schalt er. »Du streitest dich mit den anderen Kindern. Du bringst Hühner um. Du kümmerst dich nicht um das, was die alten Leute sagen. Jetzt sind wir da, um dich mitzunehmen und aufzufressen.« Der Junge weinte und versprach, sich zu bessern. Die Riesen aber wurden noch zorniger und drohten, ihn zu binden und mitzunehmen. Aber die Eltern des Jungen baten um sein Leben und boten statt seiner rohes Fleisch an. Der Riese streckte die Hand aus, als wollte er den Jungen packen, nahm aber statt dessen das Fleisch. Er legte es in einen Korb und warnte den Jungen, daß er noch einmal Gelegenheit erhielte, sich zu bessern. Ich hatte es auch mit der Angst bekommen und ließ mich nicht mehr blicken. Man hatte mir erzählt, daß die Riesen manchmal wirklich Knaben einfingen und auffräßen.

Ein paar Tage später erzählte mir mein Großvater die Geschichte von den Riesen, als ich bei ihm auf dem Schaffell lag. Er sagte: »Vor langer Zeit hat es sich einmal in Oraibi begeben, daß die Kinder die Alten nicht mehr achteten: sie verspotteten sie, banden ihnen dreckige Lappen an hinten und warfen sie mit Steinen. Sie nahmen auch den kleineren Kindern das Essen weg und verprügelten sie. Die Eltern versuchten, ihnen diese Ungezogenheiten auszutreiben, waren aber nicht dazu imstande.

Nun gab es in Oraibi einige Zwieherzer, die Kinder nicht leiden konnten, die hatten einen Zauber über sie geworfen, daß sie sich schlecht betragen mußten. Danach versammelten sie sich in einer Kiva und wollten einen Riesen machen, der die Kinder fressen könnte. Sie einigten sich, wie sie verfahren wollten, und schickten die jüngeren Genossen in den Wald, um Kiefernharz zu holen. Sobald sie genügend zusammen hatten, setzten sich die alten in einem Kreise ums Feuer und rauchten, bis schließlich ein alter Zwieherzer unter albernem Lachen mit dem Kopfe nickte und sagte: ›Nun paßt einmal auf, wie ich einen Riesen mache!‹

Er nahm einen Klumpen Harz und drehte eine Walze daraus. Er bestrich sie mit Fett, bedeckte sie mit einer Hochzeitsdecke und sang darüber. Unter aller Augen fing das Harz an, sich zu bewegen, richtete sich am Ende des vierten Liedes auf, wuchs schnell zu einem Riesen empor und fragte schließlich in barschem Ton: ›Na, Vater, was verlangst du?‹ Der alte Zwieherzer erwiderte: ›Die Kinder von Oraibi sind aufsässig geworden. Geh an den Ostberg und bau dir ein Haus, während wir die Frau und Kinder machen!‹ Als er die Kiva verlassen hatte, machte der Alte eine Riesenfrau und zwei Kinder und schickte sie hinter dem Manne her.

Bei Sonnenaufgang kam der Riese mit Beil, Speer, Messer und Korb nach Oraibi zurück. Er drang, ohne zu klopfen, in ein Haus ein, ergriff ein kleines Mädchen, sperrte es in seinen Korb und ging unter dem Geschrei des Kindes mit langen Schritten davon. Die alten Zwieherzer aber saßen auf ihrer Kiva, kicherten und sagten: ›So haben wir es uns gewünscht!‹

Der Riese kam jeden Morgen bei Sonnenaufgang, bis Kinder anfingen, knapp zu werden. Die Eltern waren so in Ängsten, daß der Dorfvogt ein paar Wildlederbälle, zwei Schlaghölzer, Bogen und Pfeile nahm, zum Hause des Spinnenweibes ging und diese Dinge den Zwillingskriegsgöttern darbrachte mit der Bitte, die Riesen zu erschlagen.

Am nächsten Morgen steckten die Zwillingskriegsgötter Pfeile in ihre Köcher, versahen sich mit ihrer Kriegsausrüstung und machten sich auf ins Dorf. Das Spinnenweib warnte sie: ›Spielt nicht etwa Shinny auf dem Wege, sonst kommt ihr zu spät!‹ Als der Riese sie vom Ostrand sah, rief er: ›Nun will ich euch Jungen mit nach Hause nehmen und auffressen!‹ Die Zwieherzer saßen auf ihrer Kiva und lachten sich ins Fäustchen.

Der ältere der beiden Knaben schlug seinen Shinny-Ball, daß er des Riesen Stirne traf und ihn umwarf. Höchst überrascht sprang der auf, ergriff die Knaben, sperrte sie in seinen Korb und machte sich auf den Weg, die Mesa hinab. Als er ein Stück gegangen war, fragte der ältere der Knaben: ›Kann ich mal runter?‹ ›Ich muß mal. Oder soll ich den Korb beschmutzen?‹ – ›Und bitte, darf ich mal Wasser lassen?‹ fragte der andere. Der Riese jedoch kehrte sich nicht daran. Nach einer Weile sagten die Knaben, daß es nun dringend wäre. Der Riese ließ sie hinunter, band jeden von ihnen an ein Seil und wartete. Sie verschwanden hinter einem Felsblock, erleichterten sich, banden die Seile los, befestigten an dem einen ihren Kot und versteckten sich hinter einigen Steinen.

Natürlich wurde der Riese ungeduldig und trieb die Jungen zur Eile an; schließlich ward er wütend und zuckte heftig an den Seilen. Der Kot flog auf und klatschte ihm ins Gesicht, worauf die Knaben losprusteten. Es gab eine Keilerei mit den Jungen, aber am Ende brachte er sie mit nach Hause und warf sie in einen sehr heißen Backofen. Seine Frau verschmierte den Deckel mit Lehm und legte noch einen schweren Stein oben darauf; dann fachte sie ein Feuer an, daß es prasselte. Aber die kleinen Götter bestrichen sich den Leib mit Zaubersalbe, harnten in den Topf, um ihn kühl zu halten, und blieben bis zum Abend und noch die ganze Nacht darin, wobei sie sich zum Zeitvertreib Geschichten erzählten.

In der Morgendämmerung, als die Riesenfrau im Nebenzimmer Mais mahlte, lüpften die Kriegszwillinge den Deckel, kletterten heraus, ergriffen die schlafenden Kinder der Riesen und stopften sie in den Topf. Dann versteckten sie sich im Hause und lachten sich eins im Stillen. Die Frau machte das Frühstück fertig und nahm mit dem Riesen zusammen Platz, um die eigenen Kinder zu verzehren. Als sie so recht ins zarte Fleisch bissen, das locker von den Knochen fiel, riefen die Buben laut: ›Ihr freßt ja eure eigenen Kinder!‹ Wieder kämpfte der Riese mit den Kriegsgöttern; aber sie schlugen ihm den Kopf ab und seiner Frau ebenfalls und schleiften die beiden Leichname ins Dorf. Später nahmen Katschinas die Köpfe mit, um mit ihnen ungezogene Kinder zu erschrecken.«

Mein Großvater erzählte mir auch, wie die Katschinariesin – Soyocco – als er noch ein Knabe war, ins Dorf kam und von Haus zu Haus ging und nach ungezogenen Kindern suchte. Sie ermahnte die Jungen, sich gut zu betragen, gab jedem ein paar Stäbe für eine Falle und befahl ihnen, Mäuse zu fangen. Den Mädchen gab sie eine Handvoll gerösteten Süßmais zum Zerschroten. Dann nannte sie den Tag, an dem sie mit den anderen Riesen wiederkehren würde, um ihren Anteil an Beute und Schrot zu holen – oder die Kinder! An dem vorausgesagten Tage kamen sie von Westen ins Dorf, die Soyocco und nicht weniger als acht Nataska-Katschinas. Sie griffen Jungen und Mädchen auf, rechteten mit den Eltern, die für ihre Kinder eintraten, und gaben sich erst nach langem Zureden mit einem Stück Fleisch zufrieden. Die Reden meines Großvaters waren eine eindringliche Warnung für mich.

Als ich vier oder fünf Jahre alt war, wurde ich vom Spinnenweib eingefangen und büßte beinahe das Leben ein. Es war eines Morgens im Mai, ich spielte im Hemde auf dem Dorfplatz, und mein Vater rief mir zu, daß er aufs Feld ginge. Ich wollte mit, aber als er seine Wasserflasche füllte, meinte er: »Bleib du nur hier, meine Flasche faßt nicht genug für uns beide!« Ich fing zu weinen an, und als er fortging, die Südseite der Mesa hinunter, folgte ich ihm auf dem engen Pfade zwischen den zwei großen Felsen und gelangte bis an den Fuß des letzten Abhanges nahe dem Heiligtum des Spinnenweibes. Mein Vater war im Gefelse verschwunden. Zufällig sah ich nach links, nach einem Felsblock hinüber beim Heiligtum, wo man einige Tonschüsseln als Opfer für das Spinnenweib niedergesetzt hatte. Da sah ich das alte Weib selbst, vornübergebeugt, mit dem Kinn in den Händen. Neben ihr war ein viereckiges Loch in der Erde. Sie sagte: »Du bist zur rechten Zeit da. Ich habe auf dich gewartet. Komm ins Haus mit mir!« Ich hatte genug über das Spinnenweib gehört, um zu wissen, daß kein gewöhnlicher Mensch jemals dort am Heiligtume säße. So stand ich hilflos da und starrte sie an. »Komm zu mir ins Haus!« wiederholte sie. »Du bist meinen Pfad gewandelt, also habe ich ein Anrecht an dich als Enkelsohn!«

Mein Vater hatte mich weinen hören, als ich ihm nachlief, und bat deswegen einen Mann, der ihm die Mesa herauf entgegenkam, mich mit ins Dorf zurückzunehmen. Als dieser Mann hinter einem Felsvorsprung hervorkam, verschwand die Alte. Sie hatte dicht neben dem Haufen Brennholz gesessen, den die Leute am Heiligtum angesammelt hatten, wenn sie die Mesa hinauf- oder hinunterzogen. Ich glaubte mich nicht bewegt zu haben, aber als der Mann mich erblickte, stand ich gerade unter dem Felsen und war im Begriff, in das Loch gezogen zu werden. Das alte Spinnenweib hat die Macht, seltsame Dinge zu tun. Ich war in ihrem Netz gefangen und konnte keinen Schritt zurücktreten. Als der Mann mich sah, schrie er laut: »Junge, heraus aus dem Heiligtum! Das Spinnenweib zieht dich sonst in ihr Haus!« Ich stieß ein albernes Lachen aus, konnte mich jedoch nicht bewegen. Der Mann sprang zu und zog mich aus dem Heiligtum. Als er die Mesa mit mir hinanschritt, fühlte ich mich übel, und den ganzen Tag über war ich nicht mehr imstande zu spielen.

Ich der Nacht hatte ich einen schrecklichen Traum. Das Spinnenweib kam, mich zu holen, und versicherte, daß ich nun ihr gehöre. Ich fuhr in die Höhe und sah noch ihre Ferse, als sie durch die Tür verschwand. Weinend berichtete ich meinen Eltern, daß das Spinnenweib hinter mir her sei. Sobald ich die Augen schlösse, sähe ich die Alte wiederkommen. Vater, Mutter und Großvater besprachen sich über das, was beim Heiligtum geschehen war und lösten einander ab, mich zu bewachen. Einmal schrie ich auf und sagte zu meinem Vater: »Das Spinnenweib will mich mitnehmen!« Da legte er mir die Hand auf die Stirn und erwiderte: »Ja, mein Junge, du bist ihrem Heiligtum zu nahe gekommen. Ich fürchte, du gehörst nun ihr und wirst nicht mehr lange leben!«

Ich wurde schwächer und schwächer und fühlte mich nur noch halb lebendig. Mein Großvater versuchte mich zu behandeln, aber seine Medizin war unwirksam. Am vierten Tage beschlossen meine

Eltern, mich nach Shongopavi zu bringen zu einem Doktor, dessen Spezialität diese Art Krankheit war. Auf den zwanzig Kilometern Weges wechselten sie miteinander ab, mich zu tragen. In Shongopavi gingen wir in ein Eckhaus, um einen Heiler namens Yayauma aufzusuchen. Er betete mit Hilfe einer Prise Schrot, die meine Mutter ihm gab, untersuchte mich genau und lächelte. Meine Eltern waren in Ängsten. Er sagte: »Dieser Knabe ist im Netz des Spinnenweibes gefangen. Sie hält ihn fest.« Dann wandte er sich an meinen Vater: »Hast du bei der Soyalfeier eine Gebetsfeder für das Spinnenweib gemacht?« Mein Vater hielt ein Weile den Kopf gesenkt, dann sagte er: »Nein, ich glaube, ich habe damals keine gemacht!« Der Doktor erwiderte: »Daher rührt dieses Leiden. Sie wird den Jungen festhalten, bis du eine Gebetsfeder für sie machst. Wenn du den Kleinen lieb hast, dann tust du es bald. Ich hoffe, daß sie ihn dann losläßt.« – »Schön«, sagte mein Vater, »machen wir es so!« Der Doktor begann mir Rücken und Leib zu reiben.

In Shongopavi fand an dem Tage ein Katschinatanz statt. Als der Doktor mit mir fertig war, nahm meine Mutter mich auf den Rücken und ging zum Hause unserer Verwandten. Als sie die Leiter zum Dach eines Winterhauses hinaufstieg, sah ich in der Nähe die Katschinas sich ausruhen. Es kam mir so vor, als hätten sie ihre Köpfe abgeschnitten und an die Seite gelegt. Sie waren beim Essen und verwendeten dazu menschliche Köpfe und Münder wie unsere. Es machte mich sehr traurig, jene Katschinas so ohne ihre eigenen Köpfe zu sehen. Als wir am nächsten Tage nach Hause kamen, nahm mein Vater, bevor er zu Bett ging, etwas Maisschrot, ging hinaus und betete zu Sonne, Mond und Sternen, daß sie uns beschützen möchten. In dieser Nacht ließ mich das Spinnenweib in Frieden, und ich schlief bis nach Sonnenaufgang.

Beim Frühstück unterhielten sich meine Eltern und mein Großvater über den Heiler von Shongopavi und das Spinnenweib. Als wir mit Essen fertig waren, nahm mein Vater ein paar Weidenzweige und weiche Gebetsfedern und begann, die Weihgaben herzurichten. Ich fühlte mich kräftiger und saß neben ihm bei der Feuerstelle in eben der Stube, in der ich geboren war. Er machte zwei Gebetsstäbe aus Weide, einen männlichen und einen weiblichen, und befestigte vier weiche Gebetsfedern daran. Diese Stäbe nannte er Pahos. Er nahm eine andere Gebetsfeder und befestigte einen Bindfaden daran – den Bindfaden nannte er einen Hauch. Er brauchte lange Zeit, diese Weihgaben zu machen. Als er fertig war, sagte mein Großvater zu ihm: »Nimm außer den Pahos auch etwas Essen mit zum Heiligtum und leg etwas Bergtabak auf die Speisen; vielleicht freut es das Spinnenweib!« Nun brach mein Vater mit den Weihgaben, auf zum Heiligtum. Ich stand im dritten Stock unter der Tür, von wo ich seinen Weg verfolgen konnte. Während er auf das Heiligtum zuschritt, streute er einen Pfad von Maisschrot, auf dem mein Geist wandeln konnte, wenn er ins Haus zurückkehrte. Auf das Ende des Pfades pflanzte er die Gebetsfeder, die Pahos steckte er am Heiligtum in den Boden. Dann sagte er, während er die Speisen in der Nähe des Brennholzes niederlegte: »Also, mein Sohn, ich habe diese Opfergaben für deine Großmutter mitgebracht, auf daß ich dich nach Hause mitnehmen kann. Großmutter, bitte, laß meinen Jungen los! Ich werde an jedem Soyal ein Paho für dich machen!«

Als mein Vater vom Heiligtum zurückkehrte, und er folgte dabei dem Maisschrotpfade, hörte ich wie er mit meinem Geiste redete. Er sagte: »Nun nehme ich dich wieder mit nach Hause, mein Sohn. Lauf nie wieder hinter mir die Mesa hinunter, ein böser Geist könnte dich ergreifen und mitnehmen!« Bei der Türe sagte er: »Setz dich!« Danach bin ich meinem Vater nie mehr nachgegangen, wenn er die Mesa hinabging, und vom Heiligtum des Spinnenweibes hielt ich mich fern, solange ich ein Kind war.

FRÜHE LEBENSLEHREN

Ich war meines Großvaters Liebling. Sobald ich alt genug war, Rat anzunehmen, belehrte er mich, daß es die größte Schande sei, kahopi genannt zu werden, das heißt »un-hopi, unfriedsam«. Er sagte: »Mein Enkel, die Alten sind maßgebend. Sie haben viel erfahren und lügen nicht. Höre auf sie, gehorche deinen Eltern, arbeite fleißig, gib jedem das Seine! Dann werden die Leute sagen: ›Dieser kleine Chuka ist doch ein braver Junge! Wir wollen auch freundlich zu ihm sein!‹ Wenn du dich so verhältst, dann wirst du es selber zu hohen Jahren bringen und im Schlafe verscheiden ohne Schmerz. Dies ist der Pfad, den jeder wahre Hopi verfolgt. Kinder, die diese Weisungen in den Wind schlagen, leben nicht lange!«

Er sagte, ich wäre ein Junge nach seinem Herzen und er vermöchte in mein Leben hineinzuschauen und sähe, daß ich ein angesehener Mann werden würde, vielleicht ein Führer des Volkes. Ich wollte gern ein Medizinmann sein wie er, aber er meinte, ich könne kein sehr guter Heiler werden, weil ich nicht zum Dachsklan gehöre, ja nicht einmal zum Schlangenklan. Aus diesen gingen die besten Doktoren hervor, ihn deuchte aber, daß ich wohl ein Amtsträger in den

Zeremonien werden könnte. Er riet mir, das Gemüt von leidigen Gedanken freizuhalten, nach Osten zu blicken, auf die helle Seite des Lebens zu schauen und zu lernen, auch dann ein leuchtendes Antlitz zu zeigen, wenn ich unfroh wäre. Als ich noch mit ihm zusammenschlief, lehrte er mich, vor Sonnenaufgang aufzustehen, zu baden und Leibesübungen zu machen und mich nach nützlicher Arbeit umzusehen. Er sagte: »Arbeiten heißt leben. Niemand schätzt einen Faulpelz!«

Arbeiten zu lernen, war wie ein Spiel. Wir Kinder waren immer um unsere Eltern und machten nach, was sie taten. Wir folgten unseren Vätern aufs Feld hinaus und halfen pflanzen und jäten. Die alten Männer gingen mit uns spazieren und lehrten uns den Nutzen der Wildpflanzen und die Art, sie zu sammeln. Wir schlossen uns den Frauen an, wenn sie Kaninchenkraut zu Flechtarbeiten suchten, und gingen mit, wenn sie Ton für Töpfe gruben. Auch wir kosteten den Ton – wie die Frauen, wenn sie ihn prüften. Wir bewachten die Felder, um Vögel und Nagetiere zu verscheuchen, halfen Pfirsiche pflücken, die in der Sonne getrocknet, und Melonen ernten, die zur Mesa hinaufgeschleppt werden sollten. Wir ritten die Esel zur Maisernte, zum Einbringen der Brennstoffe und zum Hüten der Schafe. Beim Hausbau halfen wir wenigstens soweit, daß wir den Lehm hinaufbrachten, der zum Decken der Dächer diente. So wuchsen wir auf, indem wir etwas leisteten. Alle alten Leute sagten, daß es eine Schande wäre, müßig zu gehen, und daß ein fauler Knabe Prügel verdiene.

Wie bedeutungsvoll die Lebensmittel sind, lernte ich früh. Meine Mutter brachte es mir bei, daß ich niemals verschwenderisch damit umgehen oder achtlos damit spielen dürfe. Mais schien die größte Bedeutung zu haben. Eine allgemeine Redensart war: »Mais ist das Leben und Piki das vollkommene Nahrungsmittel.« Meine Muttermaiskolben, die mir nach der Geburt an die Seite gelegt und bei meiner Namensweihe gebraucht worden waren, wurden als heilig angesehen und lange Zeit aufbewahrt, aber schließlich wurden sie doch zerschrotet und aufgegessen, bevor Ungeziefer hineinkam. Jede Familie versuchte, einen vollen Jahresbedarf an Mais vorrätig zu halten und ihn nur sparsam anzugreifen. Es war immer ein Stapel davon im Hause, sauber in Reihen geschichtet. Ein geringer Maisvorrat in einem trockenen Jahr war Anlaß zu äußerster Besorgnis, denn ohne Mais zu sein, konnte schweres Unglück bedeuten. Beim Abkernen des Maises waren wir darauf bedacht, jedes einzelne Korn aufzusammeln.

Wenn die Alten beim Maiskernen oder Spinnen im Kreise saßen, dann erzählten sie von den schrecklichen Hungerzeiten, die schon über das Volk gekommen waren. Das war traurig mit anzuhören. Sie sagten, das Wolkenvolk-der-sechs-Richtungen (dies sind unsere heimgegangenen Ahnen, die im Norden, Osten, Süden, Westen, in der Höhe und in der Tiefe wohnen) hätte es in solchen Zeiten wegen irgendjemandes verantwortungslosem Verhalten unterlassen, Regen zu schicken und Dürre und Hungersnot zugelassen. Wenn dann der Mais zur Neige ging, lungerten die Menschen im Dorfe umher, suchten nach Samen und Wurzeln, wühlten in Abfallhaufen und aßen, was sie fanden. Sie irrten durch die Wüste und gruben nach Knollen und wilden Kartoffeln. Manch einer blieb vor Erschöpfung liegen und starb auf dem Wege die Mesa hinauf. Viele, viele verhungerten. Manche stahlen auch die Lebensmittel, die andere aufgespeichert hatten, und sie gruben dazu sogar Gänge zu den Maishürden des Nachbarn unter den Mauern hindurch. Da konnte ein Mann in seinem Hause aufwachen und es erleben, daß inzwischen all sein Mais bis auf die erste Reihe verschwunden war. Es gab auch solche, die zu den Santo Domingo-Indianern flüchteten und ihre Kinder für Lebensmittel verhandelten.

Man hat mir erzählt, daß Mann und Frau, wenn sie sich in solchen Zeiten zum Essen hinsetzten, einander anstarrten wie Wildkatzen, die auf dem Sprunge stehen, und daß sie die Hände ihrer Kinder festhielten, um ihnen das Essen zu wehren. Man denke! Es wurden sogar Kinder weggefangen und gegessen. Später fand man ihre Knochen und Schädel im Fundament einiger alter Häuser. Ich selbst habe sie gesehen. Die Alten sagten, wir Jüngeren könnten niemals ermessen, welche entsetzlichen Unglücksfälle unser Volk schon betroffen hätten. Und sie überlieferten uns dies als Warnung, damit wir sie eines Tages an unsere eigenen Kinder weitergeben könnten. Die letzte große Hungersnot war hereingebrochen, als mein Vater noch ein Knabe war. Er erzählte mir, daß sein Großvater ein ziemlich wohlhabender Mann gewesen wäre, der viele Lebensmittel lagern hatte und damit seine Familie vorm Hungertode bewahrte. Ich sah ein, wie wichtig es war, Lebensmittel zur Hand zu haben. Wir aßen die alte Hopikost, also Mais, Bohnen, Kürbisse, Paprika, Spinat und viele wilde Pflanzen. Sie wurden uns nie über. Gelegentlich aßen wir auch von den Speisen der Weißen, also etwa flaches Brot aus Mehl, und tranken ein wenig Kaffee. Nur die reichen Hopi leisteten sich solches Weißbrot sogar zweimal die Woche. Oft wurde uns vorgestellt, daß die alte Hopikost am gesündesten wäre und daß die Götter es lieber hätten, wenn wir uns damit ernährten.

Im Frühling zogen die älteren Knaben, weiche Adlerfedern auf dem Kopfe, hinaus, um wilden Spinat zu sammeln, den sie dann bei ihren Freundinnen gegen andere Lebensmittel eintauschten. Unsere

Eltern nahmen uns jüngere Kinder mit, um uns den Aufzug zu zeigen und unsere eigenen Eßwaren auszutauschen. Festbeamte führten die Knaben und Mädchen bei diesem Unternehmen und ermahnten sie, an den Einfluß zu denken, den diese Arbeit auf eine gute Ernte und reichliches Essen hätte. Nach dem Sammeln des wilden Spinats gab es immer einen Katschinatanz. Aus diesen Festgebräuchen lernte ich, daß die Götter uns gewisse wilde Pflanzen als besondere Speise gegeben haben.

Man belehrte uns, daß wir stets, wenn jemand zu uns ins Haus käme, auf dem Fußboden einen Platz sauberfegen müßten, dem Besuch etwas zu essen vorsetzen und ihn auffordern müßten, zuzulangen. Erst wenn der andere gegessen hatte, keinesfalls früher, pflegte mein Vater zu fragen: »Nun, und was führt dich zu mir?« Mein Großvater sagte, daß wir uns stets nach dieser Regel richten und Besucher erst bewirten müßten, auch wenn wir hungrig oder unfroh wären. Auch stellte ich fest, daß meine Eltern aufhörten, sich zu zanken, wenn jemand kam. – Bei den Mahlzeiten durften wir Kinder so viel essen, wie wir wollten, aber wir wurden angehalten, uns zusammenzunehmen und nicht gierig zu sein. Es war nicht unanständig, unterm Essen zu rülpsen oder zu lachen, wenn jemand anders es tat. Gingen wir zu Nachbarn, so wurden wir angehalten, vom Angebotenen zu essen, um sie froh zu machen. Es gehörte sich, wenigstens eine Kleinigkeit zu essen, auch wenn man schon satt war bis oben hin. Bei Tanzfesten aßen wir oft zehn- oder fünfzehnmal am Tage.

Soweit meine Erinnerungen zurückreichen, sehe ich Vater, Mutter, Großvater ein wenig von unserem Essen vor der Mahlzeit abteilen und beiseitesetzen. Sie erklärten, daß dies der Sonne und anderen Göttern, die uns schützten, zur Speise diene. Manchmal hörte ich sie mit diesen Göttern sprechen und sie zum Essen einladen. Besonders an Tanztagen waren sie darauf bedacht. Wenn mein Vater die Götter um etwas bat, gab er ihnen stets vorher etwas zu essen. Manchmal nahm er so eine Kostprobe, trat hinaus, warf sie auf die Sonne zu und erbat sich etwas. Man belehrte uns auch, daß es nicht nötig wäre, unseren Göttern bei jeder der drei Mahlzeiten laut den Dank auszusprechen. Wir könnten etwa so in unserem Herzen beten: »Nun ist dieses Mahl uns vorgesetzt. Ich will es mir einverleiben, damit ich stark werde zur Arbeit. Möge mein Schutzgeist mich behüten!« Speisen wurden auch auf den Gräbern niedergelegt, sogar auf den Gräbern der ganz jung Gestorbenen, die zwischen den Felsen im Süden und Nordwesten des Dorfes begraben wurden. Wir Kinder durften übrigens keine Toten ansehen oder den Gräbern nahekommen, aber wir konnten unsere Väter die Speisen in Tonschüsseln dorthintragen sehen.

Die Kürbissaat-Mesa nahe bei Oraibi
Gärten der Hopi-Indianer

3. Straßenbilder aus dem Oraibi der zwanziger Jahre, unten sind Kivas im Vordergrund z

Don C. Talayesva, der uns die Geschichte seines Lebens erzählte

5. *Lolulomai, der Dorfvogt von Oraibi*

6. Tewaquaptewa vor seinem Hause

7. Yokeoma, der Führer der »Feindseligen«

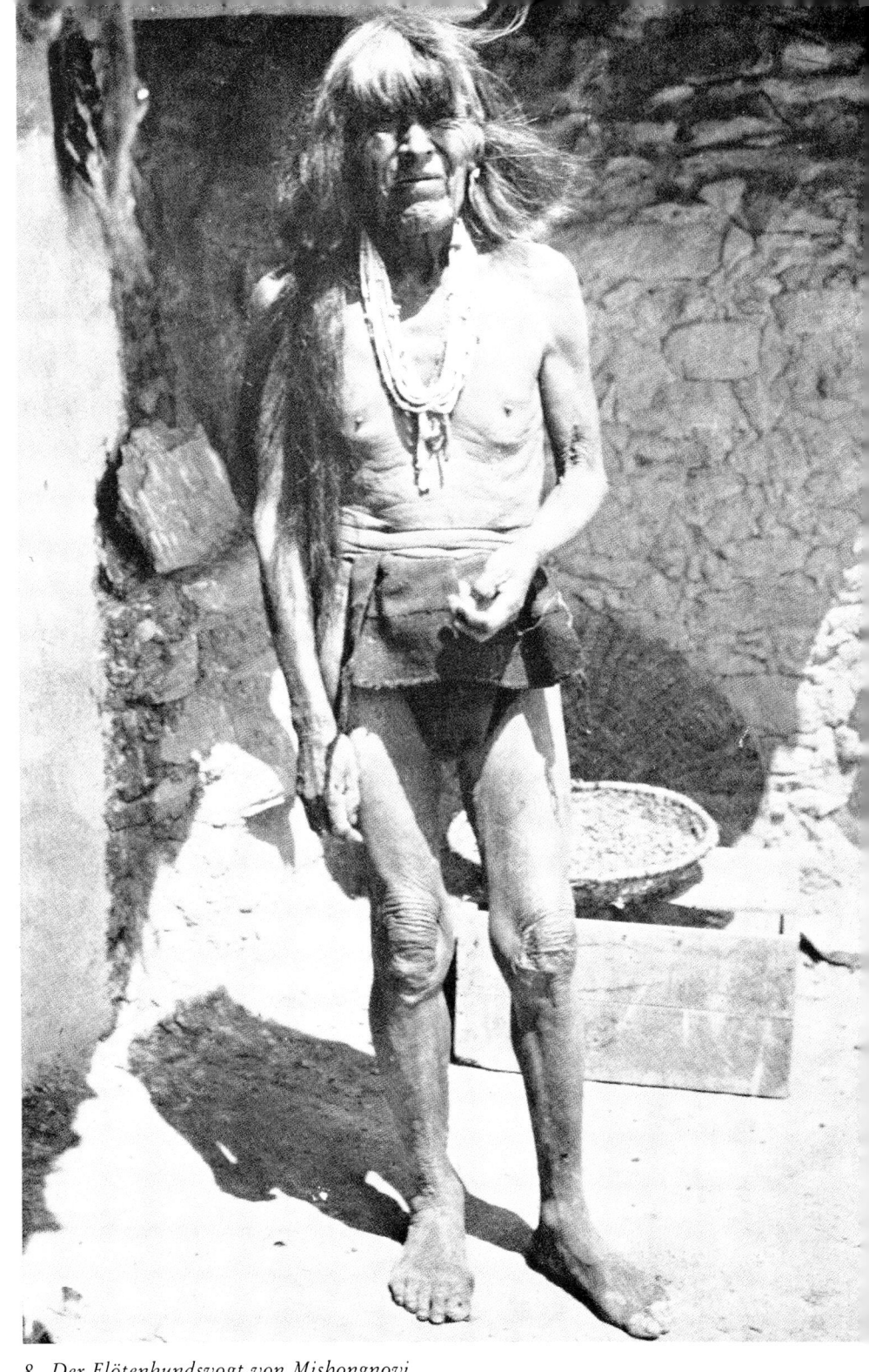

8. Der Flötenbundsvogt von Mishongnovi

9. Irene, Dons Frau, in ihrer Hochzeitstracht

Ich lernte, daß es sich gehört, zu den Mahlzeiten zu essen. Einmal, als meine Eltern mich ausgescholten hatten, schmollte ich und wollte nicht essen. Nachdem sie aufgestanden und hinausgegangen waren, suchte ich nach dem Essen, das sie mir, wie ich meinte, bereitgestellt hätten, aber es war nichts da. Ich hatte versucht, ihnen wehzutun, und mußte doch nur selber hungern. Darauf aß ich regelmäßig zu den Mahlzeiten.

Es war nicht leicht, die eßbaren Pflanzen unterscheiden zu lernen. Einige waren gut zum Essen, andere zu Arzneien, aber noch andere taugten zu nichts, als Menschen krank oder wahnsinnig zu machen. Das Locokraut kann sogar ein Pferd verrückt machen. Unter Anleitung meines Großvaters versuchte ich, mir die Verwendung aller möglichen Pflanzen einzuprägen.

Wir mochten Fleisch gern und aßen fast jede Sorte, deren wir habhaft werden konnten. Die Alten zeigten uns, wie man Fallen macht, um Känguruhratten zu fangen, Präriehunde, Stachelschweine, Dachse, Erdhörnchen, Eichhörnchen und Turteltauben. Die Männer verwendeten schwere steinerne Fallen, um Coyoten, Füchse, Wildkatzen und andere große Tiere zu fangen. Manchmal zogen sie weit fort, um Bären und Rotwild zu jagen. Gelang es ihnen, ein größeres Stück Wild zu erlegen, so brachten sie das tote Tier nach Hause, bedeckten es mit einem Hochzeitsgewand, rauchten Bergtabak vor seinen Nüstern und baten es um Vergebung. Sie beteten auch zu der Göttermutter der wilden Tiere, daß sie uns mehr Wild schicken möchte. Große Jagdgesellschaften fanden sich zusammen – zu Fuß oder zu Pferde – die Kaninchen mit Hunden, Keulen und krummen Wurfhölzern jagten. Wir Buben machten Schlingen aus Pferdehaar, um Vögel zu fangen. Ich lernte es, Blauvögel mit einem Pferdeschwanzhaar zu fangen, das oben an einem Sonnenblumenstengel angebracht und mit einem Wurm geködert war. Wir übten uns auch darin, Vögel und kleine Vierfüßer mit Pfeil und Bogen zu erlegen. Aber es war uns anbefohlen, niemals ein Geschöpf zu töten, das wir nicht zu essen beabsichtigten.

Außer Puten- und Hühnereiern wurden keine Vogeleier gegessen. Auch aßen wir kein Truthahnfleisch, sondern zogen den Tieren nur die Federn aus, um sie für die Gebetsstäbe zu den Feiern zu verwenden. Man schärfte uns ein, niemals Habichte zu essen oder etwa Krähen, Adler, Schlangen, Eidechsen, Ameisen, Käfer, Kerfe, Schildkröten. Es gab einige Leute, die Hundefleisch aßen, aber andere hielten das für unschicklich. Alle aßen dagegen Fleisch von Pferd, Maultier und Esel; unter diesen schmeckte Eselfleisch am besten. Beim Verschneiden der Widder und Geißböcke guckten wir zu und aßen die ausgeschnittenen Teile. Mir schmeckten sie gut. Auch Pferde und Esel wurden verschnitten, aber deren Teile gaben wir den Hunden zu fressen.

Mein Vater hatte fünfzehn Esel, die wir als Tragtiere für Holz, Wasser, Mais, Früchte und anderes benutzten und auf denen ich zum Vergnügen ritt. Die Hengste wurden von den Männern verschnitten, um sie lenksamer zu machen und das Fleisch zarter und fetter. Wir Kinden sahen dabei von weitem zu, die Frauen aber hielten sich außer Blickweite. Es gehörte ein geübter Mann dazu, einen Esel zu kastrieren; ich jedoch hatte nicht die Absicht, es zu lernen, denn mir taten die armen Tiere leid. Auch bedauerte ich jeden Esel, dem sein Besitzer die Ohren abschnitt oder den Schwanz zur Strafe dafür, daß er Feldfrüchte gefressen hatte.

Jeden Herbst war es üblich, daß die Leute, die Rinder besaßen, sie zum unteren Sockel der Südwestwand unserer Mesa hinauftrieben. Manchmal waren da wohl fünfzig oder hundert Stück. Wir Jungen standen auf dem oberen Sims entlang und sahen beim Schlachten zu. Die Männer erschossen die Tiere, schlugen ihnen die Axt vor den Kopf oder streckten sie mit Stricken und schnitten ihnen die Kehle auf. Die Häute wurden abgezogen, zum Handelsposten hintergeschleift und gegen Waren der Weißen ausgetauscht. Das Fleisch wurde zerschnitten und als Wintervorrat zum Trocknen auf den Felsen ausgebreitet.

Mein Vater und meine Oheime pferchten ihre Herden ebenfalls auf dieser Platte ein, wenn sie eine Ziege oder ein Schaf schlachten wollten. Dann gingen wir am nächsten Morgen früh hinunter, warfen einem Tier die Schlinge über den Kopf, trieben es die Mesa zu unserem Hause hinauf, banden ihm die Beine, bogen ihm den Hals zurück und schnitten ihm die Kehle durch; das Blut ließen wir in eine Schüssel für die Hunde laufen. Dann zog mein Vater das Schaf durch die Vordertür herein, häutete es, öffnete ihm den Leib und ließ die Eingeweide auf eine Schafshaut herausgleiten. Schließlich zerteilte er das Fleisch und hängte es an der Hauswand draußen neben der Tür zum Trocknen auf. Zum Mittagessen briet meine Mutter die Leber. Wir schlachteten alle zwei, drei Wochen, so wie wir die Tiere bei der Herde entbehren konnten.

An Tanztagen vor allem schien das Essen von Bedeutung zu sein. Unsere Mütter bewirteten die Katschinas, und überall gab es etwas Gutes zu schmausen. Dann verteilten ja auch die Katschinas ihre Gaben – Wassermelonen, Röstmais, Grütze, Maisbrei und Piki. Das waren frohe Zeiten, nichts lastete auf uns Kindern und jeder Erwachsene zeigte sich heiter. Ging der Tag zu Ende, dann bestreute der Vater der Katschinas sie mit Maisschrot, hielt eine Abschiedsrede und entließ sie an ihre Sitze in den San Francisco-Bergen. Er bat sie wie immer um Regen für unsere Felder und fügte hinzu: »Dann werden die Kinder, unsere Kleinen, etwas zu essen haben und sicherlich fröhlich sein. Dann wird sich jedermann seines Daseins freuen. Dann wird unser Leben, wenn wir unter unseren Kindern alt werden, in Frohsinn vollendet!« Aus all dem ging einleuchtend hervor, wie notwendig die Nahrungsmittel für Leben und Lebensfreude sind.

Während ich auf diese Weise lernte, wie wichtig die Nahrungsmittel sind, und allmählich mit den verschiedenerlei eßbaren Sachen vertraut wurde, blieb ich doch dabei, mir von meiner Mutter Milch zu holen, und saugte noch mit sechs Jahren. Wenn wir Jungen zur Jagd auf Känguruhratten oder anderes Kleinwild auszogen, dann lief ich erst zu meiner Mutter, legte Pfeil und Bogen auf die Erde, setzte mich neben sie und trank aus ihrer Brust. Dann kamen meine Kameraden und riefen: »Los, Chuka, los, sonst kommen wir zu spät!« Ich aber, zwischen vollen Zügen, erwiderte: »Nun wartet nur!« Sie neckten mich aber damit, und so gab ich in meiner Verlegenheit die Brust doch schließlich auf. Nicht meine Mutter entwöhnte mich, sondern ich entschloß mich, ihr fernzubleiben.

Ich merkte auch, daß das Wasser so kostbar wie das Essen ist. Nach einem Regen machte jedermann ein fröhliches Gesicht. Wir kleinen Buben wälzten uns nackend in den schlammigen Pfützen, bespritzten uns mit Wasser und bauten kleine Bewässerungsanlagen. Auf diese Weise verbrauchten wir zuviel von dem Wasser des kleinen Teiches auf der Westseite des Dorfes, wo die Frauen ihre Wäsche wuschen und die Männer ihr Vieh tränkten. Unsere Eltern schalten uns, daß wir Wasser vergeudeten, und einmal schlug mich meine Mutter, weil ich mir das Hemd schmutzig gemacht hatte.

Während der Dürrezeiten gab es strenge Vorschriften für den Wasserverbrauch. Sogar kleine Kinder wurden zur Sparsamkeit angehalten, und ich sah Mütter ihre Kleinen baden, indem sie ein wenig Wasser über sie spien. Indem ich mir die Alten zum Vorbild nahm, lernte ich, mir das Gesicht mit einem Mundvoll Wasser zu waschen – die einfachste Art, sich ohne Verschwendung zu waschen.

Manchmal gab es gar kein Wasser mehr. Dann suchten die Männer mit ihren Eseln ferngelegene Quellen auf, während sich die Frauen die ganze Nacht hindurch ablösten, um den dünnen Wasserfaden aufzufangen, der aus der Oraibiquelle sickerte. Mein Großvater erzählte mir von der Zisterne, die er in den massiven Fels gemeißelt hatte, damit sich darin etwas von dem Regen sammelte, der auf der Mesaplatte fiel. Er sagte, daß er diese harte Arbeit auf sich genommen hätte, als er meine Großmutter heiratete – in dem Wunsche, daß seine Kinder und Enkelkinder nicht Durst zu leiden brauchten. Meine Mutter ging täglich zu diesem Brunnen, um Wasser zu holen. Im Winter schlug sie Eisbrocken zwischen den Felsrippen ab und trug sie auf dem Rücken nach Haus.

Wenn es regnete, mußten wir Kinder unsere kleinen Töpfe nehmen, aufs Felsplateau hinausgehen, die Lachen ausschöpfen und das Wasser in die Zisternen schütten. Ungefähr hundert gab es von diesen, unsere Ahnen hatten sie in den anstehenden Fels gehauen. Man setzte uns auseinander, wie wesentlich Wasser zum Leben ist und prägte uns ein, was wir in der Wüste tun müßten, wenn wir einmal so durstig und ausgetrocknet wären, daß wir weder ausspeien noch schlucken könnten. Dann sollten wir Zweige von einem Cottonwood abschneiden und kauen, den grünen Bast der Zeder essen oder getrocknete Pfirsiche in den Mund nehmen.

Die Wichtigkeit des Wassers drängte sich uns auf durch die Art, wie die Alten um Regen beteten und Pahos in den Quellen aufpflanzten, um den Wasserschlangen eine Freude zu bereiten und sie zu veranlassen, stärkere Bäche zu senden, die unseren Durst stillten. Man erinnerte uns daran, daß nicht zum Vergnügen getanzt würde, sondern um Regen zu erhalten. Die Tänze würden durchgeführt, um das Wolkenvolk-der-sechs-Richtungen zu bewegen, uns Feuchtigkeit für die Feldfrüchte zu schicken. Wenn es einen tüchtigen Regen gab, sollten wir stets ein frohes Gesicht zeigen und überzeugt sein, daß wir in der Gunst der Götter ständen. Wir waren darauf bedacht, niemals an trocknen sonnigen Tagen das Wetter zu loben. Regnete es während eines Tanzes oder unmittelbar danach, so wurden die hoch gelobt, die an der Durchführung beteiligt waren. Folgte aber dem Tanz ein starker Wind, so galt es als ein Zeichen, daß die Leute, welche die Katschinas zum Tanze geladen hatten, ein arges Herz besaßen oder etwas Böses getan hatten.

Man belehrte uns auch, daß eine Gesundheit schenkende Kraft im Wasser ist, daß wir gut daran täten, in kaltem Wasser zu baden, Hände und Gesicht mit Schnee zu waschen und den Leib damit abzureiben, um uns abzuhärten. Die Alten sagten, warmes Wasser mache runzlig und verkürze das Leben. Ich sah auch, wie sie Schüsseln mit Wasser vor die Türe setzten, damit es eiskalt würde, bevor sie es zum Waschen benutzten. Einige alte Männer pflegten nackend hinauszugehen und sich ganz und gar mit Schnee abzureiben. Meine Großväter, also die Männer meiner Muhmen, nahmen mich wintermorgens oft mit hinaus und rollten mich durch den Schnee. Talasemptewa tat es besonders oft. Zuerst dachte ich, er könnte mich nicht leiden, aber meine Mutter erklärte mir, damit zeige er gerade, daß er mich lieb hätte und wünsche, ich möchte stark, mutig und gesund heranwachsen. Ich sah es auch mit eigenen Augen, daß das Wasser heilende Kraft besitzt, denn mein Großvater gab oft Leuten warmes Wasser zu trinken, damit sie sich erbrächen und ihren Körper reinigten. Manchmal schrieb er vor, daß jemand gegen Magenbeschwerden seinen eigenen frischen Harn trinken sollte. Wasser also bedeutete wie das Essen Leben und Gesundheit und war ein besonderes Geschenk der Götter für uns, die wir in der Wüste leben. Die Götter konnten, wenn sie gekränkt worden waren, den Regen zurückhalten, oder sie konnten, wenn sie wollten, ihn über uns ausschütten.

Nächst Lebensmitteln und Wasser schien Brennstoff am schwersten zu beschaffen und am schnellsten sich zu verbrauchen. Jedermann mußte bei der Beschaffung mithelfen. Kaum je kam einer mit leeren Händen zur Mesa herauf, und hatte er nichts anderes zu tragen, so brachte er einen Armvoll Knüppel und Zweige mit. Die Männer machten lange Streifzüge mit den Eseln, um Holz zum Kochen zu holen und zum Heizen der Wohnhäuser und der Kivas. In Gießbachbetten und Schwemmland wurden kleine Kohlenbrocken gesammelt. Alte Männer und Frauen, einige unter ihnen halbblind, gingen weit hinaus in die Ebene und kehrten mit Bündeln von Reisig und Knüppeln auf dem Rücken zurück. Wenn mein Vater die Herde hütete, benutzte er die freie Zeit dazu, trocknes Wacholder- und Schmerholzgestrüpp zu zerhacken und in kleinen Haufen aufzuschichten, die dann mit den Eseln ins Dorf geholt werden konnten. Auch die Spindeln der Maiskolben dienten als Brennstoff. Getrockneter Schafmist wurde zum Kochen, Heizen und Brennen der Tonware gebraucht. Wenn jemand am Heiligtum des Spinnenweibes vorüberkam, brachte er ihr ein Opfer in Gestalt einiger Reiser, denn ein wenig Brennstoff war schon ein durchaus würdiges Opfer. Ich brachte Arme voller Knüppel ins Dorf, um meiner Mutter einen Gefallen zu tun und das Lob der Alten zu erringen.

Eine weitere wichtige Aufgabe war, den Verlauf der Zeit oder der Jahreszeiten zu verfolgen, wozu täglich die Punkte des Horizontes beobachtet wurden, an denen die Sonne auf- oder unterging. Der Sonnenaufgangspunkt am kürzesten Tag des Jahres hieß der Sonne Winterheim und der Sonnenaufgangspunkt am längsten Tag ihr Sommerheim. Der alte Talasemptewa, der fast blind war, pflegte draußen auf dem Dach des hierfür bestimmten Sonnenklanhauses zu sitzen und das Fortschreiten der Sonne zu ihrem Sommerheim zu beobachten. Für jeden Tag löste er einen Knoten in einem Bindfaden. Wenn die Sonne über bestimmten Mesahöhen aufging, ließ er bekanntmachen, daß es an der Zeit wäre, Süßmais zu pflanzen, gewöhnlichen Mais, Brechbohnen, Melonen, Kürbisse, Limabohnen und anderes. An einem bestimmten Tage verkündete er dann, daß es nun zum Pflanzen überhaupt zu spät sei. Die alten Leute sagten, daß es für alles angemessene Zeiten gäbe – fürs Pflanzen, Ernten und Jagen, für die Zeremonien, für Hochzeiten und viele andere Gelegenheiten. Um diese Zeitpunkte zu erkennen, sei es notwendig, die Bewegungen der Sonne genau zu beobachten.

Mein Urgroßoheim Muute, der im Süden der Howeovekiva wohnte, war der Älteste des Sonnenklans und wurde Tawamongwi – Sonnenvogt – genannt. Er hatte an einem bestimmten Ort zu sitzen und die Sonne zu beobachten, um festzustellen, wann sie ihr Sommerheim erreichte. Es war die Aufgabe des Flötenbundsvogtes, die Sonne auf ihrem Wege zu führen. Wenn die Sonne an ihrem Sommerheim angekommen war, sagte mein Oheim zu den Sonnenklangesippen: »Also, unser Großoheim, der Sonnengott, hat sein Sommerheim erreicht, und nun müssen wir ein Schaf schlachten und der Sonne, dem Mond und den Sternen Gebetsopfer darbringen. Wir wollen angelegentlich zu unserm Sonnengott beten und ihn bitten, daß er Regen schickt und die schlimmen Winde fernhält, die unsere Feldfrüchte vernichten.« An einem bestimmten Abend sammelte er dann das Material zu Gebetsstäben und trat mit den Sonnenklanmännern in unserem besonderen Sonnenklanhause zusammen, um Bergtabak zu rauchen und um Regen zu beten. Vier Nächte hindurch schlief er ganz für sich, um für sein Volk Regen zu erlangen. Am nächsten Morgen kam er wieder mit einigen Sonnenklanmännern im Sonnenklanhause zusammen; sie legten Hemd und Schuhe ab, setzten sich auf den Boden und zündeten wieder die Pfeife an. Sie reichten sie reihum, tauschten Verwandtschaftsnamen und vereinten ihre Herzen, um ihre Gebete zum Wolkenvolk-der-sechs-Richtungen vordringen zu lassen. Sie baten um Regen, gute Ernte, Gesundheit und langes Leben. Einige wenige Männer von den anderen Klans waren auch zugelassen; sie halfen Pahos herzustellen, damit ihr Leben gut und stark würde. So arbeiteten sie zusammen, steckten die Gebetsstäbe in eine Flechtplatte und setzten sie beiseite. Die Abfälle wurden eingesammelt und in eine kleine Rinne am Rande der Mesa geschüttet; von dort konnten die Regenfälle sie ins Tal spülen und über die Felder verteilen. Wenn die Pahos fertig waren, wurden große Mengen Lebensmittel auf den Boden gesetzt, und jedermann war eingeladen, zum Sonnenklanhause zu kommen und am Schmause teilzunehmen. An diesem Tage gab es stets eine Menge zu essen, und jedermann griff fröhlich zu.

Am nächsten Tage brachte mein Oheim die Gebetsopfer vor Sonnenaufgang hinüber zum Sonnenheiligtum auf dem Gipfel eines hohen Tafelberges zwei Meilen nordostwärts von Oraibi. Es oblag ihm, die Pahos auf dem Heiligtum darzubringen und um Regen zu beten, wenn der Sonnengott gerade über den östlichen Horizont schaute. Die Alten sagten, die Sonne hätte überall den größten Einfluß. Sogar ausgefallene Zähne könnte sie ersetzen. Einmal hatte ich einen wackligen Zahn vorn im Mund. Es war im September, und unsere Familie ritt auf Eseln nach Shongopavi, um den Marautanz mit anzusehen. Den Abend gingen wir bei unseren Sonnenklanverwandten schlafen. Am nächsten Morgen spielte ich mit einem jungen Klanbruder; wir liefen beide einem Balle nach, rannten zusammen, und er stieß mir mit der Stirn ins Gesicht. Ich hatte ein Gefühl im Mund wie von einem kleinen Stein, es war aber der Zahn. Ganz aufgeregt lief ich ins Haus. Meine Verwandten versuchten mich zu trösten, aber das brachte mich erst recht dem Weinen nahe. Nun rieten sie mir, hinauszugehen und den Zahn dem Sonnengotte hinzuwerfen, damit er mir einen neuen gäbe. Ich drückte die Hoffnung aus, daß er mir einen neuen Zahn so hart wie Stein geben möchte, und dann warf ich den alten weg, so weit ich konnte. Als sie mich wegen des fehlenden Zahnes neckten, beschwerte ich mich und sagte: »Ich hätte gar nicht hierherkommen sollen, die Leute von Shongopavi schlagen mir die Zähne aus!« Darüber lachten sie und lachten und wiederholten die Worte immer aufs neue.

Die meiste Zeit ging mit Spielen drauf. Wir schossen mit Pfeilen aufs Ziel, schleuderten Wurfhölzer, steckten federbesetzte Stöckchen in Maisspindeln und warfen damit nach rollenden Reifen aus Maishüllblättern, oder wir saßen beim alten Hopibrettspiel. Wir rangen, liefen um die Wette, spielten Kriegen, Fußball und Shinny; wir ließen Kreisel mit der Peitsche wirbeln und spielten Abnehmen mit einer Fadenschlinge. Ich war ein schlechter Läufer, aber gut im Abnehmen. Ein anderes Spiel, das mir viel Spaß machte, waren unsere Hopifeuerschläge. Ich mischte dazu Esels- und Pferdemist, ließ einen Klumpen davon bis zur Rotglut verbrennen, legte die Kohle auf einen flachen Stein und schlug mit einem in Harn getauchten Rinderhorn darauf. Das gab einen Knall wie bei einem Gewehr. Wir jagten Kaninchen, Känguruhratten und Mäuse, um unsere Habichte und Adler zu füttern. Wir führten auch kleine Kriege mit Kindern der »unbefreundeten« Familien, also von denen, die am stärksten gegen die Weißen eingestellt waren. Sie tadelten uns, daß wir Geschenke von Weißen annähmen, und wir nannten sie die Feindseligen. Ihre Kinder warfen unsere Taubenfallen um und versuchten, uns in jeder Weise zu quälen. Wir hatten viele Schlägereien mit ihnen, und mein Bruder und ich prügelten uns oft mit ihnen herum, bewarfen einander sogar mit Steinen.

Manchmal verfielen wir im Spiel auch Unfug. Eines Tages, als ich mit einer Rotte Jungen draußen war, beschloß ich, einen Streich zu verüben: ich setzte einen Haufen auf den Weg. Nun durfte man wohl fast überall sein Wasser lassen, ausgenommen im Bett oder gegen die Hauswand, wo der Lehmbewurf weggespült worden wäre, aber mit dem großen Geschäft hatte jeder Junge sich vorzusehen. An jenem Tage nun trat eine Frau mit bloßen Füßen in meinen Kot. Von ein paar Kindern erfuhr sie, daß ich der Schuldige war, und daraufhin kam sie zu uns ins Haus, um sich zu beschweren. Mein Großvater war sehr böse und sagte, daß es damit ein Ende haben müßte. Er hatte mich noch nie geschlagen, aber diesmal, wie ich wohl merkte, wurde es Ernst. Er nahm sich eine Weidenrute, wohl drei Fuß lang, faßte mich bei der Hand und gab mir vier Schläge unters Hemd. Dann verbot er mir, das je wieder zu tun, und hob schon den Arm, um weiterzuhauen, als ich mich zu bessern versprach. Da steckte er die Rute oben unter die Decke zu dem Pfeil mit meiner Nabelschnur. Ich versuchte nachher, sie wieder herunterzuholen. Aber ungefähr eine Woche später bekam ich die zweite Tracht Prügel – und diesmal acht Schläge – wegen des gleichen Vergehens. Da lernte ich denn, mein Geschäft nur noch am angemessenen Orte zu erledigen.

Im Winter spielten wir in den Kivas und hörten die langen Geschichten mit an, welche die Männer unterm Spinnen, Weben und bei anderen Arbeiten erzählten. Oftmals suchten sie sich einen Knaben heraus, der für sie mit Botschaften und in Geschäften von Kiva zu Kiva gehen mußte, und häufig wurde ich erwählt. Die Männer stellten die Sachen zusammen, die sie austauschen wollten: Garn, Wolle, Baumwollstoffe, Gamaschen und vielleicht ein Schaf. Da ein Handelsknabe natürlich nicht ein großes Tier mit umherschleppen konnte, pflegte der Eigentümer von einem Schafe etwas Wolle, von Pferd und Esel das Haar an einen Stock zu binden, der auf diese Weise das Tier vertrat. Ich ging dann von Kiva zu Kiva und legte die Handelswaren vor. Wenn ein Mann ein Stück Vieh oder einen anderen großen Gegenstand, der durch einen Stock vertreten war, kaufen wollte, dann schloß er den Handel ab und nahm den Stock als Quittung für seine Zahlung. Ich mußte natürlich den Wert dieser Waren im Kopf behalten und genau wissen, was der Eigentümer einzutauschen bereit war. Mir machte das großen Spaß, und ich lernte dabei messen und zählen.

Bis zwanzig lernte ich an Händen und Füßen zählen. Höher gingen wir jedenfalls nicht. Wollten wir etwa vierundvierzig bezeichnen, so pflegten wir zu sagen: zwei Zwanziger und vier. Vier war eine Glückszahl; Unglückszahlen hatten wir aber nicht. Bei Messungen sagten wir »einen Finger breit« für ungefähr einen Zoll, »die Spanne vom Daumen zum Mittelfinger« für etwa sechs Zoll und »einen Fuß« für die Länge von der Ferse bis zur Zehe. Weite Entfernungen zählten wir nach Schritten. Vom Gewicht der Dinge begriff ich zu der Zeit noch kaum etwas. Morgen und Nachmittag waren durch die Richtung der Schatten bestimmt, und nachts erkannten wir die Zeit in der Stellung von Mond und Sternen. Das Versprechen, zu einem späteren Termin zu zahlen, wurde durch die Anzahl der Tage, die Mondphase oder die Anzahl der Monde ausgedrückt.

Einmal kam, als wir in der Kiva arbeiteten, jemand mit einer Navahodecke herein und bot sie zum Verkauf an gegen acht Tage Steinbruchsarbeit. Mein Großvater erbot sich, die Arbeit zu tun, und nahm die Decke in Empfang. Er warf sie mir zu und sagte: »Da, Enkelsohn, nun haben wir eine Decke!« War ich da glücklich!

Manchmal machte es auch Spaß, in der Sonne zu sitzen, einander die Läuse vom Kopf zu suchen und den Fang zwischen den Zähnen zu zerknacken. Wir lernten es, Käfer zu fangen und sie in Kreise zu setzen; wir nannten sie unsere Wildpferde, aber man warnte uns davor, sie zu verletzen, denn die Alten sagten, sie wären zur Heilung einiger Krankheiten gut. Mit Spinnen spielte ich nie – wegen ihrer Mutter, dem Spinnenweib. Auch die Habichte und Adler, die ihre Stangen auf unsern Hausdächern hatten, neckte ich nie, denn wir waren belehrt worden, daß sie Geisterwesen wären.

Aus Krötenechsen machten wir Halsbänder und hängten sie uns um. Die Alten sagten: »Neckt die Kröten nicht zu sehr! Sie sind Geister und können uns helfen.« Eine Eidechse oder eine Krötenechse konnte ich anfassen, ohne Angst zu haben. Ich wurde vielmehr dazu angehalten, sie gern zu haben, weil mein Vater zum Sand-Eidechsen-Schlangen-Klan gehörte. Einmal ging ich zu grob mit einer Kröte um, und sie biß mich; das ließ ich mir eine Lehre sein. Niemals band ich eine Schnur an eine Kröte, um sie einem Spielkameraden um den Hals zu hängen. Denn er hätte womöglich die Kröte heftig von sich geschleudert und sie dadurch verärgert, und das wäre auf mich zurückgefallen. Ursprünglich hatte ich die Gewohnheit, kleine Schlangen aufzunehmen, aber später begriff ich, daß das nicht recht war. Einmal schlug ich eine ganz kleine tot, und das war etwas ganz Abscheuliches.

Wir jagten hinter den Hühnern her, warfen sie mit Maisspindeln und schossen mit Pfeilen nach ihnen. Hähne hetzten wir zu unserem Vergnügen gegeneinander. Mein Großvater hielt mich davon zurück, weil Hühner die erklärten Lieblinge des Sonnengottes wären. »Das Krähen der Hähne am frühen Morgen«, erklärte er, »hat seinen Sinn.

Der Sonnengott hat sie hierhergeschickt, damit sie die Leute aufwecken. Er läutet eine kleine Glocke und zeigt damit den Hähnen an, wann sie den Anbruch der Dämmerung verkünden sollen. Viermal krähen sie, bevor es Tag wird.«
Mit Hunden und Katzen spielten wir oft, und manchmal reizten wir sie zum Kampf. Ich besaß selbst einen Hund. Mein Doktorvater, der alte Tuvenga, hatte eine weiße Hündin mit einem schwarzen Ohr und einem schwarzen Fleck über beiden Augen. Sie warf zehn Junge auf einmal. Ihr Besitzer ließ herumsagen, daß jeder, der ein Hündchen haben wollte, Futter für die Mutter bringen müßte. Ich durfte mir zuerst eins aussuchen, und fünf andere Jungen wählten auch junge Rüden – die jungen Hündinnen wurden daraufhin getötet. Wir Jungen sorgten gut für die Mutter. Die Welpen öffneten die Augen, wuchsen schnell heran und stritten sich ums Trinken. Als sie ihre Mutter beim Saugen zu beißen begannen, sagte mein Doktorvater: »Nun nehmt die Jungen mit nach Hause!« Ich nannte meinen Bakito – die untergehende Sonne. Als er sich erst an seinen Namen gewöhnt hatte, kam er herbeigelaufen, sobald ich rief, und sprang an mir herauf, um mir das Gesicht zu lecken. Er wurde größer als seine Mutter, und ich konnte stolz auf ihn sein, weil er ein so guter Jäger war.

Als ich eines Tages auf der Mesa umherwanderte, fand ich fünf junge Kätzchen in einer Schlucht. Ich tat sie in meine Decke und trug sie nach Hause. Drei gab ich gleich an Kameraden weiter, eines von den Übriggebliebenen verschwand, aber das letzte wuchs zu der größten Katze auf, die ich je gesehen habe, und zur besten Jägerin. Sie sah aus wie eine Wildkatze, und als sie erst selbst Junge hatte, ging sie regelmäßig die Mesa hinab und kehrte mit einem Kaninchen als Futter für die Kleinen zurück. Da ich nun über junge Hunde und Katzen Bescheid wußte, fragte ich meine Mutter, wie es mit den kleinen Kindern wäre und woher sie kämen. Sie sagte, daß sie den Menschen von den beiden Göttern Talatumsie und Alosaka, ihrem Gatten, gegeben würden. Talatumsie brächte das Kind und trüge der Mutter auf, es zu behüten und aufzuziehen. Mein Vater sagte dasselbe.

Auch gefangene Vögel hatte ich zum Spielen. Einmal fand ich einige junge Zaunkönige unter einem Felsgesims und brachte vier mit nach Hause. Am ersten Tage fing ich Stubenfliegen, um sie damit zu füttern, und den nächsten Tag Grashüpfer. Dann hatte ich keine Lust mehr, für sie zu arbeiten, und verschenkte sie. Eines Tages, als ich mit meinem Vater auf dem Felde war, sah ich ein Pärchen Prärieeulen in eine Höhle von Präriehunden laufen. Ich bat meinen Vater, sie mit seiner Hacke auszugraben. Wir mußten ein tiefes Loch dazu machen. Sie sahen wunderlich aus und gaben einen eigentümlichen Laut von sich. Wir nahmen sie mit nach Haus und fütterten sie mit Mäusen und Känguruhratten. Es war jedoch schwer, sie ausreichend mit Futter zu versehen, und am Ende ließ ich sie verhungern. Als sie tot waren, warf ich sie weg, ohne ihnen auch nur meine Gebete aufzusagen. Das war niedrig gehandelt. Später hob ich einmal drei junge Spottdrosseln aus ihrem Nest, verschenkte zwei an Spielkameraden und behielt eine als Spieltier. Wenig später erwischte aber die Katze sie eines Nachts, und als ich am Morgen nur noch die Schwungfedern fand, weinte ich.

Vögel hatte ich gern. Mein Großvater erzählte mir, daß all die Singvögel des Sonnengottes Lieblinge wären, hierhergesandt, um die Menschen froh zu machen, wenn sie arbeiteten. Es machte mir Freude, der Wiesenlerche, dem Rotkehlchen, der Spottdrossel und den vielen anderen zu lauschen. Die Spottdrossel ahmt den Gesang aller anderen Vögel nach. Einmal hörte ich sogar eine so aufschreien wie ein Hase, der in eine Falle geraten ist. – Bei einem Tanz machte ein Narr eine Spottdrossel nach. Er war sehr geschickt und brachte die Leute zum Lachen. Zuerst ahmte er alle Vögel nach, dann redete er der Reihe nach wie ein Navaho, wie ein Havasupai und wie ein Hopi. Er machte auch Rinder, Pferde, Schafe und Esel nach und schließlich noch Masau'u, den Feuergeist, der des Nachts das Dorf behütet. Dessen Ruf – wie das Tuten der Eule – verwunderte jedermann.

Einmal im Frühling machte mein Vater einige Pahos und ging aus, Habichte zu jagen; mich nahm er dazu mit. Als wir an den Adlerfriedhof kamen, stellten wir dort unsere Weihgaben auf und sprachen ein Gebet, daß wir Habichte fangen möchten. Wir stiegen in das Hotavilatal hinab und schauten nach Habichten aus; auf einem Baume entdeckten wir einen halbflüggen. Als er wegzufliegen versuchte, lief mein Vater hinter ihm her, wobei ich zurückblieb. Ich geriet in Schrecken und schrie laut hinter ihm her, denn ich bildete mir ein, ein Navaho könnte mich aufgreifen und verschleppen. Das war eines der Ereignisse, von denen ich ganz entschieden wünschte, daß sie nicht geschähen.

Ich hatte eine schreckliche Furcht vor den Navaho. Immer wieder hatte man mir eingeschärft, daß ihnen nicht zu trauen sei, daß sie Diebe und Räuber wären, die sogar ihren Kindern das Stehlen beibrächten. Die Alten warnten uns, daß sie wie Coyoten wären, die bei Nacht umherstreichen, unser Land plündern und unser Eigentum wegschleppen. Jedermann wußte eine Leidensgeschichte zu erzählen, wie Navaho Schafe aus seiner Herde gestohlen hätten, Mais und Melonen von seinem Feld, Obst aus seinem Garten und Wasser

aus seinem Brunnen. Man wußte auch, daß sie Hopikinder stahlen.
Ich hatte also alle Ursache, mich zu fürchten.
Schließlich gelang es meinem Vater, den Habicht zu fangen, und er
kam, indem er ihn vorsichtig zwischen den Händen hielt, zu mir zurück. Da wir ihn aber im Jagdgebiet des Bärenklans gefunden hatten, mußten wir ihn zu Punnamousi bringen, der Schwester des
Dorfvogtes Lolulomai. Als ich ihr den Habicht brachte, sagte die
alte Frau zu mir, daß sie schon genügend Hausvögel hätten; fünf
Adler und drei Habichte hatten oben auf dem Dach ihre Stange. In
dem Jahr waren ungefähr fünfunddreißig Adler im Dorf. Sie
schlug vor, daß ich am nächsten Morgen zurückkehren solle, damit
sie dem Vogel den Kopf wüsche und ihm einem Namen gäbe. Ich
war so darum besorgt, ihn zu behalten, daß ich am nächsten Morgen
schon sehr zeitig hinging. Sie wusch dem Habicht den Kopf in einer
Lauge von weißem Ton – genau wie einem Säugling – und nannte
ihn Honmana, was Bärin heißt. Alle Habichte und Adler bekommen weibliche Namen, weil wir sie für Mütter halten. Nun nahm
ich meinen Habicht wieder mit nach Hause und mein Vater half
mir, ihm eine weiche Baumwollschnur ans Bein zu binden und auf
dem Dach mit seiner Stange anzubringen. Ich hatte viel zu tun, um
Mäuse und Känguruhratten für meinen Vogel zu fangen.

Meine Oheime und Väter erzählten mir, daß Adler und Habichte
Geisterwesen wären, die in einem besonderen Himmelsheim lebten.
Man sagte auch, daß dieses Himmelsvolk manchmal im Winter und
Frühling in Gestalt adlerköpfiger Katschinas nach Oraibi käme
und auf der Plaza tanze. Dabei hatte ich auch schon zugesehen.
Wenn sie kamen, dann brachten die Leute Weihgaben, um unsere
Adler- und Habichtsfreunde darin zu bestärken, daß sie im nächsten
Jahre Junge bekämen. Man erzählte mir dazu, daß der Adlervogt
dort oben in der richtigen Jahreszeit sein Volk durch ein besonderes Himmelsloch herabsende, damit sie auf den Klippen der Berge
und hohen Mesas ihre Nester bauten, Eier legten und die Jungen
ausbrüteten. Dann gehen die Hopi hinaus und fangen ihre Freunde
aus dem Geisterreich, bringen sie ins Dorf und füttern sie auf den
Hausdächern. Ich wußte, daß nach dem Nimantanz, wenn die Katschinas für die kommende Jahreszeit heimgesandt werden, diese Adler und Habichte, wenn ihre Federkiele hart geworden sind, unter
Opfern und Gebeten »in ihre Heime zurückgesandt« werden müssen.

Als die Federkiele meines Habichts hart wurden, half ich meinem
Vater, Honmana heimzusenden. Zunächst machten wir kleine Puppen für sie und banden diese an einen Rohrkolbenstengel. Meine
Mutter stellte einen kleinen Flechtteller von etwa acht Zentimetern
Durchmesser her. Diese Dinge trug sie hinaus aufs Dach und sagte

zu Honmana: »Diese Geschenke von den Katschinas sind für dich. Morgen wirst du sie mitnehmen in dein Heim. Du erhältst diese Puppen, damit du Kinder bekommst und dich vermehrst. Deine Federn bleiben hier und werden zu unseren Opfergaben für das Wolkenvolk-der-sechs-Richtungen verwandt.«

Am nächsten Morgen nach Sonnenaufgang kletterte ich mit meinem Vater aufs Dach hinaus und hielt die Baumwollschnur, während er eine Decke über den Habicht warf. Dann legte er ihr den Daumen auf die Luftröhre und drückte fest zu. Sie schien lange Zeit zu brauchen, um heimzugehen. Als sie ganz still geworden war, zogen wir die Federn aus und sortierten sie. Wir zogen die Haut ab und banden unsere Gebetsfedern an Flügel, Füße und Hals der Vogelmutter, damit sie uns vergäbe und bereit wäre, im nächsten Jahr zurückzukehren und junge Habichte auszubrüten. Dann brachten wir sie in der Richtung aus dem Dorf, in der wir sie gefangen hatten – zum Habichts- und Adlerfriedhof des Bärenklans. Wir nahmen auch den Flechtteller mit, die Puppen, ein paar Stücke blauen Pikis und einen zugespitzten Stock. Mein Vater zündete eine Pfeife Bergtabak an und blies Rauch über ihren Körper. Dann gruben wir ein ungefähr sechzig Zentimeter tiefes Loch, betteten sie auf dem Boden zur Ruhe und bestreuten sie mit Maisschrot. Mein Vater hielt eine Rede: »Nun lassen wir dich frei. Kehre zu deinem Volk zurück, denn es erwartet dich! Nimm diese Gebetsfedern mit unseren Botschaften an das Wolkenvolk-der-sechs-Richtungen mit und sag ihnen, sie möchten uns Regen senden. Wir hoffen, daß du nächstes Jahr wiederkommst und dich vermehrst.« Darauf sagten wir ihr Lebewohl, füllten das Loch mit Erde, setzten Speisen daneben und steckten den Stock in den kleinen Hügel, so daß sie herausklettern und am vierten Tage heimgehen konnte. Als wir wieder nach Hause kamen, sammelten wir die Federn zusammen, taten sie in einen besonderen Kasten und hoben sie auf, um sie für Pahos zu verwenden.

Sobald ich alt genug war, um im Dorfe umherzuwandern, hatte mein Großvater vorgeschlagen, daß ich zum Antilopenheiligtum gehen und mich nach meinem Rotwildvolke umsehen möchte, das ja für gewöhnliche Menschen unsichtbar ist. Manchmal glaubte ich auch, ich sähe Antilopen, wie sie sich in Menschen verwandelten. Wenn ich im Dorfe von Antilopen träumte, sagten meine Eltern stets: »Wie könnte es anders sein? Du bist ja ein Antilopenkind!« Später, als ich etwa fünf Jahre alt war, wanderte ich oft an einen Ort, der ein oder zwei Meilen vom Dorfe entfernt lag. Dort wuchsen Sonnenblumen, und es war bekannt, daß sich die Geister von Rotwild und Antilopen dort einfanden, um Junge zu werfen und unter den Sonnenblumen zu äsen. Es war ein Wunder, daß ich diese Tiere sehen konnte und sonst niemand. Ich kam von dort gewöhnlich mit einem Strauß Sonnenblumen zurück und den Mund noch feucht vom Safte der Blumen. Mein Großvater oder meine Eltern sagten dann, daß ich bei meinen Verwandten gespeist hätte und wahrscheinlich bald meine besondere Kraft benutzen würde, um einen armen Menschen zu heilen, der krank wäre und kein Wasser lassen könnte.

Mein Großvater hatte mich schon unterwiesen, wie solche Krankheiten zu heilen sind, und die Leute fingen an, nach mir zu schicken, wenn sie von diesem Leiden befallen wurden. Das erste, was ich tat, wenn ich einen Kranken behandeln wollte, war, daß ich meine linke Hand mit nach oben gewandter Innenseite ausstreckte und betete: »Du meine Mutter vom Antilopenvolk, dieses Kranken Zustand ist schlimm. Komm und heile seine Krankheit, bevor ich meine Hände auf ihn lege! Steh mir bei und rette ihm das Leben!«

Nach dem Beten rieb ich den Kranken rings um die Geschlechtsteile, vor allem zwischen Scham und Nabel. Ich nahm Piki, kaute es und fütterte den Kranken mit den Fingern. Mein Oheim Talasquaptewa meinte freilich, daß Zwillinge wie ich in einer unerfreulichen Lage wären, denn manchmal stürben die an diesem Leiden Erkrankten trotz aller Behandlung, und dann fühle sich derjenige, der ihnen zu helfen versucht hätte, schuldig. Aber es schien, als wäre ich imstande, vorauszusagen, ob ein Patient gesunden oder sterben würde. Wenn ich sah, daß ein Kranker jenseits jeder Hilfe war, so kehrte ich einfach wieder um und weigerte mich, ihn zu behandeln. Die Alten lobten meine Heilkraft, sagten aber voraus, daß sie wahrscheinlich verschwinden würde, wenn ich zum Manne heranwüchse. Sie warnten mich auch, die Weißen davon wissen zu lassen, weil sie nicht fähig wären, dies zu verstehen.

Ich hatte nun auch gelernt, die Leute herauszufinden, denen ich mein Vertrauen schenken konnte. Meine leibliche Mutter stand immer noch an der Spitze dieser Reihe. Sie war mein bester Freund. Immer tätig, war sie doch stets bereit, allen zu helfen, die sie darum angingen. Mein Vater war ebenfalls mein guter Freund und lehrte mich allerlei Handfertigkeiten. Ich hatte ihn gern, abgesehen von den wenigen Gelegenheiten, bei denen er mich strafte. Er arbeitete fleißig auf seinen Feldern und bei seiner Herde und war einer der besten Weber in Oraibi. Die Kleider, die er webte, verhandelte er gegen Eßwaren und Bekleidung für seine Familie. Mein Großvater, der bei uns im Hause wohnte, mochte mich am liebsten und verwandte die meiste Zeit darauf, mich zu unterweisen. Ich wußte, daß ich mich auf ihn verlassen konnte. Naquima und Schwester Tuvamainim waren meine guten Kameraden, aber Bruder Namosteva war nicht gerade mein Freund.

Außerhalb unseres Haushaltes war wohl Masenimka für mich am wichtigsten, meine Muhme und Gevatterin, die mir den Namen gegeben hatte. Sie behielt mich oft bei sich im Hause, wurde aber leicht unwirsch und war manchmal ungerecht gegen mich. Trotzdem mochte ich gern bei ihr sein, weil sie mich mit Eßwaren aus Weizenmehl fütterte. Ihre Familie war reich; sie besaß Truthühner, und ihrem Mann gehörte der erste Wagen mit Gespann in Oraibi. Oft ging ich mit ihrem kleinen Sohn Harry Kopi Unkraut hacken. Gelegentlich schlief ich auch einmal in Masenimkas Haus, aber wenn sie ihre üble Laune an mir auszulassen begann, ging ich nach Hause. Manchmal kam sie sogar und schalt mit meiner Mutter und meinem Vater herum. Aber sie geizte nicht mit ihren Lebensmitteln; hatte sie etwas Gutes zu essen, so kam sie regelmäßig und holte mich dazu. Meine ganze Knabenzeit hindurch war sie meine Freundin und immer auf meiner Seite, wenn mich jemand neckte. Sie war auch ein einflußreiches Mitglied der geheimen Bünde – der Marau, Lakon und Ooqol.

Auf meinen Doktorvater, den alten blinden Tuvenga, konnte ich auch immer zählen. Wir waren gleichsam Genossen und halfen einander Tag für Tag. Ich führte ihn umher, diente ihm als Auge, und er unterwies und beriet mich. Er war bei den Zeremonien ein einflußreicher Mann und gehörte dem Wowochim-, dem Feuer- und dem Schlangenbunde an. Ich erwartete von ihm, daß er mich eines Tages in die Bünde einführen würde. Solemana, die Nichte des alten Tuvenga, wohnte in der Nähe und war immer sehr nett und freundlich zu mir.

Meine Mutter hatte drei Oheime, die in Oraibi hohe Achtung genossen – Talashungnewa, Kayayeptewa und Talasquaptewa. Ihr Klangroßoheim Muute war der Älteste unseres Sonnenklans und ein sehr angesehener Mann. Diese vier Männer nahmen großen Anteil an mir und neckten mich nie. Man hielt mich dazu an, genau auf ihre Worte zu achten. Meines Vaters Bruder Kalnimptewa hatte ebenso acht auf mich und hieß mich, auch ihn Vater zu nennen, genau wie meinen leiblichen Vater.

Auch gab es da einen alten Mann mit Namen Bechangwa – »die Erscheinung der aufgehenden Sonne« – der kam oft zu uns ins Haus. Mein Großvater Homikniva zog große saftige Pfirsiche, die auch ein Zahnloser noch essen konnte. Daher kam dieser alte Mann des Morgens, sich seine Pfirsiche zu holen und Pfirsichsteine zum Pflanzen zu sammeln. Er ging dann mit seinem Stock an mir vorüber und sagte: »Guten Morgen, Glück zu, mein Vater!« Nun gefiel es mir gar nicht, Vater (ina'a) genannt zu werden, und ich zeigte mich offen gekränkt. Eines Tages sagte meine Mutter zu mir: »Behandle deinen Sohn doch nicht so schlecht, Chuka! Er hat einen Vater gehabt, der zu unserem Sonnenklan gehörte. Sein Vater war dein Urgroßoheim; dadurch bin ich seine Muhme und bist du sein Vater. Versuch's doch einmal und sei etwas freundlicher zu deinem Sohn!« Nach einer Weile gewöhnte ich mich wirklich daran, daß er mich Vater nannte.

Ein Mann, der in hoher Achtung stand, war Lolulomai, der Dorfvogt – kikmongwi – der für alle Einwohner von Oraibi der »Vater« war. Von jedermann wurde erwartet, daß er ihm Ehre erwiese und seinen Anordnungen Folge leiste. Er wollte mit den Weißen in Freundschaft leben, ihre Geschenke annehmen und uns Kinder zur Schule schicken. Er meinte, es sei besser, unterrichtet zu sein und zivilisiert zu werden. Meine Verwandten waren zum größten Teil auf seiner Seite, aber im Dorf fanden große Auseinandersetzungen um diese Dinge statt. Einmal sperrten die Feindseligen unter Führung von Yokeoma, einem Mitglied des Antilopenbundes, ihn in der Kiva ein und hätten ihn dort verhungern lassen, wenn nicht die Regierungsbeauftragten gekommen wären und ihn befreit hätten. Lolulomai war der Oheim Tewaquaptewas, der ungefähr fünfzehn Jahre älter war als ich und als der künftige Dorfvogt galt. Tewaquaptewa und ich waren gute Freunde. Er war auch mein Sohn, da mein Großoheim sein Vater war. – Es gab noch eine ganze Anzahl von Leuten im Dorf, ungefähr achthundert, die für mich kaum von Bedeutung waren. Viele von ihnen kannte ich nicht einmal. Von den Feindseligen hieß man mich Abstand halten.

Mit sechs Jahren hatte ich also gelernt, mich auf der Mesa zurechtzufinden, Gräber, Heiligtümer und schädliche Pflanzen zu meiden, Menschen einzuschätzen und vor Hexern auf der Hut zu sein. Ich war groß für mein Alter und von guter Gesundheit. Mein Haar war über den Augen gerade weggeschnitten, aber hinten lang und lag mir, zum Knoten geschlungen, im Nacken. Auf einem Auge war ich fast blind. Ich trug silberne Ohrringe, ein Missionshemd oder ein aus einem Mehlsack geschneidertes, hatte die Beine immer nackend, ausgenommen bei kaltem Wetter; dann trug ich eine Decke. Wenn keine Weißen in Sicht waren, ging ich nackend. Ich schlief im Sommer draußen auf dem Flachdach und im Winter manchmal mit anderen Jungen in der Kiva. Ich konnte beim Pflanzen und Jäten helfen, ging mit meinem Vater zum Hüten hinaus und diente als Kivahändler. Ich besaß einen Hund und eine Katze, einen kleinen Bogen, den mein Vater gemacht hatte, und einige gute Pfeile. Manchmal trug ich gestohlene Streichhölzer bei mir, die ich in der Naht meines Hemdkragens versteckt hielt. Ich konnte einen zahmen Esel reiten, Känguruhratten töten und kleine Vögel fangen, aber ich konnte kein

Feuer mit dem Bohrer machen und war kein so guter Läufer wie
andere Altersgenossen. Bei den Wettrennen verspotteten mich die
Leute und meinten, ich verdrehe meine Füße beim Laufen so sehr,
daß ich mir selbst in den Hintern kniffe. Doch ich hatte mir durch
Krankenheilungen schon einen Namen gemacht – und hatte es beinahe schon aufgegeben, hinter meiner Mutter wegen ihrer Milch
herzusein.

UNFUG UND STRAFE

Ich steckte voller Unfug und war schwer zu lenken. Aus diesem
Grunde wurde ich gescholten, mit kaltem Wasser begossen, im
Schnee gewälzt und aufs schlimmste »geneckt«. Aber wir Kinder wurden nie mit Hunger bestraft, im Dunkeln eingesperrt, ins Gesicht
geschlagen oder in die Ecke gestellt – das ist nicht Hopi-Art. Manchmal warnten uns die Alten, daß unser Leben nur kurz sein würde,
wenn wir uns schlecht gegen sie benähmen; daß uns der Bauch,
wenn wir die Schlangentänzer nachäfften, aufschwellen und platzen
oder daß ein böser Wind kommen würde, wenn wir ein flaches Holz
an einer Schnur herumwirbelten, um ein summendes Geräusch zu
machen. Unsere Verwandten warnten uns, daß die Katschinas ungezogenen Jungen keine Geschenke brächten, daß uns das Riesenvolk
packen und auffressen oder das Spinnenweib in seinem Netze fangen
würde. Meine Eltern drohten mir oft, daß sie mich in die Finsternis
hinausstecken würden, wo mich ein Coyote oder ein böser Geist erwischen, ein Navaho wegschleppen oder die Weißen in ihre Schule
mitnehmen könnten. Gelegentlich drohten sie mir auch, mich ins
Feuer zu werfen, oder warnten mich, daß Masau'u, der Feuergott,
in der Nacht erscheinen und mir den Tod bringen werde. Auf diese
Weise wurden wir dazu gebracht, auf uns zu achten und uns zu
benehmen.

Ich merkte mir auch frühzeitig die Leute, die mich bestrafen konnten. Meine Eltern schlugen mich gelegentlich und auch Homikniva,
mein Großvater – wenigstens zweimal. Lomayeptewa, der Vater
meines Vaters, starb, als ich noch sehr klein war, und die Mütter
beider Eltern starben, bevor ich mich an sie erinnern konnte. Meines
Vaters Bruder und seine Klanbrüder – von mir Väter genannt –
konnten mich stets verprügeln, wenn eins von meinen Eltern sie
darum bat. Meine Großväter, die Ehemänner der Schwestern und
Klanschwestern meines Vaters, spielten mir grobe Streiche und

schalten mich auch wohl, aber sie schlugen mich nie. Die Verwandten, vor denen ein Knabe besonders auf der Hut sein muß, sind die Brüder und Klanbrüder seiner Mutter. Sie haben des Recht, einen ungebärdigen Buben hart zu bestrafen, ja, ihn beinahe zu töten.

Es gab eine Zeit, da waren Vater und Mutter der Meinung, daß ich täglich eine Tracht Prügel brauchte – aber sie brachten es nicht soweit, daß ich mich zusammennahm. Da Schläge nichts zu fruchten schienen, taten sie eines Tages etwas Kohle in eine zerbrochne Schüssel, bedeckten sie mit Zedernzweigen und hielten mich unter einer Decke in den Rauch. Sobald ich losschrie, drang mir der Rauch in die Kehle und erstickte mich fast. Als sie mich endlich losließen, sagten sie: »Wenn du wieder Unfug anstellst, gibt's dieselbe Strafe, aber noch schlimmer!« Dies schien mir wirklich die schlimmste Strafe zu sein, die ein Kind treffen konnte, und ich warnte meine Spielkameraden, sie sollten sich vorsehen, daß sie nicht auch geschmäucht würden; einige lachten daraufhin, aber andere hörten gut zu.

Manchmal sagte mein Vater zu seinem Bruder: »Meinem Sohn macht es nichts aus, wenn ich ihn schlage; verprügle du ihn 'mal!« Der tat das dann gründlich. Eines Tages, als ich mit ein paar Jungen bei der Schlangenkiva spielte, tötete ich ein Huhn mit Pfeil und Bogen. Ich bekam es mit der Angst zu tun und ging nach Hause. Die Besitzerin, die keine Muhme von mir war, kam ärgerlich mit dem toten Tier bei uns an. Meine Mutter gab ihr die beste Henne, die sie hatte, verlangte aber die tote dafür. Dann holte sie Kalnimptewa, meines Vaters Bruder. Er kam mit grimmigem Gesicht und sagte: »Junger Mann, ich habe gehört, du willst dich nicht fügen. Nun werde ich dich schmäuchen!« Ich versuchte, tapfer zu sein. Meine Mutter setzte eine Schüssel mit glühenden Kohlen auf den Boden und legte grüne Zweige darauf. Kalnimptewa hielt meinen Kopf in den Qualm und zog eine Decke darüber. So hielt er mich lange Zeit, ich war schon am Ersticken und konnte nicht einmal mehr schreien, als er mich losließ und sagte: »Nun bring' mir noch ein Huhn um, dann kannst du mehr davon kriegen!« Ich versprach, artig zu sein. Dies geschah ungefähr um elf Uhr vormittags, aber bis zum Abend war mir übel und ich erbrach eine Menge schwarzes Zeug.

Eines Morgens ging der alte Bechangwa, mein »Sohn«, über den Dorfplatz, er wollte aufs Feld hinaus und trug eine Wasserflasche auf dem Rücken. Ich schlich mich hinter ihn und schlug mit einem Stock die Flasche entzwei. Er drehte sich rasch um und rief: »Wer war das?« Aber ich rannte schon nach Hause. Meine Mutter gab ihm eine ihrer besten Flaschen, um den Schaden wieder gutzumachen. Sie war sehr ärgerlich und sagte zu Kelhongneowa, ihrer Mutter Schwestersohn, daß es seine Pflicht sei, mir eine Lehre zu erteilen. Er griff mich auf und schmäuchte mich fast zu Tode, auch brannte mir die Kehle noch lange Zeit. Als er mich losließ, sagte er: »Nun zerbrich noch einen Topf! Da ist doch einer, los, zerschlag ihn!« Ich tat es natürlich nicht. Dieser Mann hatte einen starken scharfen Blick und lächelte fast nie. Wenn er mich nur ansah, bekam ich Angst und fragte mich, ob ich etwas ausgefressen hätte.

Aber statt mich zu bessern, wurde ich offenbar schlimmer. Mein Vater und mein Großvater entschuldigten meine Ungezogenheit zum Teil, indem sie erklärten, daß sie von der Antilopenkraft in mir herrühre, da ich ja ein Zwilling sei. Aber sogar die Drohung mit den Riesen verfehlte ihren Eindruck auf mich. Fast jeden Tag heckte ich neuen Unfug aus. Eines Tages rupften Archie, ein Klanbruder, und ich den Truthühnern meiner Gevatterin alle Schwanzfedern aus. Sobald ich ein schiechgesichtiges oder rotznasiges Kind sah, juckte mir schon die Hand, es zu verdreschen. Wenn es regnete, wanderte ich durch die Straßen und warf den Mädchen, die Mais mahlten, Dreck durch die Fenster. Wenn Frauen zur Quelle hinuntergingen, Wasser zu holen, legte ich ihnen spitze Stöcke in den Weg, damit sie mit ihren bloßen Füßen darauf träten; ich aber sah aus einem Versteck voller Wonne zu. Ich überredete andere Kinder zu Ungezogenheiten, und einige Male verprügelte ich sie, um sie zum Mitmachen zu zwingen.

Einmal bestrafte ich einen Knaben schwer und erschreckte ihn fast zu Tode. Wir Jungen jagten auf einem Melonenfeld nach Känguruhratten; ein gewisser Paul sollte, während wir nach Ratten gruben, unterdessen auf die Pflanzen achtgeben. Nachher kam ich zufällig bei ihm vorüber und sah, daß er eingeschlafen war, also seine Pflicht versäumte. Als ich kurz darauf eine zusammengerollte Sandschlange entdeckte, sagte ich mir im Stillen: »Jetzt will ich dem Burschen eine Lehre erteilen.« Ich schlich mich an die Schlange wie eine Katze heran, packte sie am Halse, feuchtete die Finger mit Speichel an und rieb ihr damit den Rücken, um sie zu beruhigen. Dann machte ich mich an den Jungen heran, legte ihm die Schlange um den Hals, wobei ich sie gerade noch so weit festhielt, daß sie ihn nicht erwürgen konnte. Er strampelte und quietschte wie ein Schwein und war sogleich hellwach. Ich verlangte von ihm, daß er seine Pflicht täte, aber er rannte nach Hause. Ich bekam diesmal keine Haue, aber meine Eltern hörten von dem Vorfall und warnten mich davor, so etwas je wieder zu tun; der Junge oder die Schlange würde womöglich verletzt, und außerdem könnte es Unglück bringen, eine Schlange zu mißhandeln.

Einige Zeit später fing ich eine Stierschlange und bekam meinen Denkzettel. Ich entdeckte sie unter ein paar Steinen im Schatten bei der Oraibiquelle. Ich kroch hinzu und ergriff sie flink am Halse. Sie schien erschrocken, wand sich um meinen Arm und öffnete das Maul mit zischendem Geräusch. Ich spie ihr ins Gesicht, um ihren Geist zu beschwichtigen und strich ihr Speichel den Rücken entlang. Als sie sich beruhigt hatte, dachte ich: »Eines Tages werde ich vielleicht Mitglied des Schlangenbundes und tanze mit einer Schlange im Mund. Ich will jetzt schon üben.« Schon wollte ich den Hals der Schlange zwischen die Zähne nehmen, wie die Tänzer es machen, da besann ich mich und hielt sie nur in die Nähe meines Mundes. Aber als ich den ersten Tanzschritt machte, wand sich die Schlange mir um den Hals und erwürgte mich beinahe. In höchstem Schrecken riß ich sie los, warf sie auf den Boden und ergriff einen Stein, um sie zu töten. Ich zitterte am ganzen Leibe und war naß von Schweiß. Glücklicherweise jedoch, als ich den Stein schon zum Wurfe erhoben hatte, besann ich mich plötzlich eines Besseren und sagte mir: »Es wäre Unrecht, dieser Schlange ein Leid anzutun. Ich habe sie geärgert und nur mir selber etwas vorzuwerfen.« Ich ließ sie am Leben und ging zur Mesa hinauf, voll Dankes für den glückhaften Gedanken, der sich gerade zur rechten Zeit eingestellt hatte.

Ich wäre gern Mitglied des Schlangenbundes geworden, aber man sagte mir, daß Tuvenga, mein Doktorvater, zu alt wäre, um mich einzuführen. Nun gibt es aber eine Regel, nach der die Mitglieder des Bundes, wenn sie vor dem Schlangentanz im August auf Schlangenjagd gehen, das Recht haben, jeden zu fangen und zum Mitglied ihres Bundes zu machen, den sie in der Nähe ihres Fanggebietes treffen. Eines Tages wanderte ich in der Richtung hinaus – in der Hoffnung, daß sie mich fangen würden. Ich hatte den Vorsatz gefaßt, nicht wie ein Feigling wegzulaufen, wenn ein Schlangenbündler hinter mir her wäre, sondern stehenzubleiben und zu ihm zu sagen: »Gut, ich bin also gefangen. Ich wähle dich zu meinem Gevatter.« Aber ich hatte kein Glück, sie kümmerten sich nicht um mich.

Als ich größer wurde, begann mein Vater mich mit meinem Bruder hinauszuschicken, die Schafe zu hüten, wenn sie in der Hürde bei der Mesa waren. Dabei gerieten wir eines Tages in einen fürchterlichen Streit, bei dem mein Bruder mich durchprügelte und beinahe ums Leben brachte. Daraufhin entschied meine Mutter, daß wir besser allein und an verschiedenen Tagen die Schafe hüteten. Da kam denn einmal, als ich den Hirten machte, ein Coyote an, schnupperte und suchte nach einem Schaf. Ich lief auf ihn zu, einen Stock in der Hand, und schrie, um ihn zu verscheuchen, aber er ging nun auf mich los. Ich schlug nach ihm, kehrte den Rücken und nahm schreiend

Reißaus. Wäre mein großer Hund nicht gewesen, so hätte ich gewiß eine Verletzung davongetragen. Seitdem fürchtete ich mich, allein zu hüten, und meine Mutter bat einen Klanbruder, mich zu begleiten. Als ich schon ein bißchen mutiger geworden war, zog mein Vater einmal mit anderen Hopi aus, um gegen Schmuck Schafe einzuhandeln. Er ließ meinen Bruder und mich zurück, die Schafe zu bewachen, und versprach uns ein paar Schafe zu eigen zu geben, wenn wir uns nicht stritten. Er tauschte ein Wampumhalsband gegen dreißig Schafe ein und eine weitere Perlenkette gegen fünfundzwanzig. Als er eines Abends spät nach Hause kam, pferchte er die neue Herde in der Nähe des Dorfes ein. Früh am nächsten Morgen gingen wir hinaus, um sie zu besehen. Er schenkte meinem Bruder fünf und mir vier Tiere, zwei Schafe und zwei Ziegen. Als ich ihn fragte, warum wir nicht die gleiche Anzahl erhielten, antwortete er: »Du bist kein so guter Schafhirte wie dein Bruder!« Nun weinte ich solange, bis er noch ein Schaf herausrückte, um den Unterschied auszugleichen. Meine kleine Herde machte mich sehr glücklich, und fortan hütete ich mit größerer Hingabe als bisher.

Nicht lange danach trug sich etwas sehr Aufregendes zu. Tawaletstewa, der Patensohn meines Oheims, ein Mann in mittleren Jahren, wurde irrsinnig und rannte wild im Dorfe umher; er kletterte zu uns aufs Hausdach und bedrohte uns. Meine Eltern beschlossen fortzugehen, bis die Aufregung vorüber wäre. Wir machten uns daher auf den Weg nach Shongopavi, dem Wohnsitz unserer Vorfahren. Als mein Großvater vom Felde heimkehrte, fand er das Haus leer und kam hinterdrein. Unterwegs fand er den armen, alten Naquima, erschöpft und in Tränen, an der Straße sitzen. So weit hatte er sich geschleppt bei dem Versuch, uns zu folgen. Er nahm den Krüppel auf und trug ihn auf dem Rücken nach Shongopavi. Ein paar Tage später, als der Irrsinnige sich wieder beruhigt hatte, gingen wir nach Hause zurück.

Später wurde derselbe Mann noch einmal gewalttätig. Als ich durchs Dorf kam, sah ich ihn mit Messer und Axt umhertoben. Ich lief in unser Haus und fand Naquima allein am Boden sitzen. Da Tawaletstewa in einem benachbarten Hause wohnte, fürchtete er sich und bat mich, dazubleiben und ihn zu beschützen. Ich holte Bogen und Pfeile herunter und wartete. Der Wahnsinnige rannte zu der Kiva, in der die Frauen ihre Lakonzeremonie abhielten, kletterte die Leiter hinunter mitten unter sie und hielt wirre Reden. Dann ging er auf seinen Vater los, der dort anwesend war, und warf ihn zu Boden. Die Frauen stürzten schreiend zur Leiter und klommen in aller Eile hinauf. Die bedeutungsvolle Feier war unterbrochen und ihre Wirkung vernichtet.

Der Verrückte trieb sich während der übrigen Tages- und Nachtzeit im Dorfe umher. Am nächsten Tage weigerten sich die Frauen, in die Kiva zurückzukehren, und baten Lolulomai, den Dorfvogt, die Feier absagen zu dürfen. Sie wurde auch in Oraibi nie wieder durchgeführt. Der wilde Mann trieb sich auch weiterhin mit Beil und Messer im Dorfe umher. Als er bei dem greisen Dorfältesten vorüberkam, der auf dem Dache seines Hauses saß, rief er ihm zu: »Jetzt komm ich hinauf und bringe dich um!« Er kletterte hinauf, schlug mit dem Beil nach dem Dorfvogt und streifte ihn am Kopf. Der schwache Greis kämpfte um sein Leben, warf den kraftvollen Verrückten vom Dach hinunter, schleuderte ihm einen Stein nach und trieb ihn in sein Haus, wo er nun blieb, bis er sich von seiner Raserei erholt hatte. Während dieses Kampfes saß ich voller Angst und Schrecken bei Naquima im Haus.

Einmal im nächsten Frühjahr, nachts, als wir auf dem Hausdach schliefen, wachte ich auf und ging an die Dachkante, um Wasser zu lassen. Ich sah zum Nachbarhaus hinüber und bemerkte, wie ein Mann übers Dach kroch. Rasch glitt ich an die Seite meiner Mutter und weckte sie. Als wir nun zusammen dorthinschauten, stand der Mann auf und begann zu laufen, als wollte er vom Dache springen. Doch hielt er jäh inne und sagte: »Ich bin kein Mann. Ich habe Angst, zu sterben.« Dann nahm er einen neuen Anlauf, schob den Kopf über die Dachkante nach unten, überschlug sich und fiel schwer und unter Stöhnen auf die Erde. Einige Leute wachten auf und liefen zu ihm hin. Ich stieg hinüber auf sein Dach, trat an die Kante, von der er abgesprungen war, und sah hinunter. Sein Vater und seine Mutter waren dazugekommen, standen über ihm, schalten und sprachen: »Warum bist du heruntergesprungen? Du hast deine Schmerzen verdient.« Mit gebrochenem Bein wurde er ins Haus getragen. Ein Hopi-Heiler wurde geholt und schiente ihm das Bein. Später versuchte der Missionar Voth, dem Mann das Leben zu retten, aber das Bein entzündete sich, und er starb.

Als in diesem Sommer die Katschinas auf der Plaza tanzten, war ich alt genug, mir meine Gedanken über sie zu machen. Es war mir stets gesagt worden, daß die Katschinas Götter seien und daß all unsere Geschenke von ihnen kämen. Ich hatte sie gern und freute mich über die Gaben, die ich bei den Tänzen erhielt, aber es begann mir nun aufzufallen, daß die Rasseln, welche sie am Ende jedes Tanzes von ihren Beinen lösten und uns Kindern gaben, stets nach wenigen Tagen wieder verschwanden. Obwohl ich überall danach suchte, waren und blieben sie verschwunden, und sie verschwanden immer wieder, so daß ich beschloß, von nun an gut aufzupassen. Bald entdeckte ich auch, daß ich jedesmal dieselben bekam, und ich schloß daraus, daß entweder die Katschinas oder meine Eltern sie entwendeten und wieder und wieder zurückgäben. Eines Abends, als die Katschinas aufgehört hatten zu tanzen und den Kindern die Rasseln gaben, bot auch mir einer die seinen an. Ich weigerte mich, sie anzunehmen. Meine Mutter kam und sagte: »Du enttäuschst die Katschinas, wenn du die Rasseln nicht annimmst.« Ich aber fühlte mich gekränkt, lief ins Haus und ließ die Rasseln auf dem Boden liegen. Nach einiger Zeit, zwei Tage bevor ein Katschinatanz stattfinden sollte, überraschte ich meine Mutter, wie sie in einem benachbarten Hause Piki buk. Ich war unvermutet hereingekommen und entdeckte nun, daß sie rotes Piki bereitete – von der Art, wie ich sie immer als besonderes Geschenk von den Katschinas erhalten hatte. Meine Mutter zeigte sich überrumpelt und betreten. Schließlich sagte sie: »Ein Katschina hat hier Piki gemacht, wurde aber nicht fertig damit. Da ich gerade hereinkam, entschloß ich mich, einzuspringen.« Ich zog wieder ab, ging nach Haus und legte mich auf ein Schaffell. Ich war ganz verstört, weil ich niemals vorher jemand dies besondere rote Piki hatte machen sehen. Beim Abendessen war ich noch immer unfroh und aß fast nichts. Meine Mutter merkte das und sagte schließlich: »Söhnchen, ich habe dir die Wahrheit gesagt: ein Katschina hatte das Piki dagelassen, und ich machte es fertig.« Sie bot mir ein gebratenes Ei an, um mich aufzuheitern, und ging fort, um ein paar Eier zu borgen. Am nächsten Tage, als die Katschinas ihre Geschenke verteilten, hätte ich kein rotes Piki annehmen mögen. Und zu meiner Überraschung gaben sie mir auch kein rotes, sondern gelbes Piki und sechs gekochte Eier, alle bunt gefärbt! Da war ich glücklich!

Als ich älter wurde, erfuhr ich mehr und mehr über geschlechtliche Dinge. Meine Muhmen, also Vaters Schwestern und Klanschwestern, schenkten mir nach wie vor viel Beachtung und nannten mich ihren Liebhaber. Die grobschlächtigen Großväter neckten mich weiterhin mit meinem Glied und drohten, es mir abzunehmen. Sie machten mich glauben, daß es mein wichtigster Körperteil wäre. Einmal, an einem Tanztage, lief ein komischer Katschina splitternackt über die Plaza. Ein Hanswurst griff ihn auf und fragte ihn, was er täte. Er erwiderte: »Ich spiele Kriegen mit meinem Gliede und kann es nicht einholen; es ist mir immer ein kleines Stück voraus. Ich glaube, wenn einmal einer sein Glied einholt, muß er sterben.« Die Leute lachten. Oft fingen sich die Narren Frauen ein und taten auf offnem Dorfplatz so, als ob sie mit ihnen Umgang hätten, um den Zuschauern ein Vergnügen zu bereiten. Bei manchen Gelegenheiten hatten sie auch vorne lange Kürbishälse befestigt und liefen so hinter den Frauen drein. Auch jagten wohl Muhmen hinter ihren Neffen her und taten im Scherz, als buhlten sie mit ihnen. Ich wurde auch so gejagt und angefaßt.

Wir kleinen Knaben paßten scharf bei dergleichen Sachen auf. Wir beobachteten auch die Tiere im Dorf. Wenn ein Hahn eine Henne jagte, sahen wir genau hin und lachten. Wir machten einander auf Hunde, Katzen, Ziegen und Esel aufmerksam, wenn sie sich begatteten. Wir fanden auch, daß es Spaß machte, mit den Mädchen Mutter und Kind zu spielen und so zu tun, als ob wir ihre Männer wären, wobei wir sie manchmal anfaßten.

Die Männer hatten ihre Späße untereinander und erzählten viele Geschichten von Buhlerei. Auf die Felsen zeichneten sie Bilder der Geschlechtsorgane. Ich fand eine solche Ritzung in der Nähe des Büffelheiligtums: den Umriß einer Vulva mit dem Coyote-Zeichen und acht Strichen darüber und daneben eine Zeichnung der männlichen Organe mit dem Zeichen unseres Sonnenschildes darüber. Das bedeute, erfuhr ich, daß ein Mann unseres Sonnenklans mit acht Frauen des Coyoteklans Umgang gehabt hätte. Offenbar wollte da jemand angeben. Meine Genossen zeichneten ähnliche Bilder auf andere Felsen, einige mit Pfeilen dabei, die zu versteckten, für solche Sachen geeigneten Plätzchen führten.

Der alte verkrüppelte Naquima hatte eine Lieblingsgeschichte, die er erzählte, um die Leute lachen zu machen, und die ich auch erzählen lernte, indem ich dabei seine spaßige Stimme und seine ganze Art nachmachte. Den Mund ganz schief gezogen, pflegte er zu sagen: »Ja, seht mal, ich bin doch gelähmt, und da kann ich nicht draußen auf dem Felde arbeiten und muß daher den ganzen Tag zu Hause bleiben. Na, die unverheirateten Mädchen und die geschiedenen Frauen haben auch Verlangen nach einem Mann, und da kommen sie denn über Tage, wenn wenig Leute auf der Straße und die Männer alle weg sind, sämtlich zu mir – eine nach der anderen.« Dann lachten die Männer und sagten: »Naquima, du mußt ein tüchtiger Kerl bei den Frauen sein; wir täten wohl besser, dich zu kastrieren!« Die Frauen aber stellten sich auf seine Seite und sprachen: »Naquima, du bist ein hübscher Kerl; wir wollen dich heiraten und Flechtscheiben und Töpfe machen, um unsere Kinder zu ernähren.«

In der Kiva bei der Arbeit gaben die älteren Männer Berichte mit allen Einzelheiten über ihre Erfolge bei Frauen. Wir hörten bei diesen Geschichten mit weit offenen Augen und Ohren zu. Sie sagten auch, daß es Zauberlieder gäbe, mit deren Hilfe ein geschickter Mann eine Frau gegen ihren Willen zu sich herüberziehen könnte, aber jedes Wort müßte genau ausgesprochen werden. Von einigen der Alten wurde behauptet, daß sie diese Macht besäßen. Einer von ihnen bebte immerzu und mußte sich fortwährend hin- und herbewegen, weil die Kraft so stark in ihm war.

Ich war ungefähr acht Jahre alt, als der alte Tuvawnytewa vom Wasserklan uns die Geschichte von den Mädchen mit den Zähnen in der Scheide erzählte. Er sagte: »Es wohnten einmal ein paar schöne Mädchen in einem Hause in der Nähe von Masau'us Heim an der Südostseite der Mesa. Das Spinnenweib, das nicht weit davon wohnte, warnte ihren Enkel, er solle diesen Mädchen fernbleiben, denn sie seien gefährlich. Aber eines Tages wanderte der Knabe in der Nähe der Mesawand umher und erblickte ein Mädchen, das einen gestreiften Hopi-Schal und eine Kürbisblütenfrisur trug, so daß sie sehr reizvoll aussah. Sie stand bei dem Felsen, wo ein bequemer Weg hinaufführte und winkte dem Knaben. Als sie eine Weile miteinander gesprochen hatten, lud sie ihn ein, zu ihr ins Haus zu kommen; sie hätte einige Schwestern, die ihn auch kennenlernen möchten. Nun mußte der Knabe fortgehen, aber er versprach, bald wiederzukommen. Er eilte nach Hause, fand das Spinnenweib am Feuer sitzen und erzählte ihr von dem schönen Mädchen. ›Ja, mein Enkel‹, sagte sie, ›du hast nicht auf mich gehört. Ich habe dich doch gewarnt, daß diese Mädchen gefährlich sind. Sie haben Zähne scharf wie eine Säge, die alles durchbeißen können. Wen sie erst einmal umarmen, der ist verloren.‹

Aber der Knabe war begierig, sein Versprechen zu halten. Schließlich sagte das Spinnenweib: ›Ja, aber dann brauchst du einen Schutz. Hier sind ein paar wilde Sumachbeeren. Wir wollen einen Teig daraus machen!‹ Sie mahlte die Beeren, mischte den Schrot mit Wasser und machte einen Teig, aus dem sie eine Penishülle formte. Sie zog sie ihrem Enkel über und sagte: ›So, nun laß es nicht abrutschen! Vielleicht macht es die Zähne stumpf und nutzt sie ab.‹ So vorbereitet, ging der Knabe zurück. Das Mädchen wartete schon und wunderte sich, daß er so spät kam. Als er mit ihr die Leiter zum zweiten Dache hinaufstieg, fand er vierzig Mädchen hinter der Türe lauern, alle von mittlerer Größe und heller Gesichtsfarbe. Als er eintrat, klatschten sie vor Freude in die Hände und gaben ihm Piki und Wassermelonen zu essen; sie drängten ihn, tüchtig zu essen, damit er auch stark genug wäre. Das Mädchen, das ihn dorthingelockt hatte, sagte: ›Also, ich habe dich zur Lust hierhergebracht; nun will ich dich auch zuerst haben!‹ Die übrigen Mädchen zogen sich alle in ein anderes Zimmer zurück. Die Scheidenzähne bissen auf die Hülle aus Sumachbeeren, aber in kurzem waren sie abgenutzt. Das Mädchen ging hinaus, und ein anderes kam herein. Als alle an der Reihe gewesen waren, kam das erste zurück und sagte: ›Liebling, du mußt eine unbekannte Macht besitzen. Bisher haben wir unseren Freunden immer Verderben gebracht; aber nun ist das überwunden.‹ Der tapfere Knabe entschuldigte sich, ging hinaus, warf die Hülle hinter einen Stein und kam wieder herein. Nachdem er sie alle nochmals umarmt hatte, lobten sie ihn und gaben ihm ein großes Bündel Piki mit nach Hause.«

Wenn der alte Tuvawnytewa diese Geschichte erzählte, setzte er stets hinzu: »Hütet euch vor den Mädchen! Wenn ihr eins haben müßt, sammelt Sumachbeeren, und bringt sie dem Spinnenweib!« Ich hatte den bösen Ruf, der ungezogenste Junge im ganzen Dorfe zu sein. Daher beschlossen meine Eltern, als ich neun Jahre alt war, mich in den Katschinabund einweihen zu lassen. Der alte Tuvenga wurde als Gevatter für mich ausersehen, aber er war zu alt und schwach für die Anstrengung und bat seinen Neffen Sekahongeoma, an seine Stelle zu treten. Solemana, Sekahongeomas Schwester, war bereit, meine Gevatterin zu sein.

Es war Februar, und die große Powamuzeremonie stand bevor. Solemana und meine Mutter baten meinen Vater, mich in den Powamu- statt in den Katschinabund einweihen zu lassen. Beim Eintritt in den letzteren werden die Kinder geschlagen, und meine Mutter hätte mir gern die Schmerzen erspart. Nach manchen Hin- und Herreden sagte sie eines Tages zu meinem Vater: »Solemana ist gekommen und möchte wissen, an welcher Zeremonie unser Junge teilnehmen soll. Du bist der Vater, und an dir ist es, die Frage zu entscheiden. Sie wartet darauf, daß du sprichst.« Mein Vater hob den Kopf erst nach einer Weile und sagte: »Also, wenn ich entscheide, an welcher Zeremonie unser Junge teilnehmen soll, dann ist der Beschluß gefaßt, und niemand fängt mir wieder damit an. Ich will, daß er zu den Katschinas geht und geschlagen wird. Ihr habt euch immer wieder beklagt, daß ihr seines Unfugs müde seid. Dann habt ihr auch jetzt nicht das Recht, zu kneifen. Es wird ihm gut tun, wenn er eine tüchtige Tracht bekommt und eine Lehre daraus zieht. Wir können zu den Geißlerkatschinas beten, daß sie das Böse aus dem Gemüt unseres Jungen austreiben, damit ein guter und kluger Mann aus ihm wird. Meint ihr das nicht auch?« Meine Mutter und Solemana fingen zu weinen an, aber schließlich stimmten sie zu, und Solemana ging nach Hause. Ich habe damals nicht geweint, ich lächelte nur. Auch mein Gevatter bat viermal darum, daß ich in den Powamubund geschickt würde, aber mein Vater versagte hartnäckig seine Zustimmung. Mein Bruder, der als ein ruhiger, gutgearteter Knabe galt, war in den Powamubund aufgenommen worden.

Die Tage vergingen, und die Festbeamten gingen öfter und öfter in die Kiva. Ich fing an, mich wegen der Prügel zu beunruhigen.

Ich hatte Jungen gesehen, nachdem sie dort geschlagen worden waren, und obwohl sie nichts verrieten, hatte ich doch gemerkt, daß es ziemlich schlimm hergegangen war. Aber es hieß, daß die Katschinas einen Jungen nur viermal mit der Yuccarute schlügen, und ich glaubte, daß ich das aushalten könnte. Ich nahm mir vor, die Zähne mit einem Grinsen zusammenzubeißen und alles tapfer zu ertragen, denn andere hatten auch den Mut dazu aufgebracht.

Am Morgen des sechsten Tages der Feier kam Solemana und holte mich zu sich ins Haus. Dort badete sie mir den Kopf in Yuccalauge und tünchte mir das Gesicht mit Schrot; sie gab mir einen weißen Maiskolben und einen neuen Namen, den ich aber vergessen habe. Dazu sprach sie ein Gebet, in dem sie um Gesundheit und langes Leben für mich bat. Früh am Abend brachten Solemana und Sekahongeoma mich zur Marau-Kiva, wo schon eine lange Reihe von Jungen und Mädchen mit ihren Gevattern und Gevatterinnen wartete. Auf dem Dorfplatz und den Hausdächern standen die Leute und guckten. Ich war nackt oder hatte doch nur eine kleine Decke über den Schultern; in der Hand hielt ich den weißen Maiskolben, den ich bei der Namensweihe bekommen hatte. Als wir die Südseite des Kiva-Einstiegs erreicht hatten, streuten mein Gevatter und meine Gevatterin Maisschrot auf das Natsi oder Bundeszeichen, eine Yuccapflanze, die in einem Tonsockel steckte.

Nachdem wir die Leiter in die nur schwach erhellte Kiva hinabgeklettert waren, streute jeder Gevatter und jede Gevatterin Maisschrot auf ein braunes Sandgemälde[1] mit symbolischen Figuren, das sich auf dem Boden nördlich der Feuerstelle befand. An der Südostecke dieses großen »Mosaiks« war ein kleineres, das die Sipapu darstellte, die Öffnung im Großen Canyon, aus der das Menschengeschlecht emporgestiegen ist. An jeder Seite des quadratischen Sipapumosaiks lagen ein Maiskolben und eine steinerne Beilklinge. Darüber hing vom Dach der Kiva eine Schnur herab, an der altertümliche weiße Perlen und viele alte Adlerschwungfedern befestigt waren und an deren unteres Ende ein kleiner Quarzkristall geknüpft war. Zu der Zeit prägte sich das alles mir freilich nicht ein; aber ich sollte es danach noch oft sehen.

Die Gevatter und Gevatterinnen streuten Maisschrot auf das große wie auf das kleine Sandmosaik, und danach wurde ich – wie auch die Kinder vor mir – aufgefordert, in ein Yuccarund oder -rad zu treten, das aus vier miteinander verknüpften Büscheln von jeweils

---

[1] Einzelheiten über die Sandgemälde und das Ritual findet der Leser bei H. R. Voth, »The Oraibi Powamu Ceremony«, Field Museum of Natural History, Anthropological Series, 1901, III, Nummer 2, 67 – 158. Die Angaben sind auch mit Don überprüft worden.

mehreren Yuccablättern bestand; an jedem der vier Knoten war eine Habichtsfeder angebracht. Zwei Männer, die an gegenüberliegenden Seiten dieses Ringes hockten, hoben und senkten ihn viermal für jedes von uns, wobei sie den Wunsch aussprachen, daß wir zu Männern erwachsen und bei frohem Leben ein hohes Alter erreichen möchten. Dann wurden wir zur Nordseite der Kiva geführt. Als wir alle in der Kiva waren, kamen der Katschina-Älteste und sein Helfer mit Tragen herein, auf denen Pahos lagen und etwas Maisschrot. Sie stellten sich zwischen Leiter und Feuerstelle auf, zündeten eine Pfeife an, rauchten und sahen dabei wiederholt nach oben, als erwarteten sie jemand. Plötzlich stieg ein großer Mann, ein Gott, in einer weißen Decke die Leiter herab. In der linken Hand trug er einen von einem Netz umflochtenen Flaschenkürbis, vier Maiskolben und ein hölzernes Gerät, das etwa fünfunddreißig Zentimeter lang war und einem Messer ähnlich sah. In der Rechten trug er einen langen Haken, an dem ein Maiskolben und ein paar Maisschrotpäckchen befestigt waren. Es war Muyingwu. In der Kiva waren alle sehr still, bis ein alter Mann den Gott fragte, woher er käme. Er erwiderte mit schleppender Stimme in einer langen Rede, und sie besagte, daß er von den vier Enden der Welt unten komme, um den Kindern von Oraibi etwas über die Zeremonien und die Lebensauffassung der Hopi zu erzählen. Danach trat er vor, bespritzte uns mit geweihtem Wasser aus seiner Kürbisflasche und befahl dem Katschina-Ältesten, dafür zu sorgen, daß wir mit Yucca geschlagen würden, damit unsere Herzen erleuchtet und wir sicher über unseren Lebensweg geführt würden.

Der Gott entfernte sich dann wieder, und vier Koyemsiekatschinas erhoben sich aus ihrem Versteck in der Südostecke der Kiva, umkreisten in rascher Gangart viermal das kleine Mosaik, und als sie anhielten, stand auf jeder Seite einer. Darauf nahm jeder von ihnen der Reihe nach mit der einen Hand den Maiskolben auf, der vor ihm lag, und mit der anderen die Beilklinge, langte mit beiden Armen um die Schnur mit Perlen und Federn, die über dem Mosaik hing, tauschte Mais und Klinge zwischen den Händen aus, kam zu uns Neulingen herüber, berührte uns damit und legte sie wieder auf den Boden. Dann kehrten alle vier in die Südostecke der Kiva zurück, und jedermann verharrte in Schweigen.

Es dauerte nicht lange, da ließ sich ein lautes Grunzen, ein Gerassel von Schildkrötenschalen und das Klingeln von Glocken hören. Zwei Ho-Katschinas und eine Hahai'i liefen viermal um die Kiva, schlugen mit Ruten auf das Dach, sprangen heulend darauf und kamen eilig die Leiter herab. Die Ho-Katschinas waren am ganzen Körper schwarz bemalt, hatten überall weiße Tüpfel, und in der

Farbe steckten Adlerdaunen. Sie trugen große schwarze Masken mit ein paar weißen Zeichen darauf, mit vorstehenden Augen, großen Mäulern und einem Hörnerpaar. Die langen Adlerfedern auf ihrem Kopf zeigten nach hinten und unten. Um die Hüfte trugen die beiden einen grünbemalten Ledergürtel und einen Schurz aus rotgefärbtem Pferdemähnenhaar. Um die Oberarme lagen grüne Lederbänder, in deren jedem eine Adlerschwanzfeder steckte, an den Beinen unterhalb der Knie waren je eine Rassel aus einer Schildkrötenschale und einige Glöckchen befestigt. Die Füße waren mit Mokassins bekleidet und in der Hand hielten beide eine Yuccarute. Die Hahai'i-Katschina trug eine große Maske mit dreieckigen Löchern für Mund und Augen, mit Flügeln an den Seiten und einem Federbüschel obendarauf. Sie war mit einer schwarzen Manta bekleidet, weißen wildledernen Hochzeitsschuhen und einer dunkelgeränderten Decke und hatte noch einen Vorrat Yuccaruten unter dem Arm. Diese Katschinamaske stellte eine Frau dar, und damals dachte ich auch, es sei eine. Die Ho-Katschinas stellten sich an der Ost- und an der Westseite des großen Sandmosaiks auf, während die Hahai'i-Katschina mit ihren Yuccastengeln an der Südostecke stand. Einige der Kinder weinten schon, ich aber nicht. Die Ho-Katschinas fuhren fort, zu grunzen, zu heulen, zu rasseln, zu trampeln und ihre Yuccaruten zu schwingen.

Nach kurzer Zeit wurde ein Knabe zu dem großen Sandgemälde geführt und erhielt vier Rutenhiebe, die er tapfer ertrug. Darauf stellte Sekahongeoma mich nackend auf das Mosaik, hielt mir den rechten Arm hoch über den Kopf und sagte, ich sollte mit der linken Hand die Geschlechtsteile schützen. Ein Gevatter kann, wenn er will, dem Knaben zwei Hiebe aufzählen lassen, ihn dann dem Geißler wegziehen und die anderen beiden Hiebe auf die eigenen bloßen Schenkel nehmen. Mein Gevatter unterließ das, so daß ich die vier Hiebe vollzählig erhielt. Ich ertrug sie ziemlich gut, ohne zu schreien, und dachte, meine Leiden seien nun überstanden. Aber der Ho-Katschina schlug noch viermal zu, so daß die Haut aufbrach. Ich wehrte mich, schrie und ließ Wasser. Solemana erhob mit lautem Ruf für mich Einspruch, und Sekahongeoma zog mich nun endlich fort. Blut lief mir über den Leib. Die Leute in der Kiva brüllten den Katschina-Geißler wütend an und fragten ihn, ob er nicht vier Hiebe abzählen könne. Ich wickelte mir, als sie mich gehen ließen, die Decke um den schmerzenden Körper und setzte mich hin. Das Schluchzen versuchte ich zu unterdrücken, weinte aber im Herzen weiter; wenig kümmerten mich die noch folgenden Geißelungen. Nachdem alle Kinder gegeißelt waren – wir zählten ungefähr fünfundzwanzig – stellte sich die Hahai'i-Katschina auf das nun weitgehend zerstörte Sandmosaik, bückte sich, schob den Festrock hoch und wurde von den beiden Ho-Katschinas tüchtig verprügelt, worauf diese einander in gleicher Weise prügelten – ein Vorgang, der uns einige Befriedigung verschaffte. Der Katschina-Älteste und sein Helfer gaben darauf den Ho-Katschinas etwas Maisschrot, und alle drei verließen die Kiva, umkreisten sie viermal und verschwanden. Als sie fort waren, warnten uns die Powamu- und Katschina-Ältesten davor, jemals nichtgeweihten Kindern von dem zu erzählen, was wir gesehen hatten.

Ich wurde aus der Kiva und zu Solemana ins Haus geführt; dort erhielt ich etwas Suppe und wurde dann nach Haus gebracht und auf einem Schaffell schlafen gelegt. Als ich am nächsten Morgen aufwachte, war das Pelzwerk an meinem Leibe festgeklebt, und als ich aufzustehen versuchte, blieb es hängen. Ich weinte und weinte und mußte, obwohl mir mein Vater zu Hilfe kam, Schreckliches ausstehen, ehe ich mich befreien konnte. Die Wunden waren fürchterlich, und jedermann sah, daß Narben bleiben würden. Meine Mutter machte meinem Vater Vorhaltungen wegen seiner Grausamkeit. Er hatte dem Katschinageißler gesagt, er sollte mir die doppelte Tracht geben, und hatte Sekahongeoma untersagt, für mich einzutreten. Katschinas in verschiedenen Trachten wanderten den ganzen Tag im Dorf umher, viele von ihnen verteilten Geschenke unter uns. Abends ging alle Welt in die Kivas, um die Katschinas tanzen zu sehen. Ich begleitete meine Mutter in die Mongwikiva, wo wir mit vielen anderen auf dem höherliegenden Teile saßen und zuguckten. Als die Katschinas ohne Masken in die Kiva kamen, erlebte ich eine große Überraschung. Sie waren nicht Geister, sondern Menschen. Ich erkannte sie fast alle und fühlte mich sehr unglücklich, weil mir mein Leben lang gesagt worden war, daß die Katschinas Götter wären. Ich war erst recht betroffen und verärgert, als ich alle meine Oheime, Väter und Klanbrüder als Katschinas tanzen sah. Besonders übel empfand ich es, als ich meinen eigenen Vater sah – und sooft er zu mir herüberblickte, wandte ich das Gesicht ab. Als die Tänze vorüber waren, sagte der Leiter zu uns mit strenger Miene, daß wir nun wüßten, wer die Katschinas wirklich wären, und daß wir, wenn wir jemals uneingeweihten Kindern etwas davon erzählten, Prügel erhalten würden noch schlimmer als die am Abend zuvor. »Vor langer Zeit«, setzte er hinzu, »wurde einmal ein Kind zu Tode gegeißelt, weil es das Geheimnis ausgeplaudert hatte.« Ich war mir dessen gewiß, daß ich es niemals ausplaudern würde.

Meine Wunden entzündeten sich und brachten mir eine Reihe von Leidenstagen. Auch mußte ich noch immer an die Katschinas denken, welche ich so liebgehabt hatte. Dann fiel mir wieder ein, wie ich meine Mutter überraschte, als sie rotes Piki buk, und ich fragte sie, wie es zustande gekommen wäre, daß mir der Katschina stattdessen gelbes gegeben hätte. Sie lachte und lachte, schließlich aber gestand sie ein, daß sie ihr rotes gegen gelbes Piki eingetauscht hätte, um mich in der Täuschung zu erhalten. Nun wurde ich auch belehrt, daß ich in Zukunft, da ich jetzt über die Katschinas Bescheid wüßte, keine besonderen Geschenke mehr von ihnen bekommen würde. Doch machte mir mein Vater einen Bogen aus Wacholderwurzel. Dieser Bogen war nicht sehr stark, aber die Pfeile, die er machte, waren vorzüglich. Mein Gevatter schenkte mir einen guten starken Bogen und Pfeile mit Metallspitzen.

Eines Nachmittags sah ich vom Hausdache aus, wie die gefürchteten Riesen mit ihren Lassos ins Dorf kamen. Sie warfen den Kindern ihr schlechtes Betragen vor und drohten, sie mitzunehmen und aufzufressen. Ich sah, wie sie einen Jungen mit dem Seil vom Hausdach fingen und ihn erst losließen, nachdem seine Eltern um sein Leben gerechtet und statt seiner gutes Fleisch gegeben hatten. Die Katschinas gingen bis zu Honwuhtis Haus und riefen nach Mattima, einem Jungen, dessen Ungezogenheit allbekannt war. Während sie nach ihm suchten, kletterte ich schnell hinunter und lief nach der Howeovekiva. In aller Eile stieg ich die Leiter hinab und stürzte in die Ecke, wo mein Vater damit beschäftigt war, Wolle zu krempeln. Die Männer in der Kiva bemerkten meine Aufregung und fragten nach dem Grunde. »Die Riesen sind da«, rief ich. »Sie sind jetzt hinter Mattima her, und ich will mich retten.« Die Männer lachten und sagten: »Na, mein Junge, da bist du hier nicht gerade am sichersten Ort. Diese Kiva ist die Wohnung der Riesen. Sie können jede Minute hereinkommen und dich fassen!« In größerer Furcht als vorher sprang ich auf und wollte hinaus. Mein Vater aber hielt mich fest und sagte: »Chuka, diese Männer necken dich bloß. Lauf nicht fort!« Mein Herz schlug noch immer heftig, als ich mich umwandte und einen alten Mann namens Tewahongnewa ansah. Er sagte: »Bleib du nur hier, mein Junge, und sollten diese Riesen hierherkommen, dann werden wir dich schon beschützen.« Daraufhin versprachen auch die andern, daß sie die Riesen nicht hereinlassen würden. Ich setzte mich daher dicht bei dem Alten hin und beruhigte mich. Er war der Ritualsohn des Oheims meines Vaters und einer der besten Männer, die ich je gekannt habe.

Einige der Männer verließen die Kiva, um zu sehen, was mit Mattima geschähe; aber ich blieb bis Sonnenuntergang drinnen. Als einer der Männer zurückkam, meinte er: »Das war aber ein widerspenstiger Bursche! Er nahm seinen kleinen Bogen und schoß einem der Riesen einen Pfeil mitten ins Gesicht. Er hatte schon den nächsten Pfeil aufgelegt, als ein Riese ihn mit dem Seile fing. Da zitterte er vor Furcht, denn die Riesen waren wütend und drohten, ihn als Braten mitzunehmen. Es dauerte lange, bis seine Eltern sie überreden konnten, ein Stück Fleisch anzunehmen und den Jungen loszulassen. Er hat geweint und versprochen, sich zu bessern. Die Riesen haben ihn gewarnt, wenn sie seinethalben noch einmal wiederkommen müßten, gäbe es kein Entrinnen mehr für ihn.« Die Männer sprachen noch über ungehorsame Kinder, und einer wußte zu erzählen, daß wirklich einmal ein Kind, das die Riesen gepackt hatten, vor Furcht gestorben wäre. Ich war dankbar für ihren Schutz.

Ich achtete jetzt mehr auf die Erzählungen der Alten und lernte viel über Welt, Götter und Geister. Abends schläferte man uns mit wahren Berichten aus der guten alten Zeit der Ahnen ein, wo die Götter nahe bei Oraibi wohnten und sich unter das Volk mischten, wo die Geister für das leibliche Auge sichtbar waren und wo die Katschinas leibhaft und ohne Masken erschienen. Mein Vater und mein Großvater waren gute Geschichtenerzähler und ebenso meine Großoheime Talasquaptewa und Kayayeptewa und meines Vaters Bruder Kalnimptewa. Mein Gevatter beantwortete mir ebenfalls viele Fragen und gab mir gute Ratschläge, wie man mit Göttern und Geistern auskommen könne. Meine Mutter kannte einige sehr gute Geschichten von Hexern, die sich in Tiere verwandelten, und von Tieren, die in Wirklichkeit Menschen waren. Sie wußte auch eine traurige Geschichte zu erzählen, wie sie einmal gestorben und nach Westen ins Totenheim gewandert war und sich mit verstorbenen Verwandten unterredet hatte. Auch andere Leute erzählten davon, wie sie gestorben waren, durch wüste Gegenden bis ins Heim unserer Lieben wanderten und schließlich wieder ins Leben zurückkehrten. Viele alte Leute erzählten von Träumen, in denen sie mit bösen Geistern gerungen hatten und sogar mit Göttern. Wir hörten die Leute oft im geheimen darüber sprechen, wie irgendein Verwandter in den Hexerbund eingeweiht worden wäre und nun die meiste Zeit damit zubrächte, Unheil zu stiften, nämlich Krankheit und Tod über seine Familienangehörigen heraufzubeschwören. Gespräche über Hexer waren am schauerlichsten, vor allem deswegen, weil wir hören mußten, daß unsere nächsten Verwandten und besten Freunde Zwieherzer sein konnten. Die Geschichten, die mir am besten gefielen, waren die über die Zwillingskriegsgötter und ihre Großmutter, das Spinnenweib, die ehemals nordwestlich vom Dorfe gewohnt hatten.

Gruppen von Jungen und Mädchen pflegten zu den Alten ins Haus zu gehen und um weitere Geschichten zu bitten. Manchmal hielten wir uns auch in der Kiva auf, um zuzuhören, wie ein blinder Alter die Geschichte der Hopi vom Anfang der Welt bis zur Gegenwart vortrug und dann voraussagte, was in der Zukunft geschehen würde. Aber wenn wir zur Sommerzeit um Geschichten baten, bekamen wir eine Absage; und die älteren Leute hielten uns warnend vor, daß Leute, die ihre Zeit mit Reden hinbrächten, wenn sie auf dem Felde arbeiten sollten, fast mit Gewißheit von Klapperschlangen gebissen würden.

Meine Väter und Oheime zeigten mir die Masken der Ahnen und erklärten, daß vor langer Zeit die wahren Katschinas regelmäßig nach Oraibi gekommen wären und auf der Plaza getanzt hätten. Sie erklärten, daß die Katschinas, seit das Volk so böse geworden sei – es wären nämlich jetzt so viele Zwieherzer auf der Welt – aufgehört hätten, leibhaft zu kommen, und nur ihre Geister schickten, um an Tanztagen in die Masken einzugehen. Sie zeigten mir, wie man die Masken speist, indem man ihnen etwas zu essen auf den Mund legt, und sie lehrten mich, sie zu achten und zu ihnen zu beten.

Gemäß strengem Hopibrauch tötete ich Kaninchen mit Pfeil und Bogen und schenkte sie meinem Gevatter und meiner Gevatterin. Ich lernte auch, daß es angemessen sei, für meinen Gevatter das Feld zu hacken und Unkraut zu jäten und auf anderen Gebieten ihm zu helfen. Meine Verwandten sagten: »Du schuldest deinem Gevatter viel, denn er wird dich beraten und bei Streitigkeiten dir zur Seite stehen, und eines Tages wird er dich in die höheren Bünde einführen. Wenn du erst ein Mann bist, wird er helfen, die Hochzeitsgewänder für deine Braut herzustellen, und falls er Schafe besitzt, wird er dir zwei oder drei für den Hochzeitsschmaus schenken.« Auch sagten sie mir, daß mein Gevatter, wenn mein leiblicher Vater mich je vernachlässigen sollte, mir beistehen und daß er mich niemals schlagen oder sonst bestrafen würde.

Ich sah die Geißelung und die Einweihung als einen bedeutungsvollen Wendepunkt meines Lebens an und war nun endlich bereit, auf die älteren Leute zu hören und zu leben, wie es sich gebührte. Wenn mein Vater etwas zu mir sagte, sah ich ihm gerade in die Augen, machte die Ohren auf und erwiederte: »Owi – Ja!« Eine der ersten Regeln war, früher aufzustehen, an den Ostrand der Mesa zu laufen und zum Sonnengott zu beten, daß er mich stark und tapfer und klug machen möchte. Mein Vater hielt auch darauf, daß ich zu den Vorhügeln der Mesa hinabging und Übungsläufe machte und daß ich in der Quelle badete, sogar im Winter. Die Läufe bei Sonnenaufgang waren jedoch zu anstrengend für mich, darum fragte ich meinen Vater, was ich stattdessen tun könnte. Er riet mir, mich vor Sonnenaufgang auf das Dach zu setzen und zum Sonnengott zu beten, wenn er im Osten erschiene. Das gefiel mir besser, und eines Nachts sah ich im Traum ein fremdartiges Wesen auf mich zukom-

men in der Gestalt eines Mannes in mittleren Jahren und so weiß
wie Schnee. Er hielt sein Gesicht verborgen, aber er sagte mit freundlicher Stimme, daß er der Sonnengott selber wäre und daß er alles
sähe und höre, was ich täte. Obgleich er wohlwollend und verbindlich war, erwachte ich doch voller Schrecken.

SCHULBESUCH AUF DER RESERVATION

Ich wuchs in dem Glauben auf, daß die Weißen böse, hinterlistige
Leute wären. Die meisten von ihnen waren offenbar Soldaten, Regierungsbeamte oder Missionare und zu einem großen Teil überdies
Zwieherzer. Die Alten sagten, sie besäßen gefährliche Waffen,
wären widerstandsfähig und besser als wir gegen böse Geister und
Hexenpfeile geschützt. Auch als große Lügner waren sie bekannt.
Sie schickten Negersoldaten mit Kanonen gegen uns, begaunerten unsere Kriegsführer, daß sie sich ergaben, ohne zu kämpfen, und
brachen dann ihre Versprechungen. Wie die Navaho waren sie stolz
und liebten es, den Herrn zu spielen, und mußten tagtäglich ermahnt
werden, die Wahrheit zu sagen. Ich wurde angehalten, ihnen zu
mißtrauen und Alarm zu geben, sobald ich einen kommen sah.

Unser Dorfvogt mußte ihnen Achtung erweisen und so tun, als gehorche er ihren Befehlen, aber wir wußten, daß er das mit halbem
Herzen tat und daß sein Vertrauen unseren Hopigöttern galt. Unsere
Ahnen hatten die Ankunft dieser Weißen vorausgesagt und verkündet, daß sie uns in schwere Bedrängnis bringen würden. Aber es
stand fest, daß wir so oder so mit ihnen auskommen mußten, bis unsere Götter die Zeit für reif hielten, unseren Großen Weißen Bruder aus dem Osten zurückzurufen, der uns befreien würde. Die
meisten Leute in Oraibi verfochten die Meinung, wir sollten mit
ihnen nichts zu schaffen haben, keine Geschenke annehmen, keine
ihrer Baustoffe, Arzneien, Nahrungsmittel, Werkzeuge, Bekleidungsstücke verwenden – nur ihre Gewehre, die wollten wir. Diejenigen,
die gar nichts mit den Weißen zu tun haben wollten, wurden Feindselige genannt und die, die ein wenig mit ihnen zusammenarbeiten
wollten, Freundschaftliche. Diese beiden Gruppen hatten sich wegen
dieser Sache gestritten, solange ich denken kann, und einige Male
verdarben ihre Streitereien die Zeremonien und beleidigten das
Wolkenvolk-der-sechs-Richtungen, die Geister unserer Ahnen, so
daß sie den Regen zurückhielten und Dürre und Krankheit schickten.
Schließlich stellte sich der greise Dorfvogt mit meinem Großvater

und wenigen anderen freundschaftlich zu den Weißen und nahm Geschenke an, versicherte jedoch, daß wir niemals unsere Zeremonien aufgeben oder unsere Götter verlassen würden. Aber es war offenbar, daß die Furcht vor den Weißen, besonders vor dem, was die Regierung der Vereinigten Staaten über uns verhängen konnte, eine der stärksten Gewalten war, die uns beherrschten, und eine unserer größten Sorgen.

Einige Jahre, bevor ich geboren ward, hatte die Regierung in der Keams Canyon-Agentur eine Internatsschule eingerichtet. Lolulomai, unser Dorfvogt, hatte zuerst keine Kinder aus Oraibi dorthinschicken wollen, doch kamen die Ältesten aus den anderen Dörfern zu ihm und überredeten ihn, Bekleidung, Werkzeuge und andere Sachen anzunehmen und die Kinder hingehen zu lassen. Die meisten Leute waren damit nicht einverstanden und weigerten sich, mitzumachen. Mehrfach kamen Truppen nach Oraibi, um die Kinder mit Gewalt zu holen, und führten sie auf Wagen mit sich fort. Die Leute erzählten, was für ein schrecklicher Anblick es wäre, wenn die Negersoldaten kämen und den Eltern ihre Kinder entrissen. Einige Jungen entwischten nachher wieder aus Keams Canyon und kamen zu Fuß nach Hause, eine Entfernung von ungefähr sechzig Kilometern.

Einige Jahre später wurde eine Tagesschule in Neu-Oraibi am Fuße der Mesa eröffnet, wo es damals nur einen Handelsposten, ein Postamt und ein paar Gebäude der Regierung gab. Einige Eltern durften ihre Kinder in diese Schule schicken. Als meine Schwester dort eintrat, schnitt die Lehrerin ihr das Haar ab, verbrannte alles, was sie anhatte, kleidete sie völlig neu ein und gab ihr den neuen Namen Nellie. Meine Schwester mochte aber nicht zur Schule gehen, blieb nach ein paar Wochen dort weg und versuchte, sich außer Sichtweite der Weißen zu halten, die sie womöglich mit Gewalt wiedergeholt hätten. Nach ungefähr einem Jahr wurde sie an die Quelle von Neu-Oraibi geschickt, um in einem geweihten Flaschenkürbis Wasser für den Ooqolbund zu holen, und dabei wurde sie vom Schulleiter erwischt; er erlaubte ihr zwar, das Wasser zum Dorf hinaufzubringen, zwang sie aber, nach Beendigung der Zeremonie wieder in die Schule zu kommen. Da hatten die Lehrer ihren alten Namen Nellie vergessen und nannten sie Gladys. Obwohl mein Bruder zwei Jahre älter war als ich, brachte er es doch fertig, noch ein ganzes Jahr über meinen Schuleintritt hinaus der Schule fernzubleiben; aber er mußte sich vorsehen, daß ihn die Weißen nicht zu Gesicht bekamen. Als er schließlich in Neu-Oraibi eingeschult wurde, schnitt man ihm das Haar ab, verbrannte seine Kleider und nannte ihn Ira.

Im Jahre 1899 wurde beschlossen, daß ich zur Schule kommen sollte. Ich war auch ganz damit einverstanden, den Versuch zu machen, aber ich wollte nicht, daß mich ein Polizist abholte, und auch nicht, daß mir das Hemd vom Leibe gezogen und verbrannt würde. Daher zog ich es an diesem Morgen im September gar nicht erst an, wickelte mich, wie ich war, in meine Navahodecke – es war die, die mein Großvater mir geschenkt hatte – und ging barfuß und mit bloßem Kopf die Mesa hinab.

Ich kam spät bei der Schule an und ging in einen Raum, wo die Jungen in Kübeln gebadet hatten. Das schmutzige Wasser stand noch da; ich legte also meine Decke beiseite, stieg in einen Kübel und begann, mich abzureiben. Plötzlich betrat eine Weiße den Raum, schlug die Hände überm Kopf zusammen und rief: »Na so was!« Ich sprang aus dem Kübel, packte meine Decke, schoß durch die Tür und machte mich in aller Schnelle auf den Rückweg, die Mesa hinauf. Aber ich bin noch niemals ein guter Läufer gewesen. Ein paar Jungen wurden hinter mir hergeschickt, um mich zu fangen und zurückzuholen. Die belehrten mich, daß die Frau gar nicht böse auf mich wäre und daß »Na so was!« nur bedeuten sollte, daß sie sich verwunderte. Sie kehrten mit mir in das Gebäude zurück, wo dieselbe Frau mich mit freundlichen Worten, die ich nicht verstand, begrüßte. Sam Poweka, der Hopikoch, kam und erklärte mir, daß die Frau mich lobe, weil ich ohne Polizei zur Schule käme. Sie schrubbte mir den Rücken mit Wasser und Seife und klopfte mir mit den Worten »Heller Knabe!« auf die Schulter. Sie trocknete mich ab, zog mir Unterwäsche und ein Hemd an und sehr weite Overalls. Dann schnitt sie mir das Haar, nahm Maß zu einem besser passenden Anzug, nannte mich Max und gab mir durch einen Dolmetscher zu verstehen, daß ich meine Decke da lassen und mit den anderen Jungen zum Spielen hinausgehen sollte.

Das erste, was ich in der Schule lernte, war »Nagel«, ein Wort, das schwer zu behalten war. Jeden Tag, wenn wir in die Klasse gingen, lag ein Nagel auf dem Pult. Der Lehrer pflegte ihn hochzuhalten und zu fragen: »Was ist das?« Schließlich antworte ich vor den anderen Jungen »Nagel« und wurde »helle« genannt.

Zuerst ging ich jeden Tag zur Schule, denn ich wußte nicht, daß Sonnabend und Sonntag Ruhetage waren. Oft hackte ich Holz, um Bonbons zu bekommen und »fixer Junge« genannt zu werden. Ich wurde auch immer wieder deswegen gelobt, daß ich ohne Polizisten zur Schule gekommen war.

Weihnachten hatten wir zwei Feiern, eine in der Schule und eine in der Missionskirche. Ralph vom Masau'u-Klan und ich bekamen jeder einen kleinen buntbemalten Wagen als Belohnung für regelmäßigen Schulbesuch. Meiner war ungefähr vierzig Zentimeter lang; er hatte zwei Deichseln und ein hübsches graues Pferdchen. Während des ersten Schuljahres lernte ich wenig, nur »heller Knabe«, »fixer Junge«, »ja« und »nein«, »Nagel« und »Bonbons«. Unmittelbar vor Weihnachten hörten wir, daß sich von der Ersten Mesa eine Seuche, die Pocken, nach Westen ausbreite. Ein paar Wochen später hieß es, daß auf der Zweiten Mesa die Leute so schnell stürben, daß die Hopi keine Zeit hätten, sie zu begraben, vielmehr die Leichen einfach über die Klippe hinabstürzten. Die Regierungsangestellten und einige der Schullehrer flüchteten aus Oraibi, nur der Schulleiter und die Missionare blieben zurück und sagten, sie wollten ausharren. Um diese Zeit bekam meine Mutter wieder ein Kind, den Jungen, der sehr viel später den Namen Perry erhielt.

In diesem Winter, im Januar, tanzte ich zum ersten Male als ein wirklicher Katschina. Eines Abends kam ich in die Howeove-Kiva, zu welcher sowohl mein Vater als auch mein Großvater gehörten; die Männer waren gerade dabei, sich zum Tanze zu bemalen. Obwohl ich noch keine Übung besaß, beschloß ich, mich zu bemalen und mitzutanzen. Als mein Vater und mein Großvater ankamen, wollten sie mich davon abbringen, aber der freundliche Alte, der etwa ein Jahr früher in derselben Kiva versprochen hatte, mich vor den Riesenkatschinas zu schützen, war ein einflußreicher Mann und vertrat die Meinung, daß ich tanzen könnte. Als ich mit Bemalen fertig war, gab mir mein Großvater eine kleine schwarze Decke als Schärpe und jemand anders, da nicht genügend Kürbisrasseln vorhanden waren, den aufgeblasenen und getrockneten Hodensack eines Stieres, der ein paar Steinchen enthielt und eine gute Rassel abgab. Wir verließen die Kiva, so daß die Frauen hereinkommen konnten, und dann trug mich einer der Katschinas auf dem Rücken die Leiter hinab, was die Leute lachen machte. Ich tanzte ganz am Ende der Tänzerreihe, und zwar so gut, daß eine alte Frau mich zum Ofen hinüberzog, damit mich alle sehen könnten. Dann ging ich mit den Katschinas in die anderen Kivas. Die Leute lobten mich und sagten, daß ich zur Belohnung vielleicht ein hübsches Mädchen zur Frau bekommen würde.

Eines Tages, als ich mit den anderen Jungen in Oraibi auf dem Dorfplatz spielte, kamen der Schulleiter und der Missionar, um uns zu impfen. Meine Mutter brachte mich zu dem Schulleiter, der ein Messer in der Hand hielt. Ich zitterte und hielt ihm den Arm fest, worüber er lachen mußte. Sie hatten eine kleine Flasche mit einer seifenartigen Flüssigkeit, öffneten sie und taten mir etwas davon auf den Arm. Nachdem es getrocknet war, rieben sie mir den Arm mit einem Tuch, und der Missionar nahm ein scharfes Instrument und stach es mir dreimal in die Haut. Ich zeigte mich tapfer dabei und gab so ein gutes Beispiel für die übrigen Familienmitglieder, die nun ihrerseits alle geimpft wurden. Es war Frühling, als die Seuche verschwand. Wir hatten Glück gehabt. Die Alten sagten, daß diese Impfungen einfach Unsinn wären, aber wahrscheinlich auch nicht schadeten, und daß wir durch unsere Gebete die Geister überredet hätten, die Seuche zu vertreiben – daß Masau'u, der das Dorf mit seinem Feuerbrand bewacht, uns beschützt hätte.

Eines Abends beschlossen einige von uns Jungen, draußen beim Heiligtum auf dem Oraibifelsen zu schlafen. Während wir nun auf unseren Decken lagen, sah ich zufällig nach Südosten und erblickte einen Feuerschein, der sich in einer Höhe von etwa einem Fuß über den Boden hinbewegte. Ich wußte, daß es die Fackel Masau'us war, und beobachtete, wie sie die Kante der Mesa entlanglief und dann in eine große Gesteinsspalte hinabsprang – an einer Stelle, wo, wie man sagte, Masau'u wohnte. Wir nahmen unsere Decken auf und liefen geschwind nach Hause. Unsere Eltern sagten, wir hätten recht daran getan, schnell zurückzukommen.

Eines Morgens spielten wir vor unserem Haus, und zwar schossen wir mit Pfeilen durch einen Reifen aus Maishüllblättern. Ich hatte den Bogen und die Pfeile da, die mein Gevatter mir geschenkt hatte. Als ich einmal aufblickte und Naquima unter der Türe unseres Sommerhauses sitzen sah, rief ich ihm zu: »Jetzt will ich 'mal auf dich schießen!« Er lachte, wölbte die Brust vor und erwiderte: »Na los, schieß!« Ich schoß und traf ihn mitten auf die Brust. Er fiel um, und mein Bruder Ira lachte und wälzte sich im Staube; aber ich hatte einen Schreck bekommen und kletterte schleunigst zum dritten Stockwerk hinauf. Naquima richtete sich gerade wieder auf, er hielt den Pfeil in der Hand und lächelte. Indem er das Hemd beiseite schob und auf einen roten Fleck zeigte, sagte er: »Ich glaube nicht, daß du mich verletzen wolltest«, und lobte meine Treffsicherheit. Ich bat ihn, niemals Vater oder Mutter etwas davon zu verraten, und wir hielten die Sache geheim. Hätte ich einen Pfeil mit Metallspitze verwendet, so hätte ich ihn womöglich getötet.

Im Sommer erwischte ich meinen ersten Präriehasen. Bei dieser Jagd sollten die Mädchen, so war es bestimmt worden, den Männern folgen und, wenn einer ein Tier tötete, nach vorn laufen, die Beute ergreifen und »askwali« sagen – dankeschön. Die Hunde jagten und fingen einen großen Präriehasen, und wir alle liefen hin. Ich bekam das Tier zuerst zu fassen, wußte aber nicht, wie ich es töten sollte. Ein Mann, der auf einem Esel ritt, schrie herüber: »Schlitz ihm den Bauch auf und reiß die Eingeweide heraus!« Ein anderer rief: »Du mußt ihm etwas Karnickelblut in den Hintern tun!« Alle Welt lachte und neckte mich. Ein Mädchen namens Margarete kam angelaufen und ergriff den Hasen, der noch immer zappelte. Ihr Bruder Hermann schlug ihn mit der Handkante hinter die Ohren und tötete ihn so mit Leichtigkeit.

Vom Oktober an ging ich wieder in die Schule, und zwar bis zum folgenden Frühjahr; aber ich lernte nicht viel. Die Geschichten, die die Alten erzählten, hatten eine viel größere Anziehungskraft für mich und vor allem die Katschinatänze, die abends in den Kivas stattfanden. Ich war erst zehn Jahre alt, hatte aber schon eine Katschinatracht bekommen und konnte sehr gut tanzen und singen. Mein Vater hielt mich dazu an, auf den Rat meiner Oheime in der Kiva zu hören und zu tun, was sie sagten. Man belehrte mich, daß die Tänze nicht zu meinem Vergnügen stattfänden, sondern um das Wolkenvolk-der-sechs-Richtungen dahin zu bringen, daß es Regen schickte und wir dadurch eine gute Ernte bekämen.

Während des Sommers half ich wieder beim Hüten und arbeitete mit meinem Vater auf dem Felde. Er belehrte mich, daß ich auch dann Unkraut hacken müßte, wenn ich müde und durstig wäre, und betonte, daß die Arbeit, wenn ich mich erst daran gewöhnt hätte, mir leicht fallen würde. Der Sommer war sehr trocken, und die Frucht auf dem Felde stand schlecht. Daher trieben wir nach dem Nimantanz – dem Abschiedstanz der Katschinas im Juli – unsere Esel zusammen und gingen nach Moenkopi, um unsere Nahrungsmittelvorräte zu schonen. Meines Vaters Bruder machte sich auch auf mit seiner Familie und Luther, seinem kleinen Sohn; wir wohnten alle im Hause Iswuhtis, der Mutterschwester meines Vaters, und bildeten so eine umfangreiche Familie.

Es war in Moenkopi, wo ich mit meiner Mutter Streit hatte und beinahe Selbstmord beging. Ich beklagte mich eines Tages bei ihr darüber, daß Luther ein alter Schreihals wäre. »Ja, Chuka«, antwortete sie barsch, »du ärgerst ihn ja auch dauernd!« Darauf gab ich ihr eine Antwort, die sie erboste, sie nahm einen kleinen Stock und zog mir drei oder vier über. Ich, in dem Gefühl, nichts Böses getan zu haben, begann mich selbst zu bedauern, weinte aber nicht. »Such' mich nicht, wenn ich fort bin«, sagte ich, »vielleicht geh ich nach Oraibi zurück.« Ich ging hinaus zu den Vorhügeln, setzte mich nieder und begann zu weinen. Ich zerfloß in Mitgefühl mit mir selber und fing an, Pläne zu erwägen, wie ich aus dem Leben scheiden könnte. Schließlich erinnerte ich mich an einen Unfall, bei dem ein Mann durch einen Erdrutsch begraben worden war, als er nach Taschenratten grub; ich beschloß also, im Sand eine Grube auszuheben, mich hineinzulegen und zu warten, bis sie über mir zusammenbräche. Mit den Händen und einem Stock grub ich ein Loch, das ungefähr drei Fuß

breit und vier Fuß tief war und wühlte in der Tiefe eine Höhle aus. Dann legte ich mich hinein und wartete. Ich schlief ein und verschlief fast den ganzen Nachmittag. Als ich aufwachte, fand ich, daß nichts geschehen war, und kletterte wegen eines Bedürfnisses hinaus. Als ich zu der Grube zurückging, fühlte ich mich schon ein wenig besser und überlegte, ob ich wieder hineinsteigen oder nach Hause gehen und mir etwas zu essen geben lassen sollte. Doch als ich meine Todesfalle erreichte, brach sie vor meinen Augen zusammen.
Ich bekam einen heftigen Schreck. Das Herz begann mir zu klopfen, und es war, als läuteten mir Glocken in den Ohren. Es wurde mir bewußt, daß niemand mich gefunden hätte, wäre ich getötet worden, bis meine Leiche verrottet genug gewesen wäre, um die Hunde anzulocken. Ich ging nach Hause. Als ich im Dorfe ankam, suchte man mich schon, und meine Mutter weinte. Ich hielt ihr vor, wie sie mich mit einem Stock geschlagen hätte, und berichtete, was ich getan hatte. Meine Verwandten glaubten mir allerdings erst, nachdem sie hinausgegangen waren und das Loch gefunden hatten.
Eines Tages, als wir in Moenkopi waren, ging ich mit zehn oder zwölf Jungen an eine niedriggelegene Stelle, an der Rohrkolben wuchsen. Dort fanden wir schlammiges, etwa fußtiefes Wasser. An einigen Stellen schwammen wir auf dem Bauch, um nicht im Schlamm zu versinken. Wir fingen ein paar kleine Fische und nahmen sie mit nach Hause, wo wir uns eine Pfanne borgten, etwas Piki verschafften und aus dem weißen zarten Fleisch einen Schmaus bereiteten. Man warnte uns, die Fische würden uns womöglich aufschwellen lassen; aber uns schmeckten sie, und wir fragten unsere Eltern, ob sie jemals einen Menschen an Fischen hätten sterben sehen. Darauf wußten sie nun keine Antwort, und da nichts weiter geschah, zogen wir noch mehrere Tage zum Fischen hinaus. Ich ging sehr ungern von Moenkopi wieder fort, weil wir dort so viel Spaß hatten.
In jenem Herbst brachten einige Leute ihre Kinder nach Keams Canyon ins Internat. Teils weil ich die Feldarbeit und das Schafehüten über hatte, und teils, weil mein Vater arm war und ich mich ~~t kleiden konnte wie die anderen Jungen, ließ ich mich überden in die Agenturschule einzutreten, um lesen und rechnen zu lernen – und Kleider zu bekommen. Vater und Mutter nahmen drei Esel und begleiteten mich nach Keams Canyon. Als wir nach zwei Reisetagen dort ankamen, nahm mich die Hausmutter, Frau Weans, mit in das Gebäude, badete mich, schnitt mir das Haar und zog mir saubere Kleider an.
Ich bekam mein Abendbrot im Speisesaal mit den anderen Kindern zusammen. Vater und Mutter aßen draußen in einem Lager. Nachts schlief ich im Schlafsaal in einem Bett. Das war etwas Neues für

mich, und es gefiel mir recht gut. Ich war elf Jahre alt und der größte Junge im Schlafsaal; ich weinte nicht. Am nächsten Morgen frühstückte ich mit den andern Kindern zusammen. Vater und Mutter gingen in die Küche, wo der Koch ihnen zu essen gab. Zum Frühstück gab es Kaffee, Hafergrütze, gebratenen Speck, Bratkartoffeln und Sirup. Der Speck war zu salzig und die Grütze wässerig. Nach dem Frühstück wurden wir alle zu Herrn Burton, dem Vorsteher der Reservation, ins Geschäftszimmer beordert, bei dem meine Eltern, bevor sie heimritten, mit ihrem Namen oder Zeichen unterschreiben mußten. Es waren sehr viele von uns da, und wir mußten uns in einer Reihe aufstellen. Der Vorsteher drückte uns die Hand, streichelte uns den Kopf und teilte uns durch einen Dolmetscher mit, daß wir da wären, um etwas zu lernen. Dann ließ er uns in einen anderen Raum gehen, dort würden wir einige Geschenke erhalten. Meiner Mutter gaben sie dreizehneinhalb Meter Kleiderstoff und schenkten meinem Vater eine Axt, einen Tischlerhammer und eine kleine Messinglampe. Dann ließen sie ihm die Wahl zwischen einer Schaufel und einer Rodehacke. Er wählte die Hacke.

An dem Tage hatten wir noch keinen Unterricht. Wir gingen in die Küche zurück, wo der Koch meinen Eltern zwei Brote und etwas Speck, Sirup und Fleisch gab. Dann gingen wir ins Lager; dort sattelte mein Vater einen Esel und hieß meine Mutter aufsitzen. »Also, mein Sohn«, sagte er, »versuche auf keinen Fall, hier fortzulaufen! Du bist ja kein guter Läufer, würdest dich womöglich verlaufen und irgendwo verhungern. Wir wüßten nicht, wo wir dich suchen sollten, und du würdest von den Coyoten gefressen.« Ich versprach, dem zu folgen. Mein Vater bestieg seinen Esel, und dann ritten sie los. Ich verfolgte sie mit den Augen, bis sie schließlich in der Richtung auf Oraibi verschwanden. Ich schluchzte und begann zu weinen, ganz erfüllt von der Furcht, sie niemals wiederzusehen. Ein Hopiknabe namens Nash, den ich nicht kannte, sprach mich an und sagte, ich sollte aufhören zu weinen. Meine Eltern würden schon wiederkommen, beruhigte er mich, und mir vielleicht ein paar rechte Hopispeisen mitbringen. Er führte mich durch den Canyon an das andere Ende, wo das Schulgebäude stand. Da sammelten wir einige Hagebutten und aßen so lange davon, bis ich merkte, daß sie voller Würmer waren.

Mittags wurden wir alle aufgestellt mit dem kleinsten Jungen an der Spitze. Ich war der größte und daher der letzte im Speisesaal. Bei Tisch sprach jemand einige Worte zu Gott, unterließ es jedoch, ihm von dem Essen etwas darzubringen. Es war sehr gut.

Nach der Mahlzeit wurde uns Jüngeren eine Arbeit aufgetragen: wir mußten den Hof von Unrat säubern. Als wir fertig waren, machten

Nash und ich einen Spaziergang, und zwar auf den höchsten Punkt der südöstlich gelegenen Mesa. Als wir auf der Höhe anlangten, wandte Nash sich um und sagte: »Nun sieh einmal nach Westen!« Da erblickte ich die Spitze des Schönberges gerade hinter Oraibi. Das schien weit weg zu sein, und ich weinte ein wenig und fragte mich, ob ich wohl je wieder heimkommen würde. Nash aber meinte, ich sollte keine Angst haben, denn ich wäre hierhergeschickt worden, um die Lebensweise der Weißen kennenzulernen. Er sagte, daß er auch in der ersten Zeit Heimweh gehabt hätte, nun aber in der dritten Klasse und ganz zufrieden wäre. Er versprach, mir etwas abzugeben, wenn seine Verwandten kämen und ihm gute Hopispeisen brächten. Sein Zuspruch ließ mich wieder Mut fassen. Als wir die Mesa hinunterkletterten, hörten wir die Glocke zum Abendessen läuten, wir begannen zu laufen, kamen aber doch zu spät. Der Zuchtmeister trat auf uns zu und gab Nash zwei auf den Hintern, wobei er sagte: »Ihr seid zu spät gekommen.« Da ich ein Neuling war, ließ er die Hände von mir – das war mein Glück.

Wir gingen in den Speisesaal und aßen Brot und ein Etwas, das sich Haschee nannte und mir nicht gefiel. Es enthielt verschiedene Nahrungsmittel durcheinander, einige gut, andere schlecht, aber die schlechten machten die guten zuschanden. Außerdem gab es noch Pflaumen, Reis und Tee. Tee hatte ich noch niemals auch nur gekostet. Bei dem Geruch schon ward mir so übel, daß ich fürchtete, ich müßte mich erbrechen. Wir aßen unser Abendessen, aber ich wurde nicht satt davon. Haschee würde mir niemals schmecken, dachte ich.

Mit dem Stuhlgang hatte ich auch Sorgen. Man mußte genau wissen, wo man sich hinsetzen konnte. Kleine Häuser, Aborte genannt, waren dafür bestimmt, eines für Jungen, eines für Mädchen. Ich ging in das eine, fürchtete mich aber davor, mich hinzusetzen. Ich dachte immer, es könnte mich etwas von unten packen oder stoßen, und das beunruhigte mich tagelang.

Nach dem Abendessen spielten wir noch ein bißchen. Einige der älteren Jungen, die schon früher dort auf der Schule gewesen waren, rangen mit mir. Zu Hause war ich ein großer, mutiger Junge gewesen, aber nun war ich ängstlich und zaghaft. Ich kam mir wie ein kleiner Niemand vor, den jeder Junge überkriegen konnte. Als es Zeit wurde, zu Bett zu gehen, brachte die Hausmutter uns in den Schlafsaal für die jüngeren Knaben; hier mußten wir uns bis auf die Unterwäsche entkleiden und dann niederknien, wobei wir die Ellbogen auf das Bett stützen mußten. Sie brachte uns bei, Jesus darum zu bitten, daß er während des Schlafes über uns wache. Früher schon hatte ich versucht, zu Jesus um Apfelsinen und Bonbons zu beten, zwar ohne Erfolg, aber ich versuchte es halt doch wieder.

Am nächsten Tage mußten wir zum Unterricht gehen. Die kleinen Knaben gingen morgens und nachmittags hin. Ich mußte ganz unten im Schulkindergarten anfangen. Als wir das Klassenzimmer betreten und unsere Plätze eingenommen hatten, fragte der Lehrer mich nach meinem Namen. Ich mochte meinen Namen Max nicht und schwieg daher. »Schön«, sagte der Lehrer, »so soll dein Name Don sein« und schrieb ihn in ein kleines Buch.

Der Lehrer pflegte einen Stock aufzunehmen, die Blätter einer Worttafelsammlung umzuwenden und uns zum Lesen aufzufordern. Einige der kleinen Knaben von der Ersten Mesa, die schon früher dagewesen waren, konnten bereits ganz ordentlich lesen. Obwohl ich der Größte in der Klasse war, konnte ich überhaupt nicht lesen. Ich fühlte mich gar nicht am Platze, besonders auch, weil man mir kleine braune Kniehosen angezogen hatte, die ich nicht leiden mochte. Das erste, was gelehrt wurde, waren Wörter wie: »ein Hut«, »eine Katze«, »ein Pferd«, »eine Kuh«, »ein Adler« usw. Dann kamen solche Sachen wie »Eine Kuh hat vier Beine« und »Der Mann hat zwei Beine«. Ein weiterer Schritt waren Sätze wie »Leg einen Ball auf den Kasten!« Nach einigen Tagen fing ich schließlich an, die Wörter zu verstehen. Bald lasen wir schon lange Sätze wie: »Eine Ratte, eine Ratte, schrie Mae«.

Nach einiger Zeit wurde ich schulmüde und dachte daran, wegzulaufen. Aber einer von meines Vaters Neffen, Harry Kopi mit Namen, hatte Obacht auf mich gegeben und merkte, daß mein Gesicht Kummer zu zeigen begann. Eines Nachmittags, als ich still und traurig im Hause saß, kam er zu mir und sagte: »Komm hinaus mit mir, dorthin, wo die Schweine untergebracht sind.« Auf dem Wege fragte er mich, ob ich mich einsam fühle, und ich weinte beinahe. »Ich habe dich hier herausgeführt«, sagte er, »damit du dir die Schweine ansiehst. Als ich noch mit dem Heimweh zu tun hatte, ging ich auch oft hierher, um sie mir anzugucken; ich mußte über sie lachen, und dann ging's mir besser.« Ungefähr zwanzig Schweine waren in dem Pferch, alle von verschiedener Größe. Es waren spaßige Tiere – wie Hunde mit Hufen. Sie sahen scheußlich aus mit ihren kleinen Augen, spitzen Schnauzen und dreckigen Gesichtern. »Komm«, sagte Harry, »wir wollen in den Pferch gehen und auf einem der Schweine reiten!« Er packte eins beim Schwanz, ich kletterte dem Schwein auf den Rücken und ritt im Pferch umher. Das war ein Spaß! Ich fühlte mich getröstet, als ich abstieg, und nahm mir vor, wenn ich wieder Heimweh bekäme, auch wieder auf einem Schwein zu reiten.

Jeden Sonntag wurden wir in die Kapelle geführt, sangen, beteten und hörten eine Lektion über Jesus Christus. An den Tagen verlangte man von uns, daß wir sauber gekleidet und gewaschen und gekämmt waren. Weihnachten gab es eine Festtafel und einen Baum und viele Geschenke.

Im Februar wurde ich in die zweite Klasse versetzt. Ich fühlte mich nun schon wohler dort und schickte mit einem Mann, der nach Oraibi ging, Botschaft an meinen Vater, er möchte mich einmal besuchen und mir etwas Hopimäßiges zu essen mitbringen. Eines Tages kam er wirklich und brachte mir ein paar Wassermelonen mit. Ich teilte sie mit Nash, der so freigebig mit seinem Essen gewesen war. Nachmittags machte ich mit Harry, Nash und meinem Vater einen Spaziergang auf die Mesa. Lange Zeit blieben wir oben und unterhielten uns. Wir rösteten auch einige Pinienkerne und sammelten Wacholderbeeren. Als mein Vater am nächsten Tage wieder nach Hause ging, schickte ich die Weihnachtsgeschenke mit, die ich bekommen hatte, dazu ein Stück Stoff, einen Teil der Wacholderbeeren und einige Süßigkeiten, die ich mir aufgespart hatte.

Ein paar Wochen später gab es einige Aufregung in der Schule. Der Hilfszuchtmeister, ein Mann aus Oraibi namens Edwin, der in Grand Junction zur Schule gegangen war, kletterte eines Abends durch ein Fenster in den Mädchenschlafraum, um bei seiner Liebsten zu schlafen. Bald darauf versuchten das noch mehrere der größeren Jungen mit anderen Mädchen. Eines Nachts erwischte die Hausmutter Jerry, einen Knaben von der Zweiten Mesa, in einem Mädchenzimmer. Sie sperrte ihn in einem anderen Zimmer ein und ließ ihn dort die ganze Nacht ohne irgendwelche Bekleidung außer seiner Unterwäsche. Am nächsten Morgen fragte sie ihn aus, ob er der einzige wäre, der so etwas getan hätte. Am Ende gab er den Widerstand auf und lieferte ihr eine lange Liste von Namen, die sie Herrn Burton, dem Vorsteher, übergab.

Als wir uns am nächsten Tage, es war der Sabbath, aufstellten, um zum Frühstück zu gehen, kam Herr Burton mit einem Zettel in der Hand. »So, Jungen«, sagte er, »wessen Namen ich nun vorlese, der trete bitte vor!« Er fing mit Edwin an und las langsam einen Namen nach dem andern, bis dreißig Knaben vorgetreten waren. Von den größeren Jungen war nur einer noch übrig, Louis, Nashs älterer Klanbruder. Als der Vorsteher mit der Liste fertig war, sagte er: »Die Jungen, die übrig sind, bitte aufschließen und zum Frühstück hineingehen!« Die Schuldigen führte er – mit sehr zornigem Gesicht – in einen großen Raum, wo er sie ohne Essen einschloß.

Wir jüngeren Knaben gingen in den Speisesaal, wo sich herausstellte, daß auch zwei der Küchenjungen aufgefordert worden waren, die

Schürzen abzubinden und sich den Straffälligen anzuschließen. Wir bemerkten auch, daß viele der Mädchen fehlten. Wir kamen uns wie eine Herde Schafe vor, die sich im Winkel einer großen Hürde zusammendrängen, nachdem die Wölfe unter ihnen gehaust haben. Herr Boss, der Zuchtmeister, sprach in aller Eile das Tischgebet und verkündete dann: »Eßt soviel ihr wollt, Kinder, heute gibt's reichlich!« Nach dem Frühstück wurde die Sonntagsschule abgesagt; man schien voller Sorgen und daher untauglich zum Gebet.

Wir standen auf dem Hofe umher und warteten auf das, was kommen würde. Herr Burton und Herr Boss öffneten den verschlossenen Raum, ließen die Knaben antreten und zur Unterkunft der Mädchen hinübermarschieren. Dort mußten sie in einem großen Raume Platz nehmen, wo die Mädchen schon versammelt waren. Herr Burton hielt den Schuldigen eine lange, scharfe Rede. Dann wurden sie in einen im oberen Stockwerk gelegenen Raum gebracht, während wir noch immer auf dem Hofe standen und die Ohren spitzten. Bald hörten wir das Geräusch von Schlägen. Jeder Knabe erhielt zwischen fünfzehn und dreißig Streichen mit der Klopfpeitsche, wobei die Anzahl sich nach dem Alter richtete. Sie wurden angesichts der Mädchen verprügelt, aber keiner der Knaben ließ einen Schrei hören. Dann wurden die Mädchen in ein anderes Zimmer gebracht und mit dem üblichen Paddel bearbeitet, jedoch nicht vor den Knaben. Einige von ihnen weinten. Nachdem Herr Burton die Jungen nochmals abgekanzelt hatte, ließ er sie über den Hof zum Abort marschieren – anscheinend hatten sie es alle eilig. Dann wurden sie wieder in jenen ersten Raum gebracht und eingeschlossen.

Zum Mittagessen traten wir wieder an, bildeten aber auch diesmal nur eine kurze Reihe. Im Laufe des Tages ging ein kleiner Junge namens Hicks, ein Tewa von der Ersten Mesa, an ein Fenster des verschlossenen Raumes, und die Gefangenen baten ihn um etwas zu essen. Er lief in die Unterkunft der kleinen Knaben und kehrte mit mehreren Stücken Piki zurück. Gerade schob er diese durch eine zerbrochene Fensterscheibe, da schlich der Zuchtmeister von hinten heran und hielt ihn fest. Er schalt den Jungen, lachte und empfahl ihm, sich zu verziehen, oder er würde ihn mit einsperren. Ich stand den ganzen Nachmittag da und gab Obacht. Zum Abendbrot erhielten die Knaben Wasser und Brot, und dann wurden sie herausgelassen.

Im Mai feierten wir den Kriegerehrentag. Wir steckten kleine Fahnen an die Mützen, nahmen Blumensträuße in die Hand und marschierten hinaus an die Gräber zweier Soldaten, die, um gegen die Hopi zu kämpfen, ins Land gekommen und dann hier gestorben waren.

Am vierzehnten Juni kam mein Vater, um mich abzuholen, und wir kehrten nach Hause zurück, auf Eseln reitend und mit Geschenken versehen: Kattun, Lampen, Schaufeln, Äxten und anderem Gerät. Es war eine Freude, wieder nach Hause zu kommen, alle meine Lieben wiederzusehen und von meinen Erlebnissen in der Schule zu erzählen. Ich hatte viele englische Wörter zugelernt und kannte die zehn Gebote zum Teil auswendig. Ich hatte gelernt, in einem Bett zu schlafen, zu Jesus zu beten, mir die Haare zu kämmen, mit Messer und Gabel zu essen und den Abort zu benutzen. Ich wußte nun, daß die Erde nicht flach, sondern rund ist, daß es unanständig ist, nackt vor den Mädchen umherzulaufen und die Hoden von Ziegen oder Schafen zu essen. Ich hatte auch gelernt, daß der Mensch mit dem Kopf und nicht mit dem Herzen denkt.

Auch zwei traurige Überraschungen erwarteten mich zu Hause: der alte, blinde Tuvenga war gestorben, und mein Hund Yucca war ebenfalls tot. Diese Neuigkeiten betrübten mich sehr. Als man mir mitteilte, daß mein Hund tot sei, grämte ich mich darüber bis in die späte Nacht hinein.

Im Laufe des Sommers trat ein anderer Hund an Yuccas Stelle. Eine herrenlose Hündin hatte unter einem Felsen draußen auf der Mesa Junge geworfen. Eines Tages machten wir uns mit acht Jungen auf, um die Alte zu töten und ihre Welpen einzufangen. Als wir uns der Höhle näherten, sprang das Muttertier uns knurrend entgegen. Wir schossen Pfeile auf sie ab, bis sie starb. Die Kleinen liefen in allen Richtungen davon. Ich jagte hinter einem her und rief: »Ich will das gelbe haben mit dem weißen Hals!« aber ein anderer Knabe fing es. Ich hätte es aber sehr gern gehabt und sagte: »Gibst du mir den Hund für meine fünf Pfeile?« – »Was noch?« fragte der Junge. Ich dachte nach, und da fiel mir ein, daß ich noch zwei kleine Katzen zu Hause hatte. Ich sagte also: »Ich gebe dir die fünf Pfeile und eine Katze.« Er antwortete nicht sogleich, sondern strich mit dem Kopf über das Hündchen hin und hielt dessen Nase dicht vor die seine, um es zu zähmen. Auf dem Heimweg aber sagte er, ich könnte den Hund bekommen. Ich ging geradeswegs nach Hause, band das Hündchen an einen Stein und nahm die fünf Pfeile herunter, die an dem Bogen befestigt waren, den mein Gevatter mir geschenkt hatte. Meine Mutter sah das und fragte: »Was hat dir der Junge denn für die Pfeile gegeben?« Darauf lächelte ich nur, sagte aber nichts. Ich hoffte, daß der Junge die weiße Katze wählen würde, er nahm indes die schwarze. Als er fort war, erzählte ich meiner Mutter die ganze Geschichte. Sie lachte, bis ihr die Tränen kamen. Der Hund wuchs schnell und wurde ein guter Jäger. Er war stark und konnte

Kaninchen und Präriehunde ausgraben wie ein Dachs. Ich nannte ihn Muitala, also Mondlicht, weil er gelb war.

Während dieses Sommers, in dem ich zu Hause war, verhandelte ich den guten Bogen, den mein Gevatter mir geschenkt hatte, an den Geistlichen, Herrn Voth, für ein Stück Kattun, ein paar Zuckerstangen und einige Knallbonbons. Es tat mir sehr leid um den Bogen, mein Vater jedoch war zu jener Zeit recht arm. Er machte mir ein Hemd aus einem Mehlsack und eine Hose aus ungebleichtem Baumwollstoff. In diesem Sommer bemerkte ich auch, daß der Pfeil mit meiner Nabelschnur nicht mehr in der Zimmerdecke steckte. Was daraus geworden ist, weiß ich nicht.

Als der Sommer zu Ende ging, hatte ich genug vom Unkrauthacken und Schafehüten. Meinem Vater zu helfen, hieß hart arbeiten zu müssen, und es schien mir besser, zur Schule zu gehen. Mein Großvater war auch der Meinung, daß es nützlich wäre, etwas von der Lebensweise der Weißen zu wissen, äußerte allerdings die Befürchtung, daß ich womöglich die Hopibräuche, die noch wichtiger wären, vernachlässigen würde. Er riet mir für den Fall, daß ich dort auf der Schule böse Träume haben sollte, viermal auszuspeien, um sie aus meinem Gemüt zu vertreiben und ihrem üblen Einfluß entgegenzuwirken.

Am zehnten September kam Polizei vor Sonnenaufgang nach Oraibi und umstellte das Dorf in der Absicht, die Kinder der feindseligen Familien zu fangen und mit Gewalt in die Schule mitzunehmen. Sie trieben uns alle am Ostrand der Mesa zusammen. Obwohl ich die Absicht gehabt hatte, später selbst wieder nach Keams Canyon zu gehen, wurde ich doch mit den anderen über einen Kamm geschoren. Die Leute waren alle aufgeregt, die Kinder und die Mütter weinten, und die Männer waren drauf und dran, zu kämpfen. Ich fürchtete mich nicht sehr, denn ich wußte ein wenig, was Unterricht heißt, und konnte mir denken, daß die Polizei nicht ohne Befehl gekommen war. Einer der aufgegriffenen Jungen war Dick, Sohn »Onkel Joes«, der die meiste Unruhe unter den Feindseligen gestiftet hatte. Ich freute mich. Auch Clara, die Enkelin Lolulomais, des Dorfvogtes, wurde gefaßt. Aber der Dorfvogt ging zu Herrn Burton, der unsere Namen auf ein Blatt Papier schrieb, und sagte: »Dies Mädchen muß hierbleiben, bis es älter ist.« Daraufhin durfte es zu seiner Mutter zurückkehren. Sie fingen auch meinen Klanbruder Archie, den Sohn meiner Mutterschwester Nuvahunka.

Als Herr Burton mich in dem Haufen sah, sagte er: »Na, was machst du denn hier? Ich dachte, du wärest schon wieder in der Schule auf der Agentur!« Ich erwiderte, daß ich ganz froh wäre, wieder mitzugehen. Das schien ihm zu gefallen, und er ließ mich nach

Hause gehen, um meine Sachen zu holen. Als ich, mit einem Beutel frischer Pfirsiche versehen, zurückkam, fand ich, daß man die Kinder schon nach Neu-Oraibi geführt hatte, wo sie auf Wagen gesetzt werden sollten. Ich ging hinterher und entdeckte meinen Großvater in der Menge bei den Wagen. Als ich gewahr ward, wie vollgestopft die Wagen waren, bat ich Herrn Burton, auf einem der Pferde mitreiten zu dürfen. Er schickte mich mit Archie, Dick und meinem Großvater zur Polizei, um dort zu fragen. Zwei der Männer waren Klanoheime von mir, Adam von der Ersten Mesa und Secavaima aus Shipaulovi. Ich trat zu Adam, lächelte, schüttelte ihm die Hand und stellte ihm meinen Klanbruder Archie vor. »Ihr braucht keine Angst vor uns zu haben«, sagte mein Oheim, »wir sind Polizisten.« Ich fragte ihn, ob Archie und ich mit ihnen zusammen auf ihren Pferden zur Agentur reiten dürften. Sie lachten und meinten, ich hätte ein mutiges Herz. Auch gaben sie uns zu bedenken, daß die Feindseligen uns verfolgen und auf dem Wege angreifen könnten, aber das war nur scherzhaft gemeint.

Als wir zum Aufbruch bereit waren, ließ die Polizei uns drei Jungen hinter dem Sattel aufsitzen. Bei den Vorhügeln der Ersten Mesa nahmen wir den Richtweg durch die Kluft auf das Missionsgebäude; dort machten wir halt und warteten auf die Wagen, die das Mittagbrot mitbringen sollten. Nach dem Essen teilte Adam mir mit, daß die Woche, die er als Polizist dienen müßte, um wäre und daß er nicht mehr weiter mitginge. Er brachte mich zu Herrn Burton, und der erlaubte mir, bei ihm auf seinem Federbrettwagen mitzufahren. Als wir zum Aufbruch bereit waren, kletterte ich auf das Federbrett hinter dem Sitz. Rex Moona, ein Hopi mit Schulbildung, der in Keams Canyon in der Verwaltung arbeitete, saß bei dem Vorsteher auf dem Sitz. Wir fuhren vor dem Zuge her und erreichten Keams Canyon um Sonnenuntergang.

Die Kinder, die schon in der Schule waren, aßen gerade ihr Abendbrot, als wir ankamen. Rex und ich gingen in die Küche und baten um etwas zu essen. Wir bekamen jeder ein Brot und Sirup dazu. Der Koch fragte mich, ob ich etwas Haschee möchte. Ich sagte: »Nein!« Wir verzehrten unsere Kost unter der Tür und erzählten den Leuten in der Küche, daß die Kinder auf den Wagen im Anmarsch wären. Dann gingen wir in den Schlafraum und ruhten uns aus. Am nächsten Morgen badeten wir, bekamen das Haar geschnitten, zogen neues Zeug an und waren damit wieder Schuljungen.

An dem Tage bekamen wir einen tüchtigen Schreck, als ein Navahopolizist im Geschäftszimmer auf seinen Onkel schoß. Es fand eine Verhandlung statt, und der Zuchtmeister hatte uns gleich dort weggeschickt, weil er eine Schießerei befürchtete. Wir Knaben waren draußen auf dem Hof und sammelten Unrat auf, als wir einen Knall hörten. Ich nahm Archie bei der Hand, und wir liefen in den Speisesaal. Archie hörte gar nicht auf zu weinen. Andere Jungen berichteten, daß jemand dem Navaho, als er auf seinen Onkel anlegte, den Arm hochgeschlagen hätte, wodurch die Kugel in die Decke gegangen wäre.

Den nächsten Tag gab es drei Überraschungen für mich. Man steckte mich in den Schlafsaal zu den großen Jungen, gab mir lange Khakihosen und versetzte mich in die zweite Klasse. Ich war zwölf Jahre alt und kam mir wie ein Mann vor. Einige Wochen später wurde ich beim Hofdienst abgelöst und bekam mit vier anderen Jungen zusammen die Aufgabe, den Schlafraum zu reinigen, die Betten zu machen und den Tagesraum in Ordnung zu halten.

Die Lehrerin für die zweite Klasse sollte aus Chicago kommen, aber ihre Ankunft verzögerte sich. An ihrer Stelle unterrichtete uns bis ungefähr Mitte Oktober Herr Boss, der Zuchtmeister. Als sie endlich eintraf, erwies sie sich als eine gut aussehende Blondine von etwa fünfundvierzig Jahren; sie hieß Frau De Vee. Sie lehrte uns die Aussprache der Buchstaben, indem sie uns zeigte, wie wir den Mund halten müßten, um sie richtig zu lautieren. Ich mußte mich tüchtig anstrengen, um mit der Klasse Schritt zu halten.

Innerhalb kurzer Zeit wurde ich zweimal bestraft. Einmal schlug ich einen Jungen, der mich zuerst gestoßen hatte; aber die Lehrerin hatte erst hingesehen, als ich ihn wieder schlug. Darauf stellte sie mich in die Ecke, und ich mußte den linken Arm eine volle halbe Stunde hoch über den Kopf halten. Das war eine harte Mühe. Ein andermal redete ich zuviel mit einem Tischnachbarn, und da ließ Frau De Vee uns beide ein Stück Kernseife kauen, bis uns der Schaum zum Munde herauskam. Sie sagte, wir hätten einen dreckigen Mund. Die Seife war scharf und machte den Mund so wund, daß wir zwei oder drei Tage nur unter Schmerzen essen konnten. Als diese Lehrerin krank wurde und die Schule verlassen mußte, war ich froh.

Ich behielt Archie, der sich nicht recht wohlzufühlen schien und dessen Gesicht Kummer ausdrückte, genau im Auge. Sein Verhalten erinnerte mich an meine ersten Tage auf der Schule. Schließlich fielen mir die Schweine ein, und ich nahm ihn mit zum Pferch. Er betrachtete sie und mußte lachen. Ich half ihm, ein Schwein zu besteigen und einen Ritt zu tun. Sobald er den Reiz der Sache erfaßt hatte, glitt ich von meinem Schwein herunter, kletterte zum Mesarand hinauf, setzte mich da hin und schaute mich um. Wie ich so da saß mit meinen langen Hosen und auf ihn hinabschaute, kam ich mir ganz erwachsen vor. Wir kehrten zum Gebäude zurück, ehe die Glocke läutete.

Ich kam in dem Jahr Unterricht sehr gut voran und hörte meinen Namen höchlich preisen. Im Mai kam mein Vater, um mich abzuholen. Ich kehrte heim, und der Sommer verging mit Feldarbeit und Hirtenwerk.

Eines Tages im Juli, als die Avatsieblume blühte, ging ich auf das Feld meines Vaters im Südwesten des Dorfes, um Melonenpflanzen zu verziehen. Ich bemerkte, daß sich Wolken sammelten und flüchtete mich vor dem Regen unter ein kleines Obdach, das mein Vater gebaut hatte. Nach dem Regen stand allenthalben Wasser auf dem Felde, und ich machte mich daran, es in die Löcher der Präriehunde hinunterzugießen. Wenn die Tiere heraushopsten, erschlug ich sie mit meiner Hacke. Auf diese Weise tötete ich sieben und hatte noch den Spaß dazu. Die toten Tiere nahm ich mit nach Hause, denn ich wußte ja, daß die Meinen fette Präriehunde gerne mochten.

Zu Hause stieg ich aufs Hausdach und schaute nach Süden zum Damm hinunter. Das Wasser stand bis oben hin, und vier Mädchen schwammen darin umher, nackt bis auf ein kleines Tuch um die Hüfte. Sie forderten mich auf mitzutun, aber ich lehnte das ab, weil ich in der Schule gelernt hatte, daß Jungen nicht mit Mädchen schwimmen dürfen. Ich stand am Rande des Teiches und sah ihnen zu, bis die Sonne unterging. Da gingen drei der Mädchen nach Hause, aber Mae, eine meiner Ritualmuhmen vom Schmerholz- und Erdkukkucksklan, wartete in der Nähe des Teiches auf mich. Schließlich sagte ich zu ihr: »Ja, dann komm nur!« Wir gingen miteinander auf das Dorf zu bis in die Nähe der Stelle, wo die Nachgeburten hingeworfen werden. Dicht dabei stand ein Hühnerstall. Mae gab mir ein Zeichen und ging hinein. Ich folgte ihr und schloß die Tür. Wir setzten uns im Stall auf den Boden und begannen, uns gegenseitig mit unserem Leibe zu beschäftigen. Sie war ungefähr dreizehn Jahre alt, und zuerst dachte ich, sie wäre noch Jungfrau, aber darüber ward ich schnell anderen Sinnes, weil sie so genau wußte, was zu tun war. Wir hatten kaum Schwierigkeiten, uns zusammenzufinden, aber ich glaube nicht, daß ich einen Erguß hatte. Nachher spähte ich vorsichtig hinaus und sah ihre Mutter Kamaoyousie den Pfad entlanggehen. Als sie weg war, huschte ich hinaus und lief nach Hause. Diesmal war ich dem wirklichen Verkehr näher gewesen als je zuvor, und es hatte mir gefallen. Ich war nahezu dreizehn Jahre alt und fing schon an, abends unruhig zu werden und von Mädchen zu träumen; aber wenn man mich mit ihnen neckte, sagte ich, daß ich mir nichts aus ihnen mache und nie heiraten wolle.

Als wir im September in die Schule zurückgekehrt waren, entdeckte ich einmal, daß manche Jungen sich krank stellten, so daß sie im Bett bleiben und den Unterricht schwänzen konnten. Der Arzt schickte eine Warnung herum, daß das zu unterbleiben hätte. Ich dachte nach, was für eine Krankheit ich wohl haben könnte, und verfiel auf entzündete Augen, weil man die vom Studieren ja kriegen kann. Eines Tages streute ich mir eine Handvoll Sand in die Augen und ging, während mir die Tränen über die Backen zu laufen begannen, zum Arzt. Er war in seinem Sprechzimmer und mischte gerade eine Arznei auf einer Marmorplatte; es war eine Salbe für einen Navahojungen, die er mit dem Messer umrührte. Er schaute auf und fragte: »Was ist los, Don?« – »Schlimme Augen«, erwiderte ich. Er nahm ein Gerät von der Form eines Buttermessers, hob das Lid des einen Auges an und hieß mich den Augapfel hin- und herdrehen. »Na, Don«, fragte er, »warum hast du dir denn Sand ins Auge getan?« Ich antwortete nicht. Er nahm ein hutförmiges Becherchen oben von einer Flasche ab, goß eine Arznei hinein und wies mich an, mich mit diesem Arzneihut auf dem Auge auf den Rücken zu legen. Er sah auf die Uhr und wartete zwei Minuten; unterdes mußte ich den Augapfel bewegen. Dann wiederholte er die Maßnahme mit dem anderen Auge. Auf diese Weise wurde der Sand aus dem Auge herausgeschwemmt. Er lachte und sagte: »So, Don, nun aber nicht wieder Sand in die Augen tun und den kranken Mann spielen, oder du bekommst wirklich schlimme Augen! Deine Eltern haben dich hierhergeschickt, damit du etwas lernst!« Ich sagte ihm, daß ich die Schule satt hätte und hoffte, daß die Lehrer krank würden. Er lachte, schrieb etwas auf ein Stück Papier und hieß es mich meiner Lehrerin bringen. Als ich aus dem Sprechzimmer war, wollte ich den Zettel schon zerreißen, aber ich fürchtete, daß er womöglich die Lehrerin danach fragen würde. Als ich ihr das Blatt übergeben und sie es gelesen hatte, lachte sie und lachte, bis ihr die Tränen aus den Augen liefen. Sie sagte: »So, du möchtest also, daß ich krank werde? Siehst du dies Paddel? Noch bin ich bei guter Gesundheit und kann es anwenden!«

Viel Spaß hatte ich in diesem Jahre in der Schule. Manchmal leistete ich mir auch einen Scherz mit den Lehrern, aber nur an den Tagen, wo sie vergnügt schienen. Sie schlugen mich nie, aber vom Zuchtmeister erhielt ich einmal Schläge. Eines Abends nach dem Appell waren wir hinauf ins Bett gegangen. Zapfenstreich war noch nicht gewesen, und die Petroleumlampen brannten noch. Ich hängte mir ein weißes Bettuch um, kletterte am Kopfende aufs Bett, streckte die Hände aus, erhob mein Gesicht und sagte: »Jungens, ich bin Jesus Christus der Zweite, der Sohn Gottes. Ich bin die

Auferstehung und das Leben. Lasset die Kindlein zu mir kommen und wehret ihnen nicht...« In diesem Augenblick kam der Zuchtmeister herein und fragte: »Was ist denn hier los?« Ich sagte, ich hätte nichts Schlimmes getan, wäre nur beim Predigen, aber er sah mich grimmig an und wollte mich schlagen. »Die andern haben auch mitgemacht«, hielt ich ihm entgegen. »Schön«, erwiderte er, »da du Jesus bist, will ich dich für ihre Sünden mit leiden lassen!« Er prügelte mich tüchtig durch. Am nächsten Tage lachten die Jungen, neckten mich und riefen mir zu: »Tag, Jesus der Zweite!«

Im folgenden Sommer kehrte ich nach Oraibi zurück und arbeitete wie gewöhnlich. In meiner Abwesenheit war die alte Honwuhti gestorben. Ich hatte die alte Frau liebgehabt und vermißte sie sehr.

Es war angeordnet worden, daß wechselnde Abteilungen von Jungen und Mädchen jeweils auf zwei oder drei Wochen zur Agentur zurückkehren sollten, um sich der Häuser und Grundstücke anzunehmen. Es wurde ein neues Schulhaus gebaut, und es war nötig, die Einrichtung hinüberzuschaffen. Eines Tages im Juni schickte der Hopirichter Koyonainiwa Nachricht nach Oraibi, daß ich mich beim Leiter der Tagesschule in Neu-Oraibi melden sollte. Es war schon dunkel, als ich mich dorthin auf den Weg machte. Ich benutzte den Fußpfad zur Mesakante, wo man die Morgengebete an die Sonne spricht. Als ich nach Osten den Mesaabhang hinunterblickte, sah ich ein Licht, das sich – offenbar in den Händen einer unsichtbaren menschlichen Gestalt – zwei oder drei Fuß über dem Boden hinbewegte. Ich stand da, schaute und wußte nicht, was tun. Am liebsten wäre ich zum Dorf zurückgegangen, aber ich kannte den Schulleiter als ein strengen alten Mann, und mir war aufgetragen worden, mich sofort zu melden. Als ich den abwärts führenden Pfad einschlug, bewegte sich das Licht etwas westlich vor mir her. Ich wandte mich nach Osten. Die Flamme schwankte über einem großen Felsen und schoß flackernde Scheine nach allen Seiten. Ich fürchtete mich, nahm mich aber zusammen und tat ein paar Schritte darauf zu – in dem Glauben, daß es das Feuer Masau'us oder das eines bösen Geistes sein könnte. Ich fand jedoch keine Spuren, kehrte daher auf die Straße zurück und lief, so schnell ich konnte, bis zum Büro des Schulleiters. Er schaute auf und sagte: »'N Abend, Junge!« Es wurde vereinbart, daß ich am nächsten Tage, einem Sonntag, mit drei weiteren Jungen aus Alt-Oraibi zur Agentur aufbrechen sollte. Ich lief fast den ganzen Weg nach Hause, wobei ich die Stelle mied, an der die Flamme erschienen war. Mutter sagte, es wäre wohl Masau'us Feuer gewesen.

Früh am nächsten Morgen sattelte mein Vater zwei Esel, und wir machten uns auf zur Agentur. Nachmittags kamen wir an einem

Laden vorbei, der Tom Pavatea von der Ersten Mesa gehörte; er war von einer alten Frau aus meines Vaters Klanverband, des Sand-Eidechsen-Schlangen-Klans, adoptiert worden. Tom nahm uns mit ins Haus und trug seiner Frau auf, uns Essen vorzusetzen. Wir erhielten ein gutes Mahl und dankten ihnen dafür. Seine Frau gab uns zwei Brote und zwei Stücke Dörrfleisch als Wegzehrung mit. Wir kamen an der neuen Schule vorbei, die die Regierung baute, und erreichten das alte Schulgebäude etwa um sechs Uhr abends. Ich brachte meinen Vater dorthin, wo der Aufseher arbeitete. Als ich die Esel abgesattelt und gehobbelt hatte, kamen die anderen Jungen zu Fuße an. Im ganzen waren wir neun, darunter einige von der anderen Mesas. Ich war der Jüngste der ganzen Schar, zu jung, um solch lange Entfernung zu Fuß zu gehen.

Herr Commons, der Zuchtmeister, hieß uns willkommen und brachte uns in den Speisesaal, wo schon neun Mädchen warteten, die uns helfen sollten. Es gab ein gutes Abendessen – ohne Haschee. Nachdem wir einige Hopilieder gesungen hatten, gingen wir zu Bett. Am nächsten Morgen ritt mein Vater wieder nach Haus. Wir spannten Pferde vor einen Wagen und fuhren zu dem neuen Schulgebäude, wo wir den ganzen Tag, Betten anzustreichen hatten.

In der folgenden Nacht war ich krank. Alle paar Minuten hatte ich Erbrechen oder Durchfall. Der Arzt kam am nächsten Morgen und ließ mich drei Tabletten, die aussahen wie weiße Knöpfe, schlucken. Ich mußte den ganzen Tag über im Bett bleiben. Nannie und Maud, zwei Mädchen von der Ersten Mesa, die aber nicht mit mir verwandt waren, wachten bei mir und badeten mich sogar. Den Tag über aß ich nichts, abends nahm ich etwas Milch und Röstbrot zu mir. Ich hatte Kopfschmerzen. Das Feuer an der Mesa von Oraibi fiel mir ein, und ich schloß, daß Masau'u meine Krankheit bewirkt hatte. David, ein Knabe von der Zweiten Mesa, sagte, ich hätte ganz geradeaus sehen und mich um das Feuer nicht kümmern sollen. Als ich ihm erwiderte, das Feuer sei ja vor mir gewesen, sagte er: »Nun, du hättest ja nicht hinter ihm herzugehen brauchen, nicht einen Schritt!« Ich wußte selbst, daß das richtig war. Am nächsten Tage war ich wieder wohlauf.

Am vierten Juli war unsere Zeit herum, und nach dem Frühstück machte ich mich zu Fuß auf den Rückweg. Die Mädchen sollten im Wagen folgen. Auf dem Wege traf ich einen alten Tewa-Schafhirten, der mit meinem Vater verwandt war. Er erzählte mir, daß bei Tom Pavateas Laden eine Festlichkeit wäre, und ich sollte nur dort warten, bis jemand aus Oraibi dahinkäme. Als ich den Wasserlauf im Keams Canyon überquert hatte, hörte ich ein Pferd schnell herankommen. Der Reiter, ein Navaho, hielt an und bedeutete mir,

hinter ihm aufzusitzen. Das tat ich, höchst zufrieden, und wir galoppierten weiter.
Viele Navaho und Hopi waren bei Toms Laden zusammengekommen, um Pferderennen abzuhalten und junge Wildpferde zuzureiten. Es gab auch einen Wettkampf im »Hühnerziehen«. Man hob ein Loch aus und begrub einen lebenden Hahn darin bis zum Halse. Dann bestiegen die Männer ihre Pferde und jagten an ihm vorüber, wobei sie seinen Kopf zu packen suchten. Als ein Navaho ihn schließlich aus dem Boden zuckte, rasten die andern hinterdrein und rissen das Tier in Fetzen. Schließlich brachte der Gewinner den Kopf herbei und bekam seine Belohnung dafür. Mir tat der arme Hahn leid. Tom hatte zwei Kühe zu einem Festschmaus geschlachtet. Während wir aßen, kamen meines Vaters Brüder Kayahongva und Talashungnewa mit fünf Eseln an, die Säcke mit Mehl trugen. Während sie aßen, fragte ich sie: »Nehmt ihr mich mit nach Hause?« Sie waren einverstanden, und noch am Nachmittag ritten wir los.
Den übrigen Teil des Sommers verbrachte ich wie gewöhnlich bei der Landarbeit, also mit Pflanzen, Hacken, Verziehen, Schafehüten, Eselsuche, Wasserschleppen und gelegentlichem Holzholen. Wir besaßen weder Pferde noch einen Wagen, sondern nur einige Schafe und Ziegen, fünf Esel, zwei Hunde und ein Katzenpaar.
Im September kehrte ich in die Schule zurück, und zwar in das neue Gebäude. Dort war es, wo ich zuerst auf einer modernen Toilette saß, die wie eine Quelle war und spülte. Anfänglich war mir das unangenehm, und ich wartete nur darauf, daß das Becken überlief; aber ich ward es bald gewohnt und fand Gefallen daran – obwohl es im Grunde Wasserverschwendung war.
In dem Jahre hatte ich wirklich schlimme Augen. Keine Arznei half mir auch nur im geringsten. Ich pflegte die Augen geschlossen zu halten, um den Schmerz etwas zu dämpfen. Eines Tages nahm mich Sam, ein Klanoheim von der Zweiten Mesa, mit auf die Erste Mesa. Mit meinem einen guten Auge konnte ich nun auch nicht recht sehen und stolperte auf halbem Wege über einen Stein. Bei dem Fall wurde ich am rechten Auge verletzt, und schwarzes, schmutziges Blut lief heraus. Mein Klanoheim drückte auf das Fleisch und preßte noch mehr Blut heraus. Schließlich ging das schwarze Blut zu Ende, und gelbes kam. Da hörte das Auge auf zu schmerzen und schien geheilt. Ich bat ihn, ein Stück Obsidian zu nehmen und eine Stelle beim linken Auge aufzuschneiden. Das wollte er nicht, daher nahm ich mein Messer und schnitt ein Loch. Danach ging es mir besser.
In eine schiefe Lage kam ich durch einen Navahojungen. Wir Hopi haßten die Navaho und hatten beschlossen, diesem Burschen das

Leben schwer zu machen. Wie er einmal die Treppe vom Erdgeschoß hinaufstieg, holte ich ihn ein, packte eins seiner Ohren, und zog daran. Im nächsten Stockwerk packte ich das andere und zog wieder. Er schrie auf, gerade als Herr Haffner, der Zuchtmeister, um die Ecke kam. Er schalt und gab mir rechts und links ein paar hinter die Ohren. Ich lief weg, aber er holte mich ein und schlug nochmal zu. Ich entwischte so bald wie möglich und sagte keinen Ton, denn ich fürchtete es durch Reden nur schlimmer zu machen. Von da an ging ich ihm aus dem Wege, wenigstens zehn Schritte.

Eines Tages aber stellte mich Herr Haffner. »Jetzt«, sagte er, »will ich dir einen Sattel auflegen und dich wie einen Esel zähmen.« Er nahm mich mit in sein Geschäftszimmer und sagte: »Don, du fängst an, aus der Reihe zu tanzen. Ich will dich aber nicht schlagen. Behandle den Navaho anständig! Sein Vater hat ihn hierhergeschickt, daß er etwas lernt.« Dann gab er mir einen Vierteldollar, und da fühlte ich mich schon wohler. Danach behandelte er mich wie einen Sohn, und zu Weihnachten kaufte er mir ein Hemd mit Schlips und Kragen. Er war Deutscher und anfänglich der Schulzimmermann gewesen; aber die Schüler hatten ihn gern und stimmten dafür, daß er Zuchtmeister wurde statt Herrn Commons, der furchtbar strenge war und einmal beinahe einen Jungen umgebracht hatte. Herr Haffner hatte soldatische Manieren und drillte und exerzierte mit uns sogar in kalter Morgenfrühe. Er heiratete unsere Hausmutter, eine zivilisierte Halbblutindianerin aus Kalifornien. Durch beider Verwendung bekam ich ein Küchenamt, und das gefiel mir besser, denn die Mahlzeiten waren knapp, und diese Arbeit gab mir Gelegenheit, etwas mehr zu essen.

Als ich im Sommer nach Hause kam, hänselten mich die Leute wegen meiner Stimme, denn sie wechselte nun. Haare wuchsen an meinem Leibe, und obgleich ich sie zuerst auszupfte, kamen sie doch und nur noch zahlreicher wieder. Daher ließ ich sie schließlich wachsen. Ich zupfte die wenigen Haare aus, die im Gesicht wuchsen, kümmerte mich aber nicht um die unter den Achseln. Mein Denken und meine Träume befaßten sich mehr und mehr mit den Mädchen. Manchmal träumte ich, daß ich eines umarmte, aber wenn ich es dann genauer betrachtete, entdeckte ich immer, daß es ein Knabe war. Dann wachte ich stets auf und spie viermal aus in dem Gefühl, daß mir ein böser Geist einen schlimmen Streich gespielt hätte.

Eines Tages bot sich mir zum ersten Male Gelegenheit, bei dem Großvater eine Scharte auszuwetzen, der in meiner Kindheit einmal so getan hatte, als wollte er mich kastrieren. Ich wanderte mit einem Manilaseil in der Hand nach Neu-Oraibi hinunter, als mir der alte Mann mit einem großen Behälter voll Wasser auf dem

Rücken entgegenkam. »Na, mein Enkel«, begrüßte er mich, »wo willst du denn hin? Seit wann bist du denn wieder von der Schule zurück?« Ohne ein Wort zu sagen, warf ich ihm eine Schlinge über wie einem Stier und zog ihn den ganzen Weg die Mesa wieder hinab. Als er sich anschickte, wieder hinaufzusteigen, war er denn doch etwas aus dem Häuschen. Ich erfuhr später, daß er seiner Frau davon erzählte. Sie schlug die Hände zusammen und hielt ihm vor, daß er dergleichen selbst heraufbeschworen hätte.

Spät im Sommer machte ich mich einmal mit zwei Eseln nach Moenkopi auf, um etwas Weizen zu holen, den meine Verwandten auf den Mormonenfeldern nachgesammelt hatten. Ich ritt auf dem einen Esel und hatte dem andern eine Flasche mit Wasser auf den Rücken gebunden. Unterwegs stieß der eine Esel nach dem andern und zerbrach die Flasche. Bald wurde ich sehr durstig. Ich fällte eine Zeder und kaute den grünen Bast, aber abends konnte ich nichts essen, weil ich ohne etwas Flüssiges meinen Mundvorrat nicht hinunterschlucken konnte. Nachdem ich mich schlafen gelegt hatte, kamen zwei Männer, die von den Weizenfeldern zurückkehrten, mit ihren Frauen vorüber. Sie hatten Wasser bei sich, und das war mein Glück.

Als ich im September 1905 in die Schule zurückkehrte, wurde ich zunächst dem Stalldienst zugeteilt. Ich mußte die Ställe entmisten und den Dung auf den Feldern ausbreiten. Eines Morgens war ein Navaho-Fuhrmann nicht zur Arbeit gekommen, dafür wurde ich mit Nash ausgeschickt, die Pferde zu füttern und die Kühe zu melken. Ich versuchte zu melken, aber ich bekam keinen Tropfen in den Eimer. Nash lachte mich aus und meinte, ich wäre mit meinen fünfzehn Jahren höchstens imstande, Pferde zu striegeln und Mist zu streuen. Der Navaho starb noch am selben Abend, und die Beerdigung fand am folgenden Nachmittag statt. Es war das erste Mal, daß ich einen Toten sah. Er lag in einem Kasten, die Augen weit offen und blutunterlaufen, als ob er viele Schmerzen hätte ausstehen müssen. Wir sangen »Näher, mein Gott, zu Dir« und andere Choräle, aber ich ging fort, bevor sie ihn beerdigten.

Nach einiger Zeit wurde ich aus dem Stall in die Schmiede versetzt, wo ich Schweißen lernte. Dann brauchten sie einen Jungen in der Bäckerei und schickten mich dorthin. Darauf wurde ich wieder Küchenjunge und half ein bißchen kochen. Ich kümmerte mich auch mehr um die Mädchen, nahm an geselligen Veranstaltungen teil und übte mich im Quadrilletanzen.

Im Mai 1906 kam ich mit einer großen Schar von Jungen nach Rockyford in Colorado, um auf den Zuckerrübenpflanzungen zu arbeiten. Wir wurden in Gruppen von je acht Jungen eingeteilt und von

Farm zu Farm geschickt. Am Tage verzogen wir Rüben, nachts schliefen wir in Zelten. Wir arbeiteten elf oder zwölf Stunden den Tag für fünfzehn Cents die Stunde.

An einem Sonntag machten ein anderer Junge und ich eine lange Wanderung und fanden dabei drei oder vier kleine Schildkröten. Wir setzten uns unter einen Baum und schlachteten sie; wir nahmen das Fleisch heraus, so daß wir die Panzer bei Katschinatänzen als Rasseln benutzen konnten. Ich hielt eine Ansprache an die Schildkröten, bevor ich sie tötete, und teilte ihnen mit, daß wir jetzt keine Geschenke für sie hätten, daß wir aber, wenn wir nach Haus kämen, Pahos für sie machen würden.

Um den vierten Juli herum hatten wir die Arbeit bewältigt und waren so weit, daß wir nach Hause fahren konnten. Ich hatte 45,80 Dollar verdient, wovon zehn in bar ausgezahlt wurden. Der Beamte, der das Ganze leitete, sagte: »Ich will euch jetzt nicht alles geben, was ihr verdient habt, denn letztes Jahr hatten einige von euch ihr Geld schon vertan, bevor sie nach Hause kamen. Ich werde es an die Agentur schicken.« Ich kaufte mir einen gebrauchten Revolver, denn ich dachte, daß ein Mann mit einer Schußwaffe im Gürtel Eindruck machen müßte.

Als wir nach Oraibi zurückkehrten, war die Bevölkerung immer noch in Feindselige und Freundschaftliche zerspalten, und die Reibereien wurden immer schlimmer. Unser früherer Dorfältester Lolulomai war ein Jahr zuvor gestorben und sein Neffe Tewaquaptewa statt seiner Dorfvogt geworden. Infolge der Parteiungen mußten wir zwei Niman- oder Heimkehrtänze für die Katschinas abhalten – ein schrecklicher Verstoß. Die Streitigkeiten gingen immer weiter und erreichten am achten September ihren Höhepunkt. Als ich an diesem Tage in der Frühe zum Dorf zurückkam – ich hatte die Esel auf die Weide gelassen – sah ich Staubwolken über der Plaza. Ich lief nach Haus und fand meine Mutter weinend bei Ira, der krank war. Sie berichtete, daß die Freundschaftlichen die Feindseligen aus dem Dorfe trieben. Die Feindseligen versuchten, meine Eltern zu überreden, mitzukommen. Die meisten Verwandten meines Vaters waren Feindselige und auch viele von den Leuten meiner Mutter. Mein Großoheim Talasquaptewa hieß die Feindseligen hinausgehen. Da er ein hoher Amtsträger war, mußten sie ihm gehorchen. Sonst hätten wir womöglich mit ihnen gehen müssen. Ich stieg aufs Hausdach und sah, wie die Männer sich zum Kampf schieden. Daraufhin lud ich meinen Colt und nahm Partei auf seiten der Freundschaftlichen; einige der Feindseligen waren überrascht, daß ich mich ihnen nicht anschloß. Die Freundschaftlichen kämpften wie Dämonen, obwohl sie in der Minderzahl waren. Sie rangen mit den Männern der Feindseligen und trieben einige von ihnen aus dem Dorf.

Beamte der Regierung kamen und beschlagnahmten einen Teil unserer Waffen. Ich hielt meinen Revolver versteckt. Nachmittags gab es ein langes Streitgespräch draußen auf der Mesaplatte. Yokeoma, der die Feindseligen anführte und daher gegen Tewaquaptewa stand, zog schließlich einen Strich über den Felsen und sagte: »Laßt es so sein! Wenn ihr uns über diese Marke stoßt, dann ist die Angelegenheit erledigt.« Er forderte uns also zu einem Wettkampf ähnlich dem Tauziehen heraus, nur daß wir schieben sollten statt ziehen und mit der Bedingung, daß die Verlierer Oraibi verlassen sollten. Wir stellten uns mit Weißen als Richtern auf und schoben mit aller Kraft. In ungefähr einer Viertelstunde hatten wir die Feindseligen über den Strich geschoben.

Um Sonnenuntergang verließen alle Feindseligen mit Frauen, Kindern, Eseln und Hausrat das Dorf. Einige waren wütend, und andere weinten. Dieser Auszug bedeutete, daß wir nichts mehr mit ihnen zu tun haben würden. Die meisten meiner Verwandten gingen mit den Feindseligen. Meine Schwester Gladys blieb noch eine Zeitlang in Oraibi, obwohl ihr Mann Tuvaletztewa mit fortgegangen war. Aber bald fühlte sie sich einsam und folgte ihm. Später ließ er sich mit anderen Frauen ein und machte Gladys so unglücklich, daß unser Oheim Dan Coochongva sie aufforderte, dorthin zurückzugehen, wohin sie gehörte. So kam sie nach Oraibi zurück.

Das Dorf schien verödet. Die Feindseligen waren etwa zehn Kilometer weiter an einen Ort namens Hotavila gezogen und hatten angefangen, Häuser zu bauen. Zwei Abteilungen Soldaten kamen und schleppten die meisten Männer weg; sie wurden entweder bei der Straßenarbeit eingesetzt oder zur Schule gebracht. Ein paar wurden auch in Fort Wingate gefangen gesetzt und einige wenige junge Männer nach Carlisle geschickt. Die Frauen und Kinder in Hotavila litten in diesem Winter große Not.

Im September kehrten wir auf die Schule in der Agentur zurück. Gleich bekamen wir unsere Guthaben für die Sommerarbeit ausgezahlt. Ich hatte noch niemals so viel Geld gehabt und fühlte mich mit meinen fünfunddreißig Dollar und achtzig Cent als Millionär.

An einem Freitagabend bei einem geselligen Zusammensein, wo auch Spiele gespielt wurden, unterhielt ich mich mit Louise vom Tabak- und Kaninchenklan. Sie erzählte mir, daß sie ein hartes Leben führe, denn weder ihr Vater noch ihr Stiefvater kümmerten sich um sie. Häufig bekäme sie nicht genug zu essen, und, was schlimmer wäre, sie hätte nur wenig Bekleidung. Sie weinte ein bißchen und sagte: »Meine Väter bringen mir nichts zu essen, ich bin daher oft hungrig. Was soll ich nur tun? Wenn ein Mann sich etwas aus mir machte, würde ich seine Frau sein.« Die Tränen in ihren Augen rührten mich im Herzen und weckten den Wunsch, sie vorm Hunger zu bewahren. Ich saß am Tisch, ihre Hand in meiner, und sprach leise auf sie ein, bis sie sich wieder erheiterte. Da drückte ich ihr die Hand, lachte leise und sagte: »Ich brauche nie zu hungern. Ich bin Küchenjunge.« Ich gab ihr zu verstehen, daß ich ihr helfen würde, wenn sie Gefallen an mir finden könnte. Ich sagte: »Ich liebe dich und werde Essen in der Küche besorgen. Der Oberköchin werde ich es sagen. Sie ist eine gute Frau und wird uns helfen.« Ich erzählte ihr auch, daß ich fünfunddreißig Dollar und achtzig Cent in der Tasche hätte und kein Verschwender wäre. Von da an begann ich für sie zu sorgen. Wenn ich nicht genug in der Küche bekam, nahm ich mein Geld und kaufte Brot und Marmelade für sie. Sie war ein gutes Mädchen und arbeitete fleißig.

Eines Sonnabendnachmittags, als ich allein in der Küche arbeitete, entdeckte ich Louise auf der Veranda ihrer Unterkunft und winkte ihr durchs Fenster, herüberzukommen. Nachdem ich ihr etwas zu essen gegeben hatte, drückte ich sie warm an mich – zum erstenmal – und sagte, sie wäre ein süßes kleines Ding und ich wollte sie zur Frau haben. Dann zog ich sie sachte in die Vorratskammer und verschloß die Tür. Der kleine Raum war vollgestopft, und wir mußten stehen und uns beeilen; aber sie wußte, was geschehen sollte, und zeigte Erfahrung. Es war das erste Mal, daß ich wirkliche Lust gab und empfand. Danach liebte ich sie mehr als je zuvor.

Eines Tages erklärte Louise mir zu meiner Überraschung, daß sie die Tochter eines meiner Klanbrüder wäre und daher meine Klantochter. Sie sagte, ihr Vater wäre Talasveyma vom Grauhabichtsklan, der mit dem Sonnen- und dem Adlerklan im Verbande steht. Das waren schlimme Neuigkeiten für mich. Ihr leiblicher Vater hatte nur kurze Zeit mit Kelmaisie, ihrer Mutter, zusammengelebt. Dann hatte Kalmanimptewa, ihr Stiefvater, ihre Mutter geheiratet und mehrere Kinder mit ihr gehabt. Ich hatte nicht gewußt, daß Louise die Tochter eines Bruders-im-Klanverband und daher meine Tochter war. Ich wußte, daß es unseren Verwandten mißfallen würde, wenn wir uns liebten, und ich fragte mich, was wir dabei tun könnten. Nachdem wir lange Zeit über die Sache hin- und hergeredet hatten, sagte ich: »Schau, wir sind uns einig – was kümmert's mich, was unsere Verwandten dazu sagen. Dein Vater tut nichts zu deinem Unterhalt, ich aber werde dir aushelfen, solange mein Geld reicht.« Aber wir machten uns doch beide Gedanken darüber.

Am nächsten Tage erzählte Louise der Hausmutter die ganze Geschichte, ich besprach sie mit der Oberköchin, einem Tscherokesen-Halbblut. Die beiden redeten wieder zusammen und bestellten uns aufs Geschäftszimmer. Die Hausmutter ließ uns allein, daß wir unseren Entschluß faßten. Wir waren entschlossen, zueinanderzuhalten. Ich rief die Hausmutter und teilte ihr mit, ich wäre entschlossen, Louise im nächsten Herbst zu heiraten. Die Hausmutter nahm mich mit in das Büro Herrn Lemmons, des neuen Vorstehers, eines freundlichen und klugen alten Mannes mit einem weißen Bart, der ihm bis zum Nabel reichte. Ich blieb draußen stehen, während sie hineinging und Bericht erstattete. Er ließ mich hineinkommen und stellte mir eine Anzahl Fragen. Eine davon war: »Don, vielleicht willst du nur eine Zeitlang deine Lust mit dem Mädchen haben, um sie dann wieder zu vergessen, was?« – »Nein, ich glaube, wir werden unser Leben lang miteinander glücklich sein«, erwiderte ich. Schließlich billigte er unsere Absichten, und es schien, als hätte ich dem Mädchen »meinen Namen auf den Rücken gedrückt« und sie wäre mein.

Ich besprach mit dem Vorsteher noch etwas anderes während unserer Unterredung. Indem ich ihm grade in die Augen sah, sagte ich, daß er uns besser ernähren müßte. Ich wies ihn darauf hin, daß die Lebensmittel und die Bekleidung im Vorratshaus für uns dort lägen, und fuhr fort: »Man sollte uns etwas mehr geben. Wir arbeiten schwer. Wir brauchen auch mehr.« Von dem Tage an gaben sie uns tatsächlich etwas mehr zu essen, aber die andern Kinder erfuhren nie, daß ich die Veranlassung dazu gegeben hatte.

Im November vorm Erntedanktag unterrichtete uns ein höherer Beamter davon, daß vierzig oder fünfzig von uns nach Sherman auf die Schule geschickt werden sollten. Dies war eine Schule außerhalb der Reservation in Riverside in Kalifornien. Unser Dorfältester Tewaquaptewa sollte auch mitkommen und die Lebensweise der Weißen kennenlernen. Louise und ich, wir nahmen uns vor, zusammen zu gehen.

Bevor wir aufbrachen, hatte ich eine weitere Unterredung mit dem Vorsteher. Ich teilte ihm mit, daß Louise und ich vereinbart hätten, zu heiraten, daß ich zu ihrem Unterhalt beitrüge und daß es mein gutes Recht wäre, bei ihr zu schlafen. Ich hatte keine Scheu davor, dies zu sagen, weil ich wußte, daß sich dies für Hopiliebhaber, die versprochen sind, durchaus so gehört. Der Vorsteher pflichtete mir zum Teil bei, betonte aber, daß die Ausbildung wichtiger wäre und stellte mir vor, daß Louise Sherman verlassen müßte, wenn sie schwanger würde.

Wir sollten erst nach Oraibi gehen und von dort zur Eisenbahn nach Winslow. Ich machte mich zusammen mit einigen der größeren Jungen zu Fuß nach Oraibi auf, während die Mädchen in einem gedeckten Wagen folgten. Am späten Nachmittag überholte uns der Wagen, und da kletterte ich mit hinauf. Die Mädchen lächelten und rückten zusammen, so daß ich neben Louise sitzen konnte. Da sie keine Handschuhe hatte, bot ich ihr meine an, aber sie meinte, die wären ihr zu groß, und gab sie zurück. Als es ein bißchen dunkler wurde, nahm ich ihre Hände in meine, um sie zu wärmen. Wir kamen in Oraibi an, als es schon dunkel war, und teilten uns in kleine Trupps, die für sich die Mesa hinaufstiegen zu unserem alten Dorf. Louise und ich gingen zusammen, ich trug beide Koffer. Auf dem Wege blieben wir etwas zurück, dann hielten wir an einer stillen Stelle neben der Straße an, wo uns keiner sehen konnte, umarmten und vereinigten uns. Wir gingen nach Oraibi hinauf, und bevor wir uns trennten, schenkte ich ihr fünf Dollar. Am nächsten Tage, vor unserem Aufbruch nach Winslow und Sherman gab ich etwa die Hälfte meines noch übrigen Geldes meinen Eltern und behielt für mich selbst nur zehn Dollar. Auch meinen Revolver ließ ich zu Hause zurück und sah ihn niemals wieder.

SCHULE AUSSERHALB DER RESERVATION

Louise und ich verbrachten einen Teil der Eisenbahnfahrt zusammen. Als wir gegen Mittag des Erntedanktages in Riverside in Kalifornien ankamen, führte man uns unverzüglich in den Speisesaal zum Mittagessen, und zwar gab es große gelbe Süßkartoffeln, wie ich sie noch nie gesehen hatte. Ich schälte meine und tat Soße, Pfeffer und Salz darauf. Aber ich konnte sie nicht essen und merkte bald, daß ich von einigen anderen ausgelacht wurde. Dann kam die indianische Kellnerin, lachte und gab mir einen anderen Teller. Von da an aß ich meine Süßkartoffeln immer »ohne« und lernte auch, Tomaten roh zu essen. Als wir unser Gepäck in der »Sherman-Schule für Indianer« abgestellt hatten, teilte uns der Hilfszuchtmeister mit, daß um drei Uhr im Park ein Fußballspiel stattfinden würde: Riverside High School gegen Pomona College, Eintritt frei. Wir beschlossen, hinzugehen.
Nun war Susie, Frank Siemptewas Frau und jüngere Schwester der Mutter Louises, schon einige Wochen früher mit der Abteilung des Dorfvogtes Tewaquaptewa nach Sherman gekommen. Die suchte uns

auf, betrachtete uns mit kritisch-scharfem Blick und nahm Louise mit. Ich wurde unruhig, denn ich fürchtete, sie könnte von unserer Liebschaft erfahren und mich bei unseren Verwandten verklagen, weil ich mit meiner Klantochter ein Liebesverhältnis hätte.

Am Nachmittag ward es mir zu langweilig, bei dem rauhen Fußballspiel zuzusehen, und ich ging mit Louis Hoye aus Moenkopi zur Rollschuhbahn hinüber. Dort begegnete mir meine ältere Klanschwester Hattie aus Moenkopi in Begleitung einer gutaussehenden Freundin. Adolph Hoye, der schon das dritte Jahr in Sherman war und eben jetzt Rollschuh lief, hatte gerade haltgemacht, um mit ihnen zu sprechen. Ich ging hin und begrüßte Adolph. Während wir sprachen, gingen die Blicke zwischen mir und dem hübschen Mädchen hin und her; ich nahm an, daß sie eine Hopi aus einem anderen Dorfe wäre, weil sie bei einigen meiner Bemerkungen in der Hopisprache gelächelt hatte. Als ich aber Hattie anredete, wurde mir das Mädchen auf Englisch als Dezba Johnson vorgestellt, eine Navaho aus Crystal in Neu-Mexico. Als sie mir die Hand gab, lächelte sie und drückte mir die Finger in einer Weise, daß es mir einen Ruck gab.

Als Adolph wieder mit seiner Freundin Rollschuh zu laufen begann, beschlossen wir drei, zum Zoo zu gehen. Dezba flüsterte Hattie etwas über mich zu, und Hattie berichtete mir auf hopi, daß sie dem Mädchen mitgeteilt hätte, ich wäre ihr Klanbruder. Wir gingen an dem Wildkatzenkäfig vorüber und kamen zu den Affen. Ich sah sie mir genau an und hielt sie schließlich für Menschen. Einer war so groß wie ich und schien mit Vernunft begabt. Nachdem wir sie mit Erdnüssen gefüttert hatten, setzten sich zwei von ihnen hin und suchten sich aufmerksam in einer sehr menschlichen Weise die Läuse ab. Nach einiger Zeit bestieg ein männlicher Affe ein Weibchen. Ich sagte lachend: »Na, ihr Mädchen, wie gefällt euch das?« Dezba sagte: »Schäm dich doch!« – »Wieso«, erwiderte ich, »so was Schlimmes ist das doch nicht. Das ist der Weg, sich zu vermehren.« Sie lächelte, zog mich am Arm und sagte: »Laßt uns weitergehen!«

Wir gingen zum Bärenkäfig und fütterten die Bären mit Erdnüssen, bis Adolph kam und Hattie wegholte, um ihr die Zwerghühner zu zeigen. Dezba und ich gingen zusammen in den Laden und kauften zwei Flaschen Erdbeerbrause, ein Brot und etwas Marmelade. Als ich zahlen wollte, nahm Dezba eine Rolle grünrückiger Geldscheine aus ihrer Handtasche und sagte: »Laß nur!« Es schien ihr gut zu gehen. Wir trugen die Eßwaren in den Park und setzten uns unter einen Baum ins Gras. Während wir aßen, stellte sie viele Fragen über mein Leben und das Klima zu Haus. Als wir mit Essen fertig waren, fragte sie: »Na, Honig, was meinst du, könnten wir uns

ineinander verlieben?« Dies war das erste Mal, daß ich das Wort Honig im Zusammenhang mit einer Liebschaft aussprechen hörte; es gefiel mir aber, und ich erwiderte: »Wenn du keinen anderen Liebhaber hast, sicherlich!«
Während wir über die Liebe sprachen, kamen Esau, Jakob und Saul daher. Esau und Jakob stellten mich Saul vor, einem Mann, der schon das vierte Jahr in Sherman war. Er streckte mir die Hand entgegen und sagte auf hopi: »Bruder, halte dir das Mädchen warm!« Als Dezba den dreien etwas zu essen anbot, wollten sie sich bei uns hinsetzen. Ich sagte aber auf hopi: »Hört 'mal, Brüder, ihr könntet euer Essen auch anderswo verzehren!« Sie lachten und gingen weiter. Dezba wollte wissen, was ich zu ihnen gesagt hätte, und als ich es ihr eingestand, faßte sie meine Hand und zog mich dicht zu sich heran, so daß ich mir überlegte, ob ich sie wohl küssen dürfte. Ich tat es auch, als wir wenig später zusammen im Grase lagen. Als ich sie noch öfter küssen wollte, sagte sie: »Nein, heute bist du den ersten Tag in der Schule, da will ich dir nicht gleich einen schlimmen Namen verschaffen.« Da standen wir auf und gingen zurück, um uns die Affen anzusehen.
Während wir vor dem Affenkäfig standen, kamen Louise und ihre Klanmutter Susie dazu und musterten uns genau. Ich sah Kummer im Gesicht meiner Klantochter und fragte mich, wie ihr zumute sein mochte, da sie mich mit einem fremden Mädchen sah. Susie aber schien verärgerter als vorher. Ich überlegte mir daher, ob es nicht besser wäre, Louise aufzugeben, denn die Schwester ihrer Mutter konnte mir große Schwierigkeiten bereiten. Infolge dieser Bedenken begann ich mich von meiner ersten Liebe abzuwenden. Ich flüsterte Dezba zu: »Laß uns weitergehen, weg von diesen Mädchen!« – »Meinethalben mag sie der Teufel holen!« erwiderte sie. Das war das erste Mal, daß ich ein Mädchen fluchen hörte, und es erhöhte noch meine Bewunderung für sie.
Wir gingen weiter zum Bärenkäfig und hörten die Pfeife vom Schulgebäude her schrillen. Ich fragte meine neue Freundin, wie ich zum Knabenhaus zurückkäme. Sie schob mir ihre Hand unter den Arm, und wir gingen zusammen den Bürgersteig entlang, bis einige indianische Mädchen vor uns sich umwandten und fragten: »Dezba, wo hast du diesen hübschen Jungen her?« – »Ich habe ihn im Park gefunden«, erwiderte sie. Die Mädchen meinten: »Fänden wir doch auch mal so einen Jungen da! Kennst du ihn schon länger?« – »Klar«, antwortete sie, »oder denkt ihr, ich wäre jetzt mit ihm zusammen, wenn ich ihn nicht schon früher gekannt hätte?« – »Na, jedenfalls hast du Glück«, sagten sie. Ich trennte mich von ihr beim Amtsgebäude des Vorstehers und ging in das Knabenhaus, um mich zu waschen und

mir zum Abendessen die Haare zu kämmen. Ich war mir bewußt, daß ich Louise vergaß und mich in Dezba verliebte – und ich empfand das als ein Glück.

Nach einigen Tagen prüften uns die Lehrer im Einmaleins und versetzten mich aus der sechsten in die vierte Klasse zurück. Mein Bruder Ira kam in die zweite Klasse, und wir erhielten beide Halbtagesarbeit in der Bäckerei. Neben dem Unterricht, an dem wir regelmäßig teilnahmen, besuchten wir auch die Sport- und Debattierklubs und viele gesellschaftliche Veranstaltungen, bei denen auch Quadrille getanzt wurde. Von zwei Hopiburschen wurde ich auch in den CVJM eingeführt: Adolph Hoye und Harry McClain brachten mich in ein Zimmer und ließen mich meinen Namen eintragen, ehe ich wußte, worauf ich mich da einließ. Ich hatte keine Ahnung, daß ich mich dadurch dem Christentum übergab. Sie hielten mich nun dazu an, daß ich jeden Donnerstagabend zu den Versammlungen erschien, und gaben mir einen Preis dafür, daß ich die Bücher der Bibel hersagen lernte. Sie veranlaßten mich auch, Bibelverse auswendig zu lernen, was ich jeweils am Wochenende bewerkstelligte und womit ich eine Bibel gewann.

Bei den Zusammenkünften des CVJM galt es als guter Ton, wenn man sich hinstellte und für Jesus Christus Zeugnis ablegte. Ich bereitete eine kleine Predigt vor, die ich auswendig lernte und, wann ich wollte, wiederholen konnte: »Also, liebe Freunde, man bittet mich, daß ich ein paar Worte für Jesus spreche. Ich bin froh, daß ich nach Sherman gekommen bin und lesen und rechnen gelernt habe. Nun entdecke ich, daß Jesus ein tüchtiger Schriftsteller gewesen ist. Daher bin ich Onkel Jonathan dankbar, daß er mir das Lesen beigebracht hat und ich nun die Heilige Schrift verstehen und auf Gottes Wegen wandeln kann. Wenn ich das Wort Gottes erst richtig verstanden habe, werde ich in meine Heimat zurückkehren und es meinem Volke in seiner Finsternis predigen. Ich werde sie alles lehren, was ich von Jesus Christus, dem himmlischen Vater und dem Heiligen Geiste weiß. Euch aber rate ich demnach, euer Bestes zu tun und Gott zu bitten, daß er unseren Verstand erleuchtet. Dann werden wir bereit sein, wenn Jesus kommt und uns in den Himmel führt. Ich möchte nicht, daß jemand von meinen Freunden in den See des höllischen Feuers geworfen wird, wo da ist Jammer und Sorge ewiglich. Amen.« Zu der Zeit war ich halb Christ, halb Heide und wünschte mir oft, daß es einen Zauber gäbe, der meine Haut in die eines Weißen verwandeln könnte.

Ich lernte ganz gut zu predigen und auch zu fluchen. In der Hopisprache gibt es keine Flüche. Aber in Sherman fluchten sogar die katholischen und die CVJM-Jungen wie der Teufel. Zuerst stieß mich dies ewige Fluchen ab; aber als ich es mir erst selbst angewöhnt hatte, fand ich es ganz in Ordnung. Wenn ich etwas haben wollte, pflegte ich zu sagen: »Gib mir den gottverdammten Kram!« Aber bald lernte ich, wo es angebracht war zu fluchen und wo nicht. Dezba traf ich regelmäßig bei den gesellschaftlichen Veranstaltungen und manchmal in der Küche. Eines Abends, es war im Mai 1907, verabredete ich mich mit ihr für die Zeit nach dem Abendessen in der Vorratskammer über der Küche, wenn die andern Mädchen schon wieder in ihrem Hause wären. Als sie kam, legten wir uns auf den Fußboden und umarmten uns eilig, denn wir fürchteten, daß uns jemand überraschen könnte. Wenige Wochen später fuhr sie nach Hause, und ich sah sie niemals wieder. Sie fehlte mir schmerzlich, und obwohl ich später erfuhr, daß sie schon verheiratet war, hielt ich sie doch nach wie vor für eines des süßesten Mädchen, die mir je vorgekommen waren.

Im Sommer wurde ich von Sherman nach Fontana geschickt, einer Farm, die ein paar Meilen entfernt lag und wo ich für zwei Dollar den Tag Heu aufstaken mußte. Ich schloß bald Freundschaft mit der Köchin, einem Mexikanermädchen mit einem Achtel Klamath-Indianerblut, das Olive hieß und ziemlich eingebildet schien. Ich würde es nicht gewagt haben, mit ihr anzubandeln, wenn sie mich nicht dazu aufgefordert hätte. Eines Abends nach dem Essen bat sie mich, sie mit dem Federbrettwagen nach Riverside zu fahren, sie wolle Küchenbedarf einkaufen. Die Maultiere lenkte sie, denn sie war ein dreistes Ding, imstande, fast all und jedes zu tun. Auf die Farm zurückgekehrt, trugen wir unseren Einkauf in die Küche und zogen den Wagen in die Scheune. Als sich herausstellte, daß der Inspektor nicht da war, gab mir Olive einen Wink, mit ihr auf den Heuboden zu steigen. Wir umarmten uns zwei- oder dreimal und verabredeten, uns auch weiterhin abends dort zu treffen. Eines Abends überraschte uns der Boß in der Scheune, sagte aber nichts, vielleicht, weil er ebenfalls seine Lust bei ihr fand. Ich hatte ihn schon in der Küche mit ihr schäkern sehen und versuchte auch, sie bei etwas anderem zu ertappen, aber das gelang mir nie. Diesem Mädchen gab ich kein Geld, aber immer, wenn wir in die Stadt fuhren, kaufte ich ihr etwas Hübsches und ging mit ihr ins Kino. Sie war ungefähr ein Jahr jünger als ich und fand offenbar ebensoviel Vergnügen an den Verabredungen in der Scheune wie ich, wie sie denn gelegentlich den Orgasmus noch vor mir hatte. Ich richtete sie so ab, daß ich beim gemeinsamen Geschirrspülen nur meine Lippen in Richtung auf die Scheune zu bewegen brauchte, um sie wissen zu lassen, daß ich sie erwarten würde.

Eines Abends begingen Olive und ich den Fehler, zusammen aus der Scheune zu kommen. Ich hörte jemand im Dunkeln pfeifen und begann umherzusuchen, während sie ins Haus eilte. Ich fand niemand, aber am nächsten Morgen, als wir mit Heuaufstaken anfingen, sagte der alte Holländer, der bei uns arbeitete: »Na, Don, hast du gestern deinen Lohn bekommen?« – »Jesus Christus«, sagte ich, »dann warst du es, der gepfiffen hat!« Er lachte und sagte: »Ach, ich wollte, ich wäre noch einmal wieder jung!« – »Na, dann wäre es das beste«, erwiderte ich, »wenn du nach Nordwesten zum Jungbrunnen gingest und ließest dich wieder auffrischen!« Er erwiderte: »Nein, das beste Stück meines Leibes schläft und wird nicht wieder aufwachen.« Dann gab er mir einen vor den Hintern und rief: »Na los, an die Arbeit!« Danach neckte ich ihn oft und fragte ihn, ob er schon wieder aufgewacht wäre. Er erzählte mir viele Geschichten, die er »schmutzige« nannte und die ich meinem Gedächtnis einprägte, um sie eines Tages in Oraibi wiedererzählen zu können.

Als ich im Herbst wieder auf die Schule zurückkehrte, trug ich städtische Kleider. Ich hatte mir einen guten Anzug gekauft und mir durch einen modischen Hut, ein Samthemd, einen seidenen Schlips und Lackschuhe ein fesches Ansehen gegeben. Das Haar hatte ich mir nach amerikanischer Art schneiden lassen, scheitelte es aber auf der linken Seite statt in der Mitte, weil ich ein Zwilling mit zwei Wirbeln war statt eines einzigen und mein Haar sich daher nicht auf dem Scheitel teilen ließ. Ich zupfte mir die vereinzelten Haare im Gesicht aus und auch einige an der Scham und wünschte mir abermals, daß es einen Weg gäbe, mich in einen Weißen zu verwandeln. Ich nahm an den gesellschaftlichen Veranstaltungen teil, hatte mein Vergnügen an den Quadrillen und verschwendete viel Geld auf die Mädchen – für Geschenke, Eintrittskarten und Erfrischungen. Einige der Veranstaltungen kosteten die betreffende Gruppe nicht weniger als hundert Dollar; aber wir trieben uns gegenseitig an, tüchtig von unserem Sommerverdienst auszugeben, denn wir sagten, daß wir damit Onkel Jonathan hülfen.

Eines Abends im November machte ich einen schweren Fehler[1]. Wir hatten eine Festlichkeit mit Kuchen und Speiseeis in der Abteilung für Hauswirtschaft. Nach dem Schmaus, während wir unseren Spaß mit den Mädchen trieben, kam Hattie zu mir, sah mich traurig an und sagte: »Ich habe schlechte Nachrichten von Zuhause. Viola,

---

[1] Don betrachtet das folgende Erlebnis als das bedeutsamste Ereignis seines Lebens. Einen früheren Bericht davon, wie Don es im Jahre 1932 darstellte, mit zugehöriger Untersuchung siehe bei Mischa Titiev, »A Hopi Visit to the Afterworld«, Papers of the Michigan Academy of Science, Arts and Letters, Band XXVI, 1940. Teil IV, 495 bis 504.

unsere ältere Schwester, ist vor einer Woche gestorben.« Als ich sie fragte, wie das zugegangen wäre, sagte sie: »Viola hat drei Tage lang Wehen gehabt, und dann kam das Kind; aber die Nachgeburt wollte nicht folgen. Während der Nacht ging mein Vater einmal hinaus und erblickte eine flüchtende Frau, die eine Baumwollmaske vor dem Gesicht hatte wie eine Leiche, die zur Bestattung fertig gemacht ist. Er holte sie ein und sagte ihr auf den Kopf zu, daß sie die Hexe sei, die unsere Schwester verwünscht habe. Zuerst leugnete sie es, aber dann bat sie ihn, ihr Geheimnis für sich zu behalten, und bot ihm eine Perlenkette und ihre Gunst als Belohnung an; zugleich warnte sie ihn, daß er nur noch vier Jahre zu leben hätte, wenn er sie den Leuten bekannt mache. Er kehrte ins Haus zurück und versuchte, die Nachgeburt aus unserer Schwester zu schütteln – bis sie in seinen Armen starb.« Ich ließ bei diesen Nachrichten vor Zorn und Kummer den Kopf hängen und rief: »Diese Zwieherzer wollen uns umbringen, damit sie leben. Diese Hexe könnte ebensogut uns alle umbringen, ohne daß ein Hahn danach kräht. Aber was macht es mir aus, ob sie mich umbringt. Ich bin Junggeselle und habe keine Kinder.« Hattie war ganz erschrocken und sagte: »Sag' doch so etwas nicht! Sie könnte dich umbringen. Das sind unbedachte Worte, die dich womöglich krank machen!« Und das taten sie auch.

Ich fragte den Zuchtmeister, ob ich die Veranstaltung verlassen dürfe, ich hätte den Tod einer Klanschwester erfahren. Als ich fortging, sagte der Zuchtmeister: »Don, betrübe dich nicht zu sehr!« – »Nein«, erwiderte ich, »wir müssen ja alle sterben.« Ich hatte mich erkältet und konnte nicht schlafen. Am nächsten Tage versuchte ich zu arbeiten, mußte aber aufhören und zu Bett gehen; dort war mir erst heiß und dann kalt. Unser Hilfszuchtmeister ließ mich in die Krankenabteilung überführen.

Man brachte mich nach oben, steckte mich ins Bett, fühlte mir den Puls, untersuchte meine Brust und stellte die Temperatur fest. Der Kopf schmerzte mich, und von Stunde zu Stunde ging es mir schlechter. Nach einer Woche wurde ich im zweiten Stock untergebracht, neben dem Zimmer der Oberschwester, und dort blieb ich einen Monat. In der zweiten Dezemberhälfte kam ich in eine Abteilung mit Schwerkranken, bei denen man keine Hoffnung mehr hatte; man sagte mir, ich hätte Lungenentzündung, und setzte meinen Namen auf die Gefährdetenliste. Die Oberschwester sagte zum Arzt: »Don ist sehr krank; ihm hilft nichts. Wenn Sie einverstanden sind, geben wir ihm etwas Whisky in Apfelsinensaft.« Mir war's nicht recht, Alkohol zu trinken, aber da sie mich ohnehin schon fast aufgegeben hatten, setzten sie mich im Bette auf, hielten mir einen Becher an die Lippen und sagten: »Don, du wirst kalt; dies wird dich erwärmen.« Das tat es auch. Ich wurde betrunken, führte mich auf wie ein Toller, fluchte hemmungslos und sagte Unanständiges zu den Schwestern. Als ich am Morgen aufwachte, saß Ollie Queen als Wache bei mir. Sie war eine hübsche Hupa-Indianerin, der ich seit einigen Wochen den Hof gemacht hatte. Mein Zustand wurde immer schlechter, und ich konnte kaum sprechen. Jungen und Mädchen kamen, um mich aufzumuntern. Der Schmerz in meiner Brust war schrecklich. Ich spie Blut und konnte keine Speise zu mir nehmen, nur ein wenig Milch durch eine Glasröhre. Ich wollte auch nichts essen und verlangte von den Schwestern, daß sie mich in Ruhe ließen, denn ich wollte sterben und meine Schmerzen los sein. Sie weinten und baten mich, am Leben zu bleiben, und zollten meinem Namen hohes Lob. Aber mir wurden schon die Füße kalt.

Ich begann, über die Zwieherzer nachzudenken und alles wieder durchzugehen, was ich von ihnen gehört hatte. Ich wußte, daß es sehr unglückliche, aber mächtige Leute sind, Menschen aller Farben und Völker, die ein weltumspannender Bund vereint, in dem eine gemeinsame Sprache gesprochen wird, und daß sie imstande sind, ihren eigenen Tod hinauszuschieben, indem sie ihren Verwandten das Leben nehmen. Es war mir bekannt, daß Hopi-Zwieherzer diesen schrecklichen Bund anführen, daß sie ihre unterweltlichen Zusammenkünfte bei der Roten Kliff-Mesa nordöstlich von Oraibi abhalten und daß die Zwieherzer von Oraibi wahrscheinlich die Schlimmsten von allen sind. Ich wußte, daß sie niederträchtig, griesgrämig und übelnehmerisch sind und stets auf Unheil sinnen. Daß ich unbedacht gewesen war, übereilt gesprochen und wahrscheinlich einige von ihnen beleidigt hatte, war mir klar.

Am Weihnachtsabend blieb Eve Lily Frazer, ein Indianermädchen von einem anderen Stamm, der Feier fern, um bei mir zu wachen. Sie war nicht meine Liebste, aber doch meine beste Freundin, eine Art älterer Schwester, die sich meiner annehmen wollte. Wir hatten Geschenke ausgetauscht und einander Gefälligkeiten erwiesen. Nun sprach sie liebreich auf mich ein und bat mich, gesund zu werden. Ich konnte keine Ruhe finden, und als ich ungefähr um neun Uhr zu dem Fenster über der Tür aufsah, bemerkte ich dort Bewegungen. Vier Hopijungen guckten durch das Glas und schnitten mir Fratzen zu. Ein fünftes Gesicht erschien, sah mich seltsam an und trieb die andern davon. Die vier Gesichter waren solche von Schulkameraden, das fünfte war das von Frank Siemptewa, Susies Mann und Stellvertreter unseres Vogtes in Moenkopi. Ich ärgerte mich, war aber hilflos.

Dann sah ich einen großen Menschen in Katschinatracht an meinem Bette stehen. Er war wohlgekleidet, trug Tanzrock und Schärpe, war barfuß und hatte langes schwarzes Haar, das ihm den Rücken herabhing. Eine weiche Gebetsfeder – nakwakwosi – hatte er im Haar und hielt eine blaue in der linken Hand: blau aber ist die Farbe, die den Westen und das Totenheim bezeichnet. Er trug Perlen und sah wunderbar aus, wie er mich so anblickte. Als die Schwestern etwas zu essen brachten, sagte er: »Mein Sohn, du tätest wohl daran, etwas zu essen. Deine Zeit ist um. Du sollst zu der Stätte wandern, wo die Toten leben, und schauen, wie sie beschaffen ist.« Ich sah, wie die Tür in ihren Angeln langsam nach außen schwang und dann wieder heran und gerade ein wenig offen blieb. Kälte und Empfindungslosigkeit krochen in meinem Leibe herauf; meine Augen schlossen sich, und ich wußte, daß ich starb.

Der seltsame Mensch sagte: »Jetzt, mein Junge, sollst du eine Lehre erhalten. Ich habe dich all dein Leben lang beschützt, aber du bist unbesonnen gewesen. Du sollst ins Totenheim wandern und lernen, daß das Leben einen Sinn hat. Der Pfad ist für dich schon hergerichtet. Spute dich, dann kehrst du vielleicht noch wieder, ehe sie deinen Leib bestatten. Ich bin dein Schutzgeist. Ich will hier warten und über deinen Körper wachen; aber ich werde dich auch auf deiner Fahrt beschirmen.«

Der Schmerz verschwand, und ich fühlte mich gesund und stark. Ich stand aus meinem Bette auf und begann zu gehen, als irgendetwas mich aufhob und durch die Luft dahinstieß, so daß ich durch die Türe schwebte und die Halle hinab und hinaus in hellem Tageslicht über das Schulgelände. Eine Brise trieb mich nordostwärts, als ob ich flöge, und bald erreichte ich das San Bernardino-Gebirge. Dort kletterte ich auf einem Maisschrotpfad einen Berg halbwegs hinauf und traf auf ein Loch, das einem Tunneleingang glich und schwach erleuchtet war. Ich hörte eine Stimme zu meiner Rechten sagen: »Fürchte dich nicht, geh nur hinein!« Und da ich durch einen Nebel hineingeschritten war und an den kleinen Lichtern vorüber, bewegte ich mich geschwind dahin, bis ich nach einer Weile auf eine ebene Mesa hinauskam und entdeckte, daß ich in der Nähe der alten Wasserlöcher wandelte, draußen auf der Felsplatte von Oraibi. Aufs höchste überrascht, dachte ich: »Ich will nach Hause gehen und eine unverfälschte Hopispeise essen.«

Als ich eintrat, sah ich, wie meine Mutter auf dem Boden saß und meinem Vater die Haare kämmte. Sie spähten einen Augenblick lang nach der Tür und wandten sich dann ihrem Vorhaben wieder zu. Sie sagten kein Wort, was mich betrübte und verwunderte. Ich ging wohl eine Minute lang im Raum umher und ließ mich dann auf einen Schafpelz am Ofen nieder, um nachzudenken. Ich sagte mir: »Nun, so wird Großvater vielleicht kommen und mir zu essen geben.« Nach einer Stunde des Schweigens kam mein Großvater wirklich herein, blickte mich einen Augenblick an und sagte nichts; aber er setzte sich mir gegenüber nieder und ließ den Kopf sinken, als ob ihn Sorgen quälten. Da dachte ich bei mir: »Ich bin ihnen gleichgültig. Es ist also besser, wenn ich fortgehe und sie verlasse.« Als ich aufstand, um hinauszugehen, sahen sie nicht einmal auf, geschweige denn, daß sie Lebewohl gesagt hätten.

Ich ging durch das trockene Becken beim Oraibi-Felsen hinaus. Auf der Höhe des Dammes war eine niedrige Steinmauer. Eine große Eidechse lief über den Boden und in die Mauer. Als ich näherkam, sah ich zwischen den Blöcken eine häßliche nackte Frau mit gequälten Zügen und trockenen Lippen herauslugen. Sie sah erschöpft aus, halb verhungert und durstig: es war meine alte Großmutter Bakabi, meiner Mutter Mutterschwester. Da sie noch am Leben war, begriff ich nicht, wie ihr Geist schon auf dem Wege zum Haus-des-Gebeins sein konnte. Aber ich nehme an, daß mein Schutzengel sie dorthingebracht hatte, um mich zu belehren und mir zu zeigen, daß sie eine Zwieherzerin sei. Sie sagte: »Mein Enkel, gib mir doch bitte etwas zu trinken!« – »Nein, ich habe kein Wasser«, erwiderte ich. »Nun, dann spuck mir doch bitte in den Mund, um meinen Durst zu löschen!« flehte sie. Ich sagte: »Nein, ich habe nichts für dich. Bist du es, die ich als Eidechse sah?« – »Ja, mein Vater ist eine Eidechse, und ich habe zwei Herzen.« – »Dann will ich nichts mit dir zu tun haben, denn du hast unsere Schwester getötet!« sagte ich. »Ich bin eine von denen, die deine Verwandten töten«, antwortete sie, »aber nicht ich bin es, die dich getötet hat. Von hier bis ins Totenheim wirst du Leute sehen wie mich, die nur einen Schritt im Jahr tun können auf einem Steig des Leidens. Bitte, laß mich mit dir gehen! Du hast nur ein Herz und wirst ungefährdet anlangen.« – »Ach was!« sagte ich und eilte weiter, denn ich hatte keine Zeit, mit einer alten Hexe herumzualbern.

Ich bewegte mich schnell dahin, wobei ich den Boden nur stellenweise berührte, bis ich ans Westende der Mesa kam. Auf diesem Wege sah ich viele Gesichter von Zwieherzern, die mich um Speis und Trank anriefen; aber ich hatte keine Zeit für sie. Als ich den Fuß des Schönberges erreichte, des Gerichtssitzes, sah ich auf und erblickte saubere, gleichmäßige Stufen von rötlicher Farbe, die ungefähr vier Meter breit und vier Meter hoch waren und als ein mächtiger Treppenbau bis auf den höchsten Punkt führten. Ich wollte sie erklettern, aber ich schien auf der Luft zu schwimmen und berührte nur die oberste Stufe leicht mit den Füßen. Da erklang auf der Westseite eine Glocke, so deutlich, daß ich die Echos überall zwischen den Mesawänden vernahm.

Als das Läuten stärker wurde, schaute ich hin und erblickte einen Mann, der den Berg im Westen emporstieg; er war mit weißem Wildleder bekleidet, trug ein Horn auf dem Kopf und hielt Speer und Glocke in den Händen. Es war ein Kwanitaka, also ein Mitglied des Kwan- oder Kriegerbundes, der die Kivas während der Gebete bewacht und Posten stellt vorm Dorf, um Fremde abzuweisen und die Toten zu den Wowochimfeiern einzulassen. Er kam bis zu mir herauf, schüttelte mir aber nicht die Hand[1], weil er nun ein Geistgott war, der Ordnungsdienst tat, indem er gute Menschen auf die glatte Straße wies und schlimme auf den holprigen Weg ins Totenheim. Er sagte: »Mein Junge, du hast gerade noch Zeit, spute dich! Schau nach Westen, dort siehst du zwei Wege. Geh du den breiten, der enge ist krumm und voller Felsen, Dornen und Disteln; die ihn einschlagen, haben eine schwere Fahrt. Ich habe diesen breiten Weg für dich bereitet. Nun eile dich, und du wirst jemand finden, der dich führt!«

Ich schaute links hinüber und sah eine breite Straße, die mit Maisschrot und Blütenstaub bestreut war. Zur Rechten verlief ein schmaler Pfad, der vielleicht einen Fuß breit war und sehr holprig. Seine Seiten waren mit Hopikleidungsstücken übersät: Zweiherzfrauen hatten sie fallen lassen, sie stammten von Männern, die bei ihnen geschlafen hatten. Ich sah nackte leidvolle Gestalten sich auf dem Pfade vorwärtskämpfen – mit schweren Lasten und anderen Behinderungen, beispielsweise stachligen Kakteen, die an empfindlichen Körperstellen festsaßen. Schlangen erhoben die Köpfe am Wegrand und streckten bedrohlich die Zungen hervor. Als sie sahen, wie ich sie anguckte, ließen sie die Köpfe sinken; aber ich wußte, daß sie jeden beißen konnten, der ihnen mißfiel.

Ich wählte die breite Straße zur Linken und wandelte schnell dahin, fast im Fluge, bis ich an eine große Mesa kam; die schoß ich wie ein Pfeil hinauf und landete oben. Dort sah ich zur Linken Sommervögel, die sangen, und vollerblühte Blumen. Eilends strich ich am Rande des Cole-Canyons dahin, dessen weiße Wände ich schon früher auf meinem Wege nach Moenkopi gesehen hatte. In einiger Entfernung jagten sich zwölf wunderlich aussehende, gestreifte Tiere. Als ich näherkam, sah ich, daß es Narren – tcuka – waren, die sich den Leib mit schwarzen und weißen Streifen bemalt hatten und einander neckten und zum besten hielten. Der Anführer – ein Mann des Adlerklans, der mit meinem Sonnenklan im Verbande steht – sagte: »Mein Neffe, wir haben dich schon erwartet. Es ist schon spät,

---

[1] Hätte der Kwanitaka Don die Hand geschüttelt, so hätte das bedeutet, daß er nicht ins Leben zurückkehren würde.

und du mußt dich beeilen. Wir glauben, daß du zurückkommen wirst, darum werden wir hier auf dich warten. Dein Schutzgeist behütet dich; aber du mußt dich eilen, daß du zu deinem Körper zurückkommst. Du hast noch eine lange Lebenszeit vor dir, falls du wiederkehrst.«

Einigermaßen erschrocken, stob ich linker Hand davon, erreichte die Höhe einer steilen Mesa und gelangte wie schwebend wieder hinab. Vor mir liefen die beiden Steige durch eine Lücke zwischen den Bergen nach Westen. Der holprige schmale Pfad rechts mit den Kakteen und den zusammengerollt daliegenden Schlangen war erfüllt von unglücklichen Zwieherzern, die nur sehr langsam und unter Qualen vorankamen. Auf der schönen, glatten Straße links war kein Mensch zu sehen, weil jeder so geschwind darüberhingesaust war. Dorthin wandte ich mich, kam an vielen Ruinen vorüber und verlassenen Häusern, erreichte den Berg, betrat ein schmales Tal und gelangte durch eine Kluft auf die andere Seite. Bald traf ich auf einen großen Canyon, und nun schien die Fahrt zu Ende; ich stand dort am Rande und fragte mich, was zu tun sei. Tief spähte ich in den Canyon hinunter und sah etwas Helles wie einen Silberfaden sich auf dem Grunde hinwinden, und ich dachte mir, daß es der Kleine Colorado sein müßte. Gegenüber, auf den Wänden des Canyons, standen die Häuser unserer Ahnen; der Rauch stieg aus den Schornsteinen, und die Leute saßen auf den Dächern.

Binnen kurzem hörte ich eine Glocke auf der Westseite am Grunde des Canyons und eine zweite irgendwo hinter mir. Derselbe Kwanitaka, der mich auf dem Schönberge zurechtgewiesen hatte, kam die Halde heraufgestürmt, er trug eine Decke und war mit einem Mantel und Wildledermokassins bekleidet so weiß wie Schnee. Ein zweiter Kwanitaka kam rasch, seine Glocke läutend, von hinten. Der erste sagte: »Wir haben dich schon den ganzen Morgen erwartet. Dieser Kamerad und ich, wir sind hierher um die Wette gelaufen. Ich habe gewonnen, und du bist mein. Du bist unbesonnen gewesen und glaubst nicht an das Haus-des-Gebeins, wohin die Leute deines Volkes gehen, wenn sie sterben. Du glaubst, daß Menschen, Hunde, Esel und andere Tiere sterben, und das wäre alles. Komm mit uns! Wir wollen dir eine Lehre über das Leben zuteil werden lassen.«
Ich folgte dem ersten Kwanitaka nach Südwesten, und mir schloß sich der zweite an, um die bösen Geister abzuwehren. Wir kamen zu einem Hause, wo wir einen Kwanitaka in roten Wildlederschuhen sahen, der in einem großen irdenen Topf rote Yuccalauge bereitete. Dicht dabei war ein anderer Kwanitaka – aus dem Westen in weißen Mokassins – der weiße Lauge bereitete. Beide rührten die Lauge mit einem Stock um, und es stieg ein Dampf davon auf wie eine Wolke.

Da sagte einer von ihnen: »Nun sind wir fertig, wähle du! Mit welchem Topf soll die Waschung vollzogen werden?« Ich wählte die weiße Lauge. »Vortrefflich, das ist dein Glück!« sagte der Kwanitaka. »Das heißt, daß du zurückkreisen kannst auf dem Hopi-Pfade und wiederkehren ins Leben.« Ich kniete nieder, daß er mir das Haar waschen und es mit reinem Wasser spülen konnte. Schließlich sagte er: »Steh auf und komm mit! Wir müssen uns beeilen, denn die Zeit geht schnell dahin.«

Die Kwanitakas führten mich nach Südwesten gegen den Rauch, der sich in der Ferne erhob. Als wir näher kamen, sah ich eine große Menschenmenge, die ein Feuer betrachtete, das aus dem Boden kam. Unmittelbar am Rande der Flammengrube standen vier nackte Menschen, jeder vor einem zweiten bekleideten. An der Nord- und an der Südseite stand ein nackter Mann vor einer bekleideten Frau, an der Ost- und an der Westseite stand eine nackte Frau vor einem bekleideten Mann. Leibhaft sah ich diese Leute da, sogar ihre Geschlechtsteile, aber ich kannte nicht einen einzigen von ihnen. Sie waren lange, lange Zeit auf Reisen gewesen, waren jedes Jahr nur einen Schritt vorgerückt und hatten diesen Ort eben erst erreicht. Auf dem Boden bemerkte ich Pfade, die aus vier Richtungen zu dem Loch führten. Dicht dabei sah ich in einem tiefen Stollen, wie man ihn ähnlich auch zum Süßmaisbacken aushebt, einen Kwanitaka das Feuer schüren.

»Sieh genau hin!« sagte ein anderer Kwanitaka. »Die vorne stehen, sind Zwieherzer. Sie haben die Leute getötet, die hinter ihnen stehen, und nun müssen sie ihrerseits leiden. Diese Massen von Leuten sind aus dem Totenheim gekommen, um zuzusehen, wie die Zwieherzer ihre Strafe bekommen. Sieh!« Dann rief er: »Los, stoßt zu!« Und die Frau an der Nordseite stieß ihren Zwieherzer in die Grube, und ich konnte sehen, wie die Flammen über ihm zusammenschlugen und Wirbel schwarzen Qualmes aussandten. Dann stieß der Mann im Westen seine nackte Frau hinunter, und die Frau im Süden warf ihren Mann hinein, was große Rauchmassen aus der Grube aufsteigen ließ. Schließlich stieß der Mann im Osten sein Mädchen hinab, und die Sache war erledigt. Keiner der Zwieherzer sagte ein Wort; sie schienen ohne Empfindung. Der Kwanitaka sagte zu den Leuten: »Nun geht zurück, wohin ihr gehört!«

»Nun, mein Junge«, sagte der Kwanitaka zu mir, »komm und sieh in die Grube hinein!« Ich trat nahe an den Rand und blickte in eine leere Kuhle, deren Wände ein Netzwerk von fünf Zentimeter breiten Sprüngen durchzog, aus denen die Flammen züngelten. Auf der Sohle krochen in der Mitte vier schwarze Käfer umher, von denen zwei die andern auf dem Rücken trugen. Der Kwanitaka fragte mich:

»Was siehst du?« – »Käfer«, erwiderte ich. »Das ist das Ende dieser Zwieherzer«, sagte er, »und das Schicksal all ihrer Genossen. Sie bleiben auf immer als Käfer hier, es seien denn gelegentliche Besuche in Oraibi, bei denen sie sich im Dorf umhertreiben und an nebligen Tagen Unheil anrichten.«

Die Kwanitakas führten mich auf der Bahn, die wir gekommen waren, zurück, bis wir an den Steilhang gelangten, wo die Straße zu Ende gewesen war. Dort hatte ich vorher gestanden und über den Canyon auf die gegenüberliegende Wand geschaut, wo die Leute auf ihren Hausdächern gesessen hatten. Nun war der Canyon voller Rauch, und als ich hinabspähte, ward ich ein greuliches Wesen in Menschengestalt gewahr, das mit langen Schritten die Halde emporklomm. Ein alter Fetzen von Decke flatterte ihm von der Schulter; eine Keule trug es in der Hand. Rasch nahte es sich auf glänzendschwarzen Beinen und großen Füßen. Es war der riesige, schwarze, blutköpfige Masau'u, der Gott des Todes, der mich zu fangen kam. Einer der Kwanitakas gab mir einen Stoß und schrie: »Flieh um dein Leben und sieh dich nicht um, denn wenn dich Masau'u fängt, so sperrt er dich im Totenheime ein!« Ich wandte mich und rannte nach Osten, während sie mich mit ihren Stäben oder Speeren voranstießen, so daß ich mich wohl sechs Zoll über den Boden erhob und schneller dahinflog, als ich je mich fortbewegt hatte.

Als ich den Cole-Canyon erreichte, warteten die Narren schon auf mich; sie standen in einer Reihe hintereinander, die Gesichter nach Westen gewandt, die Arme um den Leib des Vordermannes geschlungen.[1] Als ich so in aller Schnelle auf sie zustürzte, schrien sie: »Spring zu, Masau'u holt auf!« Ich sprang zu und landete auf der Brust des Anführers, wobei ich ihn umwarf. Sie lachten alle und johlten und nahmen es offenbar nicht übel, weil Narren immer vergnügt sind. Sie sagten: »Noch gerade rechtzeitig bist du angelangt; aber nun gehörst du uns, sieh dich einmal um!« Ich sah nach Westen und fand, daß Masau'u umgekehrt war und sich im Laufen umguckte. Darauf sagte der Narrenführer zu mir: »Nun hast du deine Lehre erhalten, mein Neffe. Sei besonnen, klug und gut, und handle gerecht gegen jedermann. Wenn du das tust, wird man dich achten und dir in der Not beispringen. Dein Schutzgeist hat dich gestraft, daß du zu Einsicht und Verständnis gelangst. Viele Leute lieben dich. Wir sind deine Oheime und werden darauf achten, daß dir kein Leid zustößt. Du hast noch eine lange Lebenszeit vor dir. Kehr zurück ins Krankenhaus und in dein Bett! Du wirst dort einen häßlichen Menschen liegen sehen, aber fürchte dich nicht! Leg deine Ar-

---

[1] Diese Angaben, genauer als im gedruckten Text, nach brieflicher Mitteilung des Herausgebers, Professor Leo W. Simmons'.

me um seinen Hals und wärme dich, du wirst dann bald wieder ins Leben kehren. Aber eile dich, wenn sie deinen Leib schon in den Sarg gelegt und den Deckel darauf genagelt hätten, würde es zu spät sein!«
Ich wandte mich um und lief schnell davon – im Kreise zurück ins Gebirge, durch den Tunnel und über die Hänge ins Krankenhaus. Rasch ging ich hinein und fand meinen Schutzgeist und eine Schwester am Bett. Er begrüßte mich freundlich und sagte: »Nun, du hast Glück gehabt und bist gerade noch rechtzeitig gekommen. Schlüpf geschwind am Fußende unter die Decke und kriech an deinem Körper hinauf, leg die Arme um seinen Hals und halte still!« Mein Körper war kalt und bestand aus wenig mehr als Knochen, aber ich gehorchte dem Gebot und lag dort, seinen Hals umklammernd. Bald wurde mir warm, ich öffnete die Augen und sah hinauf zur Decke und zum Fenster über der Tür. Schwestern standen um mein Bett, und eine Oberschwester hielt meine Hand. Ich hörte, wie sie sagte: »Der Puls schlägt.«
Ich glaubte Bienengesumm zu hören, aber es war eine Musikkapelle, denn es war Weihnachtsmorgen, und Schüler marschierten von Haus zu Haus und sangen Weihnachtslieder. Ich sagte: »Vater, Mutter.« Eine Schwester sagte: »Hier sind wir.« Die Oberschwester sagte: »Söhnchen, du bist gestern abend gestorben, aber du bist nicht ganz erkaltet wie ein Toter. Dein Herz schlug langsam weiter, und dein Puls regte sich noch ein wenig, darum haben wir dich nicht begraben. Nun wird man uns dafür loben, daß wir dir das Leben gerettet haben.« Alle Schwestern schüttelten mir die Hand, als ob ich lange fortgewesen wäre, und sagten: »Wir haben uns so um dich bemüht, weil deine Eltern nicht wußten, daß du krank warst, und weil wir wollten, daß du wieder zu ihnen heimkehrst. Wir haben dich lieber als die anderen Jungen und Mädchen, weil du so gutherzig bist und so brüderlich handelst.«
Ollie Queen, meine beste Freundin, faßte meine Hand und sagte mit Tränen in den Augen: »Ja, es ging dir sehr schlecht, aber nun bist du wieder ins Leben zurückgekehrt. Jetzt werde ich dich immer behalten.« Die Oberschwester sagte: »Wir hatten den Sarg für dich schon bestellt, und vielleicht ist er jetzt auf dem Wege; aber du brauchst ihn ja nicht. Sieh einmal, was der Weihnachtsmann dir gebracht hat!« Am Fußende des Bettes lagen die Geschenke – Süßigkeiten, Obst, ein Schulanzug und ein Blumenstrauß. Ich fand, daß man mich schon gewaschen und gekämmt hatte, um mich in den Sarg zu legen, und daß der neue Anzug mein Leichenkleid gewesen wäre. Ich fühlte Dankarbeit, aber auch Rührung über mich selbst, und ich mußte weinen und sagte mir in meinem Innern: »Diese

Lehre habe ich verstanden, und von heute an werde ich darauf bedacht sein, das Rechte zu tun.« Nachdem die Schwestern mich tüchtig massiert hatten, um meinen Leib wieder warm und geschmeidig zu machen, bat ich um etwas zu essen und bekam ein wenig Milch und Röstbrot. Mir wurde schwindlig, und ich bat um mehr, wenn es auch nur kleine Mengen wären; aber die Schwestern klopften mir auf die Schulter und empfahlen mir zu warten. Zu Mittag gaben sie mir eine gute, reichliche Mahlzeit, und danach fühlte ich mich vollkommen wohl.

Nach dem Mittagessen erschien mir mein Schutzengel und sagte mit leiser Stimme zu mir: »Nun, mein Junge, du warst unbedacht, aber du hast diese Lehre verstanden. Wenn du mir wieder einmal nicht gehorchst, dann werde ich dich abermals bestrafen; aber viermal prüfe ich dich nur noch – dann lasse ich dich sterben. Ich liebe dich, darum wache ich über dir. Iß und sammle neue Kraft! Eines Tages wirst du eine führende Stellung in den Zeremonien einnehmen. Dann mach vor allen andern ein Paho für mich, denn ich bin dein Schutzgeist, der dich lenkt und beschirmt. Wenige sehen je ihren Lenker, aber ich habe mich dir gezeigt, um dir diese Lehre zu erteilen. Nun werde ich dich verlassen. Sei gut, sei klug, denke nach, bevor du handelst, dann wirst du lange leben. Aber ich werde dich nur locker halten – wie zwischen zwei Fingern, und wenn du mir nicht gehorchst, werde ich dich fallen lassen. Lebwohl, ich wünsche dir Glück!« Er tat einen Schritt und verschwand. Ich sah eine weiche Gebetsadlerfeder vom Fußboden aufsteigen, durch die Tür in den Gang schweben und verschwinden. Da sprach ich laut: »Nun ist mein Lenker fort, und ich werde ihn nicht wiedersehen.« – »Was für ein Lenker?« fragte die Schwester, die an meiner Seite saß. »Der Lenker, der mich beschirmt und wieder zum Leben zurückgebracht hat«, antwortete ich. »Du redest tolles Zeug«, erwiderte sie. »Wir haben dich beschützt und zum Leben zurückgebracht.« Ich dachte nicht daran zu streiten, sondern bat bloß um mehr zu essen.

In der folgenden Nacht saß Ollie Queen in einem Schaukelstuhl bei mir am Bett und wachte. Sie sagte, sie hätte Angst, daß ich noch einmal stürbe, und weckte mich immer wieder auf, um sich zu überzeugen, daß ich noch lebte. Am nächsten Morgen fühlte ich mich besser. Tewaquaptewa, der Dorfvogt, besuchte mich im Krankenhaus, und als ich ihm von meiner Todesfahrt erzählte, sagte er, daß es die Wahrheit wäre, denn dieselben Dinge hätten auch die Alten, wenn sie im Totenheim gewesen waren, berichtet.

Nach nahezu einem vollen Monat Krankenhausaufenthalt war ich imstande, von Krankensaal zu Krankensaal zu gehen und zu den Mahlzeiten die Abteilung für Hauswirtschaft aufzusuchen. An einem

Sonnabendnachmittag, als die meisten Schwestern frei hatten, machte Ollie Queen die Runde und forderte mich auf, zum Flinch-Spielen auf ihr Zimmer zu kommen. Sie ließ mich in einem Schaukelstuhl Platz nehmen, redete ein wenig über das Leben zu Haus, erklärte mir einige neue Kniffe im Flinch und gewann schließlich ein Spiel. Dann, unter leisem Lachen und während sie heftiger zu atmen begann, zog sie mich einen Augenblick an sich, trat darauf zur Tür und verschloß sie. Nachdem wir unsere Lust miteinander gehabt hatten, spielten wir noch ein paar Runden Flinch und umarmten uns abermals, bevor wir in den Krankensaal zurückkehrten. Ich hatte das große Glück, sie noch einmal, bevor ich aus dem Krankenhaus entlassen wurde, zu besuchen. Später kam ich ein letztes Mal zu einer Nachuntersuchung an einem Sonnabendnachmittag dorthin und war findig genug, auf ihr Zimmer zu gelangen. Aber sie fand bald einen anderen Freund, und es gab keine Heimlichkeiten mehr zwischen uns. Sie hatte eine helle Gesichtsfarbe und war überhaupt ein hübsches Mädchen.

Ich blieb in der Schule bis zum zeitigen Frühjahr 1908; da wurden wir mit einer Anzahl Knaben ins Imperial Valley geschickt, um Cantaloupemelonen ernten zu helfen. Im Juni kamen wir zu den Prüfungen nach Sherman zurück, und dann ging es wieder bis Juli zur Arbeit in die Cantaloupefelder. Unsere Haut wurde dunkelbraun, beinahe wie bei Negern. Als wir mit den Cantaloupen fertig waren, schickte Herr Singleton, unser Zuchtmeister, uns zur Arbeit auf ein Gut mit reiner Milchwirtschaft in der Nähe von San Bernardino. Diese Stelle gefiel mir nicht, und ich blieb daher nur zwei Wochen. Wir mußten zu früh am Morgen aufstehen; ich mochte nicht melken; der Boß war zu strenge und hatte es anscheinend auf mich abgesehen, weil ich am langsamsten molk. Seine Quengelei war mir unerträglich. Eines Tages nach dem Frühstück trat ich vor ihn hin und sagte: »Hier, Boß, ich will weg. Ihre Behandlung paßt mir nicht. Meine Eltern haben mich nie so behandelt. Ich werde jetzt allmählich ein Mann und lasse mir sowas nicht mehr bieten!« Er verbarg seinen Ärger nicht, schrieb mir aber einen Scheck über neunzehn und einen halben Dollar aus.

Ich ging zu Fuß nach Colton, fuhr mit der Straßenbahn nach Riverside und war zum Abendessen in der Schule. Der Zuchtmeister kam zu mir und fragte: »Nanu, Don, warum bist du denn schon wieder da?« Ich erwiderte, daß ich nach dem Abendbrot meine Meldung machen würde. Im Laufe des Abends ging ich zu dem Häuschen auf dem Schulgelände, in dem er mit seiner Familie wohnte, und klopfte an die Tür. Er bat mich herein, schob mir einen Stuhl an den Tisch und bot mir eine Tasse Kaffee an. Ich benahm mich wie ein freier und erwachsener Mann und erzählte ihm die ganze Geschichte. Noch an demselben Abend gingen wir zusammen nach Arlington und lösten den Scheck ein; zehn Dollar ließ ich ihn für mich aufheben. Ich fühlte mich immer mehr als ein wohlhabender Mann. Ich zog mich gut an, hielt die Mädchen bei den Festlichkeiten frei und trug mein Geld in der verdeckten Tasche eines modischen Gürtels. Ich besaß ein gutes Messer, einen eigenen hochanständigen Koffer, trug eine Uhr zu fünf Dollar in der Tasche und hatte mir neuerdings ein gebrauchtes Fahrrad gekauft. Wenn ich auch ein schlechter Melker war, so nahm ich es im Heuaufstaken doch mit jedem auf, und ich hatte den Mut aufgebracht, wenigstens einem Weißen zu sagen, daß ich mir ungerechte Behandlung nicht bieten ließe. Nach ungefähr einer Woche wurde ich wieder auf das Gut bei Fontana geschickt, wo Olive arbeitete. Sie war gerade in der Küche und spülte Geschirr, als ich ankam, und war offenbar erfreut, mich wiederzusehen. Dort verging der Rest des Sommers mit den üblichen Beschäftigungen: ich hackte Unkraut, pflügte mit einem Maultiergespann, schnitt Luzerne mit einer Mähmaschine und – traf mich mit Olive in der Scheune. Sie war anscheinend immer auf dem Ausguck, und wenn sie mich in der Dämmerung in der Richtung davongehen sah, tauchte sie regelmäßig nach Einbruch der Dunkelheit dort auf. Mit den anderen beiden Mädchen hatte ich nichts zu tun, denn sie hatten weiße Liebhaber.

Als wir im Herbst zur Schule zurückgekehrt waren, machten sie mit uns einen Ausflug nach Los Angeles und Long Beach in Kalifornien, um uns den Stillen Ozean zu zeigen. Dort erlebte ich auch meine erste Bootsfahrt und hatte meinen Spaß daran.

In der Schule wurde ich in die sechste Klasse versetzt und nahm tätigen Anteil an der Diskussionsgruppe in unserer Klasse. Es kostete mich große Mühe, dazustehen und nachzudenken und für alles, was ich sagte, den Beweis zu liefern. Zuerst regte mich das auf, nachher fand ich Vergnügen daran.

Schließlich kam der böse Tag, an dem ich dazu bestimmt wurde, vor einer Zuhörerschaft von sechs- oder achthundert Studierenden zu diskutieren. Das war mir denn doch etwas zuviel, und ich weigerte mich. Der Hilfszuchtmeister wurde geholt, und er stellte mir die Wahl zwischen Diskussion und einer Tracht Schläge. Ich blieb auf meinem Standpunkt und wählte die Schläge. Er führte mich in den Keller. Zwei kräftige Jungen zogen mir die Hose herunter und hielten mich fest. Nachdem ich fünfzehn Schläge mit der Hetzpeitsche bekommen hatte, und zwar von einer schweren Hand, brach ich zusammen und weinte. In der Nacht schlief ich kaum; ich war mehrere Tage lang wund, aber niemals wieder wurde von mir verlangt, daß ich im vollen Hörsaal diskutierte.

Ira und ich hatten über ein Jahr in der Bäckerei gearbeitet. Das wurde mir langweilig, und ich bat um Versetzung in die Schneiderwerkstatt. Dort blieb ich acht Wochen und nähte in der Zeit zwei Hosen. Da bekam ich schlimme Augen und wurde Hauspfleger im Amtsgebäude des Vorstehers; zwei Jungen hatte ich noch unter mir.
Ich spielte auch etwas Baseball und fand großes Vergnügen daran. Bei diesem Spiel gebrauchten wir Spitznamen und zogen uns gegenseitig damit auf. Einen nannten wir Haushahn und andere Heckenschütze, Heiliger Geist und Glücksgurke. Mich nannten sie Don Hühnchen, was mich zuerst gewaltig ärgerte, aber dann gewöhnte ich mich daran. Fußball gefiel mir nicht, es war mir zu roh, und ich spielte niemals dabei mit. Bei den Veranstaltungen ging ich jetzt mit einem Mädchen aus Moenkopi namens Mettie, weshalb sie jedermann meine Freundin nannte.
Im Mai 1909 wurden Ira und ich mit anderen nach Haselhof geschickt, wo wir für Unterkunft, Verpflegung und zwei Dollar den Tag im Heu arbeiteten. Am zweiten Tag kam unser Vorsteher und kündigte an, daß wir in kurzem nach Sherman zurückkehren würden, um unsere Heimreise nach Oraibi vorzubereiten. Am Abend des dritten Tages schrieb der Boß unsere Schecks aus, spannte an und brachte uns zur Schule zurück. Wir badeten und packten für die Heimfahrt.
Früh am nächsten Morgen gingen Ira und ich, statt auf das Frühstück zu warten, nach Arlington, das ein bis zwei Kilometer von der Schule lag, lösten unsere Schecks ein und frühstückten in einem chinesischen Restaurant. Wieder in der Schule, zogen wir uns Zivilzeug statt der Anstaltskleidung an und machten alles zum Aufbruch bereit. Mein Fahrrad konnte ich nicht mitnehmen, ich schenkte es daher einem Freund in der Bäckerei. Wir Knaben gingen zu Fuß nach Arlington, während die Mädchen hingefahren wurden. Ich ging in das Versandhaus und kaufte einen kleinen Sack Apfelsinen für zehn Cent.
Als der Zug kam, stiegen wir mit all unsern Besitztümern ein. Wir waren eine ganze Menge, so viele, daß wir zwölf oder fünfzehn Wagen füllten. Meine Freundin Mettie setzte sich mit Philipp von der Zweiten Mesa zusammen auf eine Bank. Ich saß auf meinem Doppelplatz allein und aß Apfelsinen. Nachher, als ich einmal auf der Toilette gewesen war, fand ich Irene vom Masau'u-Klan auf meinem Sitz. Sie war die Enkelin des früheren Dorfvogtes, Lololomai, und ein hübsches Mädchen. Auf der Schule hatte ich mich nicht um sie gekümmert, aber ich wußte natürlich, daß Burschen aus dem Sonnenklan oft Feuerklanfrauen heirateten. Ira ging schon

mit einem Feuerklanmädchen. Ich setzte mich neben sie und spendierte ihr ein paar Apfelsinen aus meinem Obstsack. Während wir aßen, scherzte ich ein bißchen mit ihr und fragte sie, ob sie sich vorstellen könnte, eines Tages meine Frau zu werden. Sie lachte und meinte: »Na, vielleicht, wenn Mettie dich nicht kriegt; mit ihr mußt du jedenfalls erst Schluß machen!« Ich mochte aber Mettie viel lieber.

In Needles in Kalifornien hielt der Zug zum Mittagessen. Einige Mohave-Indianer gingen unter uns umher und boten Halsketten, Perlenschnüre und anderen Schmuck zum Verkaufe an. Ich kaufte zwei Perlenketten, eine für mich und eine für Irene, die sie schüchtern in Empfang nahm. Auch Mettie kam und bat mich, ihr eine Kette zu kaufen. Ich antwortete, daß ich das von mir aus gern tun würde, aber ich müßte ja fürchten, daß ihr Freund Philipp deswegen Lärm schlagen würde, denn er hatte kein Geld. Als sie aufs neue bat, hatte ich Mitleid mit ihr und kaufte ihr ein paar Perlen. Dann ging ich wieder, mich neben Irene zu setzen, und wir aßen Apfelsinen und unterhielten uns den ganzen Nachmittag. Da ich Mettie nicht als Sitznachbarin haben konnte, machte ich soviel wie möglich aus Irenes Gesellschaft und freute mich daran. Als die Nacht anbrach, rief der Schaffner alle Mädchen zum Schlafen in den vorderen Wagen. Am nächsten Morgen kamen sie wieder, und als wir so dahinfuhren, ging ein Händler durch die Wagen mit dem Ausruf: »Obst zu verkaufen!« Mettie kam zu mir und sagte, sie sei hungrig. Ich kaufte eingemachtes Obst, und wir frühstückten zusammen. Mettie aß von meinen Lebensmitteln, als wir durch Williams kamen und in Flagstaff einfuhren. Winslow erreichten wir gegen neun Uhr morgens.

Als wir in Winslow ausstiegen, fanden wir unsere Verwandten, die uns abholen wollten, mit ihren Wagen da. Ein Mann, der wie ein Navaho aussah und fesch gekleidet war, ging umher und fragte nach Chuka. Als er zu mir trat, sagte er: »Ich bin Frank, der neue Ehemann deiner Schwester Gladys. Ich bin gekommen, um dich nach Shipaulovi mitzunehmen.« Das gefiel mir nun gar nicht, mit ihm zu fahren, weil ich vorgehabt hatte, mich mit Mettie in einen Wagen zu setzen. Aber was half's! Ira und ich trugen meinen Sack mit Apfelsinen, er nahm unsere beiden Reisetaschen, und so gingen wir dorthin, wo er mit anderen Leuten von der Zweiten Mesa sein Lager aufgeschlagen hatte, draußen im Osten vor der Stadt. Dort zündeten wir ein Feuer an und kochten uns einen Kaffee. Frank machte sich Gedanken, weil seine Schwester Sophie, die auch aus Sherman zurückgekommen war, mit den anderen Mädchen nach

Oraibi fahren wollte. Das setzte sie auch durch, wie denn Hopimädchen meistens ihren Willen bekommen. Frank berichtete, daß meine Mutter ihn gebeten hätte, Ira und mich mit auf seinen Wagen zu nehmen, um Unkosten zu sparen. Nach dem Mittagessen fragte ich: »Na, Schwager, wann geht's denn los?« – »Morgen«, antwortete er, »morgen früh muß ich noch einen Weißen mitnehmen nach Hopiland.« Ich bat ihn, zum Einkauf einer Jagdflinte mit mir in die Stadt zu kommen. Wir suchten William Daggs Laden auf und sahen uns eine Flinte, Kaliber 22, für drei Dollar fünfzig an. Frank sagte: »Schwager, die Flinte taugt nichts. Kauf die zu fünf Dollar, und ich gebe dir zwei Dollar mit dazu.« Und wir kauften sie. Dann sagte ich zu ihm, daß ich ins Oraibilager hinübergehen wollte, um mich dort umzuhören. Drüben kam ein Mann mit ein paar Decken auf mich zu, die meine Mutter uns für die Heimfahrt geschickt hatte. Ich bat ihn, sie noch zu behalten, weil ich möglicherweise die Nacht dort im Lager zubringen würde.

Nun trat ich auf das Lagerfeuer zu, an dem Mettie mit ihrem Onkel und einigen anderen Leuten beim Essen war. Während der Onkel redete, flüsterte Mettie mir zu: »Don, wo willst du denn mit dem Gewehr hin?« Ich gab ihr zu verstehen, daß ich in Richtung auf den Lokomotivschuppen ginge, um nach Wild auszuschauen. Sie erwiderte leise, daß sie hinterherkommen würde. Bald danach ging ich mit meiner Flinte fort und pürschte umher, bis ich sie kommen sah. Wir wanderten zusammen bis an die Eisenbahn und setzten uns unter ein paar Büsche, und dort blieben wir auch fast den ganzen Nachmittag. Hier war es auch, wo Mettie zum ersten Male mein eigen ward. Ich hatte keine Angst, das zu tun, denn wir waren wieder unter unserem eigenen Volk. Nachher streiften wir unter den Büschen umher und töteten drei Kaninchen. Als wir wieder ins Lager kamen, übergab ich Mettie die Kaninchen und forderte sie auf, sie zu kochen. Aber sie zeigte sich verschämt und scheute auch das Blut. Daher machte Metties Onkel sie zurecht und kochte sie, und es gab ein zeitiges Abendessen. Nachher vertraute ich Mettie an, daß ich eine Decke für Ira ins Shipaulovi-Lager bringen, meine Decke aber bei ihr lassen wollte.

Ich kehrte zu Franks Wagen zurück und gab Ira seine Decke. Nach dem Abendessen wanderten einige von uns nochmals in die Stadt; wir schlenderten zwischen den Läden hin, die noch offen waren, und gingen dann ins Kino. Als wir wieder herauskamen, kündigte ich ihnen an, daß ich im Oraibilager schliefe, und ging hinter einer Schar Mädchen her, die auch aus dem Kino kam. Im Lager hatten die Männer ein großes Freudenfeuer angemacht und tanzten ihre Katschinatänze. Ich war nun drei Jahre nicht dabeigewesen und kannte die Weisen nicht. Wir blieben bis nach Mitternacht auf. Als es Zeit war, schlafen zu gehen, nahm ich meine Decke und legte mich neben Mettie. Ihr Onkel sah mich, sagte aber nichts. Noch zweimal gehörte mir Mettie während der Nacht. Wir merkten, daß andere dasselbe taten, denn wir schliefen dicht zusammen. Alle die jungen Burschen lagen bei ihren Mädchen, denn wir waren die Schulmeister nun wieder los und daheim bei unseren Oheimen und Vätern.

Bevor es hell wurde, flüsterte ich Mettie zu, daß ich sie in Oraibi besuchen würde und entschlüpfte mit meiner Decke zu den Leuten von der Zweiten Mesa. Frank war nicht da, ich legte mich also auf seine Bettstatt, bis es Zeit war, ein Feuer anzumachen und zu frühstücken. Da überließ ich Ira die Sorge für das Feuer und ging in die Stadt, wo ich sechs Brote, Würstchen, Kartoffeln, Mais und Zwiebeln erstand. Außerdem kaufte ich zwei Pfund Rinderhack und ein Pfund Speck. Als ich im Lager wieder eintraf, war Frank mit den Pferden schon da. Ich sagte: »Ja, eine gute Schulbildung haben wir, aber wie wir abkochen sollen, das wissen wir nicht.« Er lachte, nahm sein Messer heraus und schälte die Kartoffeln. Nach dem Frühstück spannten wir an und fuhren zum Bahnhof, um unsern weißen Mitreisenden abzuholen, einen Herrn Kirkland, Zimmermann von Beruf, der auf dem Wege ins Hopiland war. Die Gesprächskosten bestritt zur Hauptsache ich, weil ich besser Englisch verstand. Wir beluden unseren Wagen und brachen auf, der alten Spur nach. Frank hatte ein Gespann von tüchtigen Trabern, und um Mittag erreichten wir die Vorhügel der Mesa südlich der Hopikuppen; dort machten wir halt, um zu essen. Nach der Mahlzeit ging es wieder weiter, wir fuhren auf den Sockel der Mesa hinauf, überquerten sie und schlugen unser Nachtlager an der Ostseite in der Nähe der Quelle auf.

Nach dem Abendessen redete ich mit dem Weißen über mein Schulleben und wie wir Fußball gespielt und die meisten anderen Schulen im südlichen Kalifornien geschlagen hätten. Ich redete, bis er müde zu sein schien. Dann legten wir uns hin, und Frank begann Ira und mich das Lied der Langhaar-Katschinas zu lehren.

Während ich so auf meiner Decke lag, dachte ich an meine Schulzeit und an all das, was ich gelernt hatte. Ich konnte reden wie ein Gebildeter, lesen, schreiben und rechnen. Ich konnte alle Staaten der Union mit ihren Hauptstädten herzählen, die Bücher der Bibel in ihrer Reihenfolge nennen, hundert Verse aus der Schrift zitieren, mehr als zwei Dutzend Kirchen- und Vaterlandslieder singen, diskutieren, anfeuernde Fußballrufe brüllen, meine Partnerinnen in den Quadrillen schwenken, Brot backen, so weit nähen, daß ein Paar

Hosen daraus wurde, und stundenlang schmutzige Holländergeschichten erzählen. Wichtig war es, daß ich gelernt hatte, mit Weißen umzugehen und Geld zu verdienen, indem ich ihnen half. Aber mein Todeserlebnis hatte mich gelehrt, daß ich einen Lenkergeist besaß, der Hopi war und dem ich folgen mußte, wenn ich leben wollte. Und ich wollte auch wieder ein rechter Hopi werden, die guten alten Katschinalieder singen und die Freiheit besitzen, mein Mädchen zu umarmen ohne Angst vor Sünde oder Hetzpeitsche. Ich versuchte mir vorzustellen, wo Mettie und die Oraibi-Gruppe wohl in dieser Nacht lagerten, und ich beschloß bei mir, unter unserem eigenen Volk nun öfter mit ihr zusammenzukommen.

HEIMKEHR INS HOPILAND

Wir erwachten in der Wüste, wuschen uns in der Quelle das Gesicht, frühstückten in aller Eile und machten uns an der Felswand entlang auf den Weg zur Zweiten Mesa. Unser weißer Reisender stieg bei der Toreva-Schule kurz vor Sonnenuntergang ab und fragte, was er schuldig sei. Frank hob zweimal die Finger einer Hand, was zehn Dollar bedeuten sollte, aber dann sagte er mir auf Hopi, ich sollte noch fünf Dollar mehr verlangen. Ich redete ihm jedoch zu, jetzt zu schweigen, indem ich erklärte, unter Weißen sei es allein anständig, von vornherein den vollen Preis zu nennen.

Wir kamen in Shipaulovi nach Einbruch der Dunkelheit an; meine Schwester Gladys mit ihrem Säugling Delia erwartete uns schon; sie hatte ein gutes Hopi-Abendessen bereitet: Röstbrot, Piki und Ragout. Wir sprachen noch über die Schule und sangen Katschinalieder bis Mitternacht, dann legte ich mich auf dem Hausdach schlafen. Früh am nächsten Morgen kam Gladys mit ihrer Kleinen zu uns auf den Wagen, und fort ging es in scharfem Trabe nach Oraibi.

Unsere Mutter war dem Weinen nahe, als wir uns die Hand gaben, aber sie küßte mich nicht, denn das ist nicht alte Hopi-Art. Mein Großvater und der gute Naquima begrüßten uns herzlich, mein Vater aber war draußen auf seinem Feld bei Batowe. Unsere Lieben setzten uns die Speisen vor, die sie hatten: weißes Piki, gesottenen Hammel und gekochte Trockenpfirsiche. Dann schaute ich nach Südwesten über die Wüste hinaus und sah zwölf Planwagen wie eine Karawane herankommen – und Mettie saß in einem davon.

Ira und ich füllten einen Mehlsack mit meinen Apfelsinen und brachten sie unserer Mutter Nuvahunka – der Schwester unserer Mutter nämlich; sie kam uns entgegengelaufen und rief: »Meine Söhne, wie freue ich mich, euch wiederzusehen. Wo sind denn die andern?« Wir setzten uns mit ihr zusammen auf den Boden und aßen Piki, Röstmais, Dörrfleisch und Zwiebeln und äußerten dabei, wie froh wir wären, wieder zu Hause zu sein und die gute alte Hopikost zu genießen. Wir sprachen noch mit ihr, als die Wagen ins Dorf hereinkamen und beim Hause des Dorfältesten haltmachten; denn dort sollte eine Festlichkeit stattfinden. Mein Oheim Talasquaptewa, der während Tewaquaptewas Abwesenheit stellvertretender Dorfvogt gewesen war, schüttelte uns die Hand und lud uns zum Essen ein. Wir blieben den ganzen Tag in Bewegung, erzählten aus der Schule und ließen uns Geschichten erzählen vom Hüten, Bestellen der Felder und Brennstoffsammeln. Jedermann war so freundlich, daß wir dachten, Zank und Streit hätten in Oraibi aufgehört. Mit den Feindseligen in Hotavila hatten unsere Leute nichts zu schaffen, und wir wurden ermahnt, nicht dorthinzugehen. Abends suchte ich das Haus von Claude James auf, in dem Mettie Unterkunft gefunden hatte, und begrüßte seine Familie. Wir unterhielten uns bis nach Mitternacht, aber es ergab sich keine Gelegenheit zu einem heimlichen Gespräch mit meiner Freundin. Ich übernachtete daher mit Claude auf dem Dache, während Mettie unten schlief.

Ich erwachte in der Dämmerung, setzte mich hin und beobachtete vom Dach aus den Sonnenaufgang – wie mein Vater es mich gelehrt hatte, als ich noch ein Knabe war. Bald rief mich Perry, mein zehnjähriger Bruder, zum Essen. Ich neckte Naquima und erinnerte ihn daran, wie ich mit dem Pfeil auf ihn geschossen hatte. Wir blieben bei meiner Mutter auf dem Fußboden sitzen, bis mein Vater auf seinem Esel frisches Hammelfleisch heranbrachte. Mittags redete ich noch immer von der Schule. Ich erzählte meinen Eltern auch von meiner Krankheit und meinem Tode, wie ich da nach Oraibi zurückgekommen wäre und wo ich vor ihren eigenen Augen auf dem Schaffell gesessen hätte. Dann beschrieb ich ihnen, wie ich enttäuscht fortgegangen und zum Totenheim gewandert wäre und wie ich entdeckt hätte, daß ich einen Lenkergeist besäße, der mich schütze. Vater und Mutter weinten und beteuerten, daß sie mich weder gesehen, noch auch nur von meinem Tode geträumt hätten. Meine Mutter erinnerte mich an ihren eigenen Tod und ihre lange Wanderung. Mein Großvater sagte abermals voraus, daß ich eine bedeutende Stellung in den Zeremonien einnehmen würde.

Nachmittags jagten Louis Hoye und ich mit meiner neuen Büchse Kaninchen. Wir schossen neun, und ich gab sie meiner Mutter, daß sie zu dem Katschinatanz, der am nächsten Tage stattfinden sollte, Ragout davon koche. Unterm Abendessen waren meine Gedanken bei Mettie, ich ging daher in Claudes Haus hinüber und setzte mich zu seiner Familie, die gerade ihr Abendbrot auf dem unteren Dache aß. Während Claude Geschichten aus dem Schulleben und von seiner Arbeit bei den Weißen zum besten gab, fing Mettie meinen Blick auf und blinzelte mir zu. Zur Schlafenszeit merkte ich mir die Stelle, wo sie ihre Decke ausbreitete und kletterte mit Claude auf das obere Dach. Sobald jedermann zu schlafen schien, schlich ich hinunter, berührte Metties Fuß und flüsterte: »Komm mit an eine sichere Stelle!« Wir stiegen leise auf das obere Dach, legten uns auf mein Schaffell und vereinigten uns zweimal, während Claude schnarchte. Als Mettie ihren Schlafplatz wieder aufsuchte, schlief ich ein; aber ich wachte auf, als die Hähne krähten, und zog schleunigst auf unser eigenes Hausdach um, denn ich wollte mich keinesfalls von jemandem, der uns etwa belauscht hatte, necken lassen. Als der Morgenhimmel sich gelb färbte, richtete ich mich auf, betete und sah zu, wie die Katschinas auf den Dorfplatz kamen.

Wir aus Oraibi sahen den ganzen Tag über zusammen den Tänzen zu und luden die Freunde ein, bei uns zu essen. Mittags kam Frank aus Shipaulovi mit seinen Schwestern Sophie und Jane. Hopi aus anderen Dörfern, Navaho und Regierungsbeamte kamen zu Fuß, zu Pferde oder auf Wagen nach Oraibi. Als ich den Tänzen zuschaute, wünschte ich mir, auch wieder ein Katschina zu sein und die alten Lieder zu singen. Die Narren spielten ihre Possen, um den Leuten Freude zu bereiten, und gegen Sonnenuntergang erwartete ich schon das Erscheinen der Geißler-Katschinas, die sie auspeitschen würden, um ihre Herzen zu reinigen und Regen herbeizuführen, als eine Frau den Katschina-Vater anredete und um einen zweiten Tanztag bat. Der Ober-Katschina schüttelte seine Kürbisrassel, um sein Ja auszudrücken, und der Vater bestreute sie mit Maisschrot und führte sie zur Mongwi-Kiva, wo sie die Nacht getrennt von ihren Frauen und Freundinnen verbringen sollten. Abends traf ich wieder mit Mettie zusammen, es konnte mir aber nichts daran liegen, bei ihr zu schlafen, da sie die Regel hatte. Nach einem Gespräch mit Sophie und Jane schlief ich allein auf dem Hausdach meiner Mutter, während die Mädchen drinnen schliefen, um sicher vor nächtlichen Herumtreibern zu sein, die nach Beischläferinnen suchten.

Frank spannte am nächsten Morgen an, um seine Familie nach Hause zu fahren, und bat darum, daß Ira oder ich mitkommen möchten, um ihm hüten zu helfen. Ira zögerte wie gewöhnlich mit seiner Antwort, darum sagte ich zu, wodurch mir der Tanz entging. Sophie und Jane waren beide auf dem Wege sehr freundlich zu mir, aber ich schlief in der folgenden Nacht allein, denn ich war mit den Leuten von Shipaulovi nicht gerade sehr gut bekannt und mußte mich vorsehen, daß ich mir nicht einen schlechten Namen machte. Am nächsten oder übernächsten Tage stieg ich auf einen Esel und ritt mit Howard, Franks Neffen, zum Hüten hinaus. Dabei ward ich von der Sonne verbrannt, wund und todmüde. Wir schliefen draußen in der Feldhütte, und am Morgen des fünften Tages kam Frank, um uns abzulösen, und schickte uns nach Haus, die Esel mit Hammelfleisch beladen. Das Hüten hatte mich so angestrengt, daß ich den Rest des Tages und die ganze Nacht verschlief. Am nächsten Morgen ging ich mit Howard ein Wassermelonenfeld hacken; außerdem umsteckten wir die Pflanzen mit kleinen buschigen Zweigen, um sie gegen Sonne und Treibsand abzuschirmen. Den folgenden Tag verwandten Howard, Frank und ich darauf, Maispflanzen zu spritzen. Wir sammelten etwa zehn Pfund trockenen Hundekot und einige Wurzeln von einer besonderen Pflanze. Nachdem wir Kot und Wurzeln an der Eselsquelle mit Wasser gemischt hatten, spritzen wir die Flüssigkeit mit Hilfe eines Besens auf die zwölf bis fünfzehn Zentimeter hohen Pflänzchen, um sie gegen Kaninchen und andere Tiere zu schützen. Nach einer weiteren in der Feldhütte verbrachten Nacht begann für mich und Howard wieder eine viertägige Hütezeit.

Als wir nach Shipaulovi zurückkamen, übten die Männer in der Kiva für den Nimantanz und forderten mich auf, mitzumachen. Als der Tag des Nimanfestes herankam, marschierte ich eines Morgens nach Oraibi hinüber, um mir eine Tanzausrüstung zu holen, aß bei meiner Mutter zu Mittag und fuhr mit Herrn Miller, dem Regierungsvertreter in Keams Canyon, auf seinem Federbrettwagen zurück. Er stellte viele Fragen über meine Familie, Schulbildung und Arbeit. Ich nahm mich zusammen, sah ihm grade in die Augen und antwortete aufrichtig, ohne zu übertreiben, denn ich konnte jetzt mit Weißen reden als ein freier Mann. Er schien Gefallen an mir zu finden und stellte mir eine Arbeit bei der Agentur in Aussicht.

An demselben Abend übten wir bis Mitternacht in der Kiva zum Nimantanz. Dann ging ich zum Südrand der Mesa hinaus, legte mich mit meiner Decke auf den Fels und schlief sogleich ein. Plötzlich fühlte ich etwas Nasses und Kaltes im Gesicht, ich sprang auf und fand, daß es Jane war, die mich mit Wasser begoß, denn es war lange nach Sonnenaufgang. Unter Lachen und indem ich mir

das Gesicht abtrocknete, drohte ich ihr, daß ich eines Tages sie naßgießen würde.
Eine Woche danach sollte der Nimantanz in Oraibi stattfinden. An dem betreffenden Tage sattelten Sam, ein Klanoheim meines Alters, und ich unsere Esel und waren mittags in Oraibi. Wir brachten schnell unsere Esel unter, kletterten auf ein Hausdach und sahen den Katschinas zu, wie sie auf der Plaza tanzten. Auf einem anderen Hausdach entdeckte ich Mettie und Elsie aus Moenkopi. Ich stieß Sam an und sagte: »Guck, da ist meine Freundin mit Elsie. Bei denen wollen wir heute abend schlafen!« Wir gingen hinüber und gaben uns die Hand. Ich verabredete mich mit Mettie und flüsterte Elsie, indem ich mich hinüberneigte, zu: »Können wir zu euch ins Haus kommen, wenn's dunkel ist?« Sie antwortete: »Vielleicht mag Sam mich nicht.« – »Dafür will ich schon sorgen«, erwiderte ich.

Nach dem Abendbrot wanderten Sam und ich hinaus, an der Zisterne des Coyoteklans vorbei, und erblickten unsere Mädchen am Mesarande, wo sie mit anderen jungen Leuten dem Sonnenuntergang zusahen. Wir gingen hin und setzten uns bei Mettie und Elsie nieder, wobei Sam sich etwas schüchtern zeigte. Als es dunkel war, kehrten fast alle ins Dorf zurück, aber Mettie und ich gingen bis an die äußerste Kante der Mesa, stiegen auf ein verschwiegenes kleines Gesims hinunter und fanden ein Plätzchen zum Sitzen. Nach kurzem Küssen und Liebkosen nahm ich ihr die Decke von der Schulter und machte uns ein kleines Bett, auf dem wir uns umarmen konnten. Nachher traf ich wieder auf Sam, und wir brachten unsere Mädchen ins Dorf. Während der Nacht schlüpften wir zu den Mädchen ins Zimmer und lagen bei ihnen bis kurz vor Einbruch der Dämmerung. Aber als die Sonne aufging, schliefen wir schon auf unserem eigenen Dach. Ich führte Sam bei meiner Verwandtschaft umher, und wir bekamen sieben- oder achtmal zu essen vorgesetzt, bis wir endlich unsere Esel sattelten und nach Shongopavi aufbrachen. Auf dem Wege fühlten wir uns infolge des Mangels an Schlaf und des Kräfteverlustes so müde und so schwach, daß wir beschlossen, unsere Esel zu hobbeln und in einer alten Feldhütte auszuschlafen. Am späten Nachmittag erwachten wir, ritten nach Sonnenuntergang auf Shongopavi und gingen unverzüglich schlafen.

Das Nimanfest von Shipaulovi stand nahe bevor. Die Männer brachten ihre Masken mit in die Kivas, um sie aufzuputzen, und baten Sam, Jacob und mich, fünf Esel zu nehmen und Wacholderzweige zu holen. Wir nahmen Gebetsfedern mit, geweihten Maisschrot, etwas Bergtabak und eine Pfeife. Als wir bei den Wacholdern anlangten, brachen wir einen Zweig ab, setzten uns dabei hin, rauchten, tauschten Verwandtschaftsnamen aus[1] und beteten zu dem Wolkenvolk-der-sechs-Richtungen um Regen. Dann füllten wir die Beutel mit Zweigen und waren zu Mittag wieder in Shipaulovi. Der Katschina-Vater, der immer Mitglied des Powamubundes ist, erwartete uns auf der Plaza, brachte uns in die Kiva und ließ uns abermals rauchen; dabei lobte der Leiter unsere Arbeit und sagte, daß sie Regen herbeiführen werde. Nach dem Abendessen kamen wir wieder in die Kiva, um noch einmal zu rauchen, und wurden ermahnt, uns von den Mädchen fernzuhalten, weil wir den geweihten Wacholder gesammelt hätten.

In dieser Nacht schliefen wir, blieben aber in der folgenden wach, um vierzehn Lieder zu üben, zu rauchen und zu beten. Um vier Uhr morgens brachten wir unsere Sachen zum Heiligtum und Rastort der Katschinas am Dorfrand und kehrten, nachdem wir Maisschrot in den sechs Richtungen gestreut hatten, auf die Plaza zurück; an ihrer Nordseite stellten wir uns in einer Reihe auf und begannen, während die Leute noch schliefen, zu tanzen. Aus einer Kiva kamen die Amtsträger und legten Gebetsopfer am Heiligtum auf dem Dorfplatz nieder. Als wir diesen Tanz beendet hatten, sagte der Vater der Katschinas: »Ich freue mich, daß ihr zu uns gekommen seid und daß ich der einzige bin, der euch gesehen hat. Geht nun an euern Rastort zurück, bis der Morgen anbricht! Dann bringt eure Gaben und schenkt uns einen frohen Tag!« Wir kehrten an den Rastort zurück, zogen uns als Katschinas an, und als es dämmerte, machte der Leiter einen Maisschrotpfad zum Dorf und setzte eine Gebetsfeder aus einer weichen Daune darauf. Als die Sonne aufging, tanzten wir an dem Heiligtum außerhalb des Dorfes. Dann legten wir die Masken an, stellten uns in langer Reihe auf und wurden ins Dorf geführt. Nachdem wir auf dem Dorfplatz getanzt hatten, wurden wir zur Powamu-Kiva gebracht, um dort zu tanzen und von den weiblichen Mitgliedern des Powamubundes mit Maisschrot bestreut zu werden. Dann kehrten wir mit Geschenken für die Kinder – Bogen, Pfeilen, Puppen, Süßmaispflanzen und anderem – auf den Dorfplatz zurück. Nach der Verteilung der Gaben gingen wir wieder an unsern Rastort und warteten darauf, daß unsere weiblichen Verwandten uns das Frühstück brächten. Viele Male suchten wir so an diesem Tage die Plaza auf, um zu tanzen, und kehrten an unseren Rastort zurück.

Nach der Regel dürfen die Katschinas bis Mittag kein Wasser trinken, wenn es nicht regnet, und Hals und Lippen waren mir ausgedörrt vom Singen und Tanzen in Hitze und Staub. Zu Mittag brach-

---

[1] Sich gegenseitig mit den festliegenden Verwandtschaftsbezeichnungen anzureden, ist ein wichtiger Bestandteil des Gebetsrituals.

ten die Frauen Wasser und etwas zu essen an unseren Rastort. Nachmittags schielte ich während des Tanzes durch meine Maske und sah Jane und Sophie auf dem Hausdach mit ihren Freundinnen Esther und Lillian aus Oraibi. Ich merkte, daß sie miteinander sprachen, und sah, wie Jane mit dem Finger auf mich zeigte. Vor Sonnenuntergang kamen die Powamugenossen aus der Kiva, bestreuten uns mit Maisschrot und übergaben uns Gebetsstäbe und weiche Gebetsfedern, die wir uns an den Gürtel binden mußten. Darauf, als der letzte Tanz zu Ende war, hieß uns der Katschina-Vater für die kommende Jahreszeit Abschied nehmen und unsere Gebetsfedern dem Wolkenvolk-der-sechs-Richtungen mit der Bitte um Regen zu überbringen. Bevor wir den Dorfplatz verließen, stürzten sich alle Knaben und Männer auf uns und rissen die Fichtenzweige ab, die von unserer Hüfte hingen, um sie auf ihren Feldern unter Gebeten um eine gute Ernte einzupflanzen.

Frank sattelte am nächsten Morgen sein Pferd und nahm einen Fichtenzweig und die Gebetsfedern, die ich von den Powamugenossen erhalten hatte, um sie auf seinem Felde einzupflanzen. Bevor er aufbrach, erinnerte er mich noch daran, daß ich vier Tage lang bei keinem Mädchen schlafen dürfte. Ich ging zu Sophie ins Haus und lud Esther und Lillian ein, bei uns zu essen. Dabei hatten sie eine Art, mich anzusehen, untereinander Blicke auszutauschen und zu lachen, die mich bestürzte. Sie ließen durchblicken, daß sie etwas über mich wüßten, wollten es aber erst preisgeben, wenn wir zum Flötentanz in Oraibi wären.

Der Ausrufer von Shipaulovi kündete eine Kaninchenjagd an. Vier Tage später trieben wir die Pferde zusammen und zündeten nachmittags an der Eselsquelle, wo wir uns versammelt hatten, ein Feuer an. Jay, der Jagdleiter, streute Maisschrot in einem Kreise aus und legte in die Mitte etwas Kaninchenkot, der die Tiere darstellte. Er warf etwas Gras als Futter hinein, riß ein Streichholz an – in früheren Zeiten hätte er einen Feuerstein benutzt – und entfachte ein zweites Feuer, um damit auszudrücken, daß die Frauen frisches Fleisch erwarten dürften. Wir Jäger hielten unsere Kaninchenknüppel in den Rauch, denn das bringt Glück. Dann bildeten wir einen Kreis von fast zwei Kilometern Durchmesser und begannen das Treiben, indem wir schrieen und auf die Büsche klopften. Die Kaninchen liefen auf die Mitte zu, wenn aber eins den Kreis durchbrach, jagte ein Reiter hinterdrein. Ich war nicht dazu imstande, die Kaninchen vom Pferderücken aus mit dem Krummholz zu treffen, daher ritt ich einen Esel. Aber nach einiger Zeit wurde ich so aufgeregt, daß ich zu Fuß hinter den Kaninchen herlief – und einige entkamen nur mit knapper Not. Als das Totschlagen ein

Ende fand, hatten viele Jäger Kaninchen in der Hand, einige bis zu zehn. Ich hatte drei erlegt und außerdem eins, das ein Hund gefangen hatte. An dem Tage führten wir noch sechs weitere Treiben durch. Am Ende war mein Esel mit Kaninchen beladen, denn Frank, ein guter Jäger, half mir vom Pferderücken aus. Als wir nach Hause kamen, äußerten die Frauen laut ihre Freude, sprachen uns ihren Dank aus und machten sich daran, die Kaninchen herzurichten. Frank, Sam und ich halfen meiner Schwester Gladys.
Am nächsten Tage gab es einen großen Kaninchenschmaus, der in einem alten Backofen im Freien zubereitet wurde. Sophie und Jane aßen bei uns und wollten sich mit mir necken und rangeln, aber ich hatte mein Augenmerk auf Frank gerichtet und hielt mich zurück. Abends gingen Sam und ich schlafen auf den Felsen draußen und sangen die Katschinalieder, die wir bei dem Nimantanz verwandt hatten. Es lag mir daran, sie wirklich genau zu können, aber im Innern war ich beunruhigt wegen des Geheimnisses, das Esther und Lillian mir in Oraibi mitzuteilen versprochen hatten.
Allmählich wurde es mir zur Last, in Shipaulovi zu wohnen und so schwer für Frank zu arbeiten. Er war von heftiger Gemütsart und schalt mich manchmal schlimmer, als wenn ich sein eigener Neffe gewesen wäre. Jane gefiel mir, und ich hätte gern bei ihr geschlafen, aber ich fürchtete, ihre Verwandten könnten von mir verlangen, daß ich sie heiratete. Dann hätte ich in Shipaulovi bleiben und nach Franks Pfeife tanzen müssen; denn er war ein einflußreicher Mann, da er zum Bärenklan gehörte und sein Oheim Dorfvogt war. Mich aber zog es nach Moenkopi, dort wollte ich Geld verdienen und Mettie besuchen.
An dem Tage, da der Flötentanz in Oraibi stattfand, war Frank nicht zu Haus. Ich eröffnete Gladys, daß ich zu dem Tanze gehen, aber noch einmal zurückkehren würde, ehe ich endgültig nach Moenkopi aufbräche. Jane sah mich, wie ich über den Dorfplatz ging, und erriet, daß ich nach Oraibi wollte. Das ganze Gesicht ein Lächeln, sagte sie: »Grüß mir auch Esther und Lillian schön!« Ich war ganz betreten und grübelte darüber nach, was für ein Geheimnis sie wohl von mir wüßten.
Ich hatte mich zu Fuße aufgemacht, kam aber nur langsam voran. Darum zog ich die Schuhe aus, hängte sie mir um den Hals und lief, so schnell ich konnte; auf diese Weise erreichte ich Oraibi noch vor Mittag. Viele Leute waren mit den Männern des Grauflötenbundes zur Lolomaquelle gegangen, um dort Gebetsopfer für unsere abgeschiedenen Lieben niederzulegen. Bei meiner Mutter aß ich zu Mittag, und sie erzählte mir, daß Esther und Lillian in Oraibi die Nachricht verbreiteten, Jane und ich hätten ein Verhältnis mit-

einander. Das machte mir Sorgen, und ich war froh, daß wenigstens Mettie nicht in Oraibi war. Ich blieb zu Haus und überlegte, was ich gegen das Gerücht unternehmen könnte; aber als die Kinder berichteten, daß die Flötenmänner jetzt an der Oraibiquelle wären, ging ich hinaus, um bei dem Wettrennen, das die Mesa hinaufgeht und Regen bringen soll, zuzugucken. Nachdem ich noch mit angeschaut hatte, wie die Grauflötenmänner bei der Marau-Kiva tanzten und wie sie zu ihrem Heiligtum zogen, um dort Gebetsopfer niederzulegen, ging ich ins Haus meiner Mutter und aß fast schweigend mein Abendbrot.

Bei Sonnenuntergang ging ich zum Antilopenheiligtum hinaus und erblickte Esther und Lillian, wie sie mir von den Felsen der Mesakante aus zuwinkten. Als ich hinkam, neckten sie mich und sagten: »Jane behauptet, du wärest ihr Liebhaber, und noch viel mehr hat sie uns erzählt.« Ich bestritt, daß wir ein Verhältnis hätten, und bat sie, diese Behauptungen nicht zu Mettie gelangen zu lassen. Ich kehrte ins Haus zurück und schlug mein Lager auf dem Dache meiner Mutter auf – sehr in Sorgen.

Am nächsten Tage wanderte ich nach Shipaulovi zurück und ging nach dem Abendessen zu Jane ins Haus. Ich saß mit ihr in der Dämmerung auf dem Dach und fragte sie aus über das, was die Mädchen herumgebracht hatten. Sie ließ den Kopf hängen, und die Tränen waren ihr so nahe, daß ich ihre Hand ergriff, sie an mich zog und sagte, sie sollte sich keine Gedanken mehr darüber machen. Und leise setzte ich hinzu, ich hätte es mir nicht träumen lassen, daß sie mich als Liebsten hätte haben wollen. Nach Mitternacht machte ich den Versuch zu gehen, aber sie hielt meine Hand so fest, daß ich mich neben ihr zum Schlafen hinlegte. Ihre Verwandten wußten, daß wir zusammen waren, daher hütete ich mich – ob ich sie gleich vielmals küßte und ohne Scheu liebkoste – mit ihr zu verkehren; denn ich wußte, daß ich ein passender Ehepartner für sie war und daher in eine Falle geraten konnte. Ich wollte frei bleiben, um weiter Metties Liebe zu genießen, und ich fürchtete Frank. Am Ende schliefen wir getrennt unter verschiedenen Decken ein. Ich wußte nun zwar, daß ihre Familie mich wollte, aber ich fürchtete mich nicht davor, bei ihr überrascht zu werden, denn wir hatten keinen Umgang gehabt. Es gab mir ein Gefühl der Sicherheit, daß ich aufstehen und die Wahrheit sagen konnte, wenn es nötig war, mich gegen Heiratsabsichten zu verteidigen.

Am nächsten Morgen fanden Janes Leute uns zusammen, sie neckten uns, brachten uns Wasser, daß wir uns das Gesicht in derselben Schüssel wüschen, und ließen uns beim Frühstück nebeneinander sitzen, alles wie bei einem jungen Ehepaar. Als ich ankündigte, daß ich nach Moenkopi wollte, fragten sie mich wiederholt, wann ich wiederkommen würde. Schließlich gelang es mir, Lebewohl zu sagen und das Haus meiner Schwester aufzusuchen – um tüchtig zu essen, denn ich war zu verschüchtert gewesen, um ausreichend zu frühstücken. Gladys blickte mich prüfend an, während ich aß; sie hatte gemerkt, daß etwas geschehen war. Als ich ihr Bericht erstattet hatte, sagte sie: »Gewiß, du mußt deine eigene Entscheidung treffen, und wenn sie dann schlecht gegen dich handelt, so brauchst du jedenfalls mich nicht zu tadeln.« Sie fügte noch hinzu, es wäre bekannt, daß Jane es mit verheirateten Männern hielte, und sie für ihr Teil lege keinen Wert auf eine derartige Schwägerin. Auch weinte sie ein wenig und sagte, es wäre ihr nicht lieb, wenn ich Shipaulovi verließe, denn ich bedeutete eine große Hilfe für Frank.

Ich packte meine Sachen und machte auf dem Weg aus dem Dorf dort noch einmal halt, wo Jane wohnte. Als ich ihr Lebewohl sagte, drückte sie mir die Hand, zog mich – mit Tränen in den Augen – an sich und gab mir in aller Öffentlichkeit einen Kuß auf die rechte Wange. Ich stand da, freundlich und ruhig, und mahnte sie, etwas auf sich zu halten. Wenig später, als ich die Mesa hinabwanderte, hatte ich das Gefühl, von einem sehr engen Pfad auf eine breite Straße gelangt zu sein. Ich fühlte mich wie aus einem Gefängnis befreit, und dies waren, während ich in mich hineinlächelte, so meine Gedanken: »Jetzt habe ich zwei Mädchen. Vielleicht tun sie am besten daran, mich zu halbieren – und die das meiste Glück hat, bekommt die untere Hälfte.« Die weniger Glückliche tat mir ein bißchen leid; aber ich mußte fürchten, daß immer auf der einen oder der anderen Seite die Leute mich kahopi nennen würden. Ich ging den ganzen Weg zu Fuß und erreichte Oraibi am Nachmittag – so ermattet und hungrig, daß meine Mutter mir ein Ei briet.

Die Nacht verbrachte ich auf dem Dach meiner Mutter; ich fühlte mich wie ein Vogel, der gerade aus dem Netz entwischt ist. Die Grillen schienen mir zu raten, Jane zu lassen und Mettie zu nehmen, und es kam mir vor, als lächelten die Sterne mir Mut herab zu Flitterwochen in Moenkopi; ich konnte es gar nicht abwarten, mich endlich auf dem Wege zu sehen. Am Morgen erfuhr ich, daß Masawyestewa, der Mann meiner Mutterschwester, die Absicht hatte, am folgenden Tage mit vier Eseln nach Moenkopi aufzubrechen. Nach einem endlosen Tage und einer weiteren Nacht machten wir uns auf, zwei Esel reitend und zwei bepackt vor uns hertreibend. Ich hatte meine Kleidung in einen Mehlsack eingerollt und den unbequemen Koffer weggelassen. Schritt für Schritt und Meile über Meile dachte ich an mein Mädchen und versuchte mir vorzustellen, ob sie wohl, wenn ich über den letzten Hügel hinauf-

käme, unter der Tür stehen würde, die Augen mit der Hand beschattend und nach mir ausschauend – oder ob sie einen anderen Liebsten haben und mein Anblick ihr zuwider sein würde.
Wir kamen nach Sonnenuntergang in Moenkopi an und trieben unsere Esel zum Hause meiner Großmutter Iswuhti und meiner Tante Frances. Mein Gevatter Sekahongeoma wohnte auch dort. Anfänglich erkannte er mich nicht, aber dann kam er auf mich zugelaufen, packte mich mit beiden Armen, drückte mich lange an sich und sagte dabei: »Mein Sohn, mein Sohn, ich habe dich nicht erkannt, weil du so lange fort warst auf der Schule.« Die Familie fragte mich über das Schulleben aus, bis es zum Zubettgehen schon recht spät war; daher hatte ich keine Gelegenheit mehr, mein Mädchen zu besuchen. Aber mein Großvater Roger, der Ehemann meiner Tante, der gleichzeitig der Bruder meines Gevatters war, zog mich mit ihr auf, und meine Tante sagte, daß sie mich als Liebsten haben und ihren alten Ehemann aus dem Hause jagen wollte. Schließlich kletterte ich mit meinem Gevatter auf das Dach, und dort schliefen wir beide zusammen.
Jackson, ein Schulkamerad aus Sherman, nahm mich am nächsten Morgen mit zur Navaho-Agentur in Tuba City; vielleicht gäbe es einen Arbeitsplatz für mich in der Bäckerei. Wir erhielten die Auskunft, daß wir am nächsten Tage wiederkommen und den Vorsteher selber sprechen müßten; darauf liefen wir in der Ortschaft umher und gingen schließlich in den Laden. Ich besaß keinen Cent mehr, aber Jackson lieh mir fünf Dollar, so daß ich mir eine Dose Tabak kaufen konnte und noch etwas Geld zum Ausgeben hatte. Dann kehrten wir nach Moenkopi zurück, suchten Louis Hoye auf und verbrachten den Tag in seiner Familie, indem wir allerlei Geschichten aus dem Schulleben zum besten gaben.
Nach dem Abendessen sah ich mein Mädchen unter der Hintertür ihres Hauses stehen. Ich strich nahe an ihr vorüber und sagte leise: »Tag, Mettie!« Sie lächelte und erwiderte: »Wo willst du hin?« – »Hier hinaus«, flüsterte ich, »aber ich komme gleich wieder.« Bald war ich zurück und sagte: »Es ist nicht schön, wenn man mich hier mit dir stehen sieht. Können wir uns nicht nachher irgendwo im Dunkeln treffen?« Sie versprach, daß sie sich unmittelbar vor der Tür schlafen legen würde. Nun ging ich ins Haus zurück und aß mit Louis und seiner Familie eine Melone. Zur Schlafenszeit stiegen wir beide aufs Dach und legten uns hin. Ich berichtete ihm, daß ich mein Mädchen getroffen und mich mit ihm auf später verabredet hätte. Er sagte, wir würden zusammen gehen, denn er hätte eine Verabredung mit seiner Freundin Elsie, die nebenan bei Mettie wohne und oft mit ihr zusammen schliefe. Als überall die

Lichter aus waren und die Leute zur Ruhe gegangen, nahmen wir unsere Decken, glitten die Leiter hinunter, schlichen uns über den Hof, legten uns auf die Erde und rollten uns dahinüber, wo die Mädchen lagen. Dabei kam ich mit dem Kopf Elsie ganz nahe, und sie flüsterte mir zu, daß Mettie auf der anderen Seite läge. Ich schlüpfte dahin und unter ihre Zudecke; da lag ich eine Weile, ohne mich zu rühren oder zu sprechen. Dann begannen wir ganz leise zu flüstern, einander zu küssen und mit den Händen unsere Vertrautheit zu erneuern; an Elsie und Louis kehrten wir uns nicht dabei. Dreimal umarmten wir uns und hatten immer noch Lust zueinander, als der Mond aufging. Da wurde es mir ungemütlich, ich stieß Louis an und flüsterte: »Komm, es wird Zeit!«

Wir taten noch einen tüchtigen Schlaf auf dem Dach, bevor die Sonne aufging; da aber rollten wir die Decken zusammen und stiegen hinunter zum Frühstück. In kurzem waren wir auf dem Marsch nach Tuba City, schnellen Schrittes, mit dem Mittagbrot unterm Arm, und tauschten Erinnerungen aus an die Erlebnisse dieser Nacht.

Der Vorsteher hatte Arbeit für uns, und zwar begannen wir nun mit zwei anderen Burschen zusammen für einen Dollar den Tag Pfirsiche zu pflücken. Einige Wochen später wurde ich Vormann der Pfirsichpflücker und brauchte selber nicht mehr so schwer zu arbeiten. Mettie arbeitete ebenfalls eine Zeitlang in Tuba City, sie wusch und machte Hausarbeit für Weiße. Ich hatte Mitte August als Pflücker in der Agentur angefangen und blieb dabei bis zur dritten Oktoberwoche. Ich wohnte bei meiner Tante, bis sie im September nach Oraibi zog, um an der Marau-Zeremonie teilzunehmen. Da zog ich in das Haus meiner Mutterschwester Tuwanungsie, zum Schlafen ging ich jedoch in die Kiva zu den Knaben und unverheirateten Männern, denn die Nächte wurden schon kalt. Louis und ich blieben Kameraden und trafen uns nach wie vor ein- oder zweimal die Woche mit unseren Mädchen – gewöhnlich in der Mahlstube, wo sie meistens schliefen. Es wurde allgemein bekannt, daß Mettie und ich ein Liebespaar waren. Ihren Oheimen war das recht, aber es mißfiel ihrer Mutter. Zuerst versuchte ich vorsichtig zu sein und Mettie, weil sie nochmals zur Schule gehen wollte, vor einer Schwangerschaft zu bewahren, und zwar dadurch, daß ich allzu häufigen Verkehr, vor allem um die Zeit ihrer Regel, zu vermeiden suchte. Später aber, als es sich ergab, daß ihre Mutter gegen unsere Heirat war, hoffte ich, daß Mettie schwanger würde, weil das einem Manne ein gewisses Übergewicht gegenüber der Mutter seiner Freundin gibt. Denn wenn ein Mädchen ein Kind bekommt, möchte die Mutter gewöhnlich, daß ihre Tochter den Vater des Kindes heiratet.

Eben zu der Zeit, da ich vorhatte, Mettie zu heiraten, traten noch andere Mädchen in mein Leben. Sie schienen mir zu vertrauen, weil ich in Moenkopi dadurch einen guten Ruf gewonnen hatte, daß ich mich beherrschte und niemals ein Mädchen mit Gewalt nahm, wie es unter einigen anderen Burschen Brauch war. Wenn die Mädchen abends von einem gemeinsamen Spaziergang zurückkamen, pflegten sie ihnen aufzulauern, und wer das Glück hatte, die Gewünschte zu erwischen, nahm sie auf die Seite und bestand darauf, daß sie ihm ihre Gunst erwiese. Dies geschah vor allem um die Zeit des Schlangentanzes in Oraibi, war aber auch zu andern Zeiten nicht allzu selten und nötigte die Eltern dazu, ihre Töchter aufs sorgsamste zu bewachen, wenn sie sie davor bewahren wollten.

Eines Abends waren wir zu Hause, als zwei oder drei Mädchen kamen, um mit meiner Klanschwester Meggie zusammen Mais zu mahlen. Eins darunter war Eva vom Bambusklan; sie hatte eine gute Figur, schöne schlanke Arme und Beine, breite wohlgeformte Hüften und ein hübsches Gesicht mit rosigen Wangen und funkelnden Augen. Viele junge Burschen waren eifrig um sie bemüht und einige hatten mir anvertraut, daß sie niemals schreie, wenn man sie anfasse. Während sie mit Meggie zusammen Mais mahlte, standen die Burschen draußen vorm Fenster und flachsten. Als sie nach Haus gehen wollte, rief sie mich hinein und sagte: »Ich fürchte mich vor den Burschen da draußen. Würdest du mich wohl nach Hause bringen?« Ich erklärte mich dazu bereit und flüsterte Meggie zu: »Sag den Burschen, daß wir uns alle zusammen auf dem Hinterhof eine Melone teilen wollen. Wenn sie beim Essen sind, will ich mit Eva hinausschlüpfen.« Sobald die andern schmausten, wickelte ich mich in eine Steppdecke, so daß ich wie ein Mädchen aussah, und schlich mit Eva aus der vorderen Tür. Dabei sagte ich zu ihr: »Laß mich den Kopf mit unter deinen Schal stecken und meinen Arm um dich legen, damit wir wie zwei Mädchen aussehen!« Und während wir so dahineilten, flüsterte ich ihr zu: »Du bist lieb!« – »Aber nicht so lieb wie Mettie!« gab sie zurück.

Sobald die Burschen entdeckten, daß Eva fort war, kamen sie hinter uns hergerannt, zerrten uns den Schal vom Kopf und grapsten nach dem Mädchen, daß es aufschrie. Ich hielt sie am Handgelenk fest, bis die Leute aus den Häusern stürzten und die Burschen aufforderten, sie in Frieden zu lassen. Darauf gingen wir bis zu ihrer Haustür, und dort fragte ich sie, ob es wohl möglich wäre, daß wir in dieser Nacht noch einmal zusammenkämen. Sie flüsterte:

»Leg dich im Dunkeln bei der Türe hin! Wenn alles schläft, schleich ich mich zu dir hinaus.«

Ich entfernte mich sofort, kehrte aber wieder zurück und wartete so lange, bis es im Dorfe ganz still war; da fühlte ich, wie eine Hand meine Schulter berührte, und ich hörte, wie Eva mir zuflüsterte: »Nun hinauf in die Mahlstube auf dem Dach des zweiten Stockwerks!« Und sie führte mich, mit einen Schaffell unter dem Arm, in den Oberstock. Dort fand ich sie so liebevoll und entgegenkommend, daß ich mich noch für eine weitere Nacht mit ihr verabredete und mich erst, als der Hahn krähte, dazu überwinden konnte, fortzuschleichen.

Mettie und Elsie mahlten in einem anderen Hause Mais. Louis und ich stahlen uns häufig dort hinauf, um bei ihnen zu schlafen. Aber eines Tages war Louis von der Agentur nach Flagstaff geschickt worden, um etwas von der Bahn abzuholen. Ich sang an dem Abend eine Weile Katschinalieder in der Kiva, dann stieg ich in die Mahlstube hinauf und fand Elsie dort allein. Sie sagte, Mettie wäre unwohl, hätte auch einige Schmerzen und wäre deswegen zu Hause geblieben. Ich drückte meine Enttäuschung aus und beseufzte es, daß ich nun auch mit einigem Unbehagen nach Haus gehen müßte. Elsie lachte leise und sagte: »Warte nur ein Weilchen!« Ich legte mich auf ein Schaffell, mit dem Kopf dicht am Mahlkasten, und gab, während sie arbeitete, ein paar Geschichten zum besten, tätschelte ihr auch ab und zu den Arm. Dann sagte sie jedesmal: »Du, ärgere mich nicht, ich arbeite!« Schließlich fragte ich, ob sie es im Ernst wollte, daß ich fortginge und sie in Frieden ließe. Sie antwortete: »Nein, das liegt bei dir; ich hintergehe allerdings Mettie nicht gern!« Wenig später schüttete sie den Maisschrot in eine Schüssel und sagte, es wäre Zeit, schlafen zu gehen. Ich stand auf und tat, als wollte ich fort, aber sie war schneller an der Tür als ich, verschloß sie und sagte: »Ich habe Streit gehabt mit Louis; vor zwei Tagen hat er mit mir gebrochen.«

Ich trat an ihr Lager und legte mich nieder. Zu meiner Überraschung zog sie sich völlig aus, half mir aus den Kleidern und schmiegte sich eng an mich. Das hatte bisher kein Mädchen getan, und nie hatte ich so viel weiches, warmes Fleisch mit dem meinen verbunden gefühlt. Sie hatte sogar die Schamhaare ausgezogen, was, wie man sagt, die Hopifrauen früher alle getan haben. Ich hatte die Empfindung, daß ich nie aufhören könnte, sie zu lieben, und bat sie augenblicklich, meine Frau zu werden. – Ich lag in festem Schlafe, als sie mich beim Hahnenschrei anrief und meinte, daß ich nun gut täte, fortzugehen.

Einige Tage später unterhielt ich mich mit Louis über Frauen und fragte ihn, ob sich jemals ein Mädchen völlig für ihn entkleidet hätte. Er antwortete »Nein« und stellte mir dieselbe Frage. »Ja«, sagte ich, ohne einen Namen zu erwähnen, lächelte aber in meinem Herzen darüber, daß ich mehr über sein Mädchen wußte als er selber, und beglückwünschte mich dazu. Später schenkte ich Elsie einen Ring für fünf Dollar.

Um den ersten Oktober beschlossen Louis und ich, einen Pajute-Tanz zu veranstalten, weil uns das im Dorf beliebt machen würde. Wir gingen zum Rufervogt und baten ihn, die Männer und die jungen Burschen in der Kiva zusammenzurufen. Dann steckten wir unsere Laternen an, entzündeten ein Feuer und warteten. Der Ausrufer forderte mich auf, den Leuten vorzutragen, was ich im Sinne hätte. Darauf hielt ich eine Ansprache und sagte, daß Louis und ich, bevor die Jungen und Mädchen wieder in die Schule zurückkehrten, einen Tanz veranstalten wollten, um die Leute froh zu machen und Regen herbeizuführen. Sie waren einverstanden, und ich wählte zwei Burschen aus, Clarence und Walter, die auf die Mädchen achtgeben sollten, daß während der Übungen niemand bei ihnen schliefe. Jedermann versprach, sein Bestes zu tun und keinen Streit zu machen, damit nicht der Tanz gestört und womöglich eine Dürre verursacht würde. Frank Siemptewa, der Statthalter von Moenkopi, fragte mich, welche Art Tanz wir vorhätten, und ich antwortete: »Einen Pajute-Tanz!« Da sprangen sie alle auf und jubelten, um zu zeigen, wie sie sich darüber freuten. Nun gingen die meisten wieder fort, nur Frank und die übrigen Amtsträger blieben, um zu rauchen und zu beten. Louis und ich schliefen in dieser Nacht in der Kiva, weil wir für den Tanz verantwortlich waren. Am nächsten Tage gingen wir wieder nach Tuba City zur Arbeit.

Abends holten Clarence und Walter die Mädchen zusammen, führten sie in die Kiva und forderten sie auf, sich alle unter den Burschen einen Tanzpartner auszusuchen. Sie flüsterten den Namen ihrer Wahl den beiden ins Ohr. Elsie wählte Walter als Partner, und alle bezeugten durch lauten Zuruf ihr Einverständnis. Sadie suchte sich Louis aus. Dem Brauch entsprechend, wurde jeder Bursche von einer Muhme erwählt, seiner leiblichen, klanmäßigen oder rituellen Muhme. Mich wählte Euella, die Tochter einer Klanschwester meines Vaters.

Wir baten die Männer, Lieder für den Tanz zu verfassen, und stellten uns auf, um zu üben, die größten Paare voran. Viele lachten und sagten, ich tanze wie ein Mexikaner; ich war ja so lange fortgewesen. Als Mettie an der Reihe war, bei mir zu stehen, lachten die Burschen und neckten sie, denn sie wußten alle, daß sie meine Liebste war. Wir übten allabendlich und arbeiteten tagsüber in Tuba City.

Nach etwa einer Woche legten Louis, Walter, Clarence und ich zusammen, um zwei Schafe, Kaffee und Zucker für den Festschmaus zu kaufen. Wir hatten schon zwei Silberschmiede beauftragt, große Knöpfe für die Tracht der Mädchen herzustellen. Wir kauften Samt zu Miedern für die Mädchen und roten Stoff für die Röcke. Louis' Schwester nähte das Kostüm für seine Tänzerin, und ich stellte eine Tante an, die es für meine tat. Bei jedem Tanz sollten immer andere Mädchen diese Kostüme tragen. Louis, Walter, Clarence und ich kamen überein, daß wir uns gegenseitig überwachen und darauf achten wollten, daß wir uns in dieser Zeit rein hielten. Hätte einer von uns die Vorschrift der Enthaltsamkeit mißachtet, so wären womöglich heftige Winde, kaltes Wetter und Dürre über uns alle gekommen.

Um Mitternacht, während der Übung vor dem eigentlichen Tanztage, trat ich aus der Reihe und sagte: »Hört einmal her! Louis und ich werden nun vier Burschen aussuchen, die mit uns kommen und etwas zu essen in die Kiva holen.« Unsere Familien hielten schon Ragout und Kaffee bereit. Wir brachten die Speisen in fünf großen Schüsseln in die Kiva und setzten sie in der Mitte auf eine Wagenplane. Die Mädchen aßen zuerst, und dann sangen sie, während die Burschen aßen. Da Louis und ich die Veranstalter waren, aßen wir mit den Amtsträgern zuletzt.

Als die Kiva wieder aufgeräumt war, gingen alle Burschen, die mittanzten, nach Hause und holten Geschenke für die Mädchen, also Süßigkeiten, Erdnüsse, Schüsseln oder was sie sich sonst hatten leisten können. Auch den Brüdern und Vätern ihrer Partnerinnen machten sie Geschenke. Ich gab für Euella und ihre nächsten Verwandten an zehn Dollar aus.

Hierauf verließen etliche Burschen die Kiva und erschienen nach einiger Zeit verkleidet und mit zwei kleinen Mädchen wieder, um uns einen außerplanmäßigen Tanz, und zwar einen Büffeltanz, vorzuführen. Zuerst kamen die Sänger in die Kiva, schossen mit Revolvern in die Luft und heulten wie feindliche Krieger. Sie schenkten uns einen so vortrefflichen Überraschungstanz, daß wir daran zweifelten, ob wir am nächsten Tage imstande sein würden, etwas ebenso Gutes zu bieten. Ich erhob mich, dankte ihnen und forderte sie auf, den Tanz zu wiederholen.

Schließlich kletterte ich aus der Kiva, um den Anbruch der Dämmerung zu beobachten, und als der Himmel sich gelb färbte, stieg ich

wieder in die Kiva hinab und sagte: »Nun los, laßt uns auf die Plaza gehen und tanzen!« Die erste Gruppe von vier Tänzern stellte uralte Pajutes vor. Nach unseren Tänzen kamen wir in die Kiva zurück, zogen uns unsere gewöhnlichen Kleider an und gingen nach Haus, um zu frühstücken.
Ich war zuerst wieder in der Kiva, und Louis kam kurz darauf. »Du, hör 'mal«, sagte ich, »heute wollen wir uns aber beherrschen, freundlich und zurückhaltend sein und nichts sagen, was jemand mißfallen könnte!« – »Ganz meine Meinung«, gab er zurück, »heute wollen wir den Leuten höflich begegnen.« Ich befürchtete, daß Louis sich vergessen und wer weiß was sagen würde, denn ich kannte seine Nücken.
Zwei alte Männer hatten wir uns ausgesucht, die den Kopfschmuck für die Tänzerinnen herstellen sollten, und sie hatten Adlerfedern dazu gesammelt. Nun kleideten sie die beiden Mädchen ein, die zuerst tanzen sollten, bemalten ihnen die Wangen mit Rot, flochten ihnen das Haar, schmückten es mit Silberknöpfen und legten ihnen Silbergürtel um die Taille. Ein Kriegskopfschmuck wurde ihnen aufgesetzt, und zum Tanz bekam jede einen Pfeil in die Hand. Die Burschen waren als Pajutekrieger gekleidet und mit Revolvern und Kriegsschilden ausgestattet, die mit roten Fransen und Adlerfedern verziert waren. Die übrigen Männer stiegen alle aus der Kiva, schlugen die Trommeln und sangen. Dann kamen die Mädchen heraus auf das Dach der Kiva, und wir sangen Komantschenlieder. Die zwei führenden Tänzer geleiteten ihre Partnerinnen auf den Dorfplatz und tanzten in den vier Richtungen, wobei Gesang und Bewegungen zunächst langsam, nachher aber sehr schnell waren. Es war wunderbar. Navaho und Weiße kamen ins Dorf, um zuzusehen.
Am ersten Tanz nahm ich mit den Sängern teil und war nicht verkleidet, wie nachher bei meinem besonderen Auftritt. Als wir uns wieder in die Kiva zurückgezogen hatten, waren Tewanimptewa und ich an der Reihe, den Tanz anzuführen. Dieselben beiden Greise bekleideten unsere Mädchen mit dem Kostüm ihrer Vorgängerinnen. Ich verkleidete mich als uralter Pajute, wozu ich mir das Gesicht von der Nasenspitze bis zu den Haarwurzeln schwarz und rot bemalte. Ich zog die Hosen aus und ging mit bloßen Beinen, oben trug ich nur einen altertümlichen Schamschurz und an den Waden Gamaschen aus einer alten Satteldecke, die oben und unten mit Wildlederriemen festgeschnürt waren. *Einen* alten Pajutemokassin zog ich an, den andern hängte ich mir an den Gürtel. Ich hatte eine Perücke auf dem Kopf und eine Muschelschalenkette um den Hals, setzte einen altmodischen Hut auf und

trug einen Revolver von fünfundvierziger Kaliber wie ein Cowboy. Tewanimptewa zog sich als junger fescher Pajute an. Nun führten wir mit unseren Partnerinnen den Aufzug an und tanzten zum Gesang der Männer und Rühren der Trommeln auf dem Dorfplatz. Die Leute lachten und lachten, was mich hoch erfreute.

Während wir tanzten, kam Talayesnim, meine Muhme, auf den Dorfplatz gelaufen, stellte sich vor ihre Tochter Euella hin und erklärte, daß sie mich für sich selber wolle. Euellas ältere Schwester Pole kam auch angelaufen, zog ihre Mutter weg und tanzte mit mir. Aber die alte Mutter kam wieder, legte mir die Arme um den Hals und küßte mich wiederholt auf den Mund, um zu zeigen, daß sie eifersüchtig auf ihre Tochter wäre, und ebenso soll auch eine rechte Muhme sich verhalten. Mich freute es, daß die Leute sahen, wie beliebt ich bei meinen Muhmen war, aber mir erwuchs daraus natürlich auch die Verpflichtung, nach dem Tanze für jede von ihnen etwas zu kaufen. Schließlich tanzten wir vom Dorfplatz zur Kiva zurück. Nach diesem besonderen Auftritt zog ich mich wieder als Komantschenkrieger an und stand in der Runde der übrigen Mädchen und Burschen den jeweiligen Haupttänzern zur Seite. Als die Sonne unterging, hatten wir neunmal getanzt; wir kehrten in die Kiva ein und legten die Kostüme ab. Der Tag war heiter gewesen, ohne böse Winde oder Kälte, und das zeigte, daß unsere Herzen, Louis' und meins, rechtschaffen waren.

Bevor wir auseinandergingen, fragte ich: »Nun, Kameraden, wäre es wohl angebracht, wenn Euella das Tanzkleid wieder anzöge und ich sie so nach Hause brächte?« Sie waren alle einverstanden und halfen mir, sie nochmals mit all dem hübschen Zeug auszustaffieren. Ich führte sie vor allen Leuten nach Hause und schenkte ihr die gesamte Tracht als Belohnung dafür, daß sie mich als Tanzpartner gewählt hatte. Darauf räumten wir alle Sachen aus der Kiva und wurden von den Amtsträgern entlassen; nur Louis und ich erhielten den Rat, in der Kiva zu schlafen und uns vier Nächte lang rein zu halten.

Am nächsten Morgen wurde eine öffentliche Ernte für den Statthalter von Moenkopi vom Hausdach aus verkündigt. Der Rufervogt ermahnte alle, die an dem Tanz teilgenommen hatten, auf das Feld des Statthalters hinauszugehen und seinen Mais für ihn zu ernten. Männer und junge Burschen holten sich ihre Pferde. Ich wählte ein ruhiges Pferd, denn jeder Tänzer mußte mit seiner Tänzerin hinter sich im Sattel vom Feld wieder ins Dorf reiten; die Mädchen sollten dazu die Kürbisblütenfrisur tragen. Ein Wagen wurde mit Pferden bespannt, der die Mädchen nach dem fünf Meilen entfernten früheren Mormonenfeld hinausfahren sollte. Die Amtsträger führten uns zu Fuß an, während wir Burschen auf unseren Pferden um die Wette an dem Zuge auf und nieder ritten. An der Grenze des Feldes setzten sich die Leiter nieder, rauchten Bergtabak und beteten. Hierauf stießen wir Reiter ein lautes Kriegsgeschrei aus und brausten mit unseren Pferden über das Feld. Dann begann die Arbeit; ich trug einen weißen Sack, den Mais hineinzutun, und Euella arbeitete mit mir zusammen.

Als die Erntearbeit beendet war und bevor wir aufbrachen, hielt uns der Leiter auf einen Augenblick zur Einkehr an, indem er sagte: »Wir freuen uns, daß ihr diese saubere Arbeit für eure Mutter und euren Vater, unseren Statthalter und seine Frau, geleistet habt. Laßt uns nun heimkehren mit frohen Herzen!« Wir Burschen schlossen auf unseren Pferden einen großen Kreis um die Mädchen, die sich bei einem hohen Maishaufen gesammelt hatten. Der Statthalter sagte: »Meine Damen, die Wagen sind alle mit Mais beladen, da darf jede von euch sich einen Burschen wählen, der sie zu Pferde mit nach Hause nimmt.« Ich zog den Sattelgurt fest und nahm Euella hinter mir aufs Pferd. Die Burschen, die kein Mädchen hatten, sollten einen Vorreiter verfolgen, Robert Talas, der eine weiße gegerbte Wildlederhaut mitführte. Kaum hatten wir uns in Marsch gesetzt, als die Teilnehmer der Verfolgungsjagd ihre Revolver abschossen und damit mein Pferd scheu machten. Ich sprang ab, setzte Euella in den Sattel und saß hinter ihr auf; dann lenkte ich das unruhig trippelnde Pferd zur Seite, so daß die Rennreiter vorbeikonnten. Wir versuchen zu traben, aber Euella saß nicht besonders gut im Sattel, wodurch wir weit hinter der übrigen Gesellschaft zurückblieben.

Während wir so dahinritten, gestand mir Euella, was für ein großes Vergnügen ihr der Tanz bereitet und wie sehr es ihre Verwandten beglückt hätte, so viele Geschenke zu erhalten. Sie verriet mir, daß man sie necke und ihr vorrede, sie könne mich zum Ehemann wählen, und sie erinnerte mich übermütig daran, daß ich, da sie meine Muhme sei, nicht das Recht hätte, sie abzuweisen. Als die Amtsträger, die die Mannschaft zum Dorfe zurückführten, außer Sicht waren, begann Euella zu kichern und mir schön zu tun und verleitete mich zu Zärtlichkeiten. Ohnehin umschloß ich mit meinen Armen ihre Taille, um sie festzuhalten, und nun ließ ich meinen Händen da vorne freies Spiel, und ich küßte ihr oftmals den Nacken, während wir so dahinzuckelten. Plötzlich, als niemand mehr zu sehen war, drückte sie sich heftig an mich, ihr Atem ging kurz und geschwind, vor Erregung begann sie zu zittern. Ich hielt sie fest, lächelte heimlich und sagte nichts; ich wußte wohl, daß ich mich vier Tage lang rein halten mußte.

Wir erreichten als letzte das Dorf, als schon die Frauen den Schmaus im Hause des Statthalters herrichteten und Speisen in langen Reihen auf den Erdboden setzten. Die Leute lachten und neckten uns mit den Worten: »Na, hier kommt ja ein Pärchen ganz gehörig spät!«

Nach dem Festessen brachte ich Euella nach Haus; dann bestieg ich mein Pferd, um mich den Reitern anzuschließen, die immer noch hinter Robert Talas und seinem Leder herjagten. Nun stürzten sie sich den Berg herab auf das Dorf zu wie Navaho im Angriff. Roberts Vater riet mir, ans Haus zu gehen und dort zu warten. Robert kam herangaloppiert und warf mir die Haut zu. Ich lief damit ins Haus, und das Rennen war gewonnen.

Vier Nächte lang schlief ich getreulich in der Kiva. Am fünften Tage forderte der Ausrufer vom Hausdach aus die Leute auf, in die Kiva zu gehen. Als wir dort versammelt waren, verkündete der Statthalter: »Also, meine Brüder, es soll ein Schmetterlingstanz in Oraibi stattfinden, und ich möchte wohl mit den Pajutetänzern dorthingehen. Sie könnten die Leute in der Nacht, die sie mit Gebeten und Übungen durchwachen, unterhalten. Wollen wir?« Wir riefen alle: »Ja!« In zwei Tagen sollten wir Moenkopi verlassen. Ich gab die Arbeit in Tuba City auf und verwandte meine Zeit dazu, einen Kriegskopfschmuck und ein Kostüm herzustellen. Ich borgte mir ein Paar indianischer Mokassins und eine Perlenkette vom Händler. Er lieh mir auch einen Köcher aus dem Fell eines Silberlöwen, an dem noch der Schwanz hing.

An diesem Abend, dem fünften nach dem Tanz, an dem ich also wieder eine Frau berühren durfte, verdrückte ich mich aus der Kiva und traf mich mit Mettie in dem unbenutzten Raum, wo sie mit Elsie Mais zu mahlen pflegte. Da empfing ich meine Belohnung für die lange rituelle Enthaltsamkeit, und wir schmiedeten Pläne, wie wir zusammen nach Oraibi reisen wollten. Mettie berichtete mir, daß ihre Mutter sich gegen unsere heimlichen Begegnungen ausgesprochen und ihr verboten hätte, mich zu heiraten. Aus Trotz gegen ihre Mutter hatte sie sich endgültig entschlossen, wieder nach Sherman zu gehen – sehr zu meinem Leidwesen.

Als ich wieder in die Kiva kam, traf ich dort den Statthalter Bergtabak rauchend im Gebet. Ich rauchte mit, nahm aber den Tabak aus dem Laden, weil ich infolge Liebesumgangs schon zum Beten untauglich war. Nachdem der Statthalter sich entfernt hatte, richtete ich mein Lager her und schlief schon, als Louis hereinkam, mich bei der Nase faßte und sie herumdrehte. Ich erwachte mit Schrecken und bildete mir ein, daß mich ein böser Geist gepackt hätte, bis ich ein

Lachen hörte. Als ich schalt, lachte er abermals und sagte: »Dies ist die fünfte Nacht nach dem Tanz und die erste, die frei ist. Ich komme gerade von meinem Mädchen.« – »Von welchem?« fragte ich. »Sadie«, sagte er, »Wievielmal?« forschte ich. »Sieben«, prahlte er, »und fühle ich mich schlapp!«

Louis fing bald zu schnarchen an, aber die verdrehte Nase hatte mich so hellwach gemacht, daß ich noch ohne Schlaf war, als die Hähne krähten. Ich langte hinüber und drehte ihm die Nase um, aber er schlief weiter. Darauf zog ich ihm die Vorhaut zurück, schlang ihm einen Bindfaden ums Glied und band das andere Ende an den Leiterholm. Dazu nahm ich Ruß vom Ofen und zog ihm große schwarze Ringe um die Augen, damit die Leute sehen konnten, wie er die Nacht verbracht hatte. Kurz darauf hörte ich ihn schreien und »Autsch!« sagen. Ich stellte mich unschuldig und fragte: »Was ist denn los?« Ich hatte einen so festen Knoten in den Bindfaden geschlagen, daß er ein Messer brauchte, um sich zu befreien. Im Anschluß daran gab es eine kleine Balgerei zwischen uns beiden. Bei Sonnenaufgang zogen wir uns an und gingen zu ihm ins Haus, wo alles über ihn lachte, bis er in den Spiegel und darin seine großen schwarzen Augen sah. Er wandte sich zu mir um und sagte: »Du verfluchter Narr!« Seine Verwandten lachten bloß, aber er verriet nicht, wie er angebunden gewesen war.

Nach dem Frühstück holten wir unser Bettzeug aus der Kiva und sattelten die Pferde zur Reise nach Oraibi. Der Statthalter streute geweihten Maisschrot auf die Erde und machte so eine »Straße« für uns, die wir vor unserm Aufbruch betreten mußten. Er sprach: »Liebe Kinder, geht nach Oraibi, tanzt für unsern Dorfvogt und macht sein Volk froh!« Dann ritten wir in doppelter Reihe davon. Ich reihte mein Pferd nahe bei Mettie ein, die neben ihrem Onkel ritt. Wie wir so in unserer Tracht, unserm Kopfschmuck und jeder Mann mit einer Last Wassermelonen bepackt, dahintrabten, sahen wir aus, wie eine Kriegerschar auf dem Kriegspfade. Henry und ich ritten hinter Mettie und ihrem Onkel Billy. Während des Mittagessens flüsterte Billy mir zu: »Wenn es wieder weitergeht, werde ich beiseitereiten, und du kannst meinen Platz bei Mettie einnehmen!«

Als ich mein Pferd neben Mettie lenkte, gab mir Henry einen Rippenstoß und sagte: »Nun bleib' auch da, Alter!« Mettie zeigte sich verlegen, und die andern Burschen lachten, worauf uns alles ansah und in ein Freudengeschrei ausbrach. Oben auf der Bogen-Mesa flüsterte Mettie: »Don, ich muß 'mal verschwinden.« Ich gab das an ihren Onkel weiter, und der erwiderte: »Du kannst bei ihr bleiben.« Wir lenkten unsere Pferde zur Seite und ließen die andern vorüberziehen. Die Burschen lachten und riefen: »Seht einmal das junge Paar!« Ich stieg ab, half Mettie herunter und küßte sie, sobald sie wieder bereit war, aufzusteigen. Bevor wir den großen Haufen einholten, verabredeten wir, uns in Oraibi nach Einbruch der Dunkelheit zu treffen. Während wir weiterritten, weinte sie ein wenig und klagte, daß sie sich Sorgen wegen ihrer Mutter mache, die unserer Heirat so sehr entgegen sei. Sie tat mir leid, und ich versprach ihr, zurückhaltend zu sein und auszuharren, während sie auf der Schule wäre. Sie sagte: »Wenn du ein anderes Mädchen heiratest, während ich fort bin, so komme ich zurück und nehme mir mein Recht, denn du hast mir eher gehört. Wer dich heiratet, muß dich mit mir teilen, was auch die Hopi sagen mögen!« Schließlich trieben wir unsere Pferde an, holten die anderen Reiter im Galopp ein und erreichten Oraibi in tiefer Dämmerung.

Nach dem Abendessen bei meiner Mutter borgte ich mir ein paar Messingglöckchen von Ira, zog sie auf eine Schnur und band sie an den Saum meiner Kostümhose. Dann aß ich eine Melone und ging an die Stelle, wo wir unsere Sachen gelassen hatten, während die Männer aus Moenkopi mit denen von Oraibi in der Kiva rauchten und beteten.

Bevor die Übungstänze anfingen, ging ich zu Claude ins Haus, wo Mettie abgestiegen war. Claude, der mich lange nicht gesehen hatte, drückte mir die Hand und flüsterte: »Mettie, deine Frau?« Ich antwortete: »Ja!« Wir mußten beide lachen, und er versprach, mir zu verraten, wo Mettie ihr Lager aufschlagen würde.

Nachdem wir die Kostüme bereitgelegt hatten, stiegen wir in die Kiva und nahmen an dem Schmause teil. Dann sahen wir zu, wie die Burschen ihren Mädchen und deren Brüdern und Oheimen die Geschenke übergaben. Die Leute von Oraibi hatten die Trachten geborgt, die unsere Mädchen bei dem Pajutetanz benutzt hatten und von denen ich eine Euella geschenkt hatte. Als es auf Mitternacht ging, legten wir unsere Kostüme an – ich meine herausstaffierte Hose mit den klingelden Glöckchen, eine enganliegende weiße Jacke und einen Kopfschmuck aus Adlerfedern. Meine Wildlederhaut hing vorn herab vom Silbergurt bis an die Knie, und in der Hand hielt ich den Revolver von fünfundvierziger Kaliber. Als wir fertig waren, begann der Trommler zu trommeln, und wir marschierten hintereinandergereiht zur Kiva hinüber, sangen Komantschenlieder dazu und gaben blinde Schüsse ab in die Luft. Ich ging vorn, stieg wie ein Vogel geschwind in die Kiva hinunter, stieß einen lauten Kriegsschrei aus und stolzierte umher.

Während des Tanzes sah ich Claude hinter der Leiter stehen. Er sagte: »Mettie hat sich ihr Lager im zweiten Raum hinten hergerichtet.«

Als wir endlich zu singen aufgehört hatten, steckten wir unsere Kostüme in ihre Beutel und legten sie zur Nacht beiseite. Ich aß eine Melone, wanderte zu Claudes Haus hinüber und lauschte an der Tür. Dann zog ich die Schuhe aus und ging hinein, wie eine Katze glitt ich durch das Zimmer und tappte mit der Hand auf dem Boden entlang, bis ich Metties Schulter berührte. Sie hob die Zudecke. Während wir zusammen waren, kam Claude ins Haus, um einen Schluck Wasser zu trinken; er trat verstohlen zu uns ans Lager und flüsterte mit unterdrücktem Gekicher meinen Namen. Als ich schließlich wieder hinausschlich, hatte ich keine rituelle Regel verletzt, denn ich nahm an dem Tanze des nächsten Tages nicht teil.

Beim Frühstück im Hause meiner Mutter teilte mein Vater mir mit, daß meine Oheime beschlossen hätten, Ira und mich im November in den Wowochimbund einweihen zu lassen. Er trug mir auf, gleich in Moenkopi, wenn ich wieder dorthin zurückgekehrt wäre, auf die Jagd zu gehen und für die Zeremonie zehn Präriehasen oder zwanzig graue Kaninchen zu erlegen. Es war mir ein vertrauter Gedanke, daß ein junger Bursche nach Hopibrauch diesen wichtigen Schritt ins Mannesalter tut. Gelegentlich hatte mich schon der eine oder der andere meiner Oheime darauf hingewiesen, daß man mich mein Leben lang, wenn ich nicht eingeweiht wäre, einen Knaben nennen würde. Mein Kindername Chuka, sagten sie, würde mir dann für immer anhängen, und kein Mädchen würde mich als Mann achten. Es war nicht gerade nach meinem Sinn, in diesem Jahre initiiert zu werden, aber ich befürchtete, daß alle meine Oheime, ja alle Verwandten, wenn ich mich weigerte, gegen mich sein würden.

Ich kehrte vor den anderen nach Moenkopi zurück, um die Scheune des Missionars anstreichen zu können, eine neue Arbeit, die ich kurz zuvor übernommen hatte. Euella kam noch am selben Abend herüber, um unsere junge Klanschwester Meggie zum Maismahlen abzuholen. Nun hatte mich Meggie öffentlich mit Euella aufgezogen, und ich hatte sie daraufhin gewarnt, sie solle das lassen, oder ich würde ihr so scharf aufpassen, daß keines von uns mehr sein Vergnügen hätte. Bald nach den Mädchen ging ich auch dahin, wo sie beim Mahlen waren, stand herum und hatte einen kleinen Schwatz mit ihnen, bis sich die Gelegenheit ergab, Euella zu bitten, mit mir an ein verschwiegenes Plätzchen hinauszuschlüpfen.

Sie sagte: »Geh du zuerst, ich komme hinterher!« Meggie hörte, was Euella sagte, aber ich bedeutete ihr durch ein Zeichen, sie sollte sich um ihre eigenen Angelegenheiten kümmern. Ich schlich im Dunkeln den Hügel hinunter, legte mich an einer geschützten Stelle auf einen Sandhaufen und wartete. Bald hörte ich Euella kommen und pfiff ihr leise. Nach kurzem Liebkosen eilten wir uns mit unserer Lust, damit wir zurückkämen, bevor Euellas Abwesenheit auffiele. Dies war also der Liebesumgang mit meiner kleinen Muhme und die sicherste Art überhaupt, denn man konnte von mir natürlich nicht erwarten, daß ich sie heiratete. Als ich wieder in meine Wohnung zurückkam, war auch Meggie schon da; sie machte das Gesicht einer Eingeweihten, lachte und war nahe daran, mit dem Geheimnis herauszuplatzen. Aber ich flüsterte ihr zu: »Nun ist die Reihe an dir, und ich halte dicht!«

Als ich am nächsten Abend nach Moenkopi zurückkam – den Tag über hatte ich die Scheune des Missionars gestrichen – war Robert Talas gerade aus Oraibi heimgekehrt. Er gab mir einen Klaps auf den Rücken und sagte: »Was heißt denn das, einfach wegzulaufen? Du solltest mit Mettie verheiratet werden. Ihr Onkel Billy hatte vor, dich und Mettie noch denselben Abend zusammenzugeben. Am dritten Tage wollte er euch zusammen die Köpfe waschen lassen.« – »Na, ich bin froh, daß es nicht geschehen ist«, entgegnete ich, »denn dann hätte ich ihre Mutter zum Feinde gehabt!« Unter dem Eindruck dieser Nachrichten, die mir Robert gebracht hatte, begann ich daran zu zweifeln, daß ich je heiraten würde. Mehrere Tage lang, während ich die Scheune strich, untersuchte ich diese Frage. Einige Gesichtspunkte sprachen für das Heiraten, aber andere machten sie wieder zunichte.

Am vierten Abend kündigte Elsie mir an, daß sie am nächsten Tage zur Schule abreisen wollten und daß Mettie mich in unserer alten Maismahlstube erwarte. Abends sagte Mettie zu mir: »Du weißt doch, daß ich einen Stiefvater habe, den meine Mutter einer deiner Klanmütter weggenommen hat. Sie glaubt wohl, daß, wenn wir heiraten, ihr Mann bei den Hochzeitsfeierlichkeiten seine frühere Frau so oft zu sehen kriegt, daß er wieder zu ihr zurück will.« Mettie verlangte das Versprechen von mir, auf sie zu warten. Wir redeten und redeten und weinten ein bißchen zwischen unseren Umarmungen. Schließlich verfielen wir in einen tiefen Schlaf, und als ich erwachte, schien die Sonne hell in die Mahlstube. Ich sprang auf, zog mich an, nahm die Schuhe unter den Arm und drückte mich aus der Hintertür, wo mich der gute Billy sah und lächelte; aber ich ließ mich nicht aufhalten.

Nach dem Frühstück nahm ich die Arbeit an der Missionsscheune wieder auf, behielt aber die Straße dabei scharf im Auge. Ich war dabei, das Dach anzustreichen, als ich die Mädchen das Dorf verlassen sah; sie gingen vor den Wagen her. Ich kletterte hinunter, ging bis an den Straßenrand, schüttelte den Mädchen die Hand und sagte, wie leid es mir täte, daß sie fortgingen. Mettie und Elsie, die hinter den andern zurückgeblieben waren, drängten mich mitzukommen; aber ich erwiderte ihnen, daß ich meinen Oheimen gehorchen und mich einweihen lassen müßte. Ich ermahnte sie, etwas auf sich zu halten und sich keine anderen Liebhaber anzuschaffen. Dann langte ich in die Tasche und gab Elsie drei Dollar und Mettie fünf und drückte ihr die Hand dabei. Die Tränen stiegen ihr in die Augen, und ich hatte einen Kloß in der Kehle, so daß ich kaum sprechen konnte. Ich sagte ihr Lebewohl, wandte mich um und ging mit schweren Schritten zur Scheune zurück. Dabei sprach ich zu mir selbst: »Ach, wie trübe wird nun mein ganzes übriges Leben sein!«

ZUM MANNE GEMACHT

Ich konnte die Wowochim-Weihe nicht mehr aufschieben. Mein Vater, mein Großvater und zwei Großoheime drängten darauf, daß ich Schule Schule sein ließe und ein Mann würde. Sie sagten, das werde den Göttern gefallen, werde mich zur Mitwirkung bei den Zeremonien befähigen, mich in den Stand setzen, Ältester des Sonnenklans zu werden, und einer höheren Stellung würdig machen im Leben nach dem Tode. Talasvuyauoma, der angesehene Kriegsvogt, riet mir, ohne Aufschub in den Bund der Männer einzutreten. Mein Gevatter, die Klanväter, meine Mutter, die Gevatterin, die Klanmütter und andere Verwandte, alle redeten mir zu; und alles was sie sagten, lief darauf hinaus, daß ein Knabe, der sich nicht um die Aufnahme ins Wowochim bemühe, sich damit als untüchtig oder als kahopi ausweise. Sie sagten, daß nur hoffnungslos Verkrüppelte wie Naquima oder junge Männer, die durch das Christentum verdorben wären, diesen wichtigen Schritt zum Mannestum nicht täten.

Unmittelbar nachdem meine Kameraden nach Sherman abgereist waren, borgte ich mir eine alte Flinte und jagte zwei Tage lang ohne

Erfolg auf Kaninchen. Am dritten Tage klopfte mir Tewanietewa, der Ritualsohn meines Vaters, beim Frühstück auf die Schulter und sagte: »Lieber Bruder, wie ich höre, ist es dir noch nicht geglückt, deine Kaninchen für die Zeremonie zu bekommen. Komm zu meiner Hürde, mein Bruder und ich werden dir helfen!« Wir sattelten ein Maultier und machten uns auf. In ein paar Stunden hatten wir zehn Kaninchen erlegt. Der ältere der beiden Brüder rühmte sich, was für ein guter Schütze er wäre, aber wir warnten ihn, er sollte bescheidner sein, damit unser Glück uns nicht verließe. Wir erlegten noch weitere dreißig, auch für andere Knaben mit, und banden sie hinterm Sattel an. Zu Hause übergaben wir sie meiner Klanmutter Tuwanungsie; sie zog sie ab und kochte sie, und dann wurden sie zur Zeremonie aufbewahrt. Meine Stimmung war durch den Erfolg gehoben, und in der Nacht besuchte ich Euella, um ein bißchen Buhlerei zu treiben.

Bald machten wir uns in vier Wagen nach Oraibi auf den Weg. Als wir am ersten Abend das Lager aufgeschlagen hatten, zog mich der alte Yuyaheova mit dem neuen Namen auf, den ich bei der Wowochimzeremonie bekommen würde. Er sagte, ich würde womöglich Massaki genannt, was »Leiterstab eines Grabes« bedeutet, weil mein Gevatter vom Schmerholzklan wäre und Grabstäbe aus Schmerholz gemacht würden. Alle lachten bei dem Gedanken, mich »Grableiter« zu nennen. Weiter meinte er, wenn ich nicht Massaki genannt würde, dann vielleicht Mashyie, was »abgestorbenes, herabhängendes Schmerholz« heißt, und das würde bedeuten, erklärte er, daß mein Glied abgestorben, trocken und kopfhängerisch wäre. Wieder lachten alle, nur des Alten Tochter schalt ihn aus.

In Oraibi ging ich mit meiner Ladung Kaninchenfleisch und einem Sack Äpfel geradeswegs ins Haus meiner Mutter. Am zweiten Tage wurden wir Initianten nach dem Frühstück zur Quelle geschickt, um vor der Zeremonie ein Bad zu nehmen. Als ich wieder nach Hause kam, war ich erst etwas in Sorgen, bis meine Vater mir versicherte, daß es diesmal ohne Schmerzen abginge – nicht wie bei der Katschinageißelung – und er hieß mich im Hause bleiben, bis ich gerufen würde. Bald guckte auch mein Gevatter herein und fragte: »Ist mein Sohn hier? Wir Väter müssen aufpassen, daß unsere Knaben bereit sind.«

Meine Mutter ließ mich die Kleider ablegen, einen Tanzrock anziehen, mich in eine Decke wickeln und warten. Kurz darauf kam mein Gevatter und führte mich auf die Mongwi-Kiva zu, was mich beunruhigte, denn das hieß, daß ich Amtsträger werden könnte. Ich hätte es vorgezogen, als ein ganz gewöhnlicher Mann in den Kwan-,

Tao- oder Ahlbund eingeweiht zu werden, und ich zauderte ein wenig, bis mein Gevatter mich eilen hieß. Meine Mutter hatte mir etwas Maisschrot mitgegeben, den sollte ich auf das Bundeszeichen streuen, das am Dache lehnte, und in das Ritualfeuer werfen, das mit dem Feuerbohrer in der Kiva neu entzündet worden war. Die Amtsträger ließen mich mit acht weiteren Knaben Platz nehmen und eröffneten uns, daß wir nun junge Sperber – Keles auf hopi – wären und daß wir »Kele, kele« rufen sollten wie junge Sperber, die nach Atzung verlangen, wenn ein Gevatter an die Öffnung der Kiva träte. Wir wußten, daß alle Speisen ungesalzen sein würden, und trafen daher insgeheim die Vereinbarung, einander aufessen zu helfen, was geboten würde. In der Abenddämmerung brachte mein Gevatter eine Schüssel mit Hopiklößen und mehrere Stücke weißen Pikis – mit dem Versprechen, daß es noch etwas Besseres gäbe, wenn ich alles aufäße. Wir aßen eine ganze Menge, fühlten uns aber weder satt noch gestärkt, was deutlich beweist, daß zur Kräftigung Salz nötig ist. Wir mußten wach bleiben, und Männer des Wowochimbundes lehrten uns ihre besonderen Lieder. Mein Großvater Poleyestewa schlug die Trommel, sang dazu mit leiser Stimme und wiederholte die Weise solange, bis wir sie behielten. Sein Gesang berührte mich im innersten Herzen und prägte sich meinem Gemüt fest ein. Andere Bundesgenossen lösten ihn ab und unterrichteten uns der Reihe nach die ganze Nacht hindurch.

In grauer Dämmerung rief uns ein Ahl-Genosse aus der Kiva und führte uns zusammen mit den Initianten der anderen Bünde zu den Vorhügeln unmittelbar unter dem Südostrand der Mesa. Dort warfen wir der aufgehenden Sonne Maisschrot entgegen und beteten um ein langes glückliches Leben. Dann kehrten wir in die Kiva zurück und sahen zu, wie unsere Gevattern unsere neue Tracht webten; wir übten Lieder und Tanzschritte und aßen ungesalzene Speisen. Ferner wirkten wir mit bei einigen besonderen Gesängen und Begehungen, die nicht enthüllt werden können. Vier Tage verbrachten wir auf diese Weise, eine langwierige, ermüdende Angelegenheit. Wir waren ununterbrochen unter Aufsicht, und sogar, wenn einer austreten mußte, nahm der Wächter uns alle mit. Vier Nächte lang mußte ich mit meinem Gevatter unter einer Decke schlafen, geradeso wie ich als Säugling bei meiner Mutter geschlafen hatte, damit er mich »zum Mannestum erhebe«.

In der Morgenfrühe des fünften Tages wuschen unsere Gevattern uns den Kopf in Yuccalauge, was dann noch von unsern Klanbrüdern, Oheimen und Neffen wiederholt wurde. Mir wuschen auch noch Angehörige des Verbandes der Schmerholz-, Erdkuckucks- und

Bambusklane den Kopf, weil mein Gevatter zu dieser Gruppe gehörte. Dann wurden wir außerhalb der Kiva nebeneinander aufgestellt, um neue Namen zu empfangen. Für Louis, der als erster in der Linie stand, schlug jeder Angehörige des Bärenklans einen Namen vor, und der passendste Name wurde für ihn ausgewählt. Als ich an die Reihe kam, streckte Sekahongeoma mir einen Maiskolben entgegen und sprach: »Nun nehme ich dich als Sohn an, damit du lange leben mögest und stark und glücklich wirst. Du sollst Talayesva heißen. Ich gehöre zu den Klans des Schmerholzes und des Bambus. Das Schmerholz hat eine Rispe und ebenfalls der Bambus. Der Name bedeutet ›Sitzende Rispe‹, eben nach diesen zwei Pflanzen.« Alle stimmten freudig zu und fingen sogleich an, mich Talayesva zu nennen, als ob sie meinen alten Namen Chuka ganz vergessen hätten; das überraschte mich, denn es war doch ein sehr jäher Wechsel. Wir kehrten in die Kiva zurück und wurden von unsern Gevattern mit der neuen Keletracht bekleidet – zwei weißen Umhängen und einem Gürtel, die so angeordnet waren, daß die Schöße der Umhänge lose blieben wie die Schwingen eines Sperbers. Eine weiche Gebetsfeder wurde uns am Kopf befestigt. Die älteren Genossen zogen auch ihre Tracht an, ließen das Haar herunter und banden sich einen Kopfschmuck auf, der wie wilder Spinat aussah. Der Trommler führte uns hinaus, und dann wurden wir neun Keles östlich der Kiva in Hufeisenform aufgestellt. Man sagte uns, daß unsere Schwungfedern fast ausgewachsen und daß wir im Begriffe wären, aus dem Neste – der Kindheit – zu fliegen. Nun faßten wir uns bei den Händen und begannen nach der Trommel und dem Gesang zu tanzen, indem wir seitwärts auf den Dorfplatz trotteten; wir umkreisten dabei sämtliche Kivas – dem Sinne nach begingen wir dabei die Grenze unseres Hopilandes. Dann kehrten wir in die Kiva zurück, übten weitere Lieder ein und tanzten einen kleineren Reigen, der das Tal darstellte, in dem unsere Felder liegen. In den Liedern beteten wir um den Regen, der unsere Feldfrüchte weckt und unser Leben erneuert.

Am sechsten Tage wurden wir vor Sonnenaufgang an die Ostkante der Mesa geführt, um unsere neuen Namen dem Sonnengott zu melden, denn wir waren nun keine Knaben mehr. Die Amtsträger sagten, daß damit auf immer unser Mannestum begründet und unsere Namen festgesetzt wären, und daß es wie ein Schlag ins Gesicht wäre, wenn uns jemand mit unserem Kindernamen anredete. Nur meine Großväter würden es nun noch wagen, mich Chuka zu nennen – dann aber nur im Scherz.

Vier Tage lang tanzten wir jene umkreisenden Reigen. Dann aber, am achten Tage der Zeremonie, legten wir die Keletracht und unse-

ren Schmuck an und suchten in der Nacht jede einzelne Kiva auf, um dort zu rauchen, zu beten und zu tanzen. Die Ohren waren uns schon im Säuglingsalter durchbohrt worden, so daß wir nun bei diesem Anlaß ohne weiteres die wertvollen Ohrringe tragen konnten. Wir tanzten die ganze Nacht.
Bei Sonnenaufgang beteten wir an der Ostkante der Mesa und kehrten dann in unsere Kiva zurück. Mein Gevatter nahm meine Decke und den neuen Maiskolben, den er mir bei der Zeremonie gegeben hatte, und führte mich auf einem Maisschrotpfade, den er vor mir streute, bis an meiner Mutter Haus. Er machte vier Maisschrotzeichen auf den Boden neben der Tür und sagte zu meiner Mutter: »Ich habe unsern Sohn nach Hause gebracht. Jetzt ist er ein Mann und heißt Talayesva.« Sie dankte ihm und erhielt von ihm den Maiskolben und die Decke. Darauf kehrte Sekahongeoma zu einem abschließenden rituellen Rauchen in die Kiva zurück. Ich selbst legte einige Zeit später die Keletracht ab, zog die gewöhnliche Kleidung an, ging zum Hause meines Gevatters und lud ihn zu einem Festessen zu uns ein, eben zu jenem Kaninchenfleisch, das ich dazu aus Moenkopi mitgebracht hatte. Ich war nahezu zwanzig Jahre alt und stolz darauf, daß man mir nun als einem Manne begegnete.
Nachmittags kam der erste Katschina dieses Jahreskreises auf den Dorfplatz, um die Mongwi-Kiva für die große Soyalzeremonie zu öffnen. Er kam über die Klippe aus Südosten, tappend und humpelnd wie ein sehr bejahrter Greis. Er war mit einem abgetragenen Baumwollhemd, einem Tanzrock mit Gürtel und einer zerschlissenen alten Decke bekleidet. Seine Maske war blaugrün mit schwarzen Linien an den Augen und hatte oben ein Büschel roter Pferdehaare. Er umkreiste die Mongwi-Kiva, trat mit Seitenschritten nach rechts, streute Schrot auf jede Seite und hielt vor der Luke an, wo er zweimal seine Kürbisrassel schüttelte. Ein Mann stieg aus der Kiva heraus, mit einem flachen Korbe und einem Paho versehen, das er mit Maisschrot bestreute. Der alte Katschina nahm das Paho, betrat den Dorfplatz, streute Schrot auf das Heiligtum, querte das Dorf in südwestlicher Richtung und verschwand.
Wir Keles erhielten Auftrag, mit altfränkischen Steinfallen Ratten und Mäuse zu fangen, die vier Tage später zu einem Schmause dienen sollten. Auch gingen wir zweimal auf die Jagd, wobei wir »Kele, kele« riefen, wenn wir hinter unserer Beute her waren; das Erjagte schenkten wir unseren Gevattern. Wir reihten die Kaninchen an Seilen auf und ließen diese von der Decke der Kiva herabhängen. Einige dieser Beuteseile reichten bis auf den Boden und lagen noch ein

bis anderthalb Meter darüber hin. Meins berührte knapp den Boden, weil ich ein schlechter Läufer war, aber ich fing viele Ratten und Mäuse in meinen Fallen.

Am vierten Tage gab es ein Scheingefecht mit unseren Vätern und einen Festschmaus. Unsere Verwandten kochten die Kaninchen, aber wir mußten unser Ratten- und Mäusefleisch in das Haus des Dorfvogts bringen und es dort selbst kochen, wobei die Brühe ohne Salz blieb. Mit einer Schüssel voll stiegen wir in die Kiva hinunter und setzten uns zu unseren Gevattern. Meiner zog ein Stück Mausefleisch heraus und aß es mit offenbarem Argwohn. Kaum aber sah ich zur Seite, als er mir einen tüchtigen Stoß in den Rücken gab, und das war für alle Gevattern das Zeichen, über ihre Söhne herzufallen. Einer ergriff die Schüssel und goß den ganzen Inhalt über uns aus. Es gab ein Handgemenge, aber dann stürzten wir Keles Hals über Kopf aus der Kiva und stellten einen Wagenkasten über die Luke, um die Väter unten einzusperren. Schließlich drangen sie hervor und stürzten sich auf uns, aber wir warteten schon auf sie, die Hände voll Lehm, der in Eimern bereitstand. Ich bepflasterte meinem Gevatter Hals und Gesicht, packte eine große Wassermelonenschale und stülpte sie ihm über den Kopf, so daß er wie der blutköpfige Masau'u aussah. Wir rangen miteinander, bis ich ihn niederwarf; da flüsterte er: »Stopf' mir den Mund voll Erde, daß die Leute lachen!« Während ich das besorgte, kämpften ringsum die Burschen mit ihren Gevattern, und die Leute lachten und jubelten.

Als der Kampf vorüber war, rannten wir alle um die Wette zu ein paar Wasserlöchern in den Felsen, badeten und rühmten uns dabei unserer Heldentaten. Einige hatten ihren Gevattern sogar die Lendentücher heruntergezogen. Zum Beschluß trugen wir unser Kaninchenragout und Piki dazu in die Kiva, um mit unseren Vätern einen Schmaus zu halten. Danach waren wir frei zum Liebesumgang, aber ich ging dabei leer aus, denn ich hatte keine Freundin in Oraibi.

Als das Soyal anfangen sollte – sechzehn Tage nämlich nach dem Auftreten des alten Katschina – bat mich mein Oheim Talasquaptewa, für ihn seine Herde zu hüten, damit er seinen Pflichten als Oberpriester nachkommen könne. Er ging mit den Amtsträgern in die Kiva, um die Nacht dort rauchend und im Gebet zu verbringen. Morgens frühstückten sie in der Kiva und begannen dann mit dem einleitenden Ritus: der Herstellung der Pahos, die auf den Heiligtümern anzubringen waren. Als ich vom Hüten heimkam, bereiteten sich die Priester darauf vor, eine weitere Nacht in der Kiva zuzubringen.

Am nächsten Morgen, das heißt am ersten Tage des Soyalfestes[1], nahm mein Großvater Poleyestewa ein Tragbrett mit Schrot und Pahos, legte sie in dem Heiligtum auf dem Hausdach nieder, von dem aus der Rufervogt seine Ankündigungen machte, und unterrichtete die Bevölkerung davon, daß das Soyalfest angefangen hätte. Bevor ich wieder zum Hüten hinauszog, sah ich meinen Oheim mit dem Zubehör zur Pahoherstellung in die Kiva gehen: Federnschachtel, Stäben, Maisschrot, Baumwollschnur und Kräutern. Die Amtsträger verwandten den Tag darauf, Baumwolle zu krempeln und zu spinnen und die Altarausstattung fertigzumachen.

Am zweiten Soyaltage nahm ich eine Prise Maisschrot, streute sie auf das Feierzeichen bei der Luke und stieg in die Kiva hinunter, um mit den andern Keles zu essen. Wenig geschah an diesem Tage oder dem folgenden, da nur ein paar Männer Baumwolle für die Pahos krempelten und spannen. Wir hüteten uns, miteinander zu streiten oder den Amtsträgern das Gemüt zu verwirren, weil dadurch die Feier womöglich wirkungslos geworden wäre.

Am vierten Tage, nach dem Frühstück in der Kiva, sagte der Kaletaka, also der Kriegsvogt, Talasvuyauoma, zu uns: »Geht in der Quelle baden und laßt euch den Kopf in Yuccalauge waschen, daß ihr für die rituelle Bereitung des Heiltranks gerüstet seid!« Allen Soyalgenossen wurde zu dieser feierlichen Begehung zur Läuterung der Kopf gewaschen. Ich wußte, daß der Zaubertrank nach genau innegehaltenem Verfahren hergestellt werden mußte, wenn er unschädlich und heilsam sein sollte. Wo so viel auf dem Spiele stand, war verantwortungsloses Verhalten unmöglich.

Als ich nachmittags wieder in die Kiva kam, lagen dort Beutel mit Wurzeln, Kräutern, Steinen, Knochen und Muschelschalen neben einem alten Medizintablett auf dem Boden. An einem Pflock in der Wand hing die Ausrüstung des Kriegsgottes: Schild, Bogen und Tomahak. Die Amtsträger spannen Baumwolle, rauchten und machten Weihgaben aus Adler-, Habichts- und Truthahnfedern. Nachdem wir uns bis auf die Lendentücher ausgezogen hatten, nahm Talasvuyauoma, der Kriegsvogt, fünf Gebetsfedern, etwas Maisschrot und einen alten Flaschenkürbis und ging zur Flötenquelle, um zu opfern und Wasser für die Medizin zu holen. Als er wiederkam, rauchte er die Pfeife, kaute ein Stück Wurzel und rieb sich damit zum Schutz den Leib ein. Dann feuchtete er, um ihn wasserdicht zu

[1] Eine genaue Darstellung aller Einzelheiten der Zeremonie findet man bei G. A. Dorsey und H. R. Voth: »The Oraibi Soyal Ceremony«, Anthrop. Series, Field Mus. Nat. Hist., 1901, Band III, No. 1, 1 bis 59.

machen, einen alten Korb an, der als Behälter für den Heiltrank dienen sollte. Einige Adlerfedern wickelte er, nachdem er über ihnen geraucht hatte, in Maishüllblätter und legte sie auf eine Trage.

Der Soyalvogt machte andere Pahos, bereitete vier Maishülsenpäckchen, die Schrot und Honig enthielten, rauchte über ihnen und legte sie auf eine alte Trage. Die Gebetsfedern verteilte er auf drei Häufchen, rauchte, betete und spie Honig über sie hin. Dann hockte er mit dem Hilfsvogt an entgegengesetzten Seiten einer Trage mit Pahos nieder, und beide streuten Maisschrot und spieen Honig auf die Trage und in die Luft ringsum. Nachdem sie eine Zeitlang geraucht hatten, rieben sie sich die Hände mit Maisschrot ein und hoben und senkten die Trage, wobei sie ein Gebet flüsterten. Dann wurden die Pahos hinausgebracht und an einer Stelle vergraben, an der ein Priester den für die Zeremonie benötigten weißen Ton gewann. Ein anderer Priester weihte weitere Pahos und ging zum Heiligtum des Spinnenweibes, um sie dort niederzulegen.

In der Nordostecke der Kiva streute der Kriegsvogt Schrot aus den sechs Richtungen und setzte die Medizinschale in die Mitte auf den Ring aus Maishüllblättern. Er warf kleine Steine, Knochen, Speer- und Pfeilspitzen in den Behälter und auch auf die sechs Schrotstreifen. Dann setzte er auf jeden Streifen eine schwarze Adlerschwungfeder und goß sechsmal Wasser aus dem Flaschenkürbis in die Schüssel, einmal aus jeder Richtung. Ich sah ihn einige Wurzeln kauen und in die Schüssel speien, und es wurde auch erzählt, daß er in den Trank ein wenig vom gepulverten Hirn vorzeiten in der Schlacht erschlagener Feinde streute.

Der Kriegsvogt nahm darauf sein Natsi – zwölf Pfeil- oder Speerspitzen, die an einen Stock gebunden waren – und setzte sich an der Südostseite der Kiva nieder, um als der große Kriegsgott Pukong geschmückt und ausgerüstet zu werden. Die Stirne ward ihm rot bemalt, und weiße Male wurden auf Wangen, Brust, Rücken, Armen und Beinen angebracht. Ein weißer Maiskolben wurde ihm überreicht, Mokassins, Knie- und Knöchelbänder, Stein-Tohamak, Schild, Bogen und Pfeile, zwei Kappen, das Natsi und ein Wehrgehenk, von dem es hieß, daß es die gedörrten Eingeweide der in den alten Schlachten erschlagenen Feinde enthalte.

So bekleidet ließ sich der Kriegsvogt auf der Nordseite der Medizinschale nieder und winkte dem Hilfsvogt, sich auf der Ostseite niederzusetzen. Dann drückte er ihm die zweite Kappe auf den Kopf, streute Schrot in die Heiltrankschale und übergab dem Gehilfen sein Natsi. Dieser Mann stellte es mit den Speer- und Pfeilspitzen nach oben in die Schale und hielt es mit beiden Händen fest. Einige der Amtsträger hockten bei der Schale, und wir, noch immer fast nackend, setzten uns westlich und südlich dieser Gruppe nieder und schickten uns an, die neun mächtigen Zauberlieder zu singen. Sie müssen geheimgehalten werden, weil sonst Unheil uns Hopi überfiele.

Der Kriegsgott streute, während er in der Linken Bogen, Pfeile und den alten Maiskolben hielt, mit der Rechten Schrot und etwas Kohlenstaub aus – wovon er dem Hilfsvogt auch etwas ins Gesicht rieb – und rauchte dann mit dem engeren Kreise zusammen, wobei sie Rauch auf das Natsi bliesen. Während wir das erste und das zweite Lied sanben, fuhr er fort, Schrot zu streuen und zu beten. Während des dritten Liedes ergriff er die sechs langen schwarzen Federn, immer eine zur Zeit, und stieß sie in die Schale, wozu er jedesmal »Pu« sagte. Dann zog er sie auf alle einmal wieder heraus und übergab sie dem Soyalvogt, daß sie wieder zusammengebunden und ihm zurückgegeben würden. Als wir das vierte Lied sangen, goß er nochmals Wasser in die Heiltrankschale und schlug den Takt mit den Federn, indem er sie ins Wasser tauchte und damit um sich spritzte. Dann rief er laut in die Schale hinein: »Hai, aih, aih, hai, hai!« und rührte Steine und Trank mit der Hand um und verspritzte etwas davon mit den Fingern. Während des fünften Liedes feuchtete der Schirmpriester einen Tonklumpen in dem Heiltrank an und strich allen Anwesenden ein wenig davon auf Brust und Rücken. Bis zum Ende des sechsten Liedes blies der Kriegsgott Rauch über die Schale des Trankes, verspritzte dann und wann etwas, stieg die Leiter hinauf, spie Honig und spritzte draußen etwas vor die Luke. Während des siebenten Liedes stand der Kriegsgott im Norden der Schale, hatte den Maiskolben im Gürtel stecken, den Schild am linken Arm, den Tomahak in der rechten Hand. Der Schirmpriester stand ihm gegenüber, er hielt in der rechten Hand eine alte steinerne Speerspitze, die er aus der Schale genommen hatte, und in der linken einen Federstrauß. Diese beiden wiegten sich unter dem Gesang hin und her, und während unser Lied wilder und wilder wurde, tat der Priester so, als versetze er dem Gott einen Stich. Plötzlich hielt der Kriegsgott inne und stieß den Rand seines Schildes auf den Boden, während er zugleich mit dem Tomahak auf den Schild schlug. Der Schirmpriester traf den Schild des Gottes mit seiner zauberstarken Speerspitze und wir alle stießen unser Kriegsgeschrei aus. Dies wiederholte sich sechsmal.

Während des achten Liedes rauchten einige der Priester, und während des neunten rauchte der Kriegsgott und steckte dem Hilfsvogt, der noch immer das Natsi in der Heiltrankschale aufrecht hielt, die

Zigarette aus Maishüllblättern in den Mund. Einige der Amtsträger bliesen vier Rauchwolken gegen das Natsi, und der Kriegsgott sprach ein Gebet. Er nahm dem Gehilfen die Kappe ab, ließ sich das Natsi zurückgeben und rieb dieses und des Gehilfen Schulter und Arm mit Heiltrank ein, den er aus der Schale schöpfte. Dann legte er ebenfalls die Kappe ab, trank einen Zug von der starken Medizin, fischte ein paar Steine, Knochen und Muschelschalen heraus, sog an ihnen und drückte sie ans Herz. Wir alle nahmen einen Schluck, wobei wir den Trank mit der Hand oder einer Muschel schöpften, sogen an Steinen oder Knochen und hielten sie uns darauf ans Herz, um uns stark zu machen.

Wir alle behielten den starken bitteren Heiltrank im Munde, nahmen einen Klumpen Ton und gingen nach Haus; dort befeuchteten wir den Ton mit dem Trank und strichen jedem Familienmitglied ein wenig auf Brust, Rücken und Gliedmaßen, um sie auf ein weiteres Jahr des Lebens zu versichern. Ich hoffte, daß ich niemals bei der Soyalfeier Kriegsvogt sein würde, denn es leuchtete mir ein, wie leicht uns alle Unheil befallen konnte, wenn ich einen Fehler machte und den Heiltrank verdarb.

Früher fastete ein Mann, wenn er Krieger werden sollte, vier Tage, saß vier Tage lang auf dem Boden in einem Kreise aus geweihtem Maisschrot und tötete dann und skalpierte einen Feind. Wir kehrten in die Kiva zurück, zogen uns an und aßen tüchtig zu Abend: ein Ragout, das für die nächsten vier Tage die letzte gesalzene Speise sein sollte. Unmittelbar darauf begannen wir unsere Lieder zu singen und Tänze zu tanzen – ohne Masken oder Trachten, aber mit Rasseln von Schildkrötenpanzern am rechten Fuß und mit Kürbisrasseln in der rechten Hand. Diese Übungen hatten den Sinn, daß wir durch sie unsere Katschina-Ahnen anriefen, sie möchten zurückkehren und am neunten Tage für uns tanzen.

Nach vier oder fünf Tänzen kamen Kwan- und Ahlgenossen und stellten sich außerhalb der Kiva auf, um Eindringlinge abzuwehren, während wir uns anschickten, die bedeutungsvolle Flügelzeremonie durchzuführen. Ein paar kegelförmiger Hölzer und zwei Bündel Habichtsfedern, die wie Flügel aussahen, wurden hervorgeholt. Der Habichts-und-Bogenpriester zog seinen Zeremonialrock an und bestrich sich Schultern, Unterarme, Füße und Hände mit weißem Ton. Wir zerkauten gewisse Kräuter, spieen uns in die Hand und rieben uns damit den Leib ein, um uns zu schützen. Talasvuyauoma legte abermals die Kriegstracht an, um Pukong darzustellen, und setzte sich neben einen Haufen feuchten Sandes im Nordostteil der südlichen, höheren Hälfte der Kiva. Wir setzten uns in der nördlichen, tieferen Hälfte der Kiva im Osten, Norden und Westen auf den Boden. Der Habichtspriester nahm die Kegel, eine Trage mit Schrot und ein altes Wieselfell, trat zur Leiter und betete. Er legte das Fell auf den Sandhaufen, streute einen dreieckigen Schrotpfad im niederen Teil der Kiva und setzte die beiden Kegel auf die Ost- und die Westecke des Dreiecks, ungefähr zweieinhalb Meter auseinander und nahe der Kiva-Mitte. Nachdem wir geraucht hatten, begannen wir, begleitet von Kürbisrasseln, unsere geheimen Gebetslieder zu singen. Dies dauerte etwa zwei Stunden; unmittelbar nach Mitternacht beteten wir. Der Habichtspriester entfernte das Wieselfell und die Kegel, nahm die Habichtsflügel auf, trat an die Ostseite der Leiter und schwenkte, während er leise dazu sang, die Flügel auf und nieder. Dann bewegte er sich von rechts nach links an der Reihe der Sänger entlang, wobei er unsere Füße mit den Schwingen berührte. Hierauf trat er an die Westseite der Leiter, schwang wiederum die Flügel und passierte die Reihe von links nach rechts, wobei er uns die Schwingen über die Knie zog; ging denselben Weg wieder zurück, indem er unsere Schultern berührte, und abermals in umgekehrter Richtung, indem er uns über die Gesichter strich, und ein letztes Mal, bei dem er uns oben auf dem Kopf berührte. Nachdem er sich in der Nordostecke der Kiva niedergesetzt hatte, spieen wir uns alle in die Hände und rieben uns Arme, Beine und den Leib. Damit war die Flügelzeremonie beendet.

Am fünften Soyaltage wachten wir bei grauer Dämmerung in der Kiva auf und wurden, nur mit Lendentuch und Mokassins bekleidet, von dem Kriegsvogt und dem Habichtspriester auf die südöstlichen Vorhügel geführt, um vor der Sonne unsern geweihten Maisschrot auszustreuen und zu beten. Dann hielt der Kriegsgott jedem Manne sein Natsi an die Brust, und der Habichtspriester berührte uns mit den Schwingen. Wir kehrten, vor Kälte schaudernd, in die Kiva zurück, zogen uns an und setzten uns zu einem fleisch- und salzlosen Frühstück nieder. Die Amtsträger konnten bis zum Einbruch der Nacht überhaupt nichts essen, weshalb ich sie bedauerte. Ich brachte meinem Großvater Homikniva etwas Baumwolle und stellte ihn dazu an, sie für meine Pahos zu krempeln und zu spinnen, denn ich mußte für meinen alten Oheim Kayayeptewa zum Hüten hinaus, weil man seiner besonderen Dienste für die Verrichtungen in der Kiva bedurfte.

Die Sonne war schon untergegangen, als ich nach Hause kam. Ich nahm meine ungesalzene Kost mit in die Kiva und aß mit den anderen Soyalgenossen zusammen. Diese leblose Kost schmeckte uns gar nicht, aber wir mußten den Regeln folgen, damit das Wolkenvolk-der-sechs-Richtungen unsere Gebete hören und unser Leben bereichern konnte. Mein Oheim, der Soyalvogt, hatte sechzehn kurze, einfache Pahos fertiggestellt und eine Anzahl längerer unter Verwendung dünner Stäbe. Weiterer Sand und ritueller Bedarf war gesammelt, viel Baumwolle gesponnen und vier Bündel von zehn oder zwölf Maishülsenpäckchen angefertigt worden, die Samenkörner, Kräuter und Gräser enthielten. Nachdem wir Keles und die gewöhnlichen Mitglieder abgegessen hatten, sangen wir unsere Katschinalieder, während die Amtsträger ihr taglanges Fasten brachen. Dann übten wir im niederen Teil der Kiva Katschinatänze, bis die Sterne des großen Wagens fast scheitelrecht standen und die Zeit für die Habichtszeremonie gekommen war.

Der Schirmpriester und sein Gehilfe legten ihre Röcke an und nahmen Knochenpfeifen in den Mund, während der Kriegsvogt sich umkleidete und dann seinen Platz bei dem Sandhaufen einnahm, um die Kiva zu bewachen. Wir kauten alle Triebe von Fichtenzweigen, spieen in die Hände und rieben uns den Leib ein. Vier Frauen wurden in die Kiva geführt: Punnamousi, die Frau des Soyalvogtes; Nasinonsi, die Frau des Dorfvogtes Tewaquaptewa; Sadie, seine angenommene Tochter, und Ada, die Tochter seines Bruders. Sie trugen weiße Maiskolben, streuten Schrot auf den Sandhaufen, kauten ein Stück Fichtenzweig und setzten sich auf eine steinerne Bank längs der östlichen Kiva-Wand. Die Holzkegel und das Wieselfell wurden wieder an ihre vorigen Orte gebracht, und die Amtsträger rauchten einheimische Zigaretten, die aus Maishüllblättern und Bergtabak hergestellt waren. Der Gehilfe des Habichtspriesters verließ die Kiva mit vier etwa fünf Zentimeter dicken Kugeln aus Maisschrot. Wir warteten schweigend; plötzlich hörten wir einen kreischenden Ruf wie den des Habichts. Der Habichtspriester antwortete darauf in der Kiva, während die Frauen »Yunyaa!« riefen: Herein! Der Gehilfe des Habichtspriesters kam herein, die beiden Schwingen in der Hand; er hockte sich auf den erhöhten Teil der Kiva ostwärts der Leiter, blickte nach Norden und stieß mehrere Schreie aus. Als wir zu rasseln und zu singen begannen, schlug er heftig mit den Flügeln und kreischte, wobei er sich nach Westen, Süden und Osten wandte; unser Lied war zu Ende, und die Frauen sagten: »Askwali!« – Danke! Mit dem Beginn des zweiten Liedes betrat er den niederen Teil der Kiva, umkreiste den Ostkegel, folgte der Maisschrotlinie bis zur Nordwestecke, legte die Schwingen auf den Boden und verließ die Kiva, aber sein Kreischen war gleich darauf wieder zu hören. Der Habichtspriester antwortete abermals, und die Frauen sagten: »Yunyaa!« Der Gehilfe kam wieder herein und wurde von den Frauen mit Maisschrot bestreut. Er stelzte hinüber zur Nordostecke, wo er kreischte, während die Glöckchen an

seinen Beinen klingelten; dann ergriff er die Flügel und erhob sie
langsam mit flatternder Bewegung über den Kopf. Er bewegte sich
in hockender Haltung vorwärts, sprang zweimal über jeden Kegel,
kehrte in die Nordostecke zurück und legte die Schwingen nieder;
der Gesang hörte auf, die Frauen sagten: »Askwali!«

Kurz darauf kreischte der Habichtspriester wiederum, wandte sich
nach Norden und stampfte im Rhythmus des Gesanges mit den Füßen,
drehte sich unter Kreischen um, ergriff mit jeder Hand einen Flügel,
steckte sie sich in den Gürtel, hob und senkte die Arme wie ein
Vogel, der mit den Flügeln schlägt, stieß mehrfach nach unten, nahm
mit der rechten Hand einen Bogen und mit der linken einen Pfeil
auf, wandte sich nach Norden und kreischte, wobei er den gespannten Bogen von Norden nach Westen unter verschiedenen Winkeln
nach oben richtete; dann wiederholte er diese Übung von Süden
nach Osten. Er ließ den Bogen in die Linke, den Pfeil in die Rechte
wechseln, drehte sich tanzend um sich selbst, stieß nieder und langte
den Bogen von hinten zwischen den Füßen hindurch, legte ihn auf
den Boden, brachte die Schwingen wieder in die Nordostecke und
verließ die Kiva, während die Frauen »Askwali!« riefen.

Die Holzkegel wurden nun auf kurze Zeit von ihren Plätzen entfernt,
und der Habichtspriester kehrte zurück; er nahm die Schwingen auf,
gebrauchte sie wie ein Vogel, der fliegt, und stampfte zugleich mit
den Füßen und kreischte. Sadie, die Soyalmana, die Soyaljungfer,
angetan mit einem weißen Feiergewand, folgte ihm dicht auf den
Fersen; sie ahmte seine Bewegungen nach, hielt aber einen weißen
Maiskolben anstelle seiner Flügel in der Hand. Sie setzte sich schließlich hin, als sei sie erschöpft, während er noch einmal in der Runde
umhertanzte und dann die Schwingen auf den Boden legte. Als ein
weiteres Lied anfing, nahm er sie wieder auf. Während er sie in
hockender Haltung heftig schwang, arbeitete er sich bis zu dem Sandhaufen vor und stieß die Schwingen in den Sand. Gleich darauf zog
er sie wieder heraus und bewegte sich in Hockhaltung zur Soyalmana
hinüber. Mit flatternden auf- und abgerichteten Bewegungen ließ
er die Schwingen die Mana auf beiden Seiten berühren, wobei er
ihr an Füßen, Knieen, Schultern und Kopf entlangstrich; darauf
berührte er sich selbst an diesen Stellen in umgekehrter Reihenfolge.
Diese Handlung wiederholte er dreimal.

Sobald wir ein neues Lied begannen, ging er unter Flügelschlagen
und Kreischen zum Sandhaufen zurück, ergriff mit den Zähnen das
alte Wieselfell, das der Kriegsvogt über dem Sandhaufen schwenkte,
und wanderte in die Nordostecke der Kiva, wo ihm ein anderer
Priester das Fell abnahm. Die Frauen wiederholten ihr »Askwali!«

Wenige Minuten später hockte der Habichtspriester am Nordende der Kiva, das Gesicht gegen die Mauer gewandt; er hielt die Schwingen, deren Spitzen den Boden berührten, in der Hand. Sobald Rauch über ihn geblasen wurde, kreischte er und torkelte in Hockhaltung zur Ostseite der Leiter, hinter ihm die Soyalmana, die seine Bewegungen nachahmte. Sie verließen beide die Kiva, kamen aber alsobald ohne die Schwingen zurück.

Der Gehilfe kam mit den Schwingen in die Kiva, hockte sich ostwärts der Leiter nieder, kreischte, schwenkte die Flügel mit flatternder Bewegung auf und nieder und bewegte sich, gleichsam schwebend, vorwärts, hinter ihm die mit den Füßen stampfende Soyalmana. Sie setzten sich beide an der Feuerstelle nieder, der Gehilfe rauchte und sprach ein Gebet. Dann trat er an die Ostseite der Leiter, schwenkte mit der linken Hand die Flügel auf und ab, wobei er ein Lied summte, bewegte sich viermal an der Linie der Männer hin und her und berührte uns dabei an Füßen, Knieen, Schultern und Kopf. Wir spieen in die Hände, rieben uns den Leib und beendeten die Zeremonie für diesen Tag. Wir richteten unsere Lagerstätten her und legten uns mit dem zufriedenen Gefühl nieder, daß unsere Gebete das Wolkenvolk-der-sechs-Richtungen erreicht haben müßten.

Am sechsten Tage, nachdem wir wie gewöhnlich am Mesarand gebetet und in der Kiva ungesalzene Speise genossen hatten, machte ich mich zu Fuße nach dem fünfzehn Kilometer entfernt liegenden Pferch meines Oheims Kayayeptewa auf. Nach einem Tage ermüdenden Hütens wanderte ich zurück, nahm mein Abendbrot mit in die Kiva und aß mit den anderen. Inzwischen hatte man weitere Zurüstungen für den Altar getroffen; aus weichem Holz waren künstliche Blumen für den Kopfschmuck des Sternpriesters geschnitzt worden; man hatte geraucht und gebetet. Die gesamte Unterhaltung war nur mit gedämpfter Stimme oder im Flüsterton geführt worden. Nun nahmen wir wieder unser Katschinasingen und -tanzen auf und dann abermals die zwei Stunden dauernde Habichtszeremonie des Betens, mit der wir uns an die Geister unserer Ahnen wandten.

Der siebente Tag war der Herstellung von Pahos gewidmet. Nach Gebeten an den Sonnengott und nach unserem Frühstück ließen die Männer ihr langes Haar herab. Wir zogen uns alle bis auf das Lendentuch und einige bis auf den Rock aus, ordneten uns in Reihen im niederen Teil der Kiva und fingen an, Pahos herzustellen aus Federn, einheimischer Schnur, Kräutern und Weidenstäben. Ich hatte derlei Arbeit noch nie getan und mußte mich von meinem Gevatter darin unterweisen lassen; wegen der Gegenwart der Ahnengeister

sprach er dabei nur im Flüsterton. Zuerst machte ich den Gebetspfeil, dann weiche Gebetsfedern für meinen Schutzgeist, das Spinnenweib, Masau'u, die Zwillingskriegsgötter, die Sonne, den Mond, die Sterne und alle Quellen, Weltmeere und Flüsse, von denen ich gehört hatte. Dann machte ich Weihgaben für das Wolkenvolk-der-sechs-Richtungen, für die unter unseren Lieben, die erst kürzlich abgeschieden waren, und für alle anderen Geister, deren ich mich entsinnen konnte. Ich machte auch welche für alle Mitglieder meiner Familie, meine besonderen Freunde, die Haustiere, dazu für Hunde, Katzen, Häuser, Bäume und andere Besitztümer. Ich richtete die Gedanken auf jedes, für das ich gerade ein Paho machte: auf den Gott, den Geist, die Person oder den Gegenstand. Ich lernte so, daß dies die wichtigste Arbeit auf der Welt ist, daß die Götter und die Geister die Hände nach Pahos ausstrecken und daß, wenn die Soyalfeier mißlänge oder ausfiele, das Leben für uns Hopi womöglich zu Ende wäre. Wir wurden ermahnt, während dieser Arbeit unseren Sinn rein zu halten und mit solchen Gedanken zu erfüllen; unsere Wünsche sollten wir auf Regen, gute Ernte und langes Leben richten. Wäre mir die Vorstellung von etwas Geschlechtlichem in den Sinn gekommen, so hätte ich versucht, mich davon zu befreien; ich hätte die Sache auch nicht gegen einen Genossen erwähnt, nicht einmal, um ihn vom Schluckauf zu befreien – was übrigens bei anderen Gelegenheiten ein ganz ausgezeichnetes Mittel ist.
Als die Pahos und die Gebetsfedern fertig waren, wurden sie auf den Fußboden gelegt und etwas Honig darauf gespieen; der Verfertiger rauchte noch über ihnen, schnürte sie dann in kleinen Bündeln zusammen und hängte sie an die Kiva-Wand. Bei Sonnenuntergang war dies Werk beendet, denn es gilt die Regel, daß die Pahobereitung zu dieser Stunde aufhören muß; wir fegten den Boden, sammelten den Abfall sorgfältig zusammen, bestreuten ihn mit Maisschrot und warfen ihn in ein Wildbachbett, wo der Regen ihn mitnehmen und im Tal über unsere Felder verteilen konnte. Wir hatten den ganzen Tag gearbeitet, ohne etwas zu essen, und die Amtsträger hatten seit dem Abend zuvor nichts gegessen. Als wir unser lebloses Mahl eingenommen hatten, wurde die Kost für die Priester gebracht, und wir sangen wie an den anderen Abenden, während sie aßen. Dann kamen wieder unsere Katschinalieder und -tänze an die Reihe; hierbei behielten wir den Großen Wagen im Auge.
Einige Soyalgenossen begannen nun die Art Weihgaben herzustellen, die Hihikwispi, »etwas zu Behauchendes«, heißen; sie bestehen aus vier Maishüllblättern, die mit Spitze und Stiel, etwa dreißig Zentimeter voneinander entfernt, an eine Schnur gebunden werden. An der Spitze jeder Hülle wurde eine Adlerfeder befestigt und dazu je

eine Feder von sechs anderen Vögeln. Die vier Hüllen wurden eine in die andere gelegt, die lange Schnur aufgewickelt und in die oberste gesteckt und die Päckchen beiseite geschafft, um am nächsten Tage gebraucht zu werden.

Als die Sterne des Großen Wagens die vorgesehene Stellung erreicht hatten, sangen wir abermals zwei Stunden lang unter Mitwirkung der Frauen wie am vorigen Abend unsere Gebetslieder. Ich war so müde und schläfrig, daß sie mich Schlafmütze nannten und mit Wasser begossen, um mich wach zu halten, bis die Zeremonie beendet war.

Der achte Tag der Soyalfeier stellte uns vor eine langwierige und ermüdende Aufgabe. Frühmorgens brachte der Soyalvogt die schwarzen Pahos in die anderen Kivas, und jedermann, der ein Hihikwispi hergestellt hatte, tat Maisschrot und Maisblütenstaub darauf und hielt es der aufgehenden Sonne hin mit den Worten: »Hauche darauf!« Dann trug er es zu seinen Verwandten ins Haus und ließ sie zum Schutz gegen Halsschmerzen und Husten darauf hauchen. Nach dem Gebet an der Mesakante und dem Frühstück in der Kiva wurden wir zur Quelle geschickt, um zu baden, und dann nach Hause zum Kopfwaschen. Sobald meine Mutter mir den Kopf gewaschen hatte, sammelte ich bei den Nachbarn Maiskolben und Schrot und nahm sie mit in die Kiva, wo die Amtsträger saßen und rauchten und dabei ihr Haar trocknen ließen. Der Große Altarrahmen war am Nordende der Kiva hinter einer Sandschüttung von etwa hundert Zentimetern Breite und achtzig Zentimetern Tiefe aufgestellt worden. Ein Priester machte Löcher in den feuchten Sand, blies ein Rauchwölkchen in jedes und schloß es wieder. Im Sande waren Halbkreise und gerade Linien abgebildet, die Regen darstellen sollten. Viele geweihte Gegenstände, unter anderen ein Quarzkristall, ein Tiponi, das ist das heilige Zeichen der rechtmäßigen Gewalt, wurden beim Altar angebracht. Maiskolben verschiedener Farben wurden hinter dem Altarrahmen aufgehäuft, und die Amtsträger nahmen ein wenig Maisblütenstaub, hoben ihn feierlich an die Lippen und bliesen ihn über den Altar und die heiligen Zeichen.

Um Mittag legten wir unsere Keletracht an und machten uns bereit, mit unseren Gebetsliedern zu beginnen. Die Soyalmana kam herein, bekleidet mit einer Decke in den Farben rot, weiß und blau und mit einem bestickten Zeremonialgewand; geschmückt war sie mit Ohrgehängen aus Türkis. Nachdem sie auf der Ostbank Platz genommen hatte, begannen vier junge Männer sich in hübsche Katschinatracht zu kleiden – mit Schärpe, Rock und Perlen und lichten Federn im Haar. Weißer Ton wurde ihnen auf Füße, Hände, Schultern und Haar gestrichen. Der Soyalvogt und andere Priester setzten sich zu einer Trage mit Pahos vor den Altar, rauchten und spieen dann Honig auf ihn und die heiligen Gegenstände und schließlich sich in die Hände, um sich damit den Leib einzureiben. Zwei Priester schüttelten eine halbe Stunde lang Kürbisrasseln, während ein dritter Maisschrot und Blütenstaub ausstreute. Dann blies einer, dem Altar zugewandt, die Knochenpfeife, mehrere rauchten, und wir übrigen saßen schweigend da. Die vier Verkleideten lehnten sich unterdes nacheinander an die Leiter, führten kräftige Bewegungen aus, als vereinigten sie sich geschlechtlich mit ihr, und gingen dann fort, um weitere farbige Maiskolben für den Altar einzusammeln.

Der Hilfsvogt war damit beschäftigt, einen kleinen Altar in der Südwestecke des niederen Teiles der Kiva zu errichten, während viele Soyalgenossen nach Hause gingen und Schrot holten; davon wurde ein Teil auf vier große Tragen geschüttet, die in einer Reihe zwischen der Feuerstelle und dem großen Altar standen. Auf die Tragen wurden dünne schwarze Pahos gelegt und dazwischen die Hihikwispibündel. Einige Priester sangen um den kleineren Altar. Amtsträger aus den anderen Kivas kamen mit ihren Initianten, und zwei Kwangenossen in Tracht streuten Schrot auf die Altäre und ließen sich gegenüber der Leiter nieder; dort rauchten sie einheimische Zigaretten, wobei jeder der beiden einen Arm um den nächststehenden Leiterholm geschlungen hielt. Der Kriegsvogt saß mit Schild, Bogen und Tomahak im Südosten der Leiter, rauchte und bewachte den Kiva-Einstieg. Wir Keles saßen im erhöhten Teil der Kiva. Die drei Frauen, die schon bei den anderen Zeremonien zugegen gewesen waren, kamen und nahmen ihre Plätze ein, während die Soyalmana ihren Sitz auf der Ostbank beibehielt. Als das Rasseln und Singen an dem kleineren Altar wieder begonnen hatte, hoben die vier Boten, die inzwischen mit weiteren Maiskolben zurückgekehrt waren, die großen Tragen mit Schrot und Pahos auf, hängten sich die Hihikwispibündel über die linke Schulter, kreisten viermal innerhalb der Kiva, stiegen die Leiter hinauf, kreisten draußen viermal und wandelten dann hintereinander zur Oraibi-Quelle, um die Opfer dort niederzulegen.

Während sie auf diesem Botengange begriffen waren, entstiegen zwei maskierte Katschinas von der Mastop genannten Art der Kwan-Kiva. Ihr Leib war schwarz bemalt und mit weißen Handabdrücken bedeckt. Bekleidet waren sie mit alten Fellröcken, sie hatten trockene Grasgewinde um den Hals hängen und trugen große schwarze Masken, die mit weißen Punkten und hakenförmigen Malen verziert waren, Gehänge aus Maishüllblättern als Ohren hatten und hinten zwei weiße Froschbilder zeigten; oben darauf saß ein Büschel Adlerfedern und rotes Pferdehaar. Diese beiden liefen unter die Zuschauer, jeder machte sich von hinten an eine Frau und bewegte sich lebhaft, als vereinige er sich mit ihr; dazu klapperte das Bündel Rinderhufe, das an seinem Gürtel baumelte. Nach jeder solchen Eroberung rannte der Katschina erst einmal zur Kiva, brabbelte mit verstellter Stimme etwas daher und machte sich dann wieder auf, um eine weitere Frau zu erhaschen. Schließlich stiegen sie in die Kiva hinab und setzten sich ostwärts der Leiter nieder, wo viele Soyalgenossen sie mit Maisschrot bestreuten und ihnen Gebetsfedern mit der Bitte um Regen übergaben. Die Katschinas steckten die Weihgaben in einen Sack und gingen fort.

Bei dem kleinen Altar ging das Singen und Rasseln weiter, und in der Südostecke pfiff ein Mann ununterbrochen in eine Schüssel mit Wasser. Der Kriegsvogt reichte einen Kristall herum, an dem wir viermal saugen und den wir ans Herz drücken mußten, während er Stücke von einer Wurzel abbiß und zerkaute; den Saft spie er auf seinen Schild, als wollte er ihn damit färben. In der einen Hand hielt er einen weißen Maiskolben und die sechs alten Adlerfedern, die bei der Bereitung des Heiltrankes gebraucht worden waren. Die vier Boten kehrten von der Quelle zurück und empfingen unseren Dank.

Gegen Sonnenuntergang brachten die Priester aus den anderen Kivas ihre Flechtscheiben mit Pahos herein und setzten sie bei dem großen Altar nieder. Der Hilfsvogt rieb sich, nachdem er geraucht hatte, die Hände mit Maisschrot ein, nahm sein Tiponi auf, rieb Schrot darüber, stellte sich im Norden der vier leeren Tragen auf, die von den Boten zurückgebracht worden waren, streute Schrot auf die Pahos, schwenkte sein Tiponi nach Südosten und betete. Wir alle antworteten mit »Kwaikwai!« dem Wort der Männer für »danke«, spieen in die Hände, rieben uns den Leib und beendeten auf diese Weise eine lange Zeremonie, die dazu nötig gewesen war, daß wir Hopi nicht von der Erde verschwinden.

Die Leiter der Kwan-, Ahl- und Taobünde brachten danach ihre Initianten in ihre Kivas zurück. Wir zogen unsere Keletracht aus, kleideten uns an und gingen nach Haus, um zu essen – diesmal gesalzenes Ragout, denn die Fasten waren nun zu Ende. Das Ragout war ausgezeichnet und ließ unsere Augen vor Gesundheit leuchten. Die Amsträger aßen nach uns auf dem niederen Boden und luden uns dann zu weiterem Essen ein, um dadurch auszudrücken, daß wir bei der nächsten Ernte Nahrung genug und im Überfluß einheimsen würden. Die Speisen, die übrigblieben, wurden sorgsam aufgehoben, wodurch wir unsere Sparsamkeit ausdrücken wollten. Am Abend führten wir wieder die Zeremonie der Heiltrankbereitung vom vierten Tage durch und ließen ihr die Habichtszeremonie des fünften mit einigen Erweiterungen folgen.

Der Hilfsvogt und die Soyalmana verließen die Kiva kurz nach Mitternacht. Gleich darauf brachten der Schirmpriester und sein Gehilfe eine große Lederhaut herein, die in einen Rahmen gespannt war. Auf diesen Schirm war das Bild Muyingwus gemalt, des Gottes der Keimkraft. In der rechten Hand hielt er einen wachsenden Maisstengel und in der linken ein Abzeichen seiner Herrschaft – sein Mongkoho – und den netzumflochtenen Flaschenkürbis, sein Mongwikuru. Auf seinem Kopfe waren Wolkenzeichen mit fallendem Regen und Blitzstrahlen dargestellt. Unter dem Maisstengel war das Zeichen des Mondes, auf der anderen Seite Muyingwus das Zeichen der Sonne angebracht. Auf beiden Seiten des Schirmes waren künstliche Blumen befestigt und unten allerlei Samen angehängt, unter anderem von Wassermelonen, Moschusmelonen, verschiedenen Arten Kürbis, von Baumwolle und Mais. Adlerfedern unten und rotes Roßhaar an den Seiten und der Unterkante stellten die Sonnenstrahlen dar.

Als sich draußen ein Kreischen hören ließ, kam der Hilfsvogt mit der reichgekleideten Soyalmana herein; sie trug eine Zeremonialdecke, die von einem Gürtel mit Knotenschnüren gehalten wurde, einen Männerrock in Katschina-Art, der über die linke Schulter gebunden war, und zahlreiche Muschelschnüre um den Hals und Garn um die Handgelenke. Der Hilfsvogt setzte sich ostwärts der Leiter nieder, bewegte sich vorwärts, ging in Hockstellung, kreischte, schwenkte die Flügel und umkreise langsam den Schirm, wobei ihm die Soyalmana in aufrechter Haltung folgte. Dann wurde dem Soyalvogt eine Trage mit zwei Maiskolben, etwas Maisschrot und einigen Pahos überreicht, und er betete darüber. Die Amtsträger rauchten, und ein Priester blies Rauch, hinter den Schirm. Der Soyalvogt erhielt die Trage zurück, nachdem vier weitere Priester darüber gebetet hatten; er bückte sich und schabte mit einem Maiskolben alle Samen von dem Schirm auf die Trage, dazu auch die künstlichen Blumen von den Seiten. Sobald er sich erhoben hatte und betete, führte der Hilfsvogt die Mana aus der Kiva, der Schirm wurde entfernt und die Trage beim Altar niedergesetzt.

Nun nahm der Kriegsvogt die Schüssel mit dem Heiltrank und verließ die Kiva, kehrte aber bald mit dem Stern-und-Sonnen-Priester zurück. Wir alle erhoben uns, als sie eintraten, und der Kriegsvogt versprengte Heiltrank aus der Schale, während dumpfe Trommelschläge ertönten. Männer aus den anderen Kivas kamen in Trachten herein. Der Sternpriester, der den Sonnengott darstellte, den ich als Knabe in meinem Traum gesehen hatte, war barfuß; er trug Katschina-Rock und -Schärpe, Knöchelbänder, Schildkrötenrasseln an beiden Beinen, grüne Armbänder, eine Wildlederhaut und zahlreiche Perlenschnüre. Sein Leib war, abgesehen von mehreren Reihen weißer Punkte, nicht bemalt; jene liefen von der Spitze der großen Zehe über und um die Vorderseite des Beines, von der Ferse über die Wade, vom Daumen vorn über den Arm zur Schulter hinauf und zu den Brustwarzen hinab und von den Händen über die Außenseite des Armes und die Schultern beiderseits den Rücken hinab. Sein Kopfschmuck bestand aus einem Rahmen von Lederriemen, an dem vorn ein vierstrahliger Stern und seitlich künstliche Blumen befestigt waren. In der rechten Hand hielt er einen langen Haken, an dem in der Mitte ein schwarzer Maiskolben befestigt war; in der linken hatte er sieben Maiskolben. Als die Trommeln tönten, tanzte er vor und zurück und sprach dazu schnell und zusammenhanglos. Der Soyalvogt stand westlich der Feuerstelle, ein Paho und eine Schrottrage in der Hand, und streute ab und zu Schrot auf den Sonnengott. Links von ihm stand der Hilfsvogt in weißer Decke und mit weißbemaltem Gesicht. Plötzlich sprang der Sonnengott auf den Soyalvogt zu, übergab ihm den Haken mit dem Maiskolben und erhielt von dem Hilfsvogt ein Sonnensymbol auf ungegerbtem Leder an einem Stock, das unter der weißen Decke verborgen gewesen war. Der Gott erfaßte den Stock mit beiden Händen, schüttelte ihn und tanzte nördlich der Feuerstelle mit seitlichen Schritten von Osten nach Westen und zurück; dabei ließ er das Sonnenbild schnell rechtsherum wirbeln. Jemand stieß einen Schrei aus, und ein Lied wurde angestimmt. Da ward die Trommel lauter und lauter geschlagen, während der Sonnengott in einer wunderbaren Weise tanzte und sprang. Sowie das Lied zu Ende war, sprang er auf den Soyalvogt zu und stieg die Leiter hinauf. Die Amtsträger begannen über dem Maiskolben und dem Haken zu rauchen, die der Gott dem Soyalvogt überlassen hatte.

Kurz darauf kamen Amtsträger der anderen Bünde, um ihre Pahos abzuholen, die auf dem Altar und durch die Zeremonie geweiht worden waren. Lomavuyaoma vom Feuerklan bereitete sich darauf vor, ein besonderes Opfer zum Heiligtum Masau'us zu bringen, ein Gang, der ein tapferes Herz erforderte. Er saß an der Feuerstelle und rauchte, während jeder Soyalgenosse, auch wir Keles, ein Paho für Masau'u auf eine alte Flechtplatte setzte. Ein besonderes Piki, das Angehörige des Feuerklans bereitet hatten, wurde gleichfalls auf die Platte gelegt, dazu rohes Kaninchenfleisch, etwas Bergtabak und Maisschrot. Als Lomavuyaoma die Platte aufhob, um seinen

Gang anzutreten, sprachen wir alle zusammen: »Bring' du mit deinem tapferen, frohen Herzen unsere Pahos dorthin und übermittle unsere Botschaft Masau'u!« Als er von seiner Gesandtschaft zurückkam, sagten wir: »Kwai-kwai!« Er setzte sich und rauchte und erzählte dabei, wie vom Heiligtum, als er die Flechtplatte niedergelegt hatte und betete, hörbar ein starker Hauch gekommen wäre, ein Zeichen, daß der das Dorf behütende Masau'u unser Anliegen erhört und unsere Opfer angenommen hatte.

Wenig später kamen Quoqulum-Katschinas[1] in gelben Masken und mit rotem Roßhaar von der Ahl-Kiva und tanzten für uns. Ein Priester wurde mit Opfern zum Sonnenheiligtum, dem Tawaki, gesandt, das fünf Kilometer südöstlich von Oraibi auf der Spitze eines hohen Tafelberges liegt. Das war eine schwierige Fahrt für ihn, denn er mußte rasch laufen, die Opfergabe genau in dem Augenblick darbringen, da der Sonnengott über den Horizont schaute, und geschwind zurückkehren. Diese Weihgabe war sehr bedeutungsvoll, denn der Sonnengott ist Vogt über alles und gibt Licht und Wärme, ohne die kein Leben wäre.

Ich wurde von meinem Gevatter zum Hause seiner Schwester Solemana gebracht, damit mir abermals der Kopf gewaschen würde und ich noch einen weiteren Namen bekäme. Sie hielt mir den Maiskolben hin und sagte: »Mein Liebling, nun nenne ich dich Tanackmainewa, wie die leuchtenden Federn des Erdkuckucks heißen. Nimm diesen Namen an, schau auf unseren Sonnengott, ruf ihn laut vor ihm aus, der dein Oheim ist!« Dieser Name haftete nicht wie der Wowochimname, der mir wie angeklebt war.

Vor Anbruch der Dämmerung brachten wir unsere Gebetsopfer zu unseren Verwandten, die sich den Kopf gewaschen hatten und mit frohem Herzen bereit waren zur Zeremonie der Paho-Pflanzung. Bei Sonnenaufgang versammelte sich das ganze Dorf, die Säuglinge auf dem Rücken ihrer Mütter eingeschlossen, an der Ostkante der Mesa; man stieß viele Hunderte von Pahos in den Boden und bestreute sie mit Schrot. Die Leute, die zu meines Vaters Klan gehörten, pflanzten ihre Pahos an einer Stelle auf, die Awatobi heißt, Bogenhöhe, weil der Sandklan ursprünglich aus Awatobi gekommen ist, einem Dorf, das jetzt in Trümmern liegt. Viele Knaben und Männer, auch ich unter ihnen, stellten Pahos am Antilopenheiligtum auf, um Erfolg auf der Jagd zu haben. Als wir zum Dorfe zurückkehrten, waren Hunderte von Weidengerten zu sehen, die, alle etwa einen Meter hoch, der Länge nach in Abständen von knapp zehn

---

[1] Mit treffenderer Lautbezeichnung nach anderen Autoren: Qöqölöm.

Zentimetern mit sieben oder acht Daunen von Truthahn, Habicht, Adler oder einem anderen Vogel besetzt waren. Krähen- oder Hühnerfedern wurden allerdings nie verwendet. Hatte ein Vater einen Sohn, der jünger war als ein Jahr, so setzte er ein kleines krummes Paho für ihn, damit er gedeihe, gesund bleibe und lange lebe. Die meisten Gebetsfedern galten unseren hingeschiedenen Lieben und waren an langen Stöcken befestigt. Die kurzen doppelten Pahos wurden für alle Toten gemacht und für das Wolkenvolk-der-sechs-Richtungen, das den Regen sendet. Es ist unser Glaube, daß die Geistergötter und unsere Ahnen mit ausgestreckten Händen kommen und nach Pahos verlangen, daß sie uns dagegen mit den Segensgaben der Gesundheit und des langen Lebens beschenken und daß sie, wenn sie keine Pahos finden, sich kummervoll abwenden. Auch wissen wir, daß sie nichts mit sich nehmen als nur die Seelen der Pahos.

Wir frühstückten bei uns zu Haus, verteilten unsere Gebetsfedern unter unsere Freunde und befestigten sie an den Tieren und an anderen Besitztümern. Ich verschenkte Pahos an verschiedene Leute, band welche an die Katschinamasken, an die Decke unseres Hauses, an den Hals unserer Hunde und Esel und an die Äste unserer Obstbäume. Während des Vormittags wurden noch Katschina-Masken bemalt, der Altar abgebaut und verpackt und der Sand in der Kiva mit Schrot bestreut und in ein Wildwasserbett geschüttet, damit er über die Felder hinausgespült würde.

Am frühen Nachmittag trafen von Süden fünfzehn oder zwanzig Quoqulum-Katschinas und fünf oder sechs weibliche im Dorf ein. Sie gingen zu allen Kivas, und bei jeder machte einer von ihnen vier Striche von Maisschrot und Schrotpfade, die in die vier Richtungen hinausführten. Dies sollte die Kiva »öffnen« und die Geister-Katschinas aus ihrer langen Ruhe erwecken und aufmuntern, uns wieder zu besuchen. Die Quoqulum-Katschinas sangen und tanzten mehrmals, dann machten sie Maisschrotpfade, die aus dem Dorf nach Südosten führten, so weit ihr Schrot reichte. Als die Pfade fertig waren, kehrten sie zurück, und der Katschina-Vater, ein Powamugenosse, nahm ihnen die Rasseln von den Beinen ab, bestreute sie mit Schrot und gab jedem eine weiche Gebetsfeder für das Wolkenvolk-der-sechs-Richtungen mit. Sie zogen nach Süden ab, über die Klippe zum Katschina-Heiligtum; dort legten sie die Federn nieder, beteten und kleideten sich um; dann kehrten sie, indem sie die Masken vor den Kindern verborgen hielten, in die Ahl-Kiva zurück. Wir Soyalgenossen kehrten nun ebenfalls in unsere Kiva heim; die Amtsträger rauchten dort und machten Pahos für eine Kaninchenjagd. Sie waren für die göttliche Mutter der Kaninchen und für die der Hühnerhabichte bestimmt, denn diese Gottheiten sind gute Jäger. Der Gevatter der Soyalmana war Jägervogt. Er ging durch die Kivas und gab die Stelle bekannt, wo das Ritualfeuer entzündet werden und die Jagd beginnen sollte. Wir rauchten und gingen dann zum Abendessen nach Hause; zum Schlafen aber fanden wir uns wieder in der Kiva ein, denn Geschlechtsliebe war noch vier weitere Tage untersagt.

Drei Tage lang jagten wir Kaninchen, wobei die Beute im Hause der Soyalmana gesammelt wurde. Am vierten beteten wir nach dem Aufstehen an der Ostkante der Mesa, kleideten uns darauf in der Kiva an und gingen nach Hause, um uns den Kopf nach Hopibrauch vor Sonnenaufgang waschen zu lassen. Bei uns gilt nämlich der Glaube, daß alle, die sich an diesem Tage den Kopf waschen, unter den ersten sein werden, die im Sommer eine reife Melone kosten. Der Sonnengott hatte vor vier Tagen – als wir die Pahos gepflanzt hatten – sein Winterheim erreicht; nun war er auf dem Rückweg in sein Sommerheim und führte uns auf diesem Wege mit.

Am frühen Nachmittag trafen wir Anstalten zu einem Brausebad und einem Festessen. Unsere Angehörigen hatten ungesalzene Brühe gemacht; die trugen wir samt unseren Tanztrachten in die Kiva. Dort malten wir uns den Leib mit weißen Streifen an, legten Katschinatracht an und stellten uns auf; die Brühe nahmen wir auf kleinen Flechttellern mit. Der Gevatter Sadies, der Soyalmana, nahm einen Topf mit zwei gekochten Kaninchen, die halb herausschauten, und führte an vierzig von uns ins Haus der Soyalmana. Beiderseits der Tür standen je zwei Kübel mit Wasser und hinter jedem eine Frau, eine Flechtschale in der Hand. Wir entkleideten uns eilig und liefen zwischen den Kübeln hindurch nach draußen, und die Frauen begossen uns mit kaltem Wasser und wuschen so die weiße Farbe wieder ab. Nach dem Bad gingen wir in das Haus zurück und warfen große Mengen von Lebensmitteln unter die sich balgenden Zuschauer hinaus. Das Bad bedeutete Regen und die Verteilung der Lebensmittel eine gute Ernte. In der Kiva trockneten wir uns ab, zogen uns an und hielten einen Schmaus von Kaninchenragout. Danach erzählte mein alter Oheim Kayayeptewa uns eine lange Geschichte von der Vergangenheit unseres Stammes, bei der wir eigentlich genau aufpassen sollten. Aber einige der Männer hatten keine Ruhe mehr vor Liebesverlangen und witzelten mit gedämpfter Stimme – denn sie waren nun frei von der Zeremonie und konnten zu ihren Frauen und Liebsten zurückkehren.

Mir war eine große Lehre zuteilgeworden, und ich wußte nun, daß die Zeremonien, die uns von unseren Vätern überliefert sind, Leben und Sicherheit bedeuten, sowohl im gegenwärtigen wie im künftigen Leben. Ich bedauerte es, daß ich je in den CVJM eingetreten war, und beschloß, mich ein für allemal gegen das Christentum zu stellen. Ich hatte eingesehen, daß die Alten im Recht waren mit ihrer Behauptung, daß Jesus Christus für moderne Weiße in einem guten Klima ausreicht, daß aber die Hopigötter uns von Weltanbeginn in der Wüste Erfolg gebracht haben.

NARRENDIENST UND BOHNENFEST

Da ich in Oraibi anscheinend keine Freundin finden konnte – und übrigens auch gänzlich abgebrannt war – begrüßte ich die Gelegenheit, mit einigen Verwandten nach Moenkopi zurückzukehren. Nach dem ersten Katschinatanz im Januar brachen wir bei leichtem Schneesturm mit vier Wagen auf. Ich ritt ein Maultier und wurde mit meinem neuen Namen gehänselt und mit dem, den ich hätte bekommen können: hängendes Schmerholz. Als wir zu Ende des zweiten Tages in Moenkopi die Pferde ausspannten, machte es mich glücklich, Euella zu erblicken, wie sie in der Dämmerung an der Hausecke stand. Als wir aßen, kam sie zu uns ins Haus und drückte mir warm die Hand. Meggie feixte, aber ich blinzelte ihr eine Warnung zu. Nachher gab ich Euella einen verstohlenen Wink, sie möchte zur Hintertür hinausgehen, während ich vors Haus trat. An der Hausecke begegneten wir uns, und ich flüsterte ihr zu: »Wirst du heut nacht die Tür verriegeln?« – »Gewiß nicht!« gab sie zurück und lief eilig davon. Ich holte meine Decke und ging geradeswegs zur Kiva, kroch aber in der Nacht wieder hinaus und klopfte leise an ihre Tür. Euella öffnete, nahm mich bei der Hand und führte mich zu ihrem Lager, wo wir – nach wochenlangem Zwang – keine Zeit mit Vorbereitungen verloren. Als wir entspannt waren, befragte sie mich genau über Wowochim und Soyal. Ich gab ihr – zwischen unseren Umarmungen – Auskunft, überging aber alle Geheimnisse, die heilig waren. Ich war jetzt glücklich, ein Hopi zu sein, und würde mich niemals mehr schämen, daß ich als Indianer mit roter Haut geboren bin. Als der erste Hahn krähte, seufzte ich: »Ach, Mühmchen, jetzt muß ich wohl in meine Kiva zurückkehren!« Wir hatten einander so viel geküßt, daß ich im Scherze sagte: »Das langt mir fürs Leben!« Das stimmte zwar keineswegs, aber von da an wurde dieser Satz ein Lieblingsschnack für mich.

Als ich in der Kiva aufwachte, sagte ein Alter: »Na, Bürschlein, gestern abend hab' ich dich fortschleichen sehen. Hast du erreicht, was du wolltest?« Ich gab das zu – ohne das Mädchen zu nennen natürlich – und erzählte ihm, wie der alte Holländer mich einmal mit Olive bei der Scheune ertrappt hatte. Ich erzählte auch einige von den »dreckigen« Witzen des Holländers, und alle in der Kiva lachten darüber. Der alte Mann wiederholte die besten Wendungen, als ob er sie sich einpräge.

Als ich auf dem Wege nach Tuba City war, wo ich Arbeit suchen wollte, schlich ein Mann von hinten an mich heran und hielt mir die Hände vor die Augen. Es stellte sich heraus, daß es Adolph war, jener christliche junge Mann, der mich in Sherman mit List in den CVJM hineingeholt hatte. Er war nun wieder abgefallen, aber auch der Wowochimweihe ferngeblieben; er war eben weder heiß noch kalt, kein Weißer und kein Hopi. Wir gingen ins Geschäftszimmer der Navaho-Agentur und erhielten Anweisung, uns dem Schachtmeister am Damm vorzustellen. Inzwischen brachte ich dem Händler die geliehenen Sandalen und den hübschen Köcher zurück und erzählte ihm, daß ich nun Wowochim- und Soyalgenosse und demnach ein fertiger Hopimann wäre. Er beglückwünschte mich und bot uns Zigarren an – bei einem Weißen das Zeichen, daß ihm der Indianer gefällt. Er meinte, daß wir wohl am Damm Arbeit finden würden, bot mir aber zugleich, falls nichts daraus werden sollte, von sich aus die Stellung eines Tellerwäschers an.

Mittags gingen Robert, Ira und ich zum Damm. Herr Sears, der Schachtmeister, aß sein Mittagbrot abseits von den Navaho. Ich gab ihm die Hand und trug ihm unser Anliegen vor. Er zeigte sich interessiert und sagte, daß sieben seiner Navaho ständig so spät zur Arbeit kämen und so oft fortblieben, um zu spielen, daß er die Absicht hätte, ihnen ihre Spazierpapiere zu geben. Ich dachte, das sollte einen Urlaub bedeuten, aber er wollte sie rausschmeißen. Mir gefiel der Ausdruck Spazierpapiere, und ich gebrauchte ihn später selber in der Unterhaltung. Er trug uns auf, drei weitere Männer zu suchen und am folgenden Tage wiederzukommen. Wir sahen zu, wie die Navaho in einem Graben arbeiteten. Sie bewegten sich so langsam, als wären sie gänzlich erschöpft, und hörten ganz zu arbeiten auf, wenn der Boß außer Sicht war. Robert fragte mich auf Hopi: »Ist das die Art der Navaho, zu arbeiten?« – »Ja«, erwiderte ich, »und wir können uns in ihre Stellen hineinarbeiten!« Am nächsten Morgen holten wir uns noch drei Männer dazu, gingen schon vor dem Schachtmeister zum Damm und warteten dort auf ihn. Ich sagte: »Kameraden, laßt uns heute tüchtig arbeiten und den Boß damit überraschen; dann können wir es uns morgen leichter machen!« Wir stiegen in den Graben hinunter und fanden bald heraus, daß es ein schweres Stück Arbeit war, die gefrorene Erde drei Meter hoch aufzuwerfen. Der Vormann sah uns anfänglich so genau zu, wie die Leute den Katschinatänzern zusehen. Ich erzählte ab und zu einen Witz, damit er etwas zu lachen hätte, hörte aber dabei nicht zu arbeiten auf. Bei Feierabend sagte er: »Ihr habt gut gearbeitet, Leute. Strengt euch morgen nicht so an!«

Für den Sonnabend war ein Katschinatanz vorgesehen. Bei den Übungen wurde ich wegen meiner Größe gebeten, die Tracht des Katschinariesen anzuziehen und die Kinder zu erschrecken. Erst wollte ich nicht und berief mich darauf, daß ich nicht nach Moenkopi gehöre, stimmte aber schließlich doch zu. Während der Übungsnächte hielt ich mich dem Liebesumgang fern, denn ich wollte einen guten Namen behalten und keinesfalls das Gerücht in Umlauf bringen: »Talayesva schläft bei den Mädchen, wenn er zum Tanze übt!« Ich bat meinen Ritualbruder Tewanietewa, die Riesenmaske für mich zu bemalen. Eines Morgens ging ich zum Hause Frank Siemptewas, des Statthalters, wählte eine Maske aus, wickelte sie in meine Jacke und brachte sie, bevor ich zur Arbeit ging, in die Kiva. Als ich am Abend in die Kiva kam, lachten sie alle und sagten: »Hier kommt Talayesva, der Riese!« Meine Maske war fertig: ein klobiger Kopf mit langen schwarzen Haaren, großen gelben Augen und einem langen Schnabel mit rotem Rachen und Sägezähnen. Ich sah sie mir an und sagte: »Mir scheint, mein Riesenfreund ist hungrig.« Der Tanzleiter erwiderte: »Gut, ich werde ihn füttern!« und steckte der Maske etwas zu essen ins Maul und strich ihr Honig auf die Lippen. Ich rauchte, suchte mir alles zum Tanz Nötige zusammen und machte mich zum Üben fertig. Talasvuyauoma, der Kriegsvogt des Soyal, belehrte mich, wie ich mich als Katschinariese zu verhalten hätte. Er warnte mich auch davor, ein Kind zu berühren, weil es dadurch zu heftig erschreckt und zum Gefangenen der furchtbaren Katschina-Riesengeister werden könnte.

Als es Zeit ward, mich zu dem abendlichen Tanz umzukleiden, tünchte ich mir die Brust mit weißer Farbe, bemalte mir Hände und Arme bis zum Ellbogen blutrot, zog Mokassins und ein Paar Lederhosen an und befestigte eine Lederhaut unter dem einen Arm und auf der anderen Schulter. Dann setzte ich die Riesenmaske auf und nahm einen Korb über den einen Arm und ein Beil in die rechte Hand. Wir verließen die Kiva, gingen zur Westseite des Dorfes und streuten Maisschrot aus, wodurch wir dem Wolkenvolk-der-sechs-Richtungen den Tanz ankündigten und die Bitte vorlegten, daß seine Geister kommen und in unsere Leiber eingehen möchten. Auf diese Weise, glaubten wir, verwandelten wir uns in wirkliche Katschinas, jenen gleich, die früher das Dorf zu besuchen und den Leuten beizustehen pflegten. Dann gaben wir Katschina-Laute von uns, um die Leute auf unsere Ankunft aufmerksam zu machen, und schlugen den Weg nach der Kiva unter Vorantritt des Leiters ein, der eine Kürbisrassel schwang. Wir umkreisten die Kiva viermal, und der Leiter rief in die Luke hinein: »Wir sind gekommen, euch froh zu machen! Sollen wir eintreten?« Der Katschina-Vater erwiderte: »Kommt nur herein!« Die Katschinas, Tänzer verschiedener Art, stiegen ein, wobei sie unterschiedliche Geräusche von sich gaben.

Ich blieb über der Luke stehen, stierte hinein und rief mit strenger Stimme: »Ich sehe, daß ihr da unten böse Kinder bei euch habt!« Der Veranstalter des Tanzes erwiderte: »Katschina-Riese, dich haben wir nicht erwartet. Wir möchten unsere Kinder behalten, auch wenn einige unter ihnen sehr ungezogen sind.« – »Ich weiß genau Bescheid über ihre Ungezogenheiten«, antwortete ich, »außerdem sehe ich auch, daß sie fett sind, und daher bin ich gekommen, um sie als Braten mitzunehmen!« – »Laß uns doch bitte unsere Kinder!« bat der Veranstalter wieder. »Wenn sie erst älter sind, werden sie auch artiger sein.« Aber ich ließ mich nicht beirren und sprach: »Man hat mich ersucht, heute abend hierherzukommen, also müßt ihr mich jetzt auch einlassen!« Im Hinunterklettern machte ich ein rasselndes Geräusch und knurrte, was die Kinder so erschreckte, daß sie aufschrieen und sich bei ihren Müttern unter der Decke versteckten.

Der Veranstalter bat mich zu warten, bis der Tanz vorüber wäre. Der Vater der Katschinas bestreute die Tänzer mit Schrot und gab ihnen das Zeichen, anzufangen. Ich tanzte auch mit, machte lange Schritte und glotzte nach allen Seiten. Ich hopste bald hierhin, bald dorthin, zog mir die langen Haare aus der Stirn, sprang vor und starrte ein Kind an, das es wagte, unter der Decke seiner Mutter hervorzulugen. Als der Tanz zu Ende war, versuchte ich auf den höhergelegenen Teil des Fußbodens zu steigen, wo die Leute saßen, aber der Katschina-Vater bat mich zu warten und lud die Katschinas, indem er sie mit Schrot bestreute, zu weiterem Tanzen ein. Als sie die Kiva verließen, rief ich mit lauter grober Stimme: »So, ihr Unartigen, ich sollte herkommen, euch abzuholen. Nun will ich euch mitnehmen und auffressen. Eltern, her mit den Kindern!« Die Frau des Statthalters stand auf und sagte: »Ich lasse das nicht zu. Da sie dich nun gesehen haben, werden sie sich in Zukunft besser benehmen und gut und hilfreich sein.« Eine andere alte Frau stand auf und meinte: »Riese, wenn du durchaus jemanden mitnehmen willst zu einem Schmaus – ich habe hier meinen alten Ehemann, der mir nicht mehr viel nütze ist und auch nicht arbeiten will: den kannst du haben!« – »Er hat nichts Unrechtes getan«, antwortete ich, »und außerdem ist er zu alt und zähe, zu zäh zum Essen.« – »Doch wohl nicht«, entgegnete sie, »ich habe deine scharfen Zähne gesehen und bin überzeugt, du könntest ihn kauen.« Ich musterte den Alten und sagte ungerührt: »Ich will zartes Fleisch!«

Dann standen die Mütter auf und gingen nach Hause, die immer noch aufgeregten und weinenden Kinder in der Obhut von Verwandten lassend. Bald kehrten sie zurück, füllten mir den Korb mit Speisen und sagten: »Hier, Riese, nimm das und laß unsere Kinder in Frieden!« Ich nahm die Speisen in Augenschein, hob einen Brotlaib auf, musterte ihn kritisch und fragte: »Was ist denn das, ein Stein?« Sie erwiderten: »Nein, das ist etwas zu essen, es wird aus Weizen gemacht und heißt Brot.« Ich untersuchte das Fleisch und behauptete: »Aha, das ist vom Hund, dieses von der Katze, und das da ist ein zähes altes Eselschnitzel.« Sie bestritten das, versicherten, alles sei Wildbret, und fragten: »Siehst du denn die Hörner nicht?« – Mein Korb war voll beladen, und die Kinder zogen sich schon die Decken vom Kopf, um zuzuschauen.

Da kletterte ich aus der Kiva und schloß mich wieder den anderen Katschinas an, die draußen gewartet und hereingeguckt hatten. Sie schlugen mir auf den Rücken, lachten und sagten, ich hätte schrecklichen Lärm gemacht und sogar sie in Schrecken versetzt. Nun stieg eine Schar Koyemsie-Katschinas ein, um zu tanzen. Sie sangen lustige Lieder, die den Leuten Spaß machten, und hatten in ihren Beuteln Geschenke für die Kinder, für die Erwachsenen und sogar für die Navaho, die mit zuschauten. Ich brachte die Lebensmittel ins Haus meiner Klanmutter, kehrte zur Kiva zurück und wartete draußen. Schließlich kamen mit großem Lärm die Hehelele-Katschinas. Sie tanzten zunächst allein, dann vereinigten sich alle mit ihnen zu einem allgemeinen Katschinatanz. Auch ich stieg wieder mit ein, woraufhin die Kinder aufs neue zu weinen begannen. Der Vater der Katschinas fragte: »Na, Riese, wir haben dich doch mit Fleisch fortgeschickt, warum bist du denn schon wieder da?« Ich bestand darauf, daß ich noch mehr zu essen haben wollte und die Kinder mitnehmen würde, wenn sie nicht nachgäben. Als der Korb nun abermals voll war, warnte ich die Kinder, daß ich aus den San Francisco-Bergen wiederkommen würde, wenn sie ihren Eltern nicht gehorchten, und sie fassen und mitnehmen würde, um sie aufzufressen.

Unter den Zuschauern sah ich ein paar Mädchen, die für den Büffeltanz angekleidet waren. Ich faßte sie scharf ins Auge und verwarnte sie; solche niedlichen Tänze verdürben junge Mädchen, so daß keine guten Hausfrauen aus ihnen würden. – Nachdem die Mütter die kleinen Kinder nach Haus gebracht hatten, tanzten zwei Knaben und ein Mädchen. Ich betrachtete sie genau, trapste in gebückter Haltung um sie herum und strich mir dabei das Haar aus dem Gesicht. Dann zeigte ich, daß ihr Tanz mir das Herz gerührt hatte, und begann, indem ich mich zwischen einem Knaben und einem Mädchen einordnete, mit ihnen zu tanzen. Die Leute lachten und sagten: »Nun haben wir dich in einer Falle gefangen, Riese!« Sie nahmen mir Lebensmittel, Beil und Kleider weg, rührten allerdings nicht an die Maske, weil sie heilig war. Sie riefen: »Wir haben dir alles genommen, was dir gehört; nun wollen wir dich heimschicken. Sag deinem Wolkenvolk, daß unser Land dürr und unser Vieh nur kümmerlich ist! Bitte sie, uns schleunigst Regen zu schicken, damit wir leben!« Ich nickte mit dem Kopfe und sagte: »Die Reise ist über der Erde zu weit: ich will unter der Erde in die San Francisco-Berge reisen.« Ich trat hinüber an die Sipapu – das Loch im Boden der Kiva, das den Eingang zur Unterwelt darstellt – und setzte mich mit einer Gebetsfeder und Maisschrot dabei nieder. Ich betete im Stillen und inständig um Regen und ein gutes Leben für uns Hopi. Nachdem ich eine Gebetsfeder in das Loch gelegt und sie mit Schrot bestreut hatte, legte ich die Maske ab, was bedeutete, daß der Riesen-Katschina-Geist nach seinem Heim in den Bergen aufgebrochen war.

Die Lebensmittel aus meinem Korbe wurden auf dem Boden ausgebreitet, man sandte einen Knaben aus, den ersten Korb mit Fleisch zu holen; die Frauen schickten es heiß vom Herde. Die Leute dankten mir für das Festessen und lobten meine Vorführung; sie sagten, mein Kopf hätte fast bis an die Balken der Kiva gereicht, meine Stimme jedermann in Schrecken versetzt, und das Benehmen der Kinder werde sich sicherlich daraufhin bessern.

Als der Schmaus vorüber war, richteten wir unser Lager her, um zu schlafen. Ich war übermüdet und unruhig, und mir träumte, daß ich noch immer ein Katschina-Riese wäre, der nach Kindern verlangte. Ich streckte die Hand aus, um ein Kind zu packen, und berührte es. Der Kleine streckte die Hände gegen mich aus, weinte und bettelte, daß ich ihn losließe. Von Mitleid erfüllt, ermahnte ich ihn, ein artiges Kind zu sein, damit er von dem Riesengeist wieder losköme. Ich erwachte und war voller Unruhe, ein Kloß saß mir in der Kehle und Glocken klangen mir in den Ohren. Ich spuckte viermal aus und nahm mir vor, eine minder scheußliche Maske zu tragen, wenn ich wieder einmal den Riesen machen müßte, und mit sanfterer Stimme zu sprechen.

Der nächste Tag verging größtenteils mit Faulenzen und Ausschlafen. Abends ging ich zum Essen in das Haus, in dem Euella wohnte. Ihrer aller Lob wegen meiner Riesendarstellung machte mir große Freude. Euellas Vater, Naseyouaoma, einer meiner Großväter, nannte mich im Scherz eine Schlafmütze, einen Faulpelz und einen Sonntagsjäger, der niemals eine Frau bekommen würde. Euella und ihre Mutter aber schlugen sich auf meine Seite und hielten ihm entgegen, daß ich ein tüchtiger junger Mann sei und daß es ihnen besser ginge, wäre ich ihr Ehemann. Ich lächelte ihm unter die Augen, aber im Herzen mußte ich lachen, weil er nicht wußte, daß ich schon mehr als einmal bei seiner Tochter geschlafen hatte.

Am vierten Tage rief der Ausrufer die Männer in der Kiva zusammen, da ein weiterer Tanz vorbereitet werden sollte. An diesem Abend sangen wir die Lieder, übten aber die Schritte nicht. Während der Nacht schlich ich zu Euellas Tür und klopfte leise. Wir umarmten uns nur einmal, denn sie klagte darauf, daß sie unter meinem Druck Schmerzen verspüre. Wir nahmen an, daß sie kurz vor ihrer Frauenzeit stände und hörten auf. Auch befürchtete ich, daß weitere Umarmungen sie schwanger machen könnten, und davor mußte ich sehr auf der Hut sein, denn sie ging noch immer in die Tagschule.

Bis zum Sonnabend übten wir jeden Abend für den Tanz der Weißenten-Katschinas. Während dieser Übungen fühlte ich mich sehr abgespannt. Als der Tanz vorüber war, lag ich auf meinem Bett in der Kiva und überdachte mein Verhalten, um herauszufinden, was mich so matt gemacht hatte. Da fiel mir ein, daß ich in der vierten Nacht nach dem ersten Tanz und zugleich der ersten Nacht, in der für den zweiten Tanz geübt wurde, bei Euella gelegen hatte, und das, als sie im Begriff war, zu menstruieren! Dabei war nichts Gutes für mein Leben herausgekommen. Ich bat die Geister um Vergebung und nahm mir vor, niemals wieder eine Frau zu umarmen, bevor ich völlig frei von rituellen Verpflichtungen war.

Eines Abends kündigte der Rufervogt eine Versammlung in der Kiva an: es sollte wieder ein Tanz besprochen werden. Ich ging wohl hin, nahm aber nicht an den Übungen teil. Adolph, Logan und ich waren uns einig, daß wir einmal die Narren bei einem Tagestanz machen wollten. Wir standen in der Kiva umher und trieben Possen. Ich brachte vor, ich hätte in der letzten Nacht einen seltsamen Traum gehabt, in welchem Adolph, Logan und ich die Narren waren. Ich sagte, daß ich in dem Traume das Gefühl gehabt hätte, etwas sehr Wichtiges zu leisten, nämlich den geweihten Maisschrot zu streuen. Das war zwar geschwindelt, aber sogar meine Kameraden sahen mich überrascht an, und einige der Amtsträger lächelten. Nach dem

Tanzübungen setzten wir uns zusammen und überlegten, was wir tun könnten, falls wir zum Narrendienst berufen würden. Adolph, der frühere CVJM-Werber, schlug vor, daß wir eine alte Katschina-Dame fangen und den Leuten eine Schaustellung von neuen Liebesstellungen geben sollten, oder, sagte er: »Wir könnten auch einen zahmen Esel dazu benutzten.« Ich stimmte zu, daß das eine gute Idee wäre, aber nur, wenn sich der Schulvorsteher nicht sehen ließe; ich hätte gehört, fügte ich hinzu, daß einmal ein Narr, der sich auf dem Dorfplatz bei dergleichen eines Hundes bedient hätte, von den Weißen ins Gefängnis geworfen worden sei. – Wir beredeten die Sache jeden Abend, wenn wir von der Arbeit nach Hause gingen, und hatten unseren Spaß an diesem Pläneschmieden.
Für den Sonnabend wurde noch ein Tanz außer der Reihe angesetzt. Er war ganz besonders schön – mit Liedern, die mich im Herzen berührten und den Wunsch nährten, mitzumachen. Kewalecheoma war der Seitentänzer und machte seine Sache vortrefflich. Er flog zur Kiva aus und ein und zeigte sich in vielerlei komischen Stellungen, den Worten des Liedes entsprechend. Er wußte mehr Lieder zu erdichten als irgendeiner sonst, den ich kannte, und er steckte voll von Späßen und lebenstollen Redensarten, welche die Weißen gemein nennen. Er hatte stets ein Lächeln um die Lippen, und niemals habe ich ihn unfroh gesehen.
Nach dem abendlichen Tanze gingen Logan, Adolph und ich zu unserer Schlafstelle und erfuhren, daß auch Ira und Robert den Tanz nicht mitgemacht hatten, weil nicht genügend Masken dagewesen waren. Wir rauchten zusammen und hegten dabei den Wunsch nach einem guten Tanztage; um Mitternacht legten wir uns schlafen. Da kam ein Mann mit einer Laterne herein und sagte: »Aufstehen, die Sonne scheint!« Wir sahen, daß es noch immer Nacht war und witterten eine List. Er sagte: »Na ja, Jungens, man hat mich hergeschickt, weil wir noch einige Masken übrig haben. Du, Talayesva, Adolph, Logan und Harry, ihr werdet gebeten, in die Kiva zu kommen!«
Er führte uns in die Kiva, ließ uns um das Feuer Platz nehmen, zündete eine Pfeife Bergtabak an, rauchte vier Züge und übergab sie mir. Ich rauchte und gab sie weiter, wobei ich merkte, daß die Männer in der Kiva lächelten. Als wir fertig waren, lächelte der Veranstalter, ließ den Kopf sinken und sagte: »Ja, wir freuen uns, daß ihr hier seid. Morgen werdet ihr auf die Plaza gehen und essen!« Harry sprang auf und sagte: »Das habe ich nicht gewußt. Bitte, entschuldigt mich vom Narrendienst!« Adolph beugte sich zu mir herüber und flüsterte: »Don, was sollen wir tun?« – »Ruhig«, sagte ich, »sobald ich etwas sage, stimmt ihr mit ein!« Als ich an die Reihe

kam, sagte ich: »Also, meine Väter, Oheime und älteren Brüder, es ist uns eine Ehre, aufgerufen worden zu sein. Wir wollen unsere Herzen zusammentun und zum Wolkenvolk-der-sechs-Richtungen beten, und fröhlich wollen wir dem kommenden Tage entgegensehen.«

Wir kehrten an unsere Schlafstelle zurück, aber bevor wir uns wieder schlafen legten, rauchten wir und schmiedeten Pläne für die Narreteien, die wir vorhatten. Als ich aufwachte, zwickte ich Adolph in die Nase, zog Logan die Decke weg und griff nach seinem Gliede. Als er davon wach wurde und sich beklagen wollte, sagte ich: »Ja, dergleichen Spiele müssen wir gewohnt werden, denn nun sind wir Narren!«

Beim Frühstück sagte meine Mutter, das heißt meine Mutterschwester, zu mir: »Mein Sohn, ich mache mir Sorgen deinethalben, weil du nicht hier zu Hause und auch noch unverheiratet bist. Ich fürchte, du wirst dein Narrenwerk zu grob betreiben und die Mädchen beschämen oder erschrecken. Bitte, halte dich zurück und entblöße nicht etwa dein Glied vor den Leuten!« – »Ich glaube nicht, daß es darauf ankommt«, erwiderte ich. »Sie haben mir ins Herz geschaut, bevor sie mich für den Narrendienst erwählten, und haben festgestellt, daß ich ein Mann ohne Arg bin. Nun habe ich kein Recht, das Spiel zu verderben. Erweise ich mich als unbrauchbar, so werden sie mich nicht wieder wählen.« Meggie mahlte etwas Maisschrot für mich und nähte mir einen kleinen Beutel, um ihn darin zu tragen. Sie machte mir auch eine stärkere Hüftschnur, mein Lendentuch daran zu befestigen, und bemerkte dazu: »Ich möchte nicht, daß sie auf der Plaza reißt!«

Ich betrat die Kiva mit Adolph und Logan zusammen und fand die Katschinas schon aufgestellt; sie warteten auf den Vater, daß er sie mit Schrot bestreue. Der Veranstalter des Tanzes stand am Fuß der Leiter und sagte: »Nun wollen wir mit frohem Herzen zum Hause des Statthalters gehen!« Der Katschina-Vater streute seinen Schrot und führte sie auf die Plaza. Powamugenossen, also die Väter und Mütter der Katschinas, bestreuten sie mit Maisschrot. Nachdem sie an drei verschiedenen Orten getanzt hatten, sagte der Veranstalter: »Ja, meine Freunde, ich freue mich, daß ihr hier seid, um für die Unseren zu tanzen und uns fröhlich zu machen!« Der Vater der Katschinas sprach: »Meine Freunde, ich habe euch auf die Plaza geführt, und man bittet euch, für das Volk etwas zu essen zu bringen und bis Sonnenuntergang zu tanzen. Nun aber begebt euch an euren Rastort und kehrt nachher zurück!« Er führte sie zum Katschina-Heiligtum, und wir Narren kehrten in die Kiva zurück. Wir bemalten uns den Leib mit Streifen und banden uns die Haare über den Ohren zusammen, daß sie wie Hörner aussahen. Die Katschinas tanzten viermal während des Vormittags, aber wir traten nicht mit auf.

Als die Katschinas um Mittag auf die Plaza zurückkehrten, trat ich zum Fuße der Leiter und sprach: »Kameraden, laßt uns mit frohem Herzen dorthingehen. Wenn wir Glück haben, werden einige Leute über uns lächeln. Wir wollen unsere Herzen vereinigen im Gebet an das Wolkenvolk-der-sechs-Richtungen, daß es uns Regen schickt.« Wir liefen um das Dorf herum nach Westen, kletterten aufs Dach und krochen auf den Knieen weiter. Als wir den der Plaza nächstgelegenen Dachrand erreicht hatten, sprangen wir auf, jauchzten laut und ließen uns noch viermal wieder nieder, wodurch wir Wolken darstellten, die sich aus den vier Himmelsrichtungen erheben. Beim vierten Male blieben wir stehen und hielten kurze Ansprachen. Ich sagte: »Seht einmal dies schöne Tal und die lieblichen Blumen darin! Welch ein herrlicher Anblick!« Das Glück war mit uns, die Leute jubelten und lachten. Ich hegte die Hoffnung, daß sie den ganzen Tag über lachen möchten, denn ich wußte, daß manchmal nur wenig über die Narren gelacht wird, und das sieht man als unheilvoll an. Jemand reichte mir ein Seil, und ich glitt kopfüber daran hinunter, die anderen Hanswurste hinter mir her. Wir gingen hinüber auf die Westseite der Plaza, um zu singen und zu tanzen. Yuyaheova, der mich mit meinem neuen Namen gehänselt hatte, hatte ein paar lustige Lieder für uns gedichtet. Eins von ihnen besagte, daß wir Grashüpfer wären, die zum Teiche hüpften, um Wasser zu holen. Da wir aber das Wasser in unsere Krüge gössen, hörten wir die Stimme eines Mädchens rufen, daß es ein Kind im Schoße trüge und daß wir die Väter dazu wären. In unserem Liede antworteten wir darauf: »Das ist eine gute Kunde, daß die Dame ein Kind für uns bekommt. Danke, danke!«

Schließlich sahen wir einen Katschina in unserer Nähe tanzen und sagten: »O, seht einmal diesen hübschen Jungen, was macht der denn da?« Er nickte mit dem Kopf und stampfte mit dem Fuße auf, um zu zeigen, daß er tanze. Er machte auch Gebärden, die anzeigen sollten, daß noch andere da wären. Wir liefen zu den Katschinas hin, versuchten, so viele wie möglich mit den Armen zu umfassen und riefen jeder: »Ich habe soundsoviel!« Wir sahen einen Seitentänzer, und schließlich ergriffen wir ihn. Er zitterte vor Furcht, während wir ihn lobten und liebkosten, indem wir mit den Händen über seinen Körper fuhren, um ihn zahm zu machen. Ich lief zum Oberkatschina hin und sagte: »Ja, endlich sind wir hier. Wir haben die Nacht bei unseren Buhlen zugebracht und kommen daher spät, aber doch noch vor Mittag. Seid ihr der Vogt der Katschinas?« Er nickte mit dem Kopfe, und ich sagte, ich wäre der Narrenvogt. »Wir wollen tanzen und fröhlich sein, bis die Sonne untergeht«, sagte ich, »bringt eure guten Speisen für uns!« Dann erwähnten wir einige amerikanische Leckereien, mit deren Namen wir Hopi zweierlei Sinn verknüpft haben, wie »Affenfutter« für Negerküsse und »Törtchen« für Liebesgunst. Die Leuten lachten, als wir uns diese bestellten. Während die Katschinas den Dorfplatz verließen, bestreuten wir sie mit Maisschrot und drängten sie: »Bringt etwas zu essen! Wir sind hier, um zu essen!«

Als die Katschinas fort waren, erinnerte ich meine Kameraden daran, daß ich der Narrenvogt wäre und daß sie mir gehorchen müßten. Ich kündigte an, daß wir ein Haus bauen würden, und befahl ihnen, Bauholz vom San Francisco-Gebirge zu holen. Sie liefen an einen Holzhaufen und schleppten Stämme heran. Ich sagte: »Das hat doch keinen Zweck! Das sind ja keine Balken, das ist ja Asche! Nun holt aber Stämme!« und ich flüsterte ihnen zu, jetzt das Entgegengesetzte zu holen, nämlich Asche. Sie liefen an den Schutthaufen und brachten Asche herbei. Ich sang ein Zauberlied, wobei ich die Lieder nachahmte, die beim Hausbau gebraucht werden, und zog den Umriß eines Hauses, indem ich Asche ausstreute und dadurch Balken und Steine andeutete. Dann nahm ich eine Flickenpuppe aus dem Gürtel, setzte sie in die Stube und sagte: »Liebe Schwester, da haben wir ein Haus für dich gebaut. Sei fleißig und koch Essen, damit wir etwas zu Mittag haben. Wenn jemand kommt, sei hübsch freundlich zu ihm!« Wir wickelten die Decken von der Hüfte und legten sie in das »Haus«. Unsere Tanten kamen und brachten massenhaft zu essen. Außer meinen leiblichen Tanten hatte ich in Moenkopi noch viele Ritualtanten, die zum Schmerholz- und zum Bambusklan gehörten.

Euella und ihre Mutter kamen mit Lasten von Lebensmitteln. Ich dankte ihnen, küßte die Mutter und griff nach Euella, um sie zu küssen, aber sie zeigte sich so bestürzt darüber, daß ich von ihr abließ. Die anwesenden Navaho lachten mich deswegen aus, aber dies war doch nur rechter Narrenbrauch. Einigen Muhmen klopften wir einfach auf den Rücken und sagten: »Du bist meine brave Buhle!« Als die Katschinas auf den Dorfplatz zurückkehrten, sagte ich: »Ich schäme mich, denn ich merke eben, daß die Leute dauernd über uns lachen.« Logan antwortete: »Dazu sind wir ja hier, daß wir die Leute fröhlich machen und zum Lachen bringen!« — »Dann aber ohne mich!« gab ich zurück, und nun wurde erst recht gelacht.

Während die Katschinas tanzten, aßen wir. Ich nahm ein buntgefärbtes Ei auf, und wir alle betrachteten es neugierig. Plötzlich hieb ich es Adolph auf den Kopf, wie um es aufzuschlagen. Adolph schlug mir eins auf den Kopf, und Logan knackte seins auf dem Kopfe des Katschina-Vaters; das ergab wieder ein großes Gelächter. Schließlich verteilten die Katschinas Leckereien unter das Volk. Auch wir Hanswurste streckten unsere Hände aus, und ich erhielt einen gekochten Süßmaiskolben. Nun pflegten wir Hopi Süßmais von den Katschinas als »Spielpferdchen« zu bezeichnen. Ich nahm den Maiskolben zwischen die Beine, hopste umher und ahmte ein Pferd nach. Auch die anderen Narren bekamen Kolben und taten dasselbe. Ich sah, wie Euella über mich lachte, und fühlte mich glücklich. Als wir Narren an unseren Ruheplatz zurückkehrten, bemerkte ich zwei komische Katschinas, die im Geschirr gingen und einen Wagen zogen. Ein dritter, alter Katschina saß auf dem Bock und hielt die Zügel. Dann wurden die Pferde scheu, der Kutscher schlug sie mit der Peitsche und fluchte wie einer von der Ersten Mesa. Eins der Pferde flüsterte uns zu, wir sollten sie ausspannen. Das taten wir, gaben ihnen einen Schlag aufs Hinterteil und hießen sie weglaufen. Der Kutscher versuchte, uns mit der Peitsche zu schlagen, aber wir vertrieben ihn vom Dorfplatz. Dieser alte Mann holte mich in die Kiva und sagte: »Ich werde mich jetzt als eine weibliche Katschina anziehen und mit euch das Brettspiel spielen. Ich werde gewinnen und lasse euch erst den rechten Schuh ausziehen, dann den linken, darauf euern Maisschrotbeutel ablegen, dann werde ich euch die Kleider nehmen und schließlich das Haar, wenn nicht eure Muhmen sich ins Mittel legen.« Als ich auf die Plaza zurückkam, sagte Adolph: »Wo bist du gewesen? bei deiner Buhle? einer Unterirdischen? Da mußt du doch ein Hexenmeister sein! Aber dir wird noch 'mal was Schlimmes passieren, weil du von den Weibern nicht lassen kannst!« Die Leute lachten.

Die Katschinas kehrten an ihren Ruheplatz zurück, und unsere Muhmen brachten wieder etwas zu essen. Wir aßen und aßen wie junge Raupen und wurden nicht satt. Es verbirgt sich ein Geheimnis dahinter, daß Hanswurste so viel und so lange essen können und trotzdem hungrig bleiben. Während wir aßen, sahen wir die alte Katschina-Dame mit einem flachen Stein auf der Schulter daherkommen. Darauf war das altmodische Hopibrettspiel eingemeißelt. Sie forderte uns zum Spiel heraus und versprach uns für den Fall, daß wir gewönnen, als Preis ihre Gunst. Das Spiel begann, und sie schlug uns wieder und wieder. Wir spielten, bis wir alles verloren hatten außer Haaren und Lendentüchern. Dann gewann die alte Katschina unser Haar; aber als sie eine Schere aus dem Busen zog, um es abzuschneiden, kamen unsere Muhmen auf die Plaza gestürmt, nahmen sie ihr weg und erlösten uns so. Nun wies uns die alte Katschina darauf hin, daß sie uns, wenn sie wieder gewönne, die Lendentücher wegnehmen würde. Wir spielten und verloren. Sie packte meine Hüftschnur, um sie abzureißen. Ich guckte mich nach Beamten um und sah, wie der Schulleiter uns stirnrunzelnd beobachtete. »Halt an!« flüsterte ich. »Der Leiter ist da und sieht böse aus!« Die alte Katschina erwiderte mit gedämpfter Stimme: »Der verdammte Weiße soll wegbleiben, wenn er das nicht vertragen kann!« Sie ließ meine Schnur los und sagte: »Schön, machen wir ein Wettrennen! Wenn ihr gewinnt, könnt ihr mit mir tun, was ihr wollt; aber wenn ich gewinne, hilft euch nichts, dann muß ich euren Lendenschurz haben!«

Wir erklärten uns einverstanden, obwohl wir fürchten mußten, daß der Weiße uns auch das verderben würde. Wir sollten in Staffeln laufen, und ich begann, weil ich der schlechteste Läufer war, obwohl der größte unter den Narren. Wir zählten bis vier und jagten los. Die alte Katschina konnte rennen wie ein Pferd. Sie überholte mich mit fliegenden Zöpfen und wirbelnden Röcken. Adolph holte sie auf seiner Strecke ein, und sie rannten Kopf an Kopf weiter. Logan lief mit einem Schritt Vorsprung durchs Ziel. Das alte Weib ließ sich jammernd auf die Erde fallen: »Ach, was tu ich, um am Leben zu bleiben! Mißbraucht mich, wie ihr wollt, aber laßt mich leben!« Der Schulleiter paßte noch immer auf, doch wir beschlossen, ihm zum Trotze uns unseren Lohn zu nehmen. Wir schleppten die Alte um die Ecke, ihm aus dem Gesicht, und legten sie auf ein Schaffell. Ich forderte als Narrenvogt das erste Recht. Schon war ich bereit, da guckte ich mich noch einmal um und fand, daß der Weiße an einen Platz gegangen war, wo er besser sehen konnte, und sich vorbeugte und herüberstierte. Die Leute lachten, aber ich ärgerte mich.

Wir brachen die Vorstellung ab, führten die alte Katschina an unser »Haus«, schenkten ihr etwas Maisschrot und sagten ihr, sie sollte unsere Gebete dem Wolkenvolk-der-sechs-Richtungen mitnehmen. Sie zeigte sich sehr befriedigt und sagte: »Schön, euer Lohn soll Regen sein.«

Darauf wandte ich mich an meine Gesellen und sagte: »Jetzt werde ich mir 'mal den Weißen vorknöpfen!« Ich ging zu ihm hin, gab ihm die Hand und sagte in unserer Hopisprache: »Na, weißer Mann, Sie wollen sehen, was hier vor sich geht, wie? Nun haben Sie unsere Gebete zunichte gemacht, und es könnte sein, daß es nicht regnet. Sie halten diese Angelegenheit für unsittlich, aber sie bedeutet etwas Heiliges für uns. Diese alte Katschina verkörpert die Maisjungfer; aus diesem Grunde müssen wir Umgang mit ihr haben, damit unser

Mais sich vervielfältigt und unser Volk aus dem Vollen schöpfen kann. Wenn es etwas Böses wäre, würden wir es nicht tun. Man sagt, Sie seien ein gebildeter Mensch, aber besser wäre es, Sie gingen noch einmal zur Schule und lernten noch etwas über die Lebensart der Hopi hinzu!« Er zeigte sich verlegen, langte in die Tasche, zog einen halben Dollar heraus und sagte: »Hier ist etwas Geld für Tabak.« Ich dankte ihm und schickte einen Mann um Tabak.

Die Katschinas waren auf den Dorfplatz zurückgekehrt und tanzten wieder. Ich lief hin und bestreute sie mit Maisschrot; dann sah ich mich nach jemandem um, der uns geißeln und reinigen konnte, bevor der Tanz zu Ende ging. Als ich in die Kiva hinunterkam, fand ich den alten Katschina dort allein. Er sagte, zur Geißelung wäre niemand da. Es wurde schon spät, und die Katschinas verteilten schon ihre Schnüre von gekochtem Süßmais, um zu bezeugen, daß wir zur Erntezeit Überfluß haben würden. Nach dem Tanze gab ihnen der Katschina-Vater die Gebetsfedern und hielt die Abschiedsrede: »Fahrt hin in eure Heime und sendet uns Regen, damit Hunger und Krankheit uns nicht erreichen und wir in Frieden und Fülle leben können!« Wir bestreuten sie mit geweihtem Maisschrot, und sie wanderten davon, nach Norden zu. Ich steckte die Puppe in meinen Gürtel, nahm mein Essen auf, ergriff die Trommel und schlug sie leise, während wir zur Kiva gingen. Dort rauchten wir im Gebet mit dem Vater der Katschinas und beschlossen so den rituellen Tanz.

Wir hatten den ganzen Tag lang gegessen, aber abends waren wir immer noch hungrig. Die Leute unterhielten sich über unsere Narreteien und lobten sie noch manchen Tag. Meine Klanmutter war zufrieden und sagte, sie würde nicht mehr in Sorgen sein, wenn ich wieder Narrendienste zu leisten hätte. Die Navaho, die bei dem Tanze zugesehen hatten, nannten mich *den* Narren. In der fünften Nacht besuchte ich Euella und nahm ihr Lob und ihren Dank im geheimen entgegen.

Bis Anfang Februar arbeitete ich um zwei Dollar den Tag für die Agentur; dann schickte mein Oheim Talasquaptewa Nachricht, ich möchte nach Hause kommen und bei der Powamuzeremonie[1] helfen. Ich reiste zu Pferde, und als ich Oraibi erreichte – mit einem Geschenk von Trockenäpfeln und Zwiebeln für meine Mutter – erhielt ich noch ein verspätetes Mittagessen und wurde dann zu meinem

---

[1] Hierüber findet man alle Einzelheiten bei H. R. Voth, »The Oraibi Powamu Ceremony«, Anthrop. Series, Field Mus. Nat. Hist., 1901, Vol. III, Nr. 2, 67 bis 158.

Oheim in die Mongwi-Kiva geschickt. Er hieß mich willkommen und sagte: »Lieber Neffe, es freut mich, dich hier zu sehen. Heute morgen hat der Oberpriester des Powamubundes seine Weihgaben gebracht, hat geraucht und uns kundgetan, daß es Zeit ist, Bohnen in der Kiva zu pflanzen und um Regen, gutes Wachstum und reiche Ernte zu beten. Heute noch mußt du deine Bohnen pflanzen.« Er teilte mir mit, daß Herbert und ich ausgewählt worden wären, den Bohnenjungfern zu helfen, die jungen Pflanzen auf den Dorfplatz zu tragen. Mein Vater gab mir den Rat, Limabohnen zu pflanzen, weil sie besser aussähen und höher würden. Ich tat etwas Lehm in eine Neunliterdose, füllte sie nahezu mit Sand auf und pflanzte meine Bohnen; die Dose stellte ich auf eine Bank am Nordende der Kiva. Dann setzte ich mich und rauchte mit den Amtsträgern – unter Austausch von Verwandtschaftsnamen und Gebeten.

Am nächsten Tage fuhren wir mit fünf Wagen aus, um Schmerholz zum Beheizen des Kiva-Ofens zu sammeln, denn der mußte nun Tag und Nacht brennen, damit die Bohnen wuchsen. Ich hatte die Absicht gehabt, nach Moenkopi zurückzukehren und zu arbeiten, bis die Bohnen geerntet werden konnten, aber mein Oheim bat mich, dazubleiben und als Kele die Pflanzen zu betreuen; ich mußte also die Keimlinge begießen und den Ofen versorgen. Es war keine leichte Arbeit, das Wasser von der Quelle die Mesa heraufzuholen und nachts das Feuer im Ofen zu unterhalten. In der Powamu-Kiva fanden viele besondere Begehungen statt, die mir unbekannt waren. Unterdes wurden auch die Kinder in den Powamu- und den Katschinabund eingeweiht. Am Abend des fünften Tages brachte man die jungen Initianten mit ihren Gevattern in die Powamu-Kiva, und jeder erhielt einen weißen Maiskolben. Sie waren bei den Gebetsliedern zugegen, sahen die Altäre und das Sandmosaik und wurden in den Geheimnissen des Powamubundes unterwiesen – mit der Warnung, niemals zu erzählen, was ihnen enthüllt worden war. Am Abend sang die Katschinamutter draußen am Felsen, und Katschinas liefen unter lauten Rufen durch die Ortschaft. Am sechsten Tage, als ich in der Mongwi-Kiva die Bohnen goß, saßen die Männer um den Ofen und schnitzten Puppen, Bogen, Pfeile und Rasseln als Geschenke für ihre Kinder. Abends wurden die zur Einweihung in den Katschinabund bestimmten Jungen und Mädchen von ihren Gevattern in die Marau-Kiva gebracht. Dort durften sie die heiligen Zeichen sehen, wurden in den Geheimnissen des Bundes unterwiesen, begegneten von Angesicht zu Angesicht Muyingwu, dem Gott der Keimkraft, und wurden auf das heilige Sandmosaik gestellt und von den Katschinas gegeißelt. Meine siebenjährige Schwester Mabel war auch dabei. Sie tat mir leid, da ich mich an meine eigene schwere Prüfung erinnerte, aber ich sah ein, daß es ihr am Ende nur gut tun konnte. Ich hatte mit dieser Zeremonie nichts zu tun, weil ich ein junger Mann war, der noch die Tüchtigkeit seines Charakters nicht erwiesen hatte; denn nur solche erprobten Personen werden dazu erwählt, Kinder als Gevattern in den Bund einzuführen.

Am siebenten Tage fanden in der Powamu-Kiva die üblichen Gebetsübungen statt, in unserer Kiva jedoch wurde außer der Pflege der Bohnen und der Herstellung von Geschenken kaum etwas vorgenommen. Am Abend übten wir wieder Katschinatänze und durften weder Gesalzenes essen, noch sonst die Schranke der Enthaltsamkeit durchbrechen. Auch am achten Tage wurden in unserer Kiva nur wieder die gewöhnlichen Pflichten erfüllt, in der Powamu-Kiva jedoch schloß man die Gebetsübungen ab, und die Amtsträger unterzogen sich der geheimen rituellen Reinigung.

Der neunte Tag war für die Kinder von großer Wichtigkeit. Ungefähr um drei Uhr morgens schnitten wir die Bohnenstengel ab, soweit wir sie mit nach Hause nehmen oder an den Geschenken für die Kinder befestigen wollten. Die Erde aus den Gefäßen wurde an einer Stelle vergraben, wo sie es nicht sahen, denn ihnen wurde ja erzählt, daß die Katschinas die Bohnenschößlinge aus den Bergen mit ins Dorf brächten – wie sie es in früheren Zeiten auch tatsächlich getan haben. Vor Sonnenaufgang ließen sich im Norden Töne hören wie: »Huu-huhuhuhu!« Eine Hahai'i-Katschina – in weiblicher Kleidung also – näherte sich dem Dorf, blies eine Knochenpfeife und gab alle paar Schritte jene Laute von sich. Sie erschien auf dem Dorfplatz, und dort bestreuten Frauen und Kinder sie mit Maisschrot und nahmen einige Maissprossen und Kiefernzweige von ihrer Trage. Auf dem Wege zur Powamu-Kiva schlossen sich ihr ein Aototo- und ein Aholi-Katschina aus der Mongwi-Kiva an. Der Aototo trug eine Maske aus einheimischem Tuch, die mit weißem Ton bestrichen war; um den unteren Rand war ein Fuchsfell gebunden und oben darauf saßen einige Federn. Er war mit Rock und Schärpe bekleidet, und darüber trug er ein altes weißes Hemd aus einheimischem Stoff, das mit stilisierten Wolken, Pflanzen und Blumen bestickt war. Er hielt einen Beutel mit geweihtem Maisschrot in der rechten Hand und einen kleinen Strauß grünen Maises in der linken. Der Aholi-Katschina war mit Rock, Schärpe und Mokassins bekleidet. Über der Schulter hatte er eine alte Decke aus einheimischem Stoff hängen mit Wolkenzeichen darauf. In der Mitte der Decke befand sich das Bild eines menschlichen Kopfes auf dem Körper eines großen Vogels. Seine Maske bestand aus

Yuccablättern, die mit einheimischem Stoff bedeckt waren; oben darauf waren Federn, unten lief ein Fuchsfell herum. In der rechten Hand hielt er einen Stab, das Zeichen seiner Gewalt, in der linken eine Messingglocke, einen Beutel mit Maisschrot und etwas grünen Mais.

Der Aototo machte ein Wolkenzeichen auf den Boden, und der Aholi setzte das untere Ende seines Stabes darauf; das obere Ende ließ er dabei von rechts nach links kreisen und stieß zugleich einen schrillen Schrei aus. Dann gingen die beiden zu einer Öffnung im Boden – batni – legten ein Paho und etwas Maisschrot darin nieder, zogen Maisschrotstriche und gossen aus den Hauptrichtungen Wasser in das Loch. Dann schlossen sie sich bei der Kiva wieder der Hahai'i an und wiederholten das Schrotstreuen und Wassergießen über der Kiva-Öffnung. Powamu-Amtsträger kamen aus der Kiva, bliesen die drei Katschinas mit Rauch an, bestreuten sie mit Schrot, nahmen die Trage in Empfang und gaben ihnen ein Paho und etwas Schrot, welches beides am Katschinaheiligtum niederzulegen war. Katschinas kamen aus den anderen Kivas, liefen durch die Straßen und verteilten Geschenke an die Kinder. Den ganzen Tag über erschienen viele Katschinas, unter ihnen die Haa-Katschina, das ist die Mutter-Katschina, die als Frau gekleidet war und Maishülsensterne auf ihrem Kleide trug. Das Haar hatte sie auf der einen Seite in Kürbisblütenfrisur gemacht, auf der andern hing es herab. Hinten am Kopf trug sie eine Scheibe, an der einige Krähenfedern befestigt waren und die einen Skalp darstellte. Sie machte Späße mit den anderen Katschinas. Ich lief auch in Katschinatracht umher und machte den Kindern Geschenke. Am Nachmittag kamen die Riesenkatschinas – Cooyoktu – ins Dorf und erschreckten einige Kinder. Um Sonnenuntergang suchten die Amtsträger des Powamubundes ein Heiligtum nordöstlich des Dorfes auf, welches Pohki – das meint Hundeheim – heißt und von dem behauptet wird, daß dort die Hunde gewohnt haben, bevor sie zu den Leuten ins Dorf gezogen sind. Als greise Katschinas verkleidet, führten sie fünf maskierte Bohnenjungfern ins Dorf, die das Haar in Wülsten trugen und mit Festschals in Rot, Weiß und Blau bekleidet waren. Sie waren gekommen, um die Bohnenkeimlinge zu ernten und am nächsten Tage auf die Plaza zu tragen. Die Katschinas sangen ihre Lieder, und der Katschina-Vater gab den männlichen unter ihnen Gebetsfedern und sandte sie fort. Die Mutter-Katschina brachte die Bohnenjungfern zur Nacht in ein Haus.

Die Initianten behielt man in den Häusern ihrer Ritualmuhmen, und die Kivas wurden für den Tanz, der die ganze Nacht dauern sollte, hergerichtet. Wir waren dabei, unsere Lieder zu üben und unsere

Trachten zurechtzumachen, als Seletzwa, der Powamuvogt, in die Kiva kam und uns auftrug, uns zu bemalen. Später kam er wieder und sagte: »Nun zieht euch an, aber ohne Masken!« Ununterbrochen ging er so bis Mitternacht von Kiva zu Kiva und gab den Katschinas an, was sie jeweils tun mußten. Schließlich kam er und sagte: »Nun kommt heraus!« Wir nahmen unsere Rasseln und gingen zum Katschinaheiligtum, um zu beten, während die Gevatterinnen die Kinder in die Kivas führten. Wir Katschinas gingen, in fünf oder sechs Gruppen geteilt, von Kiva zu Kiva und tanzten. Die Katschinas des Powamubundes waren besonders prächtig gekleidet; sie trugen gestickte Röcke und Schärpen, grüne Ohrgehänge, zahlreiche Perlschnüre, künstliche Kürbisblüten auf dem Kopf, an den Füßen grüne Mokassins, in der rechten Hand Schildkrötenrasseln und in der linken Kiefernschößlinge. Junge Männer waren – mit Schärpe, Mokassins und Ritualdecken – als Mädchen verkleidet. Das Haar war ihnen, wenn möglich, in Wülste gedreht, und man hatte sie mit Schmuckstücken herausgeputzt und Sonnenblumen an ihrer Stirn befestigt. Das Gesicht war ihnen mit Maisschrot eingerieben, Hände und Arme waren mit weißem Ton bemalt worden, und in der linken Hand trugen sie Kiefernzweige. Einige Katschinas waren als alte wacklige Weiblein verkleidet mit Masken voll tiefer Runzeln. Sie trugen männliche und weibliche Puppen, halb versteckt unter Kiefernzweigen, umher, und die Frauen unter den Zuschauern, die sich Kinder wünschten, bewarfen diese Puppen mit Prisen von Maisschrot, die weiblichen, wenn sie sich ein Mädchen, die männlichen, wenn sie sich einen Knaben wünschten.

Als ich in der Howeove-Kiva tanzte, wo Mabel saß, erinnerte ich mich an meinen eigenen Kummer, damals, als ich entdecken mußte, daß die Katschinas nur Menschen und meine eigenen Verwandten waren, und wandte mein Gesicht von ihren starren Blicken ab. Ich mußte befürchten, daß auch sie nun lange Zeit unglücklich darüber sein würde. Als ich in die Mongwi-Kiva zurückkehrte, neckte Poleyestewa, als altes Weib verkleidet, die anderen Katschinas, indem er den männlichen vorhielt, daß sie Faulenzer wären, schlechte Jäger und als Liebhaber totale Versager. Die weiblichen Katschinas nannte er schieläugig, hoffnungslose Köchinnen, Damen, die es mit fremden Männern hielten, aber niemals in ein Bad stiegen. Mit Frauenstimme prahlte er: »Ich bin eine Christin und tue niemals etwas Böses!«

Als die Vorstellung vorüber war, stand Talasvuyauoma auf, der Kriegsvogt, und sagte zu den Initianten: »Ihr Knaben und Mädchen habt nun gesehen, daß eure Oheime und Väter die Katschinas sind.

Ich warne euch davor, jemals anderen davon zu erzählen; nicht einmal unter euch sollt ihr davon sprechen! Tut ihr's trotzdem, so kommen die Geißler-Katschinas und bestrafen, ja töten euch womöglich!« Darauf brachten die Ritualmuhmen die schläfrigen Kinder nach Hause, wuschen ihnen vor Sonnenaufgang den Kopf und gaben ihnen neue Namen.

Am zehnten Tage nach dem Frühstück verkleideten Herbert und ich uns in der Mongwi-Kiwa für unsere Aufgabe, den Bohnenjungfern bei ihrer Last behilflich zu sein. Die Mutter-Katschina sang einige Lieder, ließ uns dann alle antreten, hinaussteigen und die Kiva viermal umkreisen. Nun kam ein Amtsträger des Powamubundes mit der Nachricht, es sei für die Katschinas an der Zeit, zornig zu werden und die Leute in die Häuser zu treiben, damit die Männer die Bohnenkeimlinge ernten könnten. Die Mutter-Katschina stieg auf ein Hausdach, schwenkte Köcher und Pfeile und ermahnte jedermann, in sein Haus zu flüchten und die Fenster zu verhängen. Katschinas aus allen Kiven stürmten mit zornigen Gebärden umher und stellten sich als Posten auf, damit kein junges Kind zu sehen bekäme, was vor sich ging. Sie hätten jeden verprügelt, der sich auf der Straße hätte blicken lassen.

In den Kivas schnitten Arbeiter die Pflanzen ab und legten sie auf große Korbtragen, die mit vier Holzgriffen versehen waren. Man sagte uns, daß die zarten Stiele mit großer Sorgfalt behandelt werden müßten, denn einmal, vor langer Zeit, hätten die Katschinas viele Stengel zerbrochen gefunden und wären daraufhin über die Genossen der Kiva hergefallen und hätten sie derart verdroschen, daß einige beinahe daran gestorben wären. Die Körbe wurden an das Katschinaheiligtum gebracht, und dort trafen wir alle mit den fünf Bohnenjungfern zusammen. Herbert und ich waren maskiert und mit der Schnee-Katschinatracht bekleidet, so daß wir sehr schmuck aussahen. Die Bohnenjungfern versuchten die Körbe aufzuheben, und eine mußte um Stärke beten. Ich ging hinter einer von ihnen her, um sie notfalls abzulösen. Als wir uns der Ortschaft näherten, scharten sich die andern Katschinas um uns und sagten ununterbrochen zu Herbert und mir: »Frag' die Jungfer, ob sie müde ist!« Ich sagte dann: »Bist du müde?« Wenn eine der Jungfern ermattete, nickte sie mit dem Kopf, daß einer von uns ihren Platz einnehmen sollte.

Die Leute drängten sich am Rande des Dorfplatzes und guckten. An der Spitze des Aufzuges gingen die Soyal- und die Powamu-Amtsträger, also der Dorfälteste, der Soyal-, der Powamu-, der Rufer und der Kriegsvogt. Sie führten uns zur Powamu-Kiva, und wir umkreisten sie viermal. Die Bohnenjungfer, hinter der ich herging, war sehr kräftig und brauchte wenig Beistand. Es wird als glückverheißend angesehen, wenn ein junges Weib imstande ist, ihre Last ohne Hilfe bis auf die Plaza zu tragen, aber andererseits ist es Brauch, daß der Katschina sie ihr dort abnimmt. Am Ende unserer Wanderung wandte sich die Jungfer um und gab mir das Zeichen, sie abzulösen. Die Amtsträger nahmen die Bohnenstengel aus den fünf Körben und der Rufervogt rief den Frauen zu, die kleinen Kinder unter ihre Umschlagetücher zu nehmen. Darauf flohen wir Katschinas alle in die Kivas, wobei wir die Körbe mitnahmen. Als die Kinder wieder herausgelassen wurden, hätten eigentlich noch zwei alte Katschinas auf dem Platze sein sollen, um vom Powamu-Vogt ein Paho zu empfangen und darauf ohne Eile nach Westen von dannen zu gehen. Vogt Tewaquaptewa und Frank Sieptewa aber, die zum erstenmal diese Rollen innehatten, dachten nicht daran und flohen mit den andern. Sobald die Kinder aufgedeckt waren, erzählten die Mütter ihnen, daß die Katschinas weggeflogen wären. Sie sagten etwa: »Schaut zum Himmel hinauf, da seht ihr sie umherfliegen!«

Wir rauchten in der Kiva, damit war die große Powamuzeremonie vollendet, und wir hatten uns gegen Mißernte gesichert. Wir Katschinas zogen uns aus, verpackten unsere Tracht in Säcken und verbargen die Masken. Mir wurde gesagt, daß meine Kele-Kiele nun voll ausgewachsen wären und daß ich als Habicht nun jeden Ort mit Sicherheit erfliegen könnte. Ich hatte eingesehen, wie bedeutungsvoll die Powamuzeremonie für den Erfolg der Feldbestellung ist. Die Alten lobten meine Arbeit und sagten, daß Hungersnöte einträten, wenn diese Zeremonie nicht genau durchgeführt würde. Sie wiesen uns auch warnend darauf hin, daß oft, wenn jemand seine Rolle nachlässig betriebe, er entweder bald darauf selber stürbe oder doch einen Verwandten verlöre. Ich nahm mir vor, der Zeremonie unter keinen Umständen je fernzubleiben oder ihr bei der Durchführung nicht Genüge zu tun.

HEXENWERK UND HEIRAT

Ich kehrte nach Moenkopi zu Fuß zurück – fünfundsechzig Kilometer in sieben Stunden. Meines Vaters Onkel pflegte mit den Hühnern aufzustehen, vorm Frühstück nach Moenkopi zu laufen, seine Felder zu bearbeiten und abends zurückzurennen. Nun sagte jedermann, daß die Lebensweise der Weißen die Hopi schwäche; und ich fühlte es in meinen eigenen Füßen, daß das zutreffen müsse. Da die Familie meiner Klanmutter groß war und dieser Umstand mich dazu nötigte, zum Lebensunterhalt etwas beizusteuern, beschloß ich, bei meiner Tante Frances zu bleiben, mein Geld zu sparen und mir ein Pferd zu kaufen.

Am Sonnabend veranstaltete Secaletscheoma einen Tanz in der Hoffnung, damit den Göttern ein Vergnügen zu bereiten und Hilfe für seine entzündeten Augen zu erhalten. Den ganzen Tag über sah ich den Katschinas zu, und in der Nacht schlief ich bei Euella. Am nächsten Morgen bat mich Secaletscheoma, den Narrendienst zu übernehmen. Aber ich sagte ihm frei heraus, daß ich dazu ungeeignet sei. Ich hatte keine Lust, die Zeremonie dadurch zu verderben, daß ich einen bösen Wind herbeiführte, und dann mit anhören zu müssen, daß seine Augen meinetwegen nicht besser geworden wären. Meine Tante wunderte sich darüber, bis ich ihr den Grund angab. Da sagte sie: »Ich werde Euella verhauen, weil sie mich so mir nichts, dir nichts verdrängt hat. Und deine Strafe ist, daß du nun die guten Sachen nicht zu essen kriegst, die wir dir sonst auf die Plaza gebracht hätten.« Wir spaßten oft zusammen übers Buhlen, aber im Ernst hatte ich es nie bei ihr versucht. Sie war viel älter als ich, die Nichte meines Vaters und die Schwägerin meines Gevatters, das heißt die Frau von dessen Bruder Roger. Sogar wenn sie jünger und unverheiratet gewesen wäre, hätte ich sie nicht berührt, weil sie – wie mein Vater – vom Sandklan war. Es war nichts dagegen einzuwenden, wenn ich Umgang mit der Nichte eines meiner beiden Großväter hatte – wie eben mit Euella vom Eidechsenklan – aber durchaus etwas dagegen, daß es mit meines Vaters nahen Verwandten geschah. Diese Muhmen hatten mich oftmals mit Liebesdingen aufgezogen; aber niemals hatte ich eine Frau vom Sandklan herumzukriegen versucht, und es stand für mich fest, daß ich es auch nie tun würde, denn das wäre nicht recht gewesen.

Freddie und Pierce, die beiden Narren, verließen das Dorf mit Secaletscheoma, folgten den Katschinas zu ihrem Heiligtum und führten sie auf den Dorfplatz zurück, eine rituelle Handlung, die notwendig war, weil der Vater sie am Abend zuvor heimgesandt hatte. Während die Katschinas tanzten, saß ich auf einem Hausdach, sah zu, summte leise die Lieder mit und dachte an Euella. Die Narren leisteten gute Arbeit, und es gab keinen schlimmen Wind – Beweis dafür, daß ihre Herzen rein waren.

Den nächsten Tag arbeitete ich am Damm und besuchte in der Nacht wieder Euella. Während wir beieinanderlagen, fühlte ich, wie ich niesen mußte, rieb mir tüchtig die Nase, um es zu vermeiden, aber es gelang mir nicht – ich mußte den Kopf unter die Decke ziehen und nieste zweimal. Euellas Mutter kam an die Tür und fragte: »Wer ist da?« – »Niemand«, sagte Euella. »Die Stimme gehört dir«, antwortete ihre Mutter, »aber nicht das Geniese!« Sie kam mit einem Licht herein, deckte mein Gesicht auf, lächelte und fragte: »Wie bist du denn hier hereingekommen?« Ihr Verhalten ließ mich Mut fassen, und ich sagte: »Tantchen, du hast mich immer geneckt und mich deinen Liebhaber genannt; nun glaubte ich, es wäre an der Zeit, einmal hereinzugucken!« Sie lachte, schalt mich ein wenig und sagte: »Als ich noch ein Mädchen war, haben mich meine Eltern zu strenge gehalten. Ich denke, ich werde Euella diese Freude nicht versagen. Du kannst bleiben, aber laß dich nicht von ihrem Vater erwischen!« Da er in der Nacht bei der Schafherde war, hatten wir nichts zu fürchten.

Ich gewöhnte mich daran, Euella jede zweite Nacht zu besuchen, bis uns die Furcht beschlich, daß sie schwanger wäre und womöglich die Schule verlassen müßte. Ich wußte, daß mich das in Auseinandersetzungen mit der Regierung hineinziehen und sogar ins Gefängnis bringen konnte. Wir beschlossen daher, lieber sicherzugehen und bloß einmal in der Woche zusammen zu schlafen.

Im Mai kam Nachricht aus Oraibi, daß wir Keles zur Zeremonie des Spinatsammelns nach Hause kommen sollten. Ich borgte mir ein Pferd von Harry Kopi und ritt heim. Für meine Mutter und als Geschenk für die Mädchen beim Spinatsammeln brachte ich grüne Zwiebeln, Pfefferminzpflanzen und andere Küchenkräuter mit. Aber ich hatte keine Ahnung, was mir in Oraibi blühte. Sobald ich ins Dorf kam, sagte Claudes Vater, ein besonnener alter Mann, zu mir: »Na, Polehongsies Liebhaber, freut mich, dich zu sehen!« Ich fragte, was das bedeuten solle, und mußte zu meiner Überraschung hören, daß ich der geheime Beischläfer dieses Mädchens sei und daß ich mich in kurzem mit ihr verheiraten wolle. Ich gab im Scherze zu, daß ich eine Freundin in Moenkopi hätte, leugnete aber jedes Verhältnis zu Polehongsie, dieser alten Jungfer, einer Klanschwester meines Freundes Louis. Als ich an der Schlangen-Kiva vorüberkam, rief Nashingemptewa vom Masau'u-Klan mir zu: »Na, Polehongsie, auch da aus Moenkopi!« – »Ja, da bin ich«, antwortete ich und fragte mich im Weiterreiten, wer diese Lüge aufgebracht haben könnte.

Ich hatte am Hause meiner Mutter haltgemacht und unterhielt mich gerade mit Robert Talas, als Vogt Tewaquaptewa herankam, mir die Hand schüttelte und auf den Rücken schlug. Auch mein Gevatter kam herbei und sagte: »Talayesva, mein Sohn, ich habe etwas Unangenehmes mit dir zu besprechen. Billy hat uns erzählt, daß du Polehongsie heiraten willst. Er sagt, sie käme gleich nach der Spinatzeremonie zur Hochzeit nach Oraibi.« Ich erwiderte im Scherz: »Na, jedenfalls habe ich schon Wildlederhaut und Baumwolle.[1] Laß sie kommen, wann sie will – da habe ich wenigstens eine Chance!« Er legte mir die Hand auf die Schulter und sagte: »Das Mädchen ist viel älter als du, und sie hat sich mit vielen Männern abgegeben. Sie sieht ja noch gut aus, aber um eine gute Hausfrau zu werden, dazu ist ihr Männerverbrauch zu hoch. Sie wird deiner müde werden und sich andere suchen. Hör darum auf mich, mein Junge, und laß ab von der!« Robert legte sich für mich ins Mittel: »Ein guter Kamerad weiß ja wohl auch über die Liebesangelegenheiten seines Kameraden Bescheid. Don und ich sind immer zusammen. Er hat ein Mädchen, ja, aber das ist nicht diese alte Schachtel!«

Ich versuchte, die Geschichte leicht zu nehmen, war aber doch recht verstört, als meine Mutter zum Mittagessen rief. Mein Schweigen fiel ihr auf, und sie sagte: »Nun lang nur zu, mein Sohn! Ich habe mir auch wegen dieser Sache Gedanken gemacht; aber wenn du das Mädchen willst, habe ich nichts zu sagen. Andererseits, wenn du mir versicherst, daß nichts daran ist, werde ich dir glauben.« Der Dorfvogt aß bei uns und machte einen Witz nach dem andern. Es war immer sein Bestreben, die Leute froh zu machen.

Nach dem Mittagessen forderte der Rufervogt uns auf, zur Quelle zu gehen und uns dort bereitzuhalten, den wilden Spinat zu suchen. Ich durchschritt eine schmale Gasse und sah Irene vom Feuerklan auf dem Dache. Sie beugte sich weit vor und flüsterte: »Polehongsie, Polehongsie!« Ich versuchte zu lächeln und ging weiter. Sie war eines der wenigen Mädchen in Oraibi, die für mich als Ehefrau in Frage kamen; aber ich war ihr kaum begegnet, seit sie in der Eisenbahn auf der Fahrt von Sherman meine Apfelsinen gegessen und eine Perlenschnur von mir angenommen hatte. Jetzt war sie krank gewesen und konnte zum Spinatsammeln nicht mitkommen, weil ihr das Haar größtenteils ausgegangen war und sie es daher nicht zu der von der Sitte geforderten Kürbisblütenfrisur aufstecken konnte. Ira ging noch immer getreulich mit ihrer Klanschwester, ich jedoch hielt es mit keinem Mädchen in Oraibi.

Auf meinem Weg zur Quelle nannten mich alle Leute ringsum Polehongsie. Robert holte mich in der Nähe des Felsens ein, versetzte mir eins auf den Hintern und sagte: »Warum wartest du

---

[1] Das sind die Materialien zu der Brautkleidung, die die Familie des Bräutigams zu stellen hat.

denn nicht, Polehongsie?« Ich erwiderte mit einem mächtigen Stoß in den Rücken und sagte: »Hör auf, du verdammter Schuft, oder gehörst du auch zu dem Klatschverein?« Er lachte und entgegnete: »Na, du hast doch dabei nichts zu verlieren! Wenn du deinen Spaß mit ihr gehabt hast, kannst du sie ja immer noch sitzen lassen!« So kamen wir zu den Mädchen an die Quelle; sie guckten mich an, lächelten und riefen mich mit diesem Namen, von dem mir nun schon die Ohren klangen.

Wir gingen hinter den Amtsträgern her, um wilden Spinat zu pflücken. Als wir die Sandhügel erreicht hatten, kündigte der Rufervogt eine Pause an und trug uns auf, den Spinat, den wir bis dahin gesammelt hatten, den Mädchen zu übergeben. Ich mußte dann zu einem Mädchen sagen: »Hier ist mein Spinat!« und sie mußte ihn dankend annehmen, in ihr Umschlagetuch tun und mir dafür irgendetwas zu essen geben. Wir sammelten, pausierten und tauschten viermal mit den Mädchen. Ich nahm auch Bündel von frischen grünen Zwiebeln aus meinem Beutel und gab sie den Mädchen anstelle des Spinats – eine sehr neumodische Sache. Beim vierten und letzten Ruheplatz hatte ich alle Zwiebeln aus meinem Beutel weggegeben und soviel Lebensmittel dagegen erhalten, daß meine Last größer war als zu Anfang. Es ist Sitte, daß sich beim letzten Halt ein Mädchen einen Liebhaber erwählt und ihm als Zeichen des Verlöbnisses einen Kuchen aus gebackenem Süßmais überreicht. Für einen jungen Burschen ist es peinlich, so vor der Menge einen Süßmaiskuchen zu erhalten; aber ich brauchte in dieser Hinsicht nichts zu fürchten, denn das Gerücht, das über mich umlief, mußte jedes Mädchen aus Oraibi davon abschrecken, mich zu erwählen, und außerdem war Irene sowieso nicht da. Claude erhielt von Alice einen Süßmaiskuchen und heiratete sie auch später. Der Rufervogt verkündete: »Laßt uns ins Dorf zurückkehren mit unserem frohen Herzen!« Aber mein Herz war nicht froh.

Wir gingen nach Hause, aßen zu Abend und hörten, wie die Katschinas ins Dorf kamen. Sie tanzten bei den Kivas, und dann schickte der Vater sie heim. Es war niemand da, der die Rolle Masau'us hätte übernehmen können, weil der alte Mann, der ihn früher dargestellt hatte, mit den Feindseligen nach Hotavila gegangen war. Ich versuchte, gute Miene zum bösen Spiel zu machen, und eröffnete meiner Familie, daß ich beschlossen hätte, unverzüglich nach Moenkopi zurückzukehren, da die aus der Luft gegriffenen Gerüchte mir jede Chance verdorben hätten, in Oraibi ein Mädchen zu finden. Doch beredeten sie mich alle, das Geschwätz nicht zu achten und bis zum nächsten Tage da zu bleiben. Wie ich so in der Nacht auf dem Dache lag, fühlte ich mich wie in einer

Falle. Ich war voller Sorgen und fragte mich, ob ich nicht am Ende doch gezwungen sein würde, Polehongsie zu heiraten, besonders wenn die andern Mädchen es als sicher ansahen, daß wir es miteinander hielten, und mich darum mieden. Aber der Gedanke, das ganze übrige Leben hindurch die alte Schachtel auf meinem Schaffell zu wälzen, wollte mir gar nicht behagen.

Am nächsten Morgen bestieg ich mein Pferd, sagte auf Wiedersehen und ritt los. Aber mein Gevatter winkte mir von seinem Hausdach zu und trug mir auf, am Felsen auf ihn zu warten. Dort sprach er mir unter vier Augen zu: »Glaub' mir, mein Junge, hüte dich vor Polehongsie!« Ich reichte ihm die Hand, versicherte ihm, daß ich nie bei ihr geschlafen hätte, und versprach, nicht nach Einbruch der Dunkelheit um ihr Haus herumzulungern.

Beim Heiligtum Masau'us sah ich Logan und Jackson mit ihren Pferden und galoppierte rasch an ihnen vorbei. Sie riefen laut: »Polehongsie, warum hast du es denn so eilig?« – »Schluß damit!« rief ich zurück. »Es langt mir nun allmählich!« Nun wollten sie den wahren Zusammenhang wissen. Ich sagte ihnen, es wäre eine abgekartete Sache gewesen. Nachher, als wir zusammen weiterritten, sah ich einen Mann auf einem Maultier hinter uns herjagen und erkannte Billy, den Windbeutel, der das falsche Gerücht herumgebracht hatte. Ich sagte: »Jungens, da kommt der Schurke, und dies ist die Gelegenheit, mit ihm abzurechnen.« Er kam herangeritten und rief aus: »Oha, war das eine saure Mühe, euch einzuholen!« – »Und ich habe saure Tage gehabt deinetwegen«, erwiderte ich scharf. »Ich habe allerhand zu fragen. Warum hast du den Schwindel über Polehongsie und mich in Umlauf gesetzt?« Er lachte in einer so blöden Art, daß ich ihm das Gesicht hätte einschlagen können, und sagte: »Ich habe die Geschichte nicht aufgebracht, ich habe sie von den Nachbarn gehört und weitergegeben, ohne mich um die Einzelheiten zu kümmern. Stimmt es denn nicht?«

Diese Erklärung beruhigte mich ein bißchen, aber ich hielt ihm vor, daß er erst einmal mich hätte fragen können, ob ich jemals mit Polehongsie Verkehr gehabt hätte, bevor er etwas derartiges verbreitete. Ich warf ihm vor, er hätte mir jede Chance verdorben, in Oraibi eine Freundin zu finden. Er entschuldigte sich und sagte, er müsse einmal am Wegrande anhalten. Ich flüsterte den Freunden zu: »Los! bloß weg von diesem Schwindler!« Wir trieben unsere Pferde an und galoppierten davon.

Als wir in Moenkopi ankamen, brachte ich Harry sein Pferd zurück und bot ihm Bezahlung an. Er zwinkerte mit den Augen und sagte: »Ach, behalte nur dein Geld für Polehongsie!« Nun erfuhr ich, daß das Gerücht schon in ganz Moenkopi herum war, daß aber die meisten Leute auf meiner Seite ständen. Meine Tanten befragten mich genau darüber und waren sehr böse auf Polehongsies Familie, daß sie dieses Gerede aufgebracht hatte. Jedesmal, wenn ich Polehongsie begegnete, guckte sie mich an und lächelte vertraulich und so, als ob sie mich schon in der Tasche hätte. Aber ich bemühte mich, ihr aus dem Wege zu gehen. Ich dachte immer noch an Mettie und bekam jede Woche einen Brief von ihr; allerdings hatten mir einige der Mädchen geschrieben, daß sie außer zwei Hopiburschen einen Navaho als Liebhaber hätte. Auch Metties Mutter hatte von dem Navaho gehört und äußerte gegen meine Verwandten, daß wir heiraten könnten, wenn ich bereit wäre, bis zu Metties Heimkehr zu warten. Sie wollte ihre Tochter nicht gern an einen Navaho verlieren; ich aber wollte nicht gern warten.

Ich ging wieder zur Arbeit an den Damm, und eines Tages bot ein Mann vieren von uns je anderthalb Dollar an, wenn wir für einen Mormonen ein Grab ausheben wollten. Ira, Robert, Adolph und ich gingen darauf ein, Pierce jedoch lehnte mit der Begründung ab, daß er zu klein dazu wäre, die Erde aus einem Grabe auszuwerfen. In Wirklichkeit aber schachtete er besser als wir alle, und es war klar, daß er bloß Angst davor hatte. Der Mormone und seine Frau kamen mit einem Wagen auf den Friedhof gefahren, und darauf stand ein Sarg, der mit kostbarem Sammet bedeckt war. Sie weinten und weinten, denn dieser siebzehnjährige Sohn, den sie aus Salt Lake City mitgebracht hatten, war ihr einziges Kind gewesen. Einige der Regierungsbeamten sangen: »Näher, mein Gott, zu dir« und »Werden wir an jenem Fluß uns finden«. Mir taten die Eltern leid, und ich sang mit. Wir warfen das Grab mit Erde zu und stellten am Fuß- und am Kopfende Steine auf. Ich hätte nicht in einem Sarge beerdigt werden mögen, auch nicht in einem samtbedeckten, weil er fest verschlossen war und ohne Ausgang.

Etwa drei Wochen später kehrte ich nach Oraibi zurück, um meinem Vater bei der Feldarbeit zu helfen. Ich hatte von Harry Kopi für siebzehn und einen halben Dollar ein kleines Pferd gekauft, ließ es aber in Moenkopi zurück, wo es Luzernenheu fressen konnte, und fuhr mit Mark, einem Oheim Metties, der Äpfel verhandeln wollte, auf dessen Wagen. Er stellte mir allerlei Fragen, Polehongsie betreffend, und riet mir wegen ihres Alters und ihrer zahlreichen Liebesaffären davon ab, sie zu heiraten. Er meinte auch, daß ich Mettie, wenn ich bis zu ihrer Rückkehr von der Schule warten wollte, heiraten könnte. »Wie ich höre, hat Mettie einen Navahofreund«, erwiderte ich, »und es ist schwer, zu warten. Gelingt es mir, eine andere Freundin zu finden, so muß ich die womöglich heiraten.«

Als ich in Oraibi ankam, begrüßte ich meine Mutter und fragte sie, ob sie reichlich Lebensmittel im Hause hätte. An Krämerwaren der Weißen hatte sie nur ein wenig Mehl und Kaffee. Darum ging ich nach Neu-Oraibi und kaufte acht Beutel Mehl zu je vierundzwanzig Pfund, fünf Pfund Kaffee, fünf Pfund Zucker und mehrere Dosen Backpulver. Das freute meine Mutter sehr, denn Ira war nie so freigebig.

Als mein Vater mit seiner Arbeit wieder auf dem laufenden war, versuchte ich neuerdings, in Moenkopi Arbeit zu finden, aber ohne Erfolg. Daher half ich den Hopi etwa eine Woche lang für einen Dollar den Tag auf dem Felde. Ich hob auf der Navaho-Agentur mein Spargeld ab und kaufte mir für fünfunddreißig Dollar einen neuen Sattel. Aber ich fand nur Gelegenheitsarbeit, und eines Tages wurde ich krank.

Als ich mir in der Frühe das Haar kämmte, sah ich im Spiegel, daß hinten an meinem Hemd eine tote Eidechse hing. Ich nahm sie ab und zeigte sie meiner Tante Frances; sie äußerte sich beunruhigt und riet mir dringend, das Hemd sofort auszuziehen und zu verbrennen. Sie erklärte, dies wäre der einzige Weg, der Ausbreitung des Giftes in meinem Körper Einhalt zu tun. Ich handelte danach, die tote Eidechse aber steckte ich in eine Backpulverdose und vergrub sie unter einem Stein hinter der Kiva. Abends, als ich von der Arbeit zurückkam, wusch ich mich zum Essen und ging an die Stelle, wo ich die Eidechse verwahrt hatte. Ich vergewisserte mich, daß niemand zusah, hob den Stein auf und guckte in die Dose. Die Eidechse war weg, Spuren aber nicht zu sehen. Plötzlich hörte ich die Stimme Ponyangetewas, des Mannes meiner Klanmutter: »Was suchst du denn hier?« Als ich ihm von der Eidechse berichtet hatte, sagte er: »Das muß Polehongsie sein!«

Ein paar Tage später fühlte ich mich schläfrig und krank und fand, daß ich mein Gedächtnis verlor. Ein guter Hopidoktor von der Ersten Mesa, der zufällig in Moenkopi war, Arpa vom Dachsklan, wurde herbeigeholt, um mich zu untersuchen. Als er seine Mahlzeit beendet hatte, mußte ich mich vor ihm auf ein Schaffell legen. Er sah mich genau an, lächelte, legte mir das Ohr auf die Brust über meinem Herzen und horchte. Schließlich fragte er: »Hast du deine Lust bei den Mädchen?« – »Nicht viel«, antwortete ich. Er sann einen Augenblick nach und meinte dann: »Zwei Mädchen

sind da, die nach dir Verlangen tragen. Die eine ist in Ordnung, die andere nicht. Sie hat dich eingefangen wie einen Vogel und dir die Kleider mit Blütenstaub von Locokraut angefüllt, um dich verrückt zu machen nach ihr.« Er untersuchte mich noch weiter und sagte: »Mein Junge, dein Herz ist gestört. Zu einer Zeit, als du geschlafen hast, ist ein Wirbelwind gekommen und hat es in einen Knoten gedreht. Ich will es wieder ausrecken.« Er rieb mir zunächst die Brust; dann ließ er mich Schuh' und Strümpfe ausziehen, legte mir die Finger auf die Fußsohle und rieb sie sachte. Es fühlte sich an, als ob winzige Tiere unter der Haut umherjagten. Er nahm zwei Finger, bewegte sie schnell und sagte: »Ich kann diese Sache nicht zu fassen kriegen.«
Schließlich zog er etwas heraus, legte es auf die linke Hand und zeigte es mir. Es war die winzige Schwanzspitze einer Eidechse, die zappelte und umhersprang. Er zog eine zweite aus meinem linken Fuß, sah mich scharf an und sagte ohne Umschweife: »Mein Junge, das ist lebensgefährlich. Du bist mit den schrecklichen Eidechsenschwänzen vergiftet worden, und das ist eine der schlimmsten Krankheiten. Aber ihre Kraft hat noch nicht dein Herz erreicht. Sie sitzt erst in den Schenkeln.« Ich wurde ganz aufgeregt, und es war mir, als sollte ich den Verstand verlieren. Ich dachte sogleich an Polehongsie, und es leuchtete mir ein, daß sie eine gewisse Zauberkraft besitzen mußte, sonst hätte sie mir das nicht antun können. Ich war fest entschlossen, sie nie zu heiraten, aber ich mußte fürchten, daß sie einen Haß auf mich werfen würde, wenn sie die Hoffnung verlöre, und mir noch etwas Schlimmeres antun würde.
Schließlich fragte der Doktor: »Was weißt du von Eidechsen?« Ich beschrieb ihm die tote Eidechse an meinem Hemd und berichtete ihm von Polehongsie. Er ließ den Kopf sinken, sah sehr besorgt aus und sagte: »Es betrübt mich, das zu hören. Polehongsie muß dir die Eidechse ins Bett gesteckt haben, während du schliefest. Laß mich deine Augen untersuchen!« Er sagte mir, daß meine Augäpfel sich in unbeholfener Weise bewegten, und holte aus beiden Augen etwas heraus, was er Giftpfeile nannte. Möglicherweise waren es die Augen der Eidechse. Schließlich sagte er: »Gut, vom Tode habe ich dich nun errettet, aber Moenkopi ist nicht der Ort für dich. Am besten gehst du gleich morgen früh nach Oraibi. Auf dem Wege siehst du unter Umständen Eidechsen mit Schwänzen wie diese hier. Sei vorsichtig, daß du mit ihnen nicht in Berührung kommst. Wenn du schläfrig wirst, leg' dich nicht hin, es könnte sein, daß dich jemand verfolgt. Ich reise einen Tag später oder so und komme noch zu dir ins Haus.«

Früh am nächsten Morgen bestieg ich mein Pferd, ritt anfänglich in langsamem Trabe und galoppierte in Oraibi ein, bevor ich schläfrig wurde. Ich war froh, dem bösen Frauenzimmer entronnen zu sein, und es kam mir damals so vor, als könnte es mich niemals wieder nach Moenkopi ziehen. Meiner Mutter erzählte ich die ganze Geschichte. Sie weinte bei dem Gedanken, wie knapp ich entkommen war. Ich sah ihr gerade in die Augen und versicherte ihr, daß ich Polehongsie niemals berührt und daß sie keinen Teil an mir hätte.

Zwei Tage später hielt der Doktor in Oraibi an und aß bei uns zu Abend. Als wir abgegessen hatten, untersuchte er mich und meinte, daß ich fast gesund wäre, daß er aber noch ein besonderes Lied singen wolle, um mich zu reinigen. Er bereitete in einer Seeohrschale einen Heiltrank, sang darüber und ließ mich die bittere Arznei bis auf den letzten Tropfen trinken. Dann wandte er sich an meine Mutter und sagte: »Du weißt doch noch die Stelle, wo dein Sohn geboren ist. Geh hin, nimm etwas Staub von dem Fleck, wo er zuerst gelegen hat, als er aus deinem Schoße gefallen ist, misch ihn mit Wasser und laß ihn davon trinken! Das wird ihn von der Kraft des Wirbelwindes befreien, die noch in seinen Kleidern und in seinem Leibe nistet.« Als ich diese Medizin getrunken hatte, sagte der Doktor: »Nun bist du gesund, aber du mußt noch ruhen, bis du deine Stärke wiedererlangt hast.« Meine Mutter dankte ihm vielmals, weinte ein wenig und sagte: »Ich fürchte, wenn du nicht in Moenkopi gewesen wärest, würde mein Sohn nicht mehr am Leben sein. Ich will ihn dir als einen leiblichen Sohn übergeben.« Der Doktor nahm meine Hand und sprach: »Nun bist du der Meine, und niemand soll dich mir entziehen. Sei gut und stark!« Als er im Begriff war aufzustehen, sagte ich »Warte noch!«, zog einen Fünfdollarschein aus der Tasche und gab ihm den, denn mein Leben war mir lieber als mein Geld.

Sobald ich wieder gekräftigt war, half ich meinem Vater beim Hüten, Holzholen und bei der Feldarbeit. Zum Nimantanz im Juli war ich daher in Oraibi, aber ich nahm daran wegen der erst kurze Zeit zurückliegenden Erkrankung nicht teil. Ich saß auf dem Dach und sah dem Tanze zu, als Tewaquaptewa, der Dorfvogt, heraufkam, einen Stern auf der Jacke und eine Pistole im Gürtel, denn man hatte ihn kürzlich zum Regierungspolizisten gemacht. Er hielt ein Schreiben in der Hand und sagte: »Don, ich habe da eine Überraschung für dich. Sieh 'mal zu, ob du deinen Namen darauf entdecken kannst!« Er stand tatsächlich darauf – mit den Namen von Louis und anderen, die in Sherman in den CVJM eingetreten waren. Der Missionar in Neu-Oraibi hatte diese Liste aus Sherman erhalten und hatte den Vogt angewiesen, daß er allen christlichen jungen Männern untersagen sollte, an den Katschinatänzen teilzunehmen. Der Vogt sagte: »Der Missionar hat von mir verlangt, ich solle euch Burschen vom Tanz ausschließen und zur Sonnenscheinmission schicken.« Ich fragte ihn: »Hast du diese Anordnung auch vom Regierungsbeauftragten oder bloß vom Missionar bekommen?« – »Bloß vom Missionar«, erwiderte er. »Dann kannst du den Wisch hinterrücks verwenden«, sagte ich. Die Alten und mein Schutzgeist hatten mich zum Wowochim und Soyal geführt, und ich wußte, daß ich für den Heiligen Geist verdorben war. Ich hatte vergessen, den Sabbath zu heiligen und hatte die »Götzen der Hopi« verehrt; aber ich ehrte noch immer Vater und Mutter, hatte nicht gestohlen noch getötet noch – vorderhand – die Ehe gebrochen.

Eines Tages, als ich bei der Feldarbeit war, fing es zu regnen an. Es war schon nahezu Mittag, und ich ging daher zu meines Vaters Feldhütte und legte mich nieder, um zu essen. Wie ich einmal nach links sah, erblickte ich eine zusammengerollte Schlange mit erhobenem Kopf. Sie sah mir gerade in die Augen und züngelte mehrfach. Ich blieb ganz still – mit angespanntem, gebetsmäßigem Denken. Als der Regen aufhörte, kam die Schlange auf mich zugekrochen, berührte die Spitze meines Schuhs und zog sich wieder zurück. Dann kam sie aufs neue heran, berührte meinen Knöchel, strich bis zum Knie herauf und zog sich wieder zurück. Sie schien einen Augenblick nachzudenken, dann kam sie zum drittenmal, kroch an der Seite herauf bis zu meinem Kinn und leckte mir Gesicht und Nase. Ich fürchtete mich und schwitzte vor Angst, versuchte aber, nicht zu zittern. Ich sprach sehr ruhig und mit angenehmer Stimme zu der Schlange: »Mein Vater, ich bin der Sohn von Schlange und Eidechse. Du bist gekommen, mein Herz zu untersuchen und herauszufinden, was für eine Art Mensch ich bin. Ich bin nur ein gewöhnlicher Mann, nicht sehr gut oder weise. Bitte, tu mir nichts zuleide!« Darauf wand sich mir die Schlange teilweise um den Hals und lag einen Augenblick ganz still. Ich dachte bei mir: »Wenn diese heilige Schlange mir etwas zufügen will, was kann ich dabei tun!« Schließlich kroch sie fort, als wäre sie mit mir zufrieden. Ich freute mich, daß sie zu mir gekommen war, denn wenn mein Herz böse gewesen wäre, würde sie niemals so freundlich gewesen sein. Ich fühlte wohl, daß dies das Werk meines Schutzgeistes sei und daß ich sicher wäre in seinen Händen. Ich erinnerte mich daran, wie ich einmal einen Stein aufgehoben hatte, um eine Schlange zu töten, die mich fast erwürgt hatte, und nun wußte ich, daß es mein Lenkergeist gewesen war, der mir noch gerade zu rechter Zeit den Sinn gewandelt hatte. Ich wußte mich auch noch wohl daran zu erinnern, wie ich damals, als ich mir ein Loch gegraben hatte, um darin zu sterben, am äußersten Rande meines Grabes war gerettet worden. Und niemals konnte ich natürlich vergessen, wie die Schlangen ihre Häupter senkten, als sie mich auf meiner Todesfahrt erblickten, und wie mein Schutzgeist mich dem Leben wiedergeschenkt und auch versprochen hatte, mich zu beschirmen. Alles dies bewies mir, daß die Ahnengeister mein Verhalten billigten und wünschten, daß ich auf dem Sonnenpfad der Hopi bliebe.

Es kam die Zeit, da ich nach Moenkopi zurückzugehen wünschte, wenigstens auf Besuch. Meine Eltern ermahnten mich, daß ich jedenfalls, wenn ich gehen müßte, in kurzem zurückkehren und vor allem auf der Hut davor sein sollte, an einer Quelle einzuschlafen, wo mich eine böse Eidechse überfallen könnte. Als ich ankam, begrüßte meine Tante Frances mich mit Freuden, fragte mich genau aus und weinte vor Mitleid, als ich ihr die ganze Geschichte meiner Krankheit erzählte und wie ich mit knapper Not dem Tode entronnen wäre. Sie gab mir den Rat, nicht mehr heimlich zu Euella zu gehen, aber ich versicherte ihr, daß mein Mühmchen gewiß nicht gegen mich stände und daß ich auch ganz von dem Wunsche erfüllt wäre, sie zu besuchen. Während ich aß, kam Roger, Tante Frances' Mann, herein, drückte mir warm die Hand und fragte, wie es mir ginge. Als ich ihm sagte, daß ich nur zehn Tage bleiben könnte, erwiderte er: »Du bist genug gestraft worden, und ich glaube nicht, daß du noch einmal befallen wirst. Bewahre frohen Sinn, verhalte dich richtig gegen die Leute, dann werden sie dich lieb haben. Wenn sich dann jemand gegen dich stellt, wirst du viele Freunde auf deiner Seite haben.« Er war ein guter, kluger, geduldiger Mann, der selten zornig ward und der stets sanfte, gefällige Worte sprach, die den Leuten halfen. Er teilte mir die gute Neuigkeit mit, daß in fünf Tagen die Leute von der Ersten Mesa zum Tanz nach Moenkopi kommen würden. Ich bot ihm daraufhin an, ihm bei der Arbeit zu helfen, damit er den ganzen Tag beim Tanze zuschauen könnte.

Zur Schlafenszeit wickelte ich mich in meine Decke und legte mich in den Hinterhof; ich sang Katschinalieder, um Euella anzukündigen, daß ich wieder da wäre. Als das Dorf eine lange Zeit still gewesen war, schlich ich zu ihrem Zimmer, drückte gegen die Tür und merkte, daß der Pflock nicht eingesteckt und die Tür leicht zu öffnen war. Ich glitt so leicht wie eine Katze hinein, schlüpfte unter die Decke und fand Euella im tiefsten Schlafe. Ich legte ihr die Hand aufs Knie und ließ sie, hier und da inne-

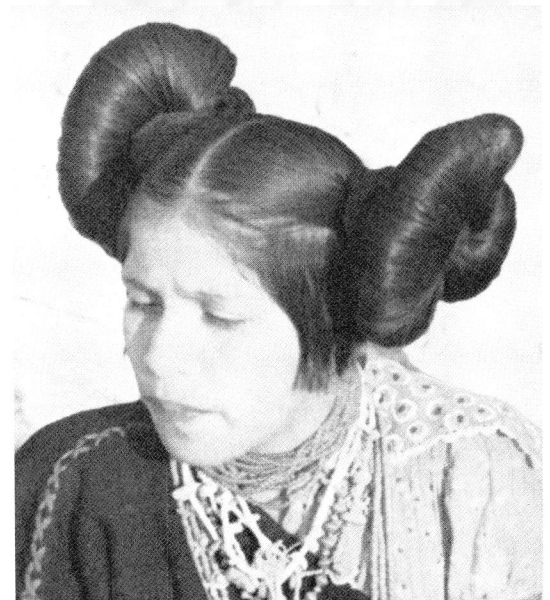

10. Mädchen mit zeremonieller Haartracht   11. Frau beim Maisschroten

12. Zwei schön verzierte Flechtteller   13. Mehrfarbiger Krug mit typischem Hopi-

Ein Hopimädchen bei der Flechtarbeit

15. Bemalte Katschinapuppe

haltend, höher streichen, schließlich aber drückte ich fest zu. Sie erwachte mit einem Ruck und war darauf und daran, zu schreien, als ich ihr zuflüsterte: »Halt, es ist dein Freund aus Oraibi!« Sie beruhigte sich sogleich und schien hoch erfreut. »Hast du in meiner Abwesenheit einen andern Liebhaber gehabt?« forschte ich. »Auf dich habe ich gewartet, als du kamst«, erwiderte sie. Ich wußte, daß sie noch einen Liebhaber außer mir hatte, denn in Oraibi hatte mir Mark erzählt, daß Louis gesehen worden war, wie er ihr Zimmer verließ. Louis war mein bester Freund, und Euella war meine Muhme, die ich niemals heiraten konnte; daher machte mich diese Nachricht nicht unfroh. Ich erwartete jedoch nicht, daß Euella das zugeben würde, denn es wäre von ihr nicht recht gewesen, mir einen anderen Jungmann mit Namen zu nennen. Ich hatte bei keinem Mädchen geschlafen, seit ich Moenkopi verlassen hatte, und ich konnte mich nicht eher aufraffen fortzugehen, als bis der Osthimmel grau zu werden begann. Da kehrte ich zu meinem Lager auf dem Hofe zurück, und lag in tiefem Schlaf, als die Sonne aufging. Roger goß mir kaltes Wasser über den Leib, und wir rangen miteinander, bis die Leute herauskamen, um zuzugucken.
Zwei Tage lang half ich meinem Großvater Roger auf seinen Bohnen- und Maisfeldern, und dann geriet ich wieder in Nöte, diesmal durch die alte Bakabi, die Zwieherzerin. Ich traf sie abends in der Wohnung meiner Klanmutter Singumsie. Nachdem ich mit ihnen zusammen gegessen hatte, legte ich mich auf den Fußboden, um meinen wehen Rücken auszuruhen. Die Hexe beobachtete mich genau, fragte mich, ob ich krank wäre, und bot mir an, mich zu massieren. Als Dummkopf, der ich war, nahm ich das gedankenlos an. Sie rieb und klopfte mir mit der Faust den Rücken von der Schulter bis zur Hüfte und versicherte mir, daß ich mich danach besser fühlen werde. Aber es ging mir schlechter statt besser. Am nächsten Tage begleitete ich Roger, um Gerinnsel im Bewässerungsdamm verstopfen zu helfen, doch fühlte ich mich so elend, daß ich mich hinlegen und ausruhen mußte. Auf dem Rückweg ins Dorf fragte mich Roger: »Mein Junge, was ist mit dir? Hast du die ungesunde Art der Umarmung erprobt?« – »Nein«, erwiderte ich, »das habe ich noch nie getan!« Der Nachmittag verging so, daß ich im Hause meiner Tante Frances auf dem Boden lag. Euella kam herüber und setzte sich neben mich auf ein Schaffell. Tante Frances sagte: »Euella, was für ein faules, unnützes Mädchen du doch bist! Nun hast du mich auch noch bei meinem Freunde verdrängt!« Euella wurde rot, lachte und erwiderte: »Na, du beherbergst ihn hier in deinem

Hause und kannst ihn haben, wenn's dich verlangt. Nun bin ich an der Reihe, ihn zu genießen.« Als Frances zu irgendeinem Zweck hinausging, bat ich Euella, mir den Rücken zu reiben, und erzählte ihr dabei von der alten Bakabi. Sie meinte: »Die Alte sieht schon aus wie ein schlimmes Weib. Ich bin ja kein Doktor, aber ich fürchte, sie hat dir die Rippen ausgerenkt.« Sie legte sich neben mich, liebkoste mich ein wenig und schlief endlich ein. Meine Tante kehrte zurück, sah uns an, lächelte und sagte: »Warum knutscht du sie nicht ab!« – »Hab ich schon«, log ich, denn ich fühlte mich allzu krank, um großes Verlangen zu hegen. Euellas Mutter kam auch herein, lachte und sagte: »Meine Tochter schläft schon wieder bei ihrem Freund. Mir läßt sie auch nicht eine Chance!« Ich lud sie ein, sich auf der andern Seite hinzulegen. Zu meiner Überraschung kam sie herbei, legte sich hin, schob ihren Arm und das fette Bein über mich her und zeigte großes Verlangen. Wir tändelten miteinander, bis sie sich dicht an mich preßte und mich voller Erregung küßte. Das setzte mich etwas in Verlegenheit. Als Euella aufwachte, schickte ihre Mutter sie nach Haus, das Abendessen zu bereiten.

Nachdem meine Tanten fortgegangen waren, trat ich vor das Haus und sah, wie Leute von der Ersten Mesa zum Dorfe hereingefahren kamen, Arpa, mein Doktor, unter ihnen. Zum Abendessen brachten Euella und ihre Mutter mir etwas zu essen, weil sie bei mir gelegen hatten. Roger, der inzwischen von der Arbeit zurückgekehrt war, hielt mich zum besten und sagte: »Euella ist ein süßes kleines Mühmchen. Wenn ich du wäre, würde ich sie heiraten!« Frances warf ihrem Mann einen scharfen Blick zu und sagte: »Du bist zu alt dazu!«

Dann ging Roger zu den Leuten von der Ersten Mesa und berichtete dem Doktor, daß ich aufs neue erkrankt wäre. Sogleich kam er zu uns und fragte: »Wo ist mein Sohn?« Er hielt mir vor, daß ich seine Anordnung, nicht nach Moenkopi zurückzugehen, mißachtet hätte. Ich erklärte ihm, daß ich jetzt eine andere Krankheit, ein Rücken- statt eines Herzleidens, hätte. Er untersuchte mich und fragte, wer meine Rippen in Unordnung gebracht habe. Erst zögerte ich mit der Antwort, aber schließlich nannte ich die alte Bakabi. Er ließ den Kopf sinken und sagte: »Das ist schlimm. Deine Rippen sind verrenkt, und zwei sind in den Magen hineingebogen.« Er sagte mir im voraus, daß die Operation schmerzhaft sein werde, und forderte Roger auf, mich auf den Boden zu drücken, während er die Rippen wieder einrenkte. Der Schmerz war heftig, so daß ich schrie und mich loszureißen suchte. Als die Behandlung beendet war, sagte er: »Mein Sohn, die alte Zwieherzerin tötet einen Menschen nach dem anderen. Masau'u hat sie gerufen, und sie sollte eigentlich sterben, aber sie möchte leben bleiben und hat schon viele deiner Verwandten vernichtet, um ihr eigenes Leben zu verlängern.«

Nun erzählte ich ihm, wie ich die alte Bakabi mit meinen eigenen Augen nackend auf dem Todespfade gesehen hätte, und ich schilderte ihm, wie sie mich um einen Trunk gebeten hätte, ja nur darum, daß ich ihr in den Mund spiee. Er nickte verständnisvoll und sagte: »Ich will dir 'mal was sagen. Deine Großmutter war eine Zwieherzerin, als sie jung und hübsch war; sie lud oftmals Männer ein, bei ihr zu schlafen. Auch mich. Darum hast du sie nackend gesehen auf dem Todespfad.« Ich war zornig und sprach dummerweise: »Wenn ich wieder gesund bin, werde ich das alte Stück durchprügeln dafür, daß sie meine Verwandten umbringt und mir so viele Beschwerden verursacht!« Aber der Doktor ermahnte mich, sie in Ruhe zu lassen, und erinnerte mich daran, daß kein gewöhnlicher Mensch es mit der Zauberkraft aufnehmen kann.

Als ich am nächsten Tage dem Tanze zuschaute, erspähte ich Nash, meinen alten Schulkameraden, rief ihn heran und fragte ihn, ob er verheiratet sei. Als er sich beklagte, daß er noch keine Frau hätte finden können, ermahnte ich ihn, sich zu beeilen, denn alle hübschen Mädchen wären in kurzem gebunden. »Immerhin«, fuhr ich fort, »kenne ich ein Mädchen mit einem Auge, das noch unverheiratet ist. Du kannst es ja 'mal bei der versuchen!« Das war ein alter Witz, den wir jungen Burschen oft gegeneinander wiederholten. Wir gingen unsere erste Schulzeit in der Erinnerung durch und gedachten einer Gelegenheit, bei der wir in einem Bette geschlafen hatten. Ich erzählte meiner Tante, was für gute Freunde wir gewesen wären – mit einem gemeinsamen Herzen. Während ich ihn unter meinen Verwandten umherführte, um ihn zu bewirten, trafen wir auf die alte Bakabi. Ich ließ sie nicht aus den Augen, so daß sie schließlich fragte: »Möchtest du noch einmal den Rücken massiert haben?« – »Ich glaube kaum!« erwiderte ich. Sie sah mich überrascht an, und ich setzte hinzu: »Eines Tages wirst du herausfinden, warum!« Sie ließ schweigend den Kopf sinken. Wir gingen rasch wieder hinaus, kehrten auf die Plaza zurück und setzten uns an einer Hauswand in den Schatten.

Bald kamen die Narren, zehn oder zwölf an der Zahl, Männer von der Ersten Mesa. Ich erkannte Edwin wieder, den früheren Hilfszuchtmeister der Agenturschule, der dreißig Hiebe erhalten hatte, weil er durchs Fenster zu seiner Liebsten in den Schlafsaal

gestiegen war. Nach einem Tanz kamen die komischen Katschinas auf den Dorfplatz, zwei Knaben und ihre »Mutter«. Die Mutter-Katschina schalt ihre Söhne, daß sie nun allmählich zu alt dazu geworden wären, hinter den Mädchen herzurennen, daß sie sich eine Frau aussuchen und ein vernünftiges Leben führen sollten. Sie machten Einwände und behaupteten, immer neue Mädchen kennenzulernen, wäre die einzig lebenswerte Art zu leben. Einer von ihnen stand auf, tanzte herum und rief »Ho, ho, ho« dabei, und das bedeutete, daß er seiner Freundinnen froh wäre und nicht die Absicht hätte, ihnen den Laufpaß zu geben. Die Mutter-Katschina schalt ihn tüchtig aus. Ich gab Louis, der in der Nähe stand, einen Rippenstoß und sagte: »Louis, nun hör' auf das, was die Mutter sagt, und laß die Mädels in Frieden!« Er erwiderte mit leiser Stimme: »Das kommt gar nicht in Frage, das ist ja das Schönste an meinem Leben!« Dann setzten sich die komischen Katschinas zum Essen, und die Narren versammelten sich um sie. Narr Edwin warf der Mutter vor, sie hätte ihren Söhnen falsche Ratschläge gegeben, denn das Buhlen wäre – nächst dem Essen – die höchste Lust des Lebens. Sie aber schlug ihn auf den Kopf und sagte: »Du bist genauso schlimm wie meine Söhne. Ich weiß schon, was du auf dem Kerbholz hast. Du bist von einem Weißen ausgepeitscht worden, weil du durchs Fenster gestiegen bist, um ein Mädchen zu besuchen!« Die Leute lachten und lachten.
Darauf erzählte die Mutter-Katschina den Narren, sie wäre immer bei den Männern beliebt gewesen, hätte es aber trotzdem verstanden, ihre Tugend zu bewahren. Schließlich sagte sie: »Na ja, es wird spät, wir wollen zu Bett gehen.« Bevor sie sich auf ihr Schaffell legte, holte sie aus ihrem rituellen Umschlagetuch eine Kuhglocke und band sie sich unterm Knöchel als Warnvorrichtung an – für den Fall, daß ein Einschleicher käme, um sie zu beschlafen. Wir sahen gespannt zu. Bald drückte sich ein Katschina-Narr um die Ecke, näherte sich kriechend, legte sich platt auf den Boden und rollte sich zu ihr hinüber. Er entdeckte die Warnvorrichtung, klemmte den Klöppel fest, löste die Glocke mit großer Vorsicht ab, übergab sie einem der Narren, legte sich zu der schlafenden Schönheit, sie zu umarmen, und machte sich nach vollbrachter Tat davon. Als die Katschina aufwachte und ihre Glocke vermißte, weckte sie aufgeregt ihre Söhne und sandte sie und die Narren aus, den Missetäter zu suchen. Die Narren trafen außerhalb der Plaza auf den Einschleicher und fragten ihn, wie man wohl den Schuldigen finden könne. Er stellte sich unschuldig und schlug ihnen vor, die Fußabdrücke des Eindringlings genau zu messen, das Maß bei allen Männern auf dem Dorfplatz anzulegen und so den Schuldigen herauszufinden. Nun gingen die

Narren unter uns umher und nahmen uns Maß an den Füßen, und ein jeder fürchtete, daß er den Spaß mit seiner Haut bezahlen müßte. Sie verglichen das Maß auch mit ihren eigenen Füßen, aber es paßte nirgends genau. Schließlich erwischten sie den Katschina-Einschleicher selber, nahmen sein Maß, und siehe, es stimmte. Darauf gaben ihm die Narren und die Söhne der Katschina-Mutter eine tüchtige Tracht Prügel.

Drei Tage lang tanzten die Katschinas von der Ersten Mesa auf dem Dorfplatz und machten sich am vierten auf den Heimweg. Die Leute von Moenkopi bewirteten sie gut. Bevor der alte Doktor aufbrach, untersuchte er mich nochmals, riet mir nach Hause zu gehen, meinte aber, daß ich zu kurzen Besuchen wieder nach Moenkopi kommen könnte. Er warnte mich aber davor, ein Mädchen aus Moenkopi zu heiraten, »denn die Leute von Moenkopi«, sagte er, »ziehen es vor, ihre Töchter mit ihren eigenen Männern zu verheiraten.« Ich blieb noch zwei oder drei Tage, bedachte Euella mit ein paar Geschenken und etwas Geld und kehrte nach Oraibi zurück.

In der Folgezeit reiste ich zu kurzen Besuchen zwischen Oraibi und Moenkopi hin und her und beschloß eines Abends in Moenkopi, es wie andere Hopimänner mit dem Fensteräugeln zu versuchen. Eine junge Frau zog sich in einer Weise aus, die mir einen reizvollen Anblick bescherte und heftiges Verlangen erregte. Ich trat zur Tür, hielt aber jäh inne, als in meinem Innern etwas »Nein!« sagte – die Stimme muß mein Schutzgeist gewesen sein. Als ich später einmal dem Mädchen begegnete, erzählte ich ihr von dem Abend, an dem ich unter ihrem Fenster vorübergegangen war, und fragte sie, ob ich es mir wohl hätte erlauben dürfen, hereinzukommen. Sie errötete, aber ich versicherte ihr, daß sie keinen Grund hätte, sich einer so schönen Figur zu schämen. Sie ließ verschämt den Kopf sinken und behauptete, sie sähe gar nicht sehr hübsch aus. Ich schenkte ihr fünf Dollar und fand ihre Türe nachher unverschlossen.

Im September war ich in Oraibi und half beim Bau des neuen Missionshauses und beim Brunnenbohren. Dabei versuchten die Missionare, mich zur Annahme des Christentums zu bewegen, und hätten mich gern getauft. Sie lobten meinen starken Charakter und sagten, ich würde einen guten Christen abgeben. Ich aber erwiderte ihnen, daß ich das Christentum annehmen würde, wenn mein Schutzgeist mich dahin führen würde, sonst aber niemals; denn ich hätte schon eine gute Straße für meine Lebensfahrt, den Sonnenpfad der Hopi. Ich war bereit, mit ihnen gut Freund zu sein, solange sie mich nicht mit ihrem Gerede über den Heiligen Geist belästigten oder gegen die Hopigötter sprachen. Ich gab ihnen höflich zu verstehen, daß mich niemand zum Christentume zwingen könnte.

Die Vermessungsbeamten der Regierung hatten ihre Arbeit nahezu abgeschlossen, und wir sollten Ende September unsere Landzuteilung erhalten.[1] Acht oder neun Männer kamen aus Moenkopi, um an den Zuteilungssitzungen teilzunehmen. Wir gingen überall wie die Hunde hinter den Zuteilungsbeamten her, und jeder versuchte, möglichst gutes Acker- und Weideland zu bekommen. Ich bekleidete kein Amt in Oraibi und hatte daher bei der Landzuteilung nicht die erste Wahl, aber ich war ausersehen, Vater, Mutter, Brüder und Schwestern bei ihren Geschäften mit der Regierung zu vertreten. Robert Selema, der Hopidolmetscher, beschloß, seinen Posten aufzugeben, und bot ihn mir an. Er verdiente drei Dollar den Tag und einen weiteren Dollar an bestimmten Tagen, wenn er die Post der Vermessungsbeamten beförderte. Das war eine gute Stellung, und ich nahm sie an.

Eines Abends, als ich vom Camp der Vermessungsbeamten nach Hause gekommen war und beim Abendbrot saß, erschien mein alter Freund Louis aus Moenkopi. Wir begrüßten uns herzlich, und er sagte, er hätte mich schwer vermißt und wäre entschlossen gewesen, mich aufzuspüren, auch wenn ich mich wie ein Präriehund unter der Erde verborgen hätte. An dem Abend war er so scharf darauf, sich auf die Brautschau zu begeben, wie nur je und bat mich um einen Vorschlag. Ich entgegnete ihm, daß ich mit keinem Mädchen in Oraibi vertraut wäre und aus diesem Grunde keine Lust zu einem solchen Unternehmen hätte. Louis aber sagte: »Ich habe früher schon bei Iola vom Feuerklan geschlafen, aber neuerdings ist sie mir nicht gerade mehr grün!« Ich wußte, daß Iola bei ihrer Klanschwester Irene wohnte und daß deren Eltern sich vorübergehend in ihrer Feldhütte bei der Lolomaquelle aufhielten. Und da uns keine anderen Beischläferinnen, die wir hätten aufsuchen können, einfielen, sagte Louis: »Also gut, nehmen wir uns diese mit Gewalt!« Davon riet ich ihm ab und fügte hinzu, daß ich noch nie Gewalt gegen ein Mädchen gebraucht hätte, daß Irene und ich uns noch niemals nähergekommen wären und daß ich, was sie beträfe, in Schwierigkeiten geraten könnte. Ich wußte, daß Irene für mich als Heiratspartnerin in Frage kam, was ich aber nicht wußte, war, ob sie mich auch wollte oder nicht. Ich stellte ihm vor, daß man mit ihm, da er Iola schon früher gehabt hätte, Nachsicht haben würde, daß für mich aber der Versuch, Irene mit Gewalt zu nehmen, zu gewagt wäre. Aber Louis quälte so lange, bis ich nachgab. Wir stellten fest, daß die Mädchen beim Maismahlen waren, und beschlossen, in das Haus Irenes zu schleichen und im Dunkeln zu

[1] Die Regierung wollte die »Allmende« in Privateigentum umwandeln.

warten. Als die beiden schließlich hereinkamen, packte Louis Iola und blies das Licht aus. Ich griff nach Irene und versicherte ihr eilig, daß sie nichts zu fürchten hätte. Sie schwieg und rührte sich nicht; Iola aber wehrte sich eine Zeitlang gegen Louis, gab dann nach und zeigte sich sehr willfährig. Sie gingen zusammen in eine Ecke. Nun nahm ich Irene in meine Arme, zog sie an mich und fragte: »Was denkst du?« – »Hast du mit deinen Eltern hierüber gesprochen?« war ihre Frage. »Nein, noch nicht, aber ich tu' es bald«, entgegnete ich. Eine Weile sprachen wir leise miteinander, und als wir hörten, wie Louis und Iola sich umarmten, begann ich Irene mit Liebesworten und Heiratsversprechen zu bestürmen. Schließlich sagte sie: »Es liegt bei dir!« Da nahm ich ein Schaffell und führte sie in eine andere Ecke, wo sie zwar passiv blieb, sich sonst aber sehr liebevoll zeigte. Nach einiger Zeit sagte sie: »Jetzt mußt du deine Eltern wegen unserer Heirat fragen. Und nun fort, weg von diesem schrecklichen Kerl, diesem Louis!« Ich bat sie, mein braves Mädchen zu bleiben, schenkte ihr ein hübsches Armband, schlüpfte hinaus, stieg auf das Dach von meiner Mutter Haus und legte mich nieder, um unter den Sternen auszuschlafen.

Der nächste Tag war ein Sonntag. Und da ich für die Regierung arbeitete, ging ich hinunter zum Krämer in Neu-Oraibi, drückte mich da herum und »heiligte den Feiertag«. Ich hatte jetzt eine gute Stellung und dachte angelegentlich ans Heiraten. Als ich am Montagabend vom Camp der Vermessungsbeamten zurückkam, waren Irenes Eltern wieder im Hause. Nach dem Abendessen ging ich zu ihnen. Sie boten mir etwas zu essen an, und nachher fragte mich der Vater, was er für mich tun könnte. Da bat ich ihn um Irenes Hand. Er erwiderte: »Meine Tochter ist kein hübsches Mädchen. Wenn deine Verwandten zustimmen, kannst du sie haben.« Ich gab vor, daß ich die Einwilligung meiner Eltern hätte und daß sie mit meiner Wahl sehr zufrieden wären. Das war geschwindelt, aber notwendigerweise so, wenn ich die Nacht bei Irene zubringen wollte. Sie waren einverstanden und richteten es so ein, daß wir das Nebenzimmer bekamen. Es wurde eine schöne Nacht. Ich erinnerte Irene an unsere Eisenbahnfahrt und wie sie mich später mit Polehongsie geneckt hatte, und ich fragte sie, ob sie mich damals als Freund hätte haben mögen. Sie lachte und bejahte, aber ich hätte ja eine andere Freundin gehabt und schließlich wäre es ja meine Angelegenheit gewesen, als erster anzufragen. »Was würdest du wohl getan haben«, fragte sie, »wenn ich dir einen Eheantrag gemacht hätte?« Ich erwiderte, daß ich vor Freude in die Hände geklatscht hätte, und darauf küßten wir uns ohne Ende. Wir führten nur süße Reden miteinander, und ich glaubte, es könnte nie eine Meinungsverschiedenheit unter uns geben. Beim Hahnenkraht ging ich heim zu einem Schläfchen auf dem alten Dach.

Beim Frühstück schnitt ich das Heiratsthema an. »Ich habe die Nacht in Huminquimas Hause zugebracht«, sagte ich, »und nun möchte ich seine Tochter Irene heiraten.« – »Was haben sic denn gesagt?« forschte meine Mutter. Ich versicherte ihr, daß Irenes Eltern schon zugestimmt hätten. Mein Bruder Ira lächelte. Er war mit Blanche verlobt, Irenes Klanschwester, und sollte voraussichtlich im Herbst heiraten. Mein Vater sprach: »Na, ich werde keine Einwendungen machen, denn sonst glaubst du, ich wäre gegen dich. Du bist kein hübscher Mann, und sie ist keine hübsche Frau, ich meine also, daß ihr zusammenbleiben und es ehrlich miteinander halten werdet. Eine hübsche Frau vernachlässigt ihren Ehemann, weil es so leicht für sie ist, einen anderen zu bekommen.« Ich war in bester Laune, als ich zur Arbeit ritt. Ich winkte Irene zu, als es die Mesa hinunterging, stieß ein Kriegsgeschrei aus, trieb mein Pferd zum Galopp an und glaubte, ich müßte zeitlebens glücklich sein.

Der ganze Tag verging mit Landvermessung und -zuteilung. Ich stand herum und dolmetschte, was meist darin bestand, daß ich »Yes«, »No« oder »All right« sagte. Wir machten früh Schluß, aber ich erhielt den vollen Tageslohn. Es kam mir herrlich vor, ein gutes Stück Geld zu verdienen, ohne meine ganze Kraft einsetzen zu müssen. Ich sah ein, daß Sprachkenntnisse sehr vorteilhaft für ein leichteres Leben sein konnten und begann, mir neue englische Wörter einzuprägen. Am Spätnachmittag ritt ich zum Postamt, um die Post zu holen. Zum Abendessen ging ich nach Hause und nahm dann meine Decke und besuchte Irene. Ich erzählte ihr die ganze Geschichte von der Einwilligung meiner Eltern, und sie bezeugte ihre Zufriedenheit. Die Nacht verging sehr schnell.

Tag für Tag hatten wir mit der Zuteilung des Acker- und Weidelandes zu tun. Ich versuchte, meine Verwandten auf dem besten Lande unterzubringen und bekam sogar ein Stück für Naquima. Den ganzen Oktober hindurch behielt ich diese Stellung, und als die Zuteilungen vollständig durchgeführt waren, half ich meinem Vater, die Ernte einzubringen. Auch hütete ich ein wenig. Dennis, Iolas Bruder, und ich wurden gute Freunde und brachten die Nächte miteinander zu, während seine Freundin Ada sich Irene anschloß. Das war eine gute Regelung, und sie machte es möglich, daß wir oft mit unseren Mädchen zusammenkamen, so oft, daß ich mich schon fragte, ob Irene nicht schwanger wäre.

Eines Tages wurde die Neuigkeit verbreitet, daß Ira im November heiraten und ich vier Tage später folgen sollte, daß also eine Doppelhochzeit gegeben würde. Unsere Mädchen gehörten beide zum Masau'u- oder Feuerklan, und ihre Angehörigen hatten das so bestimmt. Mein Bruder war besorgt und klagte: »Unser Vater ist arm und kann sich eine Doppelhochzeit nicht leisten. Was sollen wir bloß tun?« Dann erinnerte er sich daran, daß unser Großoheim Talasquaptewa unser beider Verheiratung zugestimmt hatte, und sagte: »Vielleicht kauft er eine Lederhaut für einen von uns oder schenkt uns ein paar Schafe zum Hochzeitsschmaus.« Ich erwiderte: »Tut er's nicht, so weigern wir uns, für ihn zu hüten!« Mein Vater nahm dreißig oder vierzig Dollar von meinem Geld mit dazu, um die nötigen Häute einkaufen.

Als die Ernte eingebracht war, wurde eines Abends Iras Mädchen, Blanche, von ihrer Mutter zu uns ins Haus gebracht. Sie lag drei Tage lang auf den Knieen, mahlte Maisschrot und verbrachte überhaupt die meiste Zeit in unserem Hause, aber Ira durfte nicht bei ihr schlafen. Ich hütete und erhielt Anweisung, mich von Irene fernzuhalten, weil sie in ihrem Hause Schrot von weißem Mais für unsere Familie mahle.

Am Abend des dritten Tages kamen die weiblichen Anverwandten aus Blanches Klan zu uns ins Haus und brachten die Nacht dort zu. Ich blieb fort und übernachtete bei Dennis. Frühmorgens wuschen diese Frauen Ira den Kopf, und unsere weiblichen Angehörigen wuschen der Braut den Kopf, sie hängten beider Haar zusammen in eine Schale und drehten es in einen Strang – in dem Glauben, daß dies sie dazu bringen würde, aneinanderzuhangen wie Pfirsichfleisch und Stein bei der entsprechenden Sorte. Unsere Frauen badeten dem Mädchen Arme und Beine, während Iras weibliche Verwandten ihm alle Kleider bis auf das Schamtuch auszogen und ihn gründlich badeten. Dann gingen Ira und Blanche an die Ostkante der Mesa, um bei Sonnenaufgang zu beten. Die nunmehrige junge Frau brachte den Tag damit zu, Mais zu mahlen und Piki zu backen. In der Nacht schlief Ira in unserem Hause mit ihr zusammen.

Am folgenden Morgen rief Iola, Dennis' Schwester, mir zu: »Steh auf und schau, was bei dir zu Hause los ist! Wie ich höre, hast du einen Hausadler bekommen.« Ich fand Irene, die mit aller Kraft Mais schrotete. Sie war von ihrer Mutter am Abend zuvor hingebracht worden. Wie ich so unter der Tür stand und ihr zusah, war mir zumute, als ob ich träumte; ich kratzte mir den Kopf und suchte nach Worten. Meine Mutter lächelte und sagte: »Talayesva, sei doch kein Narr!« Ganz befangen ging ich wieder fort, kehrte an meinen Schlafplatz zurück, riß Dennis, der noch schlief, die Decke weg und sagte: »Steh auf, Faulpelz, du bist als Nächster an der Reihe. Ich bin nun ein

Mann mit einer Ehefrau!« Iola neckte mich, indem sie behauptete, ich gäbe mich soviel mit den Frauen anderer ab, daß meine Verwandten mich schleunigst verheiraten müßten. An diesem Tage ließ ich mich im Hause meiner Mutter nicht wieder sehen. Später erzählte mir Irene, sie habe sich deswegen Sorgen gemacht.

Nun rotteten sich die Muhmen aus meines Vaters Klan und aus den Klans meines Gevatters und meines Doktorvaters zusammen und setzten ein großes Lehmgefecht mit den Männern meiner Familie ins Werk. Sie ergriffen meinen Großvater Homikniva und bepflasterten ihn von Kopf bis Fuß mit Lehm. Auch meinen Vater begossen sie von oben bis unten mit Lehm und Wasser und versuchten, ihm die Haare abzuschneiden, weil er zugab, daß ich in den Feuerklan einheiratete. Sie trieben allerlei Spott mit Irene und nannten sie schieläugig, faul, schmutzig und eine schlechte Köchin, mich aber lobten sie aufs höchste, indem sie zugleich vorgaben, daß sie mich gern zum Manne genommen hätten. Die gute alte Masenimka, meine Gevatterin, bewarf meine Väter und Oheime mit Lehm und sagte, sie wollte mich als Liebhaber. Dieses Lehmgefecht sollte zeigen, wie sehr sie mir zugetan wären und welch eine gute Wahl Irene nach ihrer Meinung getroffen hätte.

Am dritten Tage begann ich mich wegen des bevorstehenden Bades zu beunruhigen, denn ich war sehr kitzlig und wußte nicht, ob ich unter den Händen so vieler Frauen würde stillhalten können. Kurz nach Sonnenuntergang hieß meine Mutter Irene aufhören, Blaumais zu mahlen, und am Feuer auf einem weichen Sitz Platz nehmen. Ich hatte sie kaum gesehen, seit sie zu uns ins Haus gekommen war, und wenn wir miteinander gesprochen hatten, war es nur im Flüsterton geschehen. Bald stellten sich ihre Verwandten ein, um die Nacht im Hause zu verbringen, dieselben Frauen, die Ira ausgezogen und gebadet hatten. Es schien mir, als hätte ich noch nie so viele Frauen gesehen, und sogar die, die mir mein Lebtag vertraut gewesen waren, kamen mir nun etwas fremd vor. Ich wußte den Abend über wenig zu sagen, und zur Schlafenszeit nahm ich wortlos meine Decke und wollte hinausgehen. Doch mein Vater sagte: »Wart' einen Augenblick, Talayesva! Wo schläfst du? Ich möchte morgen früh nicht erst lange nach dir suchen müssen.« Als ich ihm sagte, daß ich bei Dennis schliefe, erwiderte er: »Sorgt dafür, daß die Tür unverriegelt bleibt, so daß ich dich frühzeitig wecken kann!« Ich war ganz beklommen. Als ich in das Haus kam, in dem ich schlief, fing Iola, als sie mich erblickte, sogleich zu lachen an. Dennis versuchte mir Mut einzuflößen, indem er mir vorstellte, daß er in derselben Falle stäke und ebenfalls in kurzem verheiratet würde. Wir redeten bis Mitternacht über diese unsere Bedrängnis. Endlich faßte ich mich

und sagte: »Schön, wir müssen standhalten und es auf uns nehmen. Wenn wir weglaufen, nennen die Leute uns kahopi.«
In aller Frühe zündete mein Vater ein Streichholz an und sagte: »Steh auf, Sohn, und komm schnell! Sie machen schon die Yuccalauge.« Dann weckte er auch Dennis und bat ihn, darauf zu achten, daß ich mich gleich auf den Weg machte. Als ich mich anzog, neckte mich Dennis: »Nun bist du auf dem Weg ins frohe Leben, du alter Ehekrüppel!« Als ich dann ins Haus trat, sah ich viele Augen, die mir entgegenstarrten. Da waren Irenes Mutter und ihre Schwestern, Blanches Mutter und ihre Verwandten, ja alle Frauen aus dem Feuerklan, dazu die Frauen aus dem Coyote- und dem Wasser-Coyote-Klan und fast alle meine leiblichen und Ritualtanten. Sie alle hatten sich versammelt, um mir ein Bad zu bereiten. Meine Mutter half Irenes Mutter bei der Yuccalauge. Ich war so verlegen, daß meine Schritte nicht fingerlang waren. »Nun, beeil dich!« rief mir meine Mutter zu. Da legte ich meinen Hemdkragen zurück, kniete wie Irene vor einer Schale mit Yuccalauge nieder, und dann wuschen meine Verwandten ihr und ihre Verwandten mir den Kopf. Darauf gossen sie alle Lauge in eine Schale, legten unsere Köpfe aneinander, vermischten unser Haar und drehten es in eine Strähne, um uns für das Leben zu verbinden. Viele Frauen spülten uns das Haar, indem sie kaltes Wasser darübergossen. Als das erledigt war, hieß mich Irenes Mutter die Kleider ablegen. Ich fühlte mich wegen meines Schamtuches so unsicher, daß ich ein Bedürfnis vorschützte, hinters Haus lief und es genau untersuchte. Als ich wieder hereingekommen und entkleidet war, führte mich Irenes Mutter hinaus. Meine leiblichen Tanten versuchten zuerst im Scherz, mich zu baden und balgten sich mit Irenes Verwandten. Irenes Mutter badete mich als erste – vom Kopf bis zu den Füßen. Alle die Frauen badeten mich der Reihe nach, während ich dastand und vor Kälte schauderte. Aber ich mußte mich freundlich und sanftherzig geben und zu jeder von ihnen sagen: »Ich danke auch vielmals!« Sie versicherten mir, daß sie alle noch übrigen Spuren der Jugend weggewaschen und mein Fleisch für das Ehe- und Mannesalter bereitgemacht hätten.
Dann eilte ich ins Haus, wickelte mich in eine Decke und stand da, bis Irenes Verwandte mich aufforderten, am Feuer Platz zu nehmen. Irenes Haar wurde nach Art der verheirateten Frauen gemacht, und ihre Mutter ermahnte sie, eine gute Hausfrau zu werden. Irene und ich nahmen eine Prise geweihten Maisschrot, gingen an die Ostkante der Mesa, hielten uns den Schrot an die Lippen, beteten schweigend und streuten ihn der aufgehenden Sonne entgegen. Schweigend kehrten wir auch ins Haus zurück, und meine Mutter und meine Schwester

bereiteten uns das Frühstück. Irenes Mutter entzündete, bevor sie fortging, Feuer unter unserm Piki-Stein. Nachdem wir gefrühstückt hatten, rührte Irene Teig an und begann Piki zu backen.
Ich aber kehrte auf ein paar Minuten zu Dennis ins Haus zurück. Er stieß unseren Fußballruf aus, befühlte meinen nassen Kopf und sagte: »Nun bist du ein verheirateter Mann, bleib auf deiner Seite!« – »Ja«, erwiderte ich, »all unsere Lust ist hin!«
Danach verteilte mein Vater Rohbaumwolle unter all unseren Verwandten und Freunden mit der Bitte, die Samenkörner herauszuklauben und die Wolle dann wiederzubringen. Einige Tage später schlachteten wir zwei Schafe, und vom Dach wurde angekündigt, daß in der Kiva für meines Vaters neue Schwiegertöchter Baumwolle gekrempelt und gesponnen würde. Die Einladung wurde ausgesprochen, »es möchte jeder, der nicht selbst viel Arbeit hätte, helfen kommen«.
Ich hütete für meinen Onkel Talasquapteva die Schafe, damit er in der Mongwi-Kiva, wo für Irene gesponnen wurde, die Aufsicht führen konnte. In der Howeove-Kiva, wo für Blanche gesponnen wurde, hatte mein Vater die Leitung. Wenn ich abends von der Schafhürde nach Haus kam, aß ich mit Irene und meiner Familie zu Abend und ging dann in die Kiva, um Baumwolle zu krempeln. Ich hatte niemals gut spinnen gelernt und weben überhaupt nicht. Viele Männer halfen uns. Mein Großvater war ein vortrefflicher Hopi-Arzt, und die Leute, die er geheilt hatte, freuten sich, uns helfen zu können, weil sie ihm damit einen Gefallen erwiesen und für die Behandlung ein Entgelt leisteten. Mein Gevatter half beim Spinnen, konnte aber nicht weben. Unser alter verkrüppelter Naquima war auch da und klaubte die Samenkörner aus der Baumwolle. Mich aber, wenn es dann später wurde, begannen die Männer zu necken und meinten, es wäre Schlafenszeit und ich sollte lieber gehen. Irene und ich schliefen in einem besonderen Raum im Hause meiner Mutter. Ich glaubte, es könnte mir niemals über werden, bei Irene zu schlafen, und sie stimmte mir bei, daß es ein gutes Leben wäre.
Die letzten Novembertage über und den ganzen nächsten Monat blieben die jungen Frauen in unserem Hause, weil es als unglückbringend angesehen wurde, im Dezember nach Hause zu gehen. Sehr überrascht waren die Leute darüber, daß die Spinnarbeit so rasch beendet war. Die Frauen holten Wasser, und wir schafften mehrere Wagenladungen Brennholz für den Hochzeitsschmaus heran, der unmittelbar vorm Soyalfest stattfinden sollte. Irene und Blanche schroteten fast täglich Mais. Am Tage vor dem Festessen zerkleinerten wir eine Menge Holz und schlachteten sechzehn Schafe, zehn von

meines Vaters Herde, vier von der unseres Onkels Talasquaptewa und zwei von der unseres Onkels Kayayeptewa. Kalnimptewa, meines Vaters Bruder, schenkte uns außerdem noch zwei; diese beschlossen wir aufzuheben, bis die jungen Frauen bereit waren, nach Hause zu gehen. Das Hammelfleisch wurde zum Kochen in kleine Stücke zerschnitten. Tagsüber kamen viele Leute zu uns ins Haus, und nachmittags trafen Frank und meine Schwester Gladys aus Shipaulovi ein; doch niemand kam aus Hotavila und nur Solemanas Tochter aus Bakabi, weil wir mit diesen Leuten nichts zu tun haben wollten. Einige meiner Klanmütter kamen aus Shongopavi. Die Frauen buken den ganzen Tag Piki, und die Männer vollendeten die Spinnarbeit. Viele Geschichten und Schwänke wurden erzählt – bis spät in die Nacht hinein. Dann schliefen Ira und ich mit unseren Bräuten in besonderen Räumen, Frank und Gladys aber mit unseren Eltern zusammen.

Am nächsten Morgen, lange bevor es hell wurde, standen wir auf, machten unter den Töpfen draußen Feuer an und sotten das Hammelragout. Rings um unser Haus kochten die Töpfe, und fast alle Leute aus Oraibi kamen zum Frühstücksschmaus. Dann versammelten sich die Männer in den verschiedenen Kivas, um zu weben. Zwei unserer Oheime aus Shipaulovi nahmen Baumwollgarn mit nach Haus, denn sie stellten die Gürtel her. In Oraibi wurde in allen fünf Kivas gearbeitet. Tagaus, tagein wurde gewebt, und die Fortschritte erschienen fast wunderbar. Ira und ich aber gingen hinaus, um die Herden unserer Oheime zu hüten.

Eines Tages ging ich mit Vogt Tewaquaptewa zum Postamt und erhielt nicht weniger als fünf Briefe ausgehändigt, darüber sperrte er vor Verwunderung die Augen auf. Wir machten uns auf den Rückweg nach Oraibi, setzten uns aber am Straßenrand hin, und ich las meine Post. Da war ein Brief vom Schulleiter in Sherman und ein zweiter vom Oberbäcker, und beide drängten mich, zurückzukommen und die Abschlußprüfung zu machen. Sie versprachen, mir eine Bäckerstelle in Riverside zu besorgen, wenn ich mein Zeugnis hätte. Der Dorfvogt sagte, er hätte hoffentlich keinen Fehler gemacht und uns nicht zu früh aus der Schule genommen. Der dritte Brief war von meiner Klanschwester Meggie, die vor kurzem nach Sherman gegangen war, und darin stand, daß Mettie, als sie die Nachricht von meiner Heirat erhalten hätte, den ganzen Tag verweint gewesen wäre – obwohl sie in der Schule drei Liebhaber hätte und in den Augen der Weißen gründlich verdorben sei. Es war auch ein Brief von meinem Ritualmühmchen Eva da, das ich in jenem Obergeschoß in Moenkopi umarmt hatte. Der fünfte Brief war von meiner alten Freundin Mettie und lautete folgendermaßen:

Mein lieber Freund!
Die Nachricht von Deiner Verheiratung hat mir das Herz gebrochen.
Ich weine mich jede Nacht in Schlaf und wünschte nur, daß ich die
Schule verlassen könnte. Du bist zuerst mein Geliebter gewesen, und
wenn ich nach Hause komme, werde ich dich wieder haben – trotz
deiner Frau und allem Dorfklatsch. Niemals wirst du von mir loskommen.
Deine Dich liebende Freundin
Mettie.

Als ich das gelesen hatte, hob ich den Kopf und schöpfte tief Luft.
Der Dorfvogt fragte: »Was ist denn los, Don?« – »In diesem Brief«,
erwiderte ich, »sagt Mettie mir, daß ich auf immer ihr gehöre.« Ich
las ihn vor. Er lächelte und sagte: »Ich glaube wohl, daß sie das im
Ernste meint. Wenn sie nach Hause kommt, würde ich sie an deiner
Stelle besuchen und etwas aufheitern!« Ich glaube, meine Hochzeit
hätte mich tiefer erregt, wäre Mettie die Braut gewesen.

Ich erinnerte den Vogt daran, daß Louis und Robert vor ein paar
Wochen zur Schule zurückgekehrt waren, und fragte ihn, ob er dächte,
ich hätte einen Fehler gemacht, daß ich zu Hause blieb. Er erwiderte: »Ich sehe wohl, daß die Schule wichtig ist. Wenn du wieder
hingehen willst, so tu es! Ich werde jedenfalls nicht versuchen, dich in
irgendeiner Richtung zu beeinflussen.« – »Vogt«, sagte ich, »ich sitze
in der Falle. Ich habe eine Squaw. Ich werde sie erstmal auf die
Probe stellen, und wenn sie mich schlecht behandelt, kneife ich
aus und gehe wieder zur Schule zurück.«

Dann vernichtete ich Metties Brief, weil ich wußte, daß er für Irene
keine gute Nachricht war. Als ich mich später bei ihr niedersetzte –
sie war gerade beim Maisschroten – flüsterte sie: »Hast du einen
Brief von Mettie bekommen?« – »Nein«, sagte ich und zeigte ihr die
andern vier. Schließlich meinte sie: »Ich bin überzeugt, daß Mettie
geschrieben hat, denn diese anderen Briefe erwähnen sie.« Ich aber
leugnete es ab, doch sie fragte mich wochenlang wieder und wieder,
bis ich schließlich mit der Wahrheit herausrückte. Da weinte sie und
sagte, ich gehöre ihr, und sie verlangte, daß ich nicht mehr an Mettie
schriebe. Ich teilte also Mettie mit, daß sie mir nicht mehr schreiben
sollte, daß ich mich aber darauf freue, sie eines Tages wiederzusehen.

Im Januar waren die Hochzeitstrachten fertig. Für jede Braut waren
zwei mit Ton geweißte Decken da, ein hübsch gewebter Gürtel und
ein Paar kostbarer Mokassins aus weißem Wildleder. An den Ecken
der Decken waren Gebetsdaunen befestigt. Mit der großen Decke
mußte die junge Frau sich bekleiden, die kleine mußte sie, in eine
Rohrmatte eingerollt, vor sich hertragen, wenn sie in ihr Haus zu-

rückkehrte. Die kleine Decke sollte sorgfältig aufgehoben werden und durfte ihr erst, wenn sie stürbe, zur Bekleidung dienen – als Schwingen nämlich, die sie zu ihren Lieben ins Totenheim tragen würden. Der schöne Gürtel sollte einem Vogel, der die Braut auf ihrem Geisterflug führte, als Schwanz dienen.
An dem Tage, da die Männer die Hochzeitstrachten vollendeten, gab es ein Festessen für unsere nächsten Verwandten. Die Bräute machten Pudding, und wir schlachteten und kochten die beiden Schafe, die Kalnimptewa uns geschenkt hatte. Um Sonnenuntergang versammelten wir uns, und die beiden jungen Frauen bemühten sich besonders darum, gute Gastgeberinnen zu sein und darauf zu achten, daß jedermann froh und mit dem Essen zufrieden wäre. Nach der Mahlzeit trugen sie das Übriggebliebene ab, und unsere Großoheime, Talasquaptewa und Kayayeptewa, hielten ihnen eine Ansprache: »Wir Leute vom Sonnenklan sind sehr dankbar, daß ihr Bräute zu uns ins Haus gekommen seid und so gut für uns gesorgt habt. Ihr habt euch als tüchtige Hausfrauen erwiesen, indem ihr uns so wohl gespeist habt. Die Hochzeitstrachten sind fertig, und morgen werdet ihr in eure Häuser zurückkehren. Wir sind nun eine Sippschaft, Schwestern, Brüder, Oheime und Muhmen miteinander. Seht auf die helle Seite jedes Tages, gebt eurem Ehemann das Seine und freut euch eures Lebens! Besucht uns oft und macht uns dadurch froh!« Hierauf hatten die Bräute zu erwidern: »Recht vielen Dank für eure Arbeit an der Hochzeitstracht!« Kayayeptewa wandte sich um und sagte: »So, nun ist es Zeit, unsere Neffen zu ermahnen.« Aber Talasquaptewa erinnerte ihn daran, daß er damit warten müßte bis die Bräute fort wären.
Früh am nächsten Morgen, noch vor dem ersten Tagesschein, weckte meine Mutter die jungen Frauen, wusch ihnen den Kopf und zog ihnen die Hochzeitstracht an; ihre Schwester Nuvahunka half ihr dabei. Sie führten darauf die beiden an die Tür, streuten einen Maisschrotpfad gegen Sonnenaufgang und setzten eine Gebetsfeder darauf. Die Bräute schritten auf diesem Pfade dahin, wandten sich dann um und gingen nach Hause; die kleine, in eine Rohrmatte eingerollte Decke trugen sie dabei vor sich her. Zu Haus wurden sie von ihrer Mutter und anderen weiblichen Verwandten empfangen; die zogen ihnen die Hochzeitsgewänder aus und probierten sie selber an. Ich blieb noch im Bett, schlief weiter und sah meine Braut nicht fortgehen.
An diesem Tage bereiteten die jungen Frauen und ihre Verwandten Speisen, die brauchgemäß am Abend zu uns ins Haus zu tragen waren. Gegen Sonnenuntergang kamen die Bräute mit ihren Müttern und brachten einen großen Zuber, der mit Lebensmitteln gefüllt war.

Als sie wieder fort waren, wurden unsere eigenen Verwandten zum Essen eingeladen. Dies war der Augenblick, uns zu ermahnen. Unser Großoheim Talasquaptewa sprach zuerst: »Ich danke euch, meine Neffen. Ihr seht nicht sehr gut aus, und ich dachte schon, ihr würdet euch niemals verheiraten. Nun freue ich mich, daß ihr euch so nette Frauen ausgesucht habt. Ihr wißt, alle Frauen hassen einen faulen Kerl – daher müßt ihr tüchtig arbeiten und euren neuen Vätern auf dem Felde und bei der Herde helfen. Wenn sie merken, daß ihr hilfreich seid, wird ihnen das wohlgefallen, und sie werden euch wie leibliche Söhne behandeln. Erlegt ihr Wild auf dem Felde oder findet ihr Spinat oder andere Gemüsepflanzen, so nehmt das euern Frauen mit! Sie werden alles mit Freuden entgegennehmen. Tut so, als sei euer Weib eure leibliche Mutter! Sorgt nach Kräften für sie, behandelt sie gerecht und scheltet sie nie! Wenn ihr eure Frau liebt, wird sie euch lieben, euch Freude schenken und euch gut ernähren. Selbst wenn ihr in Sorgen seid und unfroh, lohnt es sich, ihr ein leuchtendes Gesicht zu zeigen. Wenn euer Eheleben ein Fehlschlag wird, dann ist das eure eigene Schuld. Bitte, erweist euch als Männer, die ihres Klans würdig sind!«

Am nächsten Tage schlachteten meine Eltern zwei weitere Schafe, machten ein Ragout und brachten unseren Frauen je einen großen Zuber voll ins Haus. Irene und Blanche luden all ihre Verwandten zum Essen ein, und dies war die Gelegenheit, bei der sie durch ihre Oheime an ihre Familienpflichten gemahnt wurden.

Nach dem Festessen im Haus der Bräute war es für sie und ihre Verwandten an der Zeit, als Entgelt für die Hochzeitstrachten die Maisschrotgeschenke fertig zu machen. Viele Tage lang schroteten die Bräute und ihre Verwandten Mais. Sogar kleine Mädchen von sieben oder acht Jahren halfen dabei. Viele Flechtplatten, auf denen feiner Maisschrot gehäuft lag, wurden zu uns ins Haus getragen – insgesamt vielleicht siebenhundert Liter – und von uns unter den Verwandten, die uns geholfen hatten, verteilt. Hiermit waren nun die Hochzeitsverpflichtungen sämtlich erfüllt.

Es ist Brauch, daß der junge Eheman entscheidet, wann er zu seiner Frau ins Haus ziehen will. Ich blieb noch etwa zwei Wochen in unserem Hause wohnen, besuchte aber Irene jede Nacht. Ira blieb noch drei Wochen länger bei unserer Mutter. Ich war genötigt, frühzeitig zu Irene zu ziehen, weil Huminquima, ihr Vater, kein sehr guter Arbeiter war. Bevor ich umzog, holte ich als pflichtbewußter Schwiegersohn Holz für die Familie. Ich hatte an der Soyal-Zeremonie teilgenommen und dabei die Vorschrift der Enthaltsamkeit beobachtet; nach dem Soyal borgte ich mir Franks Wagen und Gespann und fuhr, ohne Irene vorher etwas davon zu sagen, eine besonders große Holzladung heran. Am Spätnachmittag kam ich zurück, hielt mit dem Wagen vor der Tür meiner Frau und spannte aus. Irenes Mutter entkörnte Mais für meine Pferde, während ich das Holz ablud, und Irene kam an die Tür und fragte mich, wie ich meine Eier möchte. Am liebsten hätte ich mich nach Hause fort geschlichen, aber da ich wußte, daß es nicht mehr ging, trat ich schüchtern ins Haus und aß eine wenig Rührei. Bald schützte ich vor, daß ich nicht sehr hungrig wäre, und lief mit dem Mais für die Pferde hinaus; es kam mir vor, als wären die vom Feuerklan recht unnahbare Leute. Und als ich mit dem Wagen zu Hause ankam, bat ich meine Mutter um eine kräftige Mahlzeit – darüber mußte sie lachen. Gegen Sonnenuntergang, als ich gerade die Pferde gehobbelt hatte, kam Irene an unser Haus und rief: »Kommt zum Essen!« Dem Brauche entsprechend, forderte sie die ganze Familie auf, aber diese lehnte, wie es sich gehört, die Einladung ab. Ich folgte meiner Frau demütig in ihr Haus und setzte mich mit ihrer Familie zu einem Gericht warmer Tamalen nieder, das sind Klöße aus Mais und Hackfleisch, und sie waren in Maishüllblätter eingewickelt und mit Yuccastengeln zusammengebunden. Aber ich aß so langsam, daß Irenes Mutter die Tamalen für mich auswickelte und in einer Reihe vor mir aufbaute. Da dachte ich: »Diese alte Frau ist sehr freundlich, vielleicht wird sie das immer für mich tun!« Aber darin irrte ich mich; denn beim Frühstück mußte ich meine Tamalen selber auswickeln, und nachher wurde ich für die Angehörigen meiner Frau zur Arbeit angestellt.

LEBENSKAMPF IN DER WÜSTE

Mit der Verheiratung begann für mich ein Dasein voll harter Arbeit, und ich mußte entdecken, daß die Schulbildung mich für den Lebenskampf in der Wüste verdorben hatte. Ich war nicht genügend abgehärtet, um schwere Arbeit in Staub und Hitze zu ertragen, und ich wußte nicht, wie man Regen erhält und die Winde beherrscht oder auch nur gutes und schlechtes Wetter voraussagt. Weder konnte ich in den dürren, windgepeitschten, wurmverseuchten Sandwächten junge Pflanzen ziehen, noch war ich imstande, unter Stürmen, Trockenzeiten und Seuchen eine Herde Schafe durchzubringen. Es drohte daher die Gefahr, daß ich meine Familie dem Hunger aussetzte und als der ärmste Mann in ganz Oraibi bekannt würde – gesunden Leibes, aber unfähig, eine Familie zu ernähren.

Ich wandte mich daher an meine Oheime und Väter und fragte sie, wie ich meinen Lebensunterhalt erwerben könnte. Dies war es etwa, was sie sagten: »Talayesva, du mußt daheim bleiben und hart arbeiten wie wir anderen auch. Moderne Verfahren helfen ein wenig; aber die Weißen kommen und gehen, während wir Hopi hierbleiben auf immer. Mais ist unsere Mutter – unser hauptsächlicher Lebensunterhalt – und nur das Wolkenvolk kann uns Regen schicken, um ihn wachsen zu lassen. In die Wolkengeister setze dein Vertrauen! Sie kommen aus den sechs Richtungen, um unsere Herzen zu prüfen. Wenn wir gut sind, sammeln sie sich über uns in weißen Gewändern und Baumwollmasken und lassen es regnen, um unseren Durst zu stillen und unsere Planzen zu nähren. Regen ist das, was wir am nötigsten brauchen, und wenn die Götter es für richtig halten, können sie uns damit überschütten. Banne die schlimmen Gedanken hinter dich und richte dein Angesicht mit fröhlicher Seele gegen die aufgehende Sonne, wie es unsere Ahnen getan haben in den Tagen der Fülle. Damals fiel Regen auf alles Land; aber in diesen bösen Zeiten fällt er nur auf die Felder der Gläubigen. Schaffe schwer, halte die Feste, lebe friedevoll und vereine dein Herz mit unserem, damit unsere Botschaften das Wolkenvolk erreichen! Dann werden sie vielleicht Mitleid mit uns haben und Regen auf unsere Felder fallen lassen.«

Wir unterhielten uns Tag für Tag, während wir hüteten, Holz fuhren und die Felder bearbeiteten, über unsere Hopilebensart. Ich glaubte den Willen aufbringen zu können, auf das uranfängliche Hopileben zurückzugehen, die einheimischen Kleider zu tragen und auf Rotwild zu pürschen. Ich ließ mein Haar wachsen, schlug es im Nacken in einen Knoten und stopfte meine städtischen Kleider in einen Sack. Ich aß die alten Hopispeisen, übte Katschina- und Wowochimlieder und schleppte in meiner Decke Sand die Mesa hinauf, um in der Kiva eine Bohnenkultur anzusetzen.

Während der Powamufeier beobachtete ich die Vorschrift der Enthaltsamkeit, begoß die Bohnen, führte meine zeremoniellen Pflichten durch und versuchte, nichts zu tun oder zu sagen, was die Gemüter der Amtsträger verstören und auf diese Weise die Zeremonie und unsere Aussichten auf eine gute Ernte hätte vernichten können. Wir brachten den alten verkrüppelten Naquima in die Kiva und ließen ihn mit uns rauchen und beten, weil wir glaubten, daß seine Gebete besser wären, denn er hatte ein starkes Gemüt, war unverheiratet und körperbehindert und daher wahrscheinlich nicht durch Liebesgenuß entmächtigt. Die Männer sagten zu ihm: »Naquima, obwohl du ein verkrüppelter und schwächlicher alter Mann bist, sind deine Gebete doch stärker als die unseren.«

Mein Oheim Talasquaptewa schenkte mir zwanzig Schafe und sein Bruder Kayayeptewa vier. Ich legte mich gern auf die Schafzucht, denn meine Oheime und Väter redeten mir zu, und mein Großvater sagte voraus, daß der Preis der Wolle hoch sein würde. Jedermann schien zu glauben, daß das Leben für einen Schafzüchter leichter als für den Ackerbauer sei. Aber für andere bei schönem Wetter zu hüten, war eine Sache, und eine Familie von meiner eigenen Herde abhängig zu wissen, etwas ganz anderes. Ich vereinigte meine Herde mit denen von Talasquaptewa, Kayayeptewa und Saknimptewa – drei alten Männern – und mußte hinaus und im schlimmsten Wetter hüten, in Schnee und Regen und Schneeregen, an Tagen, wenn es zum Reiten zu kalt war und Hirt und Herde laufen mußten, um nur warm zu bleiben. Starke Winde trieben mir den Sand in Gesicht und Augen und verstopften mir Ohren und Nase; kaum konnte ich mein Mittagbrot essen, ohne den Mund voll Kies zu bekommen. Meine Kleider waren oft schwer von Sand und rieben mich beim Gehen wund; mein Haar war so mit Erde verbacken, daß ich kaum die Kopfhaut mit den Fingernägeln erreichen konnte. In den Wildwasserschluchten zündete ich mir Feuer an, oder ich legte mich hinter Windschirmen an die Erde, wobei ich dann manchmal einschlief und jede Spur meiner Schafe verlor.

Staub- und Schneestürme zerstreuten meine Herde und zwangen mich, tagelang nach verirrten Tieren zu suchen. Einige fand ich dann von Präriewölfen halb aufgefressen und zupfte ein wenig Wolle von den verwesten Kadavern. Hagelstürme – von den Zwieherzern herbeigerufen – waren das Schrecklichste. Schwarze Wolken kamen von den Bergen herübergerast – wie Krieger auf dem Kriegspfade – brachten Donner, Blitz und schlimme Winde mit, die Hagelschloßen auf meine Herde schleuderten und Schafe und Ziegen in kleinen Trupps unter die Artemisiabüsche trieben, wo sie um ihr Leben schrieen. Was ich bei einem Hagelwetter tun konnte, war, mich mit dem Kopf unter einer Decke hinzuhocken und abzuwarten, bis die Wut sich ausgerast hatte, nichts weiter. Oft faßten die Stürme Mutterschafe beim Lammen oder vertrieben sie von den neugeborenen Jungtieren. Die kleinen Lämmer wurden umhergestoßen und vielfach von Hagel, Wasser oder Wind getötet. Öfter noch nahm ich die kleinen, vor Kälte zitternden Lämmchen auf den Arm und grub sie bis zu den Augen im warmen, trocknen Sande einer geschützten Wächte ein. Ich beobachtete die Wolken und achtete genau auf meine Träume, um dem Schicksal zu entgehen, von den Stürmen in zu großer Entfernung vom schützenden Obdach überrascht zu werden. Eine Ausbildung in der Schafzucht war mir dringend vonnöten. Sehr bald lernte ich die Geburten zu regeln, indem ich den Widdern und

Geißböcken Köper- oder Sacktuchschürzen umband, um sie in ungünstiger Jahreszeit an der Paarung zu hindern. Ich versuchte auch, die männlichen Tiere zu verschneiden, hatte aber doch das Herz nicht dazu, denn ich liebte meine Schafe und kannte jedes von Angesicht. Auch schienen sie mich zu kennen und mir zu vertrauen. Das Kastrieren ließ ich daher von anderen besorgen; ich selber aber streute ihnen Salz in die Wunden, um die Fliegen abzuhalten, und warf die Hoden vor die Hunde, als wäre ich ein Weißer. Die Schwänze stutzte ich meinen Lämmern selbst und schnitt jedem Tier mein Eigentumszeichen in die Ohren: drei Halbkreise in den oberen Rand des linken und ein wagerechtes »V« in die Spitze des rechten Ohres. Ich lernte auch, meinen Schafen, wenn sie wunde Augen hatten, Salz hineinzustreuen und unter dem Auge eine Ader zu öffnen, um ihr Blut zu untersuchen und so ihre Gesundheit zu überprüfen. War das Blut gelb oder schmutzig-schwarz, so schnitt ich unter jedes Auge einen Schlitz und ließ es ablaufen. Ich lernte, daß ein Schaf, wenn es das Maul aufsperrt und hechelt, zur Ader gelassen werden muß. Ich zerstampfte auch die Wurzeln gewisser Pflanzen, tränkte sie mit Harn und bestreute die Schafe damit, um Krankheiten zu vertreiben.

Die Zeit des Lammens war besonders schwierig. Dann mußte der Schafhirte seine Herde sorgsam bewachen, Hunde und Präriewölfe fernhalten, den Muttertieren beistehen, wenn sie warfen, ihnen auch zuweilen bei der Nachgeburt behilflich sein und die Lämmchen tragen, bis sie selbst der Herde folgen konnten. Bald verstand ich es, mit Geschick im Vorüberreiten vom Sattel hinabzulangen und die Lämmer aufzuheben. Es war ein glückliches Gefühl, die Herde abends in die Hürde zu führen, die Arme voll von neugeborenen Lämmchen und Geißlein. Manchmal steckte ich sie in einen Sack, ließ ihre Köpfe aus Löchern herausschauen und führte sie so hinterm Sattel mit. Wenn ein Schaf Zwillinge warf, nahm ich das schwächere mit nach Hause und schlachtete es zu einem Festessen, denn Zwillinge schwächen die Mutter zu sehr. Günstig fand ich es, Muttertier und Lamm mit Farbe, Wagenschmiere oder einer farbigen Schnur zu kennzeichnen, so daß ich sie richtig zusammenführen konnte, wenn sie in der Hürde durcheinandergerieten, und besonders, wenn ein Muttertier sich weigerte, seine Nachkommenschaft anzuerkennen oder zu säugen.

Die saugenden Lämmer waren eine besondere Aufgabe. Oft mußte die Mutter gehobbelt und ihr das Lamm ans Euter gehalten werden. Ich spritzte ihm Milch auf den Leib und streute ihm Salz auf den Rücken, um die Mutter dahin zu bringen, ihr Lamm zu lecken und liebzuhaben. Alle Lämmer mußten ihre volle Milchmahlzeit bekommen, bevor ich sie zur Nacht in die Lämmergrube setzte und ein Feuer von trockenem Schafkot anzündete, um die Präriewölfe abzuschrecken.

Lämmer, die über Nacht in der Hürde geboren wurden, waren oft am Morgen erfroren, verletzt oder totgedrückt. Einmal fand ich auf dem Felde ein Lamm mit gebrochenem Bein; ich schnitt Schienen zurecht und versuchte es wieder einzurichten. Als ich das arme Ding in die Hürde setzte, trabte es lebhaft umher und machte mir großes Vergnügen. Wenn an warmen Tagen die Lämmer der Herde folgten, bedeutete es eine große Anstrengung, die Herde zu umkreisen, um sie zusammenzuhalten und den Jungtieren aus Schluchten und über rauhen Boden zu helfen. Bei ausgewachsenen Schafen war es nichts Ungewöhnliches, daß sie im Lehm steckenblieben. Oft mußte ich auch mit besonderer Sorgfalt Schafen und Geißen Stroh und festgetrockneten Lehm zwischen den Hufen herauslösen.

Auch meine Geschicklichkeit zu schlachten entwickelte ich. Dies war eine Arbeit, die alle zwei Monate vorkam. Ich band dem Tier alle vier Beine mit einem kurzen Strick oder mit meinem Stirnband, hockte hinter ihm nieder mit den Knieen gegen seinen Rücken, zog ihm den Kopf zurück, um den Hals zu strecken, schnitt ihm mit meinem Messer die Kehle durch und fing das Blut in einer Schale auf für meinen Hund. Ich schlitzte die Haut den Bauch hinunter auf, riß sie ab, öffnete den Leib, ließ die Eingeweide herausgleiten, brach Leber, Herz und Lunge heraus und hängte das Fleisch zum Trocknen auf einen Pfahl. Dann streifte ich die Därme ab und drehte sie in eine Rolle wie die Flechten einer verheirateten Frau. Ich kam so weit, daß ich in dreißig Minuten oder noch schneller alles fertigbrachte. Verschneiden konnte ich ein stummes Tier nicht, aber es machte mir nichts aus, ihm die Kehle aufzuschlitzen, denn ich wußte, daß es hierhergetan ist, um uns als Nahrung zu dienen.

Meine Herde beobachtete ich genau, und wenn ich ein sehr krankes Schaf fand, schnitt ich ihm stets den Hals auf und ließ das warme Blut heraus, ehe es im Körper stockte und das Fleisch verdarb. Ich lernte, Leber, Lunge, Herz und Gallenblase zu untersuchen und kranke Teile zu verwerfen. Eines Tages fand ich eine arme Geiß, die im Sterben lag. Schnell schnitt ich ihr die Kehle auf und öffnete den Leib, um wenigstens das Fleisch zu retten. Das Herz war größer als das einer Kuh und voll von gelblichem Wasser, aber das Fleisch war gut.

Oftmals, um mir den langen Hütetag zu verkürzen, legte ich mich zu einem Schläfchen nieder, oder ich sammelte trockene Büsche zu Feuerholz, suchte in Rattenlöchern nach dem Honig wilder Bienen, hetzte zu Pferde Coyoten oder jagte Kaninchen. Oft waren vier oder fünf von den letzteren an meinem Sattel angebunden oder hingen mir über die Schulter, wenn ich nach Hause kam. Das war ein Vergnügen, denn jede Frau in Oraibi war hocherfreut und dankbar für ein Kaninchen. Auch lehrte ich meinen Hund, zu jagen, und mir seine Beute zu bringen, indem ich ihn lobte und ihm Kaninchenharn in die Nase spritzte, um seine Witterung zu verbessern. Wenn ich hütete, trug ich gewöhnlich einen Stock in der Hand oder eine Rodehacke über der Schulter, um Kaninchen aus Präriehunds- oder Rattenlöchern ausgraben zu können. Ich lernte auch, ein Kaninchen geschickt mit Hilfe eines Gabelstockes herauszudrängen. Wenn es zappelte und schrie, so wies ich es höflich darauf hin, daß die Hopigötter es hierhergetan hätten, um uns als Nahrung zu dienen. Ich bemühte mich stets, wenn ich ein Wild erjagte, zu sprechen: »Der Dank sei meinen Hopigöttern!«

Meine besten Freunde bei der Kaninchenjagd waren die Habichte. Ich schaute nach ihnen aus und bat sie um ihre Hilfe. Wenn ich einen Habicht niederstoßen und untenbleiben sah, lief ich in der Erwartung an die Stelle, ein Kaninchen in seinen Fängen zu finden. Nahm ich dann das Kaninchen auf, so pflegte ich zu sagen: »Vielen Dank, Herr Habicht, Ihr habt mein Gebet erhört. Ich werde zur Soyalfeier ein Paho für Euch machen!« Falls derselbe Habicht an einem Tage drei Kaninchen für mich erlegte, ließ ich ihm das dritte; denn ich wußte, daß sie genau so hierhergetan sind, um unsere Habichtsverwandten zu ernähren wie uns. Einmal, als mein Hund ein Kaninchen jagte, saß ein Habicht auf einer Artemisia und kümmerte sich um nichts. Als ich herankam, flog der Vogel etwas weiter. Dort lag ein halb aufgefressener Präriehase. »Kein Wunder, daß Ihr mir nicht helfen wollt!« rief ich aus. »Ihr habt schon Euern Schmaus gehalten. Ich werde eine Gebetsfeder für Euch machen, und es ist mein Wunsch, daß Ihr Euch das nächstemal als ein besserer Freund erweist.«

Im April war die Schafschur. Irene und ihre Mutter kamen in einem Wagen zur Schafhürde, wo wir eine Ziege schlachteten und die Nacht in einem behelfsmäßigen Unterschlupf verbrachten. Außer beim Scheren half mir Irene nicht in der Schafhaltung; es gibt wohl einige wenige Hopifrauen, die sich auch um die Viehzucht kümmern, aber nur, wenn ihre Männer nicht dazu imstande sind. Früh am nächsten Morgen streuten wir trockene Erde auf den Boden der Hürde, um die Wolle sauberzuhalten, banden meinen Tieren die Beine zusammen und begannen mit der Schur. Wir mußten uns vorsehen, daß die Wolle trocken war und frei von Sand, und mußten sie unter einer

Decke aufbewahren, damit der Wind sie nicht wegwehte. Wir brachten sie nach der Handelsniederlassung und tauschten sie gegen Krämerwaren, Stoffe und anderes aus. Meinen langhaarigen Hund hatte ich auch mitgeschoren und seine Wolle unter die der Herde gemischt; der Händler merkte nichts.

Am schwersten lastete die Feldbestellung auf mir. Im März und April, an Tagen, an denen ich nicht hütete, säuberte ich ein Feld von Stoppeln und Büschen, verschaffte mir Pfähle und arbeitete mehrere Tage gegen eine Entlohnung in Stacheldraht für die Agentur beim Straßenbau. Ich wollte einen starken Zaun, um es nicht mit anhören zu müssen, daß von einem Hausdach gerufen würde, der Esel von diesem oder jenem wäre auf meinem Maisfeld. Ebensowenig wollte ich einem Tier zur Strafe für seinen Grenzübertritt Ohr oder Schwanz abschneiden. Ich hatte mir vorgenommen, den Gaul oder Esel, den ich auf fremdem Felde fand, von dort zu vertreiben und dann den Eigentümer zu verständigen, damit mein Name gelobt würde. Ich nahm auch an fast allen Katschinatänzen teil und half wilden Spinat zu sammeln, um zu zeigen, daß ich das Herz auf dem rechten Fleck hatte. Ich wußte, daß ich nicht zu meinem Vergnügen tanzte, sondern um beim Wachstum mitzuhelfen. »Denkt an Regen, während ihr tanzt!« ermahnten uns die Alten.

Im April hatte ich ein kleines Feld mit frühem Süßmais bestellt. Wir mußten zehn Zentimeter tiefe Löcher machen und die Körner fünf Zentimeter hoch bedecken, wobei über der Saat eine flache Grube blieb, die dazu diente, die Sonnenstrahlen zu sammeln. Mäuse und Känguruhratten scharrten viel von der Saat heraus. Wir hatten viele kleine braune Mäuse, die Neulinge in der Wüste waren und von denen die Alten behaupteten, der christliche Teufel hätte sie geschickt. Ich brachte kleine Windschirme von Gras und Zweigen rings um jede Pflanze an oder sammelte alte Blechdosen, öffnete beide Enden und setzte sie über die jungen Triebe. Die Dosen waren besser, denn sie schützten auch gegen Mäuse und Würmer. Ich wollte diesen Mais gern zum Nimantanz im Juli reif haben.

Ende April wurde uns mitgeteilt, daß die Sonne am richtigen Punkt des Horizontes aufgegangen wäre, um Melonen, Kürbisse und frühe Bohnen zu pflanzen. Im Mai legte ich Moschusmelonen, nochmals Wassermelonen und Limabohnen. Um den zwanzigsten Juni bestellten wir die Felder mit der Hauptmaisfrucht – dann nämlich durften wir hoffen, daß das Jahr weit genug vorangeschritten wäre und die stärksten Winde und die schlimmsten Sandstürme hinter uns lägen. Mehrere Männer halfen mir gegen meine Mitarbeit bei ihnen. Wir legten zwölf bis fünfzehn Maiskörner in Löcher, die fünfzehn bis zwanzig Zentimeter tief waren und viereinhalb Meter auseinander lagen; wir verwendeten dazu Pflanzstöcke aus Schmerholz, denn die alten Maisbauern hatten uns gewarnt, daß Eisenstäbe dem Boden schaden. Wir pflanzten weißen, blauen und gemischten Mais in verschiedenen Abschnitten des Feldes. Der Wind wehte so stark, daß wir Pflöcke stecken mußten, um die Reihen nicht zu verlieren. Mir wurde so heiß und ich war so matt und hatte einen so wehen Rücken, daß ich beim Pflanzen niederkniete. Sobald die Pflänzchen heraus waren, traten wir die Erde ringsum mit den Füßen fest, um sie so hart zu machen, daß die Würmer nicht eindringen konnten. Ein nützlicher Brauch ist es auch, bei den Maisfeldern Wettrennen zu veranstalten, um die jungen Pflanzen zu schnellem Wachstum zu bewegen. Natürlich würde kein Bauer auf einem Maisfeld eine Frau umarmt haben, denn das hätte die Maisjungferngeister beleidigt, die das Wachstum hüten. Wir warfen uns auch untereinander nichts zu, da das Hagel verursacht hätte. Wer eine Leiche berührt hatte, durfte vier Tage lang nicht auf einem Maisfeld arbeiten. Viele Bauern hatten Heiligtümer auf ihren Feldern, ich jedoch nicht. Alte Männer pflegten sich an den Rand ihrer Felder zu stellen, die Wolken zu schelten und ihnen aufzutragen, Regen zu bringen; aber darin war ich nicht sehr erfolgreich.

Kurz nach dem Maispflanzen ritt ich auf meinem Pferd nach dem Feld meines Vaters bei Batowe nordostwärts von Oraibi, wo ich wilden Spinat zu finden hoffte. Darin ward ich zwar enttäuscht, ich ritt aber nach Norden weiter und schaute nach jungen Habichten aus. Bald entdeckte ich ein Nest auf einem großen Wacholder, kletterte hinauf und fing einen. Ein Stück weiter sah ich zwei Habichte auf einem Baum und fing auch davon einen. Danach erspähte ich drei auf einem Baum, scheuchte zwei heraus und fing sie, dem dritten warf ich meine Fangschnur um einen Ständer. Ich machte Tragen aus Wacholderzweigen, wickelte meine Habichte in Sacktuch ein und band sie mit Yuccastielen an den Tragen fest. Wie sie so von meinem Sattel herabhingen, sah jeder Habicht wie ein kleines Pappus aus. Nach Hause ritt ich sehr sachte, damit meine jungen Vögel keine Stöße bekämen. In meiner Aufregung hatte ich mein Seil bei dem letzten Baum vergessen und dachte nicht eher daran, als bis ich so weit war, daß ich ohne Unbequemlichkeit für die Habichte nicht mehr umkehren konnte. Schließlich erreichte ich die Feldhütte Masahongneomas, des Sohnes meines Oheims. Jedermann nannte ihn neuerdings »Nice Man«, weil eine Dirne in Winslow ihn wegen seines außergewöhnlich langen Gliedes hoch gelobt und ihn einen »netten Mann« genannt hatte. Er half mir, die Vögel von den Tragen loszuknüpfen, band sie auf dem Dach seiner Hütte an, daß sie sich ausruhen konnten, und behielt mich und mein Pferd über Nacht.

Am folgenden Tage brachte ich die Habichte meiner Mutter; sie sollte ihnen – wie Neugeborenen – den Kopf in Yuccalauge waschen und ihnen Namen geben. Einen Habicht schenkte ich meinem kleinen Bruder Perry, einen weiteren Ira und drei behielt ich selbst. Wir banden sie auf dem Dach unseres Sonnenklanhauses an und fingen Ratten, Mäuse und Grashüpfer für sie.

Wenige Tage später schlachtete Talasquaptewa, mein Oheim, ein Schaf, nahm sein Paho-Zubehör und ging ins Haus des Sonnenklans, um Gebetsstäbe zur Sommersonnenwende zu machen. Dies war eine wichtige Zeremonie unseres Sonnenklans, die dem Wachstum der Feldfrüchte diente. Wir hatten ein Festessen, die Männer rauchten gebetsmäßig, und mein Oheim machte Pahos, die früh am nächsten Morgen am Sonnenheiligtum niederzulegen waren.

Als der Mais zu wachsen begann, borgte ich mir aus Shipaulovi Franks Maultiere, um mein Feld einmal mit dem Kultivator aufzulockern, und dann hackte ich Tag für Tag Unkraut, wobei ich mit Hüten abwechselte, um Arme und Rücken auszuruhen. An sehr heißen Tagen sang ich oder pfiff mir eins, um meine Lebensgeister wieder aufzufrischen, ich tanzte vielleicht auch ein wenig oder legte mich zu einem Schläfchen in den Schatten eines Busches. Ich dachte auch wohl an das leichte Leben auf der Schule und an das Geld, das ich auf die Mädchen verschwendet hatte; aber ich arbeitete fort, denn wir brauchten etwas zu essen. Ich wollte ein Maisfeld, das sauber aussah, und hatte vor, meiner Frau einen modischen Schal und mir ein paar Pferde und Schmuckstücke zu kaufen. Außerdem aber mußte ich mir den Ruf eines Mannes schaffen, der hart zu arbeiten versteht, damit meine Frau den Kopf hoch tragen konnte.

Bei viel Regen und ohne die Winde, Würmer und Ratten, die unsere Pflanzen zerstören, und ohne das Unkraut, das sie erstickt, brauchten wir niemals so hart zu arbeiten. Aber sobald sich über uns freundliche Wolken sammelten, wurden sie von feindseligen Winden zerstreut. Die Männer sahen müde und sorgenvoll aus und gingen auf ihren Wegen wortlos aneinander vorbei; ein jeder wußte, was des anderen Gemüt erfüllte: Mutlosigkeit und der einzige Wunsch, es möchte regnen. Ich zog vielleicht fünfundzwanzigmal auf mein Maisfeld hinaus, um nachzupflanzen, Unkraut zu hacken, Ratten zu vergiften und Fallen gegen die Kaninchen aufzustellen. Auch spritzte ich meine Pflanzen mit einer Mischung von gepulverten Kaninchendärmen, getrockneten Wurzeln, Hundekot und Wasser. Das Hüten und die Feldarbeit zehrten dermaßen an meiner Kraft, daß ich den Liebesumgang mit meiner Frau verringern mußte – von jeder zweiten Nacht auf nur einmal in der Woche.

Mein Melonenfeld war eine Quälerei. Als die Sonne sich im Mai über dem »Melonenpflanzpunkt« erhob, nahm ich die Saat mit auf einen sandigen Acker, legte sie in Abständen von fünf Schritten ein und deckte jeden der kleinen Hügel mit einer dicken Schicht-Papier ab, um ihn gegen die Känguruhratten zu schützen. Das Papier war mit langen Stöcken festgesteckt, damit ich es bei Sandverwehungen wiederfinden und es entfernen konnte, wenn die Saat aufging. Trotz dieser allgemein üblichen Vorsichtsmaßnahme vernichteten die Ratten die Hälfte der Saat. Als ich nachgepflanzt hatte, wehte vier Tage lang ein schlimmer Wind, der weitere Hügel zerstörte. Ich deckte ein paar Keimlinge auf und pflanzte zum zweitenmale nach, aber es kam ein neuer Sturm. Nachdem ich die Pflanzen ausgegraben und Windschirme aus Zweigen gesteckt hatte, um sie zu schützen, riß mir ein dritter Wind viele in Fetzen oder dörrte sie vollkommen aus. Fünf Tage später kam ein vierter Sandsturm, der mich abermals dazu zwang, die Pflänzchen freizuscharren. Ungefähr zehn Tage später hackte ich Unkraut und stellte Fallen für die Ratten auf, die meine zarten Schößlinge abfraßen. Ein Wirbelwind stieß die meisten um und vernichtete weitere Pflanzen. Zweimal noch wurden sie von Sand bedeckt, und ein Präriehase stattete ihnen unheilvolle Besuche ab. Schließlich wirbelte noch ein Ostwind, bevor die ersten Melonen erschienen, die Ranken nachhaltig durcheinander.

Im Juli machte es mich froh, daß ich zum Nimantanz einige wenige Süßmaishalme ins Dorf bringen konnte. Ich machte Puppen und band sie an Rohrkolbenstiele, während meine Mutter kleine Flechtplatten von sieben bis acht Zentimetern Durchmesser herstellte. Wir brachten diese Dinge aufs Dach und schenkten sie am Nimantage den Habichten.

Wir schmausten und tanzten den ganzen Tag und schenkten den Kindern Süßmais, Puppen und andere Dinge. Die Katschinas wurden bei Sonnenuntergang mit dringenden Gebeten um Regen für unsere welkende Ackerfrucht abgesandt. Fast jeder Mann oder Knabe brach sich von ihrer Tracht einen Fichtenzweig ab, um ihn auf seinem Maisfeld einzupflanzen. Am nächsten Morgen erwürgten wir die Habichte, um sie heimzusenden, rupften ihnen die Federn aus, banden ihnen Pahos an Hals, Schwingen und Ständer, brachten sie in der Richtung, aus der sie gekommen waren, aus dem Dorf und bestatteten sie mit Maisschrot. Wir trugen ihnen auf, eilig heimzufahren und uns Regen zu schicken. Dann nahm ich einen Fichtenzweig mit auf mein Maisfeld, steckte ihn in den Sand und betete stumm, während ich Schrot in der Rechten hielt, zu Sonne, Mond und Sternen um eine gute Ernte. Auch streute ich einen Maisschrotpfad und wünschte

Regen, nahm mich dabei jedoch in acht, nicht auf den Schrot zu
treten. Als es dann wirklich zu regnen anfing, sagten die Festbeamten, dies wäre der Beweis, daß unsere Gebete das Wolkenvolk-der-sechs-Richtungen erreicht hätten.
Eines Tages hatte ich einen Unfall, ohne freilich zu dem Zeitpunkt
es zu bemerken. Ira war auf dem Felde auf ein totes Pferd gestoßen,
das vom Blitz erschlagen war, und dem Kadaver nahegekommen,
bevor er die Todesursache durchschaut hatte; auf diese Weise wurde
er von der Blitzkrankheit befallen, die den Menschen schreckhaft,
reizbar und empfindlich macht, besonders bei stürmischer Witterung.
Ein Mitglied des Ahlbundes hätte an die Stelle gehen und den
Boden reinigen müssen, aber das war nicht geschehen. Einige Wochen
später kam ich ahnungslos dort vorüber. Zunächst verspürte ich,
abgesehen von Kopfschmerzen, keine schlimme Wirkung, aber die
fremde Macht war in meinen Körper eingedrungen.
In der letzten Augustwoche traf mein Vater Anstalten für eine lange
Reise zur Einholung von Salz.[1] Er war natürlich Wowochimgenosse,
und beim letzten Soyalfest hatte er Pahos gemacht und sie am Heiligtum der Zwillingskriegsgötter aufgestellt; damit besaß er die
Eignung zu einer Fahrt in den Großen Canyon und die Heimat
unserer Lieben. Das Salz liegt in gefährlichem Gebiet, und vor langer Zeit haben die Kriegszwillinge Heiligtümer eingerichtet und
Bräuche eingeführt, um die Reise für uns Hopi gefahrlos zu machen.
Mein Vater ließ den Rufervogt vom Hausdach aus ankündigen, daß
die Salzfahrt in Aussicht genommen wäre und daß alle, die mitzugehen wünschten, ihre Mokassins flicken, Salzsäcke bereitlegen und
ihre Esel einfangen sollten. Ich beschloß bis Moenkopi mitzugehen.
Wir beluden drei Esel mit Vorräten, bestiegen zwei weitere und
machten uns auf. Um uns eine gute Reise zu sichern und Ermattung
zu verhindern, hielt mein Vater beim Masau'u-Heiligtum an, machte
einen Maisschrotpfad, der nach Westen führte, und steckte eine Gebetsfeder darauf, deren Atemstrang in dieselbe Richtung wies. Während wir unsere Esel auf Moenkopi zutraben ließen, sahen wir uns
dann und wann um, ob uns jemand folgte, aber niemand kam.
Wir erreichten Moenkopi nach Einbruch der Dunkelheit, stiegen im
Hause meiner Tante Frances ab und erfuhren, daß am nächsten Tage
im Dorf ein Schmetterlingstanz stattfinden sollte. Ich ging zur Kiva,
um bei den Proben zuzusehen, die Lieder einüben zu helfen und

---

[1] Weitere Einzelheiten über die Salzfahrt siehe bei Mischa Titiev: A Hopi Salt
Expedition. American Anthropology, New Series, 1937, Band XXXIX, 244
bis 258.

vom Essen etwas abzubekommen. Euella und ihr Mittänzer Mark führten den Tanz an. Während des abendlichen Schmauses reichte ich Euella die Hand, hütete mich jedoch, sie zu drücken, denn ich wollte das Mädchen vor der heiligen Handlung nicht verunreinigen. Sie tanzten den ganzen nächsten Tag und sangen Lieder dazu, die mich im Herzen rührten.

Zu Mittag war ich in Hatties Hause eingeladen und sah ihre Schwester Polehongsie. Während wir aßen, merkte ich, daß ihre Augen an mir hingen, und einmal blinzte ich ihr zu. Sie strahlte daraufhin, und das gefiel mir. Als ich gegessen hatte, trödelte ich, statt geradeswegs zur Tür zu gehen, wie absichtslos im Zimmer herum, kam in der Ecke an Polehongsie vorüber, reichte ihr die Hand und gab ihr so Gelegenheit, meine zu drücken, was sie auch tat. Wir unterhielten uns ein paar Minuten, bis ich bemerkte, daß man schmunzelte, und da ging ich zur Tür hinaus. Wir verbrachten den Abend auf dem Dorfplatz, wo die meisten den Tänzern zusahen; aber Polehongsie und ich sahen einander von verschiedenen Hausdächern. Nach Einbruch der Dunkelheit hätte ich sie gern besucht, aber ich fürchtete, daß ihre Verwandten mir noch böse wären, und übernachtete daher bei meinem Gevatter.

Am nächsten Tage gab es ein Pferderennen, an dem Havasupai- und Navaho-Indianer teilnahmen. Ich ging mit Mark zum Frühstück zu seinen Verwandten und blieb bei Metties Mutter, die sehr freundlich zu mir war. Von dort gingen wir zum Pferderennen, wo die Havasupai feine Wildlederhäute hatten, die sie auf ihre Pferde gegen die der Navaho wetteten. Ich hatte einen Dollar in der Tasche, setzte auf ein Navahopferd und gewann. Ich gewann Wette über Wette und hatte am hohen Nachmittag sechzehn Dollar. Bei jedem Schritt klingelten die Silberdollars, so daß ich mir wie ein Millionär vorkam. Am späten Nachmittag waren meine Taschen so schwer, daß ich allein zu einem Pferdepferch ging, mich hinsetzte und achtunddreißig Dollar und fünfundachtzig Cent zählte. Ein kleines Vermögen war aus dem einen Dollar erwachsen. Ich knüpfte mein Geld in ein Tuch, steckte es in die Hosentasche, ging zu Frances' Haus und erfuhr, daß mein Großvater Roger dreiundachtzig Dollar gewonnen hatte und nun ein reicher Mann war.

Während wir aßen und von den Pferderennen sprachen, kam meine Klanmutter Tuwanungsie, die Frau des Kriegsvogtes Talasvuyauoma, und sagte: »Sohn, dein Vater möchte, daß du zu uns ins Haus kommst. Wenn du mitwolltest auf die Salzfahrt, solltest du lieber gleich kommen!« Ich fand ihn mit einigen Männern aus Shipaulovi zusammen beim Kriegsvogt. Sie machten Gebetsfedern zu dem besonderen Zweck, gelben Ton aus dem Canyon mitzubringen, einen besonderen Ton, den man zur Paho-Bereitung braucht. Während Talasvuyauoma mit einer Gebetsfeder beschäftigt war, sagte er, daß niemand, wie es schiene, die Absicht hätte, sich ihnen anzuschließen, und forderte mich dazu auf. Ich stimmte zu. Der Kriegsvogt zeigte mir, wie ich meine Gebetsfedern herstellen müßte, und sagte mir wieviele. Jeder von uns dreien wickelte seine Federn in eine besondere Papiertüte; wir rauchten Bergtabak und tauschten Verwandtschaftsnamen aus. Als ich aufstand, um fortzugehen, sagte meine Klanmutter: »Sohn, du hast schon deine Gebetsfedern für die Salzfahrt gemacht, du mußt also heute nacht von den Mädchen wegbleiben!« Das war eine Enttäuschung für mich, denn ich hatte die Tasche voll Geld und wollte Polehongsie besuchen.

Früh am Morgen sattelten wir unsere Esel, verpackten unsere Verpflegung, nahmen zu unseren Gebetsfedern noch etwas gebackenen Süßmaisschrot und brachen auf; unsere Verwandten ermahnten wir, ein frohes Herz zu bewahren, um uns eine ungefährdete Rückkehr zu sichern. Außerhalb des Dorfes streute der Kriegsvogt einen Maisschrotpfad, setzte eine Gebetsfeder darauf mit dem Atemstrang nach Westen und sagte: »Laßt uns mit frohem Herzen reisen!« Jeder von uns stellte sich auf das Wegzeichen, und damit war die Fahrt begonnen.

Wir kamen in die Gegend einer heiligen Quelle, legten ihr gegenüber eine Gebetsfeder nieder, zogen an einer anderen Quelle unter den gleichen Opfern vorüber und erreichten das Heiligtum der Bergschafe neun oder zehn Meilen von Moenkopi entfernt, wo unsere Vorfahren zu jagen pflegten. Dort waren im weichen Lehm einstmals Antilopenspuren gewesen; später hatten die Kriegszwillinge sie in Stein verwandelt. Wir setzten Gebetsfedern darauf, beteten zu den Bergschafen um Erfolg bei der Jagd und baten sie wiederzukommen, damit wir sie wieder jagen könnten.

Dann reisten wir wieder eine Meile und kamen an das Heiligtum, wo die Salzfahrer der Hopi ihre Klanzeichen in die Felsen ritzen. Unsere Vorfahren hatten viele Generationen lang Salz geholt, und Hunderte von Klanzeichen waren in den Felssockel des Heiligtums geschnitten. Jeder Reisende hatte bei jeder seiner Fahrten wieder ein Zeichen links von dem früheren eingeritzt. Mein Vater hatte elf Sanddünen im Laufe seines Lebens geritzt und Talasvuyauoma zehn Coyotenköpfe. Ich wählte eine glatte Oberfläche in der Nähe und ritzte mein Sonnenzeichen, wobei ich auch meine Anfangsbuchstaben in das Bild setzte. Aber das hielt ich geheim, denn ich fürchtete, daß meine Begleiter dagegen als etwas Neumodisches Einspruch erheben würden. Als ich fertig war, legte ich den Atemstrang einer Gebetsfeder an den Mund meines Sonnenzeichens, schlug mit einem

Stein darauf, bis sie festsaß, streute Maisschrot auf das Gesicht des Bildes und betete: »Mein Oheim, Sonnengott, beachte bitte, daß ich mein Klanzeichen in den Stein geritzt habe! Richte unsere Schritte auf den Salzcanyon und wache über uns, bis wir unbeschädigt wieder zurückgekehrt sind! Mach eben unseren Pfad und erneuere unsre Kraft, so daß unsere Bürde uns leicht wird!« Ich betete ernstlich, da ich wußte, daß wir das Land der Geister betreten würden und es mit fremden Mächten aufnehmen müßten.

Wir reisten weiter bis zu einer heiligen Quelle, legten Gebetsopfer dabei nieder und beteten zu den Geistern, die dort leben, daß sie Regen über unsere Feldfrüchte und Frohsinn in die Herzen unserer Verwandten senden möchten. Von dort erklommen wir eine Anhöhe und kamen an das Heiligtum, wo die Kriegszwillinge das Hopibrettspiel gespielt haben. Nach Opferung von Gebetsfedern spielten wir jeder mit den unsichtbaren Zwillingen eine Partie, richteten sie zu unserem Vorteil ein und beteten dann: »Also, Kriegszwillinge, wir haben gewonnen. Unsere Belohnung soll Regen, Gesundheit und langes Leben sein. Wacht über uns, daß uns kein Leid befällt!«

Wir folgten einem alten Flußbett durch eine Klamm, stiegen über einen Hügel und traten in eine enge Schlucht ein. Als wir den gegenüberliegenden Felssockel erklommen hatten, sagte der Kriegsvogt: »Mein Sattel sitzt nicht richtig, ich will den Gurt anziehen.« Aber statt die Schnalle anzuziehen, löste er sie zu meiner Überraschung und zog eine weiße Hochzeitsdecke heraus. Er blickte zu mir herüber, lächelte und sagte: »Dies ist das Heiligtum des Salzweibes. Wir wollen Umgang haben mit ihr.« Er trat zu einem weißen, etwas erhabenen Sandstein, der etwa sechzig Zentimeter breit und ein Meter achtzig lang war, und bedeckte ihn mit dem Hochzeitsgewand. Er legte seine Hose und sein Lendentuch ab, nahm eine Gebetsfeder und etwas Maisschrot in die Hand, kroch unter die Decke und machte Beischlafsbewegungen. Zugleich nannte er den Namen einer Frau, die wir alle kannten. Dann stand er auf, dankte für den Genuß und zog sich an. Nachdem mein Vater die gleiche Handlung ausgeführt hatte, wurde ich aufgefordert, ebenso zu tun. Ich war verwirrt, zog mich aber aus, nur mein Hemd nicht. Der Kriegsvogt sagte zu mir, daß ich mich splitternackt ausziehen müßte, da ich ein Kele auf seiner ersten Fahrt wäre, und mein Vater fügte hinzu: »Wenn du nicht tust, was man dir sagt, kann unsere Reise unter Umständen sehr schwierig werden!« Ich gehorchte, trat zu dem Stein, hob die Decke auf und sah hin. In der Mitte der glatten, weißen Fläche war ein kleiner, schwarzer Stein eingelassen in Gestalt einer Vulva und mit einem Loch von zwei Fingern Weite und Handtiefe. Am Boden lagen die Gebetsfedern und der geweihte

Maisschrot des Kriegsvogtes und meines Vaters. Ich fügte meine eigene Gebetsfeder hinzu und Maisschrot, nannte meine Tante Frances als Bettgenossin, führte mein Glied ein und drückte viermal stark, aber ohne Erektion. Abgesehen von der Vulva, sah der Stein eher wie ein verhüllter Leichnam aus als wie eine nackte Frau.

Ich stand auf, dankte dem Salzweib, zog mich an und sagte: »Also, Väter, nun möchte ich die Bedeutung wissen von diesen Dingen!« Der Kriegsvogt antwortete: »Als das Spinnenweib, der das Salz gehört, für uns Hopi einen Pfad zum Salzcanyon anlegte, wurde sie müde, hielt hier an und befahl ihren Enkeln, den Kriegszwillingen, den Pfad bis zum Canyon fertigzustellen; dann verwandelte sie sich in diesen Stein, um die Hopi zum Salz geleiten zu können. Wenn wir Umgang mit ihr haben, so tun wir das, um unsere Kinder zu vermehren und unsere Gesundheit zu stärken. Dies ist nicht eine Schweinerei, wie die Christen es genannt haben, und auch nicht die Anbetung eines Steinbildes; denn wir wissen wohl, daß das Salzweib eine lebendige Göttin ist und daß der Liebesgenuß mit ihr Leben bedeutet.«

Auf den nächsten vier oder fünf Meilen erkannte ich einiges von dem Landschaftsbilde wieder, das ich auf meiner Todesfahrt gesehen hatte, und ich überraschte meine Reisegenossen mit einer bis ins einzelne gehenden Beschreibung von künftigen Wegstellen. Als ich genau einen besonderen Busch – mongpivi – beschrieb, aus dem wir Hopi in alter Zeit Pfeile hergestellt haben, machten meine Gesellen große Augen und sagten, dies sei der volle Beweis meines Todes und des Besuches im Totenheim.

Bei Sonnenuntergang machten wir an einer alten Lagerstelle in einer Vertiefung halt und hobbelten unsere Esel; dann setzten wir uns zum Rauchen nieder und tauschten Verwandschaftsnamen aus – in der Hoffnung, daß unsere Botschaften zu den Geistern gelangten. Da ich ein Kele war, bereitete ich das Abendessen, das aus Kaffee, Bratkartoffeln, Piki und Hammelfleisch bestand. Abends erzählten mir die Alten die Geschichte vom Salzweib und den Kriegszwillingen und gaben mir einen Bericht über die Salzreisen unserer Vorfahren. Mein Vater erzählte, daß er einige Jahre früher mit einem größeren Trupp auf eine Salzfahrt gegangen wäre und daß alle bei dem Salzweibe gelegen hätten. Aber auf der Rückreise gab es ein Mißgeschick. Als die Schar ein kurzes Wegstück am Heiligtum vorüber war, blickte sich einer um und sah, daß eine große weiße Gestalt ihnen auf den Fersen folgte. Sogar die Esel wurden scheu, liefen in wilder Unordnung davon und streuten das kostbare Salz meilenweit umher. Es kostete große Anstrengungen, sie wieder aufzuspüren und all die kleinen Salzbrocken einzusammeln. Als der

Trupp wieder versammelt war, sagte der führende Amtsträger: »Dies hätte nie geschehen können, wenn jedermann die Gebräuche befolgt hätte. Wir müssen die Wahrheit erfahren. Wer hat sie gebrochen?« Ein Mann bekannte: »Ich bin der Schuldige. Ich hatte einen großen Klumpen Salz für das Salzweib mitgebracht, aber ich behielt ihn für mich und gab ihr einen kleinen.« Die andern erwiderten: »Kein Wunder, daß uns all dies Mißgeschick befallen hat! Du hast Zweifel in den Hopiglauben gesetzt und gedacht, du hättest es mit einem Steinklotz zu tun. Du hättest das besser wissen sollen. Das Salzweib ist ein lebendiger Geist und läßt sich keinen Betrug gefallen.« Als mein Vater mir den Namen des Schuldigen nannte, wunderte ich mich und empfand Mitleid mit ihm. Ich kannte ihn gut, denn er war ein Klanbruder meines Gevatters. Ich beschloß, alle Gebräuche sorgfältig zu beachten. Wir aßen eine Melone, rauchten wieder und legten uns schlafen; aber ich fand lange keinen Schlaf, denn ich mußte über den unbedachten Mann nachgrübeln, der versucht hatte, die Gottheit zu betrügen, und der damit die Salzfahrt zum Scheitern gebracht hatte.

Früh am Morgen reisten wir weiter und kamen durch das flache Land mit den großen Kaktuspflanzen, wo ich die aufgerollten Schlangen gesehen hatte an der holprigen Straße der Zwieherzer. An einem gewölbten Hang entdeckte ich Tonscherben und Bautrümmer, wo ich auf meiner Todesfahrt Häuser gesehen hatte, in denen Leute in der Tracht des Kwanbundes wohnten. Wir erkletterten eine Höhe, und als wir nach Westen blickten, den Rand des Canyons entlang, glaubte ich Häuser mit Fenstern darin zu sehen, aus denen die Leute Asche in den Canyon warfen. Blauer Rauch schien über dem Canyon aufzusteigen, und mein Vater sagte, daß er aus den Häusern der Toten längs der Felsenkante käme. Ich fühlte mich befangen und unbehaglich und fragte mich, ob unsere Vorfahren uns wohl beobachteten und Bemerkungen über uns austauschten.

Der Kriegsvogt sagte: »Hier wollen wir abladen! Und wir müssen uns beeilen!« Während ich die Esel hobbelte, machte der Krieger Teig aus Süßmaisschrot und verknetete ihn zur Gestalt und Größe von Schlagbällen. Wir verwahrten unsere Sättel und die Ausrüstung und legten Felsblöcke auf die Zeltbahn, mit der wir sie bedeckt hatten, so daß kein böser Wind sie abreißen konnte. Wir packten Verpflegung in unsere Decken, nahmen unsere Gebetsfedern und einen Ball von Maisschrotteig für jeden und begaben uns an den Südwestrand des Tafellandes. Dort lag ein zerklüfteter Felsen, das Heiligtum der Kriegsgötter. Talasvuyauoma erklärte mir, daß hier, als die Kriegszwillinge den Pfad zum Salze anlegten, der jüngere

Bruder müde geworden wäre und sich in einen Stein als Wegmarke verwandelt hätte. Ich guckte in den Canyon hinab, der Meilen tief zu sein schien und sah den Kleinen Colorado vom Grunde glänzen. Der Anblick erschreckte mich, und ich stellte mir die Frage, ob wir je wohlbehalten zurückkehren würden. Da sagte der Kriegsvogt: »Stellt euch zum Gebet auf!« Er stand vorn und rief laut: »Kriegsgötter, endlich sind wir angelangt. Wir sind um Salz gekommen. Mit reinem Herzen und frohen Gedanken ziehen wir in den Canyon. Nehmt unsere Opfer entgegen, geleitet uns weiterhin und laßt nichts Böses unseren Pfad queren! Möchten wir wohlbehalten und heiter heimkehren!« Der Widerhall seines Gebetes tönte, wie ich hören konnte, die Canyonwände entlang. Er hockte sich hin, streute Schrot nach Osten, stellte eine Gebetsfeder mit dem Atemstrang nach Osten vor dem Bild des Gottes auf, klebte dem Gott ein Stück Süßmaisschrot ins Gesicht und lud ihn ein, zu essen. Mein Vater und ich beteten und taten desgleichen. Danach stiegen wir auf einen niederen Gesteinssockel hinab und folgten dann einer Zickzackbahn. Wenn unsere Füße einmal ein Steinchen anstießen, so daß es bergab rollte, warfen wir eine Prise geweihten Schrot hinterher, um die Geister zu versöhnen. An einer Stelle, die Schinkenspreite heißt, waren Stufen ins Gestein gehauen, die weite Schritte erforderlich machten. Gelegentlich sah ich, daß ein Stein auf einem großen Felsen als Wegzeichen lag. Nun gelangten wir auf eine zweite Stufe und kamen auf Augenblicke von unserem Wege ab. Ich schalt den Kriegsvogt und meinen Vater und hielt ihnen vor, daß sie den Weg schon viele Male gemacht hätten. Mein Vater warnte mich: »Du tätest besser zu schweigen, sonst verirrst du dich womöglich auf dem Rückweg!« Ich legte einen kleinen Stein auf einen Felsen, damit er uns den Heimweg wiese, aber der Krieger belehrte mich: »Das mußt du nicht tun; es ist gegen das Gesetz der Hopi. Nur ein Kwangenosse oder ein Kriegsvogt kann ohne Gefahr Wegzeichen setzen.« Ich war kaum vier Schritte weiter, da erhielt ich schon meine Strafe. Ich fiel platt auf das Gefels und verletzte mir so den linken Arm, daß er blutete. Mein Vater sagte: »Da hast du deine Lehre! Gehorche den Gebräuchen!« Dann kamen wir zu einem dornigen Baum dicht am Rande einer Klippe, dort sagte der Kriegsvogt: »Das werden wir gleich haben«, und bog einen Ast aus dem Pfade hinaus. Dabei stolperte er und war schon fast von der Klippe hinuntergerollt, als mein Vater ihn am Fuße zu packen bekam. Er wandte sich zu mir um und sagte: »Siehst du, sogar ein Kriegsvogt erhält seinen Denkzettel!«

Nun traten wir in eine Kluft ein, kletterten einen schmalen Pfad hinauf und kamen an ein Gesims; dort erhielt ich den Rat, genau auf die Richtungen achtzugeben, da ich vorangehen würde, wenn wir zurückkämen. Mein Vater sagte: »Es sind drei Gesimse da, die gleich aussehen. Auf dem Rückweg nimm den mittleren Sims, denn der obere endet an einem glatten Absturz.« Wir gingen weiter und kamen an eine breite Klippe, das besondere Ahnenheim des Rohrklans. Hier streuten wir Maisschrot und zogen weiter zu einem roten Stein, auf dem altmodische Muster von Pelzstepperei eingeritzt waren – mit Stichen und Säumen, wie sie in alter Zeit im Gebrauch gewesen waren bei Kleidern aus Wildkatzenfellen. Wir legten eine Weihgabe darauf und äußerten den Wunsch, daß unsere Handfertigkeit, wenn es sich je ergäbe, daß wir derartige Decken herstellten, derjenigen der Kriegszwillinge gleichkommen möge.

Dann kamen wir am Heim der Bergschafe vorüber und an der Stelle, wo die Havasupai Agaven zum Brotbacken zu ernten pflegten, und dann bedeckten wir das Gesicht mit roter Farbe und langten an einer Spalte an, die Nasenreibort heißt. Der Hopibrauch fordert, daß jeder Teilnehmer sich über die Spalte stellt und die Nase gegen eine glatte Felswand legt auf einen Fleck von roter Farbe, die von den Nasen früherer Salzsammler abgerieben ist.

Nicht lange danach kamen wir an eine Stelle, wo eine Steinplatte an einem mächtigen, aufrechtstehenden Felsen lehnte. Auf dem Felsen waren Zeichnungen von Hühnern, welche die Kriegszwillinge eingeritzt hatten, ein Hahn, der mit rotem Ocker bestrichen war, und Zeichnungen von Hennen und Küken. Der Kriegsvogt sagte: »Hier ist ein Hühnerheiligtum. Wenn ihr Glück mit Hühnern haben wollt, so bringt ein Opfer und betet um glückliches Gedeihen!« Er nahm ein Klümpchen Teig, klebte es auf eines der Hühnerbilder und befestigte eine Gebetsfeder daran. Dann streute er Schrot, krähte laut und rief damit ein Echo wach an den Canyonwänden entlang. Mein Vater brachte sein Opfer und krähte mit leiser, rauher Stimme; dann hustete er, und wir mußten lachen. Ich brachte mein Opfer, klebte Teig an den Hahn, befestigte meine Gebetsfeder, krähte laut und hörte viele Hähne die Kante entlang antworten.

Als ich mich umsah, hatten mein Vater und der Krieger schon das Ende des Gesimses erreicht und waren verschwunden. Ich eilte ihnen nach und holte sie bei einer Höhle unter mächtigen gelblichen Felsen ein. Der Kriegsvogt sagte: »Da sind wir endlich an Masau'us Heiligtum. Hier wohnt der Gott des Feuers und des Todes.« In einiger Erregung sagte ich: »Ah, dies ist also das Heim des blutdürstigen Geistes, der mich auf meiner Todesfahrt gejagt hat!« Der Kriegsvogt erwiderte: »Es ist meine Pflicht, in die Höhle zu kriechen und Masau'u ein Opfer zu bringen. Gebt mir eure Gebetsfedern

und Schrot!« Wir boten unsere Opfer dar und beteten: »Großer Masau'u, nimm unsere Gaben an und gewähre uns einen glatten Weg und leichte Reise! Schick Regen, daß unser Volk in der Fülle lebe ohne Krankheit und wir im Alter schlafen dürfen!« Der Krieger sagte, daß er unsere Botschaft Masau'u überbringen werde, und kroch in die Höhle, während mein Vater und ich weitereilten. Wir wußten, daß der Krieger einen Mahlstein sehen würde, denen in unsern Häusern gleich, und daß, wenn er in der Höhle etwas Brandneues fände wie grünen Mais oder ein frisches Stück Wassermelonenrinde, dies ein schlimmes Vorzeichen wäre, das eine schlechte Ernte bedeutete; daß aber, wenn er etwas sehr Altes fände wie die Achse eines abgenagten Maiskolbens oder ein verblichenes Hüllblatt, dies ein günstiges Zeichen wäre. Wir bogen um einen Vorsprung des Tafellandes und warteten. Bald wurden wir von unserer Ungewißheit befreit, denn der Kriegsvogt kam mit lächelndem Gesicht. Wir gingen weiter bis ans Heim der Koyemsie- oder Lehmkopfkatschinas. Dort legten wir in einer Felsenspalte Gebetsfedern nieder, streuten Maisschrot und beteten: »Endlich sind wir da und bringen dies Opfer. Gebt uns Regen, gute Ernte und ein starkes Leben!« Danach schritten wir einen sandigen Abhang zum Kleinen Colorado hinunter, tranken etwas von seinem salzig schmeckenden Wasser und wanderten, indem wir hier und da eine Gebetsfeder niederlegten, am rechten Ufer stromab. Ich wurde ungeduldig, wollte mehr wissen vom Heiligtum Masau'us und fragte den Kriegsvogt: »Welche Nachrichten hast du für uns?« – »Gute Nachrichten«, erwiderte er. »Ich sah vier alte Maiskolben und ein paar vertrocknete Bohnen. Auf dem Mahlstein lag etwas sehr alter Schrot.«
Weiter gingen wir stromab und kamen an den Ort des blauen Salzes. Dort legten wir Gebetsfedern nieder und richteten dann unsere Schritte auf einen niedrigen, von Büschen umstandenen Hügel. Es war die Ur-Kiva, die wir nun besteigen sollten, und in ihr ist das Loch, aus dem die ganze Menschheit hervorgegangen ist. Wir schritten über die weiche, feuchte Erde und zwängten uns zwischen den Hartholzbüschen hindurch; sie waren von der Art, welche die Bohrer liefert, mit denen in der Kiva zur Wowochimfeier das neue Feuer entzündet wird. In dem Buschring lag in der Mitte ein Hügel aus gelblicher Erde; wir hielten an dessen Nordseite inne, um die Mokassins abzulegen, ehe wir den heiligen Ort betraten. Der Kriegsvogt nahm vier Gebetsstäbe und vier Federn, eine davon mit einem Atemstrang, und schritt mit uns den Hügel hinauf. Die Oberfläche war eben, ihr Durchmesser belief sich auf etwa drei Meter. Genau in der Mitte war die Ur-Sipapu, die Öffnung, die in die Unterwelt führt. In zwei Fuß Tiefe stand etwas gelbliches Wasser; dies dient

der Sipapu als Deckel, so daß kein gewöhnlicher Mensch die Wunder der Unterwelt schauen kann. Vielleicht ist dies der Jungbrunnen, den die Weißen vergeblich gesucht haben. Einige unwissende dummdreiste Weiße hatten zwei Stangen in die heilige Sipapu gesteckt und sie dann an der Westwand des Canyons stehenlassen. Diese ruchlosen Gesellen hatten den heiligen Fleck entweiht, wo unsere Ahnen – und ihre – aus der Unterwelt emporgestiegen waren. Es war eine Schande.

Der Kriegsvogt stand aufgerichtet da und rief: »Da sind wir endlich!« Und unzweifelhaft, die Geister antworteten, denn das gelbliche Wasser warf Blasen, als siede es. Der Krieger steckte die Gebetsstäbe an den Rand des Loches und streute Maisschrot nach Osten; auf den so entstandenen Pfad setzte er den blauen Gebetsstab und eine Gebetsfeder. Einen zweiten Opfersatz steckte er ein wenig weiter hinaus auf den Pfad, denn dies ist die Hauptstraße, auf der das Wolkenvolk-der-sechs-Richtungen reist, wenn es aus der Sipapu steigt, um uns Hopi Regen zu bringen. An dieser Stelle steigen sie in die Luft, schauen nach Osten und wenden sich den Feldern der Würdigsten zu. Jeder von uns steckte Gebetsfedern an den Eingang zur Unterwelt und betete stumm zum Wolkenvolk, daß es unsere Opfer annehmen und Regen senden möchte.

Als wir unsere Mokassins holen gingen, sagte der Kriegsvogt zu mir: »Zieh dein Hemd aus, es ist noch eine Stelle da, an der wir beten müssen!« Wir gingen ungefähr fünf Meter von dem gelben Hügel nach Südwesten und sahen uns nach einem Loch um, das mit der Kiva in Verbindung steht wie die Lüftungsröhre mit einem Süßmaisbackofen. Schließlich fand der Krieger eine kleine Vertiefung, ungefähr von der Größe einer Untertasse und bedeckt mit weißem, salzartigem Sand. Diesen schabte er weg und fand dunkelbraunen Ton darunter. Als er diesen entfernt und auf sein Hemd geschüttet hatte, kam er an eine Höhlung, die ohne Zweifel mit der großen Kiva unten in Verbindung stand. Er sagte: »Mein Junge, du bist ein Kele und mußt hineinlangen nach dem gelben Ton, den du von den Geistern im Austausch gegen unsere Federn erhalten wirst.« Er meinte, ich müßte eigentlich völlig nackt sein, aber da ich mich auf der Reise so wohl verhalten hätte, dürfte ich meine Hose anbehalten. Ich wurde ermahnt, Herz und Sinn mit guten Wünschen für mich und mein Volk zu erfüllen. Infolge meiner Jugend könnte ich mich besser konzentrieren als meine Begleiter. Der Kriegsvogt und mein Vater legten mir eine Gebetsfeder in die rechte Hand und streuten im Namen des Verfertigers Schrot darauf. Dann packten sie mich am linken Handgelenk und hielten mich fest. Ich langte, so weit es ging, in das Loch hinunter, ließ die Feder los und faßte eine

Handvoll Ton. Die Gegenwart der Geister unten fühlte ich, als sie die Feder annahmen und mir Ton gaben. Ich empfand wenig Furcht; ich vertraute auf meine Väter, daß sie mich hielten, und glaubte nicht, daß die Geister mich hineinziehen würden, denn meine Zeit war noch nicht gekommen. Ich verbrauchte zunächst die Gebetsfedern des Kriegsvogtes und meines Vaters und dann die der Männer aus Shipaulovi. Danach brachte ich noch eine andere Gebetsfeder in das Loch und zog ziemlich schlechten Ton dafür heraus. Mein Vater bemerkte, die Geister hätten entschieden, es wäre für diesmal genug. Da wir noch vier Federn übrig hatten, steckte ich sie auf einmal in das Loch und brachte eine letzte Handvoll Ton heraus, der denselben geringen Wert hatte.

Den Ton legten wir zum Trocknen auf Steine, zogen uns an und eilten weiter bis zum Zusammenfluß des Colorado und des Kleinen Colorado. Da beteten wir, legten Gebetsfedern aufs Wasser, welche die Wellen forttragen sollten, tauchten die Hände in den Fluß und warfen viermal Wasser in die Richtung, in der unsere Dörfer lagen; auf diese Weise wollten wir das Wolkenvolk dazu bewegen, mit Regen an unsere Heimstätten zu eilen. Aber wir fühlten uns müde. Das beunruhigte den Kriegsvogt, und er verfiel in Zweifel, ob er auch recht daran getan hätte, mich die Hosen anbehalten zu lassen, als ich den Ton heraufholte.

Nach einem eiligen Imbiß und einem Trunk aus dem heiligen Fluß hasteten wir fünf oder sechs Kilometer weiter bis zu einer überhangenden Klippe, die auf die Salzlager hinabschaut. Aus der Klippe ragte ein Stein hervor, der wie eines Mannes Brust geformt war, das Bild Pukonghoyas, des älteren der Kriegszwillinge, der sich hier in einen Stein verwandelt hatte, um uns Hopi zu helfen, über die Klippe hinabzugelangen. In früheren Zeiten stellten unsere Vorfahren Seile aus Rohleder her; dieses schlangen sie um des Kriegsgottes Brust und gebrauchten sie beim Abstieg als Leitern. Wir warfen unsere Decken und die Salzsäcke hinunter, der Kriegsvogt befestigte ein Seil an dem Steinbild und machte sich bereit, hinabzusteigen. Ich bemerkte, daß ihm Knie und Hände zitterten, und fragte, ob uns Gefahr drohe. Mein Vater antwortete: »Wir werden alt und sind vielleicht nicht mehr imstande, die Leiter mit dem Salz wieder heraufzuklettern.« Ich sah, wie sein Kinn bebte, während er sprach, und erkannte, daß auch er sich fürchtete. Der Kriegsvogt wischte sich die schweißnassen Hände an der Hose ab und trat mit seiner Gebetsfeder an das Seil. Zitternd befestigte er die Feder mit einem Klümpchen Teig an der Brust des Bildes und betete: »Großer Kriegsgott, halte mich fest und sicher, während ich hintersteige!« Ich sah zu, wie er mit angespanntem Gesichtsausdruck über den

Klippenrand verschwand. Ein paar Schritte weiter stand eine alte Leiter, von Weißen aus Balken gemacht, aber wir wagten nicht, sie zu benutzen und damit die alten Hopibräuche zu brechen. Als ich meine Gebetsfeder angebracht hatte und mich zum Abstieg anschickte, ermahnte mein Vater mich zur Vorsicht. Ich erwiderte, ich wäre sicher, daß mein Schutzgeist mir beistehen würde, auch hätte ich Seilklettern auf der Regierungsschule gelernt. Mein Vater folgte mir, hatte aber, als er unten ankam, sich den Rücken am Felsen zerschunden.

Dann nahmen wir die Decken und die Gebetsfedern wieder auf und gingen weiter bis zu einer Höhle, die zum Teil mit Sand gefüllt war. Hier sagte der Kriegsvogt: »Hier leben die Mitglieder des Kwanbundes. Wenn ich sterbe, werde ich in diesem Hause wohnen. Noch vor kurzem war die Höhle leer, und man konnte von der Decke zwei riesige Salzhörner herabhängen sehen, denen ähnlich, die unsere Genossen tragen. Aber der Fluß hat die Salzhörner mit fortgerissen und die Höhle mit Sand gefüllt – ein Vorzeichen, das auf das Ende des Kwanbundes in Oraibi hindeutet.« Wir legten Gebetsfedern nieder, beteten und gingen weiter bis zu einer kleinen Quelle, in deren Mitte sich ein gewachsener Fels erhob; er war etwa drei Fuß hoch und hatte oben eine Vertiefung. Hoch über diesem Steinbecken hing ein umgekehrter Salzkegel wie ein Eiszapfen von einer Felsleiste herab. Salzige Medizin tropfte gleichmäßig von dem Kegel in das Becken hinunter. Mein Vater sagte, daß das Becken stets zum Überlaufen mit der Medizin gefüllt sei. Ich guckte hinein und fand drei Steinchen darin, einer weiß, zwei grau, von Daumengröße und der Gestalt des Silberlöwen. Ich erfuhr zu meiner Verwunderung, daß jeder, der Lust dazu hat, ein Stück Teig nehmen, ein Tier daraus kneten und es in die Medizinschale legen kann. Im Laufe eines Jahres verwandelt sich dieser Teig in einen steinernen Silberlöwen, wie sie bei den Festen und von den Medizinmännern gebraucht werden – ein wunderbares Werk der Geistergötter für die Menschen. Ich nahm eines der kleinen Tiere heraus, betrachtete es und fragte derweil meine Begleiter, ob es wohl recht sei, wenn ich es behielte. Sie erwiderten: »Das würde nicht recht sein, weil du nicht selbst den Teig in die Medizinschale getan hast!« Ich dachte daran, etwas Teig zurückzulassen, gab aber den Gedanken doch wieder auf, weil die Reise schwierig und gefährlich ist und ich nicht sicher war, daß ich wiederkehren würde. Wir legten unsere Gebetsfedern in die Schale, streuten geweihten Schrot und beteten. Dann traten wir zu dem an der Felswand haftenden Salz und legten unsere letzte Gebetsfeder nieder. Die Alten hatten genau gewußt, wieviele Federn wir mitbringen mußten.

Nachdem wir ein weiteres Gebet gesprochen hatten, sammelten wir das Salz. Ich wollte das weiße, glänzende nehmen, das von oben herabhing, aber da wurde mir gesagt, daß die alten Salzbrocken, die man aus dem Sande scharren müßte, besser wären. Jeder von uns füllte einen Sack, der gut einen halben Zentner faßte, und tat in einen kleineren Beutel einen Brocken für das Salzweib. Ich erwähnte, daß ich gern noch bleiben und die Umgebung erforschen würde, aber der Kriegsvogt warnte mich: »Sag das nicht, die Geister könnten dich packen!« Als ich meinen Sack an den Fuß der Klippe trug, meinte ich: »So schwer ist das ja gar nicht!« Da riet mir mein Vater zur Vorsicht: »Hör auf mit solchem Gerede, sonst bekommst du's womöglich nicht nach oben!« Der Kriegsvogt kletterte das Seil hinauf und zog unsere Lasten nach. Dann klomm ich hinauf; mein Vater folgte, und zwar recht behende für einen so alten Mann.

Wir eilten mit unserm Salz dahin und erreichten bei Einbruch der Dunkelheit die Stelle, wo sich die beiden Flüsse vereinigen. Als wir auf dem Bauche dalagen, um das heilige Wasser zu trinken, sprangen die Wellen geschwind vor und zurück, füllten uns die Nase und neckten uns. Wir zündeten ein Feuer an und bereiteten das Abendessen, wobei wir uns hüteten, etwas anderes als die alten Hopispeisen zu verwenden. Während wir aßen, guckte ich fortwährend hierhin und dorthin. Aber der Kriegsvogt ermahnte mich: »Wenn du zuviel umherguckst, siehst du womöglich einen bösen Geist.« Sie beschrieben mir einen schrecklichen Geist, den andere Salzsucher an den Wänden des Canyons gesehen hätten, und erzählten, wie einmal ein Mann nach Südwesten an die Wand des Canyons geblickt und ein Mädchen mit Kürbisblütenfrisur gesehen hätte. Als er nach Hause kam, war seine Schwester gestorben. Danach wagte ich nur noch flüchtige Blicke. Bald darauf rauchten wir, beteten und rollten uns in unsere Decken, um zu schlafen.

Am nächsten Morgen brachen wir frühzeitig auf. Bei der Sipapu machten wir halt, um den gelben Ton mitzunehmen, der dort lag; als ich mir aber den heiligen Platz genauer ansehen wollte, erlaubten die Alten es nicht. Der Kriegsvogt führte unseren Zug mit seiner Salzladung an; darauf kam ich, und mein Vater ging hinten, um uns gegen böse Geister zu schützen. Als wir an Masau'us Heiligtum vorüberkamen, warnte mich der Krieger davor, mich umzusehen, denn möglicherweise würde ich den schrecklichen Todesgott auf unserer Spur erblicken, ein Zeichen, daß ich oder einer meiner Verwandten in kurzem sterben würde. Ich befolgte diese Vorschrift genau, denn ich erinnerte mich nur zu gut daran, wie der blutige Masau'u mich auf meinem Todesfluge verfolgt hatte.

Als wir an dem Hühnerheiligtum vorbeikamen, sah ich meine Gebetsfeder noch immer an dem Hahn kleben, ein Zeichen, daß sie günstig aufgenommen worden war. Bei den drei Gesimsen vergaß ich meines Vaters Rat und folgte dem oberen Sims, der mich an einen steilen Absturz führte. Ich setzte mich hin, um auszuruhen, und sah meinen Vater unten ankommen. Ich rief ihn an, er setzte seine Last ab und warf mir ein Seil zu. Ich ließ meinen Sack hinunter und ging eine Viertelmeile oder mehr zurück, um auf das mittlere Gesims zu gelangen; dort hatte ich Mühe, meine Gefährten einzuholen. Der Kriegsvogt neckte mich damit, daß ich den Weg verfehlt hatte, und sagte, mein Irrtum gäbe ihm das Recht, bei meiner Frau zu schlafen. Nun wurden wir sehr müde, aber mein Vater erleichterte uns unsere Last, indem er uns von seinen Buhlereien mit verschiedenen Frauen erzählte.

Endlich kamen wir dort an, wo wir unsere Sachen verwahrt hatten, und ich ging mit dem Kriegsvogt, die Esel einzufangen. Nach einem Schmaus von Melonen und Piki verluden wir und brachen auf. Mein Vater fragte: »Nun, mein Sohn, was hältst du von der Salzfahrt?« – »Ziemlich anstrengend«, erwiderte ich, »und dies Salz reicht nicht einmal ein Jahr! Ich glaube nicht, daß ich wieder mitkomme.« Die Alten lachten und sagten: »So denken jetzt die meisten jungen Männer!« Wir ritten bis zum nächsten Lagerplatz, aßen zu Abend, rauchten und wickelten uns in unsere Decken. Während wir so unter den Sternen lagen, riefen wir uns noch einmal all unsere Reiseerlebnisse ins Gedächtnis, und mein Vater erzählte aufs neue die alte Geschichte, wie die Kriegszwillinge vorzeiten die Salzfahrten eingerichtet haben.

Nach erquickender Rast und zeitigem Frühstück kamen wir an das Heiligtum des Salzweibes und hielten an. Der Kriegsvogt nahm einen großen Salzklumpen, schritt zu dem Bilde hinauf und sprach: »Meine göttliche Mutter, ich habe dir ein schönes Stück Salz mitgebracht. Du wirst lange damit reichen.« Wir beteten alle drei und legten unser Salz auf die Scham der Göttin.

Wir reisten weiter, ohne uns umzusehen, und erreichten bald die Klamm. Als wir so dahinritten, erzählte ich einiges aus der Geschichte meines Todes und berichtete, was ich auf jener ersten Fahrt an dieser Klamm empfunden hatte. Wir aßen zu Mittag beim Brettspiel der Kriegszwillinge und langten in Moenkopi am hohen Nachmittag an. Unsere Verwandten freuten sich, uns wiederzusehen, und während wir eine tüchtige Mahlzeit zu uns nahmen, erzählte mein Vater die Geschichte unserer Reise in allen Einzelheiten. Er schloß mit den Worten: »Nun sind wir wieder bei

euch, und ich denke, daß Regen unsere Belohnung sein wird.«
Und die Leute antworteten: »Das ist recht. Eure Belohnung wird
euch werden.«

Früh am nächsten Morgen, als wir noch im Bett lagen, kamen
die Frauen und brachten uns Pfefferschoten, Zwiebeln und andere
Feldfrüchte, die wir unseren Frauen nach Oraibi mitnehmen
sollten. Polehongsies Mutter kam mit einem Korb Zwiebeln für
meinen Vater. Ich dankte ihr voreiligerweise dafür, aber sie entgegnete: »Für dich habe ich nichts. Dir gefiel meine Tochter nicht.
Du schautest nach einer Hübschen aus, aber darin hast du kein
Glück gehabt. Nun kannst du bei einer Dürren schlafen und ein
Gerippe walgern auf deinem Schaffell!« Meine Tante Frances
nahm das übel und trat für mich ein. Als die alte Frau fortging,
lachte mein Gevatter und sagte: »Mein Sohn, nimm dir das nicht
zu Herzen! Ich war einer von denen, die sich deiner Vermählung
mit Polehongsie entgegengestellt haben. Ihre Mutter war dumm.
Sie hätte ihre Tochter an den ersten Mann, der bei ihr geschlafen
hat, verheiraten können.«

Als wir uns am nächsten Tage Oraibi näherten, sammelten sich
Wolken über uns, und als wir Masau'us Heiligtum im Nordwesten
des Dorfes erreichten, tröpfelte es schon. Wir suchten den Maisschrotpfad auf, den wir beim Aufbruch gemacht hatten, und steckten die Federn um, so daß der Atemstrang nach Osten wies. Wir
streuten noch Schrot aus, und mein Vater sagte: »Nun, endlich
sind wir wieder da und bringen den Wolkengott mit. Mit fröhlichem
Herzen wollen wir unsere Häuser betreten.« Da goß das Wolkenvolk, das uns vom heiligen Flusse gefolgt war, Regen auf unsere
Felder herab – ein echtes Wunder!

In Irenes Hause gaben die Leute sich froh, als sie uns sahen, aber
dann brachen sie in Weinen aus. Irene sagte: »Vor drei Tagen
ist mein jüngster Bruder von uns gegangen. Ich weiß, daß du den
kleinen Dreijährigen auch lieb gehabt hast.« Ich war sehr traurig
und ging zu meiner Mutter ins Haus, um ein wenig zu essen und
zu schlafen. Ich überdachte meine Salzfahrt noch einmal in allen
Einzelheiten und fand an mir nichts auszusetzen. Ich hatte keine
schlimmen Träume gehabt, keine bösen Geister gesehen und hatte
mich nicht umgeschaut aus Neugier, ob Masau'u uns folgen würde.
Gewiß, ich hatte meine Anfangsbuchstaben in mein Sonnenzeichen
geritzt, aber das konnte doch sicher nicht den Tod des kleinen
Knaben verursacht haben. Zum Abendessen ging ich wieder zu
Irene ins Haus, und ihr Vater bat mich, die ganze Geschichte von
der Salzfahrt zu erzählen. Ich begann und redete bis Mitternacht,

aber ich erwähnte nichts davon, daß ich meine Anfangsbuchstaben in mein Sonnenzeichen geritzt hatte. – Die Frauen verwahrten das Salz eine Zeitlang unter einem Weihetuch und verteilten es dann unter unsere Verwandten. Vier Tage schlief ich nicht bei Irene.

Im September borgte ich mir einen Wagen und fuhr mit Irene und zwei weiteren Angehörigen, die mir beim Süßmaisbacken[1] behilflich sein wollten, hinaus aufs Feld. Wir schafften Holz heran, machten eine Grube, entfachten ein tüchtiges Feuer und ernteten den Mais ein. Als der Ofen am zweiten Tage sehr heiß geworden war, knüpfte ich einen Baumwollfaden an eine Adlerfeder, um den Himmelsgöttern Gebete zu senden. Außerdem befestigte ich die Feder eines kleinen gelben Vogels daran, damit der Mais beim Backen die richtige Farbe bekäme und meine Frau keine Ursache hätte, mich zu verlassen – ein Scherz, der von den Freunden gewöhnlich darangehängt wurde.

Irene überreichte mir einen der größten und besten Kolben der ganzen Ausbeute, die sogenannte »Mutter«. An einer Seite zog ich die Hüllblätter herab und befestigte Federn und Faden in der Mitte des Kolbens, wobei ich den Atemstrang bis zur Spitze hinauflaufen ließ. Nachdem ich das Hüllblatt wieder hochgezogen hatte, heftete ich noch den Sproß einer kleinen gelben Pflanze (ma'ove) und ein Stück der grauen Artemisia daran und band alles mit einem Yuccastiel zusammen. Vier Mutterkolben wurden hergestellt und dazu einige besondere Pahos. Irene suchte einen überreifen Kolben heraus, biß einige Körner ab, kaute sie und spie den Brei über den Maishaufen, um ihn süß zu machen, und auch, um Regen herbeizuführen. Ich streute Maisschrotpfade in den vier Hauptrichtungen und setzte einen Maiskolben und ein Paho auf jeden Pfad. Mein Vater, Ira, Irene und ich standen jedes über einem Kolben, bereit, ihn in den Ofen zu stoßen. Irene stieß ihren von Norden hinein, und wir folgten nacheinander von Westen, Süden und Osten. Dann warfen wir die gesamte Ernte hinein, während Irene mit aller Kraft weitere Maiskörner zerkaute und den Speichelbrei über alles ausspie. Das Verbindungsrohr wurde zugestopft; über den Ofen wurden mehrere Steinplatten gelegt und fußhoch mit Erde bedeckt. Der Mais blieb über Nacht im Ofen, um zu backen; wir aber saßen bis zur Schlafenszeit ringsherum und erzählten uns Geschichten.

[1] Weitere Einzelheiten über ein Süßmaisbacken siehe bei Mischa Titiev: The Hopi Method of Baking Sweet Corn, Papers of the Michigan Academy of Science, Arts, and Letters, 1937, XXIII, Seite 87 bis 94.

Am nächsten Morgen entfernte ich in aller Frühe die Bedeckung, wandte mich gegen Osten und rief das Wolkenvolk-der-sechs-Richtungen an: »Kommt, ihr Vögte, Oheime, Väter und all ihr anderen! Möget ihr essen mit frohem Herzen!« Ehe wir selber aßen, mußten wir die Geister unserer Ahnen speisen, damit das Glück uns hold bliebe. So lautet die Lehre unserer Väter, und ich war nun alt genug, darauf achtzuhaben.

Nach dieser Aufforderung zum Essen sprang ich in den heißen Ofen und warf den Mais so geschwind wie möglich hinaus. Irene und die andern beiden zogen die Hüllen von den heißen Kolben ab, aßen so viel sie konnten und suchten sich ein paar besonders gute Kolben für sich selber aus. Wer das Glück hatte, die Mutterkolben zu finden, entfernte die Federn und aß den Mais. Nachher nahm ich die Weihgaben mit aufs Feld und begrub sie mit nach Osten weisendem Atemstrang.

Nach dem Enthülsen des Maises luden wir all unsere Sachen auf den Wagen und fuhren ins Dorf zurück. Irene brachte verschiedene Tragen mit Süßmais zu Verwandten, und die Frauen kamen zu uns ins Haus, jede mit einer Ahle versehen, die aus dem Oberarmknochen des Schafes gemacht war. Ein Loch wurde durch die Stengel der Maiskolben gebohrt, Yuccafasern wurden hindurchgezogen und die Bündel zum Trocknen vor das Haus gehängt. Es machte mich froh, meine Frau und ihre Familie mit Süßmais zu versorgen, und ich hörte es gern, wenn mein Name deswegen mit hohem Lob bedacht wurde.

Im Oktober brachte ich zwei Wagenladungen Mais ein, und meine Frau half mir bei der Ernte und bei der Unterbringung. Ich hatte das ganze Jahr über hart gearbeitet und, abgesehen von den Tanztagen, wenig Feiertage gehabt. Meine Arbeit hatte meist auf dem Felde und bei der Herde gelegen. Gelegentlich hatte ich einen Eimer Wasser für Irene geholt, aber selten gekocht oder Geschirr gespült. Ich konnte weder nähen noch weben wie die anderen Männer, noch hätte ich je daran gedacht, Körbe oder Töpfe zu machen.

Um den ersten November begannen die Frauen in der Howeove-Kiva die Ooqolzeremonie[1] abzuhalten – mit dem Ziel, daß dem Volke etwas Gutes geschehen möchte. Mein Großvater war ein hoher Amtsträger und einer der wenigen Männer des Bundes. Er half bei der Errichtung des Altars, und acht Tage lang ging er

---

[1] Einzelheiten bei H. R. Voth: The Oraibi Ooqol Ceremony. Anthropological Series, Field Museum of National History, 1903, Band VI, No. I, Seite 1 bis 46.

täglich in die Kiva, um Pahos zu machen, zu rauchen, zu singen und zu beten. Am neunten Tage beaufsichtigte er das Wettrennen, und im Anschluß daran veranstalteten die Frauen einen prächtigen Tanz auf dem Dorfplatz. Wir Männer sahen den Tänzerinnen zu und rauften uns um die Geschenke, die sie unter die Zuschauer warfen. Ich war nicht so schnellfüßig wie die anderen, aber es gelang mir, drei Körbe, fünf Flechtplatten, ein Sieb, eine Kaffeekanne und vier Teller zu erwischen, außerdem einige Knallbonbons und eine Packung Bull-Durham-Tabak. Ich brauchte diese Sachen dringend, denn in Irenes Haushalt gab es vier Frauen, die sich oft stritten, und es war vorgesehen, daß Irene und ich nächstens in ein anderes Haus zögen. Ich hatte mich aus den Streitereien der Frauen herausgehalten und kam mit Irenes Vater sehr gut aus. Aber eines Tages teilte Irene mir mit, daß die Frauen eine Wohnung neben dem Haupthause des Feuerklans instand gesetzt hätten und daß wir dort einziehen sollten. Das gefiel mir nicht, denn ich besaß nicht genügend Vorräte, um eine Frau ernähren zu können; auch fehlte es uns an Hausgerät.

Nachdem wir umgezogen waren, brachte ich den Mais in unserm neuen Hause unter, schaffte auf Eseln Holz heran und fuhr fort, zu hüten. Im Dezember nahm ich an der Soyalfeier teil, beobachtete die Vorschrift der Enthaltsamkeit, kümmerte mich unterdes aber auch um meine Herde; doch hütete ich mich in dieser Zeit, Kaninchen zu jagen, denn ein Soyalgenosse darf kein Wild töten, während er an den Gebeten teilnimmt und starke Wünsche hegt, daß alle lebende Kreatur auf der Erde sich mehren möge.

Am Tage nach dem Soyal nahm ich meine Federn und meine Gebetsstäbe und ging zur Hürde, begleitet von meinem Hund, der eine Feder am Halse trug. Ich öffnete das Gatter, streute einen Maisschrotpfad, setzte mein Paho auf den Boden und führte meine Schafe darüberhin, der aufgehenden Sonne entgegen; dabei betete ich schweigend für meine Herde, daß sie sich mehren und daß sie gedeihen möge. Als alle über das Paho hingetrottet waren, befestigte ich es am Zaun, trieb meine Schafe hinaus und folgte ihnen durch den Schnee. Hinter mir lag ein volles Ehejahr, aber ich fragte mich noch immer, ob ich auch eine Familie ernähren könnte. Noch gab es freilich kein Anzeichen, daß ich nächstens Vater werden würde.

Im folgenden Jahre – 1912 – war das Leben hart für uns. Der Sommer blieb trocken, und es wehten heftige Winde. Würmer und Ratten verheerten die Felder, wir gewannen wenig Wolle, und der Preis war niedrig. Frank, der mein Pferd in Shipaulovi hatte, ließ es weglaufen, daß es den Navaho in die Hände fiel. Einer meiner Klanoheime schenkte mir zwar einen Esel dafür, aber das war ein kümmerlicher Ersatz. Irene körnte unseren Mais und schleppte eine Last auf ihrem Rücken zu Hubbells Laden, um sie gegen Krämerwaren einzutauschen. Wir mußten unsere Schafe schlachten, um uns selber durchzubringen. So faßte ich den Entschluß, noch härter zu arbeiten als bisher, und dachte dabei wieder an das viele Geld – vielleicht hundert Dollar – das ich vor meiner Verheiratung für die Frauen ausgegeben hatte. Ich sah ein, daß es meiner Frau sehr kümmerlich bei mir ging, und fragte mich zum wiederholten Male, ob ich den Fehler meines Lebens begangen hätte, als ich heiratete, statt weiter zur Schule zu gehen. Sogar in diesem Augenblick dachte ich noch daran, nach Sherman zurückzukehren – denn Mettie war immer noch da.

Als ich um die Mittsommerzeit erfuhr, daß Mettie vor kurzem nach Moenkopi zurückgekehrt war, gereute mich meine Eheschließung mehr als je. Und wie ich so in der glühenden Sonne mein Maisfeld hackte und über mein hartes Los nachdachte, kam mir der Einfall, ein Pferd zu mieten, mein Feld mit dem Kultivator aufzulockern und dann zum Katschinatanz nach Moenkopi zu gehen. Dennis kam zum Abendessen und fiel meinem Vorhaben bei, indes Irene sich mit aller Entschiedenheit dagegen aussprach und es ohne Umschweife als ihre Meinung gab, daß nicht der Tanz in Moenkopi die Hauptanziehungskraft für mich darstellte. Dennis lachte über diesen Einfall und versprach, genau auf mich aufzupassen. Während der Nacht träumte mir, daß ein Katschina, während ich in Moenkopi auf dem Hausdach saß, mir die Hand auf die Schulter legte, und damit das Zeichen gab, daß ich zum Narrendienst erwählt wäre. Ich fühlte mich dadurch in Verlegenheit gesetzt, hörte aber eine liebevolle Mädchenstimme von einem andern Hausdach sagen: »Mein Liebster, ich freue mich, daß du verpflichtet bist! Sei ein guter Narr!« Die Zurufe der Leute weckten mich, und ich überdachte, ohne Irene zu stören, meinen Traum und fragte mich, ob er wohl in Erfüllung gehen würde.

Nach dem Frühstück borgten Dennis und ich uns zwei Esel von meinem Schwiegervater und machten uns nach Moenkopi auf den Weg; gegen Sonnenuntergang kamen wir dort an. Ich verbrachte die Nacht bei meinen Klanverwandten, rauchte und betete am nächsten Morgen mit meinem Gevatter in der Kiva und ging mit zwei anderen Männern Wacholderzweige sammeln für die Zeremonie. Nachmittags, als ich einen Spaziergang an der Mesahöhe vorbeimachte, dorthin, wo ich einmal Selbstmord zu begehen versucht hatte, erblickte ich Mettie, wie sie zur Bedürfnisverrichtung hinausging. Sie lächelte und winkte mir zu, wir hatten aber keine Gelegenheit, Worte auszutauschen. Abends ging ich an ihrem Hause vorüber und hatte sie gerade begrüßt, als ihre Mutter herauskam und des langen und breiten zu erzählen anfing, so daß ich lieber wieder fortging.

Am folgenden Tage standen Mettie und ich auf verschiedenen Hausdächern in der Menge, schauten den Katschinas zu und lächelten jedesmal einander zu, wenn sie etwas taten, das auch nur im geringsten spaßhaft war. Ich fühlte mich wieder jung und unverheiratet, aber gelegentlich kam es mir mit einem Ruck zum Bewußtsein, daß ich in Wirklichkeit verheiratet war. Gegen Mittag schlich Frank Siemptewa sich in Katschinatracht hinter mich und belegte mich für den Narrendienst mit Beschlag. Die Leute lachten, und eine meiner Tanten sagte, sie freue sich, daß ich dazu verbunden wäre. Ich ging mit vier anderen in die Kiva, um mich auf den Narrendienst vorzubereiten. Den ganzen Nachmittag über machte mich Mettie froh, indem sie aufmerksam zusah und über jede Kleinigkeit, die ich vorbrachte, in Lachen ausbrach. Um Sonnenuntergang holten wir unser Essen in die Kiva und gingen an den Fluß, um zu baden. Als ich zurückkam, ging ich an Metties Haus vorüber, und sie winkte mir zu. Als es dunkel war, ging ich wieder dort vorbei, und sie mußte auf der Lauer gelegen haben, denn als ich von meiner Bedürfnisverrichtung zurückkehrte, kam sie mir auf dem Weg kurz vorm Dorf entgegen. Wir traten auf die Seite, drückten uns die Hand und fielen uns ohne weiteres um den Hals. Sie schalt, daß ich mich verheiratet hätte, und sagte: »Aber du gehörst immer noch mir!« Das gab ich ihr zu, erinnerte sie aber im übrigen daran, daß ich grade meinen Narrendienst beendet hätte und daher rein bleiben müßte. In diesem Augenblick kam eine Frau den Weg herunter, und ich trat schnell in einen Hühnerstall, um mich zu verbergen. Mettie aber kehrte mit dem Störenfried ins Dorf zurück. Anfangs ärgerte ich mich darüber; indes, nachdem ich mich besser bedacht hatte, war ich froh. Ich wäre sonst womöglich der Versuchung erlegen, gegen eine wichtige Hopivorschrift zu verstoßen – es sei denn, mein Schutzgeist hätte mich noch im letzten Augenblick zurückgehalten. Als Dennis und ich wieder in Oraibi eintrafen und Irene von meinem Narrendienst erfuhr, zeigte sie sich höchst erfreut darüber und war, als die vier Tage vergangen waren, sehr lieb zu mir.

Nach dem Nimanfest, bei dem ich in Oraibi als Katschina tanzte, freuten wir uns schon auf den Schlangentanz. Als die Genossen des Schlangenbundes zum Schönberg wanderten, um Schlangen zu suchen, nahm ich die Esel und machte mich in derselben Richtung auf den Weg, um Holz zu holen und weil ich hoffte, daß man mich sehen und einfangen würde. Auf dem Rückweg sah ich von weitem mehrere Schlangengenossen, die miteinander sprachen. Ein Mann hob ein Metallwerkzeug hoch und schlug mit einem Stock dagegen, um seine Genossen zusammenzurufen. Ich ging immerfort mit meinen Eseln und dachte schon auf eine Einwilligungsansprache für den Fall, daß ich zur Genossenschaft eingefangen würde. Als ich die Kuppe eines niedrigen Hügels erreicht hatte und mich umsah, ging gerade ein Mann los, offenbar hinter mir her, kehrte aber gleich darauf wieder um zu seiner Schar – und bereitete mir damit eine große Enttäuschung.

Am zweiten Tage nach dem Tanz bemerkte ich, wie mein Klanbruder Carl, der auch Schlangengenosse war, seine Esel zusammentrieb, um Holz zu holen. Ich sattelte meinen eigenen Esel ebenfalls, nahm etwas zu essen mit und ritt mit ihm zusammen fort. Als wir acht oder neun Kilometer geritten waren, sagte ich: »Bruder, was habt ihr von mir gedacht, als ihr auf Schlangenfang wart und saht, daß ich auf Holzsuche ritt? Wollte mich jemand fangen?« Er erwiderte: »Ich rief sie zusammen und fragte, ob nicht einer meinen Klanbruder fangen wollte, aber keiner schien dazu geneigt. Als ich sie fragte, warum nicht, sagten sie, sie hätten kein Wildleder, um Mokassins für dich zu machen. Schließlich fiel meinem Großvater ein, daß er noch ein Paar alte Mokassins übrig hätte, und ging schon los, um dich zu fangen, meinte aber dann, du wärest schon zu weit fort.« Ich dankte ihm für seine Mitteilung und bemühte mich, meine Enttäuschung zu verbergen. Es wäre besser für mich gewesen, wenn ich als Knabe Genosse des Schlangenbundes geworden wäre, denn niemals beißen Schlangen kleine Knaben, deren Gemüt stark und weise ist und die noch bei keiner Frau geschlafen haben. Ich hatte oft das Wohlverhalten der Schlangen bemerkt, die von kleinen Jungen im Munde gehalten werden, und fragte mich nun, ob ich zu solchem Tun auch rein genug sei.

In eben diesem Jahr war bei einem der Tänze ein Mann von einer Schlange gebissen worden und hätte beinahe das Leben verloren. Er mußte ein sehr schlimmes Herz gehabt haben. Wenn die Tänzer nicht rein sind oder ihre Gedanken nicht bei der Sache haben, werden die Schlangen zornig. Wenn ein Tänzer während der Zeremonie bei einer Frau geschlafen hat, wird er krank oder ist nicht imstande, mit aufzutreten, oder er wird während des Tanzes von der Schlange gebissen. Einmal wurde sogar ein Führer bei der Schlangenjagd gebissen, und die Alten erzählen von Männern, die an Schlangenbissen starben, wenn sie ihren Pflichten nicht nachkamen. Für mich ergab sich hieraus, daß es vielleicht doch besser wäre, nicht Schlangengenosse zu werden.

Unser Land war trocken, die Feldfrüchte litten und sogar der Schlangentanz versagte und brachte nicht viel Regen. Wir suchten nach dem Grunde für unsere jammervolle Lage und erinnerten uns daran, daß der Geistliche, Herr Voth, so viele von unseren Ritualgeheimnissen gestohlen und sogar heilige Bilder und Altäre verschleppt hatte, um ein Museum damit auszurüsten und ein reicher Mann zu werden. Als er in meiner Kindheit in Oraibi gearbeitet hatte, waren die Hopi voller Furcht gewesen und hatten nicht gewagt, Hand an ihn oder einen anderen Missionar zu legen, weil sie sonst womöglich eingesperrt worden wären. Dieser grundböse Mann drängte sich während der Zeremonien mit Gewalt in die Kiva und schrieb alles auf, was er sah. Er trug Schuhe mit festen Absätzen, und wenn die Hopi ihn aus der Kiva zu bringen versuchten, trat er mit Füßen nach ihnen. Nun kam er vorübergehend nach Oraibi zurück und schrieb noch weitere Namen auf.[1] Aber ich war jetzt erwachsen, in der Schule der Weißen unterrichtet worden und fürchtete diesen Mann nicht mehr. Als ich hörte, daß er im Hause meiner Mutter wäre, ging ich hin und forderte ihn auf, sich hinauszuscheren. Ich sagte zu ihm: »Du brichst die Gebote deines eigenen Gottes. Er hat euch geboten, niemals zu stehlen und keine anderen Götter zu haben neben ihm. Er hat euch befohlen, alle geschnitzten Bilder zu meiden; aber du hast die unseren gestohlen und sie in eurem Museum aufgestellt. Darum bist du ein Dieb und ein Götzendiener, der niemals in den Himmel kommen kann.« Ich wußte, daß das Wolkenvolk der Hopi diesen Mann verabscheute, und wenn er nun auch alt war und einen langen Bart trug, so hätte ich ihn doch am liebsten beim Kragen genommen und mit Fußtritten die Mesa hinunterbefördert.

Da die Feldfrüchte schlecht standen, die Lebensmittel knapp waren und das Salz fast ausgegangen war, beschlossen mein Vater und ich, zum Zuñi-See zu reisen, um Salz zu holen und den Versuch zu machen, Regen über unsere welkenden Pflanzen zu bringen. Der Rufervogt verkündete vom Hausdach: »In zehn Tagen werden die rüstigen Männer nach Salz fahren. Wer mitmachen will, soll seine Esel zusammentreiben und Säcke und Mokassins ausbessern!« Ich machte Pahos, betete um Erfolg für unsere Fahrt und schlief vier Nächte von Irene getrennt.

---

[1] Offenbar zur Vervollständigung seiner Sammlung von Hopi-Namen. Vergleiche die Schrift: H. R. Voth, Hopi Proper Names. Field Columbian Museum Anthropological Series Band VI, 1905, Nr. 3, Seite 63 bis 113.

Eines Morgens früh beluden wir zehn Esel mit Vorräten, setzten unter Gebeten ein Wegzeichen auf unseren Pfad und brachen auf, indem wir uns dann und wann umschauten, ob uns noch jemand folgte. An der Quelle bei der Zweiten Mesa brachten wir ein Opfer, tranken, schöpften Wasser mit der Hand und warfen es mit der Bitte um Regen auf Oraibi zu. Wir folgten der alten Straße, die nach dem Zuñi-See führt, schlugen in der ersten Nacht unser Lager südwestlich der Ruinen von Awatobi, in der zweiten bei der Kätzchenweidenquelle auf und erreichten die Eisenbahn um Mittag. Dort verhandelten wir eine Decke gegen Krämerwaren und ungefähr zwölf Dollar in bar. Der Händler staunte über mein Englisch und machte mir ein Geschenk von Keks, eingedosten Bohnen und Tomaten. Auf der Fahrt zum Zuñi-See konnten wir Yankeespeisen essen, denn dies ist kein so gefährliches Gelände wie der Salzcanyon beim Totenheim.
Danach überschritten wir die Eisenbahn und gelangten in die Zuñi-Wälder; dort schoß ich einen Präriehasen mit meinem Gewehr, und abends schlugen wir das Lager unter hohen Wacholdern auf. Am folgenden Tage kletterten wir einen steilen Serpentinenpfad in dichte Wälder hinunter, kamen an Wasserfällen vorüber und erreichten eine alte Hürde, wo die Zuñi Antilopen zu fangen pflegten, und zwar vermöge geheimer Zauberlieder, welche die Tiere heranzogen und die Hürdenzäune durch Zauber aufstehen ließen. Mein Vater erinnerte mich daran, daß die Hopi Zauberlieder kennen, die stark genug sind, Frauen so gut wie Antilopen herbeizuziehen.
Am folgenden Tage nach dem Frühstück goß mein Vater etwas Wasser in eine Melonenschale, nahm Süßmaisschrot, befeuchtete und knetete ihn, teilte den Teig in zwei Hälften und legte sein Stück auf einen Sack. Das fraß ein Esel unversehens auf, sehr zu unserm Ärger, aber wir bestraften das stumme Tier nicht so hart, wie es bei manchen Hopi üblich ist, nämlich durch Abhacken des Schwanzes oder eines Ohres. Nach diesem Ereignis nannten wir den Esel nur noch Hühnerhabicht, weil er den geweihten Schrot gefressen hatte, der für den Geistervogel bestimmt gewesen war. Ich teilte meinen Teig mit meinem Vater und mußte lächeln, als wir uns ungefähr anderthalb Kilometer vom Lager entfernten, um miteinander um die Wette zu laufen. Wir rannten los, und ich ließ mir Zeit wie ein Hase, der mit einer Schildkröte um die Wette läuft, denn ich wußte, daß ich jederzeit gewinnen konnte. Wir liefen mit dem Teig die Mesa hinauf und legten ihn mit Gebetsfedern für die Habichtsgottheit in einem kleinen Loche nieder. Als wir den Südabhang wieder hinunterstiegen, sagte mein

Vater: »Da liegt eine lange Steinplatte. Spring hinauf und auf der anderen Seite wieder herunter!« Als wir den Sprung vollführt hatten, sagte er: »Schön, wir haben die Riten richtig durchgeführt, und unser Lohn wird Regen sein.«
Wieder zogen wir mit den Eseln durch einen Wacholderwald und trafen auf einen Teich, der mit Stacheldraht eingezäunt war. Ein Mexikaner kam auf uns zu und sagte, er würde uns soviel Salz, wie wir wollten, für zwei oder drei Dollar verkaufen. Aber da wir Gebetsopfer für die Hopigötter hatten, mußten wir natürlich zu dem See weiterreisen, die Opfer darbringen und das Salz nach vorgeschriebener Weise sammeln; sonst hätten wir keinen Regen erlangt und einen Haufen Unglück auf uns geladen.

Wir wanderten weiter bis an die Quelle; dort lagerten einige Cowboys, und wir aßen bei ihnen unser Mittagbrot. Diese Mexikaner waren anständige, höfliche Kerle und schenkten uns ein Trumm Rindfleisch. Nach dem Mittagessen setzten wir Weihgaben in die Quelle und beteten um Regen. Die Cowboys schienen das zu würdigen; sie sagten, sie brauchten Regen so nötig wie wir. Sie waren also Weiße von Vernunft, die in der Regenmacherei einen Sinn sehen konnten.

Wir ritten weiter und lagerten die nächste Nacht in offenem Gelände, wo wir die ganze Zeit der Präriewölfe halber ein Feuer unterhalten mußten. Dort brieten wir auch unser Fleisch und aßen davon soviel wir konnten, denn mein Vater sagte, wir müßten es los sein, bevor wir das Salz sammelten. Am nächsten Morgen tötete ich einen feisten Präriehund, und bald erreichten wir den großen See und das Heiligtum der Zwillingskriegsgötter, an dem wir unser Gebetsopfer niederlegten.

Danach begaben wir uns in das nahegelegene Mexikanerdorf und baten um einen Raum, in dem wir unsere Sachen unterbringen könnten. Die Frauen gaben uns etwas zu Mittag zu essen, und wir kauften zwei Brote. Die Mexikaner nahmen gern all unser Piki und versprachen, uns dafür Brot zu backen. Wir brieten den Präriehund über offenem Feuer und hielten ein kräftiges Mahl. Darauf versahen wir uns mit allem Nötigen und kehrten in Begleitung einiger Mexikaner ans Seeufer zurück. Dort sagte mein Vater: »Nun wollen wir mit dem Salzweibe, das in dem See lebt, unsern Liebesumgang haben!« Ich fühlte mich vor den Mexikanern gehemmt, weil ich annahm, daß sie wie andere Weiße ihren Abscheu zeigen oder lachen würden; aber ich zog doch meine Kleider aus, betete, ließ meinen Gebetsstab auf den Wellen schwimmen, legte mich im Wasser auf den Bauch und machte Beischlafsbewegungen; dazu sagte ich wiederholt: »Nun habe ich Liebesumgang mit meiner

Gevatterin Masenimka.« Bevor ich Oraibi verließ, hatte ich diese alte Muhme für die Zeremonie als meine Geschlechtspartnerin erwählt. Als dies geschehen war, erhob ich mich und teilte meinem Vater mit, daß ich seiner Mutterschwester mit Lust beigelegen hätte. Er erwiderte: »Danke! Ich habe bei meiner Muhme gelegen, der Schwester deiner Schwiegermutter.« Als wir diesen Ritus durchgeführt hatten, sagten die Mexikaner: »Nun wird es bald tüchtig regnen!« Ich wunderte mich über die Klugheit und die Achtung, die sie zeigten.

Als ich nun hinauswatete, um Salz zu sammeln, frischte der Wind auf. Es war ein ungünstiger Tag für uns; der Wind war so stark und so kalt und das Wasser so rauh, daß wir grade genug Salz fanden, um zwei Mehlsäcke zu vierundzwanzig Pfund zu füllen. Wir beschlossen daher, Salz von den Mexikanern zu kaufen, und wir handelten so viel ein, daß wir die stärkeren Esel mit zweihundert Pfund und die schwächeren mit hundert Pfund beladen konnten. Dann banden wir jedem Esel eine Gebetsfeder an den Schwanz, um ihn zu kräftigen, und reisten so schnell wie konnten nach Hause. Am fünften Tage mittags erreichten wir die Zweite Mesa, und die Leute freuten sich, uns zu sehen, denn es regnete schon. Wir deckten das Salz mit Zeltplanen zu, und abends erzählte mein Vater die ganze Geschichte unserer Fahrt. Der Regen hörte auf, als wir den zweiten Tag in Shipaulovi waren; wir beluden unsere Esel, machten uns auf nach Oraibi und langten am hohen Nachmittag am Fuß der Mesa an. Dort streuten wir Schrot, wendeten das Wegzeichen um und beteten. Darauf luden wir uns etwas Salz auf den Rücken und schleppten es die Mesa hinauf, gerade wie die Altvordern es einstmals getan haben. Meine alte Gödel und meines Vaters Muhme, die Frauen, die wir beim Liebesumgang benannt hatten, kamen uns entgegen und sprachen: »Danke, danke!« Wir überreichten ihnen unsere Treibstöcke, und Masenimka nahm meine Büchse und führte mich über die Plaza in ihr Haus, um mich dort zu bewirten. Mein Bruder und andere führten unsere Esel herauf, brachten das Salz unter Dach und bedeckten es mit einer Hochzeitsdecke für Frauen. Nach dem Essen wollte ich schon meinen Treibstock und die Büchse aufnehmen, aber Masenimka sagte: »Laß sie hier, ich werde sie dir morgen hinbringen, nachdem ich dir den Kopf gewaschen habe!« Ich ging darauf in mein Haus hinüber, und Irene zeigte sich hoch erfreut, daß ich heil und gesund wiedergekehrt war. Am Abend erzählte ich Freunden und Verwandten die ganze Geschichte unserer Reise. Vier Tage lang blieb ich dem Lager meiner Frau fern und rieb mir jeden Abend die wunden Füße mit einem heißen Stein – in dem Bewußtsein, daß ich wahrscheinlich nie wieder auf eine Salzfahrt gehen würde.

Bei der Ernte erlitt ich mit meiner Maisausbeute eine Enttäuschung, stellte fest, daß ich ein schlechter Bauer war, und fragte mich, ob ich je imstande sein würde, eine Familie zu ernähren. Irene verhandelte ein schwarzes Kleid, das mein Vater für sie gewebt hatte, und kaufte für den Erlös etwas zu essen. Sie zerschnitt auch ihre schönen Wildledermokassins, ihr Hochzeitsgeschenk, und verkaufte sie Stück um Stück. Später verkaufte sie ihr Hochzeitskleid um fünfzehn Dollar – das, welches sie eigentlich als ihr Leichentuch hätte aufheben müssen – und gab das Geld für Lebensmittel und einen modischen spanischen Schal aus. Wir reisten zu diesem Einkauf mit fünf Eseln ganz nach Winslow. Ich hatte nicht das Recht, zu bestimmen, was mit Irenes Hochzeitsvermögen zu geschehen hätte; aber ich hatte das deutliche Gefühl, daß ich ein schlechter Ernährer sei, und fragte mich, ob uns womöglich irgendjemand entgegenstünde. In Winslow trat ich in einen Laden, um etwas zu kaufen, und hörte einen Hopimann nach Rattengift fragen. Er gebrauchte dabei so geschwollene englische Wörter, daß ich ihn sogleich als einen Zwieherzer erkannte; denn dies böse Volk hat eine geheimnisvolle Sprachgewandtheit, und obwohl sie ganz verschiedenen Rassen und Völkern angehören, verstehen sie sich bei ihren Unterweltsversammlungen doch vortrefflich. Ich verließ den Laden schleunigst, ohne etwas zu kaufen.

Nicht lange danach verlor Ira seine Frau. Blanche wurde schwer krank, und die Hopi-Ärzte gaben sie auf. Ich hatte sie gern und ging eines Abends hinüber, um sie zu ermahnen – die gebräuchliche Art, einem Kranken zu helfen. Als ich hineinkam, saß Joe, ihr Vater, auf dem Boden und hielt sie in den Armen. Ira und die anderen waren beim Essen. Ich versuchte auch, etwas zu genießen, war aber allzu unfroh dazu und forderte Joe auf zu essen, während ich mich um Blanche kümmerte. Ich setzte mich auf den Fußboden mit dem Rücken an die Wand, hielt Blanche so, daß sie an mir lehnte, und versuchte, mit ihr zu sprechen, indem ich sie ermahnte, schlimme Gedanken aus ihrem Gemüt zu verbannen, das Angesicht wieder gen Osten zu wenden und gesund zu werden, da wir alle sie liebhätten. Sie antwortete nicht, und als ich merkte, daß ihr Gesicht kalt und ihr Mund ohne Empfindung war, wickelte ich sie in eine Decke. Joe hörte zu essen auf, trat zu uns und sagte: »Talayesva ist gekommen. Es ist sein Wunsch und Wille, daß du wieder gesund wirst, und er ermahnt dich, daß du diese Krankheit überwindest.« Blanche machte keinen Versuch, zu antworten, er schalt sie daher und sagte: «Ja, wir tun alles, was wir können, schlafen nicht und wachen Tag und Nacht bei dir und bitten dich, daß du dich aufraffst!« Dabei gab er ihr einen Schlag, aber es half nichts. Ich saß da in dem trübe erleuchteten Raum und hielt sie in meinen Armen, während die anderen abwarteten oder zu schlafen versuchten. Schließlich legte ich ihr die Hand auf die Brust und fand, daß sie schon kalt wurde. Da riet ihre Familie mir, sie auf den Lehmfußboden zu legen. Als sie starb, fingen wir alle zu weinen an. Ich sagte: »Ich will mit ihr nichts mehr zu tun haben. Ich habe versucht, ihr zu helfen, aber sie wollte darauf nicht hören. Nun werde ich gehen.« Als ich auf die Tür zuging, sagte ihr Vater: »Warte doch! Wir sind alle müde und kraftlos von den Nachtwachen. Bitte, hilf uns, ihre Leiche zu bestatten!« »Ich werde gern helfen, wenn es Tag wird«, erwiderte ich und setzte mich bei der Türe nieder.

Als Blanche zu atmen aufgehört hatte, war sie für eine Weile mit einer Decke verhüllt worden. Nun wusch die Mutter dem toten Weibe das Haar in Yuccalauge. Wir richteten die Leiche auf, so daß sie saß, und Joe kämmte ihr das Haar; hierauf zogen wir ihr ein neues Kleid an und befestigten an Haar und Händen Gebetsfedern, die sie unseren Lieben mitnehmen sollte. Wir legten ihr eine Baumwollmaske übers Gesicht, die eine Wolke darstellen sollte, wickelten die Tote in ein rituelles Hochzeitsgewand und verschnürten das Bündel mit einem Seil. Als es eben zu dämmern begann, hoben Ira und Joe mir den Leichnam auf den Rücken und sagten, ich möchte vorangehen, am Oraibifelsen vorüber und die Mesa hinunter auf den sandigen Hang, wo die Gräber liegen. Sie nahmen das Bettzeug auf und gingen hinter mir her, wobei Ira mir die Bürde im Gleichgewicht zu halten half, damit ich auf den schrundigen Felsen nicht fiele und Unglück über uns brächte.

Ich legte meine Last auf die Erde, nahm Schaufel und Hacke, die Joe getragen hatte, und begann das Grab in dem Augenblick auszuheben, als der Sonnengott über dem Horizont erschien. Wir gruben etwa zwei Meter tief, erweiterten das Loch zu einer Höhlung, senkten den Leichnam in sitzender Haltung mit dem Angesicht nach Osten hinein, füllten die Grube mit Steinen und Erde, legten einige große Steine oben hin und stellten eine »Grableiter« darauf. Joe hielt eine kurze Ansprache an seine Tochter, worin er sie aufforderte, zu ihren Lieben zu gehen. Zu Haus nahmen wir ein Bad und reinigten uns Leib und Kleider über rauchendem Wacholderholz und Kiefernharz.

Vier Tage später zog Ira wieder in das Sonnenklanhaus, in dem Mutter, Vater, Großvater, Naquima, unser dreizehnjähriger Bruder

Perry und unsere achtjährige Schwester Mabel wohnten. Für mich war Blanches Tod ein sehr trauriges Erlebnis. Sie war ein stilles, fleißiges, heiteres, gutmütiges Mädchen gewesen, und ich hatte sie wie eine Schwester geliebt. Sie war in so früher Jugend gestorben, daß wir uns abermals fragten, wer gegen uns stände.

Eines Tages, als ich die Esel zusammentrieb, beobachtete ich Nathaniel[1], den Vogt des Ahlbundes, wie er in zielloser Weise über die Felder wanderte und weinte. Als er mich sah, lief er vor mir davon, querfeldein ins Dorf. Obwohl er sich schon längere Zeit wunderlich aufführte und die Weißen ihn für wahnsinnig erklärt hatten, fragte ich mich trotzdem, ob er nicht ein Zwieherzer wäre, der über irgendeinem Unheil brütete. Verschiedene alte Männer stimmten mir zu, als ich ihnen meine Beobachtungen schilderte. Und siehe da, innerhalb kurzer Zeit starb Nathaniels Frau, ein klarer Beweis dafür, daß Masau'u ihn gerufen und er sich in seiner Angst entschlossen hatte, sein Weib durch Zauber umzubringen, um sein eigenes Leben dadurch zu verlängern. Andere Leute kamen zu demselben Schluß und begannen, ihn mit Mißtrauen zu betrachten. Wir mieden ihn in jeder Weise, außer in der Erfüllung unserer rituellen Verpflichtungen. Ich begriff klarer als je zuvor, daß die Alten mit ihrer Behauptung recht haben, daß die Zwieherzer die meiste Not auf der Welt verursachen und daß jedermann jemanden gegen sich hat. Das kann der Nachbar von nebenan sein, ein naher Verwandter oder ein Kiva-Bruder. Seit meiner Kindheit hatte man mir von diesen Dingen erzählt, aber sie wurden von Jahr zu Jahr bedeutungsvoller für mich, und ich begann gegen einige meiner Nachbarn einen Verdacht zu hegen.

STERN UND UNSTERN

Meine Mutter und meine Frau gingen zur gleichen Zeit mit einem Kinde, aber meine Mutter war sehr viel dicker. Eines Abends kam meine junge Schwester Mabel mit der Nachricht angelaufen, daß bei unserer Mutter die Wehen eingesetzt hätten. Ich eilte hinüber und fand Vater und Großvater bei ihr. Eine Hebamme war nicht gerufen worden, denn mein Großvater war ja ein guter Arzt. Ich wurde geheißen, mich hinter ihr niederzuhocken, mit dem rechten Arm um ihre Flanke zu langen und mit der Hand gegen ihren Unterleib zu drücken, die linke Hand aber ihr ins Kreuz zu legen. Bei jeder

---

[1] Ein fingierter Name, der auf Dons Bitte eingesetzt worden ist.

Wehe drückte ich mit der Rechten nach unten und mit der Linken hinein – stets in der Hoffnung, nun bald den Schrei des Kindes zu hören. Manchmal fühlte ich, wie ihre Knochen in der Kreuzgegend knackten, aber sie hielt tapfer durch.

Als der Kopf des Kindes erschien, lief ich, um Joe zu holen, den Vater von Iras Frau, der Erfahrung im Entfernen der Nachgeburt hatte. Ohne zu klopfen, rannte ich hinein und sagte: »Vater, meine Mutter bekommt ein Kind, komm schnell und tu das Deine!« Rasch kehrte ich zurück und fand den kleinen Jungen auf dem sandbestreuten Fußboden liegen; er hing noch mit meiner Mutter zusammen. Nun kam Joe herein, er kniete hinter ihr nieder, legte ihr die Knie in den Rücken, drückte mit beiden Händen auf ihrem Unterleib nach unten, hob sie dann hoch und schüttelte sie; zugleich forderte er sie auf, sich die Finger in den Hals zu stecken und zu würgen. Wir warteten und schauten und sehnten das Ausstoßen der Plazenta herbei. Schließlich kam sie, und mit großer Erleichterung kehrte ich den Sand und alles übrige zusammen und brachte es fort, wobei ich mich hütete, mit dem Blut in Berührung zu kommen. Ich empfand mit Dankbarkeit, daß ich ein Mann war; alle Frauen taten mir leid, und mir fiel ein, wie nahe ich dem Schicksal gewesen war, selbst eine zu werden. Ich fragte mich, ob ich imstande gewesen wäre, so viel Schmerz zu ertragen.

Vom Nachgeburtenhaufen eilte ich geradeswegs zu meiner Tante Kewanmainim, meines Vaters Schwester, der Frau von Poleyestewa, um sie ins Haus zu holen. Masenimka, meine eigene Gevatterin, lebte zwar noch, war aber schon viel zu alt und schwach. Kewanmainim kam mit ihren zwei Maiskolben, etwas kaltem Wasser in einem Eimer und einer kleinen Decke durch die Dunkelheit. Als sie mit ihrer Arbeit fertig war und der Kleine schlief, ging ich nach Hause, um Irene Bericht zu erstatten und, bevor der Tag anbrach, noch etwas Schlaf zu finden.

Noch viele Tage danach tat mir meine Mutter leid und war ich besorgt um meine Frau. Ich dachte über die kleinen Kinder nach und empfand das Wundersame ihres Entstehens. Schon lange hatte ich gewußt, daß sie aus dem Samen erzeugt werden, der vom Rückenmark des Mannes stammt, und aus dem Herzblut der Frau und daß beide Eltern getreulich dazu beitragen müssen, daß sie eine gute, fehlerlose Nachkommenschaft erhalten. Ich kümmerte mich angelegentlich um Irene, machte zur Powamuzeremonie eine Puppe für sie, schlief regelmäßig bei ihr, bis sie sehr füllig war und schon starke Bewegungen spürte; auch beobachtete ich sonst alle Schwangerschaftsvorschriften. Ich wollte mein Teil dazu beitragen, daß ein wohlgestaltes Kind entstände. Da ich Mädchen ebenso gerne wie Jungen hatte, richtete ich keine starken Wünsche auf einen Sohn, noch bat ich meinen Sonnengott, mir zu einem zu verhelfen. Einige Leute stellten fest, daß Irene rosige Wangen hätte, und sagten, es würde ein Mädchen.

Wenn ich mich auch um Irene sorgte, so war ich doch ihrer Schwangerschaft froh, denn es hatte lange gedauert, bis sie empfing, und ich wußte, daß manche Frauen unfruchtbar sind. Ich hatte ferner gehört, daß es auch einige wenige gibt, die Halbmänner sind und im Innern ihres Leibes Hoden haben. Einmal hatte ich ein unfruchtbares Schaf, schlachtete es und fand zwei harte Kugeln von der Größe meines Daumens darin. Ich öffnete und untersuchte sie und war überzeugt, daß es kleine Hoden waren. Als ich anderen Männern davon erzählte, bestätigten sie mir, daß das Schaf genauso beschaffen gewesen wäre, wie manche unfruchtbare Frau. Mein Großvater sagte, es gäbe noch andere Ursachen der Unfruchtbarkeit und er wüßte einige wenige Heilmittel dafür, aber die ganz spezifischen verriet er mir nicht. Er sagte nur, daß Gebete nützlich seien oder daß es einer Frau zu einem Kinde verhelfen könnte, wenn sie zur Powamufeier oder einer anderen Begehung eine Puppe geschenkt bekäme. Er sprach auch von einer Penispflanze, die den männlichen Zeugungsgliedern ähnlich sähe und die, wenn man damit die Geschlechtsorgane von Mann oder Weib berühre, die Geschlechtskraft mächtig verstärke und Fruchtbarkeit bewirke. Von anderen hörte ich, daß manche Hopi-Ärzte eine »starke Arznei« anwenden und dann selbst bei den Frauen schlafen. Ich freute mich darüber, daß es nun vor aller Augen offen lag, daß Irene ein Kind bekommen und ich Vater werden könnte.

Zwillinge wollte ich nicht. Aber ich sah ein, daß keine Macht der Erde, wenn die Muttergöttin zwei Kinder in einem Schoße entstehen lassen wollte, sie daran hindern konnte. Daher riet ich Irene, denselben alten Arzt aufzusuchen, der mich in ein Kind verzwirnt hatte. Er sollte, falls sie Zwillinge trüge, sie zusammenfügen, bevor es zu spät dazu wäre. Der Heilkundige versicherte ihr jedoch, daß nur ein Kind da wäre, meinte aber, es wäre aufgerollt wie eine Schlange und müßte ausgestreckt werden, und das könnte er wohl tun.

Ich sorgte mich indes weiter um das Kind. Es war wohlbekannt, daß ein Ungeborenes leicht geschädigt werden kann; womöglich fühlt es sich sogar aus irgendeinem Grunde gekränkt und weigert sich überhaupt, herauszukommen. Der alte Naquima erinnerte mich an das, was ihm widerfahren war: Masatewa, ein Mann vom Eidechsenklan aus Oraibi, hatte nach einem Tanz meine Großmutter in seiner Katschinatracht besucht, bei ihr geschlafen und auf diese Weise das

Kind in ihrem Schoße verdorben. Oft hatte Naquima, während ihm die Tränen über die Wangen flossen, zu mir gesagt: »Wenn ich gute Hände und Füße gehabt hätte wie du, wäre ich vielleicht jetzt ein reicher Mann mit viel Mais und einer Herde. Manchmal bin ich so voller Wut, daß ich den Mann erschießen könnte, der in meine Mutter eingedrungen ist und mich ruiniert hat!« Ich erinnerte mich auch an eine Klanschwester, die eine verkrüppelte Hand hatte. Vor ihrer Geburt hatte ihr Vater Fallen für ein Stachelschwein aufgestellt und ihm später die Vorderbeine abgeschnitten. Ein Hopi-Arzt hatte das Neugeborne untersucht und den Vater gefragt: »Hast du ein Tier verletzt?« Als er von dem Stachelschwein erfuhr, sagte er: »Kein Wunder, daß dies Kind verkrüppelt ist! Du kannst von Glück sagen, daß es wenigstens eine gesunde Hand hat!«

Als ich mich durch die Einwirkung von Irenes schlechtem Atem auf meinen Leib geschwächt fühlte, erinnerte ich sie daran, daß eine rücksichtsvolle Frau sich mit ihrem Atem in acht nimmt, wenn sie schwanger ist. Ich redete ihr auch zu, kräftig zu arbeiten, indem ich sie darauf hinwies, daß viel Bewegung die Geburt erleichtert. Trotzdem machte ich mir Sorge um die Geburt, denn ich fürchtete, daß das Kind womöglich zu groß würde. Als der Zeitpunkt näher kam, ging ich fast täglich bei Sonnenaufgang zur Mesakante, um zu beten. Ich hütete mich auch davor, mit anderen Frauen zu flirten, denn ich hoffte, daß ich durch strenge Selbstverleugnung die Geburtsschmerzen lindern und das Kind ermutigen könnte, herauszukommen.

Die Geburt war nicht schlimm. Ich war fort, um mit den Eseln Holz zu sammeln, und mein Großvater und Irenes Mutter halfen bei der Entbindung. Meine eigene Mutter badete das Neugeborne und nahm es als »Kind des Sonnenklans« in Anspruch. Als ich zurückkehrte, betrachtete ich hocherfreut meine kleine Tochter, voll Dankbarkeit, daß meine Frau vorm Tode bewahrt geblieben war. Froh war ich auch, daß ich fort gewesen war, während sich das alles abspielte. Die Männer neckten mich, aber ich war stolz auf mich und Irene.

Am zwanzigsten Tage nannten meine Mutter und eine ihrer Klanschwestern das Kind Tewahoyenim, das heißt Sonnenbewegungen; aber die weiße Reservationsschwester, die häufige Besuche machte und mit ihren vielen Ratschlägen lästig fiel, nannte es Minnie. Ich blieb dem Lager meiner Frau weitere zwanzig Tage fern, buhlte auch mit keiner anderen Frau und hütete mich davor, mit Irene Streit anzufangen; denn es ist bekannt, daß dergleichen einen Säugling beunruhigt und seine Gesundheit schädigt.

Das Kind war von Anfang an nicht ganz gesund. Es behielt seine Nahrung nicht bei sich, sondern sie kam in beiden Richtungen wieder heraus – wässerig. Ich ging mit der Kleinen zu den Hopi-Ärzten,

aber sie behielt auch deren Arznei nicht bei sich, ein Zeichen, daß sie sterben würde; denn solange Hoffnung da ist, bleibt die Arznei drinnen. Die Reservationsschwester wollte einige neumodische Heilmittel ausprobieren, aber das ließ ich nicht zu.
Unsere Kleine starb nach vier oder fünf Monaten. Irene weinte bitterlich, als mein Großvater mir half, das arme kleine Ding zu baden und in eine Decke zu wickeln. Wir legten ihm keine Baumwolle aufs Gesicht und begruben es nicht auf dem gewöhnlichen Friedhof, denn wir wünschten, daß das Kind bald zurückkehrte. Jedermann weiß, daß wenn ein Säugling stirbt, die junge Mutter dasselbe Kind, nur von entgegengesetztem Geschlecht, noch einmal gebären kann. Ich nahm das kleine Bündel auf den Arm und ging traurig mit meinem Großvater zu der Klippe im Westen des Dorfes, wo wohl an die tausend Säuglinge bestattet sind. Als ich ihn fragte, wo ich mein Kind bestatten sollte, erwiderte er: »Laß es in eine Felsenspalte fallen und bedecke es mit Steinen!« – »Da könnte es ein Hund bekommen«, antwortete ich. »Ich will zu dem sandigen Streifen gehen und ein Grab ausheben.« Ich fand einen großen Felsblock mit einer Höhlung darunter, grub den Sand heraus und machte so eine geräumige Höhle. Dahinein legten wir mein Töchterchen, mit dem Kopf nach Westen und den Füßen nach Osten, verschlossen das Grab mit Steinen und beschwerten sie mit großen Blöcken. Dann steckte ich einen Grabstock aufrecht in den Steinhaufen – als Leiter, auf der des Kindes Seele am vierten Tage herausklettern konnte, um zu uns ins Haus zurückzukehren und unter der Decke auf eine Gelegenheit zur Wiedergeburt zu warten. Als wir vom Grabe zurückkamen, bereitete meine Mutter ein Bad für uns, und wir räucherten uns den Leib.
Zwei Tage später besuchte ich das Grab, um sicher zu gehen, daß kein Tier an die Steine gerührt hatte, und am dritten Tage ging ich wieder hin, diesmal mit Speisen und Pahos. Ich setzte die Pahos auf das Grab, die Speisen auf die Steine bei der Grableiter und forderte mein Töchterchen auf, sich zu erheben, zu essen, herauszuklettern und früh am nächsten Tage zu unserm Hause zurückzufliegen. Ich sprach nur wenige Worte, vor allem sagte ich nichts vom Totenheim, denn ich wünschte ja, daß meine Kleine dabliebe. Irene verriet ich nicht, wo das Grab war, denn ich fürchtete, daß sie womöglich, wenn sie meinethalben einmal traurig oder ärgerlich wäre, dort hingehen und sich den Tod wünschen könnte.
Nachdem unsere Kleine gestorben war, ließen einige Feuerklanleute unfreundliche Bemerkungen fallen – in dem Sinne, daß ich Unglück mit Kindern hätte. Ich untersuchte mein Verhalten gründlich, um möglicherweise einen Fehler bei mir zu finden, der dieses Leid verursacht haben konnte. Da ich in meiner Erinnerung nichts Unrechtes

fand, schloß ich, daß jemand gegen mich wäre. Als ich hierüber einen Hopi-Arzt befragte, bestätigte er, daß ein Zwieherzer das Kind getötet hätte, erklärte aber, es wäre besser für mich, den nicht zu kennen, der das Verbrechen begangen hätte. Er sagte mir, daß dieser böse Mensch ein naher Verwandter Irenes sei. Einen unschuldigen Säugling zu töten, war nun aber eine ganz schreckliche Tat. Der Doktor sagte, dieser Mann hätte einen Ruf von Masau'u erhalten – und die einzige Möglichkeit, dem Tode zu entrinnen, wäre gewesen, einen nahen Verwandten zu töten; der Tod meines Kindes, da es ein Mädchen gewesen wäre, würde seinem Leben wahrscheinlich vier weitere Jahre zulegen. Sicherlich hätte dieser Unglückselige draußen auf dem Felde in der Einsamkeit geweint – im Zweifel, was er tun sollte, aber vor anderen hätte er sich hell und froh gezeigt. Ich erinnerte mich an die Zwieherzer auf meiner Todesfahrt und wieviel ich schon durch sie erlitten hatte. Ich brannte vor Zorn, hatte aber nun genug Erfahrung gesammelt, um den Mund zu halten und mich freundlich zu zeigen.

Bald entdeckten wir der Mörder: Irenes Onkel Lomaleteotewa, ein hochbejahrter Greis, verriet, als er im Sterben lag, Irenes Mutter, daß sie zwei Brüder hätte, die Zwieherzer wären. »Ich bin auch ein Hexer«, sagte er. »Ich habe auch Menschen getötet, um mein Leben zu retten, aber ich habe nicht Irenes Kind getötet. Ich bin es müde, anderen das Leben zu nehmen und will nun sterben. Achtet genau auf Kewanventewa!« Als Irene mir dies erzählte, versuchte ich, das Gehörte für mich zu behalten; doch beobachtete ich den Mann, der unsere Kleine getötet hatte und mied ihn nach Kräften. Im übrigen war ich stets sehr höflich, wenn er zugegen war, denn ich hoffte, auf diese Weise sein Mitleid zu erregen und seinen Haß abzuschwächen.

Kurz darauf starb meine liebe alte Gevatterin Masenimka. Sie war sehr alt und schon seit Monaten leidend gewesen. Ich wurde zu ihr ins Haus gerufen und fand sie auf dem Boden liegen. Sie sagte mit schwacher Stimme: »Mein Junge, ich habe dich lieb und möchte wohl deiner Mahnung folgen, aber meine Stärke ist von mir gewichen, und ich muß sterben.« Sie legte ihre knochige Hand in meine, weinte, sah mir ins Angesicht und sprach: »Sei gut und klug!« Meine Tante, Poleyestewas Frau, schickte mich fort, bevor der Tod eintrat, und half noch in derselben Nacht meinem Vater, den Leichnam zur Bestattung herzurichten. Mein Vater nahm die Leiche auf den Rücken, und seine Schwester folgte ihm mit dem Bettzeug. Ich hielt mich außer Sicht. Ich hatte Masenimka lieb gehabt und beschloß, solange ich lebte, für sie zum Soyal ein Paho zu machen; dann würde sie auch, glaubte ich, oft mit den Wolken nach Oraibi zurückkehren und ein wenig Regen fallen lassen.

Wir hatten einen schlechten Sommer, aber im August gab es Regen und im September eine reiche Pfirsichernte. Masawyestewa, der Mann meiner Mutterschwester, belud seinen Wagen mit den Pfirsichen meines Großvaters und bat mich und meinen Bruder Perry, mit nach Winslow zu kommen. Am Kleinen Colorado holten wir andere Hopi mit ihren Wagen ein, und unter ihnen war Freddie, der mit mir in Moenkopi Narrendienst getan hatte und der nun auch verheiratet war. Wir lagerten außerhalb der Stadt, und abends sagte Freddie: »Don, wie wär's, wenn wir's 'mal mit einer Dirne versuchten?« – »Das paßt mir ausgezeichnet«, erwiderte ich. Ich hatte schon lange einmal bei einer Weißen schlafen wollen, aber solange ich auf der Schule war, hatte ich nie den Versuch zu machen gewagt. Am Kino hielten wir an, kauften eine Karte für Perry, denn er war erst dreizehn, und wanderten weiter. Auf einer Veranda sichteten wir ein paar gutaussehende Mädchen, die uns zulächelten. »Ich will die Fette!« flüsterte Freddie. »Ich wähle eine von meiner eigenen Größe«, erwiderte ich, »weder zu fett noch zu dürr!« Die Mädchen winkten uns und luden uns ein, hereinzukommen; drinnen stellten sie sich auf, voll Eifers, daß wir uns eine aussuchten. Freddie nahm ein dickes, rundes Mädchen mit schwarzem Haar, ich wählte eine Große mit sehr heller Haut.

Mein Mädchen führte mich in ein anderes Zimmer und sagte: »Zieh dich aus!« Als ich das getan hatte, schob sie mir die Vorhaut zurück, untersuchte mich genau und sagte: »Okay, zwei Dollar.« Das Bett war in der Mitte tief eingebeult, das verursachte mir Schmerzen im Rücken und infolgedessen hielt ich inne. »So, mein Junge«, sagte das Mädchen, »nun hast du bekommen, was du bezahlt hast. Steh auf, oder ich rufe die Polizei!« Als sie aus dem Bette stieg, erhob ich Einspruch: »Das ist ungerecht!« – »Gib mir noch einen Dollar«, erwiderte sie, »und tu, was du willst!« Ich sagte, sie sollte die Matratze auf die Erde legen, dann wäre ich einverstanden. Sie nahm den Dollar an, machte aber Schwierigkeiten wegen der Matratze. Nun wurde ich ungeduldig, riß die Matratze aus dem Bett und packte sie grob an. Da wurde sie sehr freundlich, pries meine Kraft und forderte mich auf, »zurückzueilen«. Ich sagte: »Du hast mir drei Dollars abgenommen, wo dein Preis nur zwei beträgt. Kann ich für einen wiederkommen?« Sie war einverstanden. Freddie hatte unsere Unterhaltung von dem anderen Zimmer aus mit angehört, und als wir das Haus verlassen hatten, gab es unter uns ein großes Gelächter.

Am folgenden Abend gingen wir wieder zu unseren Mädchen. Freddie suchte sich eine andere aus, ich aber wollte den Vorteil aus meinem Dollarhandel ausnutzen. Wir gingen in dasselbe Zimmer wie den Abend vorher, und sie verlangte wieder zwei Dollar. Doch hielt ich ihr vor, daß Ehrlichkeit am längsten währe, und nun ließ sie mich sogar die Matratze auf den Boden legen. Bevor ich fortging, bat sie mich, bei meinem nächsten Stadtbesuch eine Hopi-Decke mitzubringen, und ließ sich – eine besondere Gunst – von mir küssen.

Ungefähr zwei Wochen später fuhren Freddie und ich wieder nach Winslow, um eine Wagenladung Waren für Hubbells Laden zu holen. Wir gingen geradeswegs ins Bordell und fanden, daß unsere früheren Mädchen durch jüngere ersetzt worden waren, die drei Dollar kosteten. Ich behielt meine Decke und zahlte bar, und zwar einem fülligen Mädchen von sechzehn Jahren, das mich untersuchte, mir versicherte, daß es alle zwei Wochen von einem Arzt untersucht würde, und mir half, die Matratze auf die Erde zu legen.

Auf der Rückfahrt von Winslow lagerten wir am Kleinen Colorado in der Nähe eines Navaho-Hogans und entdeckten, daß eine gutaussehende Frau ganz allein darin war. Da Freddie etwas Navaho sprach, gingen wir hin. Die junge Squaw war ganz freundlich, sagte, daß sie Witwe wäre, und lachte. Schließlich meinte sie zu Freddie, daß wir in Mehl zahlen könnten, und erklärte zugleich, daß ihr kleiner Sohn schon schliefe und die übrigen Leute ihres Trupps zu einem Squaw-Tanz gegangen wären. Freddie sagte: »Na, ich als erster!« – »Wohl kaum, Freddie«, erwiderte ich, »ich bin ja wohl der Ältere, nicht wahr!« Er trat vor dem Alter zurück und ging hinaus. Die junge Frau war sehr entgegenkommend und schaukelte vor und zurück, wodurch das Erlebnis stark abgekürzt wurde. Nachher fragte ich mich, ob das wohl eine besondere Navaho-Weise wäre. Ich trat nun vors Zelt und sagte zu Freddie, daß er an der Reihe wäre. Kurz darauf zog ich einen Zipfel der Decke, die vor der Türe hing, etwas zurück und spähte hinein, um zu sehen, ob mit Freddie genauso verfahren würde. Als sie mich wieder hineinriefen, war ich erstaunt, diese Siebzehnjährige gutes Englisch sprechen zu hören. Wir redeten und lachten eine Stunde oder so über unsere Schulzeit, und lösten uns dann noch einmal bei ihr ab. Als wir am nächsten Tage durch die Wüste dahinfuhren, verglichen wir weiße und Navaho-Frauen miteinander und waren uns einig, daß sie in ihrer Art beide sehr nett wären.

Nachdem ich einige Tage wieder zu Hause gewesen war, begannen mich verschiedene Männer ganz beiläufig zu fragen: »Sag 'mal, Don, hast du schon 'mal 'was von ›Nachgebühren‹ gehört?« und dann pflegten sie ein Erlebnis zu erzählen ähnlich wie meines mit dem ersten weißen Mädchen. Am Ende grinsten sie und fragten: »Hast du sowas schon 'mal erlebt?« Zuerst tat ich verwundert. Aber fast jeden

Tag kam irgendjemand hierauf zu sprechen, und schließlich fragte mich sogar meine Frau danach. Ich leugnete es so leichthin wie möglich, suchte mir Freddie und sagte: »Ich habe etwas Schändliches gehört. Hast du noch nicht gelernt, daß Männer, wenn sie zusammen sind, ihre Privatangelegenheiten nicht voreinander verstecken, daß es sich dann aber für Kameraden auch nicht gehört, derlei vor den Frauen auszuplaudern? Ich dachte, du wärest mein Freund und behieltest solche Dinge für dich!« Er ließ den Kopf hängen und zeigte Reue, aber es war zu spät. Irene ritt täglich auf der Sache herum, weinte ein bißchen, versagte mir eine Zeitlang den Liebesgenuß und trieb mich beinahe aus dem Haus. Schließlich mußte ich die Wahrheit zugeben, so tun, als ob ich es bereute, und ein Versprechen für die Zukunft ablegen. Ein paar Wochen später hatte sie ihren Ärger überwunden, zog mich mit dem Geschehenen auf und fing sogar vor anderen Frauen darüber zu witzeln an; aber da empfahl ich ihr, einen Punkt zu machen, denn ich hatte das nun oft genug gehört, und es dauerte lange, bis ich selbst zu einem Scherz über »Nachgebühren« imstande war.

Ich arbeitete so hart wie nur je, aber es lag auf der Hand, daß es ohne Pferde kein Vorwärtskommen für mich gab. Im Winter besorgte ich mir daher etwas Türkis und Muscheln und verwandte meine Zeit aufs Bohren und Polieren, um zwei Perlenschnüre herzustellen. Die verhandelte ich an einen Navaho gegen einen kleinen Hengst, der Blackie hieß. Ich band ihn mit Stricken und bat den Navaho, ihn zu kastrieren. Ich brachte es nicht fertig, ihn selbst zu verschneiden, aber es machte mir nichts aus, mit dem glühenden Eisen ihm meine Marke ins Fell zu brennen.

Außerdem kaufte ich eine Stute für zwanzig Dollar, die ich mir mit Holzfahrten für die Weißen verdient hatte. Aber sie war faul und unfruchtbar, daher tauschte ich sie gegen einen gut ziehenden Fuchs ein. Dann erhandelte ich gegen ein Paar Ohrringe, einen Hopibrautgürtel, der ursprünglich für meine Schwester Gladys gemacht worden war, und zwei schwarze Kleider, die mein Vater gewebt hatte, von meinem Schwiegervater einen gebrauchten Wagen. Etwas später verwendete ich mein Gespann, um den Wegehobel der Agentur zu ziehen, arbeitete am Damm bei Oraibi und an einem Hausbau, um mir zwei weitere Pferde kaufen zu können. Da flocht ich mir eine elegante Peitsche aus Rohleder und wurde sachkundiger Fahrer eines Viergespanns. Ich verwendete diese Pferde zum Hüten, beim Kultivieren und Ernten, um Holz und Kohle zu fahren, den Wegehobel für die Regierung zu ziehen und Waren für den Handelsposten zu befördern. Wenn ich sie vor den Wagen spannte, um Irene und unsere Freunde zu Katschinatänzen zu bringen, trug ich alles, was ich an Schmuck besaß, legte ein farbenfrohes Stirnband um und fuhr in schlankem Trabe dahin, indem ich mich zu meinem Wohlstande beglückwünschte und als ein Mann fühlte, der vom Tal auf den Gipfel eines hohen Berges gestiegen ist.

Die Pferde erleichterten mir meine Arbeit und gaben mir das Gefühl, ein gewichtigerer Geschäftsmann zu sein; aber sie veränderten auch meinen Tagesplan. Es wurde mir zur Gewohnheit, morgens nach dem Aufstehen mir Gesicht und Hände zu waschen, mit einem Staubkamm mein langes seidiges, schwarzes Haar zu glätten und zu entlausen und dann zum Ostrand der Mesa zu gehen, um mich zu erleichtern und um zu beten. Dann pflegte ich auf ein Hausdach zu klettern und mich nach meinen Pferden umzusehen. Wenn sie in Sicht waren, ging ich vorm Frühstück hin, um sie zu holen. Wenn ich sie nicht sehen konnte, aß ich erst und suchte sie dann. Manchmal brauchte ich, um sie alle zusammenzubringen, mehrere Stunden oder sogar einen halben Tag, besonders wenn ein Pferd seine Fessel verloren hatte. Wasser war eine Schwierigkeit für sich, und während der Dürrezeiten mußte ich die Tiere an eine weit entlegene Quelle treiben. Im Winter zerschlug ich das Eis und ließ sie aus den Wasserlöchern auf der Felsplatte saufen. So verging ein großer Teil meiner Zeit mit der Sorge für die Pferde. Jeden Abend mußten sie auf der Mesa gehobbelt werden, damit sie dort von dem kargen Pflanzenwuchs fressen konnten, denn ich hatte kein Geld, um Heu zu kaufen. Außerdem war ich haftbar für jeden Schaden, den sie etwa auf dem Felde eines Nachbarn anrichteten und mußte sie daher bei Regen und Sonnenschein, im Winter und im Sommer sorgsam bewachen. Es war so mühselig, ihrer immer wieder habhaft zu werden, daß ich den Versuch machte, ihnen Glocken an den Hals zu hängen, aber die Navaho stahlen sie alle.

Viele Leute fanden Gefallen an Blackie und wollten ihn kaufen; aber ich pflegte stets zu sagen: »Niemand kann es sich leisten, sein bestes Pferd zu verkaufen.« An einem Novembertage indes scheute das Pferd an der Mesakante südwestlich des Dorfes und sprang hinunter auf einen tieferen Sockel. Ich folgte ihm und bekam auch das Seil zu fassen, aber Blackie zuckte zurück, fiel über die Kante und stürzte drei Meter tief auf die Schweifrübe. Ich nahm drei Mann mit Hacken und Schaufeln an, die einen Pfad auf den ebenen Boden hinaus machten. Das Pferd war jedoch schwer verletzt; die Wunde entzündete sich, und als ich das Fleisch aufschnitt und Knochensplitter fand, gab ich ihm den Gnadenschuß. Von dem Fleisch konnten wir wegen der Wundinfektion allerdings nichts essen. Aber Coyoten kamen, fraßen von dem Kadaver, und ich fing drei in stählernen Fallen. Die Felle verkaufte ich für fünfzehn Dollar.

Mein Vater Kalnimptewa, also meines Vaters Bruder, hörte von meinem Erfolg, bat mich, die Wildkatzen zu fangen, die seine Herde plünderten, und bot ein Schaf für eine Katze. Als ich mit den Fallen zu seiner Hürde kam, fand ich dort ein totes Lamm. Die Blutspur führte mich an eine Höhle unter einem großen Felsen; ich kroch hinein, zwei Augen glühten mich in der Dunkelheit an, und ein Fauchen ließ sich hören, daß ich mich eilig absetzte, um draußen meine Fallen aufzustellen. Nach ein paar Tagen hatte ich die Katze erwischt und erlegte sie mit meiner Büchse. Außerdem sah ich, daß ein Coyote die andere Falle verschleppt hatte. Drei Kilometer weiter fand ich ihn in einem Gestrüpp, in das er sich verfangen hatte; er war sehr ermattet, und ich kroch sachte von hinten an ihn heran. Ich streichelte ihm den Schwanz, ging ruhig bis zu den Schultern vor und sprach mit sanfter Stimme zu ihm: »Also, Coyote, ich weiß, daß du von deiner Mutter hergesendet bist, um in Gewährung meiner Gebete in die Falle zu gehen.« Dann packte ich ihn geschwind am Halse, kratzte ein Loch in den Boden, drückte ihm Nase und Schnauze hinein und erstickte ihn auf diese Weise, denn es ist nicht recht, einen Coyoten mit dem Knüppel zu erschlagen. Darauf machte ich Pahos für ihn, band eins an jedes Bein, legte ihm eines auf die Brust und sprach: »Nimm diese Gebetsfedern mit zu deinem Volk und sage deiner Mutter, sie möchte dich und anderes Wild zu uns zurückschicken!« In jenen Monaten fing ich noch mehrere Wildkatzen, Coyoten, Füchse, Stinktiere und Dachse, verhandelte die Felle für Geld oder Schmuck und sah mich nach einem anderen Pferde um.
Ich kaufte einen kleinen braunen Hengst und nannte ihn Langschwanz, weil ihm die Rute stets lang heraushing. Als aber der Regierungsveterinär wegen einer bestimmten Krankheit Blutproben machte, wurde Langschwanz verurteilt und zum Erschießen bestimmt. Ich ließ einen Freund mein Pferd nach Moenkopi reiten; doch der Tierarzt, ein kleiner, energischer Kerl von der Armee, verlangte, daß ich es in zwei Tagen wieder herbeischaffte oder Beweise über seinen Tod vorlegte – sonst käme ich ins Gefängnis. Ich wurde wütend und forderte ihn heraus, mich auf der Stelle zu erschießen – in dem Bewußtsein, daß das Gesetz ihm das nicht erlauben würde, da ich weder ein Mörder noch ein Dieb war. Schließlich gab er mir vier Tage Zeit, mein Pferd zu töten. Als ich mich auf den Weg nach Moenkopi machte, kam mein Freund mir mit der Nachricht entgegen, daß mein Pferd krank auf der Straße zurückgeblieben sei. Ich sagte ihm, ich selbst sei nun in Gefahr, den Kopf einzubüßen, und ritt weiter in der Absicht, die Brandmarke abzuziehen und als Beweismittel zu holen, falls der Hengst schon gestorben wäre. Ich fand

ihn aber noch lebend und führte ihn mit einem Strick um den Hals zurück, um meinen zu retten. Der Schulleiter sagte: »Na, Don, da hast du ja mit knapper Not dein Leben gerettet!« Wir gingen zusammen zur Oraibi-Schlucht, er prüfte dort die Brandmarke und erhob die Büchse, um abzudrücken. Ich wandte mich ab, einen Kloß in der Kehle, und als ich wieder hinsah, lag mein Pferd im Sterben. Also zog ich ihm das Fell ab, schleifte es zum Handelsposten und verkaufte es für fünfundsiebzig Cent. Von der Regierung aber erhielt ich fünfundzwanzig Dollar als Entschädigung für das Leben meines Langschwanz – und kaufte mir ein schönes schwarzes Pferd dafür.

Ich liebte meine Pferde und lernte es, ihr Alter nach den Zähnen zu bestimmen, wunde Stellen mit Bärenfett zu behandeln und ihren Geist mit freundlichen Worten zu beruhigen. Ich versäumte es nie, am Soyalfest ihnen Gebetsfedern an den Schwanz zu binden, und wenn ein Pferd Kolik hatte, so tat ich ihm Salz ins Maul, band ein Stück Tabak an die Trense und hielt ihm einen schwelenden Lappen unter die Nase. Wenn nicht bald Besserung eintrat, pflegte ich mir die Fingernägel kurz abzuschneiden und Hand und Arm mit Fett oder Vaseline einzureiben; dann nahm ich ein Stück rohe Zwiebel und schob sie dem Pferde in den After, so weit ich reichen konnte. Gewöhnlich gab es dann eine Bewegung in den Eingeweiden, und in einer halben Stunde war die Zwiebel wieder da.

Der Handel mit Pferden und lange Fahrten nach Holz brachten mich mit den Navaho in nähere Berührung. Sie waren eine Pest, die überall das Land überflutete. Ein frei umherlaufendes Pferd führte die Besten in Versuchung, und ein Gerät, das man auf dem Felde liegen gelassen hatte, war so gut wie verloren. Meist waren von ihnen mehr in unserem eigenen Land als von uns Hopi selber, und wir mußten zusehen, wie wir unter Onkel Jonathans Beistand mit ihnen auskamen. Ich hatte mich daran gewöhnt, ein wachsames Auge auf sie zu richten, im übrigen aber hielt ich es für richtiger, freundschaftlich mit ihnen zu verkehren, sie gelegentlich zu bewirten und die gleiche Gastfreundschaft bei ihnen in Anspruch zu nehmen. Wenn Irene zögerte, einem Navaho etwas vorzusetzen, ermahnte ich sie: »Das ist nicht recht, der Mann braucht etwas zu essen, und eines Tages sitze ich vielleicht hungrig in seinem Hogan!« Manchmal verbrachten sieben oder acht Navaho die Nacht bei uns, aber wenn sie es versäumten, dann und wann frisches Hammelfleisch mitzubringen, fanden sie bald »den Kaffee kalt« bei uns. Was ich von den Navaho gebrauchen konnte, waren vor allem Holz, Hammelfleisch Decken, Schmuck, Medizin und Pferde.

Bald schloß ich enge Freundschaft mit Neschelles, einem Medizinmann der Navaho. Wir tauschten Geschenke aus, er stieg in meinem Hause ab, wenn er auf Handelsreise war; und wenn ich Holz holen fuhr, blieb ich die Nacht über bei ihm. Wir waren so oft zusammen, daß er mich die Navaho-Sprache lehrte. Eines Abends, als ich bei seinem Hogan haltmachte, war er fort, um einen Kranken zu behandeln, aber seine Frau und seine Schwägerin bewirteten mich und machten es mir gemütlich. Als das Feuer niedergebrannt war, richtete ich mein Lager außerhalb des Hogans her und versuchte zu schlafen. Aber es dauerte nicht lange, da fühlte ich einen Ruck an meiner Decke und einen sanften Händedruck auf meiner Schulter. Die Schwägerin war in liebebedürftiger Stimmung zu mir herausgekrochen. Am Ende gab ich ihr ein Paar hübsche Ohrringe aus Türkis und drei Dollar mit in den Hogan zurück, denn ich hoffte sie noch öfter zu besuchen.

Als echtem Hopi wurde mir mehr und mehr klar, daß eine Frau nicht genügt und daß diese Squaws mir Vergnügen machten. Navahomänner haben zwar gewöhnlich kein Glück bei unseren Frauen, aber wir sehn die ihren gern und haben große Erfolge bei ihnen, ja wir rühmen uns dessen mit Vorliebe. Bei den Katschinatänzen ist es etwas ganz Gewöhnliches, daß ein Hopi zum andern sagt: »Siehst du die hübsche Squaw da drüben mit dem feschen Hemd und den Ohrringen aus Türkisen? Ja, die habe ich fünfmal gehabt!« Oder wenn wir zusammen auf Reisen waren, unterhielten wir uns über unsere Navaho-Affären. Nun konnte ich zu Dezba Johnson und der jungen Witwe an der Straße von Winslow schon eine dritte zählen.

Von Zeit zu Zeit nahm ich einen Mann an, der für mich hüten und meine Pferde besorgen mußte, damit ich auf ein paar Tage nach Moenkopi gehen und etwas Geld verdienen konnte. Da traf ich dann auch Polehongsie wieder und hatte etwas zu lachen, als ich erfuhr, daß Robert Talas seinem eigenen Ratschlag gefolgt war: er hatte die alte Schachtel geheiratet, sie auf seinem Schaffell gewälzt und wieder verlassen. Mit der Witwe machte ich mir nichts zu schaffen. Euella hatte Jimmy geheiratet, der einen kleinen Handel betrieb, und zwischen uns gab es keinerlei Liebesaffären mehr, obwohl ich oft in ihrem Hause einkehrte. Mettie war auch verheiratet, aber ich verabredete mich heimlich mit ihr – vielleicht ein dutzendmal – und zahlte bar.

Einmal, nach einer solchen Fahrt nach Moenkopi, erzählten irgendwelche alten Klatschbasen meiner Frau, daß ich in der Nacht Mettie besucht hätte. Irene hielt mir diese Behauptung vor und fragte ohne Umschweife, ob sie wahr wäre. Ich mußte ihr eine schreckliche Lüge aufbinden, an die sie zuerst auch glaubte. Aber die Weiber fuhren fort, ihren Klatsch herumzutragen, und Irene war abermals hinter mir her. Ich leugnete wieder und hielt dann den Mund, denn ich wußte nur zu gut, daß langes Reden die Sache nur schlimmer macht. Die Zeit verging, und ich besuchte Mettie wieder und wieder und belog meine Frau über sie häufiger und toller als über irgendetwas sonst. Und es war ja auch klar, daß in dieser Beziehung Ehrlichkeit nicht den besten Weg bedeutete, denn selbst wenn eine Frau ihrerseits ebenfalls die Ehe bricht, kann sie es doch nicht ertragen, dergleichen von ihrem Manne zu erfahren. Ich lernte auf diese Weise, daß die Sache mit dem Liebesgenuß zwei Seiten hat, indem sie einen manchmal sehr glücklich machen, ein andermal aber quälen kann bis auf den Tod.

Nach dem Tode unserer Kleinen blieb bei Irene lange Zeit nicht einmal die Regel aus. Wir fragten uns schon, ob sie überhaupt noch ein Kind bekommen könnte. Ich nahm an, daß mit ihr etwas nicht stimmte, aber ihre Verwandten gaben mir die Schuld und brachten immer wieder das Gerücht auf, daß ich andere Frauen besuche. Aber ihre Behauptungen stimmten nur zum Teil. Manchmal zankten wir uns hierüber, und Irene war oft mürrisch und reizbar.

Einmal gab ich meiner Frau eine Ohrfeige, und später einmal warf ich auf dem Felde mit dem Knüppel nach ihr und traf sie am Bein. In solchen Fällen weinte sie dann und stimmte mich dadurch weich. Abends, wenn alles still war, ließ sich das leise zirpende Geräusch von der Decke hören, das wie ein Heimchen klang – und dann wußten wir, daß unser Kleines noch immer dort wartete und um Wiedergeburt bat. Also legten wir unseren Streit bei und umarmten uns umso häufiger – in der Hoffnung, dadurch den kleinen Geist zu bewegen, von seinem Platz herunterzukommen und als Knabe wiedergeboren zu werden.

Schließlich wurde ein Junge geboren – wohl im Jahre 1916. Wir gaben ihm den Hopinamen Tawaquiva, des heißt Aufgehende Sonne, und Clyde als englischen Namen. Mein Sohn schien gesund zu sein, wuchs schnell und konnte vor Ablauf eines Jahres kriechen. Ich weiß nicht, was für eine Krankheit er hatte, aber sein Körper wurde sehr heiß, sein Mund war stets nach wenigen Minuten wieder trocken, und sogar seine Augäpfel waren wie von der Hitze zusammengeschrumpft. Derselbe alte Doktor, der mich im Mutterschoße zu einem Kind zusammengedreht hatte, kam nun, um meinen Jungen zu behandeln. Wir gaben dem Kleinen soviel Wasser, wie er nur trinken konnte, strichen ihm Vaseline auf die Lippen und flößten ihm ein paar Tropfen Milch ein, um ihn am Leben zu erhalten. Er schien gar nicht so sehr krank zu sein, er trocknete einfach aus und starb.

Mein Großvater half mir, ihn in demselben Grabe zu bestatten wie seine Schwester. Ich hob die zusammengerollte Decke mit dem kleinen Mädchen heraus, legte meinen Sohn unten hin und sie darüber; ich war voller Trauer und weinte.

Der kleine Clyde war ein kluges Kindchen gewesen und hatte vieles getan, was einen Menschen frohmachen kann. Er behielt seine spaßige Art, bis er sehr krank war. Vielleicht wußte er, daß er sterben mußte, und verhielt sich so, damit wir ihn niemals vergäßen. O, wie ich den kleinen Buben vermißte! Wenn wir daran dachten, wie gescheit er sich oft verhalten hatte, waren uns die Tränen jedesmal nah, und wir wußten nicht, wie wir unsere Trauer stillen sollten. Wir waren sehr böse auf den alten Onkel, der seinen Tod verursacht hatte, aber wir hatten nicht die Macht, etwas dabei zu tun, denn das Unterweltsvolk hätte uns ebenfalls töten können. Wieder hörten wir die kleinen zirpenden Geräusche von der Decke, und wir taten, was wir konnten, die Wiedergeburt zu beschleunigen. Aber manchmal waren wir mutlos, denn Irenes Verwandte ritten auf der Behauptung herum, daß ich mit Kindern kein Glück hätte.

Als ich eines Tages nach meinen Pferden suchte, fand ich zwei der Penispflanzen, von denen mein Großvater mir einige Jahre zuvor erzählt hatte. Die Wurzel war eine Knolle mit einer rosa Oberfläche, die einem Hodensack ähnlich sah, und aus ihr wuchs ein Stiel ohne Blätter, der aussah wie ein aufgerichtetes Glied. Berührt man die Pflanze, wenn sie reif ist oder in höchster Kraft erblüht, so stößt sie eine Flüssigkeit aus. Ich holte mir einen alten Eimer, setzte die Pflanzen mit etwas Erde hinein und nahm sie mit zu meinem alten Oheim Kayayeptewa. Er erklärte, daß sie sehr wirksam wären und daß die Navaho sie zur Paarungszeit in ihren Schafhürden gebrauchten. Er warnte mich auch, ich sollte sehr vorsichtig damit umgehen; schon wenn sie bloß mit dem Schenkel eines Mannes oder einer Frau in Berührung käme, würde dadurch der Liebesgenuß mächtig erhöht und Frauen oft so weit gebracht, sich mit fremden Männern abzugeben. Er sagte ferner, daß Eheleute eine derartige Pflanze zusammen benutzen könnten, um dem Leben etwas mehr Schwung zu geben und um ein Kind zu bekommen. Ich nahm die Pflanzen mit nach Hause, zeigte sie Irene und erzählte von ihrer Kraft. Sie lachte zuerst und wollte nicht viel davon wissen. Aber eines Abends überredete ich sie, mit mir zusammen sie zu erproben. Wir machten uns bereit, und ich war gerade im Begriff, mir eine Pflanze an den Leib zu drücken, als plötzlich etwas mir befahl, die Finger davon zu lassen. Es war, wie wenn mich etwas in einer Sekunde völlig umgekehrt hätte. Ich bin sicher, daß es mein Schutzgeist war, der mich im letzten Augenblick von diesem törichten Vorhaben abhielt. Ein paar Tage später verhandelte ich die Pflanzen für vier Schafe an Neschelles, meinen Navahofreund.

Ich gab mir große Mühe mit meiner Herde, machte neues Land in der Nähe von meines Vaters Farm bei Batowe urbar und kam zwei, drei Jahre hindurch trotz etlicher Dürrezeiten ganz gut voran. Manchmal erntete ich sieben oder acht Wagenladungen Mais und verkaufte für fünfundsiebzig oder achtzig Dollar Wolle. Ich verlor zwar mehrere Pferde, aber ich konnte andere dafür wiederkaufen. Auch blieb ich bei guter Gesundheit, kleidete mich als einfacher Hopi und dachte an keine Schulbildung mehr. Irene hatte gelegentlich schlimme Augen oder Rheumatismus und war zuzeiten sehr schlechter Laune, aber im Frühling ging sie mit mir zum Pferch hinaus und in die Feldhütte, um während der Schafschur und des Maispflanzens für mich zu kochen; und im Herbst kam sie mit zum Süßmaisbacken und zur Ernte. Wenn sie sich nicht mehr auf den Füßen halten konnte, so setzte sie sich an einer Maishocke nieder und enthülste die Kolben.

Zu Hause behütete Irene den Mais; bewahrte ihn vor Schimmel, Mäusen und Kerfen, körnte die Kolben für die Pferde ab, mahlte die Körner für unseren eigenen Bedarf und trug Säcke mit Mais auf ihrem Rücken zum Händler, um dafür andere lebenswichtige Dinge einzutauschen. Sie machte auch Körbe und Töpfe, besserte das Lehmdach unseres Hauses aus und hielt den Verputz der Mauern innen und außen instand. Sie holte Wasser, wenn sie dazu imstande war, sammelte Wildgemüse und schleppte schwere Lasten von Melonen und Pfirsichen die Mesa hinauf. Sie arbeitete auch in der Schule von Neu-Oraibi, um sich ihre Kleider zu verdienen. Ich lobte Irene für ihre Hausarbeit und für die heitere Art, in der sie alles Geschirr allein spülte, sogar, wenn ich völlig untätig dabeisaß – denn mir war das Geschirrspülen zuwider.

Es gab Zeiten, in denen ich es als ein Glück empfand, eine solche anziehende, gutmütige Frau aus dem Feuerklan geheiratet zu haben, die als Enkelin des alten Dorfvogtes Ansehen genoß. Bei den Tänzen war ich stolz, wenn ich sah, wie hübsch und mollig sie war und in manchem Betracht besser aussah als meine alte Freundin Mettie. Es war klar, daß sie ihrerseits mir mein Glücksgefühl zu bewahren suchte, denn sie ging meist auf meinen Wunsch, bei ihr zu schlafen, ein, zeigte anderseits volles Verständnis, wenn ich während der Tänze oder der Soyalfeier enthaltsam sein mußte, und weinte manchmal, wenn ihre Augen so entzündet und trübe waren, daß sie nicht für mich kochen konnte.

Es lag auf der Hand, daß ich Irene jeden Tag etwas schuldig war, ob wir nun beieinander lagen oder nicht, und daß ich nicht versuchen durfte, dieser Verpflichtung auszuweichen. Mir kam es zu, hart zu arbeiten, um ihren Besitz zu vergrößern. Es war meine Pflicht, dafür zu sorgen, daß reichlich Lebensmittel und Brennstoff im Hause waren und daß sie gut gekleidet ging. Auf mir lagen bei der Instandhaltung des Hauses die schweren Arbeiten. Mir geziemte es, den Medizinmann zu bezahlen, wenn einer gebraucht wurde. Ich mußte versuchen, ihren Verwandten gegenüber freundlich und gefällig zu bleiben. Ich wußte, es war meine Pflicht, ihr den Frohsinn zu bewahren.

Ich lernte auch, Irenes Rechte zu achten. Ihr gehörte das Haus und alles, was ihre Verwandten ihr schenkten, also Obstgärten, Inventar, Wasserlöcher, Land und persönliches Eigentum. Ihr gehörte auch alles, was sie mit ihren Händeln herstellte, also Töpfe, Körbe, Mahlsteine und Kleidung, und alles, was sie durch eigene Arbeit verdiente oder für unser Geld kaufte. Ihr gehörten Brennstoff und Lebensmittel, die ich ihr ins Haus brachte, sowie Einrichtung und Gebrauchsgegenstände des Haushaltes. Wenn sie Schaffleisch bekam, Melonen, Früchte, Mais oder irgendetwas anderes, das ich mit meinen Händen hervorgebracht hatte, und ihren Dank dafür aussprach, so gingen diese Dinge damit in ihr Eigentum über. Sie konnte jederzeit, wenn sie so wollte, ihre Verwandten einladen, daß sie unsere Lebensmittel verzehrten. Sie konnte unsern Mais verkaufen, sogar um sich bloß modische Kleider dafür anzuschaffen, aber davor warnte ich sie denn doch. Sie verwahrte unser Geld meistens in einem Koffer oder in einer Backpulverdose, und sie konnte es verwenden, wie sie wollte, aber wir waren uns gewöhnlich einig, wofür es ausgegeben werden sollte. Es verstand sich, daß ich sie, solange ich bei ihr lebte, im Gebrauch unseres Eigentumes beriet.

Einmal arbeitete ich fünfzehn Tage lang für ein kleines falbes Pferd beim Bau eines Ladens; den Falben tauschte ich später gegen einen Schecken ein, den ich Milchstraße nannte. Ich ritt dies Pferd selber zu und würde mich nicht für hundert Dollar davon getrennt haben. Aber Irene wollte einen neuen spanischen Schal haben und bat mich, das Pferd zu Geld zu machen und einen Schal zu erstehen. Sie bat und bettelte solange und murrte auch zuweilen, daß ich schließlich meinen Liebling um fünfundzwanzig Dollar weggab – in der Hoffnung, ihn später zurückkaufen zu können. Das war 1918, als Schale teuer waren, und Irene zahlte achtzehn und einen halben Dollar für ihren. Mein Pferd kriegte ich nie wieder.

Sobald ich einmal meine Pflichten gegen Irene vernachlässigte, fand sie einen Weg, mich zu quälen. Sie schimpfte und weinte, sogar vor Verwandten und Nachbarn, vertat unser Eigentum, klatschte über mich bei andern, verspottete mich in der Öffentlichkeit und nannte mich »Faulpelz, der im Schatten sitzt«. Das war eine der schärfsten Sticheleien, und ich ertrug sie nur schwer. Sie goß mir Wasser über den Leib, wenn ich nach Sonnenaufgang noch schlief, versagte mir durch Kälte die Geschlechtslust oder dadurch, daß sie sich wie ein totes Schaf verhielt, und gelegentlich drohte sie mir damit, daß sie mich aus dem Hause treiben würde. Sie besaß die Macht und die Mittel, mich so unglücklich zu machen, daß meine Gesundheit gefährdet gewesen wäre. Eine Ehefrau kann sogar den Tod ihres Mannes herbeisehnen, kann ihm Leib und Gemüt mit schlimmen Gedanken erfüllen und dann nichts dazu beitragen, daß er gerettet wird. Andererseits kann sie sich selbst den Tod wünschen, um ihren Mann zu bestrafen, und auf diese Weise die Nachbarn und sogar den armen Kerl selber glauben machen, daß er es ist, der sie umbringt.

Es war für Irene besser, mich zu überreden als mich zwingen zu wollen, und mit der Zeit lernte sie das auch sehr gut. Sie gewöhnte sich an eine nette, ruhige Art des Umgangs, trug bei Gelegenheit ihr Haar nach der Weise der verheirateten Frauen, dankte mir stets für Holz, Wasser und Lebensmittel, und war immer bereit, wenn ich Besuch von Hopi oder Navaho hatte, ihnen etwas zu essen vorzusetzen. Sie beklagte sich sehr wenig, wenn wir kein Fleisch hatten. Einmal meinte ich, daß ich zum Pferch gehen und eine Ziege schlachten sollte, und fügte hinzu, daß ich der fleischlosen Kost müde wäre. »Prächtig«, erwiderte sie, »mir geht es genauso; aber ich darf das nicht sagen, denn es könnte dich verletzen.« Sie wartete oft mit den Mahlzeiten, bis ich nach Hause kam, und oft stand sie, wenn es ein kalter Morgen war, zuerst auf, um Feuer zu machen. Sie wusch mir zu den Feiern den Kopf in Yuccalauge, kochte für mich die ungesalzenen Speisen, die ich in der Kiva aß, und bereitete mir die besonderen Geschenke, die ich als Katschina verteilte. Sie strich mir Vaseline auf die Finger, wenn sie wund vom Maiskörnen waren, und sammelte mir oft die Läuse vom Kopf. Sie rieb mir Bauch und Rücken, wenn ich mich krank fühlte, richtete mir ein weiches Bett her und hielt mir den Kopf über eine Schale, wenn ich mich erbrechen mußte. Manchmal ließ sie mich sogar am Tage schlafen und weckte mich zum Essen, ohne mich Faulpelz zu nennen. Gelegentlich zollte sie meinem Namen hohes Lob als einem fleißigen Arbeiter, guten Ernährer und liebevollen Ehemann; dann und wann versagte sie dem Klatsch, der über mich umging, den Glauben und fand sogar Entschuldigungen für meine Schwächen. Solange sie friedlich war, fleißig arbeitete, sparsam mit unserm Vermögen umging, Auseinandersetzungen mied, sich um Klatsch nicht kümmerte, mich

gut ernährte und mein Liebesverlangen zufriedenstellte, hatte ich
wenig zu klagen und war nicht schwer zu lenken.
Einige von Irenes Verwandten halfen auch mit, unserer Ehe das
Gedeihen zu sichern. Die Frauen lobten mich, und ihre Brüder und
Klanbrüder konnten sich etwa bei Streitigkeiten auf meine Seite
schlagen, in Geschäften für mich sprechen oder mir im Scherz die
höchsten Komplimente machen. So ist es zum Beispiel, wenn man
seinen Schwager auf der Straße trifft, guter Brauch, seine Farm zu
loben, sogar über Gebühr, seine Herde zu preisen und weiter vielleicht zu sagen: »Ich merke auch, daß du ein guter Jäger bist, denn
ich sehe ja ein Bergschaf auf deinem Wagen. Nächstens werde ich
in deinem Hause einkehren, denn ich bin sicher, daß du stets irgendein schönes Wildpret vorrätig hast!« Es springt etwas dabei heraus,
wenn man einen Schwager als einen mächtigen Jäger preist oder
sogar als einen gewaltigen Kriegsgott, der imstande ist, Donner und
Blitz hervorzubringen, das Wetter nach seinem Willen zu lenken,
Wasser zu vereisen und Menschen zu versteinern. Wenn ich auf diese
Weise gelobt wurde, fühlte ich mich gehoben und ward veranlaßt,
härter zu arbeiten, obwohl ich wußte, daß die Lobsprüche scherzhaft
gemeint waren.

Wenn Irenes Oheime uns besuchten, lobte mich der eine oder andere und ermahnte sie, eine gute Ehefrau zu sein. Einmal, nachdem
wir das Haus ausgebessert hatten, kamen Irenes Oheime aus Moenkopi zu einer der Feiern. Wir hatten vier Männer zum Frühstück
bei uns, und während wir aßen, guckten sie fortwährend umher wie
die Geißen im neuen Pferch. Ich meinte, sie sollten doch erst essen
und nachher gucken, und wir mußten alle lachen. Sie lobten das
Haus über die Maßen. Als sie alle außer einem Greise wieder fort
waren, wandte sich dieser an Irene und sagte in meinem Beisein zu
ihr: »Ich bin dein Oheim, und es freut mich sehr, daß Talayesva so
gut für dich sorgt. Vergiß nie, daß nicht der Mann, der am besten
aussieht, den besten Ehemann abgibt. Ich sehe, daß du zufrieden
bist und gut ernährt, es ist daher mein Wunsch, daß du ihm seinen
frohen Sinn bewahrst und keine Zeit auf andere Männer verschwendest. Dein Mann ist schon ein rechter Kerl, und euer Haus sieht
hübsch aus.« Irene antwortete: »Ich will versuchen, das zu tun, was
du sagst; aber du weißt ja, wie schwer es ist, allzeit gut zu sein.
Manchmal werde ich eben böse.« – »Das ist nun einmal der Welt
Lauf«, erwiderte er, »aber versuche nur, dein Bösesein bald zu überwinden, und verhalte dich anständig gegen deinen Mann und deine
Nachbarn! Das ist alles, was ich dir sagen wollte.« Ich schätzte die
Bemerkungen des Alten hoch, und als er im Begriffe war zu gehen,
schenkte ich ihm einen schönen Korb Pfirsiche. Die Oheime der

Ehefrau können für den Mann eine große Hilfe sein, oder sie können ihn auch zugrunde richten.
Obwohl Irene wichtige Rechte besaß, war es doch ihre Pflicht, mir zu gehorchen. Und da ich das Oberhaupt der Familie war, lag es bei mir, die Weise herauszufinden, nach der sie zu lenken war. Ich schalt sie hart und ermahnte sie danach mit freundlichen Worten. Ich verspottete sie in der Öffentlichkeit und verglich sie mit anderen Frauen, als wären diese die besseren Hausfrauen und die netteren Liebhaberinnen. Manchmal zögerte ich die Beschaffung von Lebensmitteln und Brennstoff hinaus, betrat eine Zeitlang das Haus nicht, machte sie unfroh durch Auseinandersetzungen und schlug sie. Ich wußte von mehreren Hopi, daß sie ihre Frauen prügelten. Ich hätte mit Irene streiten können, bis sie vor Aufregung krank geworden wäre, aber das wäre schändlich gewesen. Ich haßte Auseinandersetzungen und lernte es, sie auf eine bessere Art durch freundliche Worte, Lobsprüche und Belohnungen zu lenken. Und ich lernte auch, daß es oft besser war, sie einfach sich selbst zu überlassen, bis sie aus eigenem Antrieb sich änderte; oder wenn sie sich nicht änderte, einen Weg zu finden, so mit ihr auszukommen. Frauen sind wie der Wind, der eben aus Osten bläst und gleich darauf aus Westen. Je eher ein Mann das lernt, umso besser. Er muß es in Kauf nehmen, daß seine Frau in schnellem Wechsel nun Freude zeigt und dann Betrübnis und wiederum Freude – trotz allem, was er unternehmen mag. Sie kann widerspenstiger sein als ein Maultier und schwerer zu beherrschen als Wind und Wetter.
Es gab viele kleine Kunstgriffe, Irene eine Freude zu machen oder sie zu besänftigen. Einer der besten war, sie nicht zu schelten, wenn sie es verdient hatte und erwartete. Wenn ich fort mußte, so war es meine Gewohnheit, ihr zu sagen, wohin ich ginge und wann ich zurück sein würde, wobei ich dann einen etwas späteren Zeitpunkt angab als den, der mir vorschwebte, damit es keine Streitigkeiten gäbe. Wenn ich einmal zu spät zum Essen kam, aß ich doch noch einen Happen mit ihr, auch wenn ich schon anderswo gespeist hatte und satt war bis obenhin – zum wenigsten konnte ich einen Schluck Kaffee trinken und ihr erzählen, was es Neues gab. Bei Katschinatänzen achtete ich darauf, daß sie in den Häusern meiner Verwandten wohlgespeist wurde. Weil sie schwache Beine hatte, holte ich oft Wasser für sie – dann mußte ich manchmal meinen Kopf mit einem Tuch umwickeln, um die Ohren gegen Moskitos zu schützen. Es lohnte sich auch, Holz für sie zu hacken und es in einem Kasten hinter den Ofen zu stellen. Wenn ich sie mit einem Beile sah, nahm ich es ihr aus der Hand. Ich ging mit ihr auf Besuch zu ihren Verwandten und rühmte sie in deren Gegenwart. Auch

war es guter Brauch, Irene durch Scherze vor diesen Verwandten zu loben. Eines Tages besuchte ich einen von Irenes Oheimen und spottete über seine Söhne, denn ich war ihr Großvater. Sie mußten sich von mir sagen lassen, daß sie zu faul wären, bei Sonnenaufgang aufzustehen, zu faul, auch nur zu baden, und daß sie daher bei keinem anständigen Mädchen Gnade finden würden. Mich selbst dagegen beschrieb ich als einen Frühaufsteher und gewaltigen Liebeshelden. Dann, wie um meine Behauptung zu beweisen, bemerkte ich, es wäre ja allbekannt, daß meine Frau eines jeden Mannes, auch des besten, würdiger Ehrenpreis sei!

Man konnte auch auf Kosten seiner Frau vor ihren Verwandten und Freunden Possen treiben, wenn sie nur wußten, daß man es nicht so meinte. Manchmal, wenn ich die Verwandten meiner Frau traf und sie mich fragten, was sie für mich tun könnten, pflegte ich zu antworten: »Ach, ich wollte, daß man mir den Kopf abhackte! Meine eigene Squaw vermag mich nicht zu befriedigen, und da ich keine Beischläferinnen kriege, kann ich ebensogut sterben.« Dann lachten sie gewöhnlich und erwiderten, ich wäre ein so häßlicher Kerl, daß ich sowieso keine Aussichten auf Liebesumgang hätte. – Ich übte auch kleine Kniffe ein, um Irene zu besänftigen und eine bessere Behandlung von ihr zu erlangen. Manchmal, wenn sie spät von der Arbeit oder von einem Besuch zurückkehrte, überraschte ich sie damit, daß schon ein Feuer im Ofen brannte und das Essen im Topfe kochte. War sie einmal mehrere Tage lang fort – zu einer Hochzeit etwa oder aus anderen Gründen – so konnte ich mein schmutziges Geschirr spülen und das Haus in Ordnung halten. Wenn sie dann wiederkam, versuchte ich ihr zu zeigen, wie sehr ich ihre gute Küche entbehrt hatte.

Ich ließ es auch zu einer Gewohnheit werden, Irene einige meiner Träume zu erzählen; ihr Andeutungen über Vorgänge zu machen, von denen Außenstehende eigentlich nichts wissen durften; kleine Genüsse für sie im Laden zu kaufen – Wassermelonen und andere Früchte oder Süßigkeiten – und ihr, wenn ich heimkam, zu schenken. Fast stets erzählte ich ihr, was ich Neues gehört hatte. Ich pflegte ihr den Kopf in Yuccalauge zu waschen, ihr die Läuse auszukämmen und wunde Stellen der Kopfhaut zu behandeln. Den Beischlaf erließ ich ihr, wenn sie krank war, und sogar, wenn sie nur müde schien. Manchmal, wenn sie keine Ruhe finden konnte, sang ich sie mit meinen Wowochimliedern in Schlaf. Ich machte es mir auch zur Regel, sie aufzuwecken, wenn sie in einem schlimmen Traume aufschrie; aber ich ließ sie ungestört, wenn sie schnarchte wie ein Riese, auch wenn der Widerhall im ganze Hause zu hören war. Und

ich riß sie nie aus tiefem Schlafe, um ihr beizuwohnen, sondern wartete bis zum Morgen.
Die größte Macht über Irene gab mir die Drohung, daß ich ins Haus meiner Mutter zurückkehren würde. Aus diesem Grunde war ich froh, daß ich nach Hopi-Art verheiratet worden war. Die amerikanische Ehe läßt sich zu leicht schließen und ist zu schwer zu lösen. Es ist kostspielig und schwierig, auf Hopi-Art zu heiraten; findet man aber, daß man einen Fehler gemacht hat, so ist es leicht, zu entrinnen.
Aber ich wollte, daß mir meine Ehe glückte. Ich wußte, daß ich Irene nicht verlassen würde, wenn sie unfruchtbar wäre oder weil sie sich das Haar stutzte oder weil sie rauchte. Wenn ich sie beim Ehebruch überrascht hätte, würde ich mich nicht auf ihren Liebhaber gestürzt haben, aber ich wäre tief verletzt gewesen und hätte mit seinen Verwandten darüber gesprochen. Ich habe nie davon gehört, daß ein Hopi den Liebhaber seiner Frau umgebracht hat, denn so wichtig ist der Ehebruch nicht. Ich würde sie deswegen wahrscheinlich auch nicht verlassen haben, aber ich hätte sie tüchtig ausgescholten und vielleicht sogar geschlagen. Der Mann, der seine Frau wiederholt in den Armen eines anderen findet, kann seines Lebens nicht froh bleiben. Doch würde ich mich von Irene wahrscheinlich nicht einmal geschieden haben, wenn sie ein Kind von einem anderen Mann bekommen hätte. Sicherlich würde ich sie jedoch verlassen haben, wenn sie zu träge oder wenn sie trunksüchtig geworden wäre. Oft drohte ich ihr damit, sie wegen ihrer Heftigkeit und auch wegen ihrer Klatschsucht zu verlassen.
Wenn meine Frau eines Tages nicht mehr den Wunsch gehabt hätte, mit mir zusammenzuleben und mich ausziehen geheißen hätte, dann wäre ich gegangen. Mitnehmen dürfen hätte ich meine Kleider, Bettzeug, Schmuck, Werkzeuge und Masken, aber das wäre auch alles gewesen. Aller Mais im Hause, sogar ein Vorrat für zwei Jahre, würde ihr gehört haben. Meine Schafe und Pferde hätte ich behalten. Aber wenn Irene mich vor die Tür gesetzt hätte, dann würde sie sich in einer schlimmeren Lage befunden haben als ich, es sei denn, ein anderer Mann hätte sich ihrer angenommen. Viele Hopifrauen sind froh, wenn sie ihre Ehemänner wiederbekommen.
Ich hatte einiges an Irene auszusetzen. Sie brauste leicht auf, war dickköpfig und hatte eine spitze Zunge. Wenn sie einen Streit vom Zaune brach, so pflegte ich gewöhnlich zu sagen: »Hoffentlich kommt gleich jemand, damit du dich wieder beruhigst!« Wenn aber niemand kam und ich es nicht mehr aushalten konnte, so ging ich zu meiner Mutter ins Haus und wartete, bis sie wieder zur Besinnung gekommen war und die Angelegenheit mit ruhigen Worten zu Ende ge-

bracht werden konnte. Ich machte die Erfahrung, daß es sich nicht lohnt, bei einer Frau das letzte Wort zu behalten.
Am anstößigsten war Irenes Klatschsucht. Häufiger aus diesem als aus irgendeinem anderen Grunde drohte ich ihr, sie zu verlassen. Kam ich müde und hungrig nach Hause und fing sie dann mit irgendeiner lügenhaften Geschichte an, so wurde ich gleich ärgerlich. Frauen saugen sich in ihren müßigen Augenblicken irgendein Gewäsch aus den Fingern, und es wird noch aufgebauscht, wenn sie es weitergeben. Einige ihrer leeren Gerüchte sind auf ihrem Höhepunkt schwerwiegend und schlimm genug, ein ganzes Dorf durcheinanderzubringen.
Hier ein Beispiel! Irene ging etwa zu einer Nachbarin und sagte: »Ich habe etwas gehört, was mich verdrießt, und ich teile es dir nur ungern mit. Vor ein paar Nächten hat man deinen Mann mit NN erwischt. Sooft ich dich sehe, tut es mir leid, daß er dir ein solches Weib vorzieht, und darum habe ich es dir nicht länger vorenthalten wollen.« Aber das ist eine Lüge, und vielleicht sind es zwei. Wenn Irene die Frau wirklich bemitleidete, so würde sie mit solchen Nachrichten sie nicht beunruhigen. Zudem könnte es sein, daß der Ehemann noch gar nicht einmal bei der anderen geschlafen hat. Dergleichen Klatsch ist anscheinend ein besonderes Gewerbe der Frauen. Letzten Endes stecken wohl auch in diesem Falle die Zwieherzer dahinter. – Ich stellte Irene wieder und wieder vor, daß das Weitertragen von Klatsch wie ein Brettspiel mit einem bösen Geiste ist; ab und zu gewinnt man wohl, aber umso öfter wird man in seinem eigenen Spiel gefangen. Nicht selten schalt ich Irene deswegen, bis sie weinte. Mit der Zeit gelangte sie soweit, daß sie keine Gerüchte mehr aufbrachte, aber sie hatte noch immer ihr Vergnügen daran, in diesen Angelegenheiten auf dem laufenden zu bleiben. Das hing wohl auch damit zusammen, daß so viele Frauen in unserem Hause aus und ein gingen. Aber ich war froh darüber, daß Irene beliebt war, und ich begegnete diesen Frauen mit aller Höflichkeit, denn das wollte ich wohl bleiben lassen, sie gegen mich aufzubringen.
Den Sommer über mußten wir sehr schwer arbeiten, aber im Winter gab es Tage der Muße. Ungefähr zwei Jahre lang holte ich einmal in der Woche mit dem Federbrettwagen des Händlers die Post von Keams Canyon. Ira und mein Vater vereinigten ihre Herden mit meiner, und wir lösten uns bei der Hürde und in der Pferdepflege ab. Da ich weder ein Silberschmied war, noch webte, nähte oder Mokassins machte, fand ich von Oktober bis April genügend Zeit für andere Interessen. Eine Hauptquelle der Freude waren die Katschinatänze für mich. Ich nahm regelmäßig daran teil und wurde oft gebeten, den Narrendienst zu übernehmen.

Einmal spielte ich mit zwei Zwieherzern zusammen den Narren. Einige Zeit nach dem Tode meines Sohnes eröffneten die Leute in Neu-Oraibi eine neue Kiva und übten einen Tanz ein. Als ich eines Abends von der Arbeit kam, wurde ich gebeten, zu einer Sondersitzung in unsere Mongwi-Kiva zu kommen. Kewanventewa sollte Narrenvogt sein, und Nathaniel hatte sich vorgenommen, eine Maske anzulegen und einen Hund vorzustellen; ich war als dritter ausersehen. Am Tage des Tanzes fühlte ich mich beklommen, ging früh zum Rande der Mesa und betete um einen guten Ausgang. Wir bemalten uns den Leib, verkleideten uns und gingen kurz vor Mittag nach Neu-Oraibi. Nathaniel trug eine Maske mit langen Pappohren, die wie ein Hundegesicht aussah. Als wir uns dem Dorfe näherten, schlangen wir Nathaniel ein Seil als Hundeleine um den Hals, kletterten auf ein Hausdach und krochen bis an die dem Dorfplatz zugewandte Seite. Dort sprangen wir auf und machten einige Bemerkungen über die »schönen Blumen im Tal«, womit wir die Frauen meinten und ihre buntfarbenen Tücher. Dann rutschten wir an einem Seil auf die Plaza hinunter, hielten die üblichen Reden, bauten ein »Haus« aus Asche, setzten unsere »Schwester«, die Puppe, hinein und verkündeten dem Volk, daß wir einen guten Hofhund hätten, der allerlei Kunststücke verstände. Um es zu beweisen, befahlen wir ihm zu harnen, was er nach Hundeart erledigte, und dann hießen wir ihn ein Dach erklettern und ein Mädchen küssen, was er auch versuchte. Als wir der Hundekunststücke müde waren, behauptete unser Narrenvogt, Irenes verschlagener Oheim, daß ich verwachsen wäre, und band mir Bretter an die Fersen, so daß ich die Füße gestreckt halten mußte. Dann entdeckte er einen Buckel an meinem Rücken, legte mich auf den Bauch und lud mir Steine auf, bis meine Tanten herbeistürmten und mich befreiten. Da küßte ich einer Tante die Zunge, was Gelächter hervorrief. Nathaniel beschnitt sich die Ohren, so daß er einen Dachs vorstellte, behandelte die Kranken und ersetzte Kewanventewas ausgefallene Zähne durch Kürbissamen. Darauf sangen wir lustige doppelsinnige Lieder. Der Inhalt meines Liedes war: »Meine Stute ist gar bösartig; sie schlägt aus und bockt. Ich habe sie laufen lassen, und sie zieht das Seil hinter sich her. Wer sie fängt, mag sie reiten!« Ich erklärte, mein Lied wolle besagen, ich hätte ein launisches, hitzköpfiges Weib, das schwer zu lenken sei, es hätte mich abgeworfen und auf mir herumgetreten. Wer es finge, dürfe es reiten. Die Leute lachten, und der Veranstalter schrie: »Ja, es liegt bei uns Männern, unsere wilden Pferde zuzureiten!« Bei Sonnenuntergang wurden wir tüchtig ausgepeitscht, damit Regen käme. Trotz meiner inneren Vorbehalte war es mir gelungen, mit den

Zwieherzern in der Durchführung meiner religiösen Verpflichtungen sehr gut auszukommen.

Das Amt des Hanswurstes machte mir Freude, und ich übernahm es oft, um dem Volk zu helfen; aber in Shongopavi wurde mir einmal ein schmerzhafter Streich gespielt. Ich wurde wegen Ehebruchs bestraft. Zwei komische »weibliche« Katschinas bezichtigten uns dieses Vergehens und ließen uns die Wahl, ob wir sogleich nach Hopi-Art bestraft werden wollten oder nach diesem Leben in der Hölle der Christen. Als wir uns zugunsten der Hopi-Justiz entschieden, öffnete eine der Katschinafrauen einen Beutel und nahm vier Stücke eines Stachelkaktus heraus, die an Stricken hingen. Die Katschinas führten Kalnimptewa ungefähr vierzig Schritte weit fort und banden ihm die Kakteenstricke so an den Hals, daß die Stachelstücke ihm gegen den Rücken und die Hinterbacken baumelten. Dann hießen sie ihn laufen, und er versuchte es, indem er sich weit nach hinten überbeugte. Aber die Katschinas befahlen ihm, sich aufzurichten wie ein Mann, und drückten ihm sogar die Stacheln ins Fleisch. Als er von seinen Martern erlöst war, sagte er, er wäre sehr dankbar, daß er seine Strafe jetzt erhalten hätte und keine Furcht vor der Hölle zu haben brauchte. Darauf führten die weiblichen Katschinas Kewanventewa – den alten Zwieherzer – an dieselbe Stelle, banden ihm aber die Kakteen so an, daß sie ihm vor der Brust hingen, und als er in gebückter Haltung zu laufen versuchte, schlug ihm eine auf den Hintern, daß er unwillkürlich auffuhr und sich selbst die Kakteen vor den Leib stieß. Nun war ich an der Reihe, und es bereitete mir kein Vergnügen, die abgebrochenen Stacheln im Fleische meiner Gesellen stecken zu sehen. Die Weiber zerrten mich an den Startplatz, hielten mir, als ich mich für die Zukunft zu strenger Tugend verpflichtete, mein Sündenregister von Moenkopi vor und gaben mir zu verstehen, daß es weit besser wäre, jetzt von rechtschaffenen Hopi bestraft zu werden als auf ewig zur Hölle zu fahren. Statt den Strick am Halse anzubinden, befestigten sie ihn an meiner Hüftschnur, so daß mir die stachligen Stücke zwischen den Beinen baumelten. Es nützte mir wenig, daß ich spreizbeinig lief, denn die Frauen folgten dicht auf und schlugen gegen die Dornenbälle, daß sie pendelten. Das waren höllische Augenblicke für mich, aber die Leute und sogar Irene hatten ihren Spaß daran.

Die Rolle des Narren bot gute Gelegenheit, Leuten Streiche zu spielen, sie für Ungebührlichkeiten zu züchtigen oder auch nur seinen Zorn an jemandem auszulassen. Ein Hanswurst konnte fast alles tun oder sagen, ohne Nackenschläge dafür zu bekommen, denn sein Amt war heilig. Darum verspotteten wir auch die Christen bei unseren

Hanswurstiaden und spielten ihnen Possen. Einmal, bei einem Tanz in Bakabi, hängte sich ein Hanswurst ein Bettuch um, stieg auf ein Hausdach und verkündete, daß er Jesus Christus wäre und wiedergekehrt sei, um die Welt zu richten. Er sagte, dies wäre die letzte Gelegenheit, gerettet zu werden, ließ ein Seil herab und lud die Gerechten ein, daran zum Himmel emporzuklimmen. Ein Hanswurst nahm die Einladung an, ergriff das Seil und war schon dabei, sich hinaufzuhangeln, als »Jesus« ihn genau ins Auge faßte, den Kopf schüttelte und ihn wieder in die Hölle stürzen ließ.

Es galt auch als ein gutes Narrenstück, wenn man sich eine Brille aufsetzte, einen langen Rock anzog, ein Stück Pappe faltete – als Bibel oder Gesangbuch – und dann feierlich auf den Dorfplatz hinausschritt, um Choräle zu singen und eine Predigt über das Höllenfeuer zu halten. Christen, denen das nicht gefiel, konnten ja wegbleiben; denn dann war der Spaß umso größer und wahrscheinlich bekamen wir dann auch mehr Regen.

Das Amt des Hanswurstes machte mir mehr Vergnügen als irgendetwas anderes; aber eine gewisse Befriedigung brachte es mir auch, meine Großväter zu necken, besonders die alten Kerle, die mir als Kind so schrecklich mitgespielt hatten. Ich drohte ihnen, daß ich bei ihren Frauen schlafen würde, rollte sie durch den Schnee und warf sie sogar in schlammige Pfützen und verdarb ihnen die Kleider. Einmal, es war im Jahre 1919, wurde bei Hubbells Laden ein Lagerhaus gebaut. Ich arbeitete auch dort und war eines Tages gerade dabei, in einem großen Bottich Zement zu mischen, als – mit einem Beutel auf dem Rücken – mein alter Großvater Talasweoma herankam, derselbe, der mich einmal zu verschneiden gedroht hatte. Er sagte: »Na, Talayesva, ich bin ja nun zwar alt und recht häßlich, aber, so leid es mir tut, du siehst ja noch schlimmer aus!« Ich sah ihn an und mußte lächeln, denn er war wirklich häßlich – eine krumme knochige Gestalt mit runzligem Fell, wirren Haaren und kleinen, trüben Schielaugen. Ohne ein Wort zu sagen, trat ich zu ihm hin, hob ihn auf und warf ihn in den Mörtelbrei. Sobald er herauszukrabbeln versuchte, stieß ich ihn wieder zurück. Er schrie: »Bitte, wirf mich nicht wieder hinein, ich habe die Lehre verstanden und werde nun artig sein!« Die Hopi lachten, aber Herr Hubbell, der Händler, trat hinzu, war ärgerlich und schalt mich, daß ich mit dem Alten so ruppig umginge. Der hinkte fort in den Laden und kratzte sich dabei selber den Mörtel ab. Nachher ging ich hinein und fragte: »Was ist denn mit dir los, hast du geweint?« – »Nein, im Gegenteil«, erwiderte er, »ich bin herzlich froh!« Da kaufte ich ihm für fünfzig Cent Zucker und ein Pfund Kaffee. Ich hatte schon angefangen, meine eigenen »Enkelkinder« zu hänseln, und ging gelegentlich grob mit ihnen um.

Nächst den Tanztagen mit ihrem Singen, Schmausen und den Narrenämtern war die größte Lust meines Lebens, mit heimlichen Freundinnen zu buhlen. Und wir, die ein mühevolles Dasein in der Wüste führen, brauchen auch diese zarten Affären als eine Würze des Lebens. Sogar verheiratete Männer ziehen ja von Zeit zu Zeit der eigenen Frau ein heimliches Verhältnis vor. Und immer kommen Zeiten, in denen die Frau keine Lust hat, und dann muß sich der Mann eben eine andere suchen, wenn er nicht ein unruhvolles und mißvergnügtes Leben führen will. Es ist nicht einzusehen, warum ein Mann etwas Unrechtes tun sollte, wenn er eine unverheiratete oder eine verwitwete Frau willig findet, solange er anständig gegen sie ist und sie außerdem belohnt. Ich nähme es keinem rechtschaffenen Manne übel, wenn er es mit meiner leiblichen Schwester hielte, vorausgesetzt, daß er sie anständig behandelte.

Frauen sind sehr wichtig für einen Mann. Sie verschaffen ihm eine der größten Freuden, die er kennt, und sie sind es, durch die das Volk sich vermehrt. Wir priesen die Frauen wegen ihrer Macht, Freude zu schenken, und wegen ihrer Wichtigkeit als Gebärerinnen, und wenn wir einmal eine ihr Los beklagen hörten, so behaupteten wir, daß sie glücklicher wären als wir; denn uns gehörten nicht einmal die Häuser, in denen wir lebten. Wir erinnerten die Frauen daran, daß unser Leben härter ist, da wir in Mühsal und Schweiß den Acker bebauen und unter Hitze und Sturm den Herden folgen, während alle Lebensmittel, die wir erzeugen, ihnen gehören, sobald wir sie im Hause abliefern, und daß bei ihnen die Macht ruht, uns mit leeren Händen, sobald sie nur wollen, fortzuschicken. Wir wiesen sie auch darauf hin, daß sie imstande wären, bei der Umarmung größere Lust zu empfinden als wir, weil sie ausgeruht wären und wir ermüdet und sie etwas empfingen, während wir unsere Stärke dahingäben. Mit solchen trefflichen Beweisen warteten wir den Damen auf, aber wir meinten das nicht im Ernst; denn wenn wir unter uns waren, lachten wir und bestätigten einander, welch ein Glück es wäre, ein Mann zu sein.

Oft sprachen wir auch davon, welche Frauentypen uns am besten gefielen. Ich wünschte mir eine, die jünger wäre als ich selber und von mittlerer Größe und Fülle, doch zog ich ein lebhaftes hageres Mädchen einem fetten und schlafmützigen vor. Helle Gesichtsfarbe war mir das liebste, denn wir sagen, eine dunkelhäutige Frau sei schon ein halber Mann. Mit einem Albino habe ich nie gebuhlt, nahm aber immer an, daß es mir gefallen würde. Auf die Farbe der Augen habe ich nie besonderen Wert gelegt, die Hauptsache war, daß sie leuchteten – aber schmale Lippen mußte sie haben und schwarzes Haar. Als junger Bursche fand ich an der Körper-

5. Amtsträger des Schlangenbundes beim Einstieg in die Kiva

17. Kiva-Inneres mit dem »Altar« des Bundes der Blauen Flöte

3. Ritual der Blauen Flöte an der Torevaquelle bei Mishongnovi

19. Genossen der Blauen Flöte klettern von der Oraibiquelle zurück auf die Mesa

20. Das Flötenfest in Oraibi mit den drei Flötenkindern

21. Der Blauflötenvogt streut mit geweihtem Maisschrot ein Wolkenzeichen
22. Die Antilopentänzer umkreisen beim Schlangentanz das Kisi

23. Schlangentänzer in Mishongnovi

24. Katschinatanz und Narrenspiele auf einem Aquarell des Hopimalers Fred Kabotie

behaarung keinen Gefallen, als Mann jedoch entdeckte ich den Reiz des Schamhaares; für das Haar unter der Achsel empfand ich freilich nie etwas. Die Alten erzählten, daß früher die Hopifrauen sich die Schamhaare ausgezupft und ihren Liebhabern als Andenken geschenkt hätten. Weiter gab ich breiten Hüften den Vorzug, einer mittleren Taille und einem weichen, warmen, feuchten Leib. Bei der Umarmung wünschte ich mir die Partnerin keck und daß sie frisch darauflostrabte wie ein Pferd, das keiner Sporen bedarf.

Es gibt gute und schlechte Verfahren in Liebesangelegenheiten. Mein alter Oheim Kayayeptewa unterhielt uns oft mit seinen Erfahrungen. Wir fragten ihn etwa im Scherz, wie er es fertig gebracht hätte, sich so viele heimliche Freundinnen zu verschaffen. Sein Rat lautete, die Frau in höflicher Weise darum zu bitten. Er sagte: »Zuerst wird sie nein sagen und dich ausschelten, aber vielleicht meint sie es gar nicht so. Du wartest vier Tage und fragst sie wieder. Sie wird nochmals nein sagen, aber schon weniger schelten. Weitere vier Tage später scheint sie vielleicht unentschlossen, aber bei der vierten Bitte wird sie wohl ja sagen. Ist sie aber immer noch kalt, dann laß sie in Frieden.« Darauf lachten wir und sagten: »Oha, bist du ein tapferer Kerl!« Er meinte im übrigen, die beste Art, eine Frau herumzukriegen, sei, sie mit Geschenken zu gewinnen. Ich glaube, daß er da recht hatte, und niemals habe ich die Gunst einer Frau empfangen, ohne sie zu belohnen.

Ich war – besonders nach meiner Verheiratung – durchaus nicht sehr kühn. Ich war mehr wie Miles Standish, von dem wir in der Schule gelesen hatten: zu ängstlich, zu fragen, wenn ich nicht im voraus wußte, daß die Antwort ein Ja sein würde. Im übrigen haben die meisten der verheirateten Männer diese Frage zu oft auf den Lippen. Ich bin nie in ein Haus gegangen, um den Widerstand einer Frau niederzuringen; denn ich fürchtete, sie würde mich dann ihr Leben lang hassen. Andererseits ist es nicht unrecht, wenn der Mann ein wenig Gewalt anwendet, sofern er weiß, daß seine Partnerin am Ende doch ihre Zustimmung gibt. Viele Hopimänner tun es auf jeden Fall.

Bei uns Hopi halten Liebende einander bei den Händen, küssen sich und liebkosen den ganzen Leib; sie tauschen Liebesworte aus und sagen einander über alles Erdenkliche Schmeicheleien. Nicht recht ist es, die Scham zu küssen. Ich habe auch im Stehen zu verkehren versucht, aber besser ist es, zu liegen, und ein Mann, der sich selbst achtet, bleibt oben. Es ist zwar gut, den Genuß hinauszuzögern, aber der Mann sollte vor seiner Partnerin fertig werden, denn sonst sieht sie womöglich, wie er das Gesicht verzieht, und macht sich nachher über ihn lustig. Die besten Frauen lassen zur rechten Zeit ein erregtes Keuchen hören, drücken den Mann rasch und wiederholt und halten die Augen geschlossen. Bei mir dauerte es nur ungefähr vier Minuten. Vor dem Erguß den Beischlaf zu unterbrechen, ist unanständig; ich habe das nie getan.

In meiner Jugend und wenn ich dann ausgeruht war, liebte ich viermaligen Verkehr in der Woche, aber später überschlug ich stets eine Nacht und im Sommer noch weitere zwei oder drei. Es heißt von manchen unbedachten Leuten, daß sie jede Nacht doppelt genießen, und ich habe Männer sich fünfmaliger Umarmung rühmen hören. Das ist zuviel.

Die Nacht ist die beste Zeit dazu; denn bei Tage kann es unter uns Hopi geschehen, daß jemand, ohne anzuklopfen, hereinkommt. Meine eigene Mutter überraschte einmal Irene und mich in dieser Weise, und als ich mich beschämt zeigte, sagte sie: »Was macht das, so ist nun einmal Menschenart!« Als wir jung verheiratet waren, meinte Irene, die Umarmung sei das »einzig wahre Leben«. Aber später fand sie es weniger anziehend und schien meinen Standpunkt in dieser Sache nicht zu verstehen. Oft entziehen sich Frauen ihren Männern, aber niemals sagen sie: »Ich möchte gern, daß du dir eine Geliebte suchst und mit ihr glücklich bist!« Dazu sind sie eben nicht imstande. Die meisten Männer, soweit ich sie kennengelernt habe, finden sich mit gelegentlicher Verweigerung ab, am Ende aber sagen sie doch einmal: »Wenn es dir gar nicht paßt, finde ich auch jemand anders!« Das ist gewöhnlich genug. Ich würde Irene verlassen haben, wenn sie sich mir zu oft und zu lange verweigert hätte; anderseits, wenn ich sie nur selten hätte befriedigen können und sie sich zu oft darüber beschwert hätte, würde ich eine Trennung vorgeschlagen haben. Indessen sollten doch Eheleute lernen, Geduld miteinander zu haben.

Nun, jedenfalls wurde uns ungefähr vier Jahre nach dem Tode meines Sohnes wieder eine kleine Tochter geboren. Ich freute mich und stellte mir vor, wie ich sie zur Schule schicken würde, wenn sie heranwüchse, damit sie Kurzschrift und Maschineschreiben lernte, und wie ich ihr in Keams Canyon im Büro eine Stellung besorgen würde. Aber, sagte ich mir, ich würde darauf bestehen, daß sie sich in Hopitracht kleidet und daß sie ihr Haar in Kürbisblütenfrisur trägt. Kämen dann die Weißen daher, so könnten sie ein richtiges Hopimädchen sehen und über ihre Schönheit und Tüchtigkeit staunen.

Ich weiß nicht mehr, wie das Kind hieß. Es lebte ungefähr vier Monate, dann erkältete es sich und hustete in einem fort, bis es starb.

Der weiße Arzt und die Schwester taten, was sie konnten, aber ihre Behandlung war ohne Erfolg. Wir mußten die Kleine zu einem Hopi-Heiler bringen, aber es war zu spät. Er versuchte sie zu retten, doch als sie Blut zu husten begann, verloren wir die Hoffnung. Es war im November, und ich war ausgefahren, um eine Ladung Holz zu holen. Als ich zurückkehrte und schon bei Masau'us Heiligtum war, kam mir ein Mann entgegengelaufen. Es war Joe, der mein Partner in der Schafhut geworden war; er sagte mir, die Kleine wäre tot, und bot mir an, für mich Wagen und Pferde nach oben zu bringen. Ich rannte querfeldein die Mesa hinauf und trat ins Haus. Irenes Angehörige waren da; sie hatten schon aufgehört zu weinen, aber als sie mich sahen, fingen sie aufs neue an. Ich kniete bei meinem Töchterchen nieder, deckte es auf und ließ meine Hände über den kalten Leib gleiten. Als ich das Kinn berührte, öffnete sich der Mund. Nachdem ich ihn wieder geschlossen hatte, wandte ich mich um und sagte: »Einer unter euch, unter den Angehörigen meiner Frau, hat dies Kind getötet. Ich hoffe, daß, wer immer es getan hat, an derselben Krankheit stirbt. Prüft euch von Kopf bis Fuß und deckt eure Schuld auf! Ich mag nicht weinen, denn ich bin toll vor Zorn! Und mag derjenige, der meine Kleine umgebracht hat, sie auch bestatten!« Ich war keineswegs willens, mein Kind von einem Zwieherzer bestatten zu lassen, aber ich sprach so im Zorn.

Mein Großvater Homikniva war ins Haus getreten, und er weinte auch nicht. Er sagte: »Was du sagst, Talayesva, ist richtig, und ich bin auf deiner Seite«. Und indem er sich den Verwandten meiner Frau zuwandte, fuhr er fort: »Und wenn es euch Feuerklanleuten nicht paßt, was er sagt, dann könnt ihr ja meinen Enkelsohn töten mit eurer bösen Kraft, aber dann müßt ihr erst mich umbringen!« Joe, ein Schmerholzmann, der mit einer Feuerklanfrau verheiratet ist, kam etwa zu diesem Zeitpunkt mit meinem Wagen an und schlug sich gleichfalls auf meine Seite. Ich redete viel und vergoß keine Träne, aber ich weinte in meinem Herzen.

Während Joes Frau die Leiche badete und zur Bestattung einwickelte, machte ich einige Gebetsfedern. Joe ging mit mir zu dem Grabe; ich hob die andern beiden Kinder heraus und legte dieses unten hin, indem ich es aufforderte, eilig wieder zurückzukommen. Das älteste Bündel, das meine erste Tochter enthielt, war so verfallen, daß die Wickeltücher sich in Fetzen auflösten und die kleinen Knochen herausfielen.

Die Leute redeten mehr als je zuvor. Sie sagten immer wieder, daß ich Unglück mit Kindern hätte, und einige von ihnen versuchten, mir die ganze Schuld zuzuschieben, indem sie andeuteten, daß ich die Zeremonien gedankenlos beginge, daß ich mich mit heimlichen Geliebten abgäbe, daß ich mich mit meiner Frau herumstritte, und das mache die Kleinen ruhelos und ließe sie hinsiechen und sterben. Ich versuchte mich gegen diese Anklagen zu verteidigen, und manchmal war ich sehr unglücklich darüber und ward sogar davon krank. Als ich eines Tages mit sehr bedrücktem Herzen zum Hüten hinausging, traf ich Nathaniel auf der Straße; er fand freundliche Worte für mich, richtete mich mit kräftigem Zuspruch auf, und ich war ihm dankbar dafür. Ich erzählte ihm, daß die alte Sequapa und meine Schwiegermutter mich angeklagt hätten, am Tode meiner eigenen Kinder schuldig zu sein. Und während wir so miteinander sprachen, rollten mir die Tränen die Backen herunter.

Meine Familie durchlebte ebenfalls eine schwere Zeit. Gladys, meine älteste Schwester, erwartete ein Kind. Eines Abends stellten sich die Wehen ein, aber das Kind wurde erst nach Sonnenaufgang geboren. Frank, ihr Mann, war zu der Zeit abwesend, da er Geschäfte mit einigen Navaho erledigte. Als ich morgens mit meinen Pferden ins Dorf kam, erzählte man mir von der Geburt und daß die Nachgeburt nicht kommen wollte. Ich lief eilig hin und fand meine Mutter, wie sie auf dem Boden saß und Gladys in den Armen hielt. Sie hatten die Nabelschnur durchgeschnitten, um das Kind zu retten, und hatten das andere Ende an einen Stein gebunden. Meine Mutter forderte mich auf, mich hinter Gladys zu stellen, sie anzuheben und die Nachgeburt herauszuschütteln. Ich hob sie fast einen halben Meter hoch und schüttelte sie, während meine Mutter den Stein faßte und zog. Gladys schien zuerst ganz teilnahmlos, aber nun sah sie mich mißmutig an und sagte: »Laß mich in Frieden, ich möchte lieber sterben!« Als ich sie auf den Boden legte, schaute sie mich an und starb. Obwohl sie sich unfreundlich gegen mich verhalten und zugegeben hatte, daß sie nicht mehr leben wollte, versuchte ich, sie nicht zu sehr zu tadeln, und fand mich damit ab, daß sie schon zuviel gelitten hatte und nicht mehr bei sich war.

Ira und ich fuhren sie in einem Wagen zu Grabe, um das Blut unseren Kleidern und Unglück unserem Leben fernzuhalten. Ich selber grub das Loch, und als die Bestattung beendet war, sagte ich: »Nun, liebe Schwester, geh zu deinen toten Kindern und widme dich ihnen! Eines Tages werden wir uns bei unseren Lieben wiedersehen.« Mehr konnte ich nicht sagen, denn ich mußte weinen. Erst spät am Tage, als ich schon meine Pferde hobbelte, konnte ich mich von kummervollen Gedanken freimachen. Gladys hatte uns vier Kinder aufzuziehen hinterlassen: Delia, die ungefähr zehn Jahre alt war, zwei jüngere Mädchen und das Neugeborene.

Im Laufe des Tages waren Byron Adams, ein geborener Hopi und Missionar, und eine weiße Reservationsschwester gekommen und hatten meine Mutter gebeten, ihnen den Kleinen zu übergeben; sie wollten ihn adoptieren, versprachen aber, daß er, wenn er heranwüchse, zurückkommen und unserer Familie helfen dürfte. Da Frank fort war, hatte meine Mutter beschlossen, sich von dem Kinde zu trennen. Die beiden nahmen es mit nach Neu-Oraibi, und dort löste die Schwester die besondere Schnur, mit der wir den Nabelstrang zugebunden hatten. Dadurch drang Luft in den Leib des Kleinen ein und ließ ihn aufschwellen. Die Weißen schnitten dem kleinen Jungen auch vom Gliede ein Stück ab – eine Operation, die sie Beschneidung nennen und die wir Hopi niemals vornehmen würden. Unter diesen Umständen lebte das Kind natürlich nicht sehr lange, und sie begruben es in einem Kasten auf dem christlichen Friedhof – ohne Grableiter und ohne Speisen. Ich hielt mich von all dem fern, aber ich hätte die Schwester ohrfeigen können, die eine erfahrene Fachkraft sein sollte und nicht einmal das Einfachste aus der Kinderpflege verstand. Als ich ihr später einmal begegnete, hätte ich ihr eine Hölle aufmachen mögen, aber es war mir klar, daß sie ohnedem bald genug in die Hölle kommen würde, denn sicherlich, in seinen Himmel konnte ihr Gott sie niemals einlassen.
Während sich diese traurigen Dinge zutrugen, sagte mein Oheim Talasquaptewa, der nun schon sehr alt und gebrechlich war, eines Tages zu mir: »Lieber Neffe, wir haben dir ins Herz gesehen und dich erwählt, Sonnenvogt – Tawamongwi – zu werden an Stelle deines Bruders Ira, der allerdings der Ältere ist. In kurzem wirst du mir in diesem Amte folgen. Ich möchte, daß du mir genau zusiehst, wenn ich die Opfergaben mache, damit du Bescheid weißt, wenn ich hinscheide.« Dies bedeutete, daß ich – wie ein König – in die Ämtererbfolge eintreten und Sonnenvogt sowohl von Moenkopi wie Oraibi sein würde. Er zeigte mir die bestimmte Stelle, an der ich stehen oder sitzen mußte, wenn ich die aufgehende Sonne auf ihrer Fahrt zu ihrem Sommerheim geleitete, und lehrte mich alles, was ich in meinem besonderen Amte wissen mußte.
Während seiner letzten Lebensjahre wohnte Talasquaptewa im Sommer in einer kleinen Feldhütte auf einer Kuppe anderthalb Kilometer westlich von Oraibi. Er wurde sehr hinfällig, und meine Mutter besuchte und speiste ihn zweimal am Tage, wie sie denn immer geschäftig war, anderen zu helfen. Wenn er nicht essen konnte, pflegte sie Wasser und Lebensmittel neben ihn zu setzen. Eines Tages im Sommer 1920, als ich mit anderen Männern zusammen an einem Zaun auf dem Felde von Batowe arbeitete, kam Ira mit der Nachricht, daß unser Oheim tot aufgefunden wor-

den sei. Tewaquaptewa, der Dorfvogt, der von meinem Oheim aufgezogen worden war, und mein Vater badeten und umhüllten den Leichnam zur Bestattung als Amtsträger. Der Dorfvogt hielt eine besondere Ansprache, in der er ihn aufforderte, Regen zu schicken, sobald er das Totenheim erreichte und seine Stelle einnähme – denn er war ja Amtsträger und konnte das.

Was noch vom Besitze meines Oheims übrig war, wurde – außer einigen Kleinigkeiten, die wir ihm mit ins Grab gaben – unter uns geteilt. Meine Mutter bekam seinen Anteil an der Herde und die Obstbäume. Ich erhielt drei uralte heilige Masken und wurde Eigentümer der Mongwi-Kiva. Dreißig Jahre war ich nun alt und freute mich, meinem Oheim im Amte zu folgen. Ich war entschlossen, zu tun, was ich konnte, um meinem Volke zu dienen und ihm Regen und ein gutes Leben zu sichern.

Auch bei der Soyalfeier übernahm ich nun wichtigere Rollen. Da Lomavuyaoma vom Feuerklan, ein Oheim meiner Frau, alt und schwach zu werden begann, bat er mich, seine Aufgabe zu übernehmen und die besonderen Opfergaben am Heiligtum Masau'us niederzulegen. Dies war ein gefährlicher Gang in der Dunkelheit, und manch ein Hopi würde ihn niemals wagen – aus Furcht, dem blutigen Masau'u selber zu begegnen. So saß ich denn eines Morgens unterm Soyal, ungefähr um halb drei Uhr, an der Feuerstelle und rauchte, während jeder Festgenosse ein Paho auf eine alte Flechtplatte setzte, dazu Piki, vom Feuerklan gebacken, rohes Kaninchenfleisch, Bergtabak und Maisschrot. Als ich die Platte aufnahm und mich anschickte zu gehen, sprachen alle zugleich: »Mit deinem kühnen, frohen Herzen bring unsere Pahos dahin und richte unsere Botschaft Masau'u aus!«

Als ich die Kiva verließ und die Mesa zum Heiligtum hinunterging, war der Mond nahezu untergegangen. Ich schritt mutig aus, streute Schrot vorm Heiligtum und betete: »Großer Masau'u, ich bin hierhergesandt worden, um deine Hilfe zu erbitten für unser Leben. Schenk uns Feuchte und behüte uns! Laß das Volk wachsen, ein hohes Alter jeden erleben und sterben ohne Leiden!« Als ich die Flechtplatte am Heiligtum niederlegte, fühlte ich einen Lufthauch sich erheben wie einen Windstoß. Da wußte ich, daß Masau'u die Gaben angenommen hatte.

Der Mond war untergegangen, und die Nacht war finster, als ich einen Maisschrotpfad streute und anfing, die Mesa wieder hinaufzusteigen. Als ich das zweite Gesims erreichte, hörte ich ein Geräusch wie von schweren Fußtritten auf dem Pfade unten. Ich nahm an, daß es ein Bote von einer der anderen Kiven wäre auf seinem

Wege zum Heiligtum. In der Absicht, seinen Mut zu erproben, nahm ich einen Stein auf und schleuderte ihn ungefähr dorthin. Die Schritte hielten jäh inne, es herrschte vollkommene Stille, und ich begriff, daß es ein Geist gewesen war; bei mir selber aber sprach ich: »Das hätte ich niemals tun sollen!« Als ich nach Südosten sah, erblickte ich etwas, das im ersten Augenblick wie ein zweiter Mond in seinem Aufgange erschien, aber es war ein großes rotes Feuer, das an der äußersten Kante der Mesaspitze ungefähr drei Fuß hoch aus dem Boden lohte. Ich stand an der Felswand und fragte mich, was ich tun sollte: dem Pfade folgend auf das Feuer zugehen oder geradeswegs über die Felsplatte heimkehren. Aber obwohl ich vor Furcht zitterte, wurde mir doch klar, daß Masau'u mich erproben wollte und erwartete, daß ich meinen Mut bewiese. Ich ermannte mich also und ging so gefaßt wie möglich auf das Licht zu, das währenddes auf eine Höhe von etwa einem Fuß herabbrannte. Ich ging noch zehn Schritte näher heran und beobachtete, wie die Flamme ausging; dann schritt ich schnell auf das Dorf zu. Indessen schienen meine Augen nun zu versagen, und ich verlor das Gefühl für die Richtung. Als ich an dem kleinen Damm vorüberkam, wo ich meine Großmutter Bakabi als nackte Zwieherzerin gesehen hatte, war es mir, als packte mich hinten etwas an der Jacke und zöge mich bei jedem Schritte zurück. Ich versuchte zu laufen und stolperte bei dem ersten Hause über einen Stein.

Die Wache an der Mongwi-Kiva hörte mich und fragte, ob etwas nicht in Ordnung wäre. Ohne zu antworten, stieg ich in die Kiva hinab, setzte mich zu schweigendem Rauchen nieder und bat den Feuergott um Vergebung. Mein Entschluß war gefaßt, niemals wieder, wenn ich zum Heiligtum Masau'us gesendet würde, schneidige Streiche zu verüben. Das Feuer zu sehen und bei solchem Anlaß zu stolpern und zu fallen, war ein Zeichen des Unheils. Aber ich erinnerte mich daran, daß der erste Mann, der je in Oraibi gelebt hatte, Masau'u selber ohne Gefahr geschaut hatte. Die alten Hopi erzählen, daß Macheta das Feuer mehrmals abends am Oraibi-Felsen gesehen hat. Dreimal ging das Licht aus, als er sich ihm näherte; beim vierten Male erblickte er eine menschliche Gestalt, die ihren großen blutigen Kopf in den Händen hielt. Die Gottheit gab sich als der Gott des Feuers und des Todes zu erkennen, der die Mesa behütet, und gestattete unserm Ahnherrn, dazubleiben und sein Haus beim Felsen zu erbauen. Das Fundament dieses alten Hauses war noch zu sehen, und ich vertraute darauf, daß Masau'u unser aller Leben nach wie vor behütete.

In Neu-Oraibi starb kurz danach mein Bruder Perry, der gerade die Schule verlassen hatte. Ich trug seinen Leichnam zu Grabe, und während mein Vater und ein Verwandter das Loch gruben, flog eine große Fliege an uns vorüber und in einen Busch. Einer der Männer sagte: »Das ist die Todesfliege, die weist auf weiteres künftiges Unheil hin!« Ich nahm einen Knüppel, um nach ihr zu werfen, aber mein Vater hielt mich zurück. Wir legten vielerlei mit meinem Bruder ins Grab: Halsketten, Ohrringe mit Türkisen, Armreifen und Tanztrachten. Aber – unausweichlich! – zwanzig Tage später starb mein siebenjähriger Bruder Glen. Ich war in Bakabi und half einem Klanbruder in seinem Laden. Als ich die Nachricht erhielt, eilte ich nach Hause; es war schon spät, ich deckte sein Gesicht auf und weinte, denn er war ein stilles, frohes Bürschchen gewesen, voller Unfug und unser aller Liebling – eben der kleine Junge, bei dem ich Geburtshilfe geleistet hatte. Ich erinnerte mich an die Fliege, und von da an war ich, wenn ich ein großes Insekt vorüberbrummen hörte, stets so lange unruhig, bis ich wußte, daß es nicht die Todesfliege, sondern eine harmlose Hummel gewesen war. Rückschläge und Unheilszeichen rissen nicht ab. Bald danach, als ich eines Abends, von Bakabi kommend, an der Nordmesa vorüberschritt, warf jemand einen Stein von einer Klippe, der mir gerade vor die Füße fiel. Ich blickte auf und sah, wie eine Eule nach Osten davonflog. Ich dachte natürlich sogleich daran, daß oft im Dunkeln die Hexen mit Steinen nach den Leuten werfen und daß sie sich in Eulen verwandeln können. Ich eilte nach Hause, erzählte meiner Frau und meinem Großvater, was sich zugetragen hatte, und er meinte auch, es müßte jemand gegen uns stehen. Solche Vorfälle führten dazu, daß ich stets nach irgendwelchen verräterischen Anzeichen auf der Lauer lag. So bekam ich eines Nachts, als wir der Soyalfeier halber in der Kiva schliefen, den Schluckauf. Plötzlich schreckte ich auf, denn ich fühlte, wie sich eine Hand mir über das Herz legte; es war aber nur ein Soyalteilnehmer, der mir zuflüsterte: »Bitte, denk nicht, daß ich ein Zwieherzer bin! Ich habe dich berührt, um dich auf diese Weise zu erschrecken; denn hier den Namen deiner Buhle zu nennen, wäre nicht recht, nicht einmal, um den Schluckauf zu verscheuchen!«

Die Jahre vergingen schnell, und 1923 oder 1924 wurde mein viertes und letztes Kind geboren. Es war ein Knabe. Im Kinderkriegen hatte ich Glück, Unglück aber in der Aufzucht. Er sah aus wie ein weißes Kind, und war einer der schönsten Säuglinge, die ich je gesehen hatte. Zuerst dachte ich, es wäre ein Albino, und obwohl wir ihm einen Hopinamen gaben, nannte ich ihn Alphonso – König Alphonso – und sagte voraus, daß er einen guten Schafhirten, einen tüchtigen Mann und einen erstklassigen Liebhaber abgeben würde. Ich freute mich und dachte mir: »Dies ist nun das vierte

Kind. Vielleicht haben die Unterweltleute Mitleid mit mir und
lassen den Jungen leben.« Aber innerhalb weniger Monate, kurz
nach dem Nimantanz, wurde er sehr krank. Irenes Mutter wollte
nichts mehr mit uns zu tun haben und sah ihre Tochter kaum an.
Sie gab Irene keinen guten Rat mehr und war anscheinend dagegen,
daß sie noch Kinder bekäme. Ich aber wünschte sie mir so sehnlich wie nur je. Irenes Angehörige gaben mir die Schuld am Tode
unserer Kinder. Sequapa, die sieben Ehemänner gehabt hatte und
jeden Mann gegen Bezahlung hinnahm, behauptete gegen meine
Schwiegermutter, daß ich selbst den Tod meiner Kinder verursache,
weil ich mit fremden Frauen Verkehr hätte und es unterließe,
meinen rituellen Verpflichtungen gewissenhaft nachzukommen. Sie
deuteten sogar an, daß ich ein Zwieherzer wäre, der seinen eigenen
Kindern das Leben nähme, um das eigene zu retten. Als Irene von
diesem Geschwätz gehört hatte und es mir vorhielt, sagte ich: »Das
ist eine Lüge. Ich bin kein Zwieherzer und habe nie an ihren
geheimen Zusammenkünften teilgenommen. Ich will mich verteidigen und diese Frauen von Angesicht zu Angesicht verhören!«
Ich suchte Sequapa und Irenes Mutter auf und holte sie zu uns ins
Haus. Als ich sie drinnen hatte, sagte ich in Irenes Gegenwart zu
den beiden: »Nun vertretet eure Meinung, ihr Frauen, aber seht
mir gerade in die Augen und bleibt bei der Wahrheit! Ihr klagt
mich ungerecht an. Ich bin kein Zwieherzer, und niemals bin ich auf
einer ihrer geheimen Zusammenkünfte gewesen. Ich besitze nicht
die Macht, mich gegen sie zu verteidigen. Wenn sie mich umbringen wollen, so können sie das tun, und auffressen können sie mich
auch. Ich bin ein ganz gewöhnlicher Mensch und nicht so sehr
viel wert. Ich kann nicht einmal meine eigenen Kinder aufziehen.
Wenn ich tot bin, mag Irene sich einen anderen Mann nehmen und
andere Kinder bekommen.« Dann ging ich mit ihnen in ein strenges
Verhör und führte meine Sache wie ein weißer Rechtsanwalt; aber
vieles von dem, was ich sagte, habe ich inzwischen vergessen.
Sequapa hatte ich, wie es schien, von vornherein in der Tasche.
Sie wußte überhaupt nichts zu sagen und verdrückte sich bald. Da
wandte ich mich meiner Schwiegermutter zu und sprach mich rückhaltlos aus. Als ich nichts mehr zu sagen wußte, schloß ich mit den
Worten: »Es scheint, ich habe euch in dieser Sache zum Schweigen
gebracht.« Auch sie ging hinaus, ohne noch etwas einzuwenden. Ich
wußte nicht, ob Irene auf meiner Seite war oder nicht, denn sie
sagte nur: »Ich möchte meinen Kleinen behalten, aber ich habe die
Hoffnung verloren.« Als ihre Mutter fort war, sagte ich: »Irene,
ich bin in einer schrecklichen Verfassung, ganz aus dem Einklang
und weit von meinem Sonnenpfad verschlagen. Ich glaube nicht,

daß ich unser Kleines in dieser Not erretten kann.« Wir weinten und weinten und blieben die ganze Nacht hindurch wach.

Am nächsten Morgen brachte ich Frau und Söhnchen zu meiner Mutter und machte mich zu Fuß auf, um einen Hopidoktor aus Hotavila zu holen. Als ich so die Straße entlanglief, sah ich plötzlich eine tote Krötenechse vor mir liegen. Ich blieb stehen und sagte zu ihr: »Nun hast du mir verkündet, daß der kleine Knabe, den ich zurückgelassen habe, tot ist; aber ich will weitergehen und einen Doktor holen, der herausbekommt, wer ihn umgebracht hat.« Der Doktor in Hotavila sagte, er wollte nur seine Pferde hobbeln und dann sogleich hinkommen. Ich lief vor ihm wieder zurück, und als ich an die Stelle kam, wo ich die tote Echse gesehen hatte, war sie spurlos verschwunden – der Beweis, daß es ein schlimmes Vorzeichen gewesen war. Im Hause meiner Mutter fand ich meine Angehörigen in Tränen, und sie berichteten mir, daß der Kleine, bald nachdem ich fortgegangen, gestorben sei. Ich erfuhr auch, daß Irenes alter Onkel, noch bevor ich außer Sicht war, verstohlen ans Haus meiner Mutter gekommen sei und dabei Gelegenheit gehabt hätte, einen weiteren Giftpfeil in mein Kind hineinzuschießen.

Ich nahm den kleinen Toten und legte ihn zu seinen Geschwistern ins Grab, aber ach, wie weh mir das tat! Voll Bitterkeit und Kummer sprach ich: »Nun, dies ist das letzte Kind, das ich haben werde, denn sie sterben mir alle. Es sind Zwieherzer da, die gegen mich sind, und es hat keinen Zweck, es noch weiter zu versuchen.« Es war falsch, solche Worte zu sprechen, aber ich war zu aufgewühlt und empfand mein Geschick wirklich als sehr hart. Noch viel später, wenn ich von weitem am Grabe meiner Kinder vorüberkam, stieg mir ein würgendes Gefühl in der Kehle hoch, und mein Zorn und mein Gram schienen mir unerträglich. Doch eines Nachts im Traume kam mein Schutzgeist zu mir und sagte: »Warum zermarterst du dich? Weißt du nicht, daß ich mit dir bin?« Ich entschuldigte mich und sagte, daß die falschen Geschichten über mich und den Tod meiner Kinder meine Schritte auf die falsche Bahn geführt hätten. »Dies ist das Werk der Zwieherzer«, erwiderte er, »aber trübe Gedanken werden dir nicht aufhelfen. Nimm dich zusammen und kehre auf den Sonnenpfad zurück! Tag und Nacht habe ich dich im Auge behalten, ich besitze ein vollständiges Bild deines Lebens. Wenn du nicht auf mich hörst, werde ich wiederkommen, dir dieses Bild vorhalten und dich danach richten. Laß nie wieder den Mut sinken, sag nie wieder, daß du bald sterben wirst! Vergiß nicht, daß ich dein Lenker bin und dich beschirmen werde! Nun sei gütig und klug!«

Ich erwachte in sehr froher Stimmung und berichtete Irene, was ich gesehen und gehört hatte. Sie schien zunächst Zweifel darein zu setzen, aber ich machte ihr klar, daß das Leben einen Sinn hat und daß jemand da sein muß, der über den Menschen wacht. Ich wies sie darauf hin, daß ein Mensch niemals sich etwas vornehmen und dann im letzten Augenblick sich eines Besseren besinnen könnte, wenn er keinen Schutzgeist hätte. Sie gab zu, daß das wahr sein müßte, und hielt mich seitdem anscheinend nicht mehr für schuldig.

Meine Gesundheit zeigte sich erschüttert. Die Blitzeskraft, die vor Jahren in meinen Körper eingetreten war, als ich die Stätte des toten Pferdes betreten hatte, begann sich auszuwirken. Ich bekam Kopfschmerzen, meine Augen waren gerötet, und zuzeiten bebte ich vom Kopf bis zu den Füßen, und Schaum trat mir auf die Lippen, besonders wenn ein Sturm bevorstand. Wir versuchten verschiedene Heilmittel, aber keines schien zu helfen. Mein Großvater riet mir, meinen eigenen Harn frisch zu trinken. Ich schluckte ihn achtmal und empfand auch einige Erleichterung. Eines Abends aber hörte ich ein Brüllen in meinem Kopfe, und es fühlte sich an, als wollte er zerspringen. Mir wurde schwindlig, ich war etwas geistesabwesend, wälzte mich auf meinem Schaffell, schlug mit der Stirn auf den Lehmboden und weinte wie ein Kind. Einige Tage später kam Polingyuama, ein Medizinmann aus Bakabi, um auch Ira zu behandeln, der an den gleichen Anfällen litt. Wir zogen das Hemd aus und setzten uns vor dem Doktor auf den Fußboden; er sang vier Zauberlieder über uns und wusch uns den Kopf in Yuccalauge, um die üble Macht herauszuziehen. Ich überreichte dem Doktor eine Korallenschnur und ein Paar polierter Türkisohrringe für mich selbst und drei Schnüre Wampumperlen für Ira. Ich gesundete fast ohne Verzug, aber Ira erholte sich nur sehr langsam. Dies war meine erste ernsthafte Krankheit seit dem Todeserlebnis in Sherman. Zwei, drei Jahre verstrichen, ohne daß sich etwas Wichtiges zutrug. Nur Barbara, eine Schwester Irenes, hatte Streitigkeiten mit ihrem Mann, einem Klanbruder von mir, namens Arthur. Eine Zeitlang wohnte sie bei uns, und ihre Kinder ließ sie sogar noch länger da. Irene und ich kamen gut miteinander aus, aber mit ihrer Mutter hatte ich nichts zu schaffen – ich sprach nicht einmal mit ihr.

Ich hatte auch einige Schwierigkeiten mit einem Zwieherzer. Eins von Nathaniels Kindern war gestorben, und er hatte es durch die Missionare bestatten lassen. Die Leute erinnerten sich an sein sonderbares Verhalten und mieden ihn als einen Hexer. Er wohnte meistens allein, ärgerte die Kinder, die ihm nahe kamen, warf mit

Steinen nach den Hunden seiner Nachbarn und war zu sehr auf Vertraulichkeiten mit Frauen aus, deren Männer abwesend waren. Gegen mich zeigte er sich weniger freundlich als früher, und einmal, als ich ihn im Laden ansprach, starrte er mich nur an und ging fort. Daraufhin beschloß ich, ein wachsames Auge auf ihn zu haben.

Moenkopi blieb ein Lichtfleck in meinem Dasein. Von Zeit zu Zeit ging ich dahin zurück, um etwas Bargeld zu verdienen und mir eine Freude zu verschaffen, nämlich, wenn es anging, heimlich Mettie zu besuchen. Eine dieser Fahrten erwies sich als besonders vergnüglich. Ich hatte bei Euella im Hause gewohnt und Jimmy acht oder zehn Tage in seinem Laden geholfen. Dann fuhren wir mit einer Wagenladung Schaffelle und Navahodecken nach Flagstaff, um dafür Handelswaren einzutauschen. Wir brauchten mehr als einen Tag für die Fahrt und vertrieben uns die Zeit mit Gesprächen über die Frauen. Das brachte Jimmy auf den Gedanken, wir müßten uns in der Stadt ein paar weiße Beischläferinnen suchen. Gegen Mittag kamen wir dort an, und da es ein heißer, staubiger Tag war und wir bis zum Abend mit unseren Decken von Haus zu Haus zogen, waren wir am Ende ganz verschwitzt und dreckig. Nun gingen wir in ein berüchtigtes Haus, fanden aber so viele Weiße da, daß wir keine Chance hatten. Ich trat wieder auf die Straße und sah gerade, wie ein Negermischling aus einem anderen Hause kam. Ich ging hinter ihm her und fragte ihn, ob man dort gut aufgenommen würde. Er lachte und sagte: »Ja, für zwei Dollar!« Ich dankte ihm, ging zu der Türe hinüber und klopfte. Eine Frau öffnete, und als ich sie fragte, wo ich ein paar nette Mädchen finden könnte, zeigte sie auf das Haus, das ich gerade verlassen hatte. Also machte ich ihr klar, daß es dort voll wäre von Kunden, und fragte: »Liebe Freundin, gehörst du auch zu denen?« – »Nein«, antwortete sie. Aber ich hielt ihr meine Unterhaltung mit dem Neger vor und bat sie, mich einzulassen. Sie sagte: »Ja, ich weiß doch nicht; ich glaube es wird nicht gehen!« Darauf erwiderte ich mit sanfter Stimme: »Ich bin auch ein Mensch und gerade so gut wie der Neger. Mein Geld ist auch Staatensilber, kein mexikanisches. Da ist ein Dollar: der Damenkopf auf der einen Seite und auf der andern der Adler! Na geh, laß mich hinein!« – »Du bist aber sehr schmutzig«, sagte sie darauf, »du mußt erst ein Bad nehmen!« Sie führte mich in ein Badezimmer, wo ich mich auszog, wusch und wartete. Als sie wiederkam, schrubbte sie mir selbst den Rücken mit einem Lappen und einer wohlriechenden Seife und untersuchte mich dann. Sobald ich trocken war, rief ich: »Kannst du mir etwas Sauberes anzuziehen geben?« – »Hier ist ein Nachthemd«, antwortete sie. Ich sah in den Spiegel, als ich es mir übergezogen hatte, und fragte mich, ob ich nun wohl wie der heilige Geist aussähe.

Ich fand sie schon entkleidet auf dem Bette, und als ich mich zu ihr legte, sagte ich: »Nun ist es an mir, dich zu untersuchen.« Sie war prächtig, und als wir fertig waren, stand sie auf und wusch mich nochmals. Sie war die sauberste Frau, die ich je gesehen habe. Ich zog dann mein schmutziges Zeug wieder an, sagte ihr gute Nacht und fand Jimmy mit einem Mexikaner an der Ecke stehen und warten. Er hatte gar kein Glück gehabt. Ich erzählte ihm von meinem Erlebnis, und wir stimmten ein großes Gelächter darüber an, daß einige Weiße uns Indianer nicht einmal für Menschen halten.

Das Blitzleiden war schlimm gewesen, aber meine größte Not nach dem Tode meiner Kinder war eine Krankheit meiner Geschlechtsteile. Rote Pickel erschienen auf meinem Gliede, es gab einen üblen Ausfluß, und die Hoden waren auf beiden Seiten bös geschwollen. Ich hatte den Abend vorher bei meiner Frau geschlafen, doch über einen Monat bei keiner anderen Frau, und sagte mir daher: »Eine Geschlechtskrankheit kann das nicht sein.« Der Schmerz war so groß, daß ich weder gehen noch sitzen noch liegen konnte, und wenn ich Wasser zu lassen versuchte, so brachten mich schon ein paar Tröpfchen zum Heulen. Ich war viele Tage lang krank und wurde von mehreren Hopidoktoren behandelt.

Ich lag in meinem Hause auf dem Lehmfußboden, als eines Tages meine Mutter mit Polingyuama hereinkam und ihn bat, mich zu behandeln. Er betrachtete mich vom Kopf bis zu den Füßen, holte tief Atem und sagte: »Nun, ich will tun, was ich kann, aber ich bin möglicherweise nicht imstande, diesen Mann aus der Gewalt der Zwieherzer zu befreien. Und wenn es mir gelingt, dann werde ich selbst gegen sie kämpfen müssen.« Er spie sich in die Hände, rieb sie aneinander, hielt sie der Sonne entgegen, sog einen tiefen Atemzug Geistesmacht ein und begann, meine geschwollenen Glieder zu untersuchen. Schließlich zog er drei Giftpfeile heraus: einen krummen Teufelsdorn, der mein Glied nach unten gedrückt hatte, und zwei Stachelschweinkiele, die die Schwellung verursacht hatten. »Du mußt lange Zeit den Frauen fernbleiben«, sagte er. »Es sind ein paar bösgesinnte Leute da, die dich zu töten versuchen.« Meine Mutter weinte und sagte zu dem Arzt: »Ach bitte, rette doch meinen Sohn! Er ist das beste Kind, das ich habe, und hilft mir mehr als alle andern. Wenn ich ihn verliere, weiß ich nicht, was ich tun soll. Ich will ihn dir als leiblichen Sohn geben, und wenn er gesund wird, wird er auch dir helfen.« – »So soll es sein«, sagte

der Doktor. »Wir wollen unsere Herzen zusammentun, unfrohe Gedanken verbannen und um die Kraft beten, ihn zu retten!«
Aber ich wurde nicht gesund, und daher kam Jay aus Mishongnovi, um mich zu ermahnen und zu behandeln, und er zog ein paar Steinsplitter heraus, ein kleines Knochenstück und etwas Antilopenhaar. Sammy von der Ersten Mesa trieb auch mit seinen Zauberliedern einige böse Geister aus. Aber keiner schien bis an die Hauptursache zu gelangen, denn der Schmerz wurde nur schlimmer. Dann kam Kochwytewa, der mit einer Sonnenklanfrau verheiratet war, aus Hotavila, nahm eine kurze Untersuchung vor, wandte sich zu Irene und sagte: »Du scheinst beliebt zu sein, und ein gewisser Zwieherzer versucht offenbar, deinen Mann aus dem Wege zu räumen, um dich dann für sich allein zu haben. Aber du bist in Wirklichkeit nicht sehr schön, und ich ermahne dich, zu Talayesva zu halten und sein Leben retten zu helfen!« Er hatte das Recht, so zu ihr zu sprechen, denn er war ihres Vaters Neffe und daher ihr »Vater«. Dann, als er mich genau untersuchte, zeigten seine Züge mit einemmal Überraschung, er warf einen schnellen Blick auf meinen Großvater, der dabei saß, und entfernte plötzlich mehrere Giftpfeile. Darauf wandte er sich an den alten Mann und sagte: »Du wußtest doch ganz gut, daß diese Pfeile in deinem Enkelsohn saßen, und hast trotzdem nicht versucht, sie zu entfernen? Willst du denn, daß er stirbt?« Ich beobachtete meines Großvaters Gesicht genau und bekam einen Schreck, als er sich beunruhigt zeigte, ohne doch eine Antwort zu geben. Wäre er unschuldig gewesen, so hätte er als Mann dagegen sprechen und etwa sagen müssen: »Du bist ein Lügner! Ich bin kein Zwieherzer und bin nicht der, der meinen Enkel umbringt!«
Ich war sehr krank und hatte viele Schmerzen. Alle guten Gedanken hatten mich verlassen, und mein Antlitz war nach Westen gewendet, wo die Toten leben. Mein Großvater war jetzt alt und schwach, und ich hatte ihn in dem Verdacht, daß seine Zeit gekommen war und daß er beschlossen hatte, mich zu töten, um sein eigenes Leben zu verlängern. Mir war klar, daß ich ihn sein noch übriges Leben hindurch im Auge behalten mußte.
Im Februar verfiel ich in diese schlimme Krankheit, und es wurde Mai, ehe ich schmerzfrei war. Wiederhergestellt aber war ich noch lange nicht: mein linker Hode war ganz weich und schändlich klein, und mein Glied war ruiniert. Diese Impotenz war ein schwerer Schlag für mich und auch für Irene ein Anlaß des Kummers. Lange war ich freudlos deswegen und hätte gern alle Pferde und sogar meine ganze Herde weggegeben, wenn ich damit meine Manneskraft hätte erneuern können. Ich versuchte mich mit dem Gedanken zu trösten, daß mein Unglück nicht so groß war, wie wenn ich mein

eines gutes Auge, einen Arm, ein Bein oder gar mein Leben verloren hätte.

Von diesem einen Male abgesehen, handelte mein Großvater stets rechtlich und war stets gütig zu mir. Ich wußte, daß er ein großer Heiler war, und ich nahm an, daß ihn das Leiden dauern würde, das er mir verursacht hatte, wenn ich immer freundlich und höflich zu ihm wäre, und daß er beschließen würde, mir kein Leides mehr anzutun, nicht einmal, um sein eigenes Leben zu retten.

Nach wie vor liebte ich die Kinder. Obwohl ich daran zweifelte, daß ich jemals wieder Vater sein könnte, wünschte ich mir noch immer einen Sohn oder eine Tochter und kümmerte mich besonders um die kleinen Kinder im Dorf. Ich ließ sie auf meinem Wagen mitfahren, trug sie auf meinem Rücken in die Kiva, machte Spielzeug für sie und schenkte ihnen Leckerbissen. Manchmal nahm ich wohl auch einen kleinen Jungen auf den Schoß und sang ihn in Schlaf, während ich mit seinen Geschlechtsteilen spielte, um ihm ein Vergnügen zu machen – gerade so, wie andere mit mir gespielt hatten.

Auch begannen die Leute mir ihre Kinder zu bringen, wenn sie krank waren und kein Wasser lassen konnten. Ich fand, daß die Antilopenkraft noch in mir war, obwohl nicht ganz so stark wie früher. Ich massierte diesen kranken Kindern die Scham, zerkaute Piki und ließ sie es von meinen Fingern essen; ich war sehr glücklich, wenn sie wieder gesund wurden.

Ich scheute mich, die Rolle des Katschina-Riesen zu übernehmen, um meine Nichten und Neffen und andere Kinder zu erschrecken und ihnen gutes Benehmen beizubringen. Aber von Ira und mir verlangte man es, weil wir die größten Männer in Oraibi waren. Die schreckliche Maske war so groß, daß mein ganzes Gesicht in dem langen Schnabel mit den Sägezähnen Platz fand. Ich schwärzte mir das Gesicht, damit die Kinder mich nicht erkennen konnten, und wenn wir ins Dorf kamen und ich nach den Geschenken an Fleisch oder anderen Speisen griff, hütete ich mich davor, jemand zu berühren. Einmal, als ich auf einen kleinen Buben zusprang und nach seinem Stück Fleisch grapste, während ich zwischen den Zähnen der Maske hindurchlugte, sah ich ihn vor Angst zittern und fühlte zugleich, wie mir selbst die Tränen die Wangen hinunterliefen.

Fast alle Kinder des Dorfes hatten mich gern, und mehr als einmal träumte mir ein sehr freundlicher Traum. Einmal zum Beispiel saß ich in meiner alten Wohnung, in der ich geboren war, und da hörte ich draußen einen Säugling weinen. Als ich vor die Türe trat, sprach eine Stimme zu mir: »Nimm das Kind auf und füttere es, denn ich sehe in deinem Herzen, daß du ein gutherziger Mensch bist. Alle haben sie das Kind zu trösten versucht, aber ohne Erfolg. Nun heb doch du es bitte auf!« – »Gewiß«, entgegnete ich, »ich weiß zwar nicht, ob ich ein gutherziger Mann bin, aber ich will an diesem Kinde hier mein Bestes tun!« Links von mir lag ein Säugling in einem Mehlkasten, und ich sah, daß es ein Knabe war. Schnell trat ich zu ihm, nahm ihn auf und sagte: »Hör auf zu weinen, mein Sohn, und sei artig!« Sogleich war er still und lächelte mich an. Dann hörte ich viele Kinder weinen, und wie ich mich umsah, bemerkte ich Dutzende, die auf ihren kleinen Bäuchen sich auf mich zuschoben. Ich hob so viele auf, wie ich nur konnte, und da hörte ich eine Stimme sprechen: »Nimm sie mit in dein eigenes Haus und gib ihnen zu essen!« – »Gewiß«, erwiderte ich, »ich kann sie nur nicht alle tragen. Mögen sie mir auf Händchen und Knieen folgen!« Wir hatten mein Haus noch nicht erreicht, da erwachte ich – mit frohem Herzen, denn ich wußte, daß es mein Schutzgeist gewesen war, der zu mir gesprochen hatte.

EIN SOHN TRITT IN MEIN LEBEN

Lange Zeit war ich impotent. Irene hielt mir das oft vor, selbst wenn sie sanft und freundlich war. Wir hörten auch noch immer das kleine zirpende Geräusch im Gebälk, was den Zustand noch jammervoller machte. Gebete konnten meine verlorene Kraft nicht wieder herstellen, und auch nichts anderes schien zu helfen. Aber noch immer wünschte ich mir Kinder, und ich brauchte sie auch dringend, um zu beweisen, daß ich ein guter Mensch war, der eine Familie haben konnte – nicht ein Zwieherzer wie Nathaniel, der Weib und Kinder umbrachte, um sein eigenes Leben zu verlängern. Kein Nachbar bat mich, für sein Kind Gevatter zu sein; sie sprachen untereinander: »Talayesva hat kein Glück mit Kindern.« Manchmal gingen Gerüchte um, daß Irene nicht ganz mit mir zufrieden wäre, und der Verdacht kam auf, daß andere Männer aus meiner Schwäche Vorteil schlügen. Dafür hatte ich zwar keinen Beweis, aber es beunruhigte mich doch. Indessen – 1928 bekam ich einen Sohn. Als ich eines Abends von der Herde nach Hause kam, teilte Irene mir mit, daß ihre Schwester Barbara meinen Besuch in Neu-Oraibi erbäte. Ich fand sie in Tränen mit einem kranken Kind auf dem Schoß. Sie selbst wie auch ihr Mann hatten Umgang mit anderen und lebten immer im Streit. Das zehrte am Leben ihres zweijährigen Sohnes, entzog ihm seine Kraft und verstopfte ihm die Organe mit unfrohen Gedanken, denn die kleinen

Kinder wissen, was vorgeht, und sind oft bekümmert über das schlechte Verhalten ihrer Eltern.

Da der Vater mein Klanbruder war, fühlte ich mich in gewissem Maße für die Krankheit des Kindes verantwortlich. Ich sah den Kleinen an und sagte: »Chusoma – das heißt Schlangenesser – ich bin bei dir!« Er bewegte den Kopf, wollte aber die Augen nicht öffnen. Er hatte schon mehrere Tage lang nichts gegessen, und seine Mutter hatte die Hoffnung verloren.

»Der Kleine hat dich lieb«, sagte Barbara. »Wenn du sein Leben retten willst, so will ich ihn dir schenken. Ich weiß, daß du mit deinen eigenen Kinder Unglück gehabt hast, aber du hast Kinder gern. Wenn er am Leben bleibt, wird er deinem Kummer ein Ende machen.« Ich erinnerte sie daran, daß ich kein Doktor wäre und daß das Kind mir unter den Händen sterben könnte. Aber ich hatte Mitleid mit dem kleinen Kerl und sagte schließlich: »Wenn eine Frau ihr krankes Kind einem anderen schenkt und es erholt sich wieder, dann nimmt sie es sich gewöhnlich zurück. Womöglich tust du das auch!« Sie entgegnete weinend: »Ich glaube nicht, daß ich das tun würde. Irene und ich sind leibliche Schwestern, daher ist sie auch des Kindes Mutter.« Ich erwiderte mit einer starken Aufwallung des Gefühls: »Du und Arthur, ihr seid doch verständig genug, diese Liebesaffären aufzugeben! Lebt rechtschaffen und rettet damit selber das Kind! Nun aber seid ihr an ihm schuldig geworden und wollt, daß ich es rette. Wenn der Kleine stirbt, werdet ihr es mir vorwerfen?« – »Nein«, antwortete sie. Darauf erklärte ich mich bereit, mein Bestes zu tun und sagte: »Mein Wunsch ist, daß dieser Junge am Leben bleibt. Morgen wird er die Augen öffnen und essen.«

Obwohl ich kein Doktor war, konnte ich doch wenigstens zu meinem Sonnengott beten und den Versuch machen, das Kind zu retten. Ich forderte Barbara auf, zu mir ins Haus zu ziehen und ermahnte sie nochmals: »Wenn du aufhörst, andere Männer zu besuchen, so hilft das. Ich bin selbst in solchen Nöten gewesen und weiß, wie es damit steht. Kinder werden krank, wenn ihre Eltern ungetreu sind. Laß uns beide beten und rechtschaffen leben, vielleicht haben wir dann Glück!« Als ich nach Hause kam, erzählte ich Irene, daß Barbara mir ihren Jungen geschenkt hätte. Ich wünschte mir einen erleuchtenden Traum diese Nacht, aber nichts geschah.

Den ganzen nächsten Tag dachte ich an den kranken Jungen, trieb die Schafe frühzeitig in den Pferch, eilte nach Hause und fand ihn dort mit seiner Mutter vor – aber noch immer wollte er nichts zu sich nehmen. Nach dem Abendessen nahm ich ihn auf den Arm, steckte ihm einen Silberdollar in die Hand und schloß seine Finger darüber. Er verhielt sich so, als wüßte er noch von sich und hätte noch den Wunsch, am Leben zu bleiben, denn er hielt den Dollar fest.

Da erinnerte ich mich an eine Belehrung, die ich von meinem Großvater empfangen hatte: daß ein Kind, wenn es nicht essen und trinken will, in den eigentlichen Mais-und-Wasser-Klan-Haushalt gebracht werden muß, da in alten Zeiten diese Leute die Verantwortung für Speis und Trank hatten. Ich sagte zu Irene, daß ich den Kleinen mit auf den Dorfplatz, an die frische Luft, nehmen wollte, ging aber in Wirklichkeit geradeswegs zum Hause der Kawasie, der Frau meines Vaters Kalnimptewa. »Mutter«, sagte ich, »dies kranke Kind ist mir geschenkt worden. Wenn ich sein Leben retten kann, ist es meins.« – »Gut«, erwiderte sie, »du hast mit deinen eigenen Kindern Unglück gehabt; aber ich hoffe, daß du dieses retten kannst!« Dann rieb sie den Leib des Knaben und suchte die bösen Geister zu verjagen – durch scheuchende Bewegungen mit beiden Armen und durch Scheuchlaute mit ihrem Atem. Dann hielt sie ihm eine Tasse Wasser an die Lippen und drängte: »Trink, Enkelsohn!« Er öffnete die Augen und sah mich an. Kawasie sagte: »Nun mach den Mund auf und trinke!« Er tat es – bis zum letzten Tropfen. »Hier ist Piki und gesottene Leber«, sagte Kawasie, »bitte, iß!« Sie tauchte das Piki ins Wasser und gab ihm zu essen. Er aß und aß, bis ich beinahe weinte vor Freude. Sobald sie einmal etwas zögerte, öffnete er den Mund wie ein Vögelchen, das nach einem Wurm verlangt. Als der Kleine nichts mehr essen wollte, legte Kawasie ihn mir auf den Rücken, zog die Decke um ihn herum und gab mir den Rest der Speisen.

Als ich ins Haus trat, fragte Barbara: »Wo seid ihr gewesen?« Mit frohem Gesicht antwortete ich: »Ach, da drüben, zu einem Picknick!« Irene nahm mir den Kleinen vom Rücken, und als ich ihn ansah, öffnete er die Augen und sagte »Tata«, was »Papa« bedeutet, und »Ma-ma«, was »mehr essen« bedeutet. Irene fütterte ihn abermals, und dann legte ich ihn auf ein Schaffell und sagte, er solle nun schlafen. Bald lag er in tiefem Schlafe, den Silberdollar noch immer in der Hand. Ich saß die ganze Nacht neben ihm und wachte.

Als das Kind bei Sonnenaufgang erwachte, kroch es zu mir auf den Schoß und sagte: »Tata, ma-ma!« War ich da glücklich! Er aß tüchtig, dann lehnte er sich zurück, heftete die Augen an die Decke und ruhte. Ich empfahl den Frauen, ihn den Tag über ruhen zu lassen, und zog dann zum Hüten hinaus. Auf dem Wege betete ich zu Sonne, Mond und Sternen und dankte ihnen für mein gutes Glück. Abends ging es dem Kleinen noch besser, er sprach mehr und hielt meine Hand fest. Barbara blieb noch vier Tage bei uns und gab den Dollar

des Kleinen zum Teil aus. Dann ging sie mit dem Kind nach Neu-Oraibi zurück. Ich gab ihm die Hand zum Abschied und bedauerte es, daß er mich verließ, denn ich war es, der ihm das Leben gerettet hatte.
Ein paar Wochen lang hütete ich tagsüber meine Herde und ging jeden Abend nach Neu-Oraibi, um meinen Jungen zu besuchen. Dann kletterte er zu mir auf den Schoß und aß. Ich nahm ihn jedesmal mit hinauf zu mir ins Haus, aber wenn Schlafenszeit war, weinte er nach seiner Mutter, und ich mußte ihn wieder hinunterbringen. Der doppelte Weg bedeutete einen Marsch von zehn Kilometern für mich. Einmal war er bereit, bei mir zu schlafen, aber in der Nacht wachte er auf und weinte solange, bis ich ihn nach Hause brachte. Doch schließlich war das überwunden, und er blieb die ganze Nacht bei mir. Bald war er ein artiges Bübchen, das nur selten nach seiner Mutter verlangte. Ich war stolz auf ihn und gab ihm den englischen Namen Norman. Abends pflegte ich mit ihm zu spielen, damit er froh bliebe, versuchte ihm kleine Tanzschritte beizubringen, erzählte ihm Geschichten, die er noch nicht verstand, und sang ihn auf meinem Schoße in Schlaf. Stets gab ich ihm die Leckerbissen bei den Mahlzeiten, und oft machte ich kleine Spielzeuge für ihn. Ich liebte ihn mehr als sonst einen Menschen, meine Mutter ausgenommen, und war stolz, wenn die Leute ihn mit mir zusammen sahen. Manch einer zollte mir hohes Lob dafür, daß ich ihm das Leben gerettet hatte und ein so guter Vater war. Aber meine Schwiegermutter und ich gingen nach wie vor aneinander vorbei, ohne ein Wort zu sprechen. Dennoch hatte ich das Gefühl, daß in meinem Leben ein Umschwung zum Besseren eingetreten war und daß ich nun mehr besaß, für das zu leben sich lohnte. War ich auch impotent, so konnte ich doch für meinen Jungen leben.
Ein anderer Wandel in meinem Leben trat ungefähr im Jahre 1929 ein. Zwanzig Jahre lang hatte ich nur wenig mit den Weißen zu tun gehabt, Händler, Regierungsbeamte, drei Dirnen, ein paar Reisende und die Reservationsschwester ausgenommen. Von den Lebensmitteln des weißen Mannes verwendete ich nur wenige, Mehl, Zucker und Kaffee, und ich kam auch beinahe ohne all seine anderen Erzeugnisse aus, abgesehen von ein wenig Baumwollstoff, einigen Hosen, Hemden, Schuhen, einem Wagen mit Geschirr, ein paar Ackergeräten und einigen Stahlfallen. Eine Flinte, eine Petroleumlampe und einen eisernen Ofen hatte ich auch brauchbar gefunden. Schließlich hatte ich mir noch mit Hilfe des Schulleiters einige veredelte Obstbäume aus Utah bestellt.
Die Missionare hatte ich gemieden, abgesehen von solchen Gelegenheiten, bei denen für mich etwas abfiel, und ich kümmerte mich

weder um ihren Sabbath noch um ihre Predigten. Mir mißfiel die Art, wie sie sich in unsere persönlichen Angelegenheiten steckten, Zwistigkeiten unter uns schürten, unsere Hopilebensart zerstörten und Dürre und Seuchen herbeiführten. Während sie so taten, als läge ihnen unser Wohl am Herzen, ließen sie es uns zugleich fühlen, daß in ihren Augen unsere Götter nur Götzen und Teufel wären und wir nicht mehr als Mist. Was sie mir boten, nahm ich gewöhnlich an, und ich arbeitete ein wenig für sie gegen bares Geld; im übrigen aber verabscheute ich sie, weil sie unsere Katschinas beleidigten, unsere Zeremonien untergruben und ihre billigen Geschenke als Köder benutzten, um schwachmütige Hopi vom Sonnenpfade herunterzulocken. Das Beste behielten sie stets für sich und waren in Wirklichkeit nur Heuchler, denn selten handelten sie nach dem, was sie predigten. Wenn sie auf unserem Dorfplatz einen Gottesdienst abhielten, übersah ich sie absichtlich, ja manchmal hackte ich sogar Holz, um sie bei der Predigt zu stören. Als meine Bibel verbraucht war, besorgte ich mir den Katalog eines Warenversandhauses und verwendete dessen Seiten als Toilettepapier und als Schutz für junge Pflanzen. Übrigens war er auch interessanter zu lesen. Die englische Sprache gebrauchte ich immer seltener, es sei denn, ich unterhielt mich mit Weißen oder wollte fluchen. Wirklich, ich schämte mich, wenn man mich zuviel mit den Weißen sprechen sah, besonders bei den Tänzen. Wenn Krankheiten oder Dürrezeiten über uns kamen und wenn die Ernte schlecht war, schoben wir die Schuld auf die Weißen – besonders die Missionare – und fluchten hinter ihnen her.

Nun begann ich ein wenig besser über die Weißen zu denken und gab mir mehr Mühe, höflich zu ihnen zu sein. Einige fragten auch nach mir, wenn sie nach Oraibi kamen, vermutlich weil ich ein bißchen Englisch verstand und mich für einen Dollar von ihnen photographieren ließ. Einige, die sich »Anthropologen« nannten, baten mich, ihnen Geschichten zu erzählen, und zahlten gut dafür. Aber ich wußte ja, daß die Weißen im Geschlechtsleben mehr die Sünde als die Lust sehen, und gab daher gereinigte Versionen unserer alten Hopigeschichten. Ich machte mir noch immer nicht viel aus ihrer Gesellschaft und fürchtete mich wegen des Hopiklatsches davor, sie in meinem Hause zu empfangen. Aber ich fand es viel bequemer, für Bargeld im Schatten zu sitzen und etwas zu erzählen, als in der heißen Sonne auf meinem Maisfelde Unkraut zu hacken oder die Schafe zu hüten.

Meine erste Bekanntschaft mit einem Weißen von einiger Bedeutung war Herr George D. Sachs aus New York, ein sehr reicher und religiöser Mann, der unbrauchbare Traktate über das Christentum verteilte. Es war im Jahre 1930, und ich bohrte gerade Löcher in Türkisperlen, als dieser Mann zum erstenmal an mich herantrat und um die Erlaubnis bat, mich aufnehmen zu dürfen. Ich stimmte zu und sagte, als er den Apparat schloß: »Nun heraus mit dem Dollar!« Er schonte sein Geld nicht, und wir wurden Freunde.

Norman hatte weiter keine schwere Krankheit, aber als er ungefähr vier Jahre alt war, geschah etwas Seltsames: er zeigte sich niedergeschlagen. Ich fragte mich, ob ihn wohl ein Geist im Traume vor kommendem Unheil gewarnt habe. Und dann hatte ich eines Morgens, als ich nach zeitigem Frühstück meine Pferde holen ging, ein seltsames Gefühl, denn meine Ohren klangen alle paar Minuten. Ich dachte bei mir: »Irgendetwas wird uns zustoßen!« Ich wollte schon wie gewöhnlich ein Pferd besteigen, beschloß aber sogleich, vorsichtig zu sein und lieber zu Fuß zu gehen. Wie ich die Pferde an der Quelle tränkte, sah ich auf und erblickte einen Mann, der mir aufgeregt zuwinkte. Das Klingen in meinen Ohren wurde stärker. Es war Irenes Bruder Baldwin, und er rief mir zu, daß mein Bübchen verbrüht worden sei. Barbara hatte, als sie im Hause ihrer Mutter Geschirr spülte, die Kaffeekanne umgestoßen und Norman verbrüht. Ich sagte mir: »Dies zeigt, daß Barbara den Jungen zurückhaben will. Sie sieht, wie gesund und lebensfroh er bei mir geworden ist, und ist eifersüchtig.«

Ich hatte seit dem Tode meines letzten Kindes das Haus meiner Schwiegermutter nicht mehr betreten. Nun aber ging ich geradeswegs zu meinem Jungen. Barbara hatte ihn auf dem Arm, und beide weinten. Als Irenes Mutter mich sah, weinte sie ebenfalls. Das arme Kerlchen streckte beide Hände nach mir aus. Ich nahm ihn auf den Arm und sagte: »Ja, mein Kleiner, als ich dir das Leben rettete, wer hätte da gedacht, daß so etwas geschehen würde!« Sie hatten ihm das Gesicht mit Petroleum bestrichen, aber schlimmer waren die Verbrühungen am linken Arm und auf der Brust. Ich rief: »Mein armer Junge, ich habe kein Mittel, dich von diesen Schmerzen zu befreien. Nicht in meinem Hause hat es sich zugetragen.« Dann wandte ich mich meiner Schwiegermutter zu, streckte ihr einen Finger stracks entgegen und sagte: »Es war in eurem Hause, wo der Kleine verbrüht worden ist! Nun laßt uns unseren Streit vergessen, unsere Herzen vereinen und versuchen, das Kind zu retten!« – »Einverstanden«, erwiderte sie. »Wir wollen alles vergessen und zusammenwirken. Was sollen wir tun?« Wir brachten den Jungen in unsere Wohnung, und Irenes Mutter und Vater kamen mit.

Der kleine Kerl war in einem schrecklichen Zustand. Die Salbe des weißen Arztes half wohl, aber einige seiner anderen Medikamente schadeten nur. Die Reservationsschwester besuchte uns regelmäßig, aber nach ein paar Tagen sagte ich zu ihr: »Wir wollen sie beide versuchen, die Arzneien der Weißen wie die der Indianer. Ihr habt den Jungen vier Tage lang behandelt, nun macht Schluß und laßt mich vier Tage lang unsere indianische Arznei versuchen!« Erst redete sie dagegen, dann stimmte sie zu. Wenn sie die Brandwunden behandelt hatte, legte sie stets einen festen Verband an. Nach meiner Meinung mußten die Wunden frei bleiben, damit die kühle Luft herankommen konnte. Am zehnten Tage, als Irene den Jungen mit indianischer Medizin behandelte, weinten alle beide, sie und das Kind. Da mußte ich auch weinen, und sagte zu Barbara: »So geht es nicht weiter! Du mußt auch mit helfen!« Es gab einen schweren Streit, den wir schließlich nur um des Kindes willen beilegten.

Norman ging es bald ein wenig besser, und am zwölften Tage ließ ich die Schwester wieder ihre Arznei versuchen. Die Wunden brauchten ungefähr einen Monat, um zu heilen. Ich betete täglich und kaufte Äpfel, Apfelsinen und Cornflakes für meinen Jungen. Piki war von allem das Beste, aber die Cornflakes waren auch gut. Jeden Tag aß er von meinem Gelde.

Als Norman wieder gesund war, zogen Irenes Eltern wieder in ihr Haus, aber Barbara blieb bei uns, und ich mußte sie auch mit ernähren. Sie blieb mit ihren beiden Mädchen von März bis Mai, erst dann zog sie wieder dahin, wohin sie gehörte. Eines Tages, als ich ein Schaf schlachtete, gab ich Norman ein Stück Fleisch in die Hand und führte ihn zu seiner Großmutter, Irenes Mutter, denn auch ihre Wünsche hatten sein Leben retten helfen. Zu der Zeit waren wir über jedermanns gute Wünsche froh.

Wir sprachen oftmals über die Verbrühung, und als Norman älter wurde und nachdenklicher, pflegte er wohl zu sagen, daß er froh wäre, einen Vater und eine Mutter zu haben, die ihn liebten. Wir brachten ihm auch die Worte bei, er würde, wenn er groß wäre, selbst eine Herde haben und für uns Schafe schlachten. Dann pflegte ich zu antworten: »So ist es recht, mein Junge. Jetzt streckst du die Hände aus nach uns, und wir ernähren dich. Wenn wir alt und schwach sind, werden wir die Hände nach dir ausstrecken, und dann wirst du unser nicht vergessen!«

Eines Tages stritten sich die Kinder untereinander, und eins sagte zu Norman: »Du solltest lieber zu deinem wirklichen Vater zurückkehren! Don ist gar nicht dein Vater, und Irene ist nicht deine Mutter.« Da kam er weinend nach Hause gelaufen und fragte immer wieder und wollte sich gar nicht beruhigen. Schließlich berichtete ich ihm die Wahrheit. Später, wenn er einmal böse mit uns war, sagte er dann wohl: »Ich werde zu meinem wirklichen Vater und meiner wirklichen Mutter zurückkehren!« Ach, wie mir das jedesmal durchs Herz schnitt! Ich sprach ihm dann gut zu und sagte etwa: »Das glaube ich nicht. Du bist doch mein und das einzige Kind, das ich habe. Deine leiblichen Eltern würden nicht für dich sorgen. Ich habe dir das Leben gerettet. Bleibe bei mir, ich will dir Süßigkeiten geben. Ich will dir alles Mögliche kaufen, und wenn ich sterbe, bekommst du meine Pferde, die Schafe und alles andere. Wenn du mich nun verläßt, wirst du manches entbehren müssen. Denk einmal daran, nicht wahr!« Dann weinte der Junge und versprach, dazubleiben.

Norman war ein stilles Bürschchen, aber er wußte vielerlei zu spielen und machte mir viel Vergnügen, besonders wenn er zu tanzen versuchte, mit seinem winzigen Bogen schoß, seinen Kreisel wirbeln ließ oder auf meinem ältesten Pferde ritt. Er fuhr gern mit mir im Wagen aufs Feld. Einmal fing er sich einige Käfer, setzte sie in einen Kreis im Sand und nannte sie seine Wildpferde. Als sie entkommen waren, weinte er, aber ich brachte ihn wieder zum Lachen, indem ich immer aufs neue sagte: »Oweh, unsere verlorenen Pferde!«

Einmal, als ich bei Batowe meinen Mais pflügte, fand Norman eine Krötenechse und sagte: »Nun will ich Mutter 'mal einen Streich spielen. Sie soll raten, was ich habe, und dann erzähle ich ihr, ich hätte einen Dollar gefunden, und gebe ihr die Kröte in die Hand.« Irene riet auf eine wilde Kartoffel und dergleichen. Norman aber erwiderte: »Nein, ich habe einen Dollar gefunden. Halte die Hand hin und mach die Augen zu!« Als sie die Kröte auf der Hand fühlte, kreischte sie los und warf sie weg. Norman wollte sich totlachen; ich aber bat die Kröte um Vergebung, indem ich ihr erklärte, es wäre nur ein Spaß gewesen; denn Kröten sind sehr klug.

1931 lernte ich wieder einen Weißen kennen. Es war ein Herr Sutton aus Kalifornien, und er wollte meinem Jungen eine Tonpfeife abkaufen. Ich forderte Norman auf, sie ihm zu geben, denn ich wußte, daß er ein Freund unseres Dorfvogtes war. Zu meiner Überraschung nahm der Mann einen Fünfdollarschein aus der Tasche und gab ihn Norman. Danach wurden wir gute Freunde, und später schenkte ich seiner Frau einen hübschen Fingerring. Der Dorfvogt adoptierte Sutton schließlich als Sohn, und er trat als älterer Bruder in meinen Klan ein. Er schrieb oft und gedachte meiner an jedem Weihnachtsfest mit einem Bündel Kleidung.

Weiter lernte ich einen Lehrer aus Oakland in Kalifornien kennen und einen Schriftsteller, den wir »Ohnehemd« nannten, weil er in bloßen Kniehosen umherlief und sich um sein Äußeres so wenig kümmerte wie eine Touristin. Auch ein kahlköpfiger Photograph kam mehrfach nach Oraibi, und einmal schenkte er mir ein kleines Album mit Bildern und einige Truthahnfedern zu Pahos. Eine Frau Miller kam, um sich den Schlangentanz anzusehen, und wir wurden miteinander bekannt; sie schickte mir später einige hübsche Straußenfedern, mit denen ich meine Tanzmasken schmücken konnte. Ich machte auf diese Weise die Erfahrung, daß die Weißen so verschieden im Charakter sind wie die Hopi und daß man jeden für sich beurteilen und dementsprechend behandeln muß. Einige von ihnen waren Menschen niederen Ranges – Abfallgrubenleute nannte ich sie – während andere achtenswert waren und sich als gute Freunde erwiesen, die niemals unser Vertrauen mißbrauchten oder unseren Hopiglauben und unsere Bräuche herabsetzten.

Obwohl ich Unglück mit meinen eigenen Kindern gehabt hatte, blieb mir bei Norman das Glück treu, und die Leute erkannten im Laufe der Zeit, daß ich – als aufrechter, verläßlicher Mann – einen guten Gevatter abgeben müßte. Ich wurde daher von einigen Eltern gebeten, den Gevatter für ihre Kinder zu machen und sie in die Bünde einzuführen. Sogar der Vogt bat mich, für seinen adoptierten Sohn Stanley Gevatter zu sein. Bei der Einweihung dieser Knaben und Mädchen erinnerte ich mich meiner eigenen Leiden und gab nicht zu, daß sie mehr als zwei Schläge erhielten, vielmehr zog ich sie den Geißlerkatschinas weg und hielt meine eigenen Beine hin. Sehr stolz war ich auf zwei meiner Ritualsöhne, auf Ellis und Stanley, und der Tanz in Moenkopi, bei dem ich mit diesen beiden den Narrendienst leistete, gehört zu den frohesten Ereignissen meines Lebens. Wir hatten eines Tages gehört, daß in Moenkopi ein Schmetterlingstanz stattfinden sollte, und beriefen in unserer eigenen Kiva eine Versammlung ein; dabei wurde beschlossen, hinzufahren und die Leute mit einem Büffeltanz zu überraschen. Ich wurde gebeten, meine Ritualsöhne mitzunehmen und den Narrendienst zu verrichten.

Am Tage vor dem Tanz streuten wir einen Pfad mit geweihtem Schrot, setzten eine Gebetsfeder darauf, luden unsere große Trommel auf einen Lastkraftwagen und fuhren in Richtung Moenkopi los. Wir waren wohl einundzwanzig Männer und Knaben und dazu zwei Mädchen für die besonderen Rollen beim Büffeltanz. Als wir den Fluß in der Nähe des Dorfes erreicht hatten, nahmen wir ein Bad und warteten, bis es dunkel war. Dann fuhren wir mit hoher Geschwindigkeit unter Absingen eines Komantschenliedes in die Ortschaft und überraschten jedermann.

Eine Kiva wurde für uns sauber gefegt, und die Frauen brachten uns große Mengen von Lebensmitteln. Nach dem Schmaus kamen die

tonangebenden Männer herein, bildeten einen Kreis um die Feuerstelle und rauchten im Gebet bis gegen Mitternacht. Dann rüsteten wir uns für den Büffeltanz. Wir Narren bemalten uns den Leib mit schwarzen und weißen Streifen, strichen uns schwarze Farbe um Augen und Mund, legten unseren Kopfputz an und banden uns Maishüllblätter als Troddeln an unser Hörnerpaar.
Als wir alle bereit waren, gingen wir unter Absingen von Komantschenliedern hinter unserem Trommler her zur Kiva der Schmetterlingstänzerinnen. Ich trat ans Kiva-Loch, lugte hinein und sah die Schmetterlingstänzerinnen, wie sie übten. Wir Narren johlten, und ich bat zwei Männer, mich mit dem Kopf nach unten in die Kiva hinunterzulassen. Sobald ich beinahe den Boden erreicht hatte, rief ich: »Also, Schmetterlinge, ich glaube ja nicht, daß ihr uns Büffel im Tanzen schlagen werdet!« Jedermann lachte und hallote, als meine Männer mich wieder herauszückten. Unser Trommler stieg hinein und ihm folgten die Sänger, während wir Narren draußen warteten. Ich flüsterte meinen Jungen zu, sich beim Spaßmachen rechte Mühe zu geben. Als das erste Lied zu Ende war, kletterte ich die Leiter hinunter, meine kleinen Gesellen hinter mir her und dazu noch einige Seitentänzer, die sich mit ihrem Kriegskopfschmuck als Pajute und Komantschen ausstaffiert hatten. Ich tanzte in verschiedenen Stellungen vor den Leuten und gab spaßige Laute von mir. Die kleinen Narren ahmten mich nach und machten ihre Sache sehr gut. Wenn ein Knabe oder Mädchen mich zu genau ins Auge faßte, dann glupte ich zurück, steckte die Zunge aus, schnitt eine Fratze, drehte mich rasch um und streckte ihnen mit frecher Gebärde den Hintern entgegen. Als wir unsere Tänze vorgeführt hatten und die Kiva schon verlassen wollten, sagte der Leiter der Schmetterlinge: »Wartet noch! Wir wissen eure Vorführungen zu würdigen. Ihr habt uns froh gemacht. Schenkt uns morgen noch einen Tanz!« Wir sagten alle: »Das freut uns sehr!« und kehrten in unsere Kiva zurück. Dort setzte ich mich nieder und rauchte im Gebet, denn ich war der Narrenvogt.
Am nächsten Morgen luden uns die Leute von Moenkopi zum Frühstück in ihre Häuser ein. Ich war gerade im Hause Talasvuyauomas, des Kriegsvogtes, beim Essen, als wir ausrufen hörten, die Schmetterlingstänzerinnen sollten sich ankleiden. Gleichzeitig schickte meine Klanschwester Meggie nach mir, dieselbe, die mir früher in meinen Liebesangelegenheiten nachspioniert hatte. Sie war nun verheiratet und hatte fünf Kinder. Als ich das Haus betrat, bemerkte ich ein junges Mädchen von ungefähr zwölf Jahren, das mir sehr bekannt vorkam. Ich fragte Meggie flüsternd nach ihrem Namen. »Das ist Elsie«, sagte sie, »die Tochter der kürzlich verstorbenen Euella. Würdest du sie wohl zum Schmetterlingstanz einkleiden?«

Ich hatte noch niemals die Hauptdarstellerin im Schmetterlingstanz eingekleidet, war aber bereit, den Versuch zu machen. Ich tat gelbe Farbe auf Elsies Füße bis zu den Knöcheln hinauf und auf die Hände und Arme bis zu den Ellbogen, ließ ihr das Haar herunter, kämmte es zurück und legte ihr ein gewebtes Band um die Stirn. Ich flocht, auf dem Scheitel beginnend, eine Strähne ihres Haares zusammen, setzte ihr den bunten Kopfputz auf, befestigte ihn mit dem Zopf und knüpfte die Bänder unter dem Kinn zusammen. Schöne Papageienfedern waren für den Kopfputz da und bunte Bänder für die Knöchel. Ich band ihr Halsketten und Armbänder um, steckte ihr meine eigenen eingelegten Türkisohrringe an, rieb meinem Mühmchen das Gesicht mit geweihtem Maisschrot ein und dachte voller Zärtlichkeit daran, wie ihre liebe Mutter einst meine Tanzpartnerin gewesen und mich später mit mancherlei Freuden beschenkt hatte.

Nachmittags zogen wir uns wieder zum Narrendienst um und liefen auf die Plaza; wir johlten und hüpften umher, während die Büffel und die Schmetterlinge zum Dröhnen der Trommeln tanzten und sich gegenseitig zu übertrumpfen trachteten. Als ich so hin- und herging und den Leuten Fratzen schnitt, spürte ich auf einmal einen Ruck an meiner Hüftschnur und entdeckte, daß Euellas blinde alte Mutter, die Arme mit Piki beladen, auf den Dorfplatz geführt worden war. Die Tränen stiegen mir in die Augen, als ich sah, wie diese liebe alte Tante mir etwas zu essen bringen wollte. Aber im gleichen Augenblick, als ich ihr das Piki abnahm, faßte ihr greiser Mann nach meiner Hüftschnur, riß sie durch und schwenkte sie vor den Leuten. Ich stand da, gebückt, die Hände voll Piki und mein Schamtuch lag auf der Erde. Als eines meiner Närrchen mir nun auch noch auf den Hintern schlug, daß ich hoch auffuhr, und als es mich so nach allen Richtungen herumdrehte – wie da die Leute lachten!

Plötzlich dachte ich bei mir: »Dies wird in allen Dörfern die Runde machen, und wenn meine Frau davon hört, wird sie's mir eintränken!« Mein alter Großvater schwenkte die Hüftschnur noch immer, als Kochwytewa, der Medizinmann aus Hotavila, mir seinen Silbergürtel um die Hüften legte und mein Schamtuch daran befestigte. Dann kam meine eigene leibliche Mutter, die uns ohne mein Wissen nachgereist war, mit einer Decke auf mich zugelaufen und legte sie für mein Piki auf den Boden. Als ich mich umsah, spielten meine kleinen Gesellen »Pferdchen« und machten dann den Hoochy-Koochy-Tanz der Weißen nach: ihr Tun erfüllte mich mit Stolz. Eine Minute lang hielt ich den Kopf gesenkt, dann sprang ich jäh in die Höhe, johlte und führte sie in die Kiva. Dort aßen wir und heckten neue Narrenstreiche aus.

Als wir wieder auf die Plaza kamen, jagten die kleinen Narren einer hinter dem andern her und rissen sich gegenseitig die Schamtücher ab. Die Leute lachten über unsere Stückchen, bis ihnen die Tränen über die Backen liefen. Ich lächelte voller Stolz und beobachtete zugleich die Weißen. Einige lachten mit uns, aber später hörte ich, wie eine Dame die Bemerkung fallen ließ: »Ich kann mir nicht denken, daß diese Narren einmal in den Himmel kommen.«

Im Alter von ungefähr sechs Jahren wurde Norman eingeweiht. Als sein Gevatter war ursprünglich ein gewisser Peter ausersehen. Aber dieser Peter wohnte in Neu-Oraibi, und wir verstanden uns mit den Leuten dort nicht besonders gut. Sie waren unserer Hopireligion abtrünnig geworden und lebten wie Weiße – jagten nur noch dem Gelde nach. So unverständig waren sie, da doch ein Mensch zu seinen eigenen Göttern beten und ein anständiges Leben führen soll. Daher beschloß ich, als der Zeitpunkt der Einweihung herankam, jemand anders für Norman als Gevatter auszusuchen, denn das Recht stand mir zu, da ich für ihn sorgte. Ich erwählte Kayahongnewa, einen Genossen des Katschina-, Wowochim-, Soyal- und Flötenbundes und des Ooqolbundes der Frauen. In seiner Jünglingszeit war er ein Wettläufer gewesen und hatte mit drei Männern zugleich ringen können. Jetzt war er fast blind, aber doch immer noch ein einflußreicher alter Mann, und wenn er sprach, hörte jedermann genau zu. Er kannte die meisten Zeremonien, und die Leute kamen zu ihm, um die Lieder in ihrer Erinnerung wieder aufzufrischen. Ich wählte ihn einesteils wegen seines Einflusses – da er Norman in die maßgebenden Bünde einführen konnte – und andererseits, weil Kawamana, seine Frau, mir deswegen zusetzte. Norman wurde in den Powamubund eingeweiht, wo die Kinder nicht gegeißelt werden. Es war mein Wunsch, daß er der Geißelung entginge, denn er hatte, bei der Verbrühung genug gelitten und war ein artiges Bürschlein, das niemals hatte geschmäucht werden müssen. Ich brachte ihn zum Hause des Kaninchenklans, und von dort wurde er in die Kiva geführt. Ich weiß nicht, was da geschah, denn ich bin nicht Genosse jenes Bundes, und es ist nicht meine Sache, die Nase in seine Geheimnisse zu stecken.

Nach der Einweihung machte Kayahongnewa einen Bogen und Pfeile für meinen Jungen, zeigte aber im übrigen kein besonderes Interesse für ihn, vielleicht weil zu der Zeit die meisten Zeremonien in Oraibi auszusterben begannen. Wären die Zeremonien stark geblieben, so würde er Norman, denke ich, wohl in die höhern Bünde eingeführt haben, vielleicht in den Flötenbund.

Da Norman mir geschenkt worden war, wollte ich, daß meine eigene Mutter ihm in einer rituellen Kopfwaschung einen Namen gab, wodurch die Adoption nach Hopibrauch amtlichen Charakter erhielt. Obwohl er zu der Zeit schon sieben oder acht Jahre alt war, hielt es doch schwer, ihn dahin zu bringen, daß er zu der Zeremonie in das Sonnenklanhaus ging, denn er war zaghaft und scheu. Meine Mutter wusch ihm den Kopf und sagte: »Nun, mein Enkel, will ich deinen alten Namen hinwegwaschen, den schwächlichen, der vor einigen Jahren deine Krankheit verursacht hat. Ich will dir einen starken neuen Namen geben, der dich vor Krankheit bewahren wird. Ich will dich Tawaweseoma nennen und das heißt Sonnenreise. Ich will eine Straße für dich machen, die auf die Sonne zuführt. Darauf setze deine Füße und auf ihr wandle weiter bis ins hohe Alter und dann in den Schlaf!« Mit diesen Worten strich sie ihm den geweihten Schrot ins Gesicht und gab ihm den Muttermaiskolben.

Norman war gewöhnlich ein gehorsamer, stiller Junge, aber gelegentlich mußte ich ihn doch schlagen. Das erstemal geschah das am Schafpferch, als er sieben Jahre alt war. Irene hatte ihn aufgefordert, etwas Holz zu sammeln, das sie zum Kochen brauchte, aber er kehrte sich nicht an sie. Sie forderte ihn nochmals auf und schalt. Nun schmollte er, drohte zu Fuß nach Hause zu gehen, und machte sich tatsächlich auf den Weg. Ich war mit den Männern beim Scheren der Schafe und blieb bis Mittag dabei. Da sagte mir Irene, der Junge wäre fortgelaufen und ich täte gut daran, ihm nachzugehen. Ich war müde und erhitzt vom Scheren, nahm ein meterlanges Tau und folgte seiner Spur. Ich fand ihn schlafend unter einem Cottonwoodbaum. »Du ungezogener Junge, du solltest dich schämen!« sagte ich und schlug ihn ein wenig. Er weinte, bewegte sich aber nicht gerade schnell. Ich kam hinter ihm her, schlug ihn mit dem Tau und rief: »Ich werde dir Beine machen!«

Im Sommer 1932 kam Professor Leslie A. White mit einigen Studenten der Anthropologie nach Oraibi: Fred Eggan, Edward Kennard und Mischa Titiev. Sie nahmen mich dazu an, ihnen etwas über das Leben der Hopi zu erzählen und als Dolmetscher zu dienen, wenn sie mit anderen sprechen wollten. Mir gefiel diese Arbeit sehr, und ich verdiente dabei ein rundes Stück Geld; aber ich überlegte mir immer erst, was ich ihnen sagte. Die Leute tadelten mich wegen dieser Arbeit; indes waren jene Männer doch anständige Kerle – durchaus nicht zu vergleichen mit den Regierungsbeamten, den Missionaren und den Touristen – und ich fühlte mich sicher, weil der Dorfvogt auf meiner Seite stand. Ich selbst kam mir wichtiger vor, und es war auch bequemer, wenn ich nun andere für die Hütearbeit anstellte und selber am warmen Ofen saß, um den Tabak der Weißen zu rauchen und Hopigeschichten zu erzählen. Die Studenten steckten voller Späße und nannten mich sogar ihren Lehrer.

Einen schweren Streit hatte ich mit Nathaniel. Luther, meines Vaters Schwestersohn, und Cecil, meines Vaters Brudersohn, stahlen eine Wassermelone von des Zwieherzers Feld und aßen sie auf. Cecil malte aus Spaß zwischen den Melonenranken ein Bild der weiblichen Geschlechtsteile in den Sand. Nathaniel entdeckte das, ärgerte sich und behauptete später, daß er Cecils und Luthers Spuren bis zu meiner Feldhütte verfolgt hätte. Wir ernteten dort mit meiner Schwester Mabel zusammen Süßmais, von Nathaniel bemerkten wir nichts. Er aber setzte einige Tage später das Gerücht in Umlauf, in jener Nacht hätte er, als er an unserer Feldhütte vorübergekommen wäre, Luther, »meinen Vater«, beobachtet, wie er mit meiner Schwester verkehrte. Er erzählte Clara, der Frau Luthers und Schwester meiner Frau, eine Menge Einzelheiten. Clara kam mit dieser scheußlichen Geschichte zu Irene. Ich wußte, daß sie nicht wahr sein konnte, denn ich hatte mit Luther und Cecil unter einer Decke geschlafen. Wenn Luther unter Mabels Decke gekrochen wäre, hätte ich das gemerkt. Ich zweifelte sogar daran, daß Nathaniel uns überhaupt gesehen hatte, aber ich wußte, daß Zwieherzer oft hinter unschuldigen Leuten hergehen, um Anstößiges über sie in Erfahrung zu bringen. Wir ärgerten uns derartig über dieses Geschwätz, daß wir nach Mabel sandten und beschlossen, Nathaniel seine Lügen vorzuhalten.

Wir vier, Clara, Irene, Mabel und ich, machten uns nach dem Hause des Zwieherzers auf. Unser Dorfvogt kam mit, um zuzuhören, und noch einige Männer, er blieb jedoch draußen. Clara wiederholte gegen Nathaniel alles, was er gesagt hatte. Er versuchte, einen Teil davon abzuleugnen, aber er war nun einmal gestellt. Ich stand dicht daneben, und von Minute zu Minute stieg in mir die Wut. Schließlich sagte ich es Nathaniel ins Gesicht, daß er gelogen hätte. Er antwortete scharf, hitzige Reden gingen zwischen uns hin und her, und wir begannen die üblen Nachreden, die über uns umliefen, aufzutischen. Er hielt mir vor, daß er sich auf meine Seite geschlagen und mir geholfen hätte, als ich mit meiner Schwiegermutter im Streite lag und unglücklich über den Tod meines letzten Kindes war. Er rief: »Ich traf dich auf dem Wege zu deiner Schafhürde und überraschte dich, wie du weintest. Damals trat ich auf deine Seite und half dir, dein Gemüt von trüben Gedanken freizumachen. Warum bist du jetzt gegen mich?« Ich entgegnete ihm, er hätte kein Recht, mich einen Zwieherzer zu nennen, ich hätte nie an einer geheimen Versammlung der Unterweltler teilgenommen, ich hätte nicht den Tod meiner Kinder verursacht und besäße nicht die Macht, mich zu verteidigen. Ich hielt ihm vor, daß ich ihn weinend auf dem Felde erwischt hätte und daß er geflohen wäre wie ein Feigling. »Wann war das?« fragte er. Ich beschrieb den Vorfall vor zwanzig Jahren in allen Einzelheiten. Das konnte er nicht ableugnen und war für den Augenblick sprachlos. Da redete ich ihn nieder, indem ich alles zusammenfaßte, was dem Volke aufgefallen war: wie verrückt er sich oft angestellt hatte, wie seine Frau und seine Kinder eins nach dem andern gestorben waren und wie er sie sogar von den Missionaren ohne Speisen und ohne Grableiter hatte beerdigen lassen. Meine Freunde standen mir bei und unterstrichen meine Feststellungen mit kurzen, scharfen Bemerkungen. Nathaniel drohte mich zu schlagen, und gab Mabel einen Stoß, daß sie beinahe gefallen wäre. Ich forderte ihn heraus, mich als einen Unschuldigen zu töten, und hob in der Erwartung des Schlages den Arm. Ja, ich hätte den Zwieherzer fast geschlagen, aber mein Schutzgeist hielt meine Faust an, bevor sie niederfiel, und schickte meinem Sinn blitzartig eine Botschaft zu, daß ich als ein Mann den ersten Schlag erwarten sollte. Nathaniel muß wohl durch Zauberei meine Gedanken gelesen haben, denn statt mich zu schlagen, ließ er den Kopf sinken und wußte nichts mehr zu sagen. Ich hatte ihn in die Enge getrieben. Die Leute zollten mir Beifall und einige spuckten ihn an. Der Dorfvogt war von allem Zeuge gewesen, hatte sich aber nicht beteiligt, denn er fürchtete, daß der Zwieherzer an ihm als dem wichtigsten Mann im Dorf heimliche Rache nehmen könnte.

Nach unserem Streit war Nathaniel mehr als je gegen mich und die Meinen, und mehrere Jahre lang gab es zwischen uns nur starre Blicke und niemals ein Wort. Ich achtete genau auf sein Verhalten, erwischte ihn aber über keiner besonderen Untat. Weder entdeckte ich, daß er eine fremde Sprache redete, noch daß er geschwollene englische Wörter gebrauchte wie der Zwieherzer im Laden zu Winslow.

Mischa Titiev kam 1933 nach Oraibi zurück, mietete ein Zimmer in meinem Haus und nahm meine Schwester Inez als Köchin an. Ich war stolz darauf, daß er bei uns wohnte, hatte Vergnügen an der Arbeit mit ihm und freute mich, so viel Geld zu bekommen; aber ich wußte, daß andere Hopi mich beneideten und sich womöglich eines Tages gegen mich stellen würden. Indes war der Dorfvogt auf meiner Seite, und Mischa gewann die meisten Leute für sich. Ich ließ es mir auch angelegen sein, ihn in der Art, wie man sich unter Hopi benimmt, zu unterweisen.

Mein kleiner Junge liebte Mischa auch. Ich versprach ihm, daß er zu Weihnachten eine vollständige Cowboyausstattung bekommen würde, wenn er stets gehorsam wäre. Daran erinnerte er mich immer wieder: »Vati, du hast doch gesagt, du wolltest einen Cowboyanzug für mich besorgen!« Ich antwortete immer wieder: »Ja, wenn du weiter hübsch gehorsam bist!« Mischa half mir, den Anzug bei Sears Roebuck, dem Versandhaus, zu bestellen. Auch für die anderen Kinder bestellten wir Geschenke – einen Eimer Süßigkeiten darunter – und nahmen uns vor, einen Weihnachtsbaum herzurichten. Am 23. Dezember schickte mir der Posthalter Nachricht, ich sollte mit meinem Wagen kommen und die Sendungen abholen. Am nächsten Tage fuhren wir hin, und abends öffneten wir das Cowboypaket. Ein Zehn-Gallonen-Hut war darin, ein rotes Taschentuch, ein Schlips, Hemd, Hose, Seil und ein Kinderrevolver. Als Norman aus der Schule kam – es war schon dunkel – zog er alles an; er sah wie ein Erwachsener aus und sagte: »Vati, es ist fein, wenn man Vater und Mutter hat!« – »So ist es«, erwiderte ich. »Du bist ja auch unser einziges Kind, und wenn du groß bist, wirst du alles bekommen, was wir haben: Ziegen, Schafe, Pferde und alles.« Noch lange stellte ich ihm das immer wieder vor.

Während Mischa bei uns war, hatte ich einen schrecklichen Streit mit einigen unfreundlich gesonnenen Hopi. Einige meiner Nachbarn wollten nicht, daß ein Weißer im Dorfe lebte, und brachten das Gerücht auf, daß ich Hopigeheimnisse verriete, die heiligen Zeremonien aufdeckte, Götterbilder aus den Heiligtümern verkaufte und sogar den besonderen Zubehör der Soyalzeremonie weggäbe. Einige gingen sogar soweit, zu behaupten, ich grübe Leichname aus und verkaufte sie den Weißen, damit sie sie in ihren Museen ausstellten. Irene hörte davon und weinte vor Angst, daß uns womöglich ein Unheil daraus erwüchse. Sogar einige meiner Freunde gaben mir den Rat, meinen Verkehr mit den Weißen abzubrechen; aber der Dorfvogt blieb auf meiner Seite, und ich beharrte auf meinem Standpunkt, denn ich verkaufte keine geweihten Gegenstände und verriet keine rituellen Geheimnisse. Mischas Gesellschaft machte mir Freude, ich lernte viel von ihm und erhielt gute Bezahlung. Wir wurden wie Brüder, er half mir bei meiner Arbeit und machte sogar mit mir zusammen einen Besuch bei meinem Freund Neschelles; dort nahm er auch ein Navahoschwitzbad. Einige seiner Fragen schienen mir töricht, aber die meisten waren leicht zu beantworten und bezogen sich nicht auf rituelle Geheimnisse. War ich über etwas im Zweifel, so vertröstete ich ihn höflich, suchte den Vogt auf und fragte: »Was meinst du, dürfen wir das erzählen?« Dabei entdeckte ich, daß der Vogt sich bei seinen Mitteilungen weniger Beschränkungen auferlegte als ich – von ihm hatte ich daher nichts zu fürchten.

Aber Barker[1] vom Dachsklan, der erste Liebhaber von Oraibi, brachte mehr Gerüchte in Umlauf, als ich ertragen konnte. Er war mit seiner Frau und anderen zur Weltausstellung nach Chicago gefahren und hatte auch das Field-Museum besucht. Da hatte er eine Vitrine mit Ausstellungsstücken aus der Soyalzeremonie gefunden, mit Altären, Trachten, all dem geweihten Zubehör und sogar Standbildern des Kriegsgottes der Hopi und der besonderen Priester, die den geheimsten und heiligsten Teil der Zeremonie durchführen. Als Barker wieder in Oraibi war, redete er vielen Leuten vor, daß ich es wäre, der den Weißen die Sachen verkauft hätte, daß ich alle Geheimnisse der Hopi aufgedeckt hätte und daß er mich in der ausgestellten Szene hätte erkennen können, und zwar in der besonderen Tracht des Sternpriesters, der das heilige Symbol unseres Sonnengottes hält. Barker berichtete dem Dorfvogt alles, was er gesehen hatte, und sagte, daß diese heiligen Gegenstände der Hopi die wertvollsten Stücke im Museum überhaupt wären. Er behauptete auch, die Museumsleitung hätte versprochen, mir als Teilzahlung einen neuen Kraftwagen zu schicken. Als ich all dies erfuhr, machte ich mir solche Sorgen, daß ich mich fragte, ob es mich nicht töten würde. Für mich gab es ja keinen Zweifel, daß alles eine große Lüge war, aber es hatte doch den Anschein der Wahrheit, und ich wußte mir keinen Rat mehr. Schließlich beschloß ich, den Dorfvogt in Barkers Haus mitzunehmen und diesem unfreundlich gesonnenen Manne und seiner Frau mit all ihren Lügen gegenüberzutreten. Sie gaben uns einen ins einzelne gehenden Bericht von allem, was sie im Museum gesehen hatten, aber als ich sie um Aufschluß über den neuen Wagen ersuchte, da wurden sie verlegen und fragten: »Wer hat denn das gesagt?« Als ich auf den Vogt wies, wurden sie still. Obwohl ihre Tochter Clara[2], die auch mit dabeistand, nicht auf der Weltausstellung gewesen war, hatte sie soviel zu reden, daß ich sie am liebsten geohrfeigt hätte; und als sie einige Zeit später starb, freute ich mich sehr. Nächst Clara war ich es, der am meisten redete, und schließlich trieb ich sie so in die Enge, daß sie kaum noch etwas zu sagen wußten. Der Vogt stand neben mir und hörte schweigend zu, sonst wäre unser Streit wohl ausgeartet. Ich wußte, daß ich mich auf seine Unterstützung verlassen konnte, denn obwohl er zehn Jahre älter war als ich, war er mein Sohn; auch hatte ich ihm auf der Schule viel geholfen und seitdem für ihn getan, was ich konnte, hatte ihm sogar seine Briefe geschrieben und als Dolmetscher bei seinen Verhandlungen mit den Weißen gedient.

[1] Ein fingierter Name.
[2] Nicht mit Irenes Schwester Clara zu verwechseln.

Auch Mischa leistete mir in dieser Sache einen großen Dienst. Er schrieb für mich mit der Maschine einen Brief an den Direktor des Field-Museums und fragte an, wie sie die Hopi-Ausstellungsstücke bekommen hätten. Ich schickte den Brief mit der Luftpost und brauchte nicht lange auf die Antwort zu warten. Es hieß darin: »Das Field-Museum hat mit Ihnen nie etwas zu tun gehabt, sondern ausschließlich mit Herrn Voth, dem Geistlichen, der die ausgestellten Altäre angefertigt hat. Diese Altäre sind nur Nachbildungen, keine Originale. Die dazu nötigen Unterlagen wurden vom Museum schon vor über dreißig Jahren beschafft.«

Dieser Brief gab mir meinen Mut zurück und lieferte einen Schild zu meinem Schutz. Die unfreundlichen Hopi wurden aufgefordert, sich einzustellen und mit eigenen Augen zu lesen. Sie kamen zwar nicht, aber ich sorgte dafür, daß der Inhalt bekannt wurde, und beschloß, den Brief zu meinem Schutz bis an mein Lebensende aufzuheben.

Kurz danach hatte ich einen Traum, in dem mein Schutzgeist mir in seiner gewohnten Bekleidung erschien und mich ein wenig schalt, daß ich in meinem Gemüte abträgliche Gedanken hegte. Er sagte: »Wehe, du gerätst schon wieder von der Sonnenbahn! Du bist nun ein Mann in mittleren Jahren und solltest dich schon besser auskennen; denn nichts Gutes kann aus abträglichen Gedanken, Streitigkeiten und Sorgen entspringen. Dein Sonnengott, der Vogt aller anderen Götter, ist dieser deiner Art müde, in der du dich um dergleichen sorgst. Richte dich also auf und folge mir!« Da erkannte ich, daß ich mir keine Sorgen mehr über das machen sollte, was die Leute gesagt hatten, und setzte meine Arbeit mit Mischa fort, um meine Familie zu ernähren. Aber ich war entschlossen, mich sehr in acht zu nehmen und niemals rituelle Geheimnisse aufzudecken.

Bevor Mischa uns verließ, adoptierte ihn der Vogt als Sohn, und ich nahm ihn als meinen jüngeren Bruder in den Sonnenklan auf. Ich glaube wohl, daß er der beliebteste Weiße war, der je Oraibi besucht hat. Einige Frauen hatten ihn sogar darum gebeten, ihren Kindern Namen zu geben. Ich war traurig, als er abgereist war, und behandelte seinen kleinen Hund, der bei uns blieb, besonders gut. Zu dem Schönsten, was »Misch« für mich getan hat, gehört es, daß er eine Arznei für meine entzündeten Augen kommen ließ. Wir waren wie leibliche Brüder.

Nicht lange danach starb mein alter Oheim Kayayeptewa. Er hatte drei Frauen überlebt, und es hieß, er wäre hundert Jahre alt. Ein erster ernsthafter Niedergang seiner Kräfte war 1919 eingetreten;

damals hatte ich das Hüten für ihn übernommen. Noch elf Jahre lang war er imstande, etwas Ackerbau zu betreiben, Holz auf dem Rücken heranzutragen, sich um seinen Pfirsichgarten zu kümmern und Decken zu weben. Schließlich aber gab er diese Arbeiten eine nach der anderen auf und brachte seine Zeit meist mit Spinnen zu. Er schlief in der Kiva, aß aber im Hause meiner Mutter. Obschon etwas taub, spielte er noch immer bei der Soyalfeier eine bedeutende Rolle; er kannte Hunderte von Überlieferungen aus der Geschichte der Hopi und konnte beinahe jede Art von Katschinalied verfassen. Wenn er sprach, merkten wir genau auf, denn er war Amtsträger. Die meisten seiner geschichtlichen Erzählungen waren aber zu lang, und die Zuhörer wurden darüber müde und schliefen ein. Doch wußte er ein paar erstklassige Buhlgeschichten zu erzählen, und die Begebnisse seines eigenen Lebens bezeugten, daß er mit Recht über diesen Gegenstand sprach.

Es war zu jener Zeit, als die Hopisitte, das Alter zu achten, sich aufzulösen begann. Einige der Kinder begannen daher Kayayeptewa zu verspotten, waren ungefällig gegen ihn und spielten ihm sogar Streiche, indem sie ihn etwa mit Knüppeln warfen oder ihm hinten dreckige Lappen anhängten – all das freilich außerhalb der Zeremonien. Manchmal schlug er dann nach ihnen und warnte sie: »Wenn ihr lange leben wollt, dann müßt ihr auch das Alter achten!« Aber während seiner letzten zwei oder drei Lebensjahre war er für niemand mehr von Nutzen. Er lag bei meiner Mutter in einer Ecke des Hauses, sehr schmutzig und voller Läuse. Meine Mutter setzte ihm etwas zu essen hin, fütterte ihn manchmal und legte ihm immer Lappen zwischen die Schenkel, die sie wie Windeln wechselte.

Eines Nachmittags im November, es war wohl 1934, als die Wowochimzeremonie im Gange war und meine Mutter für einige der Männer Speisen in die Kiva gebracht hatte, kam meine Schwester Mabel mit der Nachricht, daß unser Oheim im Sterben läge. Naquima war bei ihm und sagte: »Wie gut, daß du kommst! Der Oheim liegt seit heute morgen im Sterben, aber sein Herz schlägt noch, und es ist noch ein wenig Atem in ihm. Ich habe ihm eine Decke auf das Gesicht gelegt.« Ich hob die Zudecke auf, hielt mein Ohr dicht an seinen Mund und horchte. Dann sagte ich zu Naquima: »Sein Atem hat die Länge meines Fingers, und er wird schon kalt. Es wird Zeit, daß er sich auf den Weg zu unseren Lieben macht. Es ist mir zuwider, ihn im Dunkeln zu bestatten. Ich will ihn hoch gegen die Wand lehnen, damit der Atem schnell entweicht. Wir wollen uns deswegen keine Gedanken machen, denn er ist zu alt und zu schwach, um noch Schmerz zu empfinden; und für ihn ist es besser, sich auf den Weg zu machen.« Alsbald hob ich ihn auf, und sogleich kam der letzte Atem heraus. Der alte Naquima bekam einen Schreck und sagte: »Dies ist das erstemal, daß ich jemand habe sterben sehen. Es ist besser, glaube ich, wenn ich fortgehe.« Er krabbelte schleunigst hinaus und ließ mich mit dem Toten allein.

Bald darauf kam mein Bruder Ira hinzu. »Du kommst gerade zur rechten Zeit«, sagte ich, »und es trifft sich gut, daß du mir bei der Bestattung helfen kannst.« Ich war nicht sicher, ob er den Mut dazu aufbringen würde. Er lächelte gezwungen und sagte, daß er, während ich die Leiche fertigmache, die Pferde hobbeln und dann eilig wiederkommen wolle. Ich tat Wasser in eine Wanne und wusch unserm Oheim Hände und Gesicht. Dann bemalte ich ihm Arme und Beine bis zu den Knöcheln mit Reihen weißer Punkte. Über das linke Auge setzte ich ihm einen weißen Bogen, dessen Spitzen wie bei der Mondsichel nach oben wiesen; hierdurch sollte dem Geistervolk angezeigt werden, daß der Oheim Amtsträger war. Nachdem ich das Haar mit Yuccalauge gewaschen und es gekämmt hatte, spann ich einen neuen Faden und befestigte damit je eine Gebetsdaune auf dem Scheitel und an den Händen, an den Füßen und auf der Brust. Dann füllte ich ihm die Hände mit Maisschrot, schloß die Finger darüber und band sie fest. Ich rieb ihm Schrot ins Gesicht und bedeckte es mit einer Baumwollmaske, die Löcher für Augen und Mund hatte. Diese sollte die wogenden Wolken darstellen, die sein Gesicht verhüllen würden, wenn er zurückkehren und Regen fallen lassen würde auf unser ausgedörrtes Land.

Bevor ich den Oheim in eine Decke wickelte, stellte ich mich neben ihn, bestreute seinen Leib mit Maisschrot und hielt eine bedeutsame Ansprache, wobei ich zwischen den Worten ein wenig weinte: »Also, lieber Oheim, nun ist es Zeit für dich, daß du dich aufmachst. Du bist der einzige Amtsträger in unserem Sonnenklan, und es ist bitter für uns, daß wir nun ohne dich auskommen müssen. Ich habe dich zur Fahrt ins Totenheim fertiggemacht. Verliere keine Zeit, dahin aufzubrechen! Unsere Lieben werden dich fröhlich begrüßen und dir deinen besonderen Sitz anweisen. Sorge für sie, wie du für uns gesorgt hast! Vergiß uns nicht und schick uns Regen! Besuch uns im Dezember und singe wieder die Gebetslieder zu unserer Soyalfeier, denn wir bedürfen deiner Hilfe! Sei gütig und klug in deinem künftigen Leben!«

Viele Leute waren in der Kiva, wo sie eine kurze Wowochimzeremonie durchführten, andere hatten mit den Kindern ihre Häuser aufgesucht, um dem Anblick des Toten zu entgehen. Naquima war zu dem Bruder des Dorfvogtes gegangen. Meine Mutter war noch nicht wiedergekommen, und Ira beeilte sich auch nicht mit seiner

Rückkehr. Es war schon später Nachmittag, und Eile tat not, wenn uns die Dunkelheit nicht überraschen sollte. Ich spaltete daher einstweilen einige Yuccastengel und band die Kleider in der alten Weise am Leichnam fest, auch bog ich dem Oheim die Knie, damit er im Grabe sitzen konnte. Dann suchte ich das Bettzeug zusammen, Schaufel, Hacke, Pflanzstock, etwas zu essen, Wasser und Maisschrot und setzte mich, um auf Ira zu warten.

Unter Umständen wäre auch jemand, der nicht zur Familie gehörte, bereit gewesen, mir bei der Bestattung behilflich zu sein; aber dann hätte er seinen Anteil an des Oheims Nachlaß verlangt, und das wollten wir nicht. Ich hatte der Leiche einen Strick um Schultern und Schenkel gelegt mit einer Trageschlinge darin, die dem Träger über den Kopf geschoben wird. Am besten trägt man ja den Toten Rücken gegen Rücken, da so die Beine des Trägers beim Gehen weniger behindert werden. Als Ira endlich kam, sagte ich: »Wir müssen uns beeilen. Immer bin ich es gewesen, der unsere Verwandten bestattet hat, nun aber bist du an der Reihe, die Leiche zum Totenacker zu tragen!« Ira war älter als ich und hätte daher auch beherzter sein sollen; jetzt wollte ich seinen Mut auf die Probe stellen. Er lächelte krampfhaft und sagte: »Schön, dies wird der erste Leichnam sein, der auf meinem Rücken reitet.« Ich half ihm, den Toten aufzunehmen, und versprach gleich hinterherzukommen. Ich rollte das Bettzeug fest zusammen, band ein Seil darum, nahm Grabzeug und Wasser und machte mich auf, indem ich das Bündel hinter mir herschleifte. Kein Kind war zu sehen, und zwei oder drei Erwachsene, die vor den Häusern standen, wandten sich ab.

Als ich die Mesakante erreichte, stieg Ira schon gebeugt und in schwerfälligem Trott den Hang hinab. Als er die Grabstelle erreicht hatte, blieb er dort, schwankend unter seiner Last, stehen. »Laß ihn fallen!« rief ich. »Oheim fühlt keinen Schmerz mehr!« Dann erinnerte ich ihn an den Hopibrauch, daß derjenige, der die Leiche getragen hat, auch das »Haus« für sie macht, doch wollte ich wenigstens das Loch für ihn anfangen. Die Wolken hingen schwer über uns herab und drohten mit Hagel oder Schneesturm. Während Ira Steine sammelte, grub ich ein Loch von ein Meter zwanzig Länge, dreiviertel Metern Breite und zweieinhalb Metern Tiefe. Auf der Westseite schachtete ich eine Höhlung für die Leiche aus, wobei ich Ira die letzten Schaufeln Erde auswerfen ließ. Ich übergab ihm etwas Maismehl, den Boden damit zu bestreuen, zog die Leiche dicht heran, ließ sie in das Loch hinab und drückte sie in die Höhlung hinein, so daß sie in hockender Haltung nach Osten schaute. Wir schlossen die Höhle mit einem großen flachen Stein und verstopften die Spalten mit Teilen des Bettzeugs. Den Rest des Bettzeugs legten wir in das Loch und streuten Maisschrot darüber. Dann versuchten wir, alle frische Erde wieder in das Loch zurückzuwerfen und sie mit den Füßen hineinzustopfen und festzustampfen; denn sie umherliegen zu lassen, sieht schlecht aus und kann auch den Tod eines Verwandten bewirken. Schließlich häuften wir noch Steine auf den Hügel, damit keine Coyoten und Hunde an den Leichnam gelangen konnten und kein herumlungernder Weißer in Versuchung geführt würde, ihn auszugraben und in ein Museum zu verschleppen. Nachdem wir noch den Pflanzstock als Leiter aufgerichtet und Speise und Trank dabei niedergesetzt hatten, leerten wir den Sand aus unseren Schuhen und kehrten unsere Taschen nach außen, um uns von allen Erdkrumen, die unser Leben gefährdet hätten, zu befreien.

Als wir ins Sonnenklanhaus zurückkehrten, sotten Mabel und unsere Mutter schon Wacholderzweige in Wasser. Sie gossen den Absud in eine irdene Schüssel und trugen sie an eine besondere Stelle hinaus; dort zogen wir die Kleider aus und badeten. Mabel wusch uns den Rücken und badete sich dann selbst Gesicht und Hände und die Beine bis zu den Knien. Wir zerbrachen die Tonschale, damit sie nicht wieder verwendet würde und womöglich jemandem Unglück brächte. Im Hause legten wir dann ein Stück Kiefernharz in einen irdenen Scherben, entzündeten es mit glühenden Kohlen und stellten uns darüber mit einer Decke über dem Kopf, so daß der Rauch uns den Leib umstreichen und die bösen Geister vertreiben konnte. Dann wuschen wir uns den Kopf in Yuccalauge und legten reine Kleider an. Die Frauen hätten die Grabkleider noch am selben Abend waschen sollen, aber da es kalt und dunkel war, verschoben sie es auf den nächsten Tag. Ira und ich gingen jeder in sein Haus und versuchten, uns das Gemüt von leidvollen Gedanken zu befreien. Es ist am besten, wenn man so bald wie möglich wieder lacht und scherzt; heutzutage behaupten freilich manche Leute, das täte nur einer, der sich nichts aus dem Verstorbenen macht – aber das stimmt nicht!

Vier Tage lang verkehrte natürlich weder Ira noch ich mit unserer eigenen noch mit irgendeiner anderen Frau, und wir würden, wäre es die Zeit dazu gewesen, auch nicht auf dem Felde gearbeitet haben; doch unsere Schafe hätten wir hüten dürfen. Hätte jemand in der Nacht Coyoten oder Hunde bei dem Grabe bellen hören, so wäre es eine mutige Tat gewesen, sie zu verscheuchen – aber wenige Männer hätten den Mut dazu aufgebracht.[1]

[1] Weil es wahrscheinlich keine Tiere, sondern Hexer in Tiergestalt, Werwölfe gewesen wären. Ü.

Am dritten Tage, ungefähr um zehn Uhr morgens, machte ich zwei Gebetsstäbe und fünf Gebetsfedern. Ich legte einige Bohnen, die Mabel gekocht hatte, und etwas Piki auf eine Flechtplatte und ging damit zum Grabe. Nachdem ich diese Opfergaben auf dem Steinhaufen niedergesetzt und einen nach Osten führenden Maisschrotpfad gestreut hatte, ging ich so eilig ich konnte fort, denn ich brauchte keine weitere Rede zu halten. Ohne Zweifel erhob sich am nächsten Morgen unser Oheim aus dem Grabe, aß von den Speisen und machte sich auf ins Totenheim. Aber ich glaube, er kam zwei Wochen später zur Soyalfeier wieder, stieg in die Kiva hinab und half uns bei der Zeremonie der Heiltrankbereitung. Ich machte ein besonderes Paho für ihn und beschloß, dies so zu halten bis an das Ende meines eigenen Lebens.

Unser Oheim hatte keine Pferde mehr gehabt, noch Rinder oder Schafe. Schon Jahre zuvor hatte er meiner Mutter seine Herde übergeben und im Alter den größten Teil seiner Besitztümer gegen Kleider, Bettzeug und dergleichen Bedarf eingetauscht. Er hatte einen Sohn von etwa sechzig Jahren, aber sein Pfirsichgarten ging auf meine Schwester Mabel über, und wir andern teilten sein persönliches Eigentum unter uns. Ira bekam eine gegerbte Wildlederhaut für Mokassins, mein Vater sein Gerät zum Weben, und ich erhielt sein Korallenhalsband, das ich später gegen ein Pferd eintauschte.

Der alte Naquima war über den Tod unseres Oheims ganz außer Fassung. Frederick, der Bruder des Dorfvogtes, erzählte mir, daß Naquima, als er aus der Tür spähte und uns mit der Leiche vorübergehen sah, ausgerufen hätte: »Ach, niemals werden wir unsern Oheim wiedersehen! Und ich werde als nächster sterben, denn meine Nichten hacken auf mir herum und behandeln mich manchmal wie einen Hund.« Frederick versuchte ihn zu trösten, indem er ihm vorhielt, daß es für den Alten das beste gewesen wäre, zu sterben, und daß er nun bei seinen Lieben glücklich sei. Naquima erwiderte: »Ja, das gilt auch für mich, und im künftigen Leben werde ich nicht wie hier im Dreck herumkriechen, sondern aufrecht gehen und umherlaufen als ein freier Mann!« – »Das ist wahr«, entgegnete Frederick, »aber nun raffe dich auf! Du bist der älteste Mann, der dem Sonnenklan geblieben ist, und solltest es besser wissen. Du bist der Neffe meines Vaters und darum mein Klanvater. Du bist noch gar nicht so alt und wirst noch lange bei uns bleiben. Wir haben dich alle lieb, vertreibe daher die üblen Gedanken aus deinem Gemüt!«

Wenn Schlangentänze in Hotavila waren, saß Naquima am Straßenrand und bettelte die weißen Touristen an. Einmal machte ich für ihn ein Schild zum Umhängen mit der Inschrift: »Helft den Armen!«

Manchmal bekam er nicht weniger als fünf Dollar. Einmal schmiedeten wir einen Plan, wie wir noch mehr Geld ergattern könnten. Ich wollte ihn als wilden indianischen Schlangentänzer verkleiden, ihm das Haar locken und verwirren und leuchtend rote Federn auf den Kopf stecken, ein Stierschlangenzeichen von oben bis unten vorn auf den Leib malen und das Gesicht schwarz und die Lippen knallrot färben; um die Hüften wollte ich ihm ein rotgefärbtes Angoraziegenfell binden. So sollte er in einem Zelt sitzen und draußen sollte ein Schild mit folgender Aufschrift hängen: »Hier finden Sie einen wilden, in den Hopi–Forsten eingefangenen Indianer! Eintritt einen viertel und einen halben Dollar. Vorsicht, der Mann ist ein Menschenfresser!« Ich übte ihm einen Satz ein, den er sagen sollte, sobald ein Weißer ins Zelt schaute: »Fi-fai-fo-fum, ich rieche das Blut eines Engländers!« Und dann sollte er quietschen wie ein Hanswurst. Viele Tage lang beredeten und belachten wir unser Vorhaben, aber wir konnten es nicht ausführen, denn am Tage des Schlangentanzes fand ich niemand zum Hüten.

Nicht lange danach starb mein Großvater. Er war ein großer Medizinmann, aber er konnte sich selbst nicht helfen. Ich war gegangen, um nach meinen Pferden zu sehen, und Naquima war bei ihm, als er starb. Als ich zurückkam, rief Naquima: »Ach, nun bin ich allein, und niemand bekümmert sich mehr um mich!« – »Hör zu!« erwiderte ich. »Ich habe dich doch ermahnt und ermahnt, dich zusammenzunehmen. Großvater konnte sich nicht um dich kümmern, dazu war er schon zu schwach. Unsere Mütter und Schwestern werden sich um dich kümmern. Das Leben hat einen Sinn. Wenn du auf dieser Erde bleiben willst, mußt du dich von leidvollen Gedanken befreien. Bete zu deinem Schutzgeist, daß er dich behütet, und wenn du selbst nicht deines Lebens müde wirst, hält er dich schon fest. Du denkst daran, nicht wahr!« – Ich half bei der Bestattung meines Großvaters gerade wie bei der unserer anderen Toten.

Doch Naquima begann schwächer zu werden. Er wohnte noch immer bei meiner Mutter mit Mabel und meiner jüngsten Schwester Inez zusammen, die etwa achtzehn Jahre alt war. Aber er aß bei meiner Nichte Delia, der ältesten Tochter meiner verstorbenen Schwester Gladys. Delia hatte Nelson aus Hotavila geheiratet. Manchmal kroch Naquima auch die Mesa zum Handelsposten hinunter, wo Herr Hubbell ihm Kleider schenkte und ihn mit dem Kraftwagen wieder nach Hause brachte. Die Knie seiner Hosen waren stets vom Kriechen durchgescheuert, aber er versuchte sie mit Fäden, die er aus Mehlsäcken zog, wieder zu stopfen. Gelegentlich ward er von Kindern verspottet, sie nahmen ihm seine Sachen weg, verhöhnten ihn, gaben ihm Schläge und sogar Fußtritte. Die meisten Erwachsenen waren freundlich zu ihm, neckten ihn mit den Mädchen und gaben, um ihn aufzuheitern, vor, sie wollten ihn wegen geschlechtlicher Übergriffe züchtigen. Meine Schwestern und Nichten waren nachlässig, behandelten ihn manchmal schlecht und drohten ihm sogar damit, ihm nichts zu essen zu geben. An kalten Tagen brachte er es fertig, die Leiter in die Kiva hinunterzukriechen, um am Feuer zu sitzen, während die Männer arbeiteten. Eines Tages stürzte er von der Leiter herab und fiel auf den Kopf. Seitdem mußte er sich häufig erbrechen und magerte stark ab; ich trug ihn daher oft auf dem Rücken in die Kiva hinunter.

Einmal, als ich mit einer Last Holz nach Hause kam, sagte Irene: »Naquima ist krank.« Ich fand ihn in Delias Haus; er lag auf dem Rücken und beklagte sich über Schmerzen in der Brust; sie waren so schlimm, daß er sich den Tod wünschte. Dazu sagte er noch: »Ich bin allein, ohne Vater und Mutter, und meine Nichten gehen achtlos mit mir um. Was ich esse, kann ich nicht bei mir behalten, und die indianische Arznei bleibt auch nicht unten.« Ich schüttelte etwas Maisschrot in Salzwasser, und während er das trank, rieb ich ihm den Bauch, damit das Genossene unten bliebe. Bald schlief er ein, und ich ging zum Abendessen nach Hause.

Am nächsten Tage fand ich ihn tot. Meine Mutter saß neben ihm und weinte, denn sie hatte ihr Lebtag den verkrüppelten Bruder liebgehabt. »Sei nicht zu traurig!« sagte ich. »Naquima hat es viele Jahre lang schwer gehabt in einer Welt, die für ihn voller Leiden war. Nun wird er zu unseren Lieben gehn und ein freier Mann sein.« Wir kleideten ihn zur Bestattung an, und ich forderte ihn auf, geschwind auf einer ebenen, angenehmen Straße dahinzufahren in das Heim unserer Ahnen. Ich wies ihn darauf hin, daß sein Vater und seine Mutter ihn erwarteten und ihn gut behandeln würden. Ich weinte nicht, weil er sein Leben lang gelitten hatte und ich froh war, daß seine Leiden vorüber waren. Ich trug ihn auf meinem Rücken zum Totenacker, und mein Vater half mir, ihn zu bestatten. Noch Jahre später baten mich die Leute gelegentlich, ihnen Geschichten von Naquima zu erzählen und seine spaßige Aussprache nachzumachen.

Im Sommer 1935 trieb sich Norman mit einigen faulen Buben herum, die einen schlechten Einfluß auf ihn ausübten. Eines Tages trugen wir ihm irgendeine Arbeit auf, aber er verschwand einfach. Ich nahm eine Peitsche und schlug dreimal zu; da fing er zu weinen an und sagte: »Jetzt geh ich zu meinem wirklichen Vater zurück!« Ich schalt ihn heftig und verwies ihm diese Redensart. Einmal schlug ihn Irene mit dem Stock, weil er noch im Dunkeln draußen geblieben war. Wurde er später einmal frech, dann brauchten wir nur zu sagen »Hau ihn!« und uns umzusehen, als wollten wir etwas aufnehmen –

das genügte schon. Ich wies ihn wieder und wieder darauf hin, wie ungezogen es ist, wenn ein Kind widerspricht. Meistens kamen wir mit freundlichen Worten aus, wenn er etwas tun sollte, aber zuweilen schien er nur mit dem Munde zuzuhören und gar nicht mit den Ohren aufzumerken. Wenn ich etwas anordnete, dann wollte ich sehen, daß er sich rasch erhob und es ausführte.
Wir schalten Norman oft, daß er zu lange schliefe, und erklärten ihm, daß es eine Schande für einen Jungen sei, noch nach Sonnenaufgang im Bett zu liegen. Im allgemeinen genügte es, ihn aufzuwecken und zu verwarnen. Beim Zubettgehen sagte ich oft: »Nun hüte dich und steh vor Sonnenaufgang auf, oder ich komme mit Wasser!« Eines Morgens ging ich in die Kiva, um ihn zu wecken, weil er zur Schule mußte; ich zog ihm die Steppdecke weg und hieß ihn sich eilen oder ich würde ihn einweichen. Es war schon nach dem Frühstück, da schlief er noch immer. Ich ging mit einem Eimer Wasser zur Kiva hinüber, zog die Decke weg und goß ihn tüchtig naß. Da schrie er und kam heraus.
Auch Irene hat ihn einmal naßgegossen. Eines Morgens war ich aufs Hausdach gestiegen und hatte ihn zum Essen geweckt. Dann war ich aufs Feld gegangen und mit Melonen und Pfirsichen zurückgekommen, als Irene eben das Frühstück fertigmachte. Norman war noch nicht erschienen. Irene litt zu der Zeit an Schmerzen im Bein, war sehr gereizt, stieg aufs Dach und goß ihn naß. Da kam er schleunigst nach unten, vollkommen wach. Bei Gelegenheit sprach ich mit ihm in aller Ruhe darüber. Irene und Norman hatten ihre kleinen Auseinandersetzungen, aber so geht es nun einmal zwischen Müttern und Kindern zu. Wenn er zu ungebärdig war, griff ich ein und sagte, er sollte das lassen. Irene verlangte nicht mehr von ihm, als daß er ihr gehorchte und Holz und Wasser holte.
Oft ermahnte ich Norman mit sanfter Stimme und spornte ihn an, sich als artiger, braver Junge zu zeigen. Ich sagte etwa: »Wenn du erst älter bist und die Mädchen merken, daß du faul bist, dann wollen die hübschen nichts mehr mit dir zu tun haben; aber wenn du hart arbeitest und mir hilfst, dann werden ihre Eltern sagen: ›Heirate du den Norman, der wird schon gut für dich sorgen‹«. Ich lief auch öfter mit ihm um die Wette, einesteils damit er sich ans Laufen gewöhnte, anderseits damit er schlanker würde; denn ich wollte nicht, daß er wie diese fetten Jungen in Neu-Oraibi wäre, untauglich zur Arbeit. Ich lehrte ihn, daß Läufe in der Morgenfrühe ihm zu Abhärtung und langem Leben verhelfen würden. Besonders stolz war ich auf ihn, wenn er meine Pferde ritt.
Ich war glücklich über meinen kleinen Jungen, gewann einige weiße Freunde hinzu, unter ihnen Schullehrer, Museumshelfer, Künstler,

Anthropologen und Botaniker, und schien trotz meiner Impotenz voranzukommen. Mein Gespann war so gut wie das irgendeines anderen Mannes in Oraibi, meine Arbeit erbrachte genug zu essen und meine weißen Freunde schenkten mir genug anzuziehen. Ich erweiterte meine Felder, vergrößerte meine Herde, kaufte einen neuen Wagen, besseres Geschirr, einen Kultivator, Rodehacken und einen eisernen Pflanzstock. Weniger Fahrten wurden nach Moenkopi gemacht, und Mettie sah ich nur noch bei den Tänzen.

Eines Nachts entdeckte Irene eine Veränderung an mir und fragte, angenehm überrascht: »Was ist denn nun los?« Ich lachte und sagte, daß meine Jugend sich erneuere. Aber ich wurde nicht wieder der Mann, der ich gewesen war. Eine Umarmung einmal die Woche oder alle zehn Tage war genug, und ich fand, daß es in den frühen Morgenstunden besser glückte, obwohl das Ganze auch dann weniger als fünf Minuten dauerte. Mir wurde klar, daß ich mit fortschreitendem Alter wieder unnütz werden würde; es war daher sinnvoll, wenn ich meine Kräfte schonte und mich auf das schließlich doch einmal eintretende Ende dieser Lust einstellte. Wollte ich meines Lebens froh bleiben, so hielt ich es für das beste, mich vor allem meinem Jungen zu widmen. Irene war mir nun wegen ihrer guten Küche wichtiger als wegen des Liebesumgangs, und ich bedachte sie jetzt dafür mit Lob. Das schien ihr zu gefallen, und als ihre Frauenzeit sich zu verlieren begann, sagte sie, sie wäre froh. Aber damit meinte sie natürlich nicht, daß nun all dergleichen Vergnügungen für sie vorüber wären, denn Hopifrauen bleiben noch bis in ein sehr hohes Alter hinein dem Liebesumgang zugeneigt. Ich war nett zu Irene, aber Norman liebte ich stärker, und wenn sie ihn nicht hätte behalten wollen, so würde ich sie verlassen haben.

Eines Nachts erlebte ich eine Überraschung an mir. Ich war nach einer Last Holz ausgefahren und verbrachte die Nacht wie gewöhnlich im Hogan meines Navahofreundes Neschelles. Er war fort, um einen Kranken zu behandeln, und hatte seine Frau allein gelassen; nur ihre Kleinen waren noch da. Sie war besonders freundlich. Ich schlief bei ihr und fand zu meiner großen Freude meine alten Kräfte völlig wiederhergestellt. Dies ward bei anderen Fahrten wiederholt, immer, wenn ich der einzige Mann im Hogan war. Ich wußte, daß dies gefährlich war und daß Neschelles, wenn er mich einmal erwischte, mich verprügeln würde. Aber mehr würde er auch nicht tun, und ich meinte, daß die Lust das Risiko wert war. Ich freute mich mehr als je zuvor aufs Holzheranschaffen, und obwohl mein Freund gewöhnlich daheim war, brachte es seine Frau doch fertig, mir glückliche Schauer zu erregen, wenigstens durch ein verstohlenes Augenblinzeln.

Ich kaufte und verlor auch weiterhin Pferde, und ich hatte zu viele, um sie im einzelnen zu beschreiben, obwohl es zu einer Zeit nie mehr als fünf oder sechs waren. Wenn sie zur Arbeit zu alt oder zu schwach waren, ließ ich sie frei, damit sie stürben. Eines stolperte über einen Stein und brach das Bein. Mein Bruder Ira fand in einer Schlucht eines abgestürzt auf dem Rücken liegen und tötete es mit einem Felsblock. Ein Pferd stieß nach dem anderen und brach ihm das Bein. Ich tötete das arme Tier mit der Axt auf dem Plateau nördlich des Dorfes. Die Frauen holten das Fleisch zum Essen ins Haus, und der Vogt machte eine Trommel aus der Haut. Ein anderes Pferd fraß Locokraut und wurde verrückt. Ich war auf dem Wege zu meinem Maisfeld und trieb es eine steile Anhöhe hinauf, um es vor den Wagen zu spannen, da verhielt es sich sonderbar und störrisch. Als ich es mit der Peitsche schlug, fiel es hin, versuchte sich herumzurollen und sprang schließlich, um sich beißend und mit den Hufen schlagend, auf die Beine. Auf dem Felde versuchte ich, es vor den Kultivator zu spannen, aber vergeblich. Bei der Heimfahrt zog es den Wagen, fraß aber etwas am Wegrand, bekam die Zügel zwischen die Beine, und als ich versuchte, es davon zu befreien, bäumte es sich und wollte mich beißen. Ich spannte es rasch aus, warf es mit Seilen nieder, band ihm Kopf und Fuß und schnitt ihm mit meinem Schlachtmesser die Kehle durch. Es ging mir sehr gegen den Strich, mein bestes Pferd zu töten, aber ich konnte es doch nicht freilassen, damit es anderen Leuten die Feldfrucht wegfräße.

Eines Julitages, wohl im Jahre 1936, war plötzlich mein Lieblingspferd, ein Falber, verschwunden. Am nächsten Morgen bestieg ich ein Pony und ritt bis zum Hogan meines Freundes Neschelles. Dort erfuhr ich, daß in der Frühe ein Reiter auf meinem Pferde vorübergekommen war. Neschelles lieh mir sein schnellstes Reitpferd, damit ich den Dieb einholen könnte. Ich ritt weiter, ohne etwas zu essen mitzunehmen, immer auf der Spur meines Pferdes – bis über den Blauen Canyon hinaus, wo ich mit leerem Magen ein Nachtlager aufschlug. Ich ritt scharf zu am nächsten Tage und kam in ein mit Wacholderwald bestandenes Tal, konnte aber zum Glück die Spur halten. Um Mittag war mir so schwindlig, daß ich, um den Hunger zu bezwingen, mir einen Strick um den Leib binden mußte. Weiter ging es, und ich traf auf ein Feld, wo ein einziger grüner Kürbis von Faustgröße wuchs. Den aß ich, fühlte mich aber nicht gestärkt und ward von der Furcht beschlichen, daß ich in der Wüste sterben müßte.

Schließlich erreichte ich den Hogan eines Bekannten, namens Johokimn, der mir schon Pferde verkauft hatte. Während ich aß und ihm meine Geschichte erzählte, sah ich, daß sein Gesichtsausdruck härter und ernster wurde. Am Ende bot er mir an, mich zu begleiten und den Dieb durchzuprügeln; auch forderte er mich auf, mehr zu essen, damit ich für den Kampf wieder bei vollen Kräften wäre. »Stärke dich und sei ein Mann!« sagte er. Ich war froh darüber, daß er mir helfen wollte, und als wir den Hogan verließen, meinte er, ich sollte den Sattelriemen anziehen, vielleicht müßten wir im Reiten kämpfen. Wir folgten der Spur eine Berghalde hinauf und kamen an einen anderen Hogan, wo Johokimn barsch erklärte, daß wir hinter einem Diebe her wären. Ein Mann gab an, er hätte den Sohn des Fetten William auf einem Pferde mit Hopibrandmal vorüberreiten sehen.

Wir preschten weiter und trafen kurz darauf einen alten Mann, der neben einer Navahosauna saß. Johokimn sprang vom Pferde, packte den Alten, warf ihn zu Boden, nannte ihn einen Pferdedieb und drohte, ihn zu töten. Aber er wollte sich über den Greis nur lustig machen; immerhin war es der Großvater des wirklichen Diebes. Nun kamen zwei Navaho heran und schüttelten uns die Hand. Einer war Joe Isaac, ein Klangroßvater von mir, denn er war mit einer Frau aus dem Sandklan der Navaho verheiratet, und diese konnte ich ja als Tante ansehen.[1] Er bot uns ebenfalls seine Hilfe an und meinte: »Wir werden den Jungen durchprügeln!« Nach einem weiteren scharfen Ritt kamen wir abermals an einen Hogan; wir traten ein, ohne eine Aufforderung abzuwarten, und fanden uns mehreren Frauen gegenüber, die uns anstarrten. Johokimn schalt sie und verlangte, daß sie mir Rede ständen. Ich erklärte, daß ich den Dieb zwei Tage lang verfolgt hätte und daß ich ihn, wenn ich ihn finge, auf zehn oder fünfzehn Jahre ins Gefängnis bringen würde. Ich sagte: »Wenn ihr für den Jungen Partei nehmt gegen mich, dann kommt ihr alle vor Gericht und vielleicht ins Gefängnis!« Die Mutter des Jungen fing zu weinen an und sagte, er sei zum Rinderpferch gegangen.

Da beschlossen wir, zu einem Hogan in der Nähe zu gehen, wo ein Medizingesang zur Heilung eines Kranken stattfand, und die Sache einigen dort anwesenden Navaho-Richtern vorzulegen. Zehn oder zwölf Männer waren bei diesem Gesang, und ich fand, daß Hotlotis, mein Bruder vom Sonnenklan der Navaho, der Oberheiler war. Er begrüßte mich freundlich und fragte, wie es käme, daß ich so weit von Hause wäre. Joe Isaac und Johokimn erklärten der Menge, weshalb ich gekommen sei, und Hotlotis redete auf die Richter ein wie ein weißer Rechtsanwalt. Er stellte ihnen vor, daß er das Leben eines Kranken zu retten versuche, daß aber einer der Ihren seines

---

[1] Die Hopi behaupten, wo immer es zu ihrem Vorteil gereicht, verwandt zu sein mit den Navahos, die gleiche Klannamen führen wie sie selber.

Klanbruders Pferd gestohlen habe, wodurch womöglich der Gesang unwirksam würde. Er sagte: »Ihr Navaho, die ihr fern von den Hopi lebt, verschafft uns, die in ihrer Nähe leben, einen sehr schlechten Ruf. Ihr müßt das Pferd zurückgeben!« Darauf stritten sie lange Zeit hin und her und waren schließlich so aufgebracht, daß ich schon einem Kampf entgegensah und einen dicken Stock ins Auge faßte, mit dem ich mich hätte verteidigen können. Einige der Frauen weinten. Am Ende beruhigten sich die Männer jedoch, und die Richter sagten, daß der Dieb bestraft werden müßte und daß sie am folgenden Tage einen Navahopolizisten nach ihm ausschicken würden. Aber mein Freund Johokimn verkündete, daß er selbst den Jungen holen werde, empfahl mir, bei dem Gesang auf ihn zu warten, und ritt davon.

Als der Abend hereinbrach, zog Hotlotis mich an seine Seite, gab mir eine Kürbisrassel in die Hand und forderte mich auf, ihm bei dem Heilungsritus zu helfen. Ich kannte ihre Medizinlieder nicht, wollte aber doch den Versuch unternehmen, wiewohl ich einige der Navaho lächeln sah. Indem ich Hotlotis im Auge behielt und mich nach ihm richtete, gelang es mir auch sehr gut. Wir sangen bis Mitternacht, aßen reichlich und legten uns auf dem Boden schlafen. Am nächsten Tage nach dem Frühstück sah ich Johokimn mit einem Jungen kommen, den er gebunden im Sattel hielt. Er rief mir zu: »Hier ist der Dieb! Töte ihn, wenn du willst!« Ich trat zu dem Jungen, sah ihn genau an und fand, daß mein Freund ihn schon verprügelt hatte. Johokimn riß den Jungen vom Pferd, schleuderte ihn, dessen Hände noch immer gebunden waren, auf die Erde und rief mir zu: »Tu mit ihm, was du willst!« Die Richter versammelten sich und sagten: »Es liegt bei dir, zu tun, was du für richtig hältst! Aber wenn du willst, daß sich der Junge nach deinem Pferde umsieht, dann kann er gehen und es holen, während du hier wartest.« Ich stimmte zu, und der Dieb ging demütig fort, um mein Pferd zu suchen, während wir wieder für das Leben des Kranken sangen. Im Laufe des Tages nahm ich auch mit etlichen Navaho zusammen ein Schwitzbad, was sehr gesund bei Rheumatismus ist, bei schmerzenden Knieen und schlimmen Augen. Bevor ich die Sauna betrat, wurde ich belehrt, daß ich die Vorhaut nach vorn ziehen und sie zum Schutz gegen Dampf und Hitze mit einem Bindfaden zubinden müßte. Noch eine zweite Nacht blieben wir wach und sangen bis Tagesanbruch. Da bat uns die Frau des armen Kranken, noch bis Mittag zu singen, und gab dem Medizinmann zu all den andern Geschenken, die er schon erhalten hatte, noch eine schöne Satteldecke. Am Nachmittag war der Junge noch immer nicht mit meinem Pferde zurückgekommen, daher versprachen mir die Richter, daß sie ihn zwingen würden, es zum Schlangentanz nach Hotavila zu bringen. Diesem Vorschlag stimmte ich zu, und als wir uns auf den Weg machten, schenkte mir mein Navahoklanbruder Hotlotis einen Teil der Sachen, die er bei dem Gesang verdient hatte. Ich erhielt fünf Stücke Kattun, eine Satteldecke, eine Havasupaiflechtplatte und etwas Tabak.

Der Heiler und ich, wir packten unsere Geschenke auf die Pferde, boten den Navaho, die an dem Gesang teilgenommen hatten, ein freundschaftliches Lebewohl und ritten bis zu Johokimns Hogan. Seine Frau hatte ein Schaf geschlachtet und die Hälfte des Fleisches gekocht; diese überreichte sie mir nun als Geschenk, denn ich hatte mehrfach mit ihrer Familie Gaben ausgetauscht. Als wir weiterritten, sagte Hotlotis: »Nun wollen wir den Hogan einer meiner Buhlen aufsuchen, und wenn ihr Mann fort ist, dann wollen wir unsere Lust mit ihr haben, erst ich und dann du!« Er rühmte sich, daß er in dieser Gegend viele Buhlen hätte und daß er sie oft besuche, wenn er umherreise, um Kranke zu behandeln oder nach seinem Vieh zu sehen. Nicht lange danach kamen wir an einen Hogan, und zu meiner Überraschung war die Frau die Schwiegertochter meines Freundes Johokimn. Aber wir hatten kein Glück, ihr Mann war zu Haus. Aus einiger Entfernung hatte ich sie auf einem Schaffell im Hogan sitzen sehen, aber als wir hineinkamen, lag sie da, als ob sie schliefe – wahrscheinlich deswegen, weil sie ihrem geheimen Liebhaber nicht in Gegenwart ihres Mannes entgegentreten wollte. Der Mann bereitete etwas zu essen für uns, und während wir aßen, warf ich gelegentlich einen Blick zu der Frau hinüber, und einmal, als ich sie mit halbgeöffneten Augen erwischte, blinzelte ich ihr zu, worauf sie mich mit einem verstohlenen Lächeln belohnte. Als ihr Mann und der Heiler vor den Hogan traten, zögerte ich noch etwas. Die junge Squaw stand rasch auf, ging zum Feuer hinüber und gab mir zwei Stücke gebratenes Hammelfleisch. Als ich das Geschenk empfing, streichelte ich ihr die Hand, bis sie mich freundlich anlächelte. Dann eilte ich schnell hinaus, um mich meinem Genossen anzuschließen, der schon sein Pferd bestiegen hatte. Nach dem Lebewohl ritten wir schweigend dahin, bis wir außer Hörweite des Hogans waren – da stieß ich einen gewaltigen Kriegsschrei aus und berichtete dem Doktor, seine Freundin hätte keineswegs geschlafen, sondern mir zugelächelt und ihr Fleisch mit mir geteilt.

Am Blauen Canyon trennte ich mich von meinem Navahobruder und erreichte bei Sonnenuntergang Neschelles' Hogan. Er kam mir mit einem breiten Grinsen entgegen und teilte mir zu meiner Überraschung mit, daß mein Pferd vor ein paar Stunden bei ihm abgeliefert worden sei. Am Abend gab es ein schönes Festessen, und seine Frau schenkte mir noch das rohe Fleisch eines ganzen Schafes zum Mitnehmen. Am nächsten Tage brach ich auf und langte um Mittag bei Hotlotis' Hogan an. Er hatte auch ein Schaf geschlachtet und lud es auf den Rücken meines kleinen Handpferdes. Am späten Nachmittag, dem vierten Tag nach meinem Aufbruch von Oraibi, kehrte ich stolz zurück; auf meinem Falben ritt ich ins Dorf ein und führte am Strick mein Pony, das mit frischem Schaffleisch und wertvollen Geschenken beladen war – ein klarer Beweis meines Mutes. Denn wenige Hopi sind kühn genug, einen Navahodieb zu verfolgen.

Ich habe noch niemals einen Navaho geschlagen, aber einmal hatte ich einen Hund, der ihren Hunden überlegen war. Er war mir bis zu Neschelles' Hogan nachgelaufen und kämpfte gegen einen Navahohund nach dem andern, bis acht dreckige Köter zusammen auf ihn losgingen. Als sie alle auf ihm gelandet waren, zog er sich flink aus der kämpfenden Meute zurück und ließ sie sich untereinander zerfleischen. Ich lachte und lachte, bis der Hund eines kleinen Navahojungen so übel zugerichtet war, daß wir ihn töten mußten. Der arme Junge weinte, und schließlich fragte Neschelles mich: »Willst du nicht vielleicht dem Jungen deinen Hund geben?« – »Ich kann meinen Hund nicht entbehren«, erwiderte ich. »Ich will dir fünf Dollar dafür geben«, sagte mein Freund. Als ich dieses Angebot ablehnte, fügte er noch zwei Pferdefesseln und eine Reitpeitsche hinzu. Da erklärte ich mich endlich einverstanden. Als ich aber fortritt und meinen Hund winseln hörte, hätte ich fast selber geweint; indes – ich fühlte nach meinem Gelde, sah Fesseln und Peitsche an und ermannte mich rasch.

Im Sommer brach ich Irenes altes Haus teilweise ab und baute es neu wieder auf. Mein Freund, Herr Sachs aus New York, kam in diesem Jahre wieder und schenkte mir dreißig Dollar, so daß ich mir Holz für eine Balkendecke unter dem Dach aus Erde kaufen konnte. Fast jeder im Dorf half mir bei dem Bau. Meine liebe, alte Mutter half, die Erdlasten heranzubringen, und mein blinder, alter Vater tat, was er konnte, und webte eine Hopidecke für mich. Dann hielten wir alle einen schönen Schmaus in dem neuen Haus, und die Verwandten vom Feuerklan lobten mich mächtig. Danach hörte ich mein totes Kind nicht mehr unterm Dache zirpen, und ich vergaß sogar einige der Namen meiner verlorenen Kinder. Der alte Zwieherzer, der sie getötet hatte, war auch gestorben. Aber ich sollte in meinem neuen Hause nicht lange des Lebens froh sein.

Das größte Leid meines Lebens war der Tod meiner Mutter. Der war schwerer zu ertragen als der Verlust meiner Kinder oder meine lange Krankheit und die Jahre der Impotenz. Ich liebte sie wohl mehr als alles andere. Sie war zwischen fünfundsechzig und siebzig und führte noch immer ein starkes und nützliches Leben, als sie im Januar 1938 auf einen spitzen Zweig trat, der in ihre Ferse drang. Dies war nicht so gefährlich, aber ein böser Mensch schoß Klapperschlangengift in die Wunde, so daß der Fuß übel anschwoll bis zum Knie. Poleyestewa behandelte sie mit der stärksten Arznei, die Hopiheiler kennen, und die Schwellung des Fußes ging zurück; aber nun entzündete sich ihr linker Arm. Ein Zwieherzer hatte Ameisengift hineingeschossen, denn ein zweiter Heiler vermochte eine kleine rote Ameise zu entfernen. Auch hatte sie den Leib voll schlimmer Gedanken, und diese waren wohl schwerer zu überwinden als das Gift. Während sie so krank dalag, befragte ich sie über mich selbst: »Habe ich dich leichtfertig gescholten oder sonst dein Herz mit Leid erfüllt?« – »Nein«, erwiderte sie, »du hast als Kind ungezogene Reden geführt, aber später hast du mich nie mehr gescholten. Dein Bruder auch nicht, aber deine Schwestern widersprechen mir unverfroren, und das hat mich sehr traurig gemacht. Ich glaube, es ist besser, ich sterbe und kümmere mich um unsere Lieben.« Ich ließ den Kopf sinken und bat sie, so böse Gedanken von sich zu weisen. »Mutter«, sagte ich, »du bist älter als ich und sehr klug. Du hast uns Jahr um Jahr ermahnt, wie wir leben sollen. Nun befolge auch du diese Regeln und kehre dich mit tapferem Herzen gen Osten!« – »Ich habe den Tod schon seit langer Zeit vor Augen«, erwiderte sie. Diese Bemerkung machte mich zornig, denn sie zeigte, daß sie sich selbst tötete. Aber ich versuchte, sie nicht zu schelten. Stattdessen erinnerte ich sie daran, daß sowohl gute wie schlimme Gedanken sich unserem Sinn anbieten und daß wir die guten wählen müssen. Als sie zugab, daß sie in ihren Träumen tote Verwandte sähe und mit ihnen spräche, gab ich die Hoffnung auf und fragte mich im stillen, ob sie selbst ein Zwieherzer wäre. Die Stunden vergingen, sie aß nur wenig, schien ohne Schmerzen zu sein und ihr Geist weit fort.

Meine Mutter starb am nächsten Tage bei Sonnenaufgang. Ira, mein Vater, Delias Mann, Mabel und ich saßen beim Frühstück und beobachteten sie, als ihr Atem auszusetzen begann. Ich sagte den andern, daß sie sich mit Essen beeilen und der Gefahr aus dem Wege gehen sollten. Kurz nachdem sie fort waren, verschied meine Mutter in meinen Armen. Ich weinte, ließ sie auf den Boden gleiten, bedeckte ihr das Gesicht und ging hinaus, um Wasser zu lassen. Als Nuvahunka, die Schwester unserer Mutter, aus Neu-Oraibi kam, sagte ich: »Unsere Mutter ist tot, und du brauchst sie nicht mehr anzusehen.« – »Sie ist meine Schwester«, erwiderte sie, »und ich fürchte mich nicht.«

Nuvahunka trat mit mir ins Haus, deckte das Gesicht meiner Mutter auf, weinte und sagte: »Jaja, Schwester, dies ist das letztemal, daß wir dich sehen. Du hast uns immer gesagt, wie wir unser Leben bewahren sollten, und nun weigerst du dich, dem guten Rate selbst zu folgen. Du hast dein Gesicht von uns gekehrt und bist vom Sonnenpfade abgegangen. Ich glaube, ich kann dein Grab nicht ansehen, wenn wir dich bestattet haben.« Sie war zornig und schalt meine Mutter. Wir bedeckten ihr wieder das Gesicht und weinten zusammen. Als ich an all das Gute dachte, das meine Mutter für mich getan hatte, fragte ich mich, ob ich je wieder froh werden könnte.

Ich begrub unsere Mutter mit Unterstützung meines Bruders. Da sie sehr schwer war, spannten wir an, um sie zum Totenacker zu bringen. Seit ich mich verheiratet hatte, hatte ich unsere Toten begraben, und ich machte alles genau nach der Vorschrift. In meiner von Tränen erstickten Grabrede drückte ich ihr meine allerbesten Wünsche aus und legte es ihr ans Herz, sich aufzumachen und für unsere toten Verwandten zu sorgen, indem ich ihr versicherte, daß wir schon zurechtkommen würden, unser Leid verwinden und sie später wiedersehen.

Meine Mutter war der prächtigste und liebevollste Mensch, der mir je begegnet ist, und ihr Leben ging darin auf, uns gesund und froh zu machen. Sie verprügelte mich wohl, als ich noch ein ungezogener Junge war, aber das warf ich ihr nicht vor. Manche Hopi sagen, daß sie sich von ihren Eltern, wenn diese alt und schwach geworden sind, Genugtuung verschaffen werden für die Schläge, die sie in der Jugend von ihnen bekommen haben. Meine Denkart war das nie. Aber mein Vater weigerte sich, unserer Mutter im Tode ins Angesicht zu sehen, und er kümmerte sich nicht um ihr Begräbnis. Er erzählte keine Witze mehr und berichtete später, daß sie bei einigen Gelegenheiten im Traume zu ihm gekommen sei, doch hätte sie nie versucht, ihn anzureden oder zu berühren. Es mißfiel ihm, sie im Traume zu sehen, denn er war noch immer zornig auf sie, weil sie ihn und seine Kinder verlassen hatte; auch fürchtete er, daß sie ihn rufen würde und er mitgehen müßte. Wenn er am Totenacker vorüberkam, wandte er, obwohl er fast blind war, die Augen ab. Ich mochte nie über den Tod meiner Mutter sprechen, und wenn Freunde kamen, so pflegte ich zu sagen: »Unsere Mutter ist dahingegangen, und wir werden sie nicht wiedersehen, bis wir diesen Ort verlassen.«

Aber ich sah meine Mutter noch immer nachts im Traum und fürchtete mich sehr davor, daß sie mich berühren könnte, denn dann hätte ich mitgehen müssen. Es schien so, als wollte sie nicht bei unseren Lieben bleiben, sondern immer noch wieder zurückkehren. Daher nahm ich schließlich etwas geweihten Maisschrot und Pahos mit zur Nordwestklippe hinaus, opferte, schalt sie, sagte ihr, sie sollte uns in Frieden lassen und zurückgehen und bleiben, wohin sie gehöre. Und ich fragte mich aufs neue, ob sie eine Zwieherzerin gewesen sei.

NEUE SCHWIERIGKEITEN

Im Juli 1938 trat ein weiterer Weißer in mein Dasein. Dr. Mischa Titiev von der Universität von Michigan schrieb mir, daß Herr Simmons von der Yale-Universität nach Oraibi kommen wolle und daß ich womöglich gern mit ihm zusammenarbeiten und ihm ein Zimmer vermieten würde. Als er ankam, ließ ich meine Arbeit liegen und ging mit ihm umher. Zwei Wochen später bat er mich, für ihn zu arbeiten, er mietete einen Teil unseres Hauses, stellte meine Schwester Inez als Köchin an und begann mir Fragen über die Lebensart der Hopi zu stellen. Aber bald interessierte ihn mein eigener Lebenslauf mehr, er lehrte mich, ein Tagebuch zu führen, und betonte immer wieder, daß er einen vollständigen Bericht von mir wolle. Auch half er mir bei meiner Arbeit, also beim Hüten, auf dem Felde und bei der Pferdepflege, und stellte seinen Wagen zur Verfügung, um Freunde zu Tänzen oder kranke Kinder zu Hopi-Ärzten zu fahren. Als ich ihn genauer kennengelernt hatte, erklärte ich mich bereit, ihm alles, was mich betraf, zu erzählen, rituelle Geheimnisse ausgenommen. Die meisten seiner Fragen waren leicht, andere dagegen sehr schwierig, etliche waren spaßig und manche schienen sogar töricht zu sein. Als ich ihm vom Tode meiner Mutter erzählte, verlor ich die Fassung und fing zu weinen an. Ich wunderte mich oft über mich selbst, daß ich ihm Dinge erzählte, die ich niemand anders je anvertraut hatte. Dies gab mir das Gefühl, daß mein Schutzgeist unsere Arbeit billige, ja am Ende fragte ich mich, ob nicht mein Lenker selber uns zusammengeführt habe.

Die Leute mochten meinen Freund auch gern, und Irene schätzte den Mietzins; aber wir fürchteten, daß der eine oder andere doch murren und Gerüchte aufbringen könnte, vor allem womöglich Barker. Schließlich teilte ich Herrn Simmons diese Befürchtungen mit, und danach nahmen wir auch Barker zu Tänzen mit und waren sehr nett zu ihm, um sein Gemüt zu besänftigen und ihm die Zunge zu binden. Myron, der eines Tages dem Dorfvogt im Amte folgen sollte, machte auch Einwendungen. Aber nachdem wir seinen kranken Säugling mehrfach zum Arzt gefahren hatten, trat er auf unsere Seite. Dem Dorfvogt gefiel mein Freund ebenfalls, und als ich ihn fragte, ob er ihn als Sohn annehmen würde, war er sichtlich davon angetan. Aber wir warteten darauf, daß Herr Simmons selbst darum bat, was er schließlich auch tat. Grace, die Nichte des Vogtes und Myrons Frau, war erfreut darüber, daß sie seine Muhme und Gevatterin werden sollte. Am zehnten August, etwa um acht Uhr, führte ich Herrn Simmons in das Haus des Vogtes. Die Familie und alle Verwandten versammelten sich, und Grace kam mit einer Schale voll Yuccalauge. Ein Schaffell wurde auf den Boden gelegt und mein Freund aufgefordert, darauf niederzuknien. Grace befeuchtete zwei Maiskolben und fuhr ihm damit über den Kopf. Nachdem sie ihm den Kopf gewaschen hatte, taten es der Vogt und seine ganze Familie ihr nach, auch die kleine Betty, eine schwachsinnige Adoptivtochter. Dann wurde ihm das Haar mit klarem Wasser nachgespült, Grace nahm geweihten Maisschrot, den Nasinonsi, die Frau des Vogtes, gemahlen hatte, und strich ihm den in sein feuchtes Gesicht. Darauf ergriff sie die zwei Maiskolben, schwenkte sie viermal gegen Herrn Simmons und sagte: »Nun nehmen wir dich als Sohn an. Mögest du von diesem Tage an ohne Krankheit leben bis ins höchste Alter und im Schlafe dahinscheiden! Du sollst Honweseoma (Spürender Bär) heißen!« Der Vogt saß Herrn Simmons gegenüber und redete ihn in der Hopisprache an, wobei ich übersetzte. Er stellte jedes Familienmitglied vor und nannte die ihm gebührende Anrede. Unter anderem belehrte er ihn auch darüber, daß man bei Verwandten stets etwas essen und daß man umgekehrt auch Verwandten stets etwas zu essen vorsetzen muß. Ebenso unterrichtete er ihn über die den Katschinas, Hopigöttern und Heiligtümern gebührende Ehrfurcht und versprach seinerseits, sich für die Belange seines neuen Sohnes einzusetzen. Darauf dankte Honweseoma seinem Vater und sagte, er wolle versuchen, ein würdiger Sohn und ein guter Hopi zu sein.

Ich führte den neuen Hopi ins Haus meiner Mutter, wo meine Schwester Inez seine Maiskolben entgegennahm und ich ihm den heiligen und geheimen Sonnenschild unseres Klans zeigte. Dadurch wurde er mein jüngerer Bruder und Mitglied des Sonnenklans. Ich wies ihn an, den geweihten Maisschrot nicht abzuwaschen, und verwandte den Rest des Tages darauf, ihm von seinen neuen Verwandten zu erzählen und ihn über den Umgang mit ihnen zu belehren.

Aber Irene fürchtete noch immer den Klatsch der Leute von Neu-Oraibi, und eines Nachts hatte ich einen seltsamen Traum. Ich hatte Holz gebracht, hielt gerade vor der Tür und begann die Pferde auszuspannen, als ich Irene weinen hörte. Ich trat rasch ein und fand sie, das Gesicht in den Händen, schluchzend über den Tisch gebeugt. Sie sagte, die Leute in Neu-Oraibi hätten sie beschimpft, weil sie wieder einen Weißen im Hause hätte. Ich versuchte sie zu trösten, und hielt ihr vor, daß wir nicht unter der Botmäßigkeit des Hopirates von Neu-Oraibi ständen, sondern unsere Befehle vom Dorfvogt entgegennähmen. Ich sagte: »Mach dir keine Sorgen! Die wollen bloß alle Weißen für sich behalten und ihnen allein ihr Geld abnehmen. Unser Vogt wird uns verteidigen!« Darauf kam ein großes, gelbes Automobil angefahren, das mit Weißen vollgeladen war. Mein Freund George D. Sachs saß am Steuer, und ich kannte alle seine Begleiter. Herr Sachs kam mit einem wichtigen Papier herein und sagte: »Dies haben wir mitgebracht, damit es dich vor unfreundlichen Hopi schützt. Du hast nichts zu fürchten, denn wir werden für deine Rechte kämpfen.« Als die andern Weißen eintraten, kam mein neuer Bruder durch die Hintertür. Ich sagte zu ihnen allen: »Dies ist der Mann, der bei uns wohnt, und er ist mein Bruder geworden.« Darauf schüttelten ihm alle die Hand, und ich sagte: »Wir wollen alle zusammenhalten, damit niemand uns besiegen kann.« Meine Frau hörte zu weinen auf und sagte: »Ich danke euch, Freunde, nun sind wir sicher!« Ich wachte mit einem glücklichen Gefühl auf, aber Glocken klangen mir im Kopf. Als mir zum Bewußtsein kam, daß wir allein waren, guckte ich mich überall um, ob wir auch sicher wären; nachher lag ich wachend da und überdachte meinen Traum. Und bei Sonnenaufgang ging ich mit Maisschrot an den Ostrand der Mesa und betete.

Einige Tage später hatten wir Nathaniels wegen Schereien. Während des Sommers war wieder eine Tochter von ihm gestorben, und zwar in Phoenix. Obwohl das weit von Hause geschah, hatte ich doch das sichere Gefühl, daß Nathaniel sie wie seine anderen Kinder getötet hatte, um sein Leben zu verlängern. Und als man das tote Mädchen nach Hause brachte, lief der Vater wie ein Feigling davon und ließ die Missionare sie auf die falsche Art bestatten. Ich hörte auch davon reden, daß Nathaniel Kinder mißhandelt hätte. Eines Tages packte er Norman beim Hemd, beschuldigte ihn, sein Haus beschädigt zu haben, und drohte ihm mit Schlägen. Lilly, Herberts Frau, beklagte sich bei der Reservationsschwester, daß Nathaniel einen ihrer Jungen festgehalten und versucht hätte, ihn zu würgen. Die Reservationsschwester bat Dr. Paul W. Preu, einen Psychiater, der mit Herrn Simmons gekommen war, eine Untersuchung vorzunehmen. Der Doktor und Herr Simmons befragten mich eingehend über Nathaniel, aber ich versuchte auszuweichen, und weigerte mich auch, mit dem Doktor entweder zu Lilly oder zu Nathaniel zu gehen. Aber er selbst suchte Lilly auf und schrieb nieder, was er aus ihr herausbekam. Als ich abends an Lillys Haus vorüberging, rief sie mich an und sagte, sie bedauere es, dem Doktor überhaupt etwas erzählt zu haben. Vor allem machte es ihr Sorgen, daß ihre Worte aufgeschrieben worden waren. Sie war mit dem Zwieherzer verwandt und fürchtete, daß er sich an ihren Kindern rächen werde. Ich war beunruhigt, berichtete Herrn Simmons, wie besorgt wir wären, und bat ihn, uns zu helfen, das Papier wiederzubekommen. Er willigte ein, dabei mitzuwirken, und ich bat Lillys Mann zu mir ins Haus. Als er kam, wollte er gleich das Papier haben. Wir fuhren nach Neu-Oraibi und gingen alle drei zu dem Doktor aufs Zimmer, denn Herbert wollte auf jeden Fall verhindern, daß noch jemand Gelegenheit erhielte, den Bericht abzuschreiben. Ich legte unsere Sorgen dar, bat um das Papier und bekam es. Herbert nahm es mit nach Hause und vernichtete es, denn wir wollten, daß die Sache nicht weiter verfolgt würde.

Mein weißer Bruder hätte Nathaniel gerne kennengelernt und bat mich, ihn vorzustellen; aber ich fürchtete mich davor, selbst für Geld. Ich hielt es für die Pflicht der Regierungsbeamten, die Kinder zu schützen, aber ich war auch entschlossen, ihm als Mann entgegenzutreten und Einhalt zu gebieten, wenn ich ihn bei einer Mißhandlung ertappen würde. War er dann kampfbegierig und führte er den ersten Schlag, so war ich bereit, mich zu verteidigen. Er war ein schwächlicher alter Mann, besaß nur noch einen tüchtigen Arm und hatte sich früher einmal das Schlüsselbein gebrochen; aber ich fürchtete seine geheime Macht. Es war gefährlich für mich, zu sagen, daß ich seinen Tod wünschte. Ich wußte aber auch, daß ich sagen durfte, ich wäre froh darüber – wäre es einmal so weit. Bei seiner Bestattung zu helfen, wäre mir nicht in den Sinn gekommen, es sei denn, seine Verwandten hätten es abgelehnt und mir den Nachlaß vermacht – und dann konnte ich ein Kriegslied über seiner Leiche singen.

Mein weißer Bruder reiste im September wieder ab, hinterließ aber Anweisungen, nach denen ich ein vollständiges Tagebuch führen sollte. Einige Wochen später hatte ich einen furchtbaren Traum, in dem ich den geheimen Versammlungsort der Zwieherzer aufsuchte. Ich saß unter der Tür im dritten Stockwerk meines Hauses und zog mir die Schuhe aus, als plötzlich mein Schutzgeist erschien und mich ihm folgen hieß. Ich zog geschwind die Schuhe wieder über und folgte meinem Lenker in einem Abstand von etwa fünfzig Schritten. Er führte mich an der alten Steinkirche vorbei und verschwand über die Südostkante der Mesa. Als ich ihn auf dem unteren Sockel bei einem Heiligtum einholte, sagte er: »Tritt mit mir auf diesen Wasserschild und halte dich zur Fahrt bereit!« Der Schild glich einer Flechtplatte, wie die Frauen auf der Zweiten Mesa sie machen. Er hatte ungefähr neunzig Zentimeter Durchmesser bei siebeneinhalb Zentimeter breitem äußerem Rand. Der Schild war halb rot, halb gelb, der Rand aber schwarz, und an den sechs Hauptrichtungspunkten waren Gebetsfedern befestigt. Wir traten auf die Scheibe, und jeder ergriff einen Antriebsstab, an dessen Spitze eine Gebetsfeder steckte. Der Schild erhob sich und schwebte mit uns wie eine Wolke nach Nordosten dahin. Wir flogen über die Wüste und über hohe Tafelberge, und schließlich sagte mein Lenker: »Ich bringe dich an den geheimen Versammlungsort des Unterweltsvolkes. Vielleicht wirst du da einige alte Freunde erkennen. Erinnere dich daran, daß ich dein Schutzgeist bin! Fürchte dich nicht, denn ich werde dich beschützen!«

Während wir uns nun geschwind durch die Luft bewegten, stieg in einer Entfernung von ungefähr fünf Kilometern ein großer roter Berg vor uns auf. Wir kamen näher, landeten auf dem Dach eines großen weißen Hauses, kletterten hinunter und gingen auf den Fuß der Rote-Kliff-Mesa zu. Mein Lenker griff in seinen Tabaksbeutel, zog eine Wurzel heraus, biß ein Stück davon ab, gab mir den Rest und sagte: »Kau das, spei in die Hände und reibe dir den Leib damit ein!« Die Medizin verwandelte mein Aussehen, so daß niemand mich erkennen konnte.

Auf der höchsten Höhe der Rote-Kliff-Mesa erblickten wir eine Höhle, die einer Kiva glich und als Leiter ein in Schlingen geworfenes Yuccaseil hatte. Ich kletterte mit meinem Lenker hinab und befand mich in einer großen unterirdischen Kiva, wo Zwieherzer von allen Stämmen und Völkern vereinigt waren, um sich an den Tänzen zu erfreuen. Als wir unsere Plätze einnahmen, flüsterte mein Lenker mir zu: »Sieh 'mal nach rechts!« Dicht beim Feuer saß eine Ute-Frau, die mich lächelnd anstrahlte und offenbar zum Liebesgenuß geneigt war. Sie war sehr hübsch und schien begierig, mich zu besitzen; aber ich faßte mit Anstrengung den Entschluß, dergleichen Gedanken zu verbannen und den Tänzen zuzusehen.

Es waren Katschinapaare, die wunderschön tanzten und sangen. Während des siebenten Tanzes sagte mein Lenker: »Nach dem achten sind wir dran! Du wirst diese Schritte machen können.« Ich hatte diese Art Tanz noch nie versucht, versprach aber, mein bestes zu tun. Alle diese Katschinas hatten fremdartige Zeichen auf ihren Masken, trugen Yuccaruten in der Hand und tanzten zuerst sehr langsam, am Ende aber sehr schnell. Ich zweifelte, ob ich so schnelle

Schritte würde machen können, aber mein Lenker versicherte mir, es sei ganz leicht. »Du bist ja noch ein junger Mann«, flüsterte er mir zu.

Wir kletterten aus der Kiva, gingen wieder zu unserm Wasserschild zurück und fanden in dem großen weißen Hause Masken und Trachten auf dem Boden liegen. Wir zogen uns rasch an, Mokassins, Tanzrock, Schärpe, Gürtel, Armbänder und anderes, was Katschinas tragen, setzten die Masken auf und machten probeweise ein paar Schritte. Ich tat vier rasche Schritte, wirbelte herum, schüttelte meine Maske und stieß einen Katschinalaut aus. Mein Lenker sagte: »Sehr gut, nun folge mir und tu, was ich tue!«

Als wir wieder bei der Kiva waren, schaute ich durch das Loch oben und gab den Katschinalaut. Dann umkreisten wir die Kiva viermal und waren nun bereit hineinzusteigen. Ich wunderte mich, mit welcher Geschwindigkeit mein Lenker die Yuccaleiter hinunterglitt. Aber als ich selbst es versuchte, schoß ich wie ein Vogel hinab. Die Zwieherzer waren äußerst überrascht, zwei neue, fremde Tänzer zu sehen. Ich merkte, wie sie sich über uns befragten. Bald aber nahm der Trommler seine Stelle ein, und alle Anwesenden sangen eine Tanzweise für uns. Die Lieder waren neu, und sie waren die besten, die ich je gehört hatte. An der Decke hingen Glöckchen, die mit dem Dröhnen der Trommel zusammenklangen. Ich folgte meinem Lenker bei seinen Schritten und versuchte, mir die Lieder einzuprägen. Ich fand es ganz leicht, die Schritte zu machen, denn der Geist in meiner Maske leitete mich offenbar. Als wir zum dritten Liede tanzten, flüsterte mein Lenker mir zu: »Diese Leute möchten uns zu Gefangenen machen. Wir müssen flüchten, bevor sie uns fassen.« Sobald der Tanz zu Ende war, schwangen wir uns die Yuccaleiter hinauf, rannten zu dem großen weißen Hause und legten dort unsere Katschinatracht ab. Dann kletterten wir aufs Dach, stellten uns auf unseren Wasserschild und schwebten rasch davon. Als wir so dahinsegelten, sah ich mich um und erblickte Scharen von Zwieherzern, die auf uns Jagd machten. Als ich meinen Lenker auf die Gefahr, in der wir schwebten, aufmerksam machte, sagte er: »Ich habe eine Medizin, die uns helfen wird!« Er zog eine Wurzel aus seinem Beutel, nahm einen Bissen davon und gab sie mir mit den Worten: »Laß uns diese Medizin kauen und geradeswegs gegen die Zwieherzer ausspeien!« Das taten wir, und die bösen Leute begannen zu stolpern und fielen mit dem Gesicht auf den Boden. Verwundert fragte ich meinen Lenker, was für eine Medizin das wäre. »Regenbogenmedizin«, erwiderte er, »dieselbe Art, wie die Hexer sie gebrauchen, wenn sie die Wolken zurückhalten, um eine Dürre zu verursachen.« Als ich mich noch einmal umblickte, sah ich einen mächtigen Regenbogen zwischen uns und den Zwieherzern erscheinen, der ihnen den Weg zu weiterer Verfolgung versperrte. »Nun sind wir sicher«, sagte mein Schutzgeist. Wir bewegten uns glatt und geschwind durch die Luft dahin, noch ehe wir jedoch eine Meile zurückgelegt hatten, erwachte ich – mit einem Gefühl, als stände ich immer noch auf dem mühelos gleitenden Wasserschild. Ich war froh, denn obwohl ich nun schließlich doch einer Versammlung der Zwieherzer beigewohnt hatte, fühlte ich mich sicherer als je zuvor. Ich war gewiß, daß die bösen Zwieherzer, solange ich in der Hut meines Schutzgeistes stand, mich niemals einfangen würden.

Wenige Monate später jedoch zwang mich ein Zwieherzer, ihn Auge in Auge herauszufordern. Ich arbeitete an meinem Tagebuch, als meine Hunde anschlugen und ein Stein das Haus traf. Als ein zweiter Brocken beinah eine Fensterscheibe zerbrach, sprang ich hinaus, entdeckte Nathaniel und rief: »Was ist los? was machst du denn, du verdammter Narr?« – »Du hast tückische Hunde«, sagte er, »eines Tages werde ich sie umbringen!« – »Nur zu, bring sie doch gleich um, dann hast du ja deinen Willen!« reizte ich. »Los, mach sie doch tot!« Ich forderte ihn immer wieder heraus und nannte ihn mit starken Ausdrücken einen Feigling. Da warf er einem Hund einen Stein in die Weichen, daß er heulend davonlief. Ich packte den Zwieherzer am Kragen und rief: »Wir haben alle Angst vor dir, weil du ein Hexer bist. Du hast angeblich vor niemandem Angst, aber nun zitterst du. Nun stelle dich und beweise deinen Mut! Ich will mich deinen bösen Kräften aussetzen. Ich habe den Mut, zu sterben. Los, töte mich! Ich habe nur ein Herz und nicht die Macht, mich zu schützen.« Viermal forderte ich ihn heraus, aber er kniff. Darauf nannte ich ihn einen niederträchtigen Unruhestifter, der seine Bosheit an Frauen, Kindern und Hunden ausließe. »Kommt es aber wirklich einmal drauf an, so weichst du aus!« rief ich. »Du bist kein Mann, du bist ein altes Weib!« Ich ließ ihn los und forderte die Leute, die sich angesammelt hatten, auf, ihn auszulachen – und ich hoffte, daß sie ihn anspucken würden. Er schlich davon, und ich ging ins Haus zurück – bebend und zu aufgewühlt, um arbeiten zu können. Es dauerte lange, ehe ich meinen Zorn überwunden hatte, aber es blieb die Angst um mich und meine Familie.

Ein paar Wochen später hatte ich einen Traum, der in letzter Stunde meinen Jungen vor der Rache des Zwieherzers bewahrte. Vier Männer näherten sich mir mit lebhaften Schritten, die Gesichter schwarz bemalt und gekleidet in die Tracht der Schlangentänzer. Sie verkündeten mir, daß ein gewisser Hopihexer von ihnen verlangt hätte, daß sie Regen, Sturm und Hagel brächten. Sie verließen mich so schnell, wie sie gekommen waren, und ich erwachte mit Glockenklang in den Ohren. Ich hatte Norman am nächsten Tage hüten lassen wollen, aber nun faßte ich rasch einen anderen Entschluß.

Nach dem Frühstück sattelte ich mein Pferd, band zwei Decken darauf und ritt die Mesa hinab, die Gedanken bei meinem Traum. In Neu-Oraibi sagte ich zu Joe, meinem Hüte-Partner: »Bring diese Decken mit in unser Lager, wenn du kommst! Es gibt heute womöglich Regen oder Hagel, denn letzte Nacht haben mich vier Schlangentänzer im Traume gewarnt, daß sie einen Sturm bringen würden. Die Wolken sammeln sich schon, sieh, wie sie, Kriegern auf dem Kriegspfade gleich, herankommen! Wir müssen auf der Hut sein!« Während ich in leichtem Galopp weiterritt, holte ich einen Wagen ein, auf dem ein Mann mit seinen beiden Söhnen saß, der ausfuhr, um Bohnen zu pflanzen. »Warum nehmt ihr denn keine Mäntel und Decken mit?« fragte ich. »Wißt ihr denn nicht, daß es regnen oder hagen wird?« Sie lachten und erwiderten: »Na, wir werden ja sehen, was kommt!« — »Ja merkt ihr denn nicht«, fragte ich, »daß ich ein Medizinmann bin, der Regen voraussagen kann?« Sie lachten abermals und sagten: »Wirklich, davon haben wir noch nichts gehört, aber wenn tatsächlich Regen fallen sollte, werden wir sagen, daß du ein Wetterprophet bist und außerdem vielleicht ein Hexer!«

Ich hütete den ganzen Morgen und hielt ein wachsames Auge auf die Wolken gerichtet, die unter Blitzen und Donnern zusammenfuhren. Die Herde und ich liefen um die Wette zur Hürde, als der Sturm mit heftigen Windstößen losbrach und Hagelkörner niederprasseln ließ von der Größe meines Daumens. Die Schafe und die Geißen schrien in Todesangst und krochen in den Schutz einiger Schmerholzbüsche. Ich saß im Sattel, mit einer Decke über dem Kopf, und sann über die Hopigötter nach und über Leben und Tod und die Zwieherzer. Wären die schützenden Büsche nicht gewesen, so hätten einige meiner frischgeschorenen Schafe den Tod davon gehabt. Auf der Höhe des Sturmes warf sogar ein Mutterschaf ein Lamm. Nach dem Hagelschlag blies der Wind noch stärker, so daß meine Schafe vor Kälte zu zittern begannen. Ich hob das arme Lämmchen auf, führte meine Herde in die Hürde unter der Steilwand des Gießbachbettes und grub das kleine Neugeborene bis zu den Augen in warmen Sand ein. Dann sammelte ich etwas trockene Zedernrinde und machte ein Feuer an, denn ich war naß bis auf die Haut. Während ich mein Mittagbrot aß, dachte ich über meinen Traum nach; ich wußte, daß Nathaniel den Sturm herbeigerufen hatte, und war voller Dankbarkeit, daß Norman zu Hause in Sicherheit war. Aber ich bemitleidete die armen Kerle, die meine Warnungen in den Wind geschlagen hatten und ohne Decken hinausgegangen waren.

Joe kam am Spätnachmittag mit seiner Familie in einem Wagen und rief: »Talayesva, bist du noch am Leben?« – »Ein klein wenig« antwortete ich, »beinahe wäre ich zu unseren Lieben hinübergegangen, aber mein Lenkergeist hat mich und die Herde errettet.« – »Du hast mir leid getan bei dem Sturm, und ich freue mich, daß du wohlauf bist!« sagte Joe. Während wir unser Lager aufschlugen und eine fette Ziege schlachteten, erzählte ich ihm von meinem Traum. Er wunderte sich und meinte, daß ich eines Tages ein Medizinmann sein würde. Das schien mir freilich nicht so ausgemacht, aber wie ich abends im Lager zur Ruhe gegangen war, dankte ich meinem Schutzgeist, daß er meinen Jungen vor dem Zorn des alten Hexers behütet hatte.

Ich hatte Norman eine schöne Katschinamaske gemacht, seine Stimme gelobt und ihn dazu aufgemuntert, ein guter Tänzer zu werden, denn das ist für einen Hopi wichtiger als alles Schulwissen. Einige Tage später tanzte er in Neu-Oraibi und machte seine Sache sehr gut. Als er nach Hause kam, sagte ich: »Ich danke dir, daß du getanzt hast. Aber denke nicht, daß es zum Vergnügen ist. Wenn du tanzest, achte sorgsam auf deine Schritte und halte deine Wünsche dauernd auf Regen gerichtet. Jetzt ist die Zeit dazu, dies in deinen Sinn einzugraben! Tu die kindischen Gedanken ab und tanze und bete wie ein Mann! Du bist nicht allein. Dein Schutzgeist wacht über dich und das Wolkenvolk-der-sechs-Richtungen wird deine Gebete hören. Von nun an werde ich dich diese wichtigen Dinge lehren.« Er sah mir gerade in die Augen und schien nachdenklich.

Zehn Tage später war wieder ein Tanz. Den Morgen darauf, nach dem Frühstück, kam Norman mit seinem kleinen Neffen nach Hause. Sie brachten etwas Piki mit, das in ein Handtuch gewickelt war, und sagten, sie hätten viele gute Sachen zu essen bekommen. Ich erinnerte ihn wieder daran, daß er um Regen, nicht zum Vergnügen tanze, und sagte: »Tu, was du kannst, und bete zu deiner Maske um Stärke!« Er hörte aufmerksam zu und versprach, den Versuch zu machen. Ich sagte ihm, daß dies der einzige Weg wäre, ein echter, achtenswerter Tänzer zu werden, und daß er sich diese Dinge jetzt zu eigen machen und sie später an seine Kinder weitergeben müßte.

Am Nachmittag ging ich nach Neu-Oraibi und suchte das Haus meiner Klanschwester Jennie auf, bei der Norman untergebracht war, während er für die Tänze übte. Es war Besuch da, und wir unterhielten uns über unsere Schulzeit in Sherman, die harten Tage, an denen wir lesen und rechnen mußten, und die guten Tage mit ihren Gesellschaften. Sie mußte lachen, als ich sagte: »Nun werden wir alt und sind nicht mehr imstande, unsere Tänzerin herumzuschwenken!« Als der Besuch fort war, sprach ich über meinen Sohn; ich bat Jennie, ihm keine unwahren Geschichten zu erzählen, noch ihn mit nichtsnutzigen Burschen herumlungern zu lassen. »Besser ist es für ihn, er hütet für euch. Wir wollen ihn zu einem braven Jungen erziehen, und wenn er heiratet, wollen wir unser Eigentum mit ihm teilen. Wir wollen ihn dazu anhalten, daß er in der Kiva genau auf die Alten merkt und daß er versucht, ein guter Katschina zu sein.«

Einige Tage später sah ich in Hotavila beim Tanz der Eshau-Katschinas zu. Sie sind die Geistergötter, die sich um den Spinat und die anderen wilden Pflanzen kümmern, welche die Hopi zu essen pflegen. Sie tanzten und sie sangen dazu ein Lied des Inhalts: wie enttäuscht sie wären, da sie sehen müßten, wie die Leute die alten Lebensmittel vernachlässigten um solcher neumodischen Dinge willen wie Konserven, Weizenbrot, Keks und Törtchen. Sie ermahnten uns, zur Nahrung unserer Väter zurückzukehren, so daß im Sommer die Felder wieder grün wären, die Ackerfrüchte gediehen und überall die wilden Blumen blühten. Über dem Anhören dieses Liedes ward ich ganz bekümmert, denn wir sind wirklich verdorben durch die Näschereien des weißen Mannes und seine verrückte Bekleidung. Heute rümpft der Hopi schon die Nase über die althergebrachten Nahrungsmittel, und der Tag wird kommen, da keine Frau sich mehr nach anständiger Hopiweise kleidet. Ich erkannte, daß die guten alten Tage vorüber sind und daß es zu spät ist, sie wiederzubringen. Während die Katschinas tanzten, war mein Gemüt von diesen Gedanken erfüllt, und ich war so aufgewühlt, daß mir die Tränen die Wangen herunterliefen. Es war klar, daß wir niemals wieder gute Hopi sein konnten, da unsere Religion verwahrloste und unsere Zeremonien ausstarben. Es ist kein Wunder, daß wir von Krankheit geschwächt sind und der Tod uns früh überfällt – sind wir doch nicht mehr hopi, sondern kahopi.

Als ich am nächsten Tage im Hause meiner Klanschwester frühstückte, freute es mich, als sie mir Hopiklöße alter Art, aus Blaumaisschrot gemacht, vorsetzte. Einige Zeit später dachte ich, während meine Frau das Essen kochte, in meinem Innern: »Ich bin dieses Modefraßes müde«. Und als sie zum Essen rief, sagte ich: »Ich möchte etwas Hopikost haben!« – »Was ist denn mit dir los?«

fragte sie. »Gefällt es dir nicht mehr, wie ich koche?« – »Gewiß«, erwiderte ich rasch, »aber ich bin ein Vollbluthopi und empfinde das Bedürfnis nach den althergebrachten Lebensmitteln. Bitte, gib mir etwas Piki und einen Napf mit Wasser!« Als sie mir das reichte, sagte sie spitz: »Hier ist dein Essen!« Und dann aß sie ihre Bratkartoffeln, Eier und Pfefferschoten allein und trank dazu Kaffee mit Dosenmilch. Nachher, zum Abendessen, gab es Hopiklöße und gebratene Pfefferschoten. Norman meinte, daß er es mit solchen Speisen nicht lange aushalten könnte. Ich hielt ihm entgegen, daß die Alten länger gelebt hätten als wir, die das Futter des Weißen schlucken, und daß, wenn die weißen Bauern einmal ein schlechtes Jahr hätten, wir zwangsläufig zu den Nahrungsmitteln unserer Ahnen zurückkehren würden. Ich sagte: »Mit Lebensmitteln mußt du achtsam umgehen. Unsere Großoheime haben uns von den schrecklichen Hungersnöten in ihrer Lebenszeit erzählt, als ganze Familien Hungers starben. Diese Geschichten sind uns von ihnen überliefert worden, und jetzt ist es an mir, sie dir zu erzählen.«

Einmal, als Norman wegen des schlechten Wetters nicht gern hüten wollte, ließ er sich doch überreden, die Pferde zur Tränke an den Gießbach hinunterzutreiben. Nachmittags brachte ich sie ins Freie, hobbelte sie und kehrte auf dem Rückweg zum Dorf in Claude James' Laden ein, wo eine Anzahl Männer und junger Burschen sich über Frauen unterhielten. Der Dorfvogt erzählte aus seinem Liebesleben – wie er einmal an der Eisenbahn von Santa Fé gearbeitet, viel Geld verdient und es für Frauen ausgegeben hätte. Er gab alle Einzelheiten des Liebesumgangs. Norman war auch da, und er war in diesen Dingen noch, was ich ein Greenhorn nenne. Aber nun war er am Lernen, er beugte sich vor, um kein Wort zu verlieren, sperrte Mund und Nase auf und ließ sich mit Späßen füllen.

Einige Zeit später fand ich zwei große Stücke Pappe in der Kiva, wo Norman mit anderen Jungen schlief. Darauf fanden sich sehr lebendige Zeichnungen des Geschlechtsaktes und Darstellungen von Selbstbefriedigung. Ich neckte Norman mit den Bildern und fragte ihn nach dem Namen des Künstlers. Wir lachten herzlich mitsammen, und er sagte: »Laß das ja keinen Weißen sehen!«

Bald darauf erfuhr ich, daß Norman seinen Mitschülerinnen Liebesbriefe schrieb, und daß er eine Freundin hätte, mit der er nachts ins Freie schliche. Ich hoffte, daß das Mädchen nicht zu früh ein Kind bekäme, und fragte mich, ob ich ihm den Rat geben sollte, sie nur gelegentlich zu heimlichen Dingen aufzusuchen und dann nicht zu nahe ihrer Frauenzeit. Aber es war mir klar, daß ich, wenn er nun so in die Gewohnheit verfiele, ihn wahrscheinlich nicht zurückhalten könnte. Er begann sich zu entwickeln, war fast vierzehn und groß für sein Alter, und ich wußte, daß ihm der Liebesumgang bald so wichtig sein würde wie das Essen.

Eines Nachts überraschte Ross, der in Oraibi einen kleinen Laden besitzt, Norman und Myrons Stiefsohn Lorenza dabei, wie sie den Versuch machten, das Schloß in der Tür des Gebäudes aufzubrechen. Sie wurden festgenommen und sollten wegen versuchten Diebstahls vor Gericht gestellt werden. Ich riet Norman, zuzugeben, daß er versucht hätte, gewaltsam in den Laden einzubrechen, aber nicht, um irgendwelches Gut an sich zu nehmen, sondern um zwei Mädchen aufzusuchen, die dort schliefen. Deswegen konnte man ihn nicht allzusehr tadeln.

Hätte Norman irgendwo ein Kind gezeugt, so war ich entschlossen, ihm zu sagen, daß er das Mädchen heiraten sollte – wenn es zu einem Klan gehörte, in den er einheiraten konnte. Es war meine Pflicht ihm denselben Rat zu geben, den die alten Leute mir gegeben hatten. Über ein Mädchen, mit dem er allzu stetig ginge, gedachte ich Erkundigungen einzuziehen. Wenn sie sich dann als faul erwiesen hätte oder leichtfertig, als zank- oder klatschsüchtig, als tuberkulös, als zu alt oder zu häßlich, hätte ich ihn vor ihr gewarnt. Ich wünschte, daß er eine stille, gut aussehende, arbeitsame junge Frau bekäme, gutmütig, friedfertig und geduldig; eine, die weder geizig noch verschwenderisch wäre, in der Achtung ihrer Nachbarn stände und nach der Verheiratung sich um andere Männer nicht mehr kümmerte.

Eines Tages geriet ich Normans wegen in große Unruhe. Ich hatte ihn gebeten zu hüten, und da es sehr kalt war, hatte ich ihn einen zweiten Sweater anziehen lassen, einen Mantel und zwei Paar Socken und hatte ihm meinen Schal geliehen. Als er fort war, trug ich einen Eimer Wasser in unsere Kiva, um meine Bohnenpflanzen für die Powamufeier zu begießen. Später ging ich wieder nach Hause, um für Irene aus einer Cottonwoodwurzel eine Puppe zu schnitzen. Ich arbeitete bis in den Nachmittag hinein, kam aber nicht recht voran, denn Wind und Schneetreiben verstärkten sich rasch und machten mich um meinen Jungen sehr besorgt. Ich wußte wohl, daß ich selber hätte hüten sollen. Dann dachte ich: »Vielleicht sind seine Großeltern in Lolomi Spring vernünftig genug, ihm eine Decke zu geben, daß er sich das Gesicht bedecken kann.« Ich zog auch die Möglichkeit in Betracht, daß sie ihn über Nacht dort behalten würden, beschloß aber auf jeden Fall, nach ihm zu suchen, wenn er sich bis Sonnenuntergang nicht einstellen sollte. Als die Macht des Sturmes anwuchs, wurden auch der besorgten Gedanken mehr, und schließlich ertrug ich sie nicht länger. Ich legte meine Arbeit beiseite, zog ein zweites Paar Socken an, steckte Streichhölzer ein, nahm eine Decke und machte mich auf, um ihn zu suchen. Ich ritt ungefähr zwei Kilometer, da sah ich in der Ferne den Schnee stieben; zuerst glaubte ich, es wäre ein Wirbelwind, aber dann war es ein Reiter, der eilig auf mich zugeritten kam. Es war Norman, und ich war froh.

Etwas Schlimmeres geschah im Sommer. Norman war auf einem bösartigen Pferde mit seinem Onkel Baldwin zusammen ausgeritten. Gegen Sonnenuntergang rannte das Pferd an unserer Tür vorbei und schleifte den Sattel hinter sich her. Ich lief sogleich in der Richtung los, aus der es kam, voller Furcht, daß Norman abgeworfen und womöglich getötet worden sei. Er kam jedoch den Pfad herauf und weinte, weil er das Handgelenk verstaucht hatte, die Satteldecke aber brachte er mit. Ich erkannte, daß ein Knochen aus seiner Lage gedrückt war, und war sehr bestürzt; mein Gefühl glich dem eines Mannes, der auf schmalem Pfade sich vor dem nächsten Schritte fürchtet. Wir hatten uns gerade vorgenommen, nach Hotavila zu gehen und einen Knochenarzt aufzusuchen, als ein Wagen vorgefahren kam. Es war Fred Eggan mit seiner Frau. Norman weinte noch immer, und wir waren aufgeregt und bedrückt. Fred gab ihm ein paar kleine weiße Knöpfe, die er Aspirin nannte, und erklärte sich bereit, ihn nach Keams Canyon ins Krankenhaus zu fahren. Aber wir entschlossen uns, einen guten Hopi-Arzt aufzusuchen.

Im letzten Abendschein erreichten wir Hotavila und hielten vor der Tür des alten, blinden Doktors an. Als ich ihm unser Unglück berichtet hatte, sagte er: »Das ist ja ziemlich schlimm. Komm dicht zu mir heran, daß ich feststellen kann, ob der Knochen gebrochen ist!« Er befühlte das Handgelenk und sagte zu Norman: »Wenn ich den Knochen wieder an seinen Ort drücke, wird das wehtun. Nun sei tapfer, während ich daran arbeite!« Norman nahm sich zusammen und wimmerte nicht einmal – ich aber zitterte. In etwa zwanzig Minuten war das Werk getan, und der Arzt sagte: »Du bist tapfer, mein Sohn, kein Kind kann das ertragen, und viele Männer hätten dabei geweint.« Ich gab ihm fünfundzwanzig Cent und meinen Dank dazu. Im Krankenhaus wäre die Behandlung gebührenfrei gewesen, aber so war es besser.

Zwei Tage später ging Norman mit mir Pflanzen spritzen. Als wir an der Quelle hielten, um Wasser mitzunehmen, entdeckte ich einen kleinen Jungen im Wagen, der sich dort versteckt hatte, David, Julius' Sohn. »Wo willst du denn hin?« fragte ich. »Mit euch, wenn ich darf«, antwortete er. Wir fuhren aufs Feld, und Norman weichte die Medizin ein – Wurzeln, Kaninchendärme und Hundekot –

während ich Unkraut hackte. Als ich später bei der Arbeit einmal aufschaute, sah ich die Jungen die Pflanzen spritzen. David hielt den Eimer mit der Medizin und ging hinter Norman her, der den Besen mit der linken Hand führte. Ich war stolz auf meinen Jungen, der bereit war, mit seiner einen guten Hand mir zu helfen. Einige Tage später, als ich vom Hüten zurückkam, traf ich Norman bei der Arbeit auf meinem Melonenfeld und dachte im stillen: »Es ist eine gute Sache, wenn ein Mann einen Sohn hat. Der meine ist ein guter Pflanzer und Jäter und ein feiner kleiner Hirt. Ich bin stolz darauf, daß ich einen Sohn habe, aus dem ein tüchtiger Mann werden wird. Jetzt schon macht er sich an eine Arbeit, ohne daß ich es ihn geheißen hätte.« Es war meine Pflicht, Norman zu fleißiger Arbeit anzuhalten, und ich hatte sie zu erfüllen gesucht. Oftmals hatte ich zu ihm gesagt: »Nun erlernst du die Viehzucht. Ich habe dir schon ein paar Schafe geschenkt, als du noch ein kleiner Junge warst. Es ist meine Absicht, dir eines Tages die Herde ganz zu überlassen, aber wenn du faul bist, wird nichts daraus. Sei pflichtgetreu mir gegenüber, dann bin ich auch pflichtgetreu gegen dich!« Oft hatte er dann geantwortet: »Nun Vater, was du mir da über die Schafe sagst, das gefällt mir schon. Hüten ist besser als Unkrauthacken, dabei strengt man die Arme nicht so an. Im übrigen weiß ich wohl: wäre ich dir nicht übergeben worden, dann lebte ich schon nicht mehr!« Darauf erwiderte ich dann regelmäßig: »Vergiß das nicht, mein Junge, das ist wichtig. Ich habe dir das Leben gerettet, und ich habe dich lieb. Du bist mein einziges Kind, und alles, was ich besitze, wird dir gehören. Also mußt du, wenn ich dir etwas auftrage, auch gehorsam sein!«

Aber ich hatte Norman auch gelehrt, wie man ein guter Ackerbauer wird. Ich sagte immer wieder: »Arbeite rasch, damit du dich von vornherein daran gewöhnst!« Um ihn abzuhärten, riet ich ihm auch, selbst bei Ermüdung weiterzuarbeiten. Einmal im Frühjahr 1939 beim Maispflanzen war Norman offenbar müde, aber ich sagte: »Du brauchst darum nicht aufzuhören, arbeite eben etwas langsamer! So haben wir es auch gemacht, als wir noch Knaben waren. Unsere Väter hielten uns an, bei der Arbeit auszudauern, und sie meinten, daß sie, wenn wir uns nur daran gewöhnten, leicht würde wie das Torte-Essen.« Die Sonne war überheiß, wir waren müde und hatten die Hände voller Blasen, aber jede Pflanze zählte. Norman arbeitete weiter mit. Schließlich sagte ich: »Söhnchen, wie gefiele es dir, noch ein bißchen weiterzumachen mit Pflanzen?« – »Na«, erwiderte er, »Rücken und Hände tun weh, die Zunge ist wie ausgedörrt, die Kehle trocken, nicht mehr ausspucken kann ich!« Da erst ruhten wir uns aus.

Ich hatte eine klare Vorstellung von der Mannesart, wie ich sie an Norman sehen wollte. Ich wünschte, daß er stark und fleißig würde, gelassen und gutmütig, beliebt bei Männern wie Frauen. Ich hoffte, daß er besonnen sein würde und daß sein Handeln seinem Reden entspräche. Ich wollte ihn freundlich, ruhig und gesellig, aber voller Scherz dabei und fähig, auch dann noch zu lächeln, wenn etwas schiefginge. Ich hoffte, daß er Streitigkeiten fernbleiben würde, niemals Klatsch verbreiten und nie jemanden schlagen würde und daß er sogar im Zorn mit ruhiger Stimme ein festes Wort zu sprechen vermöchte. Ich war froh über seine Schulbildung, hoffte aber, daß er im Lande bleiben und – in meinen eigenen Fußtapfen – sich als guter Viehzüchter erweisen würde. Ich wünschte mir, daß er unser Eigentum sorgsam verwalten, die Achtung der Nachbarn erringen und die Lehren der Altvorderen beherzigen würde – daß er dem Lebenspfade der Guten folgen und den Zwieherzern entgehen möchte.

Einige Wochen später lag ich krank, und da war es eine gute Sache, daß ich einen Sohn hatte, der ein fleißiger Arbeiter war. Als ich auf meinem Bett daniederlag, bot mir Norman an, aufs Melonenfeld hinunterzugehen und zu arbeiten. Ich sagte: »Ich bin dir dankbar dafür, daß du mir in meiner Krankheit helfen willst. Wirst du auch morgen und übermorgen für mich hüten?« – »Ganz gewiß«, antwortete er. »Du hast viel Mühe gehabt, mich aufzuziehen. Nun bin ich alt genug, es dir zu vergelten.« Dies war es, was ich hören wollte, und ich weinte beinahe über die Art, wie der brave Bursche es vorbrachte. Ich erwiderte ihm: »Ich bin voller Dankbarkeit dafür, daß ich einen Sohn habe, der seinem Vater hilft, wenn er krank ist.« Er hobbelte meine Pferde, ging aufs Feld und arbeitete den ganzen Vormittag. Am Abend des zweiten Tages hörte ich im Halbschlaf, wie Irene ihm zurief: »Dank' dir, liebes Söhnchen, danke vielmals!« Er hatte ihr sechs Kaninchen mitgebracht. An demselben Tage erst hatte ich eine Schachtel Patronen für ihn gekauft, und ich war stolz darauf, daß er ein so guter Jäger und Schütze werden wollte.

Norman blieb bei guter Gesundheit, ich aber ward von weiteren Erkrankungen heimgesucht. Einmal hatte ich einen sehr schlimmen wunden Knöchel und ging zu einem Medizinmann nach Bakabi. Als ich zu ihm ins Haus hinkte, gab er mir zu essen, nahm meinen Maisschrot, betete draußen und kam rasch, sich in die Hände hauchend, wieder herein. Er untersuchte mich genau, zeigte ein besorgtes Gesicht und sagte: »Letzte Nacht ist im Traum ein Schlangenmann bei mir gewesen und hat mir vorgehalten, daß ich zu viele Leute, die von Giftpfeilen getroffen sind, behandele. Er forderte mich zum Kampfe heraus und sagte, ich würde, wenn ich gewönne, auch einen Mann heilen, der als Hinkender zu mir käme. Ich rang mit ihm und gewann, du bist also deiner Heilung sicher!« Darauf befühlte er wieder meinen Knöchel, riß einen Giftpfeil heraus und warf ihn vor die Tür; dann sagte er: »Als du vor einigen Tagen hüten warst, trat dein Pferd auf die Spuren einer männlichen und einer weiblichen Klapperschlange, die zur Begattung zusammengerollt waren. Du weißt, dabei verstehen sie keinen Spaß. Du bist vom Pferd gestiegen und ebenfalls auf die Spuren getreten. Da ist das Schlangengift in deinen Knöchel eingedrungen.« – »Das stimmt«, antwortete ich. »Ich bemerkte die Spuren erst, als ich schon darauf stand, und sagte mir gleich: ›Eines Tages wird dir etwas zustoßen.‹ Bald darauf fühlte ich Schmerzen im Knöchel, und es kam mir vor, als wänden sich Schlangen darum und schnappten am Beine herauf.« Er entfernte das Gift und sagte: »Also, das werde ich doch nie zulassen, daß zwei Schlangen dich überwältigen!« Ich dankte ihm und machte mich mit schleppenden Schritten auf den Heimweg.

Binnen kurzem war der Knöchel geheilt und ich imstande, mit Poleyestewa zu ringen. Eines Morgens, als er seine Pferde zusammengetrieben hatte und sie zur Quelle führte, brachte ich meine in scharfen Trab, um ihn zu überholen. Eben bevor er sich umsah, sprang ich ab, trieb meine Pferde rasch an ihm vorüber und rief ihm im Vorbeilaufen zu: »Warum läufst du denn nicht wie ich, du Faulpelz!« – »Ich glaube nicht, daß du sehr weit gelaufen bist«, gab er zurück, »denn ich weiß sehr gut, daß du niemals gehst, wenn du reiten kannst, und außerdem ist dein Hosenboden voller Haare. Und jetzt gibt es Haue!« Damit begann der Spaß. Er sprang vom Pferd und rang mit mir, bis er außer Atem war. Da hob ich ihn auf, trug ihn zu einer großen Lache, die auf dem Felsen stand, und setzte ihn mitten hinein. Wir balgten uns weiter, bis wir beide bis auf die Haut durchnäßt und unsere Hemden in Fetzen waren. Es war ein kalter Tag und als wir das Dorf erreichten, zitterten wir vor Frost. Ich zog das letzte gute Hemd an und kaufte für einen Dollar ein Hemd für meinen ekligen Großvater, denn ich wußte wohl, daß ich ihm über gewesen war.

Mich belästigten Schlangen nicht wieder, aber als ich eines Sommertages beim Hüten war, steckte mein Hund die Nase in eine Artemisia. Plötzlich jaulte er auf, fuhr zurück und sprang auf und nieder, indem er sich das Gesicht mit den Pfoten rieb. Auf seiner Oberlippe waren zwei blutige Punkte zu sehen. Ich stürzte auf den Busch zu, starrte hinein und hörte das Klappern einer Schlange. Ich schlug mit einem Stock auf sie los und rief: »Du niederträchtiger Teufel, dir werde ich den Leib aufschlitzen!« Mit zwei Stöckchen sperrte ich der Schlange den Rachen auf und schlitzte sie dann rasch bis zum Schwanze auseinander. Da waren die beiden blutigen Stellen. Hätte ich das nicht getan, wäre mein Hund gestorben. Wenn eine Schlange so wahnsinnig ist, einen Menschen oder ein Tier zu beißen, dann ist das erste Mittel, die Schlange zu töten und aufzuschlitzen. Das Blut, das die Schlange aus der Wunde saugt, bewegt sich rasch auf das Schwanzende zu, um dort zu verschwinden. Wenn man es nicht einholt und so ins Freie bringt, muß der verwundete Mensch oder das Tier sterben. Niemals sollte man einer guten, klugen Schlange ein Leid antun, denn sie ist heilig und ein Segen für das Volk, aber böse und törichte müssen mit dem Leben büßen. Meinem Hunde schwoll der Kopf so stark an, daß ich ihm das Gesicht mit meinem Harne waschen mußte.

Wochenlang hatte ich geahnt, daß etwas Unangenehmes bevorstand. Einmal fand ich einen Präriehasen, der eine Stahlfalle hinter sich herschleppte, und als mir die Ohren klangen, dachte ich, es wäre ein Zeichen, daß Norman verletzt werden würde. Dann träumte mir eines Nachts, wie eine Hopigöttin mich überfiel und zu verführen suchte. Ich saß unter einem Cottonwood, schlug auf eine Zwanzigliter-Blechdose und stieß laute Schreie aus, um die Krähen von meinem Maisfeld zu vertreiben. Ein gelinder Wind kam von Westen, und ich fragte mich, ob er wohl Regen bringe. Als es gegen Mittag ging, sammelte ich ein paar trockene Zweige und pflückte grünen Mais, um ihn zu rösten. Da sah ich, wie sich ein Schatten auf mich zu bewegte, aber ich dachte, es wäre eine Wolke, und sah nicht auf. Er stand still, und plötzlich sprang mich ein mächtig starkes Wesen an und umklammerte mir den Leib. Ich fiel auf den Rücken und suchte meinem Gegner ins Gesicht zu schauen, sah aber nichts als eine weiße, baumwollartige Maske. Sogleich wußte ich, daß es ein Geisterweib war. Und als sie meine Arme in einer mächtigen Umarmung umschloß und mir die Luft abdrückte, erschlaffte schon mein Leib, und mein Bewußtsein drohte zu erlöschen. Aber das Bewußtsein und die Kraft kamen mir rasch wieder, und ich rief: »Also, das hätte ich denn doch nie gedacht, daß ein guter Geist mit mir kämpfen würde, während ich meine Pflicht tue! Nun aber muß ich mich wehren!« Ich versuchte mich herumzurollen und nach oben zu kommen, aber sie war mir über. Doch kam ich einmal, während wir rangen, nach oben, erhaschte den Anblick ihres Gesichtes und erkannte, daß es die Muttergöttin des Wildes war, des Rotwildes also, der Büffel, Kaninchen usw. Als sie wieder nach oben gelangte, wandte sie das Gesicht von mir ab und sagte: »Ich bin gekommen, damit du mich umarmst, aber du scheinst abgeneigt. Möchtest du ein guter Jäger werden?« – »Gewiß«, erwiderte ich, »und wenn du dich mir auf eine offene, freundschaftliche Weise genähert hättest, wäre es nicht zu einem Ringkampf gekommen. Aber wenn du mich beschleichst und gewaltsam ergreifst, ist es meine Pflicht, mich zu verteidigen. Bitte, laß mich los! Und wenn du mir Jagdbeute schenken willst, so werde ich für dich zur Soyalfeier ein Paho machen.« Sie willigte ein, stand auf und ging hinter meiner Feldhütte davon. Ich folgte ihr in einem Abstand von etwa fünfzig Schritt und sah, daß sie als Decke ein frisches Hirschfell trug, dessen Vorderbeine über der Brust verknotet waren. Von den Ohren hingen ihr lange Grasbüschel herab, und auf dem Kopfe trug sie zwei Troddeln. Schließlich blickte sie sich nach mir um, hockte sich nieder, wirbelte wie ein Kreisel herum und verschwand in den Boden. Ich lief an die Stelle, konnte aber kein Loch entdecken. Ganz in der Nähe lagen vier tote Kaninchen, und ich hörte eine Stimme sprechen: »Fürchte dich nicht, nimm sie mit nach Haus, denn dies ist deine Belohnung!« Da erwachte ich, Glocken klangen mir in den Ohren, am ganzen Leibe war ich naß von Schweiß, und es beschlich mich die Furcht, daß mir nächstens etwas zustoßen würde.

Einige Zeit später kam mein Freund, Professor Fred Eggan von der Universität Chicago, zu Besuch; es war Nachmittag, und ich lag gerade auf einem Schaffell, um mich auszuruhen. Er versprach mir, nach dem Abendessen mit einem besonderen Buch, das ich mir ansehen sollte, zurückzukommen. »Schön«, erwiderte ich, »ein interessantes Buch möchte ich schon besehen.« Und ich bemerkte, daß er lächelte, als er wieder in seinen Wagen stieg.

Am Abend, als ich gerade meine Tagebuchaufzeichnungen durchsah, kam Fred zurück, legte einen dicken Band auf den Tisch und sagte: »Hier ist das Buch, von dem ich gesprochen habe.« – »Schön«, antwortete ich, »ich will eben diese Seite beenden, und dann wollen wir es ansehen.« Er sagte, daß es 1901 von Herrn Voth, dem Geistlichen, veröffentlicht worden sei, und fuhr fort: »Du erinnerst dich doch daran, daß 1933 einige Hopi aus Oraibi auf der Weltausstellung in Chicago gewesen sind, daß sie auch das Field-Museum aufgesucht und dort etwas gesehen haben, wovon sie annahmen, daß es ein Standbild von dir wäre, bekleidet mit der Zeremonialtracht der Soyalfeier. Du weißt doch auch noch, daß sie nach ihrer Rückkehr behaupteten, du hättest die Geheimnisse und den rituellen Zubehör verkauft, und daß sie dir auf diese Weise allerlei Schererein bereitet haben. Nun sieh dir einmal dieses Buch an!« Als er es geöffnet hatte, erblickte ich zu meiner Bestürzung Bilder von geheimen Altären, von der Tracht der Soyalgenossen und ihren Handlungen. Voth, dieser schlechte Kerl, hatte alle die Geheimnisse aufgeschrieben, nicht nur vom Soyal, sondern auch die von allen anderen Zeremonien. Ich sah die Namen und die Bilder der Soyalamtsträger, all der Damaligen und erkannte jeden einzelnen von ihnen. Zu jener Zeit aber war ich noch ein kleiner Junge und noch nicht ins Wowochim eingeweiht. Fred zeigte mir auch die Altäre der Schlangen- und der Antilopenzeremonie. Diese Dinge waren für uns Hopi von größerem Wert als irgendetwas anderes auf der Welt, und nun hatten die Weißen sie uns abgeluchst. Ich war sehr niedergeschlagen. Aber ich nahm es den Weißen nicht so übel, daß sie sie gekauft hatten, wie ich es den alten Hopi übelnahm, dem Oberpriester des Soyal, Shokhungyoma, und Lolulomai, dem Dorfvogt. Da war sogar ein Bild von meinem Großoheim Talasquaptewa in der Rolle des Sternpriesters. Wenn jene früheren Vögte es Voth nicht gestattet hätten, die Bilder aufzunehmen und die Zeremonien mit anzusehen, wären sie nie veröffentlicht worden. Fred ermahnte mich, ich sollte es mir nicht zu sehr zu Herzen nehmen. Als er das Buch schloß, fragte ich, wieviel es koste. Denn das einzige Gute daran war der offenkundige Beweis, den es lieferte, daß nicht ich derjenige gewesen war, der die Geheimnisse verkaufte. Darum wollte ich es besitzen, denn wenn jemals ein Hopi mir wieder vorwerfen sollte, daß ich Geheimnisse verkaufe, bedurfte ich zu meiner Verteidigung nur dieses Buches. Fred verließ mich gegen neuneinhalb Uhr, und ich ging schlafen. Aber mich bedrängten solche Sorgen, daß ich nicht vor halb zwei Uhr einschlief. Wenn all unsere Geheimnisse bloßgestellt sind, ist es kein Wunder, daß unsere Götter uns zürnen und uns ausreichenden Schnee und Regen versagen und daß Siechtum, Dürre und anderes Unheil uns befallen.

Im Juni 1939 kam Unheil über Kochwytewa, den besten Heiler von Hotavila, und er verlor das Leben. Sein Sohn, der mein Klanbruder ist, erzählte mir, daß der alte Mann überredet worden war, sich einem Bunde von Feuerdoktoren in Mishongnovi anzuschließen, wodurch sich seine Kraft bei den Frauen erneuern sollte. Aber man hatte ihm eine Falle gestellt, so daß er in einen Bund von Zwieherzern geriet, die es zuwegebrachten, daß er im Fieber verbrannte und Fleisch und Stärke in weniger als einem Monat verlor. Ihn erfaßte auch eine große Mutlosigkeit in betreff aller Dinge, so daß er die Leute überredete, es habe keinen Zweck, die Felder zu bestellen, denn Dürre und böse Winde würden die Ernte zerstören. Als sein Sohn vom Felde heimkam und die Unheilsverkündigungen mit anhören mußte, schalt er seinen Vater und sagte: »Freilich, ihr Zwieherzer seid gegen uns. Aber ich will mein Land nicht vernachlässigen und nach Mißgeschick ausschauen. Die meisten Männer hegen freudige Gedanken, erwarten gute Ernten und versuchen die Lebenszeit ihrer Angehörigen zu verlängern. Als du die Leute heiltest, warst du weise und reich an gutem Rat. Wenn du nur leben wolltest jetzt, so weißt du wohl, daß dein Lenkergeist dich nicht fallen ließe, denn das hast du selbst dein Lebelang gelehrt. Aber wenn du sterben willst, dann ist das deine Sache. Ich will für das Leben kämpfen und für meine Familie, und wir werden sehen, wer gewinnt. Dies ist das letzte Mal, daß ich dich ermahne, denn ich bin fertig mit dir!« Der alte Heiler starb wenige Tage später, und der Sohn sagte zu den Angehörigen, sie sollten nicht weinen, denn es wäre seine eigene Schuld.

Als ich all dies mit angehört hatte, sagte ich: »Jaja, Bruder, wir sind keine Säuglinge mehr und auch keine Kinder; wir sind erwachsene Männer, die ihre Familien ernähren. Wir wollen uns gegenseitig anstacheln in unserem Kampfe gegen das Unterweltsvolk. Wir wollen vertrauensvoll unsere Felder bestellen, und wenn wir Glück haben, gibt es ein wenig Regen für uns. Es ist das Amt unseres Schutzgeistes, uns zu beschützen und zu führen. Wir wollen nicht an die Toten denken und mit Bedacht die Fallen meiden, welche die Zwieherzer uns stellen.«

Aber am ersten Juli verlor ich beinahe das Leben. Ich hatte gerade meine Pferde vor den Wagen gespannt, um von meinem Felde bei Batowe heimzufahren, als ich von Westen her eine Frauenstimme rufen hörte: »Talayesva, komm! Talayesva, komm!« Niemand war zu sehen, und als mir klar wurde, daß es ein Todesruf war, erschrak ich heftig. Ich neigte den Kopf und sprach bei mir: »Ich will nicht sterben. Ich bin noch im mittleren Alter und kräftig, darum will ich mich zusammennehmen und kämpfen!« Darauf fuhr ich eilig und in großer Sorge nach Hause, hielt aber das Geschehene vor meiner Frau verborgen. Am nächsten Tage, einem Sonntag, stand ich vor Sonnenaufgang auf. Der Hals schmerzte mich, aber ich trank eine Tasse Wasser und trieb meine Pferde zusammen. Dann legte ich mich wieder hin, um das Frühstück abzuwarten, behielt jedoch meine Nöte immer noch für mich. Ich konnte nur in Kaffee eingeweichtes Brot schlucken, während es für Irene und Norman Hammelrippchen, Piki, Aprikosen und Kaffee gab. Obwohl jeder Schluck mir wie ein Messer in die Kehle schnitt, zwang ich doch drei Tassen Kaffee hinunter, denn ich fürchtete, daß bei der nächsten Mahlzeit der Schmerz noch schlimmer wäre. Norman ging mit mir auf das Melonenfeld hinaus, um die Pflanzen von Sand zu befreien. Nach zwei Stunden Arbeit machte ich mich auf den Rückweg die Mesa hinauf. Ich fühlte mich sehr krank, war naß von Schweiß, mein Atem ging kurz, und ich hatte ein Gefühl, als müßte ich ersticken. Als ich zur Tür hineintaumelte, war ich halb benommen, und ich bedeutete meiner Frau, daß ich ein Lager brauche. Als mir das Bewußtsein wiederkehrte, erzählte ich ihr, ich hätte am Tage zuvor eine Frauenstimme aus dem Westen rufen hören und glaubte, es wäre meine Mutter gewesen. Sie weinte, während sie das Essen bereitete. Norman ging die Pferde hobbeln.

Irene brachte mir etwas Maisschleim; mich verlangte zwar gar nicht danach, aber ich erinnerte mich an den Rat meines Großvaters, daß man stets, wenn man krank ist, etwas essen soll. Daher zwang ich mich, ein wenig davon zu genießen, wenn ich auch bei jedem Schluck vor Schmerz die Augen schloß. Als ich mich wieder auf meine Decke zurücklegte, war ich ganz außer Atem, und es kam mir vor, als müßte mich sogar mein Speichel ersticken. Alle paar Sekunden mußte ich ausspucken, ich versuchte aber, wenigstens das Stöhnen zu unterlassen, um Irene nicht zu erschrecken.

Mein Zustand beunruhigte mich sehr, und ich nahm mir vor, nach Bakabi zu fahren und Jack Sekayaoma aufzusuchen, den Heiler, der meinen Knöchel behandelt hatte. Zunächst war allerdings kein Kraftwagen im Dorfe aufzutreiben; daher ging ich, als ich's im Bett nicht mehr aushalten konnte, ins Haus meiner Schwester und nahm etwas von dem Mentholatum der Weißen ein. Um halb fünf kehrte ich wieder in meine Wohnung zurück und fand Irene sehr sanft und freundlich; sie war damit beschäftigt, mir noch etwas zu essen zu bereiten. Ich wußte zwar, daß ich nicht imstande sein würde, es hinunterzuschlucken, aber es freute mich doch, daß sie mich speisen wollte, denn das zeigte, daß sie meinen Tod nicht wünschte. Mit Dankbarkeit empfand ich es, was für eine gute Frau ich hatte, und wurde an meine liebe Mutter erinnert. Ich wischte mir ein paar Tränen aus den Augen und sagte zu Irene: »Seit meine Mutter mich verlassen hat, trittst du in ihre Fußtapfen und sorgst für mich, wie sie es getan hat.« Dann versuchte ich, abträgliche Gedanken aus meinem Gemüt zu verbannen, trank ein wenig von dem Schleim, lehnte mich gegen eine Rolle Schaffelle und ruhte mich aus. Als ich einen Kraftwagen hörte, zog ich mir schnell die Schuhe an und bat Irene, mir eine Dose mit Zucker zu geben und etwas Maisschrot, den der Heiler bei seinen Gebeten verwenden sollte. Der Schmerz wurde stärker, und mein Atem ging kurz und schwach.

Wir fuhren mit hoher Geschwindigkeit auf Bakabi zu. Als wir uns den Vorhügeln von Hotavila näherten, wurde der Schmerz noch schlimmer; mein Atem war noch kürzer und das Bewußtsein am Erlöschen. Aus tiefstem Herzen bat ich meinen Schutzgeist, mich bitte nicht auf dem Wege zum Heiler fallen zu lassen. Und während der Wagen dahinraste, streckte ich die Hand aus und streute etwas Maisschrot.

Als wir das Haus des Heilers erreicht hatten, trat ich schnell ein, reichte ihm den Zucker als Geschenk, legte mich auf ein Schaffell und gab ihm den Maisschrot. »Gut, mein Sohn, das ist richtig, daß du Maisschrot mitgebracht hast«, sagte er. »Einige Kranke kommen ohne Schrot und erschweren es mir dadurch, Heilkraft von den Göttern zu erlangen.« Als er von seinen Gebeten wiederkehrte, legte er mir Daumen und Zeigefinger hinter die Kinnbacken, untersuchte mich sorgfältig und sagte: »Ein böses Weib hat dir Giftpfeile in die Kehle geschossen!« Dann riß er die Pose eines Stachelschweines heraus – länger als ein Zentimeter war das Stück – zeigte es mir und eilte damit hinaus. Er kam rasch wieder herein und entfernte einen weiteren Pfeil, diesmal vom Aussehen eines Schlangen- oder Eidechsenknochens. Nach neuerlicher genauerer Untersuchung sagte er: »Es sitzt noch ein Giftpfeil dicht am Kinnbacken, den ich nicht erreichen kann, ohne einen Medizingesang anzuwenden.« Er sang, arbeitete sehr schnell und bekam ihn zu fassen. »Nun wirst du gesund werden«, sagte er, »und wieder dein heiteres Lächeln zeigen!« Da schon fühlte ich mich besser, dankte ihm und sagte: »Von nun an möchte ich dich Vater nennen und dein braves Weib Mutter, denn mein Gevatter ist kürzlich in einer entfernten Stadt gestorben.« Als ich ihm dann von meinem Todesruf auf dem Maisfelde erzählte, waren mir die Tränen nah; ich fürchtete jedoch, daß mir vom Weinen die Kehle schmerzen würde. »Weine nur«, sagte er, »auch wenn es weh tut; denn das vertreibt die abträglichen Gedanken!« Wir fuhren schnell nach Hause, und meine gute Frau bereitete mir rasch das Lager, denn ich fühlte mich schon viel besser und wollte schlafen.

Am nächsten Morgen wusch mir Irene Gesicht und Hände zum Frühstück, aber ich konnte nur Brühe genießen. Norman erklärte sich bereit, meine Arbeit zu tun und machte mir damit eine große Freude. Im Laufe des Tages kam Vogt Kewanimptewa von Bakabi, um eine kleine Schildkröte von mir zu kaufen, und machte eine Bemerkung über mein blasses Gesicht. Als ich ihm meinen Todesruf beschrieb, ließ er den Kopf sinken, sagte aber schließlich: »Ja, mein Sohn, du bist nun kein Knabe mehr, sondern ein vollerwachsener Mann. Du weißt, daß ein Mann, der sich über seine Frau oder seine Kinder oder sonst etwas aufregt, Krankheit über sich bringt. Ich will gar nicht, daß du deine Fehler vor deiner Familie bekennst, aber du mußt die schlimmen Gedanken verbannen. Sage doch bloß ›Weg mit euch, böse Geister!‹ und dann entziehe dich ihren Händen als ein freier Mann!« – »Du hast recht«, erwiderte ich, »ich will deinen Rat annehmen. Ich habe einige schlimme Gedanken gehabt, aber ich will sie hinauswerfen.« Ich war froh, daß ich nicht eine öffentliche Beichte abzulegen brauchte, wie es die Christen für ihren heiligen Gott tun müssen.

Als ich nach kurzem Schlummer die Augen öffnete, erblickte ich Irenes Schwester Clara, die mit traurigem Gesicht neben mir saß. Als sie nach meinem Befinden fragte, antwortete ich: »Weder gegessen noch geschlafen habe ich, fühle mich schwach, und mein Hals tut noch immer weh; aber ich glaube, daß es morgen besser sein wird.« Sie erzählte, daß sie vor acht Jahren dasselbe Leiden gehabt hätte, und ermahnte mich, gute Gedanken zu denken und schleunigst gesund zu werden. Ich versicherte ihr: »Ich werde es schon überstehen, denn ich bin ja nicht allein. Mein Schutzgeist wacht Tag und Nacht über mir, und daß dies über mich kam, hat er nur zugelassen, weil ich nachlässig gewesen bin. Nun werde ich meine Schritte wieder auf die rechte Straße lenken und genesen.« Nach dem Abendessen schlummerte ich abermals ein, hustete mich aber nach kaum zwei Stunden wach. Irene saß neben mir und fragte, ob sie mir das Bett mit drei oder vier weiteren Schaffellen weicher machen sollte. Am nächsten Morgen ging es mir besser, und ich war imstande, die Geschichte meiner Erkrankung in allen Einzelheiten niederzuschreiben.

Am folgenden Tage kam der Doktor. Als ich ihm mitteilte, daß es mir besser ginge, riet er mir: »Bleib noch einen Tag im Haus! Über die Stimme, die dich bei Batowe gerufen hat, habe ich einen Traum gehabt. Deine Mutter ist das nicht gewesen. Es waren zwei Frauen, aber nicht von deinen Lieben.[1] Sie leben und wirken gegen dich. Verriete ich dir ihre Namen, dann töteten sie dich womöglich. Vergiß sie also einfach!«

Nachdem der Doktor mit uns zu Mittag gegessen hatte, rückte ich meinen Sitz dicht an den seinen und bat ihn, nachzusehen, ob man mir noch weitere Giftpfeile in den Hals geschossen hätte. Er langte in seinen Medizinbeutel, holte ein Stück Wurzel heraus, biß etwas davon ab und verzog das Gesicht wie ein Mann, der an einer Zitrone saugt. Dann sang er ein Medizinlied, zog mir einen Giftpfeil aus dem Halse und sagte: »Nun habe ich deine Feinde überwunden, und deine Kehle wird bald wieder gut sein!« Er gab mir noch einen Teelöffel Maisblütenstaub, der vorm Zubettgehen einzunehmen war, ein kleines Stück von einer bitteren Wurzel, das ich kauen, und

[1] Also keine toten Verwandten.

zwei Blätter, die ich auf die rechte Wange legen sollte. Nachdem er mich ermahnt hatte, frohe Gedanken im Sinne zu haben, dankte ich ihm und versprach, zum Nimantanz nach Bakabi zu kommen – ich erzählte ihm jedoch nicht, daß ich die Absicht hatte, ihm einen schönen fetten Hammelbraten mitzubringen.

Am darauffolgenden Sonnabend streute ich Schrot an der Ostkante der Mesa, dankte meinem Sonnengott für die Befreiung von den Zwieherzern und fuhr mit einigen Verwandten nach Shongopavi, um an einem Hochzeitsschmaus und einem Katschinatanz teilzunehmen. Nach dem Festessen suchte ich das alte Haus unserer Urgroßmutter auf, aus dem unsere Familie nach Oraibi übergesiedelt war, und riet dort einem Kranken, es mit einer Behandlung durch Poleyestewa zu versuchen, der sich zu einem tüchtigen Heiler entwickele. Dann schaute ich auf dem Dorfplatz dem Tanze zu; er erwies sich jedoch als ein trauriger Fehlschlag. Fünfunddreißig Katschinas, zwei Seitentänzer, ein Trommelkatschina und mehrere Narren waren von der Ersten Mesa gekommen. Aber als ich der Vorführung zusah, ward ich unfroh, denn es fiel mir auf, daß der Trommler zu rasch schlug und dadurch die Lieder störte. Die Narren benahmen sich bei ihren Auftritten allzu grob und brachten sogar einige der Wassermelonen, die die Katschinas als Geschenke mitgebracht hatten, zum Platzen. Ein weiterer Fehler war, daß die Katschinas keine Fichtenzweige um den Hals und auch keine in den Händen trugen. Die Seitentänzer machten ebenfalls einen Fehler, indem sie die Narren zu hart verprügelten, denn niemals sollte ein Katschina die Plaza betreten, um einem Menschen ein Leid zuzufügen. Als die Narren gegeißelt wurden, erhob sich – unfehlbar! – ein übler Wind, und ein kleines Mädchen fiel vom Dach und »starb«. Ein Mann trug es in sein Haus, und viele Leute, einige in Tränen, gingen mit. Ich drängte mich ebenfalls in den überfüllten Raum und sah des Vaters von Besorgnis erfülltes Gesicht, wie er das Kind auf dem Schoße hielt. Schließlich gab die Kleine wieder einige Lebenszeichen von sich, und der Vater sagte, daß der Tanz, wenn sie nicht wieder aufgelebt wäre, sein Ende gefunden hätte. Dann schickte er nach den Narren und sagte zu ihnen: »Brüder, ihr seid hier eingesetzt, um die Leute froh zu machen. Nun vereinigt eure Herzen und betet um das Leben meines Kindes!« – »Gewiß!« erwiderten sie, und jeder legte die Hände auf den Leib des Mädchens, das etwa vier Jahre alt sein mochte, und ging dann hinaus. Ich war sehr traurig und machte mich bald auf den Heimweg.

Das Jahr war reich an Krankheiten und anderem Unheil. In der letzten Juliwoche hatte ich einen Anfall von Unterleibsbeschwerden, der mich so oft zum Austreten zwang, daß ich mich draußen im Schatten eines Hühnerstalles hinlegte und so den ganzen Nachmittag in der Erwartung von Notfällen hinbrachte. Die Beschwerden hörten die ganze Nacht nicht auf, so daß ich wenig Schlaf bekam.

Am nächsten Tage meldete mir Ira, daß auf meinem Maisfeld bei Batowe das Unkraut wuchere. Ich fuhr also mit dem Wagen hin, erreichte meine Felder gegen Mittag und arbeitete bis zum Dunkelwerden im Mais. Nach einem leichten Abendbrot legte ich mich in der Feldhütte schlafen. Während der Nacht hörte ich zwei weibliche Eulen kläglich vom Dachfirst rufen und in der Ferne eine männliche antworten. Noch nie hatten Eulen nachts auf meinem Dach gesessen und geklagt wie ein kranker Mensch. Daher sah ich es nun als ein böses Vorzeichen an, wurde besorgt und vertrieb sie. Am nächsten Tag beim Mittagessen empfand ich einen plötzlichen Schmerz unten am Rückgrat, und statt nachzulassen, wurde er nur immer schärfer, so daß er mich zwang aufzuspringen. Mir fielen die Eulen ein, ich dachte an die zwei Frauen, die mir den Hals beschädigt hatten, und schloß, daß sie es wieder auf mich abgesehen hätten. Ich war naß von Schweiß und faßte sogleich den Entschluß, nach Hause zu eilen, wenn auch das Maisfeld voller Unkraut blieb. Sobald ich in Oraibi ankam, legte ich mich nieder, litt aber zu große Schmerzen, um lange still zu liegen. Irene holte Poleyestewa, und er knetete mich gründlich und hörte sich meine Geschichte von den Eulen an. Er erklärte, daß in meinem Gesäß die Muskeln aus ihrer Lage wären.

Am nächsten Morgen brachte ich es fertig, mit Norman im Wagen zur Schafhürde zu fahren und einen schönen Hammelbraten für meinen Doktor in Bakabi zu holen. Nach dem Mittagessen in des Heilers Hause mußte ich mich auf ein Schaffell legen, er untersuchte meinen Rücken und sagte: »Dich hat ein Giftpfeil am äußersten Ende des Rückgrats getroffen.« Als ich ihm von den Eulen erzählte, nickte er mit dem Kopfe und bestätigte mir, daß sie die zwei Frauen und der Mann aus Neu-Oraibi wären, die mir nach dem Leben trachteten, daß ihnen ihr Vorhaben aber nicht gelingen würde, da er sie überwinden könnte. Darauf entfernte er mit gewohntem Geschick den Giftpfeil.

Am Tage darauf konnte ich an dem Tanze, der in Bakabi stattfand, teilnehmen. Ich aß mit den Katschinas zu Mittag, rauchte mit ihrem Vater und betete um Regen und Gesundheit. Dann kehrte ich auf die Plaza zurück und setzte mich zu einem alten Oheim aus Shipaulovi in den Schatten. Er fragte: »Warum bist du denn nicht gekommen, um bei unserem Nimantanze zuzusehen?«

– »Meine Muskeln waren beschädigt, und ich hatte Krämpfe im Gesäß«, erwiderte ich. Als er mir berichtete, daß er selber mitgetanzt und bei den Weisen den Ton angegeben hätte, zeigte ich Verwunderung. Darauf meinte er: »Du denkst wohl, ich wäre dazu schon zu alt! Aber ich habe niemals Krämpfe wie ihr jungen Kerls. Meine Nerven und Muskeln sind immer noch elastisch. Sehr müde werde ich nie.« – »Ja«, sagte ich, »ihr Männer aus der alten Zeit wurdet dazu angehalten, am frühen Morgen einen Lauf zu tun, in den Quellen zu baden und die guten alten Hopispeisen zu essen. Unser Fleisch dagegen ist weich, und obwohl wir jünger an Jahren sind, sind wir doch älter am Leibe. Die guten Lehren, die uns die Alten gegeben haben, sterben aus.« – »So ist es«, erwiderte er, »das nächste Geschlecht unseres Volkes wird so schwach sein wie die Weißen, und unsere Zeremonien werden ausgelöscht sein.«

Ich hatte selber genug unter Krankheiten gelitten, um froh zu sein, wenn ich andern nach Kräften helfen konnte. Im August 1939 war ein Tanz in Neu-Oraibi, an dem Ira und Norman teilnahmen. Ich schlachtete ein Schaf, und wir zogen hinunter und wohnten in einem Hause, das Normans Mutter gehörte. Als wir am Tage vor dem Tanz zu Abend aßen, kam eine Frau an die Tür und sagte: »Dein Freund Kalmanimptewa hat zwei Tage kein Wasser lassen können. Er hat starke Schmerzen und möchte, daß du schnell hinkommst. Er ist vor zwei Wochen im Krankenhaus behandelt worden, aber nun geht es ihm schlechter als je zuvor.« Ich ging sogleich und traf seine Frau – sie ist die Mutter meiner ersten Freundin, Louise – unter der Tür. Sie sagte: »Ich bin froh, daß du kommst. Mein Mann braucht dich dringend. Aber zuerst möchte ich dir etwas zu essen vorsetzen.« Nachdem ich ein wenig gegessen hatte, sagte ich zu dem Kranken: »Mein Freund, als ich dich vor zwei Jahren ermahnen konnte, habe ich das gerne getan. Damals hegte ich den Wunsch, deine Füße wieder auf den Sonnenpfad zu setzen. Nun bist du wieder davon abgekommen. Du bist alt genug, auf deinen Schutzgeist zu hören, der deine Schritte lenkt. Ich möchte nicht, daß du vor deiner Familie ein Geständnis ablegst, aber entledige dich doch bitte aller schlimmen Gedanken in deinem Sinn! Deine Kinder erwarten von dir Anleitung und Unterhalt, und wenn du dahingehst, was wird dann aus ihnen? Bitte, um ihretwillen ermanne dich! Bete jeden Morgen zum Sonnengott und des Abends zu Mond und Sternen! Wenn du dem nicht Gehör schenkst, bist du verloren. Was sagst du dazu?« – »Dein Rat ist gut«, erwiderte er und begann zu weinen. »So ist's richtig«, redete ich ihm zu, »fürchte dich nicht, zu weinen. Das wird deinen Sinn von leidigen

Gedanken befrein.« Schließlich sagte er: »Mein Freund, ich zweifle nicht an deinen Worten. Ich weiß, ich bin alt genug, mich zu ermannen. Ich habe zuviel an mich selbst gedacht, als ich krank wurde, und konnte meinen Sinn nicht abwenden von unsern Lieben im Westen. Nun hast du mich wieder gen Osten gekehrt. Ich danke dir!« Dabei schüttelte er mir die Hand, und das gefiel mir ausnehmend wohl. Ich zog meinen Sitz näher heran und fand unterhalb seines Nabels einen großen harten Klumpen; den massierte ich lange Zeit, wobei Kalmanimptewa Schmerzen litt und ächzte. Schließlich verschwand der Klumpen, als ob er geschmolzen wäre. Ich kaute etwas Piki und fütterte ihn und war glücklich in dem Bewußtsein, daß meinen Händen noch ein wenig Antilopenkraft verblieben war. Als ich getan hatte, was meines Amtes war, sagte ich ihm gute Nacht und ging nach Haus. Aber bevor ich an jenem Abend einschlief, fiel mir eine starke Wurzelmedizin ein, die ich oben in Alt-Oraibi hatte und die meinem kranken Freunde vielleicht zu helfen vermochte. Am Morgen holte ich die Arznei und fand, als ich wieder herunterkam, meinen Patienten auf dem Stuhl am Tische sitzen. Er lächelte übers ganze Gesicht, denn er hatte Wasser gelassen und sehr gut geschlafen. Ich gab ihm die Arznei, sagte ihm, wie sie einzunehmen wäre, und ermahnte ihn, sich seine Freudigkeit zu bewahren.

Innerhalb weniger Wochen kam abermals Krankheit über unsere Familie. Meine Nichte Delia, die mit Nelson verheiratet und nach Hotavila gezogen war, trug ein Kind in ihrem Schoße. Nun waren ihr beide Beine bis zur Hüfte hinauf geschwollen. Als ich sie besuchte, schwenkte Polingyuama, ein Hopidoktor, einen Adlerflügel über ihr und sang dazu einen Heilgesang. Neben ihm lagen zwei neue Hemden und drei Dollar in bar als Lohn für die Behandlung. Als er fertig war, sagte ich: »Ich danke dir, Vater, du bist der Doktor, den ich selbst für meine Nichte gewählt hätte. Du weißt ja, daß du mich an Sohnes Statt angenommen hast, als ich vor einigen Jahren krank war. Nun möchte ich dir meine Nichte geben, damit du ihr das Leben retten kannst. Wenn sie wieder wohlauf ist, wird sie deine Tochter sein, und du kannst in ihrem Hause essen, sooft du willst.« – »Ich danke dir«, erwiderte er, »nun gehört ihr beide mir, und wir werden zusammen fröhlich sein.« Als ich ihn nach Delias Beschwerden fragte, erklärte er: »In beiden Beinen war ein Giftpfeil, der Knochen einer Stierschlange, der die Schwellung verursacht hat. Aber mein Gesang wird die Beine wieder weich machen und bis morgen früh abschwellen lassen. Ich habe viele Fälle wie diesen geheilt, du kannst daher den Deinen sagen, daß sie sich nicht zu beunruhigen brauchen.« Während wir aßen, wurde der Heiler zu einer Frau gerufen, die vor einiger Zeit ein totes Kind geboren hatte. Delias Schwiegervater, ein verkrüppelter Greis, stopfte etwas Bergtabak in seine Pfeife, rauchte und sagte: »Also, mein Enkel, da du der Oheim meiner Schwiegertochter bist, habe ich den Wunsch, daß du allen Leuten eures Klans sagst, sie möchten ihre Herzen mit unseren vereinen und beten. Ich behandle deine Nichte wie eine leibliche Tochter und versuche, ihr Gesundheit und Frohsinn zu bewahren.« – »Ich danke dir, Großvater«, erwiderte ich. »Deine Worte berühren mir das Herz«. Und indem ich ihm die Hand schüttelte, fuhr ich fort: »Ich bin kein Unterweltsmensch. Mein Herz ist einfältig, und mein Antlitz ist betend gen Osten gerichtet. Deine Botschaft will ich den Meinen ausrichten. Laß uns Leben und Frohsinn bewahren!« Darauf ging ich fort, denn ich hatte einigen Verdacht gegen den Alten. Vor Jahren hatten wir Streit miteinander gehabt. Ira und ich hatten seine Leute von unserer Schaftränke verjagt, weil sie nie versuchten, auch für die Leute von Oraibi Regen und Glück herbeizuführen, sondern immer nur für sich selbst. Später hatte er sich der Vermählung Nelsons mit meiner Nichte widersetzt, hatte aber nichts dagegen ausrichten können.

Es war kaum eine Woche vergangen und wir arbeiteten gerade bei Batowe an einem Zaun, da sahen wir einen Wagen in voller Fahrt von Oraibi daherkommen. Ein Mann sprang heraus und sagte: »Zu dir will ich, Don! Deine Nichte Delia hat Zwillinge, und die Nachgeburt will nicht folgen.« Wir erreichten Oraibi bei Sonnenuntergang, ließen meine Schwester Mabel und meine Nichte Geneva, Delias Schwester, zusteigen und fuhren eilig nach Hotavila weiter. Als ich aus dem Wagen sprang, rief eine Nachbarin Geneva zu sich ins Haus, und da wußte ich, daß Delia tot war. Unsere Klanmutter, die Witwe Kochwytewas, saß mit rotgeweinten Augen unter der Tür. Als ich ins Zimmer stürzte, sagte Nelson: »Nimm Platz! Die Mutter meiner Kinder ist vor zwanzig Minuten verschieden.« Ich trat zu Delia, die in einer Ecke lag, deckte ihr Gesicht auf, legte die Hand auf ihre kalte Stirn und weinte. Mabel kam auch und weinte mit mir, aber an Geneva schickten wir Nachricht, daß sie nicht kommen sollte, denn wir fürchteten, daß sie zu lange brauchen würde, ihren Schmerz zu verwinden.

Es wurde schon dunkel, daher mußten wir uns mit der Bestattung beeilen. Unsere Klanmutter wusch die Leiche, und Nelson machte Gebetsfedern. Ein Wagen wurde geholt, und wir brachten den Leichnam mit Bettzeug, Schaufeln und Hacken an eine Stelle jenseits des Pfirsichbaumgartens, wo wir ihn bei Taschenlampenschein beisetzten. Nach der Rückkehr und der Reinigung aßen wir und gingen gegen Mitternacht schlafen, während unsere Klanmutter die Zwillinge badete. Ich schlief unruhig und träumte einen traurigen Traum, in dem meine eigene liebe Mutter die Hände ausstreckte und mich zu kommen bat. Ich mußte abwinken und ihr sagen, sie sollte fortgehen, ohne mich zu berühren.

Bei Sonnenaufgang standen wir auf, wuschen uns den Kopf in Yuccalauge und aßen Frühstück. Ich ging nach Bakabi, trat zu meinem Oheim ins Haus und wischte mir die Tränen aus den Augen. Er kam, wir schüttelten uns die Hand, und ich erzählte ihm die traurige Geschichte. Der Alte weinte und ermahnte mich. Ich dankte ihm und lud ihn ein, nach Oraibi zu kommen und die Meinen zu ermahnen. Obwohl ich versuchte, mich aufzurichten, dauerte es drei oder vier Tage, ehe ich wieder lachen oder mit meinen Freunden scherzen konnte.

Am fünften Tage stand ich frühmorgens auf, trieb meine Pferde zusammen, schmierte meinen Wagen und machte mich nach Hotavila, auf den Weg, um an dem Geburtsschmaus teilzunehmen. Da die Mutter der Zwillinge gestorben war, feierten wir die Namensweihe fünfzehn Tage früher. Mabel und meine Nichten waren schon da. Ich hatte den Wagen mitgenommen, um die andern Kinder Delias und ihre gesamten Besitztümer nach Hause zu holen, denn sie hatte gegen den alten Hopibrauch in der Familie ihres Mannes gelebt. Ira und ich hatten uns dahin entschieden, daß es das beste sein würde, die Säuglinge einigen Hopimissionaren zu übergeben, denn alle Hopi wissen, daß es sehr schwierig ist, Zwillinge aufzuziehen. Fast immer sterben sie. Ira hatte allerdings darauf hingewiesen, daß diese beiden Säuglinge, da sie stark genug gewesen waren, ihre Mutter zu töten, womöglich auch fähig wären, selbst zu leben.

Ich kam in Hotavila an, als das Festessen schon im Gange war; ich wusch mir Gesicht und Hände und aß vom Pudding, Hammelragout, Piki und Kaffee. Nach dem Frühstück sagte ich zu den Anwesenden, unseren Verwandten: »Will eine von unseren Klanmüttern in Hotavila einen der Säuglinge übernehmen?« Sewequapnim, die Witwe Kochwytewas, meinte, sie möchte es wohl, besäße aber nicht die Mittel dazu. Darauf richtete ich die Frage an die Tanten der Zwillinge, Nelsons Schwestern. Keine schien willens, noch einen weiteren Säugling zu übernehmen. Schließlich sagte ich: »Nun, ihr habt es alle abgeschlagen. Jetzt werde ich euch sagen, was ich vorhabe, und keine hat ein Recht, dagegen Einspruch zu erheben. Wenn bis Sonnenuntergang niemand einen der Säuglinge übernommen hat, werden wir sie beide den Missionaren übergeben.« Die Frauen ließen die Köpfe sinken, sagten jedoch nichts.

Ich wußte, wie verhaßt es ihnen schon war, wenn die Zwillinge auch nur an Hopimissionare kamen; ich dachte aber, daß die Säuglinge, wenn wir Glück hätten, am Leben bleiben und schließlich doch noch unter unserm Volke leben würden.
Nun forderte ich die Verwandten auf, alles, was Delia gehört hatte, auf den Wagen zu laden: Kleider, Mais, Bohnen, Zucker, Kartoffeln, Töpfe, Pfannen und was sonst noch da war. Als das geschehen war, hielt ich eine weitere Ansprache: »Nun, Muhmen und Großmütter, nehmt euch diesen Aufbruch nicht zu Herzen! Wir scheiden nicht auf Nimmerwiedersehen. Laßt uns alle versuchen, für Delias Kinder zu sorgen und sie froh zu machen. Kommt, sie zu besuchen, aber weint nicht, wenn ihr kommt!« Da weinten sie alle ein wenig. Sobald sie ihren Kummer wieder in der Gewalt hatten, sagte ich zu Nelson: »Ich hatte deiner Frau ein paar Schafe geschenkt; wenn noch welche davon am Leben sind, möchte ich, daß du eines unserer Klanmutter, der Witwe Kochwytewas, schenkst. Behalte die übrigen und laß sie sich vermehren für deine Kinder! Wenn du noch den Wampumschmuck besitzt, den ich Delia geschenkt hatte, so gib ihn deinem ältesten Sohn, wenn er erwachsen ist. Und nun Nelson: komm nach Oraibi und besuche deine Kinder, wann immer du willst! Du hast den Meinen große Hilfe angedeihen lassen mit Holz- und Kohlezufahren; ich hoffe, es bleibt dabei. Ich liebe dich und habe nie gedacht, daß dieses über uns kommen würde. Laß uns froh bleiben um unserer Kinder willen! Das ist alles, was ich zu sagen habe.« Wir fuhren beim Missionshaus von Bakabi vorüber und ließen die Säuglinge dort; aber einer starb schon wenige Tage später.
Mir war immer noch nicht klar, woran Delia wirklich gestorben war; denn ich war überzeugt, daß der Heiler die Stierschlangenvergiftung erfolgreich behandelt hatte. Schließlich erzählte Nelsons älterer Bruder Irene, daß Delia auch an der Blitzkrankheit gelitten hätte, die den Kranken schüttelt und schwindlig macht und ihm Schaum auf die Lippen treibt. Während sie in diesem Zustande war, hätte ihr Schwiegervater sie ungerechterweise gescholten, daß sie ihre Kinder vernachlässige, und auf diese Weise ihr Gemüt mit abträglichen Gedanken erfüllt und ihre Füße auf den Leidenspfad gestellt, der zum Grabe führt.
Einige Tage später erlebte ich eine hübsche Überraschung. Ein alter Freund von mir, ein Oberschulvorsteher in Oakland in Kalifornien, schickte mir eine kleine lebendige Schildkröte, knapp drei Zentimeter lang, auf deren Rücken mit türkisblauer Farbe ein schönes Bild der Golden-Gate-Brücke und der Bucht von San Francisco gemalt war. Es war ein hübsches Geschenk, und es gefiel mir aus-

nehmend, denn ich fand auch meinen Namen »Don« in Druckbuchstaben darauf. Meiner Frau gefiel das kleine Ding so sehr, daß ich mir schon überlegte, ob sie es nicht vorn am Kleid als Brosche tragen könnte. Nachmittags kamen einige von Neschelles' Navaho-Freunden und betrachteten meine Schildkröte mit aufgerissenen Augen. Als sie fragten, ob gewisse Schildkröten immer gemalte Bilder auf dem Rücken trügen, sagte ich »Ja« und lächelte im stillen, denn sie schienen das wirklich zu glauben. Nachdem sie wieder gegangen waren und als ich an meinem Tagebuch arbeitete, kam Norman herein, entdeckte das neue Schoßtierchen und wollte wissen, woher es wäre. Wie seiner Mutter gefiel es auch ihm über die Maßen, und schließlich sagte er: »Na, ich bin ja das einzige Kind in der Familie, da will ich diese Schildkröte haben!« Irene warf mir einen raschen Blick zu, aber ich sagte »Okay« und machte mir mit meinem Tagebuch zu schaffen.

Am 29. September 1939 feierten wir Normans Geburtstag. Unsere Verwandten waren zu einer Gesellschaft eingeladen, auf der es wie bei Weißen zuging. Jeder Gast, Mann, Weib oder Kind, brachte ein kleines Geschenk mit, ein paar Cent, eine Melone oder eine Süßigkeit. Irene hatte einen Kuchen gebacken, aber da wir keine Kerzen hatten, steckten wir vierzehn Streichhölzer hinein und halfen alle mit, sie zu gleicher Zeit zu entzünden. Als es soweit war, gab ich Normen vierzehn Schläge auf den Rücken und hieß ihn dann die Flammen ausblasen und als erster das Aufgetragene kosten. Irene nahm von allem, was da war, einen kleinen Teil ab und legte ihn beiseite, um die Geistergötter damit zu speisen. Unser Schmaus bestand aus Brot, drei Arten Kuchen, Ragout, kleinen Kuchen, Pfeffernüssen, zwei Sorten Obsttorte, Moschusmelonen, Wassermelonen, Kakao und Kaffee. Es blieb soviel zu essen übrig, daß wir alle Gäste noch einmal zum Frühstück einladen konnten.

Mein Junge war nun vierzehn Jahre alt, und ich wollte, daß er sein eigenes Reitpferd bekäme. Aber das führte zu einer großen Auseinandersetzung mit einem Navaho. Es kam nämlich einer zu mir und sagte: »Ich habe zwei Pferde zu verkaufen. Eins davon ist eine schöne vierjährige Stute und so sanft, daß die Kinder auf ihr reiten. Ich gebe sie für alles her, was irgend Wert hat.« Als ich ihn einlud, sich bei mir im Haus ein Paar Türkisohrringe anzusehen, kam Julius an die Tür und sagte auf hopi zu mir: »Weißt du, Don, wegen der anhaltenden Dürre zwingt die Regierung doch die Navahos, ihre Pferde abzugeben, und zahlt ihnen, wenn sie die alten töten, nur zwei Dollar auf den Kopf. Versuche doch, beide Pferde für deine Ohrringe zu bekommen!« Ich dankte ihm, wandte mich zu dem Navaho und sagte in seiner Sprache: »Mein Freund, diese Ohrringe sind von großem Wert. Deine Pferde mußt du auf jeden Fall losschlagen, oder die Regierung tötet sie. Gib mir beide Pferde, sonst wird aus dem Handel nichts!« Er ließ eine Minute lang den Kopf hängen, dann sagte er: »Hast du nicht noch andere Ohrringe?« – »Nein«, erwiderte ich, »aber wenn du mir beide Pferde für dieses Paar gibst, wollen wir Freundschaft schließen!« Er streckte mir schließlich die Hand hin, seine Zustimmung auszudrücken, und ich lud ihn zum Frühstück ein. Darauf ging er mit den Ohrringen fort, und ich führte die Pferde auf die Koppel.

Als ich am Spätnachmittag aus Bakabi zurückkam, sagte Irene, sie hätte schon überall nach mir gesucht. »Dieser verrückte Navaho«, erklärte sie, »ist nämlich zurückgekommen und will eins von deinen Pferden noch einmal an einen andern verkaufen!« Ich eilte zur Koppel und traf ihn da mit verschiedenen Hopi. »Was ist denn das für ein Benehmen?« fragte ich. »Wir haben doch heute morgen den Handel abgeschlossen und sind Freunde geworden!« – »Ich habe erfahren, daß deine Ohrringe nicht soviel wert sind wie die beiden Pferde«, entgegnete er. »So? Ich mag aber niemanden zum Freunde, der nicht zu seinem Worte steht«, antwortete ich. »Deinen Vater kenne ich seit langem. Er ist jetzt ein alter Mann mit grauem Haar und einem klugen Kopf, du aber scheinst mir ein verdammter Narr zu sein!« Ich öffnete den Pferch, machte die Pferde los und hieß den Navaho damit abziehen, sobald er die Ohrringe zurückgegeben hätte.

Überrascht fragte er: »Willst du denn nicht wenigstens das eine Pferd behalten?« – »Nein, nimm sie nur beide mit nach Hause, damit die Regierung sie umbringt!« fuhr ich ihn an und wandte mich meinem Hause zu. Gleich darauf trat er mit Andrew und einigen anderen Hopi, die als Zuhörer mitkamen, in die Tür. Der Navaho streckte die Hand aus und sagte: »Es tut mir leid, daß ich unsere Freundschaft gebrochen habe. Behalte doch bitte die Pferde!« – »Kommt nicht in Frage!« sagte ich. »Mach Schluß mit dem Schmus! Nimm deine Pferde und hau ab!« Andrew sagte mir auf hopi, daß er dem Mann schon einen silbernen Armreifen für eines der Pferde gegeben hätte. »Ja, Bruder«, antwortete ich, »du bist es, der diesen Navaho zum Betrug aufgemuntert hat. Ich aber wünsche überhaupt nicht, daß nun noch einer seine Pferde kauft! Laß ihn sie mit nach Hause nehmen und umbringen!« Darauf nahm Andrew seinen Armreifen in Empfang und ging hinaus. Nun sagte ich mit sanfterer Stimme zu dem Navaho: »Dieser Mann ist schuld an unserer Meinungsverschiedenheit.« Er hielt mir wieder seine Hand entgegen, aber ich schüttelte den Kopf und sagte auf hopi zu den anderen: »Dem bringe ich eine Lehre bei!« Jener war allem Anschein nach sehr bekümmert, saß da und ließ den Kopf hängen. Nach langem Schweigen sagte ich: »Nun wäre es wohl an der Zeit, daß du gehst!« Nach einer abermaligen Pause meinte er: »Mein Freund, wenn du die Pferde behältst, so komme ich nächstens mit einem frischen Hammelbraten, um dich wieder freundlich zu stimmen.« – »Na, dann will ich es noch einmal mit dir versuchen«, antwortete ich. Und als ich zu ihm trat, um ihm die Hand zu reichen, sah ich Tränen in seinen Augen stehn. Darauf wollte er fort, aber ich sagte: »Wart 'mal, erst wollen wir essen!« Meine Hopifreunde lächelten, äußerten sich aber nicht. Sobald das Essen auf dem Boden stand, sagte ich: »Na, dann guten Appetit, ihr Kampfrichter!« Und da lachten wir alle. Nach dem Abendessen half mir der Navaho, bevor er Lebewohl sagte, die Pferde auf die Mesa hinauszubringen und zu hobbeln. Als ich wieder nach Hause kam, bat ich Irene, mir das Lager herzurichten, denn das lange Ringen hatte mich erschöpft. Aber bevor ich einschlief, sagte ich noch: »Hoffentlich kommt der verdammte Navaho nicht heute nacht zurück und stiehlt uns unsere neuen Pferde!«

Ich brauchte auch einen neuen Sattel für Norman, und über ein Jahr lang hatte ich schon mit einem kleinen geliebäugelt, der in Hubbels Laden hing. Doch der sollte zweiundfünfzig Dollar kosten. Da bekam Claude James eines Tages einen guten Sattel für vierzig Dollar und ließ ihn mir für fünf in bar und eine monatliche Rate von weiteren fünf. Es war ein glücklicher Augenblick für mich, als mein Junge auf seinem neuen Pferd und Sattel zum Hüten ausritt und übers ganze Gesicht strahlte.

Aber als Reiter war Norman nicht gewissenhaft. Er verlieh den Sattel an Fremde und ließ ihn sogar im Wetter draußen liegen oder bei anderen Leuten im Hause. Frühmorgens kümmerte er sich nicht um sein Pferd, ritt die Stute zu scharf auf den Kaninchenjagden und war schuld daran, daß sie sich den Fuß am Stacheldraht verletzte. Einmal, als er ihr den Sattel auflegen wollte, sprang sie zur Seite. Er riß im Zorn an der Leine, verlor sie dann aber aus der Hand. Ich wies ihn darauf hin, daß seine üble Laune die Stute erschreckt hätte, und lockte sie selbst mit freundlichem Zuspruch wieder herbei. »Behandle sie freundlich«, sagte ich, »und sie wird dich liebhaben.«

Eines Abends schlug ich Norman und verlor darüber beinahe das Leben. Am zweiundzwanzigsten Oktober 1939 nach dem Abendessen fragte ich meine Frau, wo Norman seinen Sattel gelassen hätte. Sie meinte, er müßte bei ihrer Schwester Clara sein. Ich machte mich auf, um den Sattel zu holen, entdeckte dann aber, daß bei ihr gar nicht Normans neuer Sattel hing, sondern ein alter, der Lorenza gehörte, meinem Neffen, der in Neu-Oraibi wohnte. Ich war ärgerlich, denn es kam mir so vor, als mache sich Norman nicht viel aus den Sachen, die ich für ihn kaufte. Ich mußte auch befürchten, daß Lorenza den neuen Sattel womöglich draußen ließe, so daß er naß würde oder den Navaho in die Hände fiele. Ich ging weiter zum Hause Cecils, wo ich Norman vermutete, und begegnete ihm in dem Augenblick, als er aus der Türe trat. »Wo hast du deinen neuen Sattel gelassen?« fragte ich barsch. »Im Hause meiner Tante«, erwiderte er.

Ich schalt ihn aus und rief: »Warum läßt du ihn da liegen? Offenbar machst du dir nicht viel aus den Sachen, die ich für dich kaufe! Geh morgen hinunter und hole ihn! Wenn du mir nicht besser gehorchst, werde ich dich verhauen!« Nun wurde Norman böse und warf mir die Worte ins Gesicht: »Schön, dann schlag mich doch gleich tot, dann hast du ja deinen Willen, und ich mache dir keine Scherereien mehr!«

»Was hast du da gesagt?« fragte ich; mit wenigen raschen Schritten holte ich ihn ein und gab ihm rechts und links eins hinter die Ohren. Dann ward ich ebenso jäh anderen Sinnes und sagte: »Söhnchen, du hast kein Recht, mir so etwas zu sagen. Du bist der einzige Sohn in der Familie. Ich habe dir das Leben gerettet, als Vater und Mutter dich vernachlässigten. Nie hätte ich gedacht, daß du einmal so etwas Schlimmes zu mir sagen könntest. Du hattest mich erzürnt, nun aber tötest du mich, denn eine solche Behandlung kann ich nicht ertragen!«

Ich ließ ihn dort stehen und ging nach Hause; aber oh, wie mein Herz weinte und wie ich's fühlte, daß die Todesstunde nahe war. Am ganzen Leibe zitternd und Mund und Glieder wie taub, kam ich zu Hause an; ich legte mich nieder und dachte in meinem Innern: »Was kann ich tun, um mir das Leben zu bewahren?« Ich sah jedoch keine Möglichkeit, mich von den traurigen und bitteren Gedanken zu befreien, die sich meinem Gemüt aufdrängten und in meinem Bauche festsetzten. Mein Magen wurde hart wie Stein. Irene fragte, was es denn Schlimmes gegeben hätte, und als ich ihr davon erzählte, fing sie an mir den Bauch zu reiben. Nun begannen mir auch die Lippen kalt und steif zu werden, die Augen rollten in ihren Höhlen, und der Atem wurde allmählich ganz flach. Ich schaute zur Tür, die nun in der Westecke des Zimmers zu sein schien, und sah, wie sie hin und her schwang. Da erblickte ich meine liebe Mutter, die zwei Jahre früher gestorben war, wie sie unter der Türe stand und mir die Hände entgegenstreckte. Als ich Irene berichtete, was ich sah, weinte sie und sprach: »Es wäre wohl besser, einen Medizinmann zu holen!«

Stockend erwiderte ich: »Ja, wenn du mich behalten willst, dann mußt du das wohl tun!« Sie lief weinend hinaus und machte sich auf die Suche nach Poleyestewa, dem besten Heiler in Oraibi. Während ich allein dalag und wartete, hörte ich, wie meine Mutter mir zurief, ich sollte doch mitkommen. Einen Augenblick wünschte ich wirklich, ihr dorthin zu folgen, wo es weder Siechtum noch Sorge gibt. Meine Gedanken arbeiteten daran, mich zu töten, und der Schmerz in meinem Bauche war so heftig, daß ich glaubte, ich könnte es nicht mehr aushalten. Ich richtete mich daher im Sitzen auf und wandte das Angesicht gen Westen; schon gedachte ich mit meiner Mutter zu gehen, als Irene mit dem Doktor hereinkam. Rasch trat er zu mir ans Lager und fragte: »Was fehlt dir denn, mein Enkelsohn?« Ich versuchte zu sprechen, konnte aber nicht. Sie legten mich wieder zurück auf das Schaffell, der Doktor krempelte sich die Ärmel auf und begann mir den Bauch zu reiben. Als er nochmals danach fragte, was mich bekümmerte, zeigte ich mit der Hand auf den Mund und machte dazu die Gebärde des Reibens. Er begriff, daß ich nicht sprechen konnte, und begann mir den Mund zu massieren. Als meine Lippen wieder geschmeidig waren, beichtete ich ihm alle meine Sorgen und bekannte, daß ich meine liebe Mutter gesehen hätte, wie sie ihre Hände nach mir ausstreckte und mir zurief, ich sollte mitkommen. Ich gestand ihm auch, daß ich wüßte, wie meine schlimmen Gedanken mich töteten. Erst beichtete ich und dann weinte ich, denn unter uns Hopi weint man erst nach der Beichte, um die abträglichen Gedanken aus dem Leibe loszuwerden.

Während ich weinte und der Doktor mir den Leib rieb, fühlte ich den Drang, mich zu erbrechen. Poleyestewa stützte mir die Stirn, und Irene hielt mir eine Waschschüssel vor; zweimal fast füllte ich sie mit einem gelben, bitteren Stoff. Mein Bauch war nun weich, der Atem wurde tiefer, und ich fühlte mich schläfrig. Ich dankte dem Doktor, daß er mir das Leben gerettet hatte, versprach, mir die schlimmen Gedanken aus dem Sinn zu schlagen, nach Osten zu schauen und an meine lebenden Freunde statt an die toten Verwandten zu denken. Der Doktor half Irene noch, mich ins Bett zu legen. Als ich meine Frau fragte, wie spät es wäre, sagte sie: »Halb drei Uhr früh!« In meinem Herzen betete ich zu meinem Schutzgeist, daß er in meinem Schlafe über mir wachen und vertreiben möchte, was etwa noch im Dunkeln an bösen Geistern darauf lauerte, mich anzugreifen. Ich schlief sogleich ein und weiß nicht, wann Poleyestewa das Haus verließ oder meine Frau schlafen ging.

Ich erwachte vor Sonnenaufgang. Und da ich mich ein wenig besser fühlte, beschloß ich, aufzustehen und auf meinem Land zu arbeiten, um den schlimmen Gedanken mein Gemüt zu versperren. Also stand ich auf und ging, um nach meinen Pferden zu sehen. Als ich wieder nach Hause kam, wartete Poleyestewa schon auf mich und fragte, wie ich mich fühle. Ich antwortete, es ginge mir schon viel besser und mein Bauch brauchte keine Massage mehr; überdies wäre die Haut gereizt und ich hätte sie mir schon mit Vaseline einreiben müssen. Er sagte auch, wie sehr es ihn freue, daß es mir besser ginge, und versicherte mir, er würde für meine Gesundheit beten. Dann ermahnte er mich, während der Feldarbeit frohe Gedanken im Sinne zu hegen. Als wir uns zum Frühstück setzten, kam meines Vaters Schwester, Poleyestewas Frau, um sich nach meinem Befinden zu erkundigen. Als ich ihr sagte, daß es mir besser ginge, erwiderte sie: »Ach, wir waren alle gestern abend so in Sorge um dein Leben! Aber nun sind wir froh.« Sie weinte ein wenig, während sie mit mir sprach, und beinahe hätte ich, während wir unser Frühstück aßen, selbst geweint.

Norman war auch zum Essen nicht nach Hause gekommen. Ich nahm daher an, daß er zu seiner Tante nach Neu-Oraibi gegangen sei. Zwar wollte ich gern, daß er zurückkäme, doch war ich fest entschlossen, nicht nach ihm zu schicken. Ich dachte in meinem Inneren: »Nun ist er wie ein verlorener Sohn, der in fernem Lande reist. Wenn er wiederkommt, habe ich das Recht, mit ihm zu reden und ihm eine Lehre zu erteilen. Ich glaube nicht, daß er abermals widersprechen wird. Ermahnen will ich ihn und an die Ohrfeigen nicht mehr denken.«

Mit Irene zusammen machte ich mich im Wagen auf den Weg nach Batowe. In Neu-Oraibi hielt ich an; dort suchte ich Normans leiblichen Vater auf, Arthur Pohoqua, und bat ihn, mit unserem Jungen zu reden. Dann fuhren wir aufs Feld, um unsere Ernte einzubringen. Am zweiten Tage wickelte ich mich in einen schweren Mantel, um meinen Unterleib gegen den Wind zu schützen, und dann fuhren wir mit einer Ladung Mais nach Neu-Oraibi zurück. Dort hielt ich zunächst in der Absicht an, Normans Sattel mitzunehmen, beschloß aber dann doch, ihn bleiben zu lassen, wo er war, um ihn nicht erneut aufzubringen.

Am Spätnachmittag ging ich noch einmal nach Neu-Oraibi, um mein Seil zu holen, das Norman dortgelassen hatte, aber den Sattel rührte ich nicht an. Ich nutzte eine günstige Gelegenheit, um mit Normans Tante Jennie zu reden, und ließ sie wissen, daß ich zwar Norman nicht bitten würde zurückzukommen, aber doch hoffte, ihn bald wieder bei mir zu sehen. Abends ging ich in Cecils Haus und holte Normans Bettzeug, denn ich hatte Cecil in dem Verdacht, daß er Norman zu seiner Widersetzlichkeit angespornt hatte.

Drei Tage später stieg Rudolph, ein Knochenarzt, in meinem Hause ab. Ich erzählte ihm die ganze Geschichte dieses Verdrusses mit Norman und sagte: »Nun, mein Sohn, du bist Normans großer Klanbruder. Ich möchte, daß du ihm gute, starke Vorhaltungen machst und ihn davor warnst, mein Leben jemals wieder durch seine Widersetzlichkeit zu gefährden.« Er antwortete: »Das werde ich tun. Du aber, Vater, wenn du am Leben bleiben willst, setze alle schlimmen Gedanken hinter dich, dann werden auch die bösen Geister aufhören, dich zu behelligen. Du hast nach Westen geschaut, ich aber will dein Angesicht gegen den Aufgang der Sonne kehren, und der Gott wird dich den Pfad des Lebens führen!« Ich dankte ihm und erzählte ihm in aller Ausführlichkeit die Geschichte meines Todes in Sherman und meines Besuches im Hause der Toten. Als ich ausgeredet hatte, sagte er: »So ist es wahrhaft. Schon viele haben uns erzählt, wie sie gestorben sind und wieder ins Leben zurückgekehrt.«

Während der Heiler und ich noch sprachen, kam Norman mit traurigem und verschämtem Gesicht herein. Ich sprach ihn nicht an, doch Rudolph hieß ihn sich niedersetzen. In diesem Augenblick trat auch Irene mit einigen guten Dingen zum Abendessen herein und rief Rudolph zu: »Vater, bist du es? Ich habe noch etwas zu kochen, und dann können wir gleich essen!« Wir sagten zu Norman, er sollte etwas von einer Melone essen, und da ich sah, daß er weinte in seinem Herzen, flüsterte ich Rudolph zu: »Warte für jetzt, rede ihm ein andermal ins Gewissen!«

Nach dem Abendessen wurde der Knochenarzt in ein anderes Haus gerufen. Und als Norman sich anschickte, zu Bett zu gehen, schob ich meinen Sitz an seinen heran und sprach ungefähr eine Stunde lang mit sanfter Stimme auf ihn ein. Er gestand, daß es ihm leid täte, so etwas Rohes gesagt zu haben. Ich belehrte ihn darüber, was er tun und was er nicht tun dürfe und warnte ihn: »Wenn du möchtest, daß dein Vater am Leben bleibt, so halte an dich, denn zuviel Widerspruch würde mich umbringen!« Er versprach, es nie wiederzutun, und legte sich schlafen.

Nach diesem Gespräch war Norman auf lange Zeit ein artiger Junge. Obwohl er selbst die Absicht gehabt hatte, sich den Lakontanz in Shipaulovi anzusehen, übernahm er es doch bereitwillig, für mich zu hüten, damit ich statt seiner hinreiten könnte. Bei meiner nächsten Fahrt nach Winslow kaufte ich ihm einen neuen Overall und ein erstklassiges seidenes Hemd; es war rot und auf der Brust und den Taschen mit Blumen bemalt. Ein paar Wochen später kaufte ich ihm noch ein Hemd, ein Paar Schuhe, ein rotes Seidentuch, einen weißen Sweater, eine schöne Tanzschärpe, ein Paar

Mokassins, fesche Knöchelbänder aus Wildleder und einen schönen Bogenschutz. Ich kaufte ihm ferner einen Siebendollarhut zum halben Preis, eine Büchse und ein Paar langschäftiger Stiefel. Norman lachte übers ganze Gesicht, als er sagte: »Vielen Dank für diese Sachen!« Ich erwiderte: »Ja, solange du mir gehorchst, das Rechte tust und fleißig arbeitest, werde ich noch vielerlei für dich kaufen.« – »Ich will es versuchen«, versprach er. Offenbar wurde meine Liebe zu Norman größer und größer, und mir wurde klar, daß er eher als irgendjemand sonst dahingelangen könnte, mir das Herz zu brechen.

DAS LEBEN STEHT NICHT STILL

Ich war nun beinahe fünfzig Jahre alt und führte trotz Krankheit, Dürrezeiten und schlechter Ernte ein auskömmliches Leben. Regelmäßig gingen die Zahlungen für mein Tagebuch ein – etwa zwanzig Dollar im Monat – und ich fühlte mich als wohlhabender Mann, der in Winslow Handel treiben und Zucker, Mehl und Schmalz zentnerweise einkaufen konnte. Auch wurde ich von den üppigen Speisen dick und weich und davon, daß ich auf einem bequemen Stuhle saß und schrieb, statt bei Wind und Wetter meiner Herde zu folgen. Wenn ich ein Schaf geschlachtet hatte, war ich nicht mehr imstande, es auf dem Nacken nach Hause zu tragen, und das zeigte, daß ich auch alt und schwach wurde.

Aber die Leute beneideten mich. Einige sagten, ich säße wie ein kleiner Gott bei meinen weißen Freunden im Wagen, und andere behaupteten, die Schecks, die ich erhielt, kämen von den Beamten eines Museums als Entgelt für die Leiber toter Hopi, die ich aus den Gräbern raube und ihnen hinschicke. Der Vorsitzende des Hopirates von Neu-Oraibi verbot mir, in Zukunft noch weiße Freunde zu den Katschinatänzen mitzubringen, und ein gewisser Hopi mit guter Schulbildung behauptete, daß mein Bruder in Yale ein deutscher Spion wäre und ich voraussichtlich auch verhaftet würde. Darüber lebte ich in Sorgen. Doch dann trafen Briefe von der Universität ein, die ich als Beweis dafür vorweisen konnte, daß Herr Simmons ein Bürger der Staaten und ein zuverlässiger Mann war.

Auch wurde das Gerücht aufgebracht, ich wäre ein Zwieherzer. Meinem Klanoheim Jasper aus Shongopavi hatte ich die Geschichte meiner Traumfahrt in die Unterweltskiva erzählt, und der hatte sie an andere Leute seines Dorfes weitergegeben. Pat, der dortige Hopiheiler, hörte davon und behauptete, das wäre kein Traum, sondern ich hätte tatsächlich an einer Zusammenkunft des Hexerbundes teilgenommen. Zwei der Lieder, die ich beschrieben hätte, wären richtige Unterweltlieder. Myron bekam Wind von der Sache und hinterbrachte sie mir. Meine Klanschwester Jennie in Neu-Oraibi rief mich eines Tages zu sich ins Haus, riet mir dringend, nicht mehr von diesem Traum zu sprechen, und warnte mich davor, daß jemand ihn gegen mich gebrauchen könnte.

Einige Wochen später bekam ich einen Brief mit einem Scheck und nahm ihn mit ins Haus meines Bruders, wo Laura, Myrons geschiedene Frau, zu Besuch war. Als sie ihn sah, bemerkte sie: »Na, du hast wohl wieder von einem Museum etwas als Entgelt für gelieferte Leichen bekommen!« – »Du sprichst nicht die Wahrheit«, entgegnete ich. »Lies den Brief und sieh selbst zu!« Sie sah sich den Scheck an, kümmerte sich aber nicht um den Brief. Darauf sagte ich: »Dies beweist, daß ich nur ein Herz habe und vor niemandem meine Arbeit verstecke, wie es einige von euch zu tun pflegen. Ich versuche, das Rechte zu tun, aber immer ist irgendjemand gegen mich. Indes, ich habe einen Schild, der mich schützt, und bin demnach sicher. Keine eurer Lügen kann mich verletzen, denn mein künftiges Leben wird beweisen, daß eure Geschichten falsch sind. Hätte ich Leichen geraubt und sie den Weißen verkauft, so würde ich sicherlich mit einer schlimmen Krankheit gestraft werden, die mich umbrächte. Erst das wäre ein Beweis für böse Machenschaften meinerseits. Denk einmal darüber nach und besinne dich!« Darauf steckte ich den Brief in meine Hüfttasche, bestieg mein Pferd und ritt nach Hause.

Was auch immer die Leute sagen, ich habe keine Angst, ein Zwieherzer zu werden, denn ich weiß, mein Schutzgeist wird mich beschirmen bis ich sterbe. Und die Hopigötter sind Zeugen, daß ich niemals geweihtes Gerät verkauft habe, wie es in den Zeremonien gebraucht wird, noch über rituelle Geheimnisse gesprochen, die nicht vorher schon bekannt waren. Mein Lenkergeist würde mich fallen lassen, wenn ich das zu tun versuchte. Ich grollte diesen Neu-Oraibianern, die so versessen darauf sind, es den Weißen gleichzutun, die sich als Christen bekennen und sich so verrückt aufführen wie Hühner, denen der Kopf abgehackt ist. Sie waren neidisch wegen meiner weißen Freunde, und ich war entschlossener als je, meine Arbeit mit ihnen fortzusetzen.

In der ersten Dezemberwoche des Jahres 1939 verheiratete sich Baldwin, der Bruder meiner Frau, und es gab einen Hochzeitsschmaus im Hause seiner Eltern in Loloma Spring. Irene und ich fuhren im Wagen hin – mit zwanzig Wassermelonen, zwei großen Töpfen mit Ragout, einem Sack Mehl und einem Paket Kaffee, denn es lag bei uns, den Verwandten der Braut ein Festessen zu geben. Viele Leute vom Feuer- und vom Papageienklan waren da. Die Braut war sehr nett und freundlich und nur darauf bedacht, jedermann froh zu machen; sie zeigte damit, daß sie eine gute Hausfrau war. Nach dem Abendessen schickten die Frauen, die in einem anderen Zimmer Piki buken, nach mir, damit ich ihnen eine Geschichte erzähle. Zuerst war ich schüchtern, dachte dann jedoch: »Ich bin ein Mann und muß mich zusammennehmen!« Ich wusch mir daher das Gesicht, kämmte mir die Haare, band mir ein seidenes Taschentuch um die Stirn und ging hinein. Sie machten einen weichen Sitz für mich zurecht und baten um eine Geschichte. Baldwins Tante sagte: »Fang an mit deiner Geschichte, oder wir schicken dich an denselben Ort, an den wir morgen des Bräutigams Gesippen schicken – wir werden ein großes Lehmgefecht anstellen und sie alle zu ihren Lieben schicken!« Ich erwiderte im Scherz: »Nun, dann werde ich ja bei meinen Lieben weilen, wo es weder Sorge noch Siechtum gibt, keinen Streit und keine Mühsal!« Eine der Frauen fragte: »Ist es wirklich wahr, daß die Toten glücklich sind?« – »Ja, ich bin dagewesen und weiß es!« entgegnete ich. Und dann begann ich zu erzählen, was ich auf meiner Todesfahrt gesehen hatte, besonders auch von den Zwieherzern, und ich beobachtete dabei die Gesichter zweier Frauen, die bekümmert schienen. Womöglich waren dies die Frauen, die sich in Eulen verwandelt, von meinem Hüttendach gerufen und mir die Giftpfeile unten ins Rückgrat geschossen hatten. Ich dachte in meinem Innern: »Eines Tages habe ich vielleicht einen Traum und finde es heraus!«

In den letzten zwei oder drei Jahren war ich kein großer Frauenheld mehr gewesen, denn ich hatte eingesehen, daß das Geld, das ich für Frauen ausgegeben hatte, so gut wie weggeworfen war. Das Essen machte offenbar Irene wie auch mir mehr Vergnügen. Ich hatte tatsächlich eine Zeitlang schon keine andere Frau mehr umarmt als meine eigene, und auch sie nur kurz alle zwei Wochen. Aber ich machte noch immer gern über diesen Gegenstand meine Scherze. Als zum Beispiel unsere Nachbarn sich Linoleum für ihren Fußboden zugelegt hatten, bestellte ich auch für Irene welches. Als die Sendung eintraf, beendeten wir in aller Eile unser Abendbrot und legten es in Gegenwart von Irenes Schwester Clara auf den Lehmfußboden. Irene machte ein sehr vergnügtes Gesicht, und ich sagte im Scherz: »Von nun an wirst du mich besser behandeln, oder ich mache die Tür von draußen zu und suche mir eine andere Squaw!« Sie lachte und sagte: »Du denkst, du hättest nun alles abbezahlt, aber heute habe ich mir im Laden einen neuen spanischen Schal gekauft. Der Händler hat gesagt, du könntest jetzt zehn Dollar zahlen und acht Dollar im nächsten Herbst.« Da kam ich mir denn doch etwas komisch vor, aber ich wollte nichts sagen, solange Clara dabei war. Irene hatte mich noch niemals in solche Schulden gestürzt, und ich fragte mich, ob sie nicht etwas zu putzsüchtig und anspruchsvoll würde. Aber es war ein schöner Schal. Als das Linoleum ausgelegt war, fragte Clara nach dem Preis und sagte, sie hoffe auch eines Tages welches zu bekommen. Ich erwiderte: »Na, wenn du in der Nacht tüchtig mit deinem Mann zusammenarbeitest wie Irene mit mir, wird er vielleicht auch welches anschaffen. Irene sprengt ganz tüchtig im Galopp dahin.« Sie lachten beide und sagten: »Nimm das aber nicht mit in das Tagebuch für deinen Bruder auf!« – »Er schilt mich deswegen nicht!« erwiderte ich. Wir machten natürlich nur Scherz, aber auch im Scherze liegt Wahrheit.

Eines Tages stellte sich Neschelles mit seiner Familie ein und aß bei uns. Während der Mahlzeit fragte seine Frau: »Warum habt ihr eigentlich nicht zwei Frauen wie unsere Männer?« – »Mir wäre das schon angenehm«, erwiderte ich, »aber wo soll ich noch eine herkriegen?« Sie lächelte und sagte: »Na, jede gutaussehende, arbeitsame Frau käme doch in Frage.« – »Hier im Dorf«, antwortete ich, »sind alle Frauen faul. Aber eine Navaho-Squaw würde mir wohl gefallen, und für deine Schwester habe ich sowieso eine gewisse Vorliebe.« Hier kam uns Irene auf die Spur – obwohl wir uns auf navaho unterhielten – und sagte: »Wenn mein Mann sich die Navahofrau holt, dann werde ich ihr mit dem Knüppel kommen!« Wir lachten, und Neschelles bemerkte: »Niemand will die Schwester meiner Frau heiraten, weil sie Witwe ist.« Seine Frau fuhr fort: »Mein Mann hat eine Buhle bei der Quelle. Erst war mir der Gedanke unerträglich, nachher fand ich, sie könnte mir ganz gut bei der Arbeit helfen.« – «Ich habe auch eine Buhle nötig«, sagte ich, »denn meine Squaw taugt nicht mehr viel. Sie hält in ihren Bewegungen nicht mehr Schritt mit mir, und manchmal liegt sie so still und unbewegt da, daß ich mich schon frage, ob sie tot ist. Dann sehe ich ihr genau ins Gesicht, und da zwinkert sie mit den Augen!« Wir lachten, aber als ich Irene ansah, merkte ich, daß unsere Scherze ihr zu scharf waren; ich sagte daher: »Sprechen wir von etwas anderem! Meine Frau ist jähzornig. Sollte sie mich einmal durchhauen, dann komme ich zu euch!«

Obwohl ich nicht mehr der Mann war, der ich gewesen war, machte mir das Drum und Dran der Liebe doch noch immer Vergnügen. Einmal hatte ich Gelegenheit, eine junge Navahofrau an mich zu drücken, und tat es mit Freude. Als ich eines Tages von meinem Feld bei Batowe zurückkam, tränkte eine gutaussehende Frau ihre Pferde bei der Windmühle. Ich sprang vom Wagen, schüttelte ihr die Hand und fragte, wo sie wohne. Sie war aus Piñon, das ungefähr fünfundvierzig Kilometer entfernt liegt. Als sie erfuhr, daß ich aus Oraibi wäre, sagte sie: »Ich kenne dich zwar nicht, aber würdest du, wenn ich einmal dahin käme, dich ein bißchen um mich kümmern?« – »Gewiß«, antwortete ich, »besonders, wenn du mit ein bissel Liebe einverstanden wärest, denn ich brauche grade eine nette Squaw!« Damit schloß ich sie in meine Arme und zog sie an mich. Sie sagte zunächst gar nichts, zitterte nur ein wenig. In dem Augenblick hoben zwei kleine Kinder den Kopf aus dem Wagen, sie starrten uns an, weinten jedoch nicht. Meine Freundin befreite sich sanft und sagte: »Vielleicht begegnen wir uns nächste Woche wieder.« Dann lächelten wir einander an, und ich kletterte auf meinen Wagen. Als ich an fünfzig Meter weiter war, sah ich mich um und stellte fest, daß sie mir nachsah. Ich winkte ihr also zu, und sie gab bereitwillig den Gruß zurück. Da wirbelte ich frohen Herzens die Peitsche über dem Kopf und trieb mein Gespann zu raschem Trabe an.

Einmal hatte ich einen Traum, der mich an meinen ersten Schultag erinnerte. Ich spannte meine Pferde vor den Wagen, als zwei Reiter in Uniform kamen, mir Handschellen anlegten und mich in einem großen weißen Hause gefangen setzten. Ich wurde beschuldigt, falsche Meldungen nach Washington zu schreiben. Ich erklärte meine Unschuld und verteidigte mich vor dem Oberaufseher so gut, daß er mich fragte, ob ich wohl wieder zur Schule gehen und Rechtsanwalt werden möchte. Als ich ihm sagte, wie alt ich sei, meinte er: »Fünfzig ist ja noch nicht alt. Vielleicht wirst du sogar Richter.« Dann führte er mich in den nach hinten gelegenen Raum einer Schule, wo ich ein Bad nehmen sollte. Eine weiße Frau aber, die gekommen war, um mir zu helfen, legte mir die Arme um den Hals und küßte mich. Ich drückte ihr meine rechte Hand auf die Brust und erwiderte ihre Küsse, während ich die Finger der Linken sich ihren Weg suchen ließ. Viel zu früh wachte ich auf und ohne daß mir Glocken in den Ohren klangen, denn diesmal hatte ich nichts zu fürchten.

Eine kleine Erregung hatte ich auch durch eine weiße Frau beim Schlangentanz in Walpi. Auf der Plaza war ein derartiges Gedränge, daß Hunderte von Leuten auf die Dächer stiegen. Ich stand gegen eine Mauer gedrängt, und genau über mir saß eine Weiße, deren Beine neben meiner Schulter baumelten: sooft ich aufsah, mußte ich sie bemerken. Als die Vorstellung begann und die Leute sich enger zusammendrängten, wurde ich zwischen die Knie der Frau eingekeilt. Die Antilopentänzer waren auf den Dorfplatz marschiert und umkreisten gerade das Schlangenhaus, da legte ich der Dame die Hand aufs Knie und sagte: »Schwester, nimmst du's auch nicht übel, daß ich dich hier so mit meiner Schulter bedränge?« – »Nein, es ist schon recht«, erwiderte sie, »es ist ja so ein Gedränge.« Aber ich bemerkte wohl, daß ihre Begleiter lächelten. Auf dem Höhepunkt des Tanzes sagte sie: »Mein Freund, ich habe einen Krampf im linken Bein, wie kann ich den loswerden?« – »Wenn es dir nichts ausmacht, kann ich schon helfen«, sagte ich. »Nur zu!« nickte sie. Ich nahm ihre Zehen in die rechte Hand, legte die linke hinter das Bein und drückte sehr stark nach oben. Dann rieb ich ihr die Wade bis zum Knie hinauf und etwas weiter und war gerade damit fertig, als der Tanz endete. Sie schien meine Behandlung zu würdigen und dankte mir. Und als die Menge sich zerstreute, schüttelten sie und ihre Freunde mir die Hand, und wir lachten alle zusammen.

In meinem fünfzigsten Jahre hatte ich mit Molly Juan aus Hotavila eine lange Liebelei, die jedoch auf eine Enttäuschung hinauslief. Latimer, Mollys Mann,[1] ein Klanbruder meiner Frau, war krank, und ich besuchte ihn oft, um ihn zu ermahnen und aufzuheitern und nebenher der jungen Molly ein oder zwei Dollar zuzustecken, ihr die Hand zu drücken und verständnisvolle Blicke mit ihr zu tauschen – was sich alles ganz von ungefähr ergeben hatte. Aber ihre Augen sagten von Mal zu Mal mehr, und ich begann sie zu hegen wie eine zarte Pflanze, bis sie schließlich jedesmal, wenn ich vorüberfuhr, mir zuwinkte, daß ich halten möchte.

Eines Tages kam Molly nach Oraibi, um bei einem Katschinatanze zuzusehen, und wurde von meiner Frau sehr kühl aufgenommen. Bald darauf ließ ich es mir angelegen sein, nach Hotavila zu fahren, aber als ich am Hause meiner Freundin vorüberkam, schien es leer zu sein. Ich ging näher heran, lugte hinein und hörte ein plätscherndes Geräusch, als ob jemand ein Bad nähme. Geschwind trat ich ein, und siehe da! Molly war allein, hatte die Hände voll Ton und war beim Verputzen. Ich grüßte sie herzlich und sagte: »Es tut mir leid, daß meine Frau dich so schäbig behandelt hat!« Dann nahm ich ihre beschmutzten Hände in meine, zog die junge Frau an mich und hielt sie fest umschlungen. Sie schien so glücklich zu sein, daß ich schon glaubte, mein Lohn würde mir sogleich zuteil. Aber im nächsten Augenblick ließ sich das Patschen kleiner Füße hören, ich küßte sie eilig, setzte mich auf eine Kiste und sprach von etwas Gleichgültigem. Ihre Kinder kamen hereingestürmt, um Bescheid zu sagen, daß das Mittagessen im Klanhause fertig sei. Ich zweifelte nicht daran, daß ich sie nur hätte zu nehmen brauchen,

[1] Beide Namen sind fingiert, der der Frau ist Dons eigene Wahl.

um sie zu besitzen; aber ich hatte allmählich auch eingesehen, wie vorsichtig ich sein mußte, damit Latimer nicht bemerkte, welche Anziehungskraft seine Frau für mich hatte. Seine Krankheit wäre womöglich schlimmer geworden und ich dadurch in Verruf gekommen. Auf der Heimfahrt war ich voller Enttäuschung und Ungeduld; denn ich rechnete mir vor, daß ich Molly nun schon über ein Jahr gehegt und mehr als zehn Dollar draufgezahlt hatte. Ich schmiedete daher einen Plan, wie ich sie während einer Zeremonie besuchen wollte, wenn ihr Mann die Nacht in der Kiva verbringen würde. Aber als die Nacht kam und ich mich nach Hotavila aufmachte, brach ein schlimmer Sturm los und trieb mich zurück.

Einen Monat später, am ersten Januar 1940, stand ich nachmittags nach einem Schläfchen auf und war im Begriff, auf meine Pferdekoppel zu gehen, als Walter aus Bakabi vorüberkam. Ich pfiff und rief ihm zu: »Fröhliche Weihnachten und ein glückliches neues Jahr!« Dann bat ich ihn, eine Nachricht für meine Freundin mitzunehmen. Er erwiderte unter Lachen: »Ich weiß Bescheid über dich und diese Frau! Du scharwenzelst nun schon länger als ein Jahr um sie herum.« – »Das ist wahr«, gab ich zu, »aber glaube mir, mein Freund, ich habe immer vor dem Letzten haltgemacht. Darum brauche ich mich auch vor keiner Nachricht von dort zu fürchten.« Dann fiel mir ein, daß ich ihn auch hänseln konnte. »Sag mal«, fing ich an, »wie kommst du denn mit meiner Nichte R. zurecht?« Ich beobachtete ihn genau, und als er rot wurde, neckte ich ihn: »Oha, Walter, du bist doch ein Mann, da brauchst du doch nicht rot zu werden! Aber nun weiß ich's gewiß!« – »Ja, es ist wahr«, antwortete er, »aber ich habe niemand etwas davon gesagt. Wenn ein Tanz stattfindet in Oraibi, lade mich dann doch bitte in ihr Haus ein!« Ich versprach, mein bestes zu tun, und als er schon weitergehen wollte, sagte ich noch einmal: »Vergiß meine Nachricht für Molly nicht!« Er gab mir einen Klaps auf den Rücken, und wir lachten beide. Obwohl ich den Abend vorher bei meiner Frau geschlafen hatte, verließen mich doch die Gedanken an Molly nicht, und ich war stolz auf dies alte Gefühl meines Mannestums.

Ein paar Wochen später beschloß ich, zu einem Katschinatanz nach Bakabi zu gehen, und bat Irene, mir die Haare in Yuccalauge zu waschen. Dann nahm ich eine Schere und ging auf Nachbarschaft, um mir einen Haarschneider zu suchen. Zu einem alten Ehepaar sagte ich: »Es wird Zeit, daß mir das Haar geschnitten wird, denn es hängt schon bis auf die Schultern herab, und ich finde, daß meine Buhlen mich mißachten.« Wir lachten, und dann sagte Tom Jenkins: »Du bist ohnedem nicht mehr schön genug für die Damen, darum kannst du ebensogut mit langen Haaren laufen!« Ich hielt ihm entgegen, daß sein Fall noch hoffnungsloser wäre als der meine, denn er sähe noch schlechter aus und wäre auch älter. Doch mußte ich mich schließlich mit ungeschnittenem Haar nach Bakabi aufmachen. Als ich am Büffelheiligtum vorüberkam, überholte mich ein Kraftwagen und hielt ungefähr zehn Schritte vor mir auf einen Augenblick an. Als ich hinter ihm herlief, fuhr er wieder an und blieb bei jedem neuen Versuch immer gerade außer Reichweite. Fünf Personen saßen in dem Wagen, schauten mir zu und lachten mich aus. Schließlich erwischte ich ihn doch und kletterte hinein. Der Fahrer war Perry, Sohn eines Onkels von Irene, den ich schon seit Jahren gehänselt hatte. Als ich in Bakabi ausstieg, sah er sich nach allen Seiten um und lachte, als ob er sagen wollte: »Na, nun sind wir wohl quitt miteinander wegen all dem, was du mir angetan hast!« Ich ging um den Wagen herum zum Sitz des Fahrers, packte ihn und fragte: »Was soll das heißen, du Teufel, wolltest du mir dumm kommen?« Er lachte und sagte: »Ich dir dumm kommen? Im Gegenteil, ich wollte dich etwas lehren – laufen!« Und er legte mir seinen Mund ans Ohr und flüsterte: »Wenn du eines Nachts mit Molly erwischt wirst, lohnt es sich, laufen zu können!« Er klatschte mir auf den Rücken, und wir lachten beide. Aber ich wollte nicht, daß die Sache vor Zeugen erörtert würde, und mußte ihm daher bei dieser Frotzelei das letzte Wort lassen. Ich stieg in die Kiva hinab, nahm ein Stück Bergtabak, rauchte und betete mit den Amtsträgern. Dann aß ich bei meinem Klanvater Kewanimptewa, dem Statthalter von Bakabi, zu Abend. Nachher ging ich wieder in die Kiva, blieb bei allen Tänzen dort und kam nach Hause zurück, ohne Molly auch nur gesehen zu haben.

Einige Monate später ging ich wieder nach Hotavila, diesmal mit einem Weißen, der Andenken kaufen wollte, und wir stiegen bei Latimer ab. Da erfuhr ich zu meiner Überraschung, daß Molly eine Frühgeburt gehabt hatte und das Kind vor zwei Wochen gestorben war. Während sie uns mit Piki bewirtete und mit Hopitee aus wilden Wurzeln, sann ich darüber nach, wie sie wohl das Kind empfangen hätte, denn ich glaubte dessen gewiß zu sein, daß ihr Mann zu schwach dazu war. Für diesmal war ich froh, daß ich unschuldig war, und ich fragte mich, wer sich wohl in diese Familie eingedrängt hätte.

Einen schlimmen Traum hatte ich, der Irene betraf. Es war so, daß ich ungefähr vier Meilen von Oraibi wohnte und daß im alten Dorf ein Tanz stattfinden sollte. Irene war mit ihrem Bruder Baldwin vorausgegangen, um Speisen zu bereiten, damit die Leute zu essen hätten und froh wären. Als der Abend kam, machte ich mir mein Essen selbst und aß allein, nur Solemana, meine alte Gevatterin,

kam herein, um das Geschirr zu spülen. Dann machte ich mich nach Oraibi auf, kam nach Einbruch der Dunkelheit in meinem alten Hause an und fand niemand dort. Als ich ein Streichholz anzündete, entdeckte ich, daß Irene unser Lager zurechtgemacht hatte, dann aber offenbar ausgegangen war. Mehr als fünfzehn Häuser suchte ich auf und fragte nach meiner Frau, aber meine Freunde schüttelten alle den Kopf. In einem Hause, in dem Irenes Schwester und ihre nächsten Verwandten wohnten, fand ich eine Schar Frauen, die mir zu essen anboten, aber als ich nach meiner Frau fragte, sahen sie einander an, erröteten und sagten nichts. Da wußte ich, daß Irene sich mit einem Buhlen vor mir versteckte und daß ihre Schwestern mit ihr zusammenhielten. Ich sprang von meinem Sitze auf und stürzte hinaus – in heißem Zorn und naß von Schweiß.
Da sah ich endlich ein trübes Licht in unserem Hause, ich stürmte hinein, fand Irene beim Piki-Backen und fragte: »Wo bist du gewesen?« Als sie behauptete, sie wäre die ganze Zeit über dagewesen, lag die Lüge für mich auf der Hand; ich gab ihr eine Ohrfeige auf die rechte Wange und schrie sie an: »Du verrücktes Weib, nun kenne ich dich und alle die schmutzigen Streiche, die du mir spielst!« Irene begann zu weinen, und da kam Barbara, Normans Mutter, herein und rief: »Bring sie nur nicht um, sie hat schon genug bei dir gelitten! Ich hasse dich wegen der Art, wie du mit ihr umgehst!« Irene setzte hinzu, sie hasse mich auch. Darauf sagte Barbara: »Irene hat mir auch erzählt, daß du zur Umarmung zu alt wirst und nicht einmal mehr Erektionen hast!« Schmerzlich bekümmert erwiderte ich: »Schön, Barbara, dann kannst du ja Irene ernähren. Dies törichte Geschwätz kann ich nicht ertragen. Ich kenne deinen liederlichen Lebenswandel zur Genüge, du solltest dich schämen! Was für ein törichtes Weib du doch bist! Niemals nimmst du Rat an, von wem es auch sei. Ich bin anständig gewesen gegen Irene und dich. Nun bin ich mit euch beiden fertig. Wenn ich Irene nicht befriedigen kann, will ich sie einem Jüngeren überlassen.« In diesem Augenblick kam Irenes Schwester Edna herein, schalt Barbara, nahm für mich Partei und zollte mir hohes Lob als einem guten Ernährer. Sie schloß, indem sie sagte: »Mein Schwager, bleib doch bitte bei deiner Frau!« Mein Herz weinte, und ich hatte vor, alle meine Sachen in mein Sonnenklanhaus hinüberzuschaffen... Da wachte ich auf – schweren Herzens – blieb noch auf meinem Lager und überdachte meinen Traum genau, voller Fragens, was er bedeuten möchte. Irene war schon aufgestanden, um das Feuer anzuzünden; sie bemerkte mein bekümmertes Gesicht und fragte, was los sei. Als ich ihr Bericht erstattete, nahm sie die Sache zu-

nächst kaum wichtig; erst als sie merkte, daß ich trauriger und trauriger wurde, redete sie mir freundlich zu; unter anderem sprach sie die Hoffnung aus, daß sich der unglückliche Traum niemals bewahrheiten würde.

Immer wieder traf ich von Zeit zu Zeit mit Weißen zusammen. Ein Fremder war nach Oraibi gekommen, und Betty, meine Ritualtochter, kam gelaufen, mir zu sagen, daß der Dorfvogt mich zu sehen wünsche. Ich fand einen alten Maler bei ihm; er sagte, der Vogt wäre einverstanden, ihm für drei Dollar zu einem Porträt zu sitzen, und er möchte, daß ich ihm für zwei Dollar säße. »Warum nicht auch für drei?« fragte ich. »Du bist nicht der Dorfvogt«, wendete er ein. »Ich bin als Amtsträger und Oberster des Sonnenklans von gleichem Rang wie die Vögte«, antwortete ich. Da wandte der Weiße sich an unseren Dorfvogt und fragte: »Ist er auch ein Vogt wie du?« – »Was? Ja, ja, er ist auch ein Vogt«, war die Antwort. Der Künstler faßte mich genau ins Auge und sagte: »Schön, binde dir eine Adlerfeder ins Haar und laß das Stirnband weg!« Zwei Tage später legte ich meine Türkisohrringe an, Korallen- und Wampumperlen und eine weiche Adlerfeder und ging hinunter in die Schule, um ihm zu sitzen. Ich wollte, daß sich der Maler reichlich Zeit nähme und das Bild mir genau ähnlich sähe. Wenige Tage später nahm mich dieser alte Mann mit zur Ersten Mesa, wo wir bei einem Tanze zusehen wollten. Er wurde sehr ungeduldig, weil ich noch bei Freunden einen Happen aß und mich ein wenig später als verabredet bei seinem Wagen einstellte. Er fuhr daraufhin mit hoher Geschwindigkeit – wie ein toller Hund – und erst nach einiger Zeit verlangsamte er das Tempo. Als ich sah, daß er abgekühlt war, teilte ich ihm mit, warum ich zu spät gekommen war. Er lächelte und sagte: »Schon gut.« Wir erreichten vor allen andern das Lehrerclubhaus in Neu-Oraibi, und als ich aus dem Wagen stieg, bemerkte ich: »Die Mesa hinauf gehe ich zu Fuß. Du bist ja vor allen anderen hier, da wirst du ihnen wohl das Abendessen kochen wollen.« Damit wollte ich ihm seine Ungeduld unter die Nase reiben, denn diese ewig überhasteten Leute waren mir schon immer zuwider.

»Ohnehemd« kam auch wieder, doch trug er nun einen neuen Namen. Er hatte nämlich versäumt, mir die Arbeit an einer Maisgeschichte der Hopi zu bezahlen, und hatte viele Briefe geschrieben, in denen er mir Geduld empfahl. Daraufhin hatte ich ihn »Mann der Geduld« genannt und mir vorgenommen, ihn einsperren zu lassen, wenn er jemals wieder ins Hopiland käme. Er war näher daran, mich zu betrügen, als irgendein weißer Bekannter sonst, aber ich bekam schließlich doch mein Geld. Eines Abends, als ich von der

Arbeit kam, sagte meine Frau: »Heute war der ›Mann der Geduld‹ mit einer Anzahl weißer Frauen hier, er hat mich mit Frau Talayesva angeredet und mir einen kleinen Topf geschenkt.« Als ich fragte, ob er auch ein Hemd angehabt hätte, sagte sie: »Ja, er war wie ein feiner Mann gekleidet.« »Na, ich hoffe, er wird auch als solcher handeln!« bemerkte ich. Am nächsten Tage traf ich ihn, und er schenkte mir einige weiße Muscheln und Glasperlen. Er behauptete, die Perlen wie die Muscheln kämen aus dem Weltmeer, aber das glaubte ich ihm nicht. Später kam er wieder, schlief die Nacht über bei uns und meinte, ein paar alte Kleider reichten wohl als Bezahlung für Kost und Logis. Aber als der Dorfvogt einen Dollar für jede Aufnahme verlangte, die er im Dorf machen würde, war er ganz entrüstet und erklärte, er schicke keine Kleider mehr. Mich wollte er auch aufnehmen, und zwar unbedingt mit einem Lächeln; aber da ich wohl merkte, daß ich nur meine Zeit dabei verschwenden würde, empfahl ich ihm, es sich im Dorfe behaglich zu machen, und begab mich an mein Tagebuch. Einige Tage später fragte mich ein Freund, wie mir dieser Mann gefiele. »Nicht so sehr«, erwiderte ich, »gewiß nicht von Herzen. Er hat kein gutes Gemüt und gehört nicht zu meinen besonderen Freunden.« Ich machte auch keine Pahos zur Soyalfeier für ihn.

Der Oberschulvorsteher, der mir die kleine Schildkröte geschickt hatte, kam wieder und nahm eine Mahlzeit bei uns ein. Er hätte ebenfalls im Dorf gern einige Aufnahmen gemacht; aber unser Dorfvogt bestand auf dem gewöhnlichen Preis von einem Dollar je Stück und wollte davon nicht abgehen. Am nächsten Tage nahm ich ihn zu einem Besuch bei einer hochgebildeten Hopi-Dame mit, die in Neu-Oraibi Lehrerin war und zugleich ein kleines Hotel betrieb. Sie erzählte ihm, daß sie die einzige Hopilehrkraft auf der Reservation wäre; und als sie dann weiter zusammen sprachen, gebrauchten sie solche geschwollenen Wörter, daß ich mir ganz überflüssig, ja wie taub vorkam, denn ich konnte nicht mehr tun, als mich wie ein stummes Tier im Zimmer umzuschauen. Schließlich ging ich mit meinem Freund ins Schulgebäude; dort zog er ein Blatt Papier hervor und stellte mir viele Fragen, von denen ich einige, weil sie rituelle Geheimnisse betrafen, nicht beantworten konnte. Dieser Mann malte ein Bild von unserem Hause und überraschte mich mit einem besonderen Geschenk: für mich allein bestimmtes Briefpapier, auf das mein Bild, mein voller Name samt Anschrift und einige Wolkenzeichen gedruckt waren.

Eines Tages kam eine Weiße zu uns und sagte, sie wäre aus Ann Arbor in Michigan. Ich fragte sie daraufhin: »Kennen Sie dann vielleicht meine Freunde dort, die Professoren Mischa Titiev und Volney Jones?« Sie kannte sie gut, und ich erklärte ihr, wie ich Volney geholfen hätte, sein Examen in Botanik, und Mischa, seins in Anthropologie zu machen. »Eine ganze Anzahl Studenten«, sagte ich, »sind von den Universitäten ausgesucht und hierhergeschickt worden, und ich bin stolz darauf, sagen zu können, daß einige von ihnen mich ihren Lehrer nennen.« Als sie mich bat, sie durch das Dorf zu führen, zog ich mir geschwind die Schuhe an und zeigte ihr zuerst das Zimmer, in dem Dr. Mischa Titiev gewohnt hatte und wo später auch mein weißer Bruder von Yale gewohnt und mit mir an dem vollständigen Bericht über mein Leben gearbeitet hatte.

Ich war stolz auf meine weißen Freunde und schrieb ihnen regelmäßig, um sie aufzuheitern, und jedes Jahr nach dem Soyal sandte ich ihnen geweihten Maisschrot und Gebetsfedern, die ihr Leben beschirmen sollten. Wenn ich Briefe von ihnen bekomme, fühle ich mich beglückt und sage manchmal: »Nun scheinen die Sterne heller!« Als der neue Posthalter mir einmal fünf Briefe zugleich aushändigte, sagte er überrascht: »Du mußt ja viele weiße Freunde überall in den Vereinigten Staaten haben.« – »Ja«, antwortete ich, »ich habe viele Freunde an den verschiedenen Universitäten, und ich bin stolz auf sie.« Er stand und starrte mich eine Zeitlang an und hielt mich wahrscheinlich für einen großen Mann.

Am ersten Januar des Jahres 1940 kam mein weißer Bruder aus dem Osten wieder, um meine Lebensbeschreibung noch einmal durchzugehen. Fast drei Dutzend Bleistifte hatte ich bei meinem Tagebuch schon verbraucht, und doch wollte er noch mehr wissen. Ich nahm daher einen Mann an, der meine Schafe hüten mußte, und tat fünfzehn Tage lang nichts anderes als Essen, Schlafen und Reden. Als er mich am sechzehnten nach Einzelheiten über die Zeremonien fragte, mußte ich sagen: »Was ich im Soyal tue, ist geheim. Wenn du mich danach fragst, bringst du die Leute gegen mich auf!« Er zeigte sich sehr enttäuscht, rechnete mit mir ab, schüttelte mir die Hand und sagte, er müßte Oraibi drei Tage früher als geplant verlassen und sich über die Zeremonien in Voths Buch unterrichten. Als er Abschied nahm, war ich sehr traurig und er, glaube ich, war es auch.

Um sechs Uhr ging ich zum Postamt, um meine Briefe zu holen und in der Hoffnung, Herrn Simmons dort zu treffen. Er trat auf mich zu und bot mir an, mich nach Hause zu fahren. Auf dem Wege sagte ich ihm, wie leid es mir täte, ihn zu enttäuschen, und bot ihm an, das Voth-Buch mit ihm zusammen durchzulesen, die Irrtümer anzugeben und im übrigen nur von mir selbst zu sprechen. Er kehrte zurück, und wir beschäftigten uns zwei Tage lang mit dem Bericht, aber wir mußten scharf aufpassen und ihn verstecken, sobald jemand hereinkam. Ich teilte ihm keine Geheimnisse mit, die Voth nicht schon veröffentlicht hatte – aber dieser verdammte Missionar war ein gerissener Kerl. Als mein Bruder nach Hause gefahren war, schrieb ich ihm in einem langen Brief, was ich von Voth denke.

Jauneta, die Frau Cecils, hatte Tuberkulose, und Cecil vernachlässigte sie so sehr, daß der Hopirat von Neu-Oraibi einen Beauftragten schickte, der mit ihm reden sollte. Sie hatte Cecil geheiratet, als sie noch ganz jung war, und die Kinder waren zu schnell gekommen. Als im Sommer 1938 ihr letztes Kind geboren worden war, hatten die Beckenknochen nicht wieder die richtige Stellung eingenommen. Außerdem war sie in Sorge, weil Cecil das Kind nicht als seines anerkannte und anderen Frauen nachlief. Sie hatten viele Zwistigkeiten und mehrfach verprügelte Cecil seine Frau. Schließlich fing auch sie an, ihre Kinder zu vernachlässigen und begann eine Liebelei mit einem anderen. Als der kleine Junge elf Monate alt war, brachte ihn Jaunetas Mutter zweimal zu mir, damit ich ihn mit meiner Antilopenkraft behandele. Damals hatte ich gesagt: »Dieser Säugling hat es herausbekommen, daß seine Mutter ihn nicht liebhat und daß sie außer dem Ehebett schläft.« Das Kind starb sechs Monate später.

Ich ermahnte Jauneta viele Male, sie wurde jedoch von Tag zu Tag schwächer, und bald war sie nicht mehr imstande zu gehen. Der Hopiheiler, der meine Nichte Delia behandelt hatte, sagte, sie wäre schon zu hinfällig, als daß sie einer retten könnte. Falsch war es, dies den Verwandten zu sagen und sie damit zu bekümmern. Genossen des Ahlbundes brachten Jauneta nach Hotavila und behandelten sie auf Darmverschlingung, holten sie im März jedoch ungebessert wieder nach Hause. Ich beschloß, sie noch einmal zu ermahnen. Als ich eintrat, lagen zwei weiße Missionare auf den Knieen da und baten Jesus, etwas dabei zu tun; die alte Buhumana saß auf dem Boden und hielt ihre Tochter. Die Kraft des armen Mädchens war offenbar erschöpft, denn ihr Kopf hing herab, und ihre Augen waren halb geschlossen. Nach meiner Meinung waren die Missionare zu weit gegangen, und als sie fort waren, ermahnte ich Jauneta. Aber ich sah wohl, daß meine Worte ihr Herz nicht berührten.

Zwei oder drei Wochen später kamen ein Hopimissionar und seine Frau zu uns ins Haus und baten Irene, sich dem Nähkränzchen in der alten Steinkirche anzuschließen und etwas christliche Aufmunterung anzunehmen. Als Irene sie fragte, ob sie imstande gewesen wären, Jauneta aufzumuntern, gaben sie zu, daß es ihr schlechter ginge. Ich erzählte den Missionaren, daß wir Jauneta oft ermahnt und zu unseren Hopigöttern um ihre Gesundheit gebetet hätten. Sie entgegneten: »Wenn sie auf die Straße des Christentums gelangt und ihr Herz Jesu Christo schenkt, dann wird ihr Name in das Buch des Lebens unseres Herrn eingeschrieben sein. Hast du niemals die Geschichte von Nikodemus gehört, einem Herrscher unter den Juden, der in der Nacht zu Jesus kam und erfuhr, daß er, um gerettet zu werden, wiedergeboren werden müßte?« – »Ach ja«, erwiderte ich, »das hat man mir im CVJM beigebracht, bevor ihr geboren wart.« Da fragte mich die Frau, ob mein Name im Buche des Herrn stände. »Ich glaube nicht«, antwortete ich. »Als ich aus Sherman zurückkam, prüfte ich unsere eigene Religion und fand sie gut genug. Nun bin ich fünfzig und werde nie das Christentum annehmen.« Die Missionare predigten mir eine Menge Bibelkram vor, aber ich erwiderte nur immer: »Das habe ich schon gewußt, als ihr noch gar nicht geboren wart!« Als sie fortgingen, lachte ich und meinte, ich würde sie wohl ein wenig besser behandelt haben, wenn sie mir nicht mit ihrer Predigt so von oben herab gekommen wären.

Ungefähr einen Monat später berichtete Buhumana mir, daß es ihrer Tochter sehr viel schlechter ginge und daß ihre Lippen zum Sprechen schon zu unempfindlich wären. Ich sagte: »Also täte ich gut daran, sie noch einmal zu ermahnen.« – »Du kannst mit ihr machen, was du willst«, entgegnete die alte Frau bitter. Ich fand das kranke Mädchen auf einer Decke liegen, halb zugedeckt und mit entblößter Scham. »Jauneta«, sagte ich, »dein Leib hat mehr Wert für dich als irgendetwas anderes. Deck ihn bitte zu!« – »Ich kann nicht«, erwiderte sie, »meine Arme und Hände sind taub.« Ich zog ihr eine Decke über den Leib und setzte mich zu ihr. »Es geht mir nicht besonders«, klagte sie. »Statt besser, werde ich nur schwächer. Auch schilt mich meine Mutter oft. Wohl höre ich viele gute Mahnungen, aber ich denke doch immer ans Sterben. Es läge bei mir, gesund zu werden. Wenn ich mir aber nicht stark zu leben wünschen kann, muß ich wohl sterben, meine ich.« Das machte mich unfroh, und ich fragte: »Und wie steht es mit deinem Mann, hilft er dir?« – »Nicht viel«, erwiderte sie, »aber vorgestern hat meine Mutter mich geschlagen und gesagt, sie wolle nichts mehr mit mir zu tun haben. Da hat mein Mann sie aus der Stube gejagt, und seitdem hat er mich gepflegt.« – »Das hört sich schlimm an«, sagte ich, »es ist die Pflicht deiner Mutter und deines Mannes, dich zu umsorgen, und deine Mutter dürfte niemals sagen, du solltest doch sterben. Aber nun richte dich auf! Bitte deinen Sonnengott um seinen Beistand und sei dessen gewiß, daß du leben kannst, wenn du nur willst. Ich habe dich lieb und möchte nicht, daß du dein junges Leben hinopferst.« In diesem Augenblick kam auch Cecil herein und mahnte seine Frau, meinen Rat anzunehmen. Ich sagte, er müsse getreulich und unablässig auf sie achten. Er erwiderte: »Das tu ich ja. Seit die Alte gegangen ist, habe ich hier gekocht.« Aber Jauneta war in ihrem Innern entschlossen, zu sterben. Es dauerte keine zwei Tage, da verschied sie, und die Missionare begruben sie auf dem christlichen Friedhof – und tauften die alte Buhumana. Jauneta hatte geglaubt, daß sie durch ihren Tod ihren Mann in Trauer um sie versetzen könnte. Aber da war sie im Irrtum, denn er hatte Freundinnen, die ihm seinen Frohsinn bewahren konnten.

Eines Tages besuchte ich Kalnimptewa, den alten, blinden Bruder meines Vaters, und sagte: »Vater, als ich neulich unter meiner Türe stand, sah ich, wie ein Hopimissionar dir aus der Bibel etwas vorpredigte.« – »Ja«, antwortete der Alte, »er redete allerhand, aber seine Worte rührten mir nicht ans Herz. Er warnte mich, in einer kleinen Weile würde Jesus Christus vom Himmel herabkommen, ein paar scharfe Worte sprechen und alle Ungläubigen vernichten. Er sagte, die einzige Chance, der Vernichtung zu entgehen, bestände für mich darin, meine Sünden zu bekennen und zu seinem heiligen Gott zu beten. Er drängte mich zur Eile, bevor es zu spät wäre, denn eine große Überschwemmung würde über Oraibi kommen. Ich erwiderte ihm, ich hätte all meiner Lebtage um Regen gebetet und niemand erwarte daher eine Überschwemmung in Oraibi. Ich setzte hinzu, ich wäre ein alter Mann und hätte nicht mehr lange zu leben, auf die Weise könnte er mich daher nicht schrecken. Im übrigen wollte ich mich auf keinen Streit mit ihm einlassen; aber ich wäre doch viel älter als er und glaubte, daß meine Gedanken über diesen Gegenstand besser wären als seine.« Der Alte schloß mit den Worten: »Nun, Talayesva, mein Sohn, du bist ein ausgewachsener Mann, ein Hirte und Bauer, der eine Familie ernährt, und solche Arbeit macht lebensfroh. Wenn unsere Feiern in der Runde wiederkehren, bete daher getreulich zu unseren Göttern und erhöhe das Lebensgut deiner Familie! Auf diese Weise wirst du des Lebens froh bleiben.« Ich dankte ihm und ging nach Hause in dem vertrauensvollen Gefühl, daß ich niemals ernstlich mich um das Christentum kümmern würde. Manchen Leuten mögen andere Götter helfen, aber meine einzige Hoffnung auf ein gutes Leben ist bei den Göttern meiner Väter. Niemals werde ich sie verlassen, selbst wenn ihre Zeremonien vor meinen Augen aussterben und alle ihre Heiligtümer verfallen.

Wenn die Missionare mir das Evangelium predigten, wurde ich fast immer schläfrig; oft hatte ich ein Gefühl der Übelkeit im

Magen und das Bedürfnis, mich zu erbrechen. Ich versuchte dann, den Gesprächsgegenstand zu wechseln, eine mich fesselnde Beschäftigung zu finden, oder ich ging einfach fort – es sei denn, sie hätten mich geärgert. Dann deckte ich sie mit Bibelzitaten zu und versuchte, sie mit Schlagworten aus ihrem eigenen heiligen Buche zu fangen. Im ganzen mögen die Mormonenprediger ein besseres Benehmen haben als die Protestanten, aber auf die Nerven fallen können sie einem auch. Eines Tages aßen zwei Mormonen bei mir und sagten: »Wir möchten dich einmal darauf hinweisen, daß eure Überlieferung behauptet, das Spinnenweib hätte fünf Enkelsöhne gehabt und für sie einen Mantel aus Mausefellen von vielerlei Farbe gemacht. Das ist dieselbe Geschichte, die wir in unserer Bibel haben. Ihr Hopi seid auch Nachkommen von Josef, den seine Brüder nach Ägypten verkauften. Sein Vater machte einen Rock für ihn von vielerlei Farben. Unser Ururugroßvater war Josef, und wir sind alle Brüder.« Es war eine hübsche kleine Geschichte, aber ich zweifelte an ihrer Wahrheit.

Zu einer Zeit träumte mir in einem Monat dreimal derselbe Traum über die Mission, und nur in geringen Einzelheiten gab es dabei Abweichungen. Ein Fremder kam zu mir, erklärte, daß die Hopi-Christen unsere Zeremonien zerstören wollten, und forderte mich auf mitzukommen. Er versicherte mir, daß er mein Lenkergeist sei und daß er mich beschützen werde. In kurzer Zeit erreichten wir ein großes rundes Gebäude mit vielen Sitzreihen, die rings um die Wände liefen. In der Mitte standen zwei Männer in Ritualtracht, Tom Pavatea und Travis, ein Tewa-Indianer von der Ersten Mesa. Mein Lenker erklärte mir, wir kämpften um das Recht, unsere Feiern und Gebräuche behalten zu dürfen, und um die Freiheit, unsere Götter zu verehren. Dann hielt Tom einen zerbrochenen Topf hoch und forderte alle zu sprechen auf, die willens wären, die Hopireligion und -freiheit zu verteidigen. Er sagte: »Wir müssen die Freiheit haben, unsere Zeremonien durchzuführen!« Eine Tewa-Frau redete in ihrer Sprache, und Travis nickte mit dem Kopf – zum Zeichen, daß es eine gute Rede war. Als sie etwas Geld in den Topf tat, trat ich auf sie zu und sagte ihr, wie es mich freue, solche schönen Worte zu hören, und daß ich auf ihrer Seite stände. Verwundert fragte sie: »Wie kommt es denn, daß du meine Sprache verstanden hast?« Ich erklärte ihr, mein Lenkergeist hätte meinem Gemüt Verständnis eingeflößt. Dann hörte ich einen anderen Sprecher, und mein Lenker hieß mich ihn genau ansehen. Es war Myron, der neue Statthalter von Alt-Oraibi; er hatte seinen Sohn an der Hand und hielt eine so schöne Rede, daß jedermann klatschte. Als Myron sein Geld in den zerbrochenen Topf geworfen hatte, folgten ihm alle andern der Reihe nach. Das Gesammelte wurde gezählt, und Tom rief, er hätte zweitausend Dollar. »Es gelingt!« frohlockte er. »Soviel Geld haben die Missionare nicht! Nun werden sie unsere Religion in Frieden lassen, und wir können die Armen und Alten selbst unterstützen.« Wir brachen in dem Bewußtsein, ein freies Volk zu sein, in lauten Jubel aus; doch da sagte mein Lenker: »Komm fort!« und machte vier schnelle Schritte. Ich folgte ihm auf die gleiche Art und erwachte naß von Schweiß und mit Glockengeläut in den Ohren. Meine Frau hatte mich stöhnen hören und darum geschüttelt; sonst hätte ich wohl noch mehr von dem Traum mitbekommen.

Einige Zeit später träumte mir etwas Schreckliches. Ich hatte gerade vier Halfter aufgenommen und wollte zur Pferdekoppel gehen, als Irene mir zurief, daß weiße Soldaten das Dorf umstellt hätten. Gleich darauf erfuhr ich, daß die Missionare unsern Dorfvogt Tewaquaptewa bei der Regierung angezeigt hatten, weil er seinen rituellen Pflichten im Soyal nachgekommen war. Nun waren die Soldaten da, um ihn für seinen Ungehorsam zu töten. Draußen beim Büffelheiligtum hielten sie ihn schon umringt, und ich stürmte fort, um ihm zu helfen. Irene rief mir nach, ich solle zurückkommen, ich hätte doch so schon die Leute durch scharfe Reden gegen mich aufgebracht und würde mich nun womöglich geradezu ins Unglück stürzen. Im Weiterlaufen, halb umgewandt, rief ich zurück: »Aber ich liebe doch unsern Vogt! Er ist mein Sohn, und ich will nicht, daß er so vor den Leuten stirbt!« Etliche christliche Hopi und die Soldaten, die den Vogt umstanden, sagten: »Hier kommt der alte Narr, den wir so sehr hassen. Der wird jetzt etwas tun, das wissen wir!« Ich forderte die Menge auf, mich zum Vogt durchzulassen. Als sie sich weigerten, wandte ich meine ganze Kraft auf und stieß sie beiseite, wobei ich einige, die mich beschimpften, niederwarf. Als ich bis zur Mitte des Haufens vorgedrungen war, fand ich unsern Vogt in einer großen Kiste gefangen; zu einem Loche sah sein Kopf heraus, und ein Mann mit einem großen Messer stand darüber, bereit, ihn abzuhacken. Schnell sagte ich zu dem weißen Offizier: »Bruder, bitte, steckt eure Waffe weg und tötet nicht einen Unschuldigen! Unser Vogt versucht nur, seiner Religion treu zu bleiben, wie andere ihrer treu sind. Ihr wißt ja, ein Mensch, der keine Religion hat, an der er festhält, ist nicht besser als ein Hund! Erlaubt darum bitte, daß ich ihn in sein Haus zurückbringe!« Ich öffnete den Deckel der Kiste und zog ihn aus seiner gefährlichen Lage. Darauf wandte sich der weiße Offizier um und sagte zu den Umstehenden: »Talayesva sagt, daß der Vogt unschuldig ist, daß er nur seiner Religion treu sein und zu seinen Göttern beten will, um für sein Volk ein gutes Leben zu erlangen. Ihr Missionare, die ihr wolltet, daß wir nach Oraibi kämen und den Vogt umbrächten, ihr seid in Wirklichkeit die Bösewichte! Nun wollen wir den Vogt freilassen.« Ich faßte ihn an und führte ihn durch die Menge, aber ich erwachte, bevor wir das Haus erreichten. Der Traum schien wirklich zu sein und kann sich tatsächlich zutragen, aber hoffentlich nicht.

Wenig später versammelten wir uns in Hotavila zum Schlangentanz. Mein alter Oheim, Dan Coochongva, hielt vor Indianern und Weißen eine Rede. Er erinnerte sie daran, daß in früheren Zeiten weiße und rote Menschen aller Rassen und Völker froh in der Unterwelt zusammengelebt haben. Als die Zwieherzer das gute Leben dort unten verdorben hatten, entwichen unsere Ahnen durch ein Loch im Boden nahe der Gegend, die nun der Grand Canyon ist. Aber ach, Zwieherzer kamen ebenfalls mit jenen herauf und haben unermeßlichen Jammer auf Erden verursacht. Er erzählte den Weißen, das ihre Ahnen damals nach Osten geeilt wären, daß sie nun jedoch als unsere Brüder gemäß der Weissagung zurückgekehrt seien. Er erinnerte sie ferner daran, daß wir Hopi von dem ersten Weißen das Versprechen erhalten haben, daß eines Tages, wenn die Zwieherzer zu mächtig geworden sind, ein großer weißer Bruder in die Hopidörfer zurückkehren, allen Zwieherzern den Kopf abschlagen und sie völlig vernichten wird. Er schloß mit den Worten: »Erst dann werden Hopi und Weiße vereinigt sein als ein Volk und in Frieden und Wohlstand, wie sie einst in der Unterwelt herrschten, zusammen leben. Mein Vater, Vogt Yokeoma, wartete darauf, daß der mächtige Weiße zu seinen Lebzeiten wiederkehren und die Hopi-Zwieherzer erschlagen würde, aber darin wurde er enttäuscht. Ich hoffe noch immer auf die Ankunft des Auserwählten Weißen Bruders!«

Wie ich so dasaß an der Westseite der Plaza und zuhörte, fragte ich mich, ob der Auserwählte Weiße Bruder jemals kommen und uns vom Fluche der Zwieherzer befreien würde. Ich wußte, daß dieser weise alte Mann den Leuten wiederholt gesagt hatte, daß Hitler der Auserwählte Weiße Bruder wäre, der die Bösen erschlagen und die Gerechten befreien würde, aber ich hatte nie geglaubt, daß das wahr sein könnte. Unglücksschläge, Hader, Krankheit und Tod – die das Unterweltsvolk alle verursacht – sind die schwersten Heimsuchungen für uns. Sie fürchte ich mehr als irgendetwas anderes, und manchmal zweifle ich daran, daß jemals einer imstande sein wird, diese Mächte des Bösen zu vernichten, uns in einer Rasse zu vereinen und das gute alte Hopileben wieder heraufzuführen. Es ginge uns vielleicht besser, wenn die Weißen niemals nach

Oraibi gekommen wären, aber das war unmöglich, denn die Welt ist voll von ihnen, während wir Hopi an Zahl ein Nichts sind. Nun haben wir in einem gewissen Grade mit ihnen auszukommen gelernt, und wir würden wahrscheinlich viel schlechter leben, wenn wir Hopi uns selbst überlassen blieben und den Navaho. Wir brauchen Onkel Jonathan, uns zu beschützen und bei Hungersnöten zu ernähren, aber ich wünschte, die Regierung schickte uns bessere Beamte, denn eigentlich sollten sie ja herkommen, um uns zu helfen.

Es ist nicht viel, was ich von den Weißen haben möchte, meine besonderen Freunde ausgenommen; von ihnen hoffe ich, daß sie mich niemals aufgeben werden. Ich hänge nicht an eleganter Kleidung und erlesenen Speisen. Wenn ich Tausende von Dollars hätte, ich schenkte die meisten meinem Jungen; aber vielleicht würde ich noch einen kleinen Lieferwagen kaufen und mir unten in Neu-Oraibi ein Hopihäuschen bauen, in dem ich mit meiner Familie den Winter über wohnen könnte. Darin möchte ich wohl einen eisernen Ofen haben, einige Stühle und vielleicht fließendes Wasser, aber kein elektrisches Licht und kein Rundfunkgerät. Allerdings möchte ich wohl einen Plattenspieler haben, so daß ich mir die Lieder anhören könnte, von denen ich Aufnahmen besitze. Im Sommer würde ich in unserm Haus in Alt-Oraibi wohnen, und stets würde ich zum Soyal dorthin zurückkehren.

Eines Nachts hatte ich einen sehr guten Traum, und ich hoffe, daß er sich in meinem künftigen Leben bewahrheiten wird. Ich ging einen Pfad entlang und kam an eine Stelle, wo er sich gabelte. Dort sah ich frische Spuren eines Fremden, die nach Westen führten. Ich folgte ihnen und kam an einen Gutshof mit einem schönen Ziegelsteinbau, der eine große, nach Osten gelegene Vorhalle hatte. Die Spuren führten weiter in die Vordertür, aber ich blieb stehen und starrte darauf hin. Sogleich hörte ich eine freundliche Stimme die Worte sagen: »Folge den Spuren ins Haus, denn es ist für dich bereitet!« Froh betrat ich mein neues Haus, fand jedoch niemand darin. Ich ließ mein Mittagbrot und anderes auf einem Tische liegen, ging hinaus auf den Hof und blickte im Westen auf rote, im unteren Teil weiß gestreifte Mesawände. Dicht bei meinem Hause war in einer Hürde eine schöne Schafherde, und siehe da, am Tor stand mein Schutzgeist und winkte mir. Als ich bei ihm stand, sagte er: »Mein Sohn, ich bin der Lenker, der dich dein Leben lang beschützt hat. Ich habe dieses Haus für dich gebaut und diese Herde für dich gesammelt. Öffne das Tor und laß deine Schafe hinaus! Sie werden weiden, Wasser finden und abends ohne Hirten zurückkommen.« Wie sie durchs Tor hinausgingen, zählte ich wenigstens neunhundert. Darauf sagte mein Lenker: »Alles Weideland und alle Felder, so weit du sehen kannst, sind dein. Du wirst sie nötig haben für deine Familie, darum laß sie dir nie von einem Weißen abnehmen. Komm mit, ich will dir Wasser zeigen!« Ich ging hinter ihm her, bis er stehen blieb und zu sprechen begann, und zwar waren es vierhundertvierzig Schritte bis dahin, und er sagte: »Grabe hier, und du wirst Wasser finden!« Ich blickte auf und sah, wie jemand mit einer Herde Schafe kam. Mein Lenker sagte: »Das ist Sekaheptewa, einer deiner alten Großväter.« – »Aber der ist doch schon vor vielen Jahren gestorben!« rief ich aus. Ohne Zweifel war er's, doch bog er nach Südwesten ab und verschwand. Als ich mich wieder meinem Lenker zuwandte, versank er langsam in den Boden. Da hörte ich einen Hund bellen und erwachte – mit Glockenklang im Kopfe und sehr frohem Herzen.

Es ist angenehm, auf eine solche Zukunft hinauszuschauen; aber bis dahin möchte ich in Oraibi bleiben und reichlich zu essen haben – vor allem Mehl, Zucker, Kaffee und die guten alten Hopispeisen. Wenn ich zu alt und zu schwach bin, um hinter den Schafen herzuziehen oder meinen Mais zu bauen, habe ich vor, im Hause zu sitzen, Katschinapuppen zu schnitzen und meinen Neffen und Nichten die Geschichte meines Lebens zu erzählen. Und ich möchte an meinem Tagebuch solange weiterschreiben, als Geist und Gemüt es vermögen. Schließlich, wenn ich den Zustand der Hilflosigkeit erreicht habe, hoffe ich im Schlafe zu sterben und ohne Schmerz. Dann möchte ich nach Hopi-Art bestattet werden. Vielleicht wird mein Junge mich mit der Tracht eines Amtsträgers bekleiden, mir ein paar Perlenschnüre um den Hals legen, ein Paho und etwas geweihten Maisschrot in die Hand stecken und den Schmuck mit eingelegtem Türkis an den Ohren befestigen. Wenn er mich in einen Sarg legen möchte, darf er sogar das tun, aber er muß den Deckel unverschlossen lassen, Lebensmittel dabei niederlegen und eine Grableiter aufrichten, so daß ich hinausklettern kann. Dann werde ich zu meinen Lieben eilen, aber mit guten Regenfällen wiederkehren und als Katschina mit meinen Ahnen auf der Plaza tanzen – selbst wenn Oraibi in Trümmern liegt.

WIE DIE LEBENSBESCHREIBUNG ZUSTANDE KAM

Die vorliegende Veröffentlichung ist ein freimütiger und offenherziger Bericht über die ersten fünfzig Jahre im Leben Don C. Talayesvas aus Oraibi in Arizona. Sie versucht zu schildern, wie er dazu kam, der Mensch zu sein, der er ist, und wie er denkt, fühlt und handelt.

Don hat entschieden das Gefühl, daß dieses Buch sein Buch ist. Als ihm das Manuskript zur Berichtigung etwaiger Irrtümer vorgelesen wurde, sagte er: »Ich erlebe mein Leben aufs neue. Ich wundere mich, daß ich dies fertiggebracht habe, und bin stolz darauf.« Auf den Hinweis, daß gewisse heikle Einzelheiten aus persönlichen Gründen weggelassen werden könnten, erwiderte er: »Nein, du hast ja immer betont, daß wir unsere Arbeit, wenn der Bericht unvollständig wäre, vergebens getan hätten.«

Ich lernte Don C. Talayesva im Juni 1938 in Oraibi kennen, und zwar im Gefolge eines Briefwechsels mit Dr. Mischa Titiev von der Anthropologischen Abteilung der Universität von Michigan. Nach zweiwöchiger Bekanntschaft vermietete mir Don ein Zimmer in seinem Hause, gestattete mir, seine Schwester als Aufwartefrau zu beschäftigen, und erklärte sich bereit, mir als Gewährsmann für ein allgemeines Kulturstudium zu dienen, das bestimmt sei, die Lücken in den Unterlagen der Hopiliteratur zu schließen, und dessen Ergebnisse im Institut für Zwischenmenschliche Beziehungen in den Akten der Bestandsaufnahme zur vergleichenden Kulturforschung niedergelegt werden sollten. Solange wir in förmlichem Abfragen begriffen waren, sollte er fünfunddreißig Cents die Stunde bekommen. Von Anfang an wurde er, wenn er eine Sache nach der in seiner Umwelt gebräuchlichen Schablone beschrieb, besonders darum befragt, wie er selber sie erlebt habe. Seine Erzählungen wurden möglichst wörtlich aufgezeichnet, und es war ihm gestattet, sich vom Thema, so viel er wollte, zu entfernen, vorausgesetzt, daß er eigene Erlebnisse erzählte. Besonderes Interesse wurde bei jedem ihn selbst betreffenden Ereignis verraten, aber alle moralischen Urteile, sei es Lob oder Tadel, wurden absichtlich vermieden. Nach ungefähr vier Wochen wurde ihm gesagt, daß seine eigene Geschichte für mich von viel größerem Interesse sei als eine allgemeine Beschreibung seiner Kultur – eine Feststellung, die ihm Freude zu machen schien. In dem Maße, wie sein Vertrauen zu mir wuchs, sprach er unbefangener über sich selbst, griff auf bereits Besprochenes zurück und holte Einzelheiten nach, die er früher übergangen hatte. In der letzten Juli-Woche ließen Don und Tewaquaptewa, der Dorfvogt von Oraibi, mich wissen, daß ich auf Ansuchen adoptiert werden könne. Einige Tage später geschah das wirklich; der Vogt adoptierte mich als Sohn, und Don adoptierte mich als Bruder und dadurch als Mitglied des Sonnenklans, ein Umstand, der meine Stellung im Dorfe verbesserte und mich dazu berechtigte, in gewissen Angelegenheiten unterwiesen zu werden, die als Klan- und Stammesgeheimnisse betrachtet werden.

An Dons eigenen Erlebnissen wurde nun wachsende Anteilnahme gezeigt, und schließlich erfuhr er, daß ich sie als vollständigen und bleibenden Lebensbericht *eines* Hopi aufnehmen und in der Yale-Universität niederlegen wolle, und daß mit seiner Zustimmung unter Umständen ein Teil davon veröffentlicht werden würde. Es wurde betont, daß diese Arbeit vor allem für Wissenschaftler getan werden sollte, und daß es eine Aufgabe für mehrere Jahre wäre. Es wurde ihm umständlich auseinandergesetzt, daß das Vorhaben für wissenschaftliche Zwecke völlig wertlos sein würde, wenn der Bericht nicht ganz und gar aufrichtig und so vollständig wie möglich wäre, also nicht etwa aus Schicklichkeitsgründen bestimmte Dinge ausließe. Zunächst zeigte er sich etwas erschrocken, war aber doch erfreut, daß sein persönliches Erleben so hoch bewertet würde, und meinte, er hätte, wenn ihm dessen Wichtigkeit früher klar gewesen wäre, sich an mehr Einzelheiten zu erinnern gesucht und Notizen gemacht. Aber dann stellte er bald fest, daß die Zeremonien geheim wären und daß er niemals imstande sein würde, irgendjemand Einblick darein zu geben; denn es würden ihm Schwierigkeiten mit den anderen Hopi und mit seinen Göttern erwachsen, wenn er diese Dinge ausplauderte.

Darauf kamen wir überein, daß er keine Auskunft zu geben brauche über Zeremonien, die noch nicht veröffentlicht wären, daß er aber über seine eigenen Erlebnisse bei solchen Zeremonien befragt werden dürfe, die bereits aufgezeichnet wären. Diesem Vorschlag stimmte er bei, ohne zu übersehen, was damit vermacht war, denn er wußte ja nicht, was veröffentlicht vorlag; auch ich war zu der Zeit noch nicht mit dem gesamten verfügbaren Wissensstoff vertraut.

Viele Stunden gingen mit Arbeiten in Dons Hause dahin oder bei der Herde und auf dem Felde, wir befaßten uns mit Pferdepflege und dem Herbeischaffen von Steinen, schauten bei Tänzen zu und fuhren im Kraftwagen nach allen möglichen Orten. Oft war Gelegenheit gegeben, die Rolle des »beteiligten Beobachters« zu spielen. Don lernte, über die Ereignisse des Tages zu berichten wie auch über seine geistige und seelische Einstellung zu ihnen. Dies alles wurde in Tagebuch-Form niedergelegt und vereinbart, daß er nach meiner Abreise selbst sein Tagebuch führen und daß er dafür sieben Cents je Seite erhalten würde. Zu dieser Zeit, als er mit der Führung des Tagebuches begann, erhielt er Anweisung, soweit irgend möglich, alles aufzuführen, was während des Tages geschehen war. Und er wurde mit Lob bedacht, wenn er auch die geringfügigsten Einzelheiten brachte. Es wurde ferner versucht, in den Tagesberichten »freier Assoziation« nahezukommen, das heißt, Don sollte schreiben, was ihm einfiel und so viele Seiten, wie er wollte. Die gesamte Verständigung vollzog sich in englischer Sprache, die ihm für einen Hopi seines Alters ausnehmend gut geläufig war. Er begann mit seinen Niederschriften im September 1938. Nachdem er ein Jahr lang ins einzelne gehende Berichte geliefert hatte, die oft Hochbedeutsames erbrachten und manchmal nur Eintönig-Alltägliches, wie dies, daß er zweimal die Pferde geholt und drei Mahlzeiten gegessen habe mit allen Einzelheiten über die Speisen und Berichten über jedes gewechselte Wort, wurde er aufgefordert, gewisse Gegenstandsgebiete auszulassen und andere zu bevorzugen.

Im Januar 1940 machte ich eine weitere Reise nach Oraibi und verwandte dort siebzehn Tage auf eingehende Befragung; hierbei prüfte ich früher Mitgeteiltes nach, ließ ihn viele der Hauptereignisse seines Lebens wiederholen und füllte Lücken in den Berichten aus. Bis zu diesem Zeitpunkt waren etwa dreihundertfünfzig Stunden auf Befragung verwandt worden, und er hatte ungefähr dreitausend Tagebuchseiten in Schreibschrift geliefert. Das gegenseitige Einvernehmen war sehr zufriedenstellend, und eine Menge neuer Aufschlüsse war das Ergebnis; aber gegen das Ende meines Besuches ergaben sich Schwierigkeiten infolge meines Verlangens, Auskünfte über die Zeremonien zu erhalten.

Don hatte früher – im Besitze von Dr. Fred Eggan – ein Buch gesehen, das im Jahre 1901 von George A. Dorsey und H. R. Voth veröffentlicht worden ist und das die Soyalzeremonie in aller Ausführlichkeit beschreibt[1]. Ich legte ihm das Buch nun wieder vor und drängte unklugerweise auf Erläuterungen zu gewissen Einzelheiten der Zeremonie. Er wurde verdrießlich und meinte: »Was ich bei der Soyalfeier tue, ist geheim. Wenn du mich danach fragst, bringst du die Leute gegen mich auf.« Um weitere Einzelheiten angegangen, wich er aus und erklärte schließlich, er könne nicht weiter mitmachen. Bestürzt hielt ich ihm daraufhin vor, daß der Bericht schon beinahe vierzig Jahre lang der Öffentlichkeit vorläge und daß ich,

[1] Publications of the Field Columbian Museum, Anthropological Series, Band III, 1901.

wenn er mir nicht ein wenig mehr von seinen persönlichen Erlebnissen bei der Soyalfeier erzählen könne, sofort aufbrechen müsse. Als er darauf nicht einging, rechnete ich mit ihm über meine finanziellen Verpflichtungen ab, verabschiedete mich und erklärte, daß ich voraussichtlich am nächsten Morgen Neu-Oraibi verlassen würde, das heißt früher, als er angenommen hatte. Er schien recht traurig, aber nicht verärgert zu sein.

Als ich abends um halb sieben auf dem Postamt von Neu-Oraibi auf meine Post wartete, kam Don herein, und es freute ihn offenbar, als ich ihm anbot, ihn nach Hause zu fahren. Auf dem Wege dorthin sagte er: »Es wundert mich, daß du schon so bald fortwillst. Ich habe dich wohl heute nachmittag irgendwie gekränkt. Wenn ich etwas getan habe, das dich schmerzt, tut es mir sehr leid.« Schließlich schlug er vor, daß ich abends wieder zu ihm kommen möchte, er wolle noch einmal versuchen, meine Fragen zu beantworten. Am Abend begannen wir mit Dorseys und Voths Abhandlung. Don sah sich die Fotos und die Zeichnungen der Altäre genau an; er schien sehr bedrückt und ließ Bemerkungen fallen wie: »Das ist furchtbar. Das macht mich unfroh. Dieser Kerl Voth war ein Dieb. Die Geheimnisse sind alle bloßgestellt.« Lange sah er das Bild seines Onkels Talasquaptewa an, der die Rolle des Sternpriesters innehatte, aber er sagte nichts dazu. Auf meine Frage gab er die verschiedenen Rollen an, die er in der Zeremonie dargestellt hatte. Lange betrachtete er das Bild des Soyal-Altares, auf dem der Kriegspriester, der Sternpriester und das Altarzubehör zu sehen waren. Schließlich sagte er: »Dies ist das Bild von der Schaugruppe im ›Field Museum‹, die all die Aufregung verursacht hat.« Als wir an den Abschnitt kamen, der die Powamuzeremonie und ihren Altar beschreibt, lehnte er es ab, genau hinzusehen, und erklärte, er habe kein Recht dazu, diese Geheimnisse kennenzulernen. In diesem Augenblick trat ein wichtiger Amtsträger der Soyalzeremonie ins Haus, und die Fragestunde war jäh unterbrochen. Der größere Teil der Abhandlung wurde Don am nächsten Tage vorgelesen; er berichtigte einige sehr geringfügige Einzelheiten und gab einige seiner eigenen Erlebnisse wieder. Bei der Besprechung der Seite 25 sagte er beispielsweise, daß er die besondere Medizin oftmals getrunken habe, sie sei von bitterem Geschmack und sehr wirksam und schenke Gesundheit, Kraft und langes Leben. Er bestätigte es, daß er oft mit dem heiligen Stein sich über dem Herzen die Brust berührt habe, um sich stark zu machen, und daß er alljährlich mit etwas Medizin im Munde eine Prise Lehm genommen habe und ins Haus gegangen sei, um damit Brust, Leib, Arme und Beine jedes Familienangehörigen einzureiben. Als ihm über ein Jahr später der

Bericht über diese Zeremonie in seiner Lebensgeschichte vorgelesen wurde, war er wieder sehr traurig, äußerte sich gar nicht, abgesehen von der Richtigstellung dreier leichter Ungenauigkeiten und bemerkte nur am Ende des Kapitels mit einiger Bitterkeit: »Dieser Voth war ein gerissener Kerl.«

Im März 1941 kam Don nach New Haven und verweilte zwei Wochen bei mir. Damals wurde ihm der gesamte Bericht – von größerem Umfange als der hier veröffentlichte – langsam vorgelesen; er gab Berichtigungen und gelegentliche Zusätze, die aufgenommen wurden. Bis dahin hatte Don an achttausend Tagebuchseiten in Schreibschrift geliefert.

Der Lebensbericht ist daher ein stark gedrängter Abriß in der ersten Person und fast immer mit Dons eigenen Worten oder in Worten, die er bei Nachprüfung des Manuskriptes ohne weiteres anerkannte. Das Buch stellt also keine freie Schilderung dar, sondern ist eine ausgewählte und verdichtete Nacherzählung – mit eingeflochtenen Zusätzen, die sich aus erneuter Nachfrage ergaben. Sie ist stark gekürzt und oft neu gegliedert. Kaum mehr als ein Fünftel der Unterlagen ist hier gedruckt, aber der Rest besteht zum größten Teil aus eintöniger Wiederholung der alltäglichen Einzelheiten des Lebens, aus Sagen und weiteren Träumen. Nachdem buchstäblich Tausende von Fragen gestellt worden waren und ich eines Tages eine lange Pause eintreten ließ, lachte Don und sagte: »Nun bin ich wohl an der Reihe, dich etwas zu fragen. Fällt dir nichts mehr ein, was du fragen könntest?«

Der Stil ist noch immer ungefüge, aber weiteres Glätten meinerseits hätte seiner Eigenart geschadet. Überhaupt läßt sich durchaus darüber streiten, ob daran zuviel oder zuwenig geschehen ist. Im allgemeinen ist in der Schilderung seiner jüngeren Jahre bis zur Eheschließung das Material mehr in Dons eigener Ausdrucksweise gegeben worden und von dem Kapitel über den Lebensunterhalt an viel stärker verdichtet. Die direkte Rede ist nicht als wortgetreu anzusehen, aber in den späteren Teilen, wo die Unterlagen aus dem Tagebuch stammen, ist sie nach meiner Meinung fast wortwörtlich genau. Viele der Wechselreden, auch wenn sie aus der Zeit der Geburt und Kindheit stammen, sind ohne Zweifel recht getreu wiedergegeben, insofern sie an sich stark schablonenhaft sind und Don auch über viele Punkte seine älteren Verwandten zu Rate zog. Überdies hat Don ein bemerkenswert gutes Gedächtnis, das mich oft überrascht hat, wenn ich es nachprüfen konnte.

Der Humor und die Stimmung scheinen stellenweise roh, aber beide waren ursprünglich und ungekünstelt, ja sie sind so sehr ein Stück von dem Mann selber und seiner Kultur, daß viele der feineren

Pointen nur für hopi-geschulte Augen sichtbar werden. Dies wurde mir vor allem deutlich, als ich das fertige Manuskript Don wieder vorlas, damit er Irrtümer richtigstelle; dabei fielen mir jezuweilen sein herzliches Lachen und sein düsteres Schweigen auf.

Einige Teile des Berichtes erscheinen mir noch immer etwas sonderbar und unwirklich, wenn ich eine Weile von Don und Hopiland fort bin. Aber wenn ich wieder in nahe Berührung mit ihm und seiner Kultur komme, so klingen sie echt. Ich fürchte daher, daß der einzige Weg, auf dem sich der Leser von der Wahrheit gewisser Abschnitte überzeugen kann, der ist, Don selber kennenzulernen. Und für viele ist dies durchaus möglich, denn er möchte neue Freunde gewinnen.

Die Geschichte endet mit dem Don in Oraibi. Er sieht seine Reise in den Osten als das krönende Ereignis seines Lebens an, und fraglos hat sie ihm tiefen Eindruck gemacht; aber er muß erst wieder in Hopiland weilen, bevor sie in angemessener Sicht untersucht werden kann.

NACHWORT DES ÜBERSETZERS

Im amerikanischen Original überschneiden sich – oft unvermittelt – das unvollkommene Englisch des Hopi-Indianers und die gebildete Sprache des weißen Herausgebers. Ein stilistisch einheitliches Gebilde, ein künstlerisches Gebilde von Eigenart hätte sich für das Deutsche nur aus den ursprünglichen Unterlagen erarbeiten lassen. Da dies außer Frage stand, andererseits aber ohne die Vorstellung irgendeiner sprachlichen Einheit – bei bloß mechanischer Übertragung des Textes mit allen Distanzen und Dissonanzen – ein sprachliches Gebilde im Deutschen unmöglich gewesen wäre, blieb nur übrig, den von dem amerikanischen Herausgeber schon eingeschlagenen Weg weiter zu verfolgen und die verschiedenen Ausdrucksformen in der Richtung auf eine gehobene Umgangssprache zu vereinen.

Der Text weist die Kennzeichen einer unvollkommen beherrschten Sprache auf, also viele farblos-allgemeine, ungenaue oder uneigentliche Ausdrücke, die allerdings zum Teil in der Bedeutung durch Vorstellungen aus der Muttersprache des Sprechers oder durch besondere Erlebnisse eingeengt scheinen, und einen Satzbau von unbestimmter Fügung, der oft das zeitliche oder logische Verhältnis nicht klar bezeichnet. Die Übertragung mußte dann, um das Bild nicht noch weiter zu entfärben, nach dem schärferen, bestimmteren, dem eigentlichen Ausdruck und der bestimmten, dem Verhältnis angemessenen Fügung streben. Eingeschränkt wurde dieses Streben nach dem treffendsten Ausdrucksmittel durch den Grundsatz der Treue gegen den Text – und oft ergaben sich bei diesem paradoxen Verhältnis von Treue und Genauigkeit gerade bei den banalsten Sätzen die größten Schwierigkeiten. Manche Spur der ursprünglichen, der ungelenken Sprache wurde auch absichtlich stehengelassen. An einigen wenigen Stellen wurde Geschlechtliches vorsichtig gekürzt.

Einige andere Schwierigkeiten konnte ein Übersetzer nicht lösen. So mußten die Ausdrücke »Altar« und »Priester«, deren Unzulänglichkeit feststeht, bleiben, obwohl der »Altar« der Kiva (pongya) gründlich von dem unserer Kirchen verschieden ist und obwohl dem Wort »Priester«, das von den frühen Berichterstattern für die Amtsträger in ihrer rituellen Funktion eingeführt worden ist, in der Hopisprache offenbar überhaupt nichts entspricht. Andererseits habe ich das englische Wort *chief* nicht durch den üblichen Ausdruck *Häuptling* wiedergegeben. Denn während das englische Wort ganz allgemein den *Chef* bedeuten kann, ist das deutsche beschränkt auf die oft malerisch gekleideten und geistig extravaganten Führer von Räubern, »Indianern« und anderen Exoten. Für die schlichten Amtsträger der Hopidaseins schien mir nach langem Wählen das Wort *Vogt* am angemessensten und handlichsten – mit der nächsten Entsprechung in unserem norddeutschen *Buurvogt*. Das Wort *Ältester,* das ich in der Einleitung gelegentlich verwendet habe, ist nicht nur in den häufigen Zusammensetzungen sehr ungelenk, sondern auch darum unangemessen, weil zwar das Lebensalter der Funktionsträger sowohl bei den Hopi als auch bei anderen Urvölkern den Gedanken an die oft berufene »Gerontokratie« nahelegt, also an eine »Greisenherrschaft« – weil aber in Wirklichkeit weder von einer »Herrschaft« der Alten noch der Häuptlinge die Rede sein kann. Für eine treffende Wiedergabe ist der herrscherliche Gehalt der Wörter *chief* und *Häuptling* ganz auszuscheiden. Die Hopi haben, was die amerikanische Verwaltung oft beklagt hat, überhaupt keinen Staat und keine Obrigkeit. Sie sind nicht ein politischer, sondern ein ritueller Verband, und über sie herrschen nicht Häuptlinge, sondern es waltet in ihrem Dasein ein Ritualsystem, in dem auch die Vögte nur Rollenträger, nicht aber Regisseure sind. Da sprachlich auch der Vogt nur ein *vocatus,* ein Berufener, ist und in höherem Auftrage handelt, scheint das Wort umso geeigneter zur Bezeichnung eines Funktionsträgers, dessen Handlungen auch in Notfällen völlig von der Sinnform des Ganzen vorgeprägt sind. Nicht berührt wird von diesen Überlegungen die Wahl des Buchtitels; hier hatte aus naheliegenden Gründen das vertrautere Wort einzutreten.

Abweichend von dem Grundsatz, kein ausgesprochenes Schriftdeutsch zu verwenden, habe ich in Anbetracht der eigenartigen und von den unseren so sehr abweichenden Verwandtschaftsverhältnisse bei den Hopi auch Wörter wie *Muhme* und *Oheim* und für die Ritualmutter, die Gevatterin, gelegentlich das Wort *Gödel* gebraucht, da die üblichen Wörter wie *Onkel* und *Tante* in unserem Text ja ohnehin etwas anderes bedeuten als in den europäischen Verhältnissen, aus denen sie stammen.

Eine besondere Schwierigkeit bereiten die im Text vorkommenden Hopiwörter, die natürlich stehenbleiben mußten; denn im Deutschen ergibt sich dabei eine Frage, die den amerikanischen Sprecher kaum bemüht. Da die Sprache der Hopi ohne ein grammatisches Geschlecht ist, muß der Übersetzer jedem Wort ein Geschlecht zuweisen, und das Sprachgefühl sträubt sich dagegen, in jedem Falle das Neutrum zu wählen. Im allgemeinen lag es nahe, das Geschlecht der deutschen Übertragung zu wählen, also *das* Natsi für Bundeszeichen, *das* Piki für Brot, *die* Soyalmana für Soyaljungfrau zu setzen. *Die* Kiva ist – offenbar im Einklang mit romanischen Geschlechtsregeln – schon lange üblich. Auch das Wort *Sipapu* habe ich – wegen seiner Nähe zu Erde und Geburt – gegen das Neutrum anderer Autoren weiblich gebraucht. Bei *Katschina* habe ich mich nach der Rolle, ob sie weiblich oder männlich war, gerichtet, und dort ist auch im amerikanischen Text das Fürwort je nachdem verschieden.

Das Fehlen eines vom Volksnamen abgeleiteten Eigenschaftswortes zwang zur Bildung von Kuppelwörtern wie Hopikleidung und Hopispeisen. Gelegentlich wurde zur Verdeutlichung der Bindestrich gesetzt. Obwohl das Adjektiv fehlt, habe ich statt des umständlichen »in der Hopisprache« einigemal »auf hopi« gewagt und analog »auf navaho«.

Da es durch bloße Übertragung nicht immer möglich war, Gegenstände der lokalen Kultur und Natur genau zu bestimmen, folgt unten eine Reihe von Worterklärungen, denen der Leser einige botanische, zoologische und völkerkundliche Einzelheiten entnehmen mag, die sich aus dem Text oder der Einleitung nicht unmittelbar ergeben. Die Liste ist notwendig beschränkt, und in der Beschränkung liegt einige unvermeidliche Willkür. Vollständigkeit war indes ohnehin nicht möglich.

Dank schulde ich für mancherlei Rat und Tat den Herren Professoren Leo W. Simmons und Mischa Titiev, Herrn Fred B. Eiseman,

dem Museum of Northern Arizona, vor allem seiner Kustodin Miss
Katharine Bartlett, und dem Völkerkunde-Museum in Hamburg.
Für schwierige Fragen, für die Erläuterungen insbesondere, wurden
außer Voths Arbeiten die folgenden Werke herangezogen:
Stephen, Alexander M.: Hopi Journal. Herausgegeben von E. C. Parsons, Columbia University Contributions to Anthropology, Band 23, New York 1936. Enthält ein umfangreiches Hopi-Wörterverzeichnis von Benjamin Whorf (unten zitiert als Parsons und Whorf).
Titiev, Mischa: Old Oraibi, A study of the Hopi Indians of Third Mesa. Papers of the Peabody Museum of American Archeology and Ethnology, Harvard University XXII – No. 1, Cambridge, Mass., 1944.
Whiting, Alfred F.: Ethnobotany of the Hopi. Museum of Northern Arizona, Bulletin No. 15, zweite Auflage, Flagstaff 1950.
Voegelin, Charles F. und Florence M. Voegelin: Hopi Domains, A Lexical Approach to the Problem of Selection. International Journal of American Linguistics. Memoir 14.

ZUR BETONUNG

Die folgende Liste gibt (nach Parsons und Whorf) für die meisten der im Text vorkommenden Hopi-Wörter und für die Ortsnamen die Betonung an.

A'losaka	kaho'pi	Masa'u'u	Pu'konghoya
A'ototo	Kale'taka	Misho'ngnovi	Shipa'ulovi
Awa'tobi	Katschi'na	Mo'ngkoho	Shungo'povi
Ba'hana	Ke'le	Mo'ngpivi	Soya'
Ba'kabi	Ki'kmo'ngwi	Mu'yingwu	Tala'tumsie
Bo'waka	Ki'si	Nakwa'kwosi	Tala'yesva
Haha'i'i	Ki'va	Nata'ska	Ta'wa
Hihi'kwispi	Koye'msie	Nima'n	Ta'waki
Ho'pi	Lako'n	Oo'qol	Ti'hu
Ho'tevilla	Ma'na	Ora'ibi	Wo'wochim
Huru'ngwuhti	Ma'rau	Powa'mu	Yu'nyaa

ERLÄUTERUNGEN

Die Betonung der Hopiwörter ist durch den Akzent bezeichnet. Er folgt auf den betonten Selbstlaut.

Antilope hopi chü'bio – am. antelope, pronghorn – Gabelbock – Antilocapra americana.

Artemisia am, sagebrush – »Beifuß«. Die strauchigen Artemisia-Arten sind charakteristische Steppenpflanzen des nordamerikanischen Westens.

Avatsie-Blume hopi ava'tci, ava'tcmansi – strauchiges Gewächs mit vielen kleinen fliederfarbenen Blüten – Pentstemon ambiguus Torr.- Deutscher Gattungsname: Bartfaden.

Bergschaf hopi pa'ngwu – am. mountain sheep – Ovis canadensis.

Bergtabak hopi pi'ba – im Text mountain tobacco, sonst auch wild, native oder Hopi tobacco genannt. Heute nur zu rituellen und medizinischen Zwecken geraucht und dann stets ein Gemisch verschiedener mythisch und kultisch wichtiger Pflanzen: Nicotiana attenuata und Nicotiana trigonophylla als Grundlage, dazu Onosmodium thurberi = hopi yoi'viva = heiliger Tabak – außerdem Mais, Baumwolle, Schilfrohr, Espe, Kiefer, Douglas-Fichte. Zu Heilzwecken auch Salbei und Königskerze.

Blauvogel hopi cho'ro – am. bluebird – verschiedene Arten der Gattung Sialia.

Blütenstaub Um den gelben geweihten Blütenstaub zu erhalten, werden die Samen und die Blüten der Mariposalilie (Calochortus aureus S. Wats.) – hopi he:'si – gemahlen. Whiting (70) nach Stephens (1216).

Cottonwood Name verschiedener Pappelarten in den Vereinigten Staaten.

Coyote hopi i'sauwuüh – Präriewolf – Canis latrans.

Eidechse im Text lizard. Nach Mitteilung des Herausgebers gebraucht Don dies Wort auch für den Skorpion. Diese Bedeutung dürfte vor allem für den Krankheitszauber »208f.« und vielleicht auch für die Tiergestalt der Hexe (122) zutreffen.

Erdkuckuck am. road-runner – Geococcyx californianus und Verwandte.

Fichte hopi sala'vi – im Text spuce – Bei den Kulten wird das Grün der Douglasfichte, Pseudotsuga mucronata, verwendet, die botanisch weder zu den Fichten noch zu den Tannen zählt.

Flinch ein Kartenspiel, bei dem die Karten in einer bestimmten Ordnung auf den Tisch gelegt werden müssen.

Geistergötter im Text spirit gods. Das Beiwort ist offenbar aus heidnisch-apologetischen Gründen hinzugefügt (vgl. 243 und 244). Es ist klar, daß nach der Hopireligion Götter immer von der Natur der »Geister« sind. Die Übertragung »geistige Götter« oder »Geistgötter«, obwohl sprachlich gefälliger, würde den Ausdruck mit der gesamten christlichen und späteuropäischen Philosophie belasten.
Haupttrichtungen die »sechs Richtungen«, gegen Nord, Ost, Süd, West, Oben und Unten. Ihnen entsprechen die Farben gelb, weiß, rot, blau oder grün, schwarz, bunt und zahlreiche weitere Gruppen von sechs Wesenheiten. Im Kultbild werden sie als symmetrischer Sechsstern oder in Gestalt konzentrischer Quadrate oder Kreise dargestellt.
Haus des Gebeins im Text Skeleton House – hopi masau'ki, ma'ski = Haus des Masau'u, und zwar als Kultstätte wie als Totenheim. »Masau'u ist Gebein, Tod, Feuer.« (Parsons–Stephen I, XLI)
Hirsch hopi sowi'ing – im Text deer, wohl mule deer – Odocoileus hemionus.
Hogan Wohnhütte der Navaho – die Winterform aus Kiefernstämmen und -ästen gebaut, mit Zweigen und Rinde verkleidet, mit einer Erdschicht von etwa fünfzehn Zentimetern gedeckt. Eingang im Osten.
Imperial Valley künstlich bewässerte Landschaft in Südkalifornien, bekannt durch ihren reichen Obst- und Gemüsebau.
Känguruhratte am. kangaroo rat – Dipodomys phillipsi und Verwandte.
Kaninchenkraut hopi siva'pi – im Text rabbit weed, sonst am. rabbit brush und r. bush – verschiedene Chrysothamnusarten. Vielfältig verwendet zu praktischen und kultischen Zwecken; einer der vier rituellen Brennstoffe.
Kartoffel, wilde hopi tü'mna – Solanum jamesii Torr. Im Mittel kirschgroß; wird mit »Kartoffelton« zubereitet, um den bitteren Geschmack zu beseitigen.
Katschinas. Die vom Herausgeber in seiner Einleitung aufgestellte Gleichung, daß die Katschinas Ahnengeister seien, wird ihrem komplexen Wesen nicht gerecht. Richtiger wären sie als Urzeitgötter, als Dema-Gottheiten im Sinne A. E. Jensens aufzufassen. Zu diesem engsten und innersten Bestande treten allerdings noch mancherlei Geister der Natur und der Geschichte hinzu. Bei ihrer Vergegenwärtigung im Tanz treffen dann in der Maske der Leib des lebenden Tänzers und die Seelen vergangener Tänzergenerationen zusammen. Übertragung durch ein Wort des europäischen Brauchtums, etwa durch »Perchten« wäre wohl möglich gewesen, schien mir aber

wegen der Bodenständigkeit der betreffenden Wörter schließlich doch nicht zu rechtfertigen.

Ke'le hopi – eine Habichtsart, vor allem deren Junges, danach der Initiant.

Kiefernkerne am. piñon nuts – die Samen von Pinus edulis und einer verwandten Art.

Knochenarzt im Text »bone doctor«, sonst auch »bonesetter« übersetzt – ein Heiler, der Knochenbrüche und Verrenkungen behandelt, der massiert und Heilkräuter verabreicht, jedoch weder Heilgesang noch Zauber verwendet.

Krötenechse am. horned toad = »Hornkröte« – Leguane der Gattung Phrynosoma.

Limabohne hopi hati'qo – Phaseolus lunatus L. Mais, Kürbis und Bohnen wurden von den Hopi schon in vorgeschichtlicher Zeit angebaut. Die genannte Art wird im Februar zur Powamuzeremonie in der Kiva getrieben.

Locokraut am. locoweed – verschiedene Astragalus-Arten, auch Oxytropis lambertii – bewirken bei Tieren, die davon gefressen haben, Vergiftungserscheinungen, u. a. Seh- und Bewegungsstörungen, in schweren Fällen den Tod.

Ma'na hopi – im Text maiden – »Jungfer«, unverheiratete, jedoch nicht notwendig »jungfräuliche« junge Frau. Die »Bohnenjungfern« der Powamuzeremonie sind nach Voth verkleidete Knaben und Jünglinge.

Medizinmann, Heiler, Doktor im Text medicine man, healer, doctor. Das erste Wort hat offenbar im Hopi keine sinngemäße Entsprechung, erscheint im Text also als ethnologisches Fachwort.

Mesquite-Bohne am. mesquite bean – Schraubenbohne – die Frucht des Mesquite-Strauches, Prosopis juliflora oder Pr. glandulosa. Bei Whiting nicht mit aufgeführt, in vorliegendem Buch vielleicht mit einer der anderen Arten wilder Bohnen verwechselt.

Milchkraut hopi pi'yünga = »Milchzauber« – im Text milkweed – Asclepias galioides H. B. K. und Ptiloria pauciflora (Torr.) Raf. – Da die gebrochenen Stengel milchigen Saft absondern, Müttern als milchtreibendes Mittel verabreicht.

Na'tsi hopi – »Bundeszeichen« – Am Einstieg zur Kiva angebracht, »verschließt« es diese für die Nichteingeweihten.

Na'vaho Stamm der athapaskanischen Sprachgruppe in Arizona und New Mexico, nahezu 60 000 Köpfe.

Pa'ho hopi – meist aus Holzstab oder Gerte gefertigte, je nach Art mit Pflanzenteilen, Farben, Federn, Fäden versehene Weihgabe, der »Leib« eines Gebetes.

Pajute kleiner Stamm der schoschonischen Sprachgruppe in Utah und Nevada nordwestlich des Hopi-Landes.

Pappus Algonkinwort – am. papoose – Indianerkind – Lehnwort auch für die Hopi.

Pi'ki hopi – ein »Knäckebrot«, auf dem Piki-Stein aus wässerigem Maisschleim in großen Flächen und dünn wie Papier gebacken. Mehrere Stücke werden heiß zusammengefaltet und zu Stäben aufgerollt. Gewöhnlich aus Blaumais, dessen Farbe durch Alkali-Zusatz (Pflanzenasche) fixiert wird. Als Festgebäck auch aus weißem Mais und dann mit Fuchsschwanz (Amarantus) rot oder Färberdistel (Carthamus) gelb gefärbt.

Piki-Stein hopi du'ma – behauene und geglättete Platte aus Naturstein, auf deren ganzer Fläche jeweils ein Blatt Piki gebacken wird. Stephens gibt 1197 für eine Platte die Maße 76 x 46 x 4 in Zentimetern, Titiev (197) entsprechend 90 x 76 x 8.

Präri-Eule hopi ko'ko – am. burrowing owl – Speotyto cunicularia.

Prärie-Hase hopi so'wi – am. jack rabbit – Lepus campestris.

Prärie-Hund hopi tü'kya – am. prairie dog – Nagetier, Gattung Cynomys.

Rock im Text kilt – bezeichnet in der Übertragung überall nur eine rituelle Unterleibsbekleidung, die freilich auf der Schulter befestigt sein kann.

Rotkehlchen am. robin – Turdus migratorius.

Rufervogt, Ausrufer hopi chaa'kmongwi – im Text Crier Chief, Crier. Ein Amtsträger, dem die feierlichen Ankündigungen obliegen.

Schmerholz hopi te'be – am. greasewood – Sarcobatus vermiculatus. Hoher dorniger Strauch, häufig in den westlichen Steppengebieten. Das Holz findet mannigfachen praktischen Gebrauch. Im trockenen Zustande brennt es mit heller, sprühender Flamme; es ist der erste unter den vier rituellen Brennstoffen.

Schutzgeist hopi dumalaitaka – im Text Guardian Spirit, auch Guide, »Lenker«, Spirit Guide, »Lenkergeist«, und selten Guardian Angel, »Schutzengel«.

Seeohrschale hopi kala'haiyi – am. abalone shell – Seeohr, eine Meeresmuschel, Haliotis.

Seitentänzer im Text side dancer – Bei einigen Katschina-Reigen Tänzer mit abweichender Maske in besonderer Rolle, die teils mit in der Reihe, teils eigene Figuren tanzen.

Shinny eine Art Hockey.

Si'papu hopi – das Loch, aus dem die Menschheit an die Oberwelt gestiegen ist, im Cañon des Kleinen Colorado lokalisiert. Auch das Zentralheiligtum des Dorfes, sein innerer »Lebensquell«. Schließlich eine heilige Öffnung im Boden der Kiva, gewöhnlich mit einem Holzklotz verschlossen, ihre Verbindung zur Unterwelt.

Spinat hopi ne'pni – im Text spinach – eine Anzahl (nahezu zwanzig) wilder Gemüse- und Gewürzpflanzen, die im Frühling, vor allem bei der Spinatsammelzeremonie (Nevenwehe) gepflückt werden.

Spottdrossel am. mocking bird – Mimus polyglottus.

Squaw Algonkinwort – Indianerfrau – Lehnwort auch für die Hopi.

Stachelbirne hopi pü'na, yo'ngya – am. prickly pear – Frucht verschiedener Opuntia-Arten.

Stierschlange am. bull snake – Gattung Pituophis.

Sumach hopi shü'bi – im Text lemonberry (shrub) – am. sumac, squaw bush – Rhus trilobata – die Teile des Strauches finden vielfache praktische und rituelle Verwendung. Das Holz ist ritueller Brennstoff.

Taschenratte am. gopher – Nagetierfamilie – Geomyidae.

Ti'poni hopi – im Text: sacred emblem of authority; bei anderen Autoren als Hauptfetisch einer Zeremonie oder eines Häuptlings umschrieben.

Ute, Utah kleiner Indianerstamm der schoschonischen Sprachgruppe.

Wampum Algonkinwort – kleine zylindrische Perlen, aus dem Innern von Schnecken- oder Muschelschalen gearbeitet, schwarz, dunkelrot oder weiß; zu Schmuckstücken verarbeitet und früher als Geld benutzt.

Wiesenlerche am. meadow lark – Gattung Sturnella.

Wüste im Text desert. Genauer träfe den Landescharakter das Wort Steppe, doch fordert das Pathos der Lebensbeschreibung oft den stärkeren Ausdruck.

Yucca hopi mo'hü = Yucca angustissima, hopi samo'a = Yucca baccata – eine der Charakterpflanzen des Landes, aus deren verschiedenen Teilen Flechtwaren und Stricke, Katschina-Geißeln, Seifenlauge, Arznei- und Lebensmittel hergestellt werden.

Zeder Echte Zedern kommen im Hopiland nicht vor, es sind Wacholderarten, welche die dortige amerikanische Mundart so nennt. Den Rindenstoff für die Kinderwindeln liefert Juniperus utahensis.

Einige Ereignisse aus
Don C. Talayesvas weiterem Leben

Nachwort von Dr. Heino Gehrts

Daß Don C. Talayesva gern Briefe empfing und beantwortete, wußte ich von Freunden und habe mich daher, als ich auf die Lebensbeschreibung stieß, frühzeitig mit Briefen an ihn gewandt. Auch sandte ich ihm zu Weihnachten Päckchen, erhielt aber jahrelang weder eine Antwort noch eine Bestätigung. Die Erklärung dafür kam erst ans Licht, als ich auf der Suche nach Bildern für die deutsche Ausgabe mich an Professor Mischa Titiev gewandt hatte. Da fand ich auf einem Foto den Vermerk, daß Norman, der Adoptivsohn, in Frankreich gefallen, also von Deutschen getötet worden war. Wer die Biographie gelesen hat, weiß, daß Don mit ihm nicht nur einen der ihm nächstverbundenen Menschen verloren hatte, sondern daß sich darin die Reihe der Todesfälle fortsetzte, die ihm bei den leiblichen Kindern zugestoßen waren, ein Schicksal, das ihn dem Verdacht des Hexertums aussetzte. Er war daher erfüllt von Zorn, wie er schreibt, und allen Deutschen abgeneigt.

Die Sinneswandlung kam auf die für ihn charakteristische Weise zustande, durch eine Traumvision. Er hat sie ausführlicher nicht mir selbst, sondern Jahre, nachdem er sein Schweigen mir gegenüber gebrochen hatte, einem meiner Freunde geschildert und diesen gebeten, mir davon Mitteilung zu machen, um mir dadurch eine Freude zu bereiten: ein eigenartiges Zeugnis für sein Zartgefühl. In höchster Bescheidenheit leitet er diese Schilderung ein mit den Worten: „Ich bin kein hochstehender Mensch (high class human being), nicht wohlgebildet, und es waren schlimme Tage, als ich erfuhr, daß mein Sohn zwischen Frankreich und Deutschland im Jahre 1944 gefallen sei." Ich hätte ihm wohl vielfach geschrieben, „aber niemals kam mir der Gedanke, Freundschaft zu schließen mit jemandem jenseits des Ozeans oder einem Deutschen die Hand zu reichen. Doch im Traume verlangte mein Schutzgeist von mir, jene Art von Gedanken aufzugeben und mit allen Völkern Freundschaft zu schließen. Daher habe ich, als ich aufwachte, meinen Traum angeschaut und beschlossen, auf meinen Schutzgeist zu hören." Er habe mir dann geschrieben, erklärt daß wir Brüder seien, und es gebilligt, daß sein Buch auf deutsch erscheine. Oft wünschte er, daß wir uns einmal in seiner Heimat begegnen möchten, was doch leider niemals zu verwirklichen war. Doch hat ihn mancher Deutsche, Leser seiner Biographie, in seinem Hause besucht, und sie haben mir seine Grüße ausgerichtet.

Aus seinen Briefen sei im Folgenden einiges zur Ergänzung der Biographie mitgeteilt. Im allgemeinen ist zu sagen, daß nach dem Sinneswandel aus allen Briefen eine unerwartete Herzlichkeit und das Gefühl der Zusammengehörigkeit spricht. Oft ist die Rede von betender Fürbitte, und ganz charakteristisch ist der Satz, den er an meinen schon genannten Freund geschrieben hat: Es freue ihn zu erfahren, daß seine Gesundheit wieder hergestellt sei. ,,Ich habe den Wunsch gehegt, daß Du gesunden möchtest, während ich zu meinem Gott gebetet habe, und Gott-sei-Dank sind meine Wünsche für Deine Gesundheit erfüllt worden." Später fährt er dann fort: ,,Du brauchst Dir auch meinethalben keine Sorgen zu machen; bete nur für mich, das ist es, was ich mir wünsche." Sehr eigenartig sind oft die abschließenden Formeln. Sie wünschen dem Empfänger Führung auf dem guten Pfade durch den Schutzgeist, den Großen Geist oder Gott, und gelegentlich erscheint auch der formelhaft übliche, unsereinem zunächst etwas befremdliche Wunsch, daß man im Schlafe hinscheiden möge.

Der Rat, sich um ihn keine Sorgen zu machen, bezog sich auf seine wirtschaftliche Lage, und er berichtete damals, daß er mit Irene sowohl eine Altersrente erhalte wie auch eine Hinterbliebenen-Rente wegen des kriegsgefallenen Adoptivsohnes. Daneben hat er noch bis in ein Alter von über achtzig Jahren Feld- und Gartenbau betrieben. Noch mit über siebzig Jahren hat er sich einen gebrauchten 'pick-up-truck' gekauft, also einen Kleinlastwagen, hat neue Teile eingebaut und meinte 1966, daß das alte Modell ihm wohl noch zehn Jahre dienen könne. Damals hat er den Wagen dazu verwendet, aus dem achtzig Meilen entfernten Winslow Kohlen heranzufahren. In eben diesem Jahr hat er auch einen Sitz im Stammesrat innegehabt, jener umstrittenen Institution, die von den streng traditionellen Hopis abgelehnt wird, weil sie ein fremdes Element in das ursprünglich und wesentlich rituelle Stammesgefüge eingeführt hat. Wie der Dorfvogt von Oraibi, Tewaquaptewa, hat Don zu denen gehört, die eine Vermittlung suchten zwischen der Hopi-Kultur und der Zivilisation der Weißen. Darum ist er auch ein Gegner Yokeomas geblieben, und dessen Bild war das einzige unter allen in der deutschen Ausgabe der Biographie, das er abgelehnt hat: Der Vogt von Hotevilla habe einen niederträchtigen Gesichtsausdruck — a mean face.

Was Don noch im hohen Alter aus eigener Kraft zu seinem Lebensunterhalt beigetragen hat, ist nicht zu unterschätzen. Im Herbst 1965 besaß er 86 Schafe und lohnte einem Verwandten die Winterhütung mit zwanzig von ihnen. ,,Das macht mir das Leben leichter, obwohl es mir auch wieder nicht gefällt. Denn ich bin es ja gewohnt, die Herde zu hüten und mich im Freien zu bewegen. Doch muß ich mich vor dem kalten Wetter hüten." — Im Winter 1967/68 berichtet er von starken

Schneefällen, bis zu vier Fuß hoch, und von Hungerzeiten und Todesfällen durch den Frost unter den Navahos. — Im Jahre 1967 hat Don vier truck-Ladungen Melonen geerntet und 300 Pfund Bohnen, ein reichlicher Vorrat für ein ganzes Jahr. Seine Schafherde und drei Pferde hat er in diesem Jahre jedoch an einen Angehörigen von Irene übergeben: nun sei er ohne Besitz, ,,und ich habe nur noch meinen belly button, haha", meinen Nabel.

Wer ein hohes Alter erreicht, muß den Abschied der nächsten und liebsten Menschen erleiden, Schicksalsschläge, die unter Hopis nicht leichter zu ertragen sind als unter uns. Nach sechzigjähriger Ehe, im August 1970, erleidet Irene einen Schlaganfall und stirbt, und es beginnt eine lange Reihe kummervoller Tage für den achtzigjährigen Don. Es dauerte Monate, bis er den Schlag verwunden hatte und sich zu der Vorstellung durchrang, ,,daß sie nun zu einem glücklichen Leben gelangt sei — dort draußen bei unseren Lieben und ihren Eltern". Eine Schwester von Orman, also eine Nichte Irenes, die nach der Trennung ihrer Eltern ebenfalls bei Don und seiner Frau gelebt hat, Mrs. Marjorie Valdo, wohnte damals in New-Mexico und hat ihren tiefbetrübten Pflegevater zweimal dorthin geholt, damit er nicht so allein sei und in seiner Trauer versinke. ,,Ich hatte dort eine schöne Zeit", schreibt er, auch im Gedanken an ein Festmahl zum Erntedankfest, das er dort miterlebt hat. Aber er setzt dann gleich hinzu: ,,Ich hatte eine schlimme Zeit und Mühe, meine Trauer zu verwinden. Aber jetzt bin ich wieder in Ordnung und denke, daß ich die mir abträglichen Gedanken überstanden habe." Es gehört ja zur lebenssteigernden Ethik der Hopis, nicht in ,,bad thoughts" versunken zu bleiben. ,,Ich mochte an meine Freunde nicht schreiben, während ich um meine liebe Frau trauerte. Aber nun erhebe ich mein Haupt und trauere nicht mehr. Laßt uns also alle versuchen, uns gegenseitig froh zu machen — in der Hoffnung, daß unser lieber Gott uns beschütze und uns alle behüte." — Der Brief, in dem Don diese Mitteilung macht, ist Ende November geschrieben, also ein Vierteljahr nach Irenes Tod.

In dem letzten Satz deutet sich für den Leser der Biographie eine unerwartete Wendung an: Infolge des Verlustes des ihm nächststehenden Menschen hat sich Don dem Christentum zugewandt. In diesem Brief hat er das noch nicht ausgesprochen, sondern erst mehr als ein halbes Jahr später. Im Juni 1971 schreibt er: ,,Also, vor ungefähr zwei Monaten wurde ich zum Christentum getauft (was babtise to christinity) und wurde ein Angehöriger (member) von Christus und Gott. Ich gehe jetzt jeden Sonntag zur Kirche. Ich weiß nicht, ob Dir das gut erscheint (I dont know if this sounds good to you)." — Ich antwortete ihm in einiger Ausführlichkeit, daß in solchen Dingen die Aufrichtigkeit allein zähle, und es kam nun ans Licht, daß auch in diesem Fall die Wendung in dem Bereich sich anbahnte, wo in solchen Kulturen alle tiefbegründete Entscheidung fällt: in Traum und Vision.

Am 2. November 1971 schreibt Don, daß es ihm leid tun würde, wenn ich meinte, er könne mir nicht alles von seinem Übertritt zum christlichen Leben mitteilen: „Ich öffne Dir mein Herz (I tell you from my heart). Also, nachdem meine liebe Frau hingeschieden war, fand ich mich vor Trauer wie erstarrt. Nur Trauer empfand ich. Wie ich da auf meinem Bette lag, war es, als berühre mein Rücken gar nicht das Bett. Es schien keine Befreiung von dem Leid zu geben; es schien so, als hätte ich selbst nur noch ein oder zwei Tage zu leben. Doch in der vierten Nacht nach dem Tode meiner Frau hatte ich einen Traum. Eine Frau kam zu mir, ganz in Weiß gekleidet. Ich sagte zu ihr, sie möge sich setzen. – Ja, aber ich habe es eilig. – Nun, worum handelt es sich? – Ich möchte, daß du dich auf deine Füße erhebst und deine Füße auf den Weg setzt, auf dem der Heilige Geist dich fortan führt, den Weg, den er für dich gemacht hat. Es wird dir wohltun, wenn du dich nach meinen Worten richtest. Jetzt muß ich fort, ich werde aber wiederkehren, wenn du es für richtig hältst. – Sie wandte sich um und verschwand. – Ich entschloß mich, ihrem Wort zu folgen. Ich ging nun zur Kirche, und am 11. April (1971) war ich bereit, mein Leben Christus zu übergeben."

In den folgenden Jahren, mit wachsendem Alter, mit häufigeren Rheumaanfällen erfährt er dann mehr Fürsorge, erhält Nahrungsmittel von der Regierung, und Frauen, die aus öffentlichen Mitteln bezahlt werden, helfen ihm im Haushalt. Doch schrieb mir im Sommer 1971 die schon erwähnte Nichte, die sich seiner nun besonders annahm, daß er kräftig und bei bester Gesundheit sei. „Seit er Christ geworden ist, ist seine Zeit ausgefüllt mit Bibellesen und Kirchenliedern. Manchmal habe ich das Gefühl, daß er darin zuviel tut, daß er sich beschränken und nur dem jeweiligen Bedürfnis folgen sollte. Ich weiß auch, daß manche Fragen, wenn er an die traditionelle Lebensweise denkt, für ihn nicht gelöst sind." – In diesen Worten einer ebenso fürsorglichen wie klardenkenden Frau, die viele Jahre außerhalb der Reservation gelebt hat und sicherlich Christin geworden war, klingt noch einmal die Tragik eines Lebens an, das geführt werden mußte unter einer kulturellen Umwälzung, für die es in der Menschheitsgeschichte wenig Vergleichbares gibt.

Schon Ende 1972 berichtete Don betrübt, daß er wohl das Haus, das er sich gebaut hatte, verlassen und in ein Altersheim gehen müsse. Aber es vergingen noch Jahre, bis dies notwendig wurde, und er verdankte diese Frist sicherlich dem Liebesdienst Marjorie Valdos, die sich auch anderer alter Anverwandter der vorhergehenden Generation angenommen und die auch Irene auf dem Sterbebett betreut hatte. Im November 1968 hatte Don mir geschrieben, es sei ihm weisgesagt worden, er werde noch sechzehn Jahre leben. Wie mir das Museum in Flagstaff mitgeteilt hat, ist er im Winter 1984/85 in einem Altersheim abseits der Reservation gestorben, hat also ein Alter von fast fünfundneunzig Jahren erreicht.

Anhang

Texte der Auslassungen in der deutschen Ausgabe von 1964 gegenüber der amerikanischen Ausgabe

Amerik. Ausgabe S. 78, III: ,,It was the safest, he said, to intercourse with a chicken . . .'' bis S. 79, II Ende: ,,. . . who boasted that they had done the same thing.''
(Deutsche Ausg.: S. 90, II Mitte)

Das sicherste sei, sagte er, erstmal mit einem Huhn, einer Hündin oder einer Eselin zu verkehren. Kalnimptewa, der Bruder meines Vaters, erzählte uns, daß er es als Junge erfolgreich bei Eselinnen versucht hätte, und berichtete, wie er einmal dabei erwischt worden war. Ich fürchtete mich jedoch vor Hunden, weil sie sich umdrehen und sehr rasch zubeißen können, und auch, weil ich einmal zwei gesehen hatte, die nicht auseinander konnten. Diese Alten machten uns glauben, daß Mädchen noch gefährlicher seien, und behaupteten, daß jeder Knabe, der mit einem Mädchen verkehrt hätte, zu wachsen aufhören und ein Zwerg bleiben würde.

Einige Zeit, bevor ich die Geschichte von den Zähnen der Mädchen zu hören bekam, hatte ich ein schreckliches Erlebnis mit einer Klanmutter. Eines Morgens, als die Männer auf dem Felde waren, wollte ich einen Klanbruder abholen, um mit ihm auf Rattenjagd zu gehen. Aber er war fort, und ich fand nur eine unverheiratete Klanmutter von ungefähr zwanzig Jahren allein im Haus vor. Ich blieb da, um mit ihr irgendwelche Spiele auf dem Fußboden zu spielen. Nach einiger Zeit sah sie sich um, nahm mich bei der Hand und zog mich in ein Nebenzimmer; sie meinte, wir sollten ein wenig schlafen. Sie legte sich auf ein Schaffell und zog mich dicht zu sich heran. Bald griff sie nach meinen Geschlechtsteilen, was für mich erregend und beängstigend war. Als ich eine Erektion hatte, preßte sie mich an ihren Leib und atmete heftig. Ich versuchte freizukommen und als sie mich losließ, sah ich Blut an meinem Gliede und weinte. Sie wischte mich mit einem Tuche ab, sprach beruhigend auf mich ein und bat mich, niemandem davon zu erzählen. Für mich war das kein Vergnügen gewesen. Es war das erstemal, daß ich das schwarze Schamhaar gesehen hatte, das Blut versetzte mich in Schrecken, und ich war fürchterlich aufgeregt. Ich fragte mich, ob wohl alle Frauen so wären. Ich lief nach Hause und erzählte es meiner Mutter. Sie ging hinüber und sprach mit dem Mädchen, das ihre Klanschwester war. Ich hörte nichts mehr davon, nur, daß meine Mutter es eine Schande nannte und sagte, ich müsse es für mich behalten. Die Frau behandelte mich danach immer sehr freundlich und kochte sogar allerlei gute Dinge für mich.

Eines Tages, als ich mit einem Jungen namens Felix spielte, fanden wir eine der Hennen seiner Großmutter auf ihrem Nest. ,,Felix", sagte ich, ,,wir wollen mit der Henne 'mal etwas anstellen!" Wir behielten sie im Auge, bis sie gackerte und sich erhob. Da fingen wir sie und trugen sie den Hügel hinunter zu einem guten Versteck im Gebüsch. Dort versuchten wir mit der Henne zu verkehren, erst ich, dann Felix. Sie wollte gackern, aber wir drückten ihr den Hals zu. Als wir fertig waren, sah sie ziemlich schwach und mitgenommen aus. ,,Na", meinte ich, ,,schön fett sieht sie ja aus; die wollen wir lieber braten und aufessen!" Wir töteten das Huhn, sammelten Schmerholzknüppel und machten ein Feuer an mit Streichhölzern, die ich im Saume meines Hemdkragens verborgen hatte. Während Felix zu seiner Großmutter ins Haus schlich, um etwas Piki zu besorgen, rupfte ich das Tier. Wir hielten einen tüchtigen Schmaus, aber später wurde unser Diebstahl entdeckt, und meine Mutter mußte das Huhn ersetzen. Ich bekam die Hauptschuld, weil ich der Ältere war, aber ich wurde diesmal nicht geschmäucht. Wir machten Witze über diese Sache mit unseren Spielkameraden, und diese rühmten sich, dasselbe getan zu haben.

Amerik. Ausgabe S. 117, III: ,,We got a book from the YMCA about masturbation . . ." bis ,,. . . I was not."
(Deutsche Ausg.: Auslassung zwischen I. und II. Absatz, S. 129)

Vom CVJM bekamen wir ein Buch über die Onanie. Darin stand, daß diese Angewohnheit die Gesundheit untergräbt und zur Verrücktheit führt. Aber ich sah, daß meine Schulkameraden es ruhig weiter so trieben. Es machte ihnen auch nichts aus, wenn sie dabei von anderen gesehen wurden. Ich selber onanierte nie viel, weil ich meine Kraft nicht verlieren wollte. Ich hatte aber aufreizende Träume und träumte in gewissen Abständen immer wieder, ich hätte ein Mädchen bei mir im Bett, das sich stets als Knabe erwies. Dann fragte ich sie: „Wie lange bist du schon so?", und sie erwiderte: „Von Geburt an." Ich hörte auf, sie zu liebkosen, und sagte: „Dann kann ich wohl nicht mit dir verkehren." Ich war bei dieser Entdeckung immer sehr enttäuscht, und wenn ich aufwachte, fragte ich mich, ob ich nun ebensowenig Glück haben würde, ein Mädchen zu bekommen. Das war aber nicht der Fall.

Amerik. Ausgabe S. 147, II Mitte: „. . . She kissed me thoroughly and asked me . . ." bis „. . . and wanted her to be my wife."
(Deutsche Ausg.: S. 160, III)

Sie küßte mich hingebungsvoll und bat mich, ihr die Zunge in den Mund zu stecken, was auch ein neues Erlebnis für mich war. Als ich es tat, sog sie daran und biß im Orgasmus fest zu, worauf ich zerrte und mich unter Schmerzen zu befreien suchte. Schließlich drehte ich mich auf den Rücken und stöhnte ein wenig mit meiner blutigen Zunge, während Elsie lachte. Bei der nächsten Probe nahm ich ihre Zunge in den Mund, was jedenfalls besser für mich war. Trotz des Schmerzes gefiel sie mir, und ich wollte sie noch immer zur Frau.

Amerik. Ausgabe S. 337, III Mitte: „I had never caught him masturbating . . ." bis „. . . and they are probably right."
(Deutsche Ausg.: S. 364, III)

Ich hatte ihn noch niemals beim Onanieren ertappt; sollte es aber einmal geschehen, dann werde ich ihn warnen und sagen, daß die weißen Ärzte behaupten, man zerrütte damit Geist und Gesundheit –, daß aber die Hopi-Ärzte dies bezweifeln und daß sie wahrscheinlich recht haben.

Amerik. Ausgabe S. 369, II: „Men are in a position . . ." bis S. 370, II Ende: „. . . I shall be able to manage her for a little while."
(Deutsche Ausg.: S. 398, Auslassung zwischen Absatz II und III)

Männer haben die Möglichkeit, sich gegenseitig in der Lenkung ihrer Frauen zu unterstützen. Würde ich von einer Frau über die Liebschaften ihres Mannes befragt, so wäre ich von vornherein darauf eingestellt, nichts davon zu wissen oder sogar geradezu eine Lüge vorzubringen. Denn ich glaube, mein Schutzgeist würde mir das vergeben und sogar dazu mithelfen, daß die Lüge fruchtbarer wirkte als die Wahrheit. Andererseits, wenn ein Nachbar Streitigkeiten mit seiner Frau hat und sie im Unrecht ist, dann ist das der günstige Augenblick für einen Mann, seine eigene Frau zu ermahnen und sie ein bißchen besser zu behandeln. Ich stehe meinem Nachbarn bei und unterstütze ihn, wenn er im Recht ist, und ich bin bereit, hinzugehen und mit dem unlenksamen Weibe zu sprechen, wenn mir irgendwelche Verwandtschaftsbande das Recht dazu geben.

Eines Abends im Januar 1940, als ich das Licht ausblies und zu Bett ging, bemerkte ich, daß Irene niedergedrückt war. „Was hast du denn auf dem Herzen?" fragte ich. „Kannst du mit mir darüber sprechen?" Irene begann zu weinen und sagte: „Grace hat Myron verlassen und ist endgültig nach Shongopavi zurückgegangen.* Du weißt doch noch, daß Myron nach dem letzten Nachttanz, als er heimkam einen Mann dabei ertappte, wie er sich von seiner Haustür fortschlich. Er verfolgte den nächtlichen Liebhaber, packte ihn an der Schulter und entdeckte, daß es W. aus Bakabi war. Myron ließ seiner Eifersucht freien Lauf und hatte eine heftige Auseinandersetzung mit seiner Frau. Grace hat mir erzählt, daß sie sich eigentlich gar nichts aus W.'s Neigung machte, aber Myron hat ihr deswegen so zugesetzt, daß sie für immer zu den Ihren zurückkehren will. Heute sind ihre Verwandten gekommen, um ihre Sachen abzuholen. Grace hat mir ihre Bohnenpflanzen zum Abernten geschenkt." — „Na ja, so schwer brauchst du das wirklich nicht zu nehmen", erwiderte ich. „Grace hat Myron ja schon einmal verlassen. In drei oder vier Monaten werden sie wahrscheinlich wieder zusammen sein. Übrigens scheinen jetzt viele Leute auseinanderzugehen; was uns beide betrifft, so hoffe ich, daß wir von dergleichen verschont bleiben!"

Zwei Monate später kam Grace mit ihren Kindern wieder angelaufen, und Myron suchte mich in meinem Hause auf, um mit mir über seine Frau zu sprechen. Ich stellte mich auf seine Seite und bestätigte ihm, daß Grace auf niemandes Mahnungen hörte, von wem sie auch kämen. Ich sagte: „Da ich ihres Vaters Neffe bin und daher ihr „Vater", habe ich ein Recht, sie zu ermahnen. Wäre sie meine leibliche Tochter, ich würde ihr, glaube ich, eine Tracht Prügel verabreichen." Ich versicherte Myron, daß er ein guter Bauer wäre und seine Frau zu einer reichen Frau gemacht hätte, während ihr erster Mann ein Faulpelz gewesen wäre. Ich lobte ihn dafür, daß er seiner Frau ein besseres Leben geschenkt hätte, als ihr je zuvor bekannt gewesen war, und ich betonte, daß sie trotz dieser Wohltaten in den Armen anderer Männer etwas noch Besseres suche. Ich stimmte ihm zu, daß es ein Ende haben müßte mit dieser Art, sich aufzuführen, und sagte: „Myron, du bist im Recht, ihre Liebeleien haben mir das Vertrauen zu Grace genommen. Ich bin drauf und dran, noch einmal zu ihr zu gehen und ihr rundheraus meine Meinung zu sagen. Diesmal werde ich ihr keinen Glauben schenken und nicht für sie eintreten, wenn du sie auf den Trab bringst. Kommt sie noch zu mir ins Haus, so betrachte ich das als eine Gelegenheit, ihr Vorhaltungen zu machen. Gibt sie mir dann eine freche Antwort, so will ich nichts mehr mit ihr zu tun haben und werde ihr sagen, daß sie nicht mehr wert ist, mich Vater zu nennen."

Myron erwiderte: „Ich hoffe auch, daß du ihr gehörig die Meinung sagst. Als sie in Shongopavi krank lag, da hat sie nach mir geschickt und gesagt, daß sie wieder nach Haus kommen wollte. Ich war wütend und habe sie zum Weinen gebracht. Ich hielt ihr vor, daß ich ihr jedenfalls nie befohlen hätte, fortzugehen. Sie sagte, sie hätte, als du zu dem Tanz dort warst, genau auf dich achtgegeben, du hättest jedoch kein gutes Wort für sie gehabt. Ich habe ihr darauf klargemacht, daß jedermann ihr gegenüber so eingestellt ist." — „Ja, Myron", entgegnete ich, „sie macht dir und den Deinen allerhand Scherereien. Aber von nun an darfst du ihr nichts mehr durchgehen lassen und mußt ihr Manieren beibringen. Jetzt ist sie zahm wie ein dürrer, abgematteter Klepper, und du hast sie an der Kandare. Hat sie sich aber erst wieder ein bißchen Fett und Feuer zugelegt, dann schmeißt sie wieder den Kopf in den Nacken wie eine wilde Stute, führt sich so toll auf wie nur je und keilt nach dir und den Deinen aus!" — „So ist es", bestätigte Myron. „Dasselbe habe ich zu ihr gesagt, als sie zu mir zurückkam. Noch halte ich sie freilich in einer tiefen Schlucht gefangen und habe den Eingang verschlossen, so daß sie meine Gefangene ist. Ich glaube daher, daß ich sie eine kleine Weile wohl lenken kann."

---

* Da Grace nach Oraibi gekommen war und bei Myron wohnte, so gehörte ihr das Haus nicht und sie hatte weniger Rechte. Sie konnte Myron nicht das Haus verbieten.

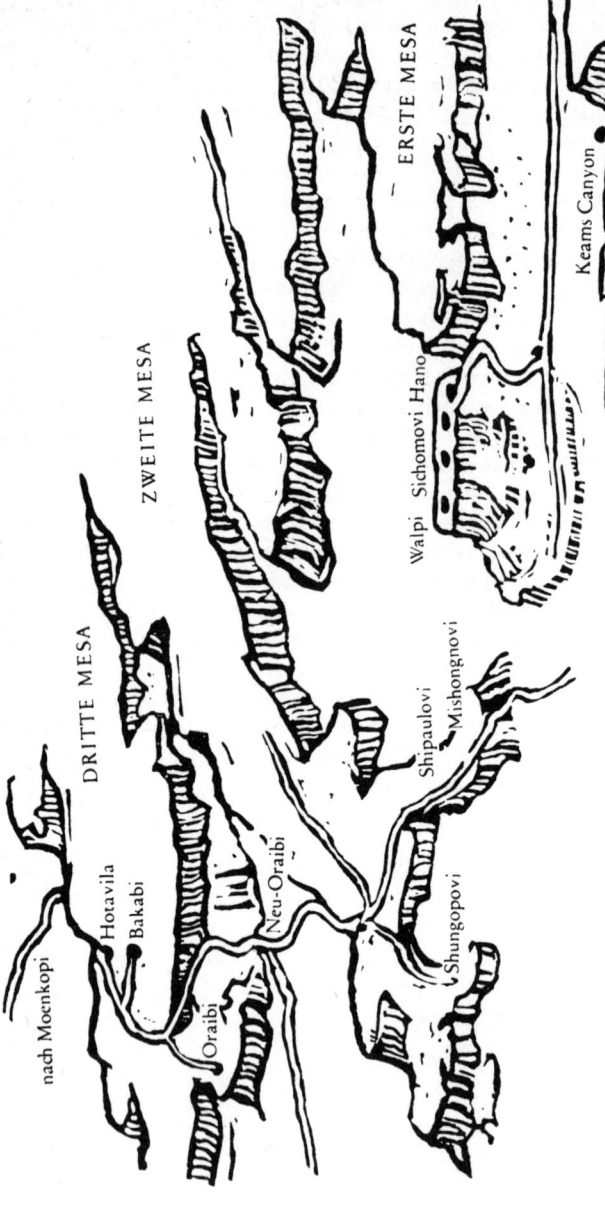

BILDTAFELN

Obwohl im Hopiland seit Jahrzehnten viel photographiert worden ist, sind doch von manchen Personen und Gegenständen Bilder nur schwer zu beschaffen. Das trifft besonders für die Kultfeste zu, auch für die Katschinatänze und den Schlangentanz, bei denen die Hopi seit einem halben Jahrhundert das Photographieren nicht mehr dulden. Viele Aufnahmen besitzen daher dokumentarischen Wert. Umso grösseren Dank schulden Verlag und Herausgeber den Personen und Einrichtungen, die vorzügliche, meist von ihnen selbst aufgenomme und zum Teil bisher unveröffentlichte Bilder für die deutsche Ausgabe der Lebensgeschichte zur Verfügung stellten. Es sind dies die Herren Earle R. Forrest, San Marino, Kalifornien (Tafeln 8. 17–23), Harry C. James, Banning, Kalifornien (Tafeln 3–7. 16), Professor Mischa Titiev, Ann Arbor, Michigan (Tafel 9), ferner das Museum of Northern Arizona, Flagstaff (Tafeln 10–12), das Museum of the American Indian, Heye Foundation, New York (Tafel 24), die Presseabteilung der amerikanischen Botschaft in Bad Godesberg (Tafel 1. 2. 13–15.) Ein besonderer Dank gebührt dem Verlag The Caxton Printers, Ltd., Caldwell, Idaho, der freundlicherweise den Nachdruck der Tafeln 3. 4. 6. gestattete, die Herr Harry C. James in seinem Buche »The Hopi Indians« schon veröffentlicht, ebenso dem Southwest Museum, Los Angeles, Californien, für den Abdruck eines von Harry C. James aufgenommenen Bildes (Tafel 16) aus dem gleichnamigen Buche von Ruth Simpson.

1. Die Kürbissaat-Mesa. Die Pumpkinseed Mesa ist ein typischer Tafelberg in der Nähe von Oraibi; sie bezeichnet vermutlich einen Punkt des Horizontkalenders, den Zeitpunkt der Kürbissaat nämlich.
2. Gärten der Hopi-Indianer.
3. Straßenbilder aus dem Oraibi der zwanziger Jahre.
4. Don C. Talayesva.
5. Lolulomai, der bis zu seinem Tode im Jahre 1901 Dorfvogt in Oraibi war. Das Bild des nicht bekannten Photographen stammt aus den letzten Lebensjahren Lolulomais.
6. Tewaquaptewa, Dorfvogt von Oraibi seit dem Tode seines Oheims Lolulomai.

7. Yokeoma, Führer der »Feindseligen« bei der Spaltung von Oraibi im Jahre 1906 und bei ihrem Auszug, Gründer von Hotavila. Aufnahme um 1900.
8. Der Vogt des Bundes der Blauen Flöte in Mishongnovi. Aufnahme um 1906.
9. Irene in ihrer Hochzeitstracht, wohl etwa 1932. Es fehlen die weißen Wildlederstiefel.
10. Mädchen in zeremonieller Haartracht.
11. Frau beim Maisschroten. Der Mais wird mit einem Mahlstein – metate – geschrotet, wie ihn vorgeschichtliche Bauern vielerorts gebrauchten. Am Mahlkasten lehnt eine Bürste zum Zusammenkehren des Schrotes.
12. Zwei schön verzierte Flechtteller.
13. Krug mit schwarz-rotem Muster auf hellem Grund. Das Motiv greift Formen auf, die in den Pueblodörfern des 15. und 16. Jahrhunderts üblich waren.
14. Hopimädchen bei der Flechtarbeit.
15. Katschinapuppe. Die Katschinapuppen waren Spielzeug und dienten zur Unterrichtung der Kinder über die verschiedenen Katschina-Arten. Heute sind sie begehrte Sammlerstücke und werden von den Hopi zum Verkauf hergestellt. Sie waren auch früher nicht geweiht und nicht etwa Götterbilder.
16. Amtsträger des Schlangenbundes beim Einsteigen in eine Kiva in Mishongnovi.
17. Kiva-Inneres in Mishongnovi mit »Altar« des Bundes der Blauen Flöte. 1908.
18. Ritual der Blauen Flöte an der Torevaquelle bei Mishongnovi. (Der zweite Mann von rechts ist ein Albino).
19. Rückkehr vom Quellenritual. Genossen der Blauen Flöte klettern von der Oraibiquelle zurück auf die Mesa. Die Männer tragen den Sonnenschild auf dem Rücken. Im Hintergrund die Missionskirche der Mährischen Brüder, vor einigen Jahren nach Blitzschlag verbrannt, heute Ruine.
20. Fest der Blauen Flöte in Oraibi, im August 1907. In der Mitte die drei Flötenkinder, auf jeder Seite eine Reihe Amtsträger des Flötenbundes. Die Gebäude im Hintergrund, schon damals verlassen und zerfallen, sind heute völlig verschwunden.

21. Flötenfest in Mishongnovi. Vorn der Bund der Blauen, hinten der Grauen Flöte. Der Blauflötenvogt streut mit geweihtem Maisschrot ein Wolkenzeichen.
22. Schlangentanz in Oraibi. Die Antilopentänzer umkreisen zu Beginn des Tanzes das Kisi.
23. Schlangentanz in Mishongnovi, aufgenommen im August 1907. Die Schlange ist dem Tänzer beinahe entglitten, und er nimmt sie aufs neue in den Mund.
24. Katschinatanz und Narrenspiele. Aquarell des bekannten Hopimalers Fred Kabotie. Das Bild stellt nicht etwa eine einzelne Szene dar, es ist kein räumliches, sondern ein rituelles Ganzes. So sind Sonne und Wolken auch nicht realistisch, sondern rituell dargestellt, als Sonnenschild und Wolkenzeichen. Die Frauen und Mädchen tragen ihre rituelle Haartracht.